Svenska katolska klassiker i faksimil 4

Latinskt-svenskt
MISSALE

FÖR

SÖN- OCH HELGDAGAR

SVENSKA KATOLSKA AKADEMIEN
— *Academia Catholica Suecana* —

© Svenska Katolska Akademien 2016

Tryck: Ingram Spark, Milton Keynes, England
ISBN: 978-91-637-7918-3

SCHOLA ART. BEURON

LATINSKT-SVENSKT
MISSALE

FÖR

SÖN- OCH HELGDAGAR

STOCKHOLM
KATOLSKA BOKFÖRLAGET
1934

Imprimatur.

Holmiae, die 3 februarii 1934
in festo S. Ansgarii.

✝ *Johannes Ericus Müller,*
Epps. Lorien., Vic. Apost. Sueciae.

Stockholm 1934. A.-B. Fahlcrantz' Boktryckeri.

FÖRORD.

Låtom oss bedja med Guds heliga Kyrka! För något år sedan hade vi tillfredsställelsen att i en förbättrad upplaga lägga vår kära bönbok "Oremus" i katolikernas händer, en av de bästa och vackraste bönböcker, som den katolska världen äger. Nu hava vi glädjen att även kunna infria vårt då givna löfte att ytterligare stärka vår förening med Kyrkan i bönelivet genom utgivandet av en latinsk-svensk mässbok. Genom flera personers mångåriga, gedigna och förtjänstfulla arbete, för vilket Pastor Ansgar Meyer stått i spetsen, har även detta svenska Missale blivit mycket tilltalande och vackert både till innehåll och form.

Vi överlämna härmed boken till våra församlingar med Påve Pius X:s ord: *"Bedjen icke vilka böner som helst under mässan utan bedjen själva mässans böner."* Vi göra det med varm anbefallning och välsignelse samt en innerlig önskan, att boken måtte hjälpa de katolska kristna i S:ta Birgittas land att allt högre skatta och alltmera *älska det heliga Mässoffret* och att alltmera *bedja med Kyrkan*.

Det *bästa, enklaste och mest fruktbringande sättet att deltaga i mässan är* att i möjligaste mån ansluta sig till den hel. mässans gång och böner — *att bedja med Kyrkan och som Kyrkan.* Då läsa vi de böner som den Helige Ande har inspirerat och lagt i Kyrkans mun, då bedja vi i Guds Ande. Dessa böner äro de mest ärevördiga, förträffliga, Gudi behagliga och även de mest fruktbringande som finnas.

De tala samma språk, med vilket apostlarna och de första århundradenas kristna och martyrer talat till Gud, ett språk, som omspänner alla land, ett språk, som sammanfattar Kyrkan och alla hennes trogna barns längtan och trängtan, deras lovsånger och böner genom alla sekler. Vid mässan känna vi den saliggörande gemenskapen i de heligas samfund, den eviga, härliga "communio sanctorum", som levande verklighet. Då blir vår bön mäktig och väldig inför Gud, därför att vi i Jesu namn bedja gemensamt med hela Guds församling.

Genom aktivt deltagande i Kyrkans liturgi upptäcka vi en värld av skönhet; vi erfara huru stor och rik Gud är, huru skön och härlig hans Kyrka och hennes liturgi. Då förnimma vi samma saliga glädje i Herren, som S:t Ambrosius förnummit, då han efter församlingsgudstjänstens nydaning i sin kyrka trodde sig framdeles blott kunna andas i Herrens tempelgård. Och denna glädje blir vår styrka i vardagslivets id och strid. "Herrens glädje är vår styrka" (II Esr. 8: 10).

"Genom Kyrkans heliga liturgi strömma Kristi ande och liv år efter år genom Hans mystiska lekamen, Kyrkan, och alla hennes lemmar, som med andakt och förståelse deltaga i densamma" (Guéranger). Lyckliga äro därför de, som förstå att *bedja, arbeta, lida, offra och jubla förenade med Kyrkan* och därigenom *med Kristus!*

Måtte detta bliva och förbliva alla mina kära katolikers mål; så är min bön och önskan, på det att Gud må i allt förhärligas.

Ära vare Gud i höjden och frid åt människorna.

Stockholm den 10 februari 1934.

† *Johannes Erik Müller.*

INLEDNING.

Missale Romanum, mässboken, innehåller texterna för den heliga Mässan, både dess fasta liturgi och de för olika dagar varierande texterna. Den delas principiellt i två delar: Proprium de tempore och Proprium de sanctis, den förra innehållande kyrkoårets och den senare helgondagarnas särskilda texter. Proprium de tempore omfattar alltså mässtexterna för alla söndagar under hela kyrkoåret, fr. o. m. adventstiden t. o. m. domsöndagen, med alla i dessa kyrkotider infallande bön- och botdagar (t. ex. kvatemberdagarna, fastetiden) jämte några helgondagar, som ha sin fastställda plats i relation till huvudfesterna (t. ex. den helige Stefanus på annandag jul). Proprium de sanctis omfattar alla helgonfester, som infalla på fast datum (t. ex. den helige aposteln Andreas 30 nov., den helige Frans Xaver 3 dec., Maria Immaculatafesten 8 dec.). I Proprium de sanctis finnas även några av Herrens festdagar (t. ex. Kristi Förklaring 6 aug.). — Mellan dessa båda festkretsar uppkommer en för olika år varierande förskjutning, beroende på påskfestens olika datering. Denna förskjutning angives och förklaras i ett årligen utkommande kalendarium.

I Missale Romanum har med tiden utvecklat sig en tredje del, Commune sanctorum, innehållande några mässtexter, vilka äro gemensamma för flera helgon av ungefär samma ställning (t. ex. för en biskop, som icke var martyr, för en jungfru, som var martyr). Till dessa texter hänvisas då i Proprium de sanctis på respektive helgons festdagar.

Mässans fasta liturgi, Ordo Missæ, brukar av praktiska skäl icke stå i början av mässboken utan återfinnes mellan påskaftonens och påskdagens texter, emedan den där kommer ungefär i mitten av boken och lätt faller upp.

Föreliggande bok är ett söndagsmissale. Den är uppställd efter ungefär samma principer som Missale Romanum, men innehåller mässtexterna blott för kyrkoårets alla söndagar och påbjudna helgdagar jämte några få andra dagar, som av alla katoliker helighållas (t. ex. askonsdag, den Stilla veckans sista dagar). Av helgonfester ha i vårt Proprium de sanctis intagits blott de, som hos oss firas varje år såsom högtidsdagar; om deras datum infaller på en veckodag, högtidlighållas de påföljande söndag.

Alla dessa mässtexter återfinnas här i parallellt löpande latinsk och svensk text. Latinet, Mässans eget språk, vår heliga katolska Kyrkas språk, sätter oss i stånd att följa den heliga handlingen, ej blott i vår egen hemorts kyrka, utan i varje katolsk kyrka i hela världen. Om den svenska textens praktiska betydelse behöver ej ordas: det är ju ej många, som äro så förtrogna med latinet, att de verkligen kunna bedja med på detta språk.

Bihang I innehåller Herrens fester och helgonfester av sådan rang, att de bliva söndagens mässtext, om deras datum är en söndag. (Om de infalla på en vardag, firas de icke påföljande söndag.) Följden blir, att det kan förflyta fem, sex, ja, ända till elva år, innan en sådan fest åter firas som söndagsmässa.

Inledning

Av utrymmes- och prisskäl har den latinska texten här ej medtagits.

Bihang II innehåller Sveriges särskilda helgonfester, även sådana, som icke firas på en söndag. Grunden till att de medtagits i denna bok är, att de icke återfinnas i något utländskt missale.

Bihang III innehåller sådana fester, som endast i viss kyrka skulle kunna firas på en söndag (t. ex. S:ta Eugenia).

Angående begagnandet av föreliggande missale påpekas blott följande: Om en fest av hög rang firas på en söndag (t. ex. Apostlafurstarna Petri och Pauli fest), läses dock alltid söndagens Oratio, Secreta och Postcommunio efter festdagens egna böner. Detta kallas att kommemorera söndagen. Dessutom läses söndagens Evangelium som slutevangelium. På en vanlig söndag däremot kommemoreras dagens helgonfest. Om ingen helgonfest infaller på söndagens datum, läsas dock två eller tre orationer; dessa böner variera efter kyrkoårets tider. — Av ovanstående inledning framgår, att de andra orationerna på större festdagar återfinnas i respektive söndagars texter. De böner däremot, varmed helgonfester av lägre rang kommemoreras på vanliga söndagar, samt ovan omtalade andra och tredje orationer, kunna naturligtvis icke återfinnas i denna bok.

Om den heliga Mässan.

Mässoffrets heliga handling har under tidernas lopp av Kyrkan utvecklats till en rik liturgi. Sånger och psalmer, böner och läsning, i ett väl ordnat sammanhang, förbereda, omgiva och avsluta "trons stora hemlighet", så att det hela bildar ett heligt konstverk av sällspord skönhet. Kyrkan, Kristi brud, har i kärlek och fromhet på detta sätt givit "Herrens åminnelse" en strålande och ädel infattning.

Den heliga Mässans innersta kärna och vördnadsvärda höjdpunkt har Herren själv, till såväl innehåll som form, skänkt sina lärjungar, då han vid sista nattvarden, aftonen före sitt lidande, tog brödet, välsignade det, gav det åt lärjungarna och sade: "Tagen och äten; detta är min Lekamen; gören detta till min åminnelse." På samma sätt tog han ock kalken efter måltiden och sade: "Denna kalk är det Nya förbundet i mitt Blod; gören detta, så ofta I dricken härav, till min åminnelse." Han gav dem sin heliga Lekamen, som han gick att offra, och sitt heliga Blod, som han skulle utgjuta till syndernas förlåtelse. Och från nattvardssalen gick han till sin blodiga offerdöd på korset. Så är han vår sanne överstepräst, som utgiver sig själv till

Inledning

offergåva och i kraft av sin heliga lydnad i lidandet går in i det Nya förbundets allraheligaste och för evigt försonar oss med Gud. Till bevis för denna försoning, till tecken på offrets nådiga mottagande och till återlösningsverkets fullkomning har Gud sedan uppväckt honom från de döda och upptagit honom i himmelen. Där tronar han nu på Majestätets högra sida, och han, vår Frälsare, verkar alltjämt för oss som vår evige överstepräst enligt Melkisedeks ordning.

Denna heliga hemlighet, offringen av Kristi Lekamen och Blod, hava apostlarna och deras efterträdare förvaltat med vördnad och kärlek. De hava ofta framburit Offret, såsom Herren sagt, framför allt på söndagen, "Herrens dag", då vi fira minnet av hans ärorika uppståndelse, vilken var fullkomningen och kronan på återlösningsverket. Församlade till gemensam kärleksmåltid, upprepade de troget den sista nattvardens ceremoni. Därav komma de många namn, varmed de betecknade den heliga handlingen: Herrens måltid, kärleksmåltid, Herrens åminnelse, tacksägelse (på grekiska: Eukaristia), det heliga Offret, brödets brytande.

Firandet av det heliga Offret har i allt väsentligt förblivit detsamma ända in i våra dagar, om än den yttre formen i många delar förändrats under seklernas lopp, och det kommer städse att förbliva detsamma. I den del av Mässan, som kallas offergudstjänsten, fira vi ännu i dag det heliga Offret på samma sätt som de första kristna.

Den förberedande gudstjänsten är även av vördnadsbjudande ålder. När de första kristna i Jerusalem samlades till gudstjänst, höllo de den på ungefär samma sätt som de förr gjort i templet och synagogorna, men de gammaltestamentliga psalmerna och läsningarna framstodo nu.

genomstrålade av det Nya förbundets ande, i sin fulla och sanna betydelse. Snart hade man även egna skrifter att föreläsa: apostlarnas brev till församlingarna samt de heliga evangelisternas berättelser om Herrens liv och ord. I en predikan klarlades sedan andemeningen i det förelästa. Denna gudstjänst med bön och läsning firades först skild från det heliga Offret men förenades snart därmed, så att läsningarna och bönerna bildade en f ö r b e r e d e l s e till O f fr e t. Därtill kom, att man snart började använda läsningarna som undervisning för dem, som ville upptagas i församlingen, de s. k. katekumenerna. Vid Offrets början fingo dessa avlägsna sig, ty endast de troende fingo deltaga i det eukaristiska Offret. Därför kallas Mässans två huvuddelar mångenstädes ännu i dag: katekumenmässan och de troendes Mässa.

Den högtidliga ceremonien, då katekumenerna avlägsnade sig från gudstjänsten, har givit upphov till hela gudstjänstens nuvarande namn: Mässan. Detta ord kommer nämligen av det latinska "missa", som betyder avlägsnande, avsked. Då detta "missa" förekom två gånger: vid Offrets början för katekumenerna och vid dess slut för de troende (liksom än i dag vid "Ite Missa est"), så fick hela den eukaristiska gudstjänsten så småningom detta namn — "Missa = Mässa".

I. Den förberedande gudstjänsten.

Företrädd av mässtjänaren och iklädd sitt ämbetes heliga kläder träder prästen inför altaret. Till hans böner och rituella handlingar ansluta sig alla de närvarande under hela Mässan, vare sig de gemensamt svara honom eller sjunga eller tyst följa med i mässboken, i det de endräktigt med honom och varandra upplyfta sina själar till Gud.

Inledning

1. Inledningen.

Trappstegsbönen — så benämnd emedan den bedes nedanför trappstegen till altaret — förrättades ursprungligen av prästen i sakristian som förberedelsebön, men tjänar nu som inledningsbön för hela församlingen. Denna gammaltestamentliga bön, Psalm 42, så fylld av levande tro och längtan efter Gud, avslutas med syndabekännelsen (C o n f i t e o r), som bedes först av prästen och sedan av hela församlingen (genom mässtjänaren). Inför Gud den Allsmäktige, inför alla hans helgon och inför varandra anklaga sig alla de närvarande och bedja om förlåtelse och förbön.

Under bön stiger prästen sedan uppför altarstegen och kysser enligt gammalkristlig sed altaret, sinnebild för Kristus, till tecken på enhet med honom och vördnad för de heliga reliker, som där vila. I festmässor vördas altaret på ett särskilt sätt. Genom att inhölja det i doftande rökelsemoln, som beteckna våra böner, helga vi det för det heliga Offret, på samma gång som vi vörda det såsom symbol för Guds närvaro.

Ingångsversen (I n t r o i t u s) angiver nu den fromma stämning, som tiden i kyrkoåret och inträdandet i Herrens hus uppväcka, samtidigt som den verkar upplyftande och enande på de närvarande. I högmässan sjunges den av kören under trappstegsbönen; förr sjöngs den redan vid prästens inträde i kyrkan — därav namnet.

2. Bönerna.

I en enträgen bön vända sig nu prästen och församlingen till den treenige Guden och anropa honom om förbarmande; på samma gång frambäres en hyllning till Trefaldighetens heliga, upphöjda och outgrundliga hemlighet, i det bönen tre gånger riktas till Fadern, tre gånger till Sonen och tre gånger till den Helige Ande (K y r i e). Sedan uppstämmes den urkristliga lov- och tacksägelsehymnen Gloria, som börjar med änglarnas lovsång och fortsätter med en jubelhymn till den allsmäktige Faderns härlighet, till Jesus Kristus, Guds Lamm, och till den Helige Ande, en Gud i odelbar enhet. Efter prästens och församlingens inbördes hälsning i Herren (Herren vare med eder — Och med din ande), som angiver deras enhet inför Gud, lyfter prästen sina händer och beder i allas namn dagens kyrkobön (Oratio), vilken i underbart klar och vacker form uttrycker deras och hela Kyrkans bön till Gud. Och alla de närvarande bekräfta hans bön med ett gemensamt "Amen".

3. Läsningarna.

Församlingens böner få liksom ett svar från Gud, då Hans heliga ord framställas genom läsning av texter ur den Heliga Skrift. I betydelsefulla bilder och liknelser tala det Gamla förbundets profeter och patriarker om Kristi härlighet och Hans kommande rike; apostlarnas brev förmana och uppmuntra till ett heligt liv i Kristus, och Apostlagärningarna berätta om deras liv och verk i Kristi tjänst. Också denna läsning är så vald, att den motsvarar den kyrkliga tiden eller festen, samt framhäver och förklarar festens innebörd och nådeverkan.

Efter läsningen följa några korta verstexter, som giva uttryck åt och fördjupa den andakt, som läsningen framkallat hos församlingen. Den första av dessa texter kallas Graduale; i gamla tider sjöngs den av en försångare på en upphöjd plats (gradus = trappsteg). På bot- och vigildagar förlänges Graduale till Tractus (= förlängd sång). Vid festliga tillfällen

Inledning

däremot tillfogas det jublande A l l e l u j a, och på en del större festdagar även en hymn, s. k. S e k v e n s. Sekvenserna äro pärlor av fromhet och skönhet, och de besjunga i klassiskt enkla och gripande strofer festens innehåll och föremål.

Därefter talar Herren själv till sin församling genom det heliga E v a n g e l i e t, vars berättelser om Hans jordiska liv och lidande, Hans djupa ord, tecken och under, Hans liknelser och lärdomar på nytt uppenbara Guds rikes hemligheter.

Församlingen svarar med att bekänna sin fasta tro på Honom, Faderns enfödde Son, och på Hans återlösningsverk, alltifrån Hans födelse på jorden till Hans återkomst i härlighet (C r e d o).

II. Offergudstjänsten med Förvandlingen och Kommunionen.

1. Gåvornas frambärande.

Offergudstjänsten inledes med offergåvornas högtidliga frambärande. I den fornkristna tiden gick prästen eller diakonen ned till folket och mottog av var och en någon gåva, bestående av bröd, vin, blommor eller frukter. Av brödet och vinet frambars en för kommunionen tillräcklig del till altaret, det övriga användes sedan till prästens uppehälle, kyrkans prydande och till gåvor åt de fattiga. Hela denna handling beledsagades av en sång, kallad O f f e r t o r i u m, vilken bestod av en offringsvers jämte en psalm, och som hänsyftade dels på den just skeende offringen och dels på dagens särskilda fest. — En rest av detta gemensamma offer lever på sina ställen ännu kvar i den s. k. offergången i själamässor, men offret består numera av en penninggåva.

I våra dagar är det vanligen så, att prästen

själv frambär hostian till altaret, och vid offringen räcker mässtjänaren honom vinet. Av den beledsagande sången återstår numera blott den egentliga offringsversen; psalmen är vanligen utesluten.

Detta gamla bruk att frambära gåvor hade icke framsprungit blott ur församlingens och de fattigas behov, utan det var även ett uttryck för den själens uppoffring och det innerliga deltagande i Jesu Kristi heliga offer, som uppfyllde de troendes hjärtan.

I det för offret bestämda vinet hällas några droppar vatten, ty Herren själv har vid sista nattvarden enligt gammal sed använt vin, blandat med vatten. Denna blanding har en djup symbolisk betydelse. Liksom vattnet uppgår i vinet, så skola de materiella gåvorna uppgå i Kristi Lekamen och Blod, så skola de troendes böner och offer, när de förenas med Kristi offer, få ett oändligt värde och upphöjas till en helig värdighet, ja, så skola de troende själva genom detta offer bliva "delaktiga i Gudomen".

I högmässan incenseras efter offringen gåvorna, altaret och de troende med rökelse. Denna är här icke blott en sinnebild av det andliga offret, bönen, som uppstiger liksom en vällukt inför Gud, utan den betecknar även, att de synliga gåvorna helgas och välsignas, och att de andäktigas själar lyftas till Gud.

Sedan följer handtvagningen, som förr väl var nödvändig efter mottagandet av gåvorna; nu är den dock huvudsakligen ett tecken på den inre och yttre renhet, som fordras för firandet av detta upphöjda offer.

Därefter kysser prästen altaret, vänder sig mot församlingen och uppmanar till bön om att Gud måtte mottaga deras gemensamma offer. Själv läser han Secreta, en tyst bön över offergåvorna, och övergår sedan till

Inledning

Praefationen.

Genom några korta maningsord bjuder prästen församlingen att gemensamt med honom lyfta sina hjärtan till Gud, och därefter beder han i allas namn den stora tacksägelsebönen. I mäktiga rytmer prisar han den allsmäktige Guden, alla goda gåvors givare, genom Kristus, vår Herre. Han förenar sin och de troendes lovprisning med de heliga änglarnas, vilka i ständig tillbedjan omgiva Guds tron och med en mun ropa: "Helig, helig, helig är Herren Gud Sabaoth" (Sanctus).

2. *Förvandlingen.*

Under djup och andäktig tystnad följer församlingen med i anden, då prästen nu med sänkt röst läser *Canon*. Han beder, att Gud måtte mottaga offret för hela Kyrkan och dess överherde, påven, med vilka han och de närvarande troende stå i gemenskap. Sedan ihågkommer han i bönen några särskilda troende jämte alla, som deltaga i det heliga Offret. Denna den jordiska Kyrkans gemenskap förenar han så med den himmelska, i det han vördnadsfullt nämner först Guds Moder, sedan Petrus och Paulus jämte de andra apostlarna och slutligen tolv av Kristi utvalda blodsvittnen: fem heliga påvar, biskop Cyprianus av Kartago, den romerske diakonen Laurentius samt fem heliga lekmän. Sedan han på detta sätt så att säga har samlat hela den stridande och triumferande Kyrkan omkring altaret, beder han ånyo, att Gud måtte mottaga offergåvorna och låta dem bliva till sin älskade Sons Lekamen och Blod.

Därmed har han kommit till Mässans heligaste ögonblick, då han som Herrens vigde tjänare och ställföreträdare skall ingå i ett orsakssammanhang med Guds undergörande allmakt. Han

Inledning

företräder nu helt Kristi person, återgivande Hans ord och handling i nattvardssalen. I kraft av Gudamänniskans instiftelse förvandlas brödet och vinet till Hans heliga Lekamen och Blod och förnyas alltjämt Hans ena och eviga återlösningsoffer. Under skilda gestalter, symbolen för den blodiga offerdöd, vår sanne överstepräst lidit på korset, är Han dock den förklarade Kristus, som i den Helige Andes enhet ständigt manar gott för oss hos Fadern i himmelen. Detta är trons mysterium: Kristi frälsningsverk alltjämt verkligt ibland oss och verksamt för oss.

Prästen lyfter sedan det allraheligaste Sakramentet högt att tillbedjas av hela folket och tänker, i helig glädje förenad med församlingen, först på Kristi heliga lidande och "förkunnar Hans död", såsom Herren har befallt, och nämner sedan Hans ärorika uppståndelse och himmelsfärd, genom vilken Hans verk kröntes, och som gör Hans seger uppenbar för oss. Sedan frambär prästen den i sanning rena och heliga offergåva, som Fadern själv har lagt i vår hand, i en högtidlig bön för sig och hela Kyrkan. Genom åminnelsen av de i Kristus avlidna sluter han den krets, som den heliga Kyrkan på jorden, i skärselden och i himmelen bildar omkring offret. Ännu en gång nämner han den urkristna tidens apostlar och heliga blodsvittnen, till vilkas gemenskap "vi syndare" hoppas att en gång få komma.

Sedan avslutar han Canon med en högtidlig l o v p r i s n i n g till den allsmäktige Fadern genom Kristus i den Helige Andes enhet. Och församlingen bekräftar hans ord med ett gemensamt: Amen.

3. *Kommunionen.*

Offret är framburet; nu följer o f f e r m å l t i d e n. Alla, som deltaga i den, förena sig med

Kristi offer och undfå dess frukter. De bekänna, att de icke blott genom ett offrande sinnelag utan verkligen och direkt förena sig med Honom, som på en gång är offerpräst och offergåva. En krans av underbara böner omgiver denna heliga måltid. Den inledes med "Herrens bön",

Fader vår,

vilken prästen läser med hög röst, och i denna bön förena sig alla av Kristus återlösta Guds barn. Den sista av bönerna, om frälsning från det onda, fortsätter prästen i en innerlig åkallan, som avslutas med **brödbrytningen**, som även den hör till Herrens egna handlingar vid den sista nattvarden. — I forna tider, då Eukaristien framställdes av de troendes egna offergåvor, bröts nu det heliga brödet för alla och lades tillrätta på altarbordet. I vår tid bryter prästen blott den för honom själv bestämda stora Hostian och låter en liten del därav falla i Kalken, under det han uttalar **fridshälsningen** till de troende. Denna blandning av de båda gestalterna är en symbol för Kristi Lekamens och Blods förblivande enhet i hans förklarade Lekamen.

Därpå följer det tre gånger upprepade **Agnus Dei** (Guds Lamm), vilket förr sjöngs under brödbrytningen. Prästen böjer sig djupt och beder tre förberedelseböner till den heliga Kommunionen. Efter den första, som är en bön om frid, gives i levithögmässan **fridskyssen**. Som en sista förberedelse till den heliga måltiden beder prästen tre gånger, i det han slår sig för sitt bröst: **Domine, non sum dignus** (Herre, jag är icke värdig). Därefter mottager han Herrens Lekamen och Blod och utdelar sedan det heliga Sakramentet till de troende.

Inledning

Under Kommunionen liksom vid intåget och under offringen sjöng kören förr en sång av växlande innehåll jämte en psalm. Den kallades Communio. Nu sjunges den efter Kommunionen, och psalmen är då utesluten; i djupa och vackra ord prisar den lyckan och glädjen över Herrens hemlighetsfulla ingång i de troendes hjärtan.

Kommunionens högtidliga avslutning utgöres av gemensam bön, Postcommunio, vilken liksom Kyrkobönen inledes av prästens uppmaning: Oremus = Låtom oss bedja, och avslutas med församlingens "Amen". I denna bön tackar prästen i allas namn för det mottagna Sakramentet och beder om uthållighetens nåd, och särskilt om all nåds fullkomning i den eviga saligheten.

Efter den avslutande hälsningen: Ite, Missa est (Gån, Mässan är fullbordad), följer välsignelsen i den treenige Gudens namn samt Slutevangeliet, vilket vanligen består av Johannes-evangeliets första kapitel, vers 1—14. Alla svara med en tacksägelse till Gud och avsluta därmed Mässan, som är en enda stor tacksägelsefest.

Fylld av ny kraft och Kristi frid, lämnar den troende kyrkan och går till sin gärning, som genom deltagandet i det heliga Offret och mottagandet av Mässans välsignelse upphöjes till en ständig helig offertjänst och tacksägelse inför Gud.

Färgen på mässkruden varierar efter kyrkoårets tider och festdagar. De liturgiska färgerna äro fem: vitt, rött, grönt, violett och svart.

Vitt betecknar det strålande ljuset, den fläckfria renheten och den jublande glädjen. Såsom sinnebild för ljuset användes denna färg på fester för den heliga Treenigheten samt på de av Kristi fester, som icke gälla hans lidande. Såsom glädjens färg användes vitt på heliga bekännares fester och såsom renhetens färg på heliga jungfrurs, framför allt Guds Moders fester.

Rött är eldens färg och därför sinnebild för den gudomliga kärleken. Den är också blodets färg och betecknar därför Kristi lidande och martyrernas blod. Rött användes alltså på pingsten, då vi fira minnet av den Helige Andes utgjutande i form av eldtungor, samt på alla fester för den Helige Ande. Därjämte är rött festfärgen för Kristi kors och lidande samt för apostlar och martyrer.

Grönt, som är en festfärg ehuru mildare än de båda föregående, betecknar såsom naturens huvudfärg allt, som växer och spirar. I denna färg gå därför tiderna efter Pingst och Trettondagen, då man stilla betraktar de stora festernas innehåll, så att de nådens frön, som nedlagts i vår själ, kunna spira upp och mogna till god säd. Grönt gäller också som hoppets färg; detta kommer särskilt fram i tiden efter pingst, då hoppet om Kristi rikes tillkommelse är ett huvudmoment.

Violett är i Kyrkan botens färg. Den är icke det helt fördunklade ljuset, men den väcker längtan efter ljusets återkomst. Den användes därför under bot- och reningstider såsom advent, fastan, vigildagar.

Svart, mörkrets färg, betecknar döden, sorgen, synden. Den användes på Långfredag, då Kyrkan med djup smärta begår minnet av Kristi lidande, död och begravning, samt i själamässor.

Översikt över Mässans liturgiska byggnad.

(Spärrad stil angiver Mässans varierande delar.)

Den heliga Mässans ordinarie Liturgi:	Högmässans (Levithögmässans) särskilda former.
I. Den förberedande gudstjänsten.	
Trappstegsbönen.	Kören sjunger Introitus. (Altaret incenseras.)
I n t r o i t u s.	
Kyrie eleison.	Sjunges av kören.
(Gloria in excelsis.)	Intoneras av prästen, sjunges av kören.
O r a t i o.	
E p i s t e l.	(Läses av Subdiakonen.)
G r a d u a l e, (T r a c- t u s).	Sjunges av kören.
E v a n g e l i u m.	(Sjunges av Diakonen.)
(Credo.)	Intoneras av prästen, sjunges av kören.
II. Offergudstjänsten.	
Offerberedelsen.	
O f f e r t o r i u m.	Sjunges av kören.
Offergåvornas frambärande.	(Offergåvorna, altaret och de troende incenseras med rökelse.)
Handtvagningen.	
Bön till den heliga Trefaldigheten.	
Orate fratres.	
S e c r e t a.	

Inledning

Det eukaristiska offret.

Præfationen.
Sanctus.
Böner före förvandlingen. (De levande i särskild åtanke).

Kören sjunger första delen av Sanctus.

* * FÖRVANDLINGEN * *

Böner efter förvandlingen. (De avlidna i särskild åtanke).
Lovprisning och Amen.

Kören sjunger andra delen av Sanctus (Benedictus).

Kommunionen.

Pater noster.
Brödets brytande.
Agnus Dei.
Bön om frid.
Prästens kommunion.
(De troendes kommunion.)
Communio.
Postcommunio.
Ite, Missa est eller Benedicamus.
Välsignelsen.
Slutevangelium.

Sjunges av kören.
(Fridskyssen.)

Sjunges av kören.

(Sjunges av Diakonen.)

Om Kyrkoåret.

Den heliga Kyrkans mässbok är till hela sin uppställning och ordning en årsbok. Den är boken om offergudstjänstens firande under loppet av det liturgiska kyrkoåret. Såsom den liturgiska gudstjänsten till rummet är begränsad av gudshusets murar, så är den till tiden innesluten i festernas heliga ordning. Av heliga dagar, veckor och årstider växer helheten, kyrkoåret, fram. Iakttagandet av dessa heliga tider utgör därför en av liturgiens urgamla grundvalar.

Den romerska moderkyrkans liturgiska böcker hava redan i forntiden för kyrkoåret benämningen krets. I kretsens medelpunkt står Jesus Kristus. Han är alla dagars och tiders evige konung, han är solen i andarnas stjärnerymd. Från denna kyrkoårets ljusbringande medelpunkt utgå festtiderna och de enskilda festdagarna såsom strålar och strålknippen och bilda en i rikaste färgprakt skimrande ljusring. Och liksom solen på himmelen ledsagas av månen, och otaliga stjärnor av olika storlek och glans, så stråla Guds Moders och helgonens fester inom den stora ljuskretsen, kyrkoåret.

Om vi med innerlig hängivenhet leva med i kyrkoåret, komma vi därigenom i gemenskap och

Inledning

umgänge med Kristus och hans helgon. Djupast sett är kyrkoåret, liksom all liturgi, en de kristtrognas hyllning och invigning till den treenige Guden, genom och med och i Kristus, vid den heliga Kyrkans hand.

Kristus är Guds stora uppenbarelse. I kyrkoåret ligger denna uppenbarelse liksom utbredd för våra blickar och därför lättare fattbar. Gudamänniskans liv och gärning fortlöper inför våra ögon i sin naturliga utveckling. Vi uppleva forntidens längtan efter den utlovade Frälsaren och hans mandomsanammelse i tidernas fullbordan (advent), hans jordiska födelse av Jungfrun i Betlehem (Jul); vi se, hur han blir uppenbarad för hednavärlden (Trettondagen). Vi betrakta hans fördolda liv i Nazaret, hans ödmjukhet, då han lät döpa sig, hans botgöring i öknen. Vi följa honom i hans offentliga liv med predikan och underverk, vi se hela hans kvalfulla lidande från nattvardssalen till korset (fastetiden, passionstiden). Vi uppleva hans översteprästerliga offerdöd (Stilla veckan), hans uppståndelse (Påsk) och himmelsfärd (Kristi himmelsfärdsdag), Andens utgjutelse (Pingst) och till sist Kristi mest upphöjda uppenbarelse i Trefaldighetens mysterium (Trefaldighetsfesten).

I kyrkoårets vidare förlopp fördjupa vi oss i Eukaristiens jubelfest (Kristi Lekamens fest), i Gudamänniskans hjärta, som är hela frälsningens källa (Jesu Hjärtas fest) och stiga slutligen upp till hans tron, där han i Faderns makt regerar världsalltet (Kristi Konungadömes fest). Och mellan dessa stora fester glädja vi oss åt Kristi ständigt fortsatta mystiska liv och verkande till Guds rikes inre organiska tillväxt i den Helige Andes kraft.

All denna oavlåtligen strömmande nåd frambringar i själarna helgelse och helighet, ja, den

Inledning

frambringar helgonen, som vi möta under kyrkoårets lopp. Drottningen bland dem, Jesu Moder, följa vi ända från hennes livs första välsignade ögonblick (Immaculata-festen) till hennes största, hemlighetsfyllda dag (Marie Bebådelse) över Golgata (Marie Sju Smärtor) till hennes tron i himmelen (Marie Upptagelse). Och alla helgon, från Herrens apostlar till våra egna samtida, ihågkomma vi på deras olika minnesdagar, alltefter det förhållande, vari de genom sin verksamhet stå till Kyrkan samt fira dem slutligen alla under en gemensam högtid (Allhelgonadagen).

Kyrkoåret är alltigenom en mäktig bekännelse till Kristus, och Kyrkan förenar sig med helgonen, sina barn, i en ständig lovsång inför hans tron. Kristi förhärligande är ett av Kyrkans mest väsentliga ändamål, och detta förverkligas här på jorden inom ramen av det liturgiska året. Jämsides härmed står en annan uppgift för Kyrkan och dess heliga år. Solen inverkar genom sina strålar under det naturliga årets förlopp avgörande på vårt jordiska liv. I andlig bemärkelse sker något liknande under kyrkoårets gång. Det kyrkliga året är icke blott ett heligt år, fullt av heliga minnen och minnesdagar, utan även ett heliggörande, liksom Kyrkan själv är både helig och heliggörande. Såsom Herren gjorde under sin jordevandring, han gick omkring bland människorna, välsignande och undergörande, så gör han även i kyrkoåret. Frälsaren går sannerligen genom sin Kyrkas heliga år och gör det för alla troende till ett välsignelsens och nådens år, till ett

Herrens år.

PROPRIUM DE TEMPORE
KYRKOÅRETS SÖN- OCH HELGDAGAR

Adventstiden.

Kyrkoåret börjar med första söndagen i advent. Adventstiden, som räknar 4 söndagar, skall vara en förberedelse till Julen. Liturgiens huvudtanke under adventstiden är: Herren kommer (adventus = ankomst). Herrens ankomst är emellertid en tredubbel: första gången kom han, då han blev född som barn i Betlehem; andra gången kommer han genom nåden till var och en av oss; tredje gången skall han komma i sin härlighet som världens domare. Det är därför icke nog, att vi minnas Frälsarens födelse i köttet för 1900 år sedan; vi måste i adventstiden även förbereda våra själar till att taga emot honom, så att han på Julens högtid kan pånyttfödas i våra hjärtan. Då kunna vi även med trygghet och glädje emotse hans tredje ankomst på den yttersta dagen.

Advent är en allvarets och botens tid, om än mindre sträng än fastetiden. Den liturgiska färgen är violett, och "Gloria in excelsis" sjunges icke i adventsliturgien.

Första söndagen i advent.

Introitus.
(Ps. 24:1-3. — Ps. 24:4.)

Ad te levavi animam meam: Deus meus, in te confido, non erubescam: neque irrideant me inimici mei: etenim universi, qui te exspectant, non confundentur.
Vias tuas, Domine, demonstra mihi: et semitas tuas edoce me.
Gloria Patri, et Filio, et Spiritui Sancto. Sicut erat in principio, et nunc, et semper, et in sæcula sæculorum. Amen.
Ad te levavi...

Till dig upplyfter jag min själ; min Gud, på dig förtröstar jag; låt mig ej komma på skam och varda till åtlöje för mina fiender; ty ingen kommer på skam, som förbidar dig.
Herre, visa mig dina vägar och lär mig dina stigar.
Ära vare Fadern och Sonen och den Helige Ande, som det var i begynnelsen, så nu och alltid och i all evighet. Amen.
Till dig upplyfter...

Oratio.

Excita, quæsumus, Domine, potentiam tuam, et veni: ut ab imminentibus peccatorum nostrorum periculis, te mereamur protegente eripi, te liberante salvari: Qui vivis...

Res dig, o Herre, i ditt välde och kom, att vi genom ditt beskärm må undanryckas de faror, varmed våra synder hota oss, och genom din återlösning uppnå saligheten: du som lever...

Epistola.
(Rom. 13:11-14.)

Lectio Epistolæ beati Pauli Apostoli ad Ro-

Bröder, I veten, att stunden nu är inne

Första söndagen i advent

manos. Fratres: Scientes, quia hora est jam nos de somno surgere. Nunc enim propior est nostra salus, quam cum credidimus. Nox præcessit, dies autem appropinquavit. Abjiciamus ergo opera tenebrarum. et induamur arma lucis. Sicut in die honeste ambulemus: non in comessationibus et ebrietatibus, non in cubilibus et impudicitiis, non in contentione et æmulatione: sed induimini Dominum Jesum Christum.

för eder att vakna upp ur sömnen. Ty frälsningen är oss nu närmare, än då vi kommo till tro. Natten är framskriden, och dagen är nära. Låtom oss därför avlägga mörkrets gärningar och ikläda oss ljusets vapenrustning. Låtom oss föra en hövisk vandel såsom om dagen, icke med vilt leverne och dryckenskap, icke i otukt och lösaktighet, icke i kiv och avund. Ikläden eder fastmer Herren Jesus Kristus.

Graduale.
(Ps. 24:3, 4. — Ps. 84:8.)

Universi, qui te exspectant, non confundentur, Domine. Vias tuas, Domine, notas fac mihi: et semitas tuas edoce me.
Alleluja, alleluja. Ostende nobis, Domine, misericordiam tuam: et salutare tuum da nobis. Alleluja.

Ingen av dem, som förbida dig, Herre, kommer på skam. Herre, visa mig dina vägar och lär mig dina stigar.
Alleluja, alleluja. Visa oss din barmhärtighet, o Herre, och giv oss din frälsning. Alleluja.

Evangelium.
(Luk. 21:25-33.)

Sequentia sancti Evangelii secundum Lucam.

I den tiden sade Jesus till sina lärjungar:

In illo tempore: Dixit Jesus discipulis suis: Erunt signa in sole et luna et stellis, et in terris pressura gentium præ confusione sonitus maris, et fluctuum: arescentibus hominibus præ timore et exspectatione, quæ supervenient universo orbi: nam virtutes cælorum movebuntur. Et tunc videbunt Filium hominis venientem in nube cum potestate magna et majestate. His autem fieri incipientibus, respicite et levate capita vestra: quoniam appropinquat redemptio vestra. Et dixit illis similitudinem: Videte ficulneam, et omnes arbores: cum producunt jam ex se fructum, scitis quoniam prope est æstas. Ita et vos cum videritis hæc fieri, scitote quoniam prope est regnum Dei. Amen, dico vobis, quia non præteribit generatio hæc, donec omnia fiant. Cælum et terra transibunt: verba autem mea non transibunt.

Tecken skola ske i sol och måne och stjärnor, och på jorden skall ångest komma över folken, och de skola stå rådlösa vid havets och vågornas dån, och människorna skola förgås av förskräckelse och ängslan för det, som skall övergå hela världen; ty himmelens krafter skola komma i uppror. Då skola de få se Människosonen komma i skyn med stor makt och härlighet. Men när detta begynner ske, så sen upp och lyften edra huvuden; ty då nalkas eder förlossning. Och han framställde för dem en liknelse: Sen på fikonträdet och på alla andra träd. När I sen, att de börja knoppas, då veten I, att sommaren redan är nära. Likaså, när I sen detta ske, kunnen I ock veta, att Guds rike är nära. Sannerligen säger jag eder: Detta släkte skall icke förgås, förrän allt detta sker. Himmel och jord skola förgås, men mina ord skola aldrig förgås.

Första söndagen i advent

Offertorium.
(Ps. 24:1-3.)

Ad te levavi animam meam: Deus meus, in te confido, non erubescam: neque irrideant me inimici mei: etenim universi, qui te exspectant, non confundentur.

Till dig upplyfter jag min själ; min Gud, på dig förtröstar jag; låt mig ej komma på skam och varda till åtlöje för mina fiender; ty ingen kommer på skam, som förbidar dig.

Secreta.

Hæc sacra nos, Domine, potenti virtute mundatos ad suum faciant puriores venire principium. Per Dominum...

Herre, må dessa heliga hemligheter med mäktig kraft rena oss, så att vi, alltmera luttrade, må komma till deras upphov. Genom vår Herre...

Praefatio Trinitatis.
(sid. 291.)

Communio.
(Ps. 84:13.)

Dominus dabit benignitatem: et terra nostra dabit fructum suum.

Herren skall giva oss vad gott är, och vårt land skall giva sin gröda.

Postcommunio.

Suscipiamus, Domine, misericordiam tuam in medio templi tui; ut reparationis nostræ ventura sollemnia congruis honoribus præcedamus. Per Dominum nostrum...

Låt oss få del i din barmhärtighet, o Herre, här i ditt tempel, på det att vi med tillbörlig vördnad må förbereda oss till vår återlösnings stundande högtid. Genom vår Herre...

Andra söndagen i advent.

Introitus.
(Jes. 30:30. — Ps. 79:2.)

Populus Sion, ecce, Dominus veniet ad salvandas gentes: et auditam faciet Dominus gloriam vocis suæ in lætitia cordis vestri. Qui regis Israel, intende: qui deducis, velut ovem, Joseph. Gloria Patri... Populus Sion...

Sions folk, se, Herren kommer för att frälsa alla jordens folk; han skall låta sin härlighets röst ljuda till edert hjärtas glädje. Lyssna, Israels herde, du som leder Josefs stam såsom ett ungt lamm. Ära vare Fadern... Sions folk...

Oratio.

Excita, Domine, corda nostra ad præparandas Unigeniti tui vias: ut, per ejus adventum, purificatis tibi mentibus servire mereamur. Qui tecum...

Uppväck, o Herre, våra hjärtan till att bereda vägen för din enfödde Son, på det att vi genom hans ankomst må varda värdiga att tjäna dig med luttrat sinne. Vilken med dig lever...

Epistola.
(Rom. 15:4-13.)

Lectio Epistolæ beati Pauli Apostoli ad Romanos. Fratres: Quæcumque scripta sunt, ad nostram doctrinam scripta sunt: ut per patientiam, et consola-

Bröder, allt som fordom skrivits, det är skrivet oss till undervisning, för att vi genom ståndaktighet och genom den tröst, som skrifterna giva, skola bevara vårt

Andra söndagen i advent

tionem Scripturarum, spem habeamus. Deus autem patientiæ, et solacii, det vobis idipsum sapere in alterutrum secundum Jesum Christum: ut unanimes, uno ore honorificetis Deum et Patrem Domini nostri Jesu Christi. Propter quod suscipite invicem, sicut et Christus suscepit vos in honorem Dei. Dico enim Christum Jesum ministrum fuisse circumcisionis propter veritatem Dei, ad confirmandas promissiones patrum: gentes autem super misericordia honorare Deum, sicut scriptum est: Propterea confitebor tibi in gentibus, Domine, et nomini tuo cantabo. Et iterum dicit: Lætamini, gentes, cum plebe ejus. Et iterum: Laudate, omnes gentes, Dominum: et magnificate eum, omnes populi. Et rursus Isaias ait: Erit radix Jesse, et qui exsurget regere gentes, in eum

hopp. Och ståndaktighetens och tröstens Gud give eder att vara eniga till sinnes med varandra i Jesu Kristi efterföljelse, så att I endräktigt och med en mun förhärligen Gud, vår Herres Jesu Kristi Fader. Därför må den ene av eder vänligt upptaga den andre, såsom Kristus, Gud till ära, har upptagit eder. Vad jag vill säga, är detta: För de omskurna har Kristus blivit en tjänare, till ett vittnesbörd om Guds sannfärdighet, för att bekräfta de löften, som hade givits åt fäderna; hedningarna åter hava fått prisa Gud för hans barmhärtighets skull. Så är ock skrivet: Fördenskull skall jag prisa dig bland hednafolken och lovsjunga ditt namn. Och åter heter det: Fröjden eder, I hednafolk, med hans eget folk; så ock: Loven Herren alla släkten, prisen honom alla folk. Så säger ock Esaias: Telningen från Jesse rot skall komma, ja, han som skall

gentes sperabunt. Deus autem spei repleat vos omni gaudio et pace in credendo: ut abundetis in spe et virtute Spiritus Sancti.

stå upp för att råda över hednafolken; på honom skola hednafolken hoppas. Men hoppets Gud uppfylle eder med all glädje och frid i tron, så att I haven ett överflöd av hopp i den Helige Andes kraft.

Graduale.
(Ps. 49:2-3, 5. — Ps. 121:1.)

Ex Sion species decoris ejus: Deus manifeste veniet. Congregate illi sanctos ejus, qui ordinaverunt testamentum ejus super sacrificia. Alleluja, alleluja. Lætatus sum in his, quæ dicta sunt mihi: in domum Domini ibimus. Alleluja.

Från Sion strålar hans skönhets glans; synlig kommer Gud. Församlen inför honom hans heliga, som genom offer slutit förbund med honom. Alleluja, alleluja. Jag fröjdar mig över detta, som man sagt mig: Vi skola gå till Herrens hus. Alleluja.

Evangelium.
(Matt. 11:2-10.)

Sequentia sancti Evangelii secundum Matthæum. In illo tempore: Cum audisset Joannes in vinculis opera Christi, mittens duos de discipulis suis, ait illi: Tu es, qui venturus es, an alium exspectamus? Et respondens Jesus, ait illis: Euntes renuntiate

I den tiden, när Johannes i sitt fängelse fick höra om Kristi gärningar, sände han bud med två av sina lärjungar och lät fråga honom: Är du den, som skall komma, eller skola vi förbida någon annan? Då svarade Jesus och sade till dem: Gån

Andra söndagen i advent

Joanni, quæ audistis et vidistis. Cæci vident, claudi ambulant, leprosi mundantur, surdi audiunt, mortui resurgunt, pauperes evangelizantur: et beatus est, qui non fuerit scandalizatus in me. Illis autem abeuntibus, cœpit Jesus dicere ad turbas de Joanne: Quid existis in desertum videre? arundinem vento agitatam? Sed quid existis videre? hominem mollibus vestitum? Ecce, qui mollibus vestiuntur, in domibus regum sunt. Sed quid existis videre? Prophetam? Etiam dico vobis, et plus quam Prophetam. Hic est enim, de quo scriptum est: Ecce, ego mitto Angelum meum ante faciem tuam, qui præparabit viam tuam ante te.

och omtalen för Johannes, vad I haven hört och sett: blinda se, halta gå, spetälska renas, döva höra, döda uppstå, och för de fattiga förkunnas glädjens budskap. Och salig är den, som icke tager anstöt av mig. När dessa sedan gingo bort, begynte Jesus tala till folket om Johannes: Varför gingen I ut i öknen? Var det för att se ett rö, som drives hit och dit av vinden? Eller varför gingen I ut? Var det för att se en människa, klädd i fina kläder? Dem finnen I ju i konungapalatsen. Varför gingen I då ut? Var det för att se en profet? Ja, jag säger eder: Ännu mer än en profet är han. Han är den, om vilken det står skrivet: Se, jag sänder ut min ängel framför dig, och han skall bereda vägen för dig.

Offertorium.
(Ps. 84:7-8.)

Deus, tu conversus vivificabis nos, et plebs tua lætabitur in te:

O Gud, när du vänder dig till oss, skänker du oss liv, och ditt

ostende nobis, Domine, misericordiam tuam, et salutare tuum da nobis.

folk gläder sig i dig. Herre, visa oss din barmhärtighet och giv oss din frälsning.

Secreta.

Placare, quæsumus, Domine, humilitatis nostræ precibus et hostiis: et, ubi nulla suppetunt suffragia meritorum, tuis nobis succurre præsidiis. Per Dominum nostrum...

Herre, vi bedja dig, låt försona dig genom våra ödmjuka böner och offer; och där våra egna förtjänster icke kunna uppnå något, kom oss till hjälp med ditt beskydd. Genom vår Herre...

Praefatio Trinitatis.
(sid. 291.)

Communio.
(Bar. 5:5; 4:36.)

Jerusalem, surge et sta in excelso, et vide jucunditatem, quæ veniet tibi a Deo tuo.

Stå upp, Jerusalem, och stig upp på höjderna och skåda den sällhet, som kommer till dig från din Gud.

Postcommunio.

Repleti cibo spiritualis alimoniæ, supplices te, Domine, deprecamur; ut, hujus participatione mysterii, doceas nos terrena despicere et amare cælestia. Per Dominum...

Mättade och närda med andlig föda bönfalla vi ödmjukt hos dig, o Herre, lär oss genom delaktigheten i denna hemlighet att ringakta det jordiska och älska det himmelska. Genom vår Herre...

Tredje söndagen i advent.

Introitus.
(Fil. 4:4-6. — Ps. 84:2.)

Gaudete in Domino semper: iterum dico, gaudete. Modestia vestra nota sit omnibus hominibus: Dominus enim prope est. Nihil solliciti sitis: sed in omni oratione petitiones vestræ innotescant apud Deum. Benedixisti, Domine, terram tuam: avertisti captivitatem Jacob. Gloria Patri... Gaudete in Domino...

Fröjden eder i Herren alltid; åter säger jag: fröjden eder. Låten edert saktmod bliva kunnigt för alla människor. Herren är nära. Gören eder intet bekymmer, utan bären fram alla edra önskningar inför Gud i innerlig bön. Herre, du har välsignat ditt land; du har avvänt Jakobs fångenskap. Ära vare... Fröjden eder...

Oratio.

Aurem tuam, quæsumus, Domine, precibus nostris accommoda: et mentis nostræ tenebras, gratia tuæ visitationis illustra: Qui vivis...

Böj nådigt, o Herre, ditt öra till våra böner och upplys våra själars mörker med din besökelses nåd. Du som lever...

Epistola.
(Fil. 4:4-7.)

Lectio Epistolæ beati Pauli Apostoli ad Philippenses. Fratres: Gaudete in Domino semper: iterum dico, gaudete. Modestia vestra

Bröder, fröjden eder i Herren alltid; åter säger jag: fröjden eder. Låten edert saktmod bliva kunnigt för alla människor. Herren är

nota sit omnibus hominibus: Dominus prope est. Nihil solliciti sitis: sed in omni oratione et obsecratione, cum gratiarum actione, petitiones vestræ innotescant apud Deum. Et pax Dei, quæ exsuperat omnem sensum, custodiat corda vestra et intelligentias vestras, in Christo Jesu, Domino nostro.

nära. Gören eder intet bekymmer, utan bären fram alla edra önskningar inför Gud i innerlig bön med tacksägelse. Och må Guds frid, som övergår allt förstånd, bevara edra hjärtan och edra tankar i Kristus Jesus, vår Herre.

Graduale.
(Ps. 79:2-3.)

Qui sedes, Domine, super Cherubim, excita potentiam tuam, et veni. Qui regis Israel, intende: qui deducis, velut ovem, Joseph.
Alleluja, alleluja. Excita, Domine, potentiam tuam, et veni, ut salvos facias nos. Alleluja.

Herre, du som tronar över Kerubim, res dig i ditt välde och kom. Lyssna, Israels herde, du som leder Josef liksom ett lamm.
Alleluja, alleluja. Res dig, Herre, i ditt välde och kom att frälsa oss. Alleluja.

Evangelium.
(Joh. 1:19-28.)

Sequentia sancti Evangelii secundum Joannem. In illo tempore: Miserunt Judæi ab Jerosolymis sacerdotes et levitas ad Joannem, ut interrogarent eum:

I den tiden sände judarne från Jerusalem präster och leviter till Johannes för att fråga honom: Vem är du? Han svarade öppet och förnekade icke; han

Tredje söndagen i advent

Tu quis es? Et confessus est, et non negavit: et confessus est: Quia non sum ego Christus. Et interrogaverunt eum: Quid ergo? Elias es tu? Et dixit: Non sum. Propheta es tu? Et respondit: Non. Dixerunt ergo ei: Quis es, ut responsum demus his, qui miserunt nos? Quid dicis de te ipso? Ait: Ego vox clamantis in deserto: Dirigite viam Domini, sicut dixit Isaias Propheta. Et qui missi fuerant, erant ex pharisæis. Et interrogaverunt eum, et dixerunt ei: Quid ergo baptizas, si tu non es Christus, neque Elias, neque Propheta? Respondit eis Joannes, dicens: Ego baptizo in aqua: medius autem vestrum stetit, quem vos nescitis. Ipse est, qui post me venturus est, qui ante me factus est: cujus ego non sum dignus ut solvam ejus corrigiam calceamenti. Hæc in Bethania facta sunt trans Jordanem, ubi erat Joannes baptizans.

sade öppet: Jag är icke Kristus. Åter frågade de honom: Vem är du då? Är du Elias? Han svarade: Det är jag icke. — Är du profeten? Han svarade: Nej. Då sade de till honom: Vem är du då, att vi må kunna giva dem svar, som hava sänt oss. Vad säger du om dig själv? Han svarade: Jag är en ropandes röst i öknen: Bereden Herrens väg, såsom profeten Esaias har sagt. De utsända hörde till fariséerna. Och de frågade honom och sade till honom: Varför döper du då, om du icke är Kristus, ej heller Elias, ej heller profeten? Johannes svarade dem och sade: Jag döper i vatten; men mitt ibland eder står en, som I icke kännen: han som kommer efter mig, vilken har varit före mig, vilkens skorem jag icke är värdig att upplösa. Detta skedde i Betania, på andra sidan Jordan, där Johannes döpte.

Offertorium.
(Ps. 84:2.)

Benedixisti, Domine, terram tuam: avertisti captivitatem Jacob: remisisti iniquitatem plebis tuæ.

Herre, du har välsignat ditt land; du har avvänt Jakobs fångenskap; du har förlåtit ditt folk dess synder.

Secreta.

Devotionis nostræ tibi, quæsumus, Domine, hostia jugiter immoletur: quæ et sacri peragat instituta mysterii, et salutare tuum in nobis mirabiliter operetur. Per Dominum...

Vi bedja dig, Herre, låt vår andakts offer städse så frambäras åt dig, att det i enlighet med gudomlig instiftelse må fullborda den heliga hemligheten och på underbart vis verka i oss din frälsning. Genom vår Herre...

Praefatio Trinitatis.
(sid. 291.)

Communio.
(Jes. 35:4.)

Dicite: pusillanimes, confortamini et nolite timere: ecce, Deus noster veniet et salvabit nos.

Sägen: I klentrogne, varen vid gott mod och frukten ej; se, vår Gud skall komma och frälsa oss.

Postcommunio.

Imploramus, Domine, clementiam tuam: ut hæc divina subsidia, a vitiis expiatos, ad festa ventura nos præparent. Per Dominum...

Vi åkalla, o Herre, din mildhet, på det att dessa gudomliga nådemedel må rena oss från synderna och förbereda oss till den stundande högtiden. Genom vår Herre...

Fjärde söndagen i advent.

Introitus.
(Jes. 45:8. — Ps. 18:2.)

Rorate, cæli, desuper, et nubes pluant justum: aperiatur terra, et germinet Salvatorem. Cæli enarrant gloriam Dei: et opera manuum ejus annuntiat firmamentum. Gloria Patri... Rorate, cæli...

Sänken, I himlar, med daggen ifrån ovan, och I skyar, med regnet den Rättfärdige ned; öppna dig, jord, och låt Frälsaren spira upp. Himlarna förtälja Guds härlighet, och fästet förkunnar hans händers verk. Ära vare... Sänken, I himlar...

Oratio.

Excita, quæsumus, Domine, potentiam tuam, et veni: et magna nobis virtute succurre; ut per auxilium gratiæ tuæ, quod nostra peccata præpediunt, indulgentia tuæ propitiationis acceleret: Qui vivis...

Res dig i ditt välde, o Herre, vi bedja dig, och skynda med mäktig kraft till vår hjälp, på det att din skonsamma barmhärtighet genom din nåds bistånd måtte påskynda, vad våra synder förhindra. Du som lever...

Epistola.
(1 Kor. 4:1-5.)

Lectio Epistolæ beati Pauli Apostoli ad Corinthios. Fratres: Sic nos existimet homo ut ministros Christi, et dispensatores mysterio-

Bröder, så må nu alla människor anse oss såsom Kristi tjänare och förvaltare av Guds hemligheter. Av en förvaltare kräver

rum Dei. Hic jam quæritur inter dispensatores, ut fidelis quis inveniatur. Mihi autem pro minimo est, ut a vobis judicer, aut ab humano die: sed neque meipsum judico. Nihil enim mihi conscius sum: sed non in hoc justificatus sum: qui autem judicat me, Dominus est. Itaque nolite ante tempus judicare, quoadusque veniat Dominus: qui et illuminabit abscondita tenebrarum, et manifestabit consilia cordium: et tunc laus erit unicuique a Deo.

man, att han må befinnas vara trogen. För mig betyder det likväl föga, att I, eller eljest någon mänsklig domstol, sätten eder till doms över mig. Ja, jag vill icke ens sätta mig till doms över mig själv. Ty väl vet jag intet med mig, men därigenom är jag icke rättfärdigad; det är Herren, som är min domare. Dömen därför icke förrän tid är, icke förrän Herren kommer, han som skall draga fram i ljuset, vad som är fördolt i mörker, och uppenbara alla hjärtans rådslag. Och då skall var och en undfå av Gud den berömmelse, som honom tillkommer.

Graduale.
(Ps. 144:18. — 144:21.)

Prope est Dominus omnibus invocantibus eum: omnibus qui invocant eum in veritate. Laudem Domini loquetur os meum: et benedicat omnis caro nomen sanctum ejus.

Herren är nära alla dem, som åkalla honom, alla dem, som åkalla honom i sanning. Min mun skall förkunna Herrens lov, och allt kött skall välsigna hans heliga namn.

Fjärde söndagen i advent

Alleluja, alleluja. Veni, Domine, et noli tardare: relaxa facinora plebis tuæ Israel. Alleluja.

Alleluja, alleluja. Kom, Herre, och dröj icke; tag syndernas börda från ditt folk Israel. Alleluja.

Evangelium.
(Luk. 3:1-6.)

Sequentia sancti Evangelii secundum Lucam. Anno quintodecimo imperii Tiberii Cæsaris, procurante Pontio Pilato Judæam, tetrarcha autem Galilææ Herode, Philippo autem fratre ejus tetrarcha Iturææ et Trachonitidis regionis, et Lysania Abilinæ tetrarcha, sub principibus sacerdotum Anna et Caipha: factum est verbum Domini super Joannem, Zachariæ filium, in deserto. Et venit in omnem regionem Jordanis, prædicans baptismum pænitentiæ in remissionem peccatorum, sicut scriptum est in libro sermonum Isaiæ Prophetæ: Vox clamantis in deserto: Parate viam Domini: rectas facite semitas ejus: omnis vallis implebitur: et omnis mons et

I femtonde året av kejsar Tiberius' regering, när Pontius Pilatus var landshövding i Judeen, och Herodes var lydfurste i Galileen och hans broder Filippus lydfurste i Itureen och Trakonitislandet, och Lysanias lydfurste i Abilene, på den tid, då Annas var överstepräst jämte Kaifas — då kom Guds befallning till Johannes, Sakarias' son, i öknen; och han gick åstad och predikade i hela trakten omkring Jordan botens dop till syndernas förlåtelse, såsom det står skrivet i profeten Esaias utsagors bok: Hör den ropandes röst i öknen: Bereden vägen för Herren, gören stigarna jämna för honom. Alla dalar skola fyllas, och alla berg

collis humiliabitur: et erunt prava in directa, et aspera in vias planas: et videbit omnis caro salutare Dei.

och höjder sänkas; vad krokigt är skall rätas, och vad oländigt är skall bliva slät väg; och allt kött skall se Guds frälsning.

Offertorium.
(Luk. 1:28.)

Ave, Maria, gratia plena; Dominus tecum: benedicta tu in mulieribus et benedictus fructus ventris tui.

Hell dig, Maria, full av nåd; Herren är med dig; välsignad är du ibland kvinnor, och välsignad är din livsfrukt.

Secreta.

Sacrificiis præsentibus, quæsumus, Domine, placatus intende: ut et devotioni nostræ proficiant et saluti. Per Dominum nostrum...

Se nådigt, Herre, till dessa offergåvor, att de både må höja vår andakt och befrämja vår frälsning. Genom vår Herre...

Praefatio Trinitatis.
(Sid. 291.)

Communio.
(Jes. 7:14.)

Ecce, Virgo concipiet, et pariet filium: et vocabitur nomen ejus Emmanuel.

Se, en jungfru skall varda havande och föda en son, och man skall giva honom namnet Emmanuel.

Postcommunio.

Sumptis muneribus, quæsumus, Domine: ut,

Efter att hava mottagit dina gåvor bedja

Fjärde söndagen i advent

cum frequentatione mysterii, crescat nostræ salutis effectus. Per Dominum nostrum...

vi dig, o Herre, att det flitiga deltagandet i dina hemligheter allt kraftigare må verka vår frälsning. Genom vår Herre...

Julhögtiden.

Efter de fyra adventsveckorna lyder nu Julens glada budskap: Ett barn är oss fött, en son är oss given; Ordet har blivit kött och har bott ibland oss; Jesus Kristus, Guds enfödde Son, undfången genom den Helige Ande, har nu blivit född av Jungfru Maria i Betlehem.

Jultiden i vidare bemärkelse räknas intill Kyndelsmässodagen, den 2 februari, den fyrtionde dagen efter Jul, då Maria gick till Jerusalem för att efter Mose lag framställa Jesusbarnet i templet. Den liturgiska färgen i denna tid är vit, dock är den grön på de söndagar efter Epifania, då ingen särskild fest infaller.

Julhögtidens hemlighet är så stor, innehållsrik och helig, att Kyrkan icke tror sig kunna helt uttrycka sin andliga glädje genom endast en mässa. Varje präst får denna dag fira det heliga offret tre gånger. Den första mässan brukar firas vid midnatt, där det lämpligen låter sig göra, den andra i gryningen, den tredje vid högmässans vanliga tid.

FÖRSTA JULMÄSSAN.
(Julnatten.)

Introitus.
(Ps. 2:7. — 2:1.)

Dominus dixit ad me: Filius meus es tu, ego hodie genui te. Quare fremuerunt gntes: et populi meditati sunt inania? Gloria Patri... Dominus dixit...

Herren sade till mig: Du är min Son, i dag har jag fött dig. Varför larma hedningarna och tänka folken på fåfänglighet? Ära vare Fadern... Herren sade...

Oratio.

Deus, qui hanc sacratissimam noctem veri luminis fecisti illustratione clarescere: da, quæsumus; ut, cujus lucis mysteria in terra cognovimus, ejus quoque gaudiis in cælo perfruamur: Qui tecum vivit...

O Gud, som med det sanna ljusets glans upplyst denna högtheliga natt, vi bedja dig, giv, att vi, som på jorden lärt känna hemligheten av detta hans ljus, också i himmelen må åtnjuta hans fröjder, vilken med dig lever...

Epistola.
(Tit. 2:11-15.)

Lectio Epistolæ beati Pauli Apostoli ad Titum. Carissime: Apparuit gratia Dei Salvatoris nostri omnibus hominibus, erudiens nos, ut, abnegantes impietatem et sæcularia

Högtälskade! Guds, vår Frälsares nåd har uppenbarats för alla människor; den lär oss att avsäga oss all ogudaktighet och alla världsliga begärelser och att leva i tukt och rättfär-

desideria, sobrie et juste et pie vivamus in hoc sæculo, exspectantes beatam spem et adventum gloriæ magni Dei et Salvatoris nostri Jesu Christi: qui dedit semetipsum pro nobis: ut nos redimeret ab omni iniquitate, et mundaret sibi populum acceptabilem, sectatorem bonorum operum. Hæc loquere et exhortare: in Christo Jesu, Domino nostro.

dighet och gudaktighet i denna värld, medan vi vänta på fullbordandet av vårt saliga hopp, nämligen vår mäktige Guds och Frälsares Jesu Kristi återkomst i härlighet; han har utgivit sig själv för oss till att förlossa oss från all orättfärdighet och till att rena oss och så dana åt sig ett folk, som är honom välbehagligt och beflitar sig om goda gärningar. Så skall du tala och förmana i Kristus Jesus, vår Herre.

Graduale.
(Ps. 109:3, 1. — Ps. 2:7.)

Tecum principium in die virtutis tuæ: in splendoribus Sanctorum, ex utero ante luciferum genui te. Dixit Dominus Domino meo: Sede a dextris meis: donec ponam inimicos tuos, scabellum pedum tuorum.
Alleluja, alleluja. Dominus dixit ad me: Filius meus es tu, ego hodie genui te. Alleluja.

Hos dig är herraväldet på din krafts dag; i de heligas glans har jag före morgonstjärnan fött dig ur mitt sköte. Herren sade till min Herre: Sätt dig på min högra sida, till dess jag lägger dina fiender dig till en fotapall.
Alleluja, alleluja. Herren sade till min Herre: Du är min Son, i dag har jag fött dig. Alleluja.

Första julmässan

Evangelium.
(Luk. 2:1-14.)

Sequentia sancti Evangelii secundum Lucam. In illo tempore: Exiit edictum a Cæsare Augusto, ut describeretur universus orbis. Hæc descriptio prima facta est a præside Syriæ Cyrino: et ibant omnes ut profiterentur singuli in suam civitatem. Ascendit autem et Joseph a Galilæa de civitate Nazareth, in Judæam in civitatem David quæ vocatur Bethlehem: eo quod esset de domo et familia David, ut profiteretur cum Maria desponsata sibi uxore prægnante. Factum est autem, cum essent ibi, impleti sunt dies ut pareret. Et peperit filium suum primogenitum, et pannis eum involvit, et reclinavit eum in præsepio: quia non erat eis locus in diversorio. Et pastores erant in regione eadem vigilantes, et custodientes vigilias noctis super gregem suum. Et ecce, Angelus Domini stetit juxta illos,

I den tiden utgick ett påbud från kejsar Augustus, att hela världen skulle skattskrivas. Denna första skattskrivning skedde genom Cyrinus, som var ståthållare i Syrien. Och de begåvo sig alla åstad, var och en till sin stad, för att låta skattskriva sig. Så begav sig ock Josef från Galileen, från staden Nasaret upp till Judeen, till Davids stad, som heter Betlehem, emedan han var av Davids hus och släkt, för att låta skattskriva sig jämte Maria, sin trolovade hustru, som var havande. Och det hände, medan de voro där, att dagarna voro inne, då hon skulle föda. Och hon födde sin son, den förstfödde, insvepte honom i lindor och lade honom i en krubba; ty för dem fanns icke plats i härbärget. Och i samma nejd voro herdar ute på fältet och höllo vakt om natten över sin hjord. Och se, en Herrens ängel stod bredvid dem, och Guds

Julhögtiden

et claritas Dei circumfulsit illos, et timuerunt timore magno. Et dixit illis Angelus: Nolite timere: ecce enim, evangelizo vobis gaudium magnum, quod erit omni populo: quia natus est vobis hodie Salvator, qui est Christus Dominus, in civitate David. Et hoc vobis signum: Invenietis infantem pannis involutum, et positum in præsepio. Et subito facta est cum Angelo multitudo militiæ cælestis, laudantium Deum, et dicentium: Gloria in altissimis Deo, et in terra pax hominibus bonæ voluntatis.

härlighet kringstrålade dem, och de blevo mycket förskräckta. Men ängeln sade till dem: Frukten icke; ty se, jag bådar eder stor glädje, som skall vederfaras allt folket; ty i dag, i Davids stad, är eder född Frälsaren, som är Kristus, Herren. Och detta skall för eder vara tecknet: I skolen finna ett barn, insvept i lindor och liggande i en krubba. Då visade sig plötsligt omkring ängeln en mängd av den himmelska härskaran, vilken lovade Gud och sade: Ära vare Gud i höjden och på jorden frid åt människor, som hava hans välbehag.

Offertorium.
(Ps. 95:11, 13.)

Lætentur cæli, et exsultet terra ante faciem Domini: quoniam venit.

Himmelen fröjde sig, och jorden juble inför Herrens ansikte; ty han har kommit.

Secreta.

Accepta tibi sit, Domine, quæsumus, hodiernæ festivitatis oblatio: ut, tua gratia largiente, per hæc sacro-

Herre, vi bedja dig, låt denna festdags offer vara dig välbehagligt, på det att vi, med din nåds bistånd genom

Första julmässan

sancta commercia, in illius inveniamur forma, in quo tecum est nostra substantia: Qui tecum vivit...

denna gemensamma, heliga handling, må danas till hans avbild, i vilken vår natur är förenad med dig, han, som med dig lever...

Praefatio Nativitatis.

Vere dignum et justum est, æquum et salutare, nos tibi semper et ubique gratias agere: Domine sancte, Pater omnipotens, æterne Deus. Quia per incarnati Verbi mysterium nova mentis nostræ oculis lux tuæ claritatis infulsit: ut dum visibiliter Deum cognoscimus, per hunc in invisibilium amorem rapiamur. Et ideo cum Angelis et Archangelis, cum Thronis et Dominationibus, cumque omni militia coelestis exercitus hymnum gloriæ tuæ canimus sine fine dicentes:

Det är i sanning tillbörligt och rätt, riktigt och gagneligt, att vi alltid och allestädes tacka dig, helige Herre, allsmäktige Fader, evige Gud! Ty genom hemligheten av det människoblivna Ordet strålade ett nytt ljus av din härlighet inför våra själars ögon, så att vi, genom att i synlig gestalt skåda Gud, genom honom dragas till att älska det osynliga. Därför sjunga vi med änglar och ärkeänglar, med troner och herradömen och med hela den himmelska härskaran din härlighets lov, i det vi oavlåtligt säga:

Communio.
(Ps. 109:3.)

In splendoribus Sanctorum, ex utero ante luciferum genui te.

I de heligas glans har jag före morgonstjärnan fött dig ur mitt sköte.

Postcommunio.

Da nobis, quæsumus, Domine, Deus noster: ut, qui Nativitatem Domini nostri Jesu Christi mysteriis nos frequentare gaudemus; dignis conversationibus ad ejus mereamur pervenire consortium: Qui tecum vivit...

Giv oss nådigt, Herre vår Gud, att vi, som glädja oss över att kunna fira vår Herres Jesu Kristi födelse, genom delaktighet i de heliga hemligheterna, genom en värdig vandel må uppnå att varda förenade med honom, som med dig lever...

ANDRA JULMÄSSAN.
(I gryningen.)

Introitus.
(Jes. 9:2, 6. — Ps. 92:1.)

Lux fulgebit hodie super nos: quia natus est nobis Dominus: et vocabitur Admirabilis, Deus, Princeps pacis. Pater futuri sæculi: cujus regni non erit finis. Dominus regnavit, decorem indutus est: indutus est Dominus fortitudinem, et præcinxit se.
Gloria Patri...
Lux fulgebit...

I dag skall ljuset stråla över oss, ty oss är född Herren, och han skall kallas Underbar, Gud, Fridens Furste, den tillkommande tidens Fader, och hans rike skall icke hava något slut.
Herren är konung, han har iklätt sig sin skrud, Herren har iklätt sig sin starkhet och har omgjordat sig.
Ära vare...
I dag skall ljuset...

Oratio.

Da nobis, quæsumus, omnipotens Deus: ut,

Giv oss, vi bedja dig, allsmäktige Gud, att vi,

Andra julmässan

qui nova incarnati Verbi tui luce perfundimur; hoc in nostro resplendeat opere, quod per fidem fulget in mente. Per eumdem Dominum... Da, quæsumus, omnipotens Deus: ut, qui beatæ Anastasiæ Martyris tuæ sollemnia colimus; ejus apud te patrocinia sentiamus. Per Dominum...

som hava genomströmmats av det människovordna Ordets nya ljus, måtte i våra gärningar visa en avglans av detta, som genom tron strålar i våra hjärtan. Genom samme vår Herre...
Giv oss, vi bedja dig, allsmäktige Gud, att vi, som fira den heliga Anastasias, din martyrs, fest, må åtnjuta hennes förbön hos dig. Genom Kristus vår Herre...

Epistola.
(Tit. 3:4-7.)

Lectio Epistolæ beati Pauli Apostoli ad Titum. Carissime: Apparuit benignitas et humanitas Salvatoris nostri Dei: non ex operibus justitiæ, quæ fecimus nos, sed secundum suam misericordiam salvos nos fecit per lavacrum regenerationis et renovationis Spiritus Sancti, quem effudit in nos abunde per Jesum Christum, Salvatorem nostrum: ut, justificati gratia ipsius, heredes simus secundum spem vitæ æter-

Högtälskade! För oss har nu uppenbarats Guds, vår Frälsares godhet och kärlek till människorna; han har frälst oss, icke på grund av rättfärdighetens gärningar, som vi hava gjort, utan efter sin barmhärtighet, genom pånyttfödelsens och förnyelsens bad i den Helige Ande, som han rikligen utgjutit över oss genom Jesus Kristus, vår Frälsare, för att vi, rättfärdiggjorda genom hans nåd, skola, såsom vårt hopp är, få evigt

Julhögtiden

næ: in Christo Jesu, Domino nostro.

liv till arvedel: i Kristus Jesus, vår Herre.

Graduale.
(Ps. 117:26, 27, 23. — Ps. 92:1.)

Benedictus, qui venit in nomine Domini: Deus Dominus, et illuxit nobis. A Domino factum est istud: et est mirabile in oculis nostris. Alleluja, alleluja. Dominus regnavit, decorem induit: induit Dominus fortitudinem, et præcinxit se virtute. Alleluja.

Välsignad vare han, som kommer i Herrens namn! Herren är Gud, och han har bragt oss ljus. Av Herren är detta gjort, och det är underbart för våra ögon. Alleluja, alleluja. Herren är konung, han har iklätt sig sin skrud. Herren har iklätt sig sin starkhet och omgjordat sig med kraft. Alleluja.

Evangelium.
(Luk. 2:15-20.)

Sequentia sancti Evangelii secundum Lucam. In illo tempore: Pastores loquebantur ad invicem: Transeamus usque Bethlehem, et videamus hoc verbum, quod factum est, quod Dominus ostendit nobis. Et venerunt festinantes: et invenerunt Mariam, et Joseph, et Infantem positum in præsepio. Videntes autem cognoverunt de verbo, quod dictum erat illis de Puero hoc. Et omnes,

I den tiden sade herdarna till varandra: Låtom oss gå till Betlehem och se, vad som har skett och Herren har kungjort för oss. — Och de skyndade dit och funno Maria och Josef och Barnet, som låg i krubban. Men när de hade sett det, omtalade de, vad som blivit sagt till dem om detta Barn. Och alla, som hörde det, förund-

Andra julmässan

qui audierunt, mirati sunt: et de his, quæ dicta erant a pastoribus ad ipsos. Maria autem conservabat omnia verba hæc, conferens in corde suo. Et reversi sunt pastores, glorificantes et laudantes Deum in omnibus, quæ audierant et viderant, sicut dictum est ad illos.

rade sig över vad herdarna berättade för dem. Men Maria gömde alla dessa ord och begrundade dem i sitt hjärta. Och herdarna vände tillbaka och prisade och lovade Gud för allt, vad de hade hört och sett, alldeles såsom det hade blivit sagt till dem.

Offertorium.
(Ps. 92:1-2.)

Deus firmavit orbem terræ, qui non commovebitur: parata sedes tua, Deus, ex tunc, a sæculo tu es.

Herren har grundfäst jordens krets, och den skall icke rubbas. Beredd är din tron, o Gud, från begynnelsen, men du är av evighet.

Secreta.

Munera nostra, quæsumus, Domine, Nativitatis hodiernæ mysteriis apta proveniant, et pacem nobis semper infundant: ut, sicut homo g nitus idem refulsit et Deus, sic nobis hæc terrena substantia conferat, quod divinum est. Per eumdem Dominum nostrum...

Herre, vi bedja dig, låt våra gåvor bliva värdiga dagens högtid till ära för din Sons hemlighetsfulla födelse och alltid ingjuta i oss frid, på det att, liksom hans mänskliga födelse jämväl uppenbarade hans gudom, också dessa jordiska gåvor må bringa oss det, som är gudomligt. Genom samme vår Herre...

Julhögtiden

Accipe, quæsumus, Domine, munera dignanter oblata: et, beatæ Anastasiæ Martyris tuæ suffragantibus meritis, ad nostræ salutis auxilium provenire concede. Per Dominum...

Herre, vi bedja dig, mottag dessa högtidligt framburna gåvor, och låt dem genom din martyrs, den heliga Anastasias, förbön bliva oss en hjälp till frälsning. Genom vår Herre...

Praefatio Nativitatis.
(Sid. 27.)

Communio.
(Sak. 9:9.)

Exsulta, filia Sion, lauda, filia Jerusalem: ecce, Rex tuus venit sanctus et Salvator mundi.

Fröjda dig, dotter Sion, lovsjung, dotter Jerusalem, se, din konung kommer, helig och som världens Frälsare.

Postcommunio.

Hujus nos, Domine, sacramenti semper novitas natalis instauret: cujus Nativitas singularis humanam reppulit vetustatem. Per eumdem Dominum...

Låt, Herre, den ständiga förnyelsen av detta din Sons födelses sakrament återställa oss, i det vi fira honom, vars födelse en gång i tiden har brutit den gamla människans bojor.

Satiasti, Domine, familiam tuam muneribus sacris: ejus, quæsumus, semper interventione nos refove, cujus sollemnia celebramus. Per Dominum...

Herre, du har mättat de dina med heliga gåvor, och nu bedja vi dig, att du alltid ville vederkvicka oss genom hennes förbön, vars fest vi i dag fira. Genom vår Herre...

TREDJE JULMÄSSAN.
(Juldagen.)

Introitus.
(Jes. 9:6. — Ps. 97:1.)

Puer natus est nobis, et filius datus est nobis: cujus imperium super humerum ejus: et vocabitur nomen ejus magni consilii Angelus. Cantate Domino canticum novum, quia mirabilia fecit.
Gloria Patri...
Puer natus est...

Ett Barn är oss fött, en Son är oss given; herraväldet vilar på hans skuldror, och hans namn skall vara det stora rådets Ängel. Sjungen Herren en ny sång, ty han har gjort underbara ting.
Ära vare...
Ett Barn är oss fött...

Oratio.

Concede, quæsumus, omnipotens Deus: ut nos Unigeniti tui nova per carnem Nativitas liberet; quos sub peccati jugo vetusta servitus tenet. Per eumdem Dominum...

Förläna oss, allsmäktige Gud, att din enfödde Sons födelse i köttet i dag må frigöra oss, som i gammal träldom hållas fängslade under syndens ok. Genom samme vår Herre...

Epistola.
(Hebr. 1:1-12.)

Lectio Epistolæ beati Pauli Apostoli ad Hebræos. Multifariam, multisque modis olim Deus loquens patribus in Prophetis: novissime diebus istis locutus est

Sedan Gud fordom många gånger och på många sätt hade talat till fäderna genom profeterna, har han slutligen i dessa dagar talat till oss genom sin Son,

nobis in Filio, quem constituit heredem universorum, per quem fecit et sæcula: qui cum sit splendor gloriæ, et figura substantiæ ejus, portansque omnia verbo virtutis suæ, purgationem peccatorum faciens, sedet ad dexteram majestatis in excelsis: tanto melior Angelis effectus, quanto differentius præ illis nomen hereditavit. Cui enim dixit aliquando Angelorum: Filius meus es tu, ego hodie genui te? Et rursum: Ego ero illi in patrem, et ipse erit mihi in filium? Et cum iterum introducit Primogenitum in orbem terræ, dicit: Et adorent eum omnes Angeli Dei. Et ad Angelos quidem dicit: Qui facit Angelos suos spiritus, et ministros suos flammam ignis. Ad Filium autem: Thronus tuus, Deus, in sæculum sæculi: virga æquitatis, virga regni tui. Dile-

som han har insatt till arvinge av allt, genom vilken han ock har skapat världen. Och eftersom denne är hans härlighets återsken och hans väsens avbild och genom sin makts ord bär allt, har han renat världen från synd och sitter nu på Majestätets högra sida i höjden. Och han har blivit så mycket större än änglarna, som det namn han har ärvt är förmer än deras. Ty till vilken av änglarna har han någonsin sagt: Du är min Son, i dag har jag fött dig, eller: Jag skall vara hans Fader, och han skall vara min Son. Likaså säger han, då han låter den förstfödde åter inträda i världen: Och alla Guds änglar skola tillbedja honom. Och om änglarna säger han: Han gör sina änglar till vindar och sina tjänare till eldslågor; men till Sonen: Din tron, o Gud, står alltid och evinnerligen, och rättvisans spira är ditt rikes spira. Du har älskat rättfärdighet och

Tredje julmässan

xisti justitiam, et odisti iniquitatem: propterea unxit te Deus, Deus tuus, oleo exsultationis præ participibus tuis. Et: Tu in principio, Domine, terram fundasti: et opera manuum tuarum sunt cæli. Ipsi peribunt, tu autem permanebis; et omnes ut vestimentum veterascent: et velut amictum mutabis eos, et mutabuntur: tu autem idem ipse es, et anni tui non deficient.

hatat orättfärdighet; därför, o Gud, har din Gud smort dig med glädjens olja framför dina medbröder. Så ock: Du, Herre, lade i begynnelsen jordens grund, och himlarna äro dina händers verk; de skola förgås, men du förbliver. De skola alla nötas såsom en klädnad, såsom en dräkt skall du förändra dem, och de skola förändras. Men du är densamme, och dina år skola icke hava någon ände.

Graduale.
(Ps. 97:3, 2.)

Viderunt omnes fines terræ salutare Dei nostri: jubilate Deo, omnis terra. Notum fecit Dominus salutare suum: ante conspectum gentium revelavit justitiam suam.
Alleluja, alleluja. Dies sanctificatus illuxit nobis: venite, gentes, et adorate Dominum: quia hodie descendit lux magna super terram. Alleluja.

Alla jordens riken skåda vår Guds frälsning. Lovsjungen Herren, alla land! Herren har kungjort sin frälsning; inför folkens ögon har han uppenbarat sin rättfärdighet.
Alleluja, alleluja. En helig dag har gått upp för oss; kommen, I folk, och tillbedjen Herren; ty i dag har ett stort ljus stigit ned över jorden. Alleluja.

Evangelium.
(Joh. 1:1-14.)

Initium sancti Evangelii secundum Joannem. In principio erat Verbum, et Verbum erat apud Deum, et Deus erat Verbum. Hoc erat in principio apud Deum. Omnia per ipsum facta sunt: et sine ipso factum est nihil, quod factum est: in ipso vita erat, et vita erat lux hominum: et lux in tenebris lucet, et tenebræ eam non comprehenderunt. Fuit homo missus a Deo, cui nomen erat Joannes. Hic venit in testimonium, ut testimonium perhiberet de lumine, ut omnes crederent per illum. Non erat ille lux, sed ut testimonium perhiberet de lumine. Erat lux vera, quæ illuminat omnem hominem venientem in hunc mundum. In mundo erat, et mundus per ipsum factus est, et mundus eum non cognovit. In propria venit, et sui eum non receperunt. Quotquot autem receperunt eum, dedit eis

I begynnelsen var Ordet, och Ordet var hos Gud, och Ordet var Gud. Detta var i begynnelsen hos Gud. Genom det har allt blivit till, och utan det har intet blivit till, som är till. I det var livet, och livet var människornas ljus. Och ljuset lyser i mörkret, och mörkret har icke fattat det. En man uppträdde, sänd av Gud; hans namn var Johannes. Han kom såsom ett vittne för att vittna om ljuset, på det att alla skulle komma till tro genom honom. Icke var han ljuset, men han skulle vittna om ljuset. Det sanna ljuset, det som lyser för varje människa, kom nu i världen. I världen var han, och genom honom hade världen blivit till, men världen ville icke veta av honom. Han kom till sitt eget, och hans egna togo icke emot honom. Men åt alla dem, som togo emot honom, gav han

Tredje julmässan

potestatem filios Dei fieri, his, qui credunt in nomine ejus: qui non ex sanguinibus, neque ex voluntate carnis, neque ex voluntate viri, sed ex Deo nati sunt. *(Hic genuflectitur)* Et Verbum caro factum est, et habitavit in nobis: et vidimus gloriam ejus, gloriam quasi Unigeniti a Patre, plenum gratiæ et veritatis.

makt att bliva Guds barn, åt dem som tro på hans namn, vilka äro födda icke av blod, ej heller av köttslig vilja, ej heller av någon mans vilja, utan av Gud. *(Här knäböjes.)* Och Ordet vart kött och bodde ibland oss; och vi sågo hans härlighet, en härlighet såsom den av Fadern Enfödde har, full av nåd och sanning.

Offertorium.
(Ps. 88:12, 15.)

Tui sunt cæli, et tua est terra: orbem terrarum et plenitudinem ejus tu fundasti: justitia et judicium præparatio sedis tuæ.

Dina äro himlarna och din är jorden; jordkretsen och vad däruppå är, har du grundat. Rättfärdighet och rätt äro din trons fästen.

Secreta.

Oblata, Domine, munera, nova Unigeniti tui Nativitate sanctifica: nosque a peccatorum nostrorum maculis emunda. Per eumdem Dominum...

Helga, o Herre, de gåvor, som vi framburit vid din Sons födelse i dag, och rena oss från våra synders fläckar. Genom samme vår Herre...

Praefatio Nativitatis.
(Sid. 27.)

Jultiden

Communio.
(Ps. 97:3.)

Viderunt omnes fines terræ salutare Dei nostri.

Alla världens riken skåda vår Guds frälsning.

Postcommunio.

Præsta, quæsumus, omnipotens Deus: ut natus hodie Salvator mundi, sicut divinæ nobis generationis est auctor; ita et immortalitatis sit ipse largitor: Qui tecum vivit...

Förläna, vi bedja dig, allsmäktige Gud, att världens Frälsare, som i dag blivit född, måtte, liksom han är upphovet till vår andliga återfödelse, också giva oss oförgänglighetens gåva. Han, som lever...

Annandag Jul.

DEN HELIGE STEFANUS' FEST.

Introitus.
(Ps. 118:23, 86, 23, 1.)

Sederunt principes, et adversum me loquebantur: et iniqui persecuti sunt me: adjuva me, Domine, Deus meus, quia servus tuus exercebatur in tuis justificationibus.
Beati immaculati in via, qui ambulant in lege Domini.
Gloria Patri...
Sederunt principes...

Furstar satte sig ned och talade emot mig, och de orättfärdiga förföljde mig. Hjälp mig, Herre, min Gud; ty din tjänare övade sig att hålla dina bud.
Saliga äro de, vilkas väg är ostrafflig, de som vandra efter Herrens lag.
Ära vare...
Furstar satte sig ned...

Annandag Jul

Oratio.

Da nobis, quæsumus, Domine, imitari quod colimus: ut discamus et inimicos diligere; quia ejus natalicia celebramus, qui novit etiam pro persecutoribus exorare Dominum nostrum Jesum Christum, Filium tuum: Qui tecum...

Giv oss, vi bedja dig, Herre, att efterfölja det, vi vörda, på det att vi må lära oss att älska även våra fiender, då vi fira dens födelsedag, som icke tvekade att för sina förföljare anropa vår Herre Jesus Kristus, din Son, vilken med dig lever...

Concede, quæsumus, omnipotens Deus: ut nos Unigeniti tui nova per carnem Nativitas liberet; quos sub peccati jugo vetusta servitus tenet. Per eumdem Dominum...

Förläna, vi bedja dig, allsmäktige Gud, att din enfödde Sons födelse i köttet i dag må frigöra oss, som i gammal träldom hållas fängslade under syndens ok. Genom samme vår Herre...

Epistola.
(Apg. 6:8-10. — 7:54-59.)

Lectio Actuum Apostolorum. In diebus illis: Stephanus plenus gratia et fortitudine, faciebat prodigia et signa magna in populo. Surrexerunt autem quidam de synagoga, quæ appellatur Libertinorum, et Cyrenensium, et Alexandrinorum, et eorum, qui erant a Cilicia et Asia, disputan-

I dessa dagar gjorde Stefanus, som var full av nåd och kraft, stora under och tecken bland folket. Då uppstodo några, vilka tillhörde den synagoga, som kallas de frigivnas och cyreneernas och alexandrinernas, samt några av dem, som voro från Cilicien och Asien, och disputerade med Stefa-

tes cum Stephano: et non poterant resistere sapientiæ et Spiritui, qui loquebatur. Audientes autem hæc, dissecabantur cordibus suis, et stridebant dentibus in eum. Cum autem esset Stephanus plenus Spiritu Sancto, intendens in cælum, vidit gloriam Dei, et Jesum stantem a dextris Dei. Et ait: Ecce, video cælos apertos, et Filium hominis stantem a dextris Dei. Exclamantes autem voce magna continuerunt aures suas, et impetum fecerunt unanimiter in eum. Et ejicientes eum extra civitatem, lapidabant: et testes deposuerunt vestimenta sua secus pedes adolescentis, qui vocabatur Saulus. Et lapidabant Stephanum invocantem et dicentem: Domine Jesu, suscipe spiritum meum. Positis autem genibus, clamavit voce magna, dicens: Domine, ne statuas illis hoc peccatum. Et cum hoc

nus. Dock förmådde de icke stå emot den vishet och den ande, som här talade. När de hörde detta, blevo de mycket förbittrade i sina hjärtan och beto sina tänder samman mot honom. Men han skådade, full av den Helige Ande, upp mot himmelen och fick se Guds härlighet och såg Jesus stå på Guds högra sida. Och han sade: Jag ser himmelen öppen och Människosonen stå på Guds högra sida. Då skriade de med hög röst och höllo för sina öron och stormade alla på en gång emot honom och förde honom ut ur staden och stenade honom. Och vittnena lade av sina mantlar vid en ung mans fötter, som hette Saulus. Så stenade de Stefanus, under det han åkallade och sade: Herre Jesus, tag emot min ande. Och han föll ned på sina knän och ropade med hög röst: Herre, tillräkna dem icke denna synd. Och när han hade sagt

Annandag Jul

dixisset, obdormivit in Domino.

detta, avsomnade han i Herren.

Graduale.
(Ps. 118:23, 86. — Ps. 6:5. — Apg. 7:55.)

Sederunt principes, et adversum me loquebantur: et iniqui persecuti sunt me. Adjuva me, Domine, Deus meus: salvum me fac propter misericordiam tuam. Alleluja, alleluja. Video cælos apertos, et Jesum stantem a dextris virtutis Dei. Alleluja.

Furstar satte sig ned och talade emot mig, och de orättfärdiga förföljde mig. Hjälp mig, Herre, min Gud; rädda mig för din barmhärtighets skull. Alleluja, alleluja. Se, jag ser himmelen öppen och Jesus stå vid Guds krafts högra sida. Alleluja.

Evangelium.
(Matt. 23:34-39.)

Sequentia sancti Evangelii secundum Matthæum. In illo tempore: Dicebat Jesus scribis et pharisæis: Ecce, ego mitto ad vos prophetas, et sapientes, et scribas, et ex illis occidetis et crucifigetis, et ex eis flagellabitis in synagogis vestris, et persequemini de civitate in civitatem: ut veniat super vos omnis sanguis justus, qui effusus est super terram, a sanguine Abel justi

I den tiden sade Jesus till de skriftlärde och fariseerna: Se, jag sänder till eder profeter och vise och skriftlärde. Somliga av dem kommen I att dräpa och korsfästa, och somliga av dem kommen I att gissla i edra synagogor och förfölja ifrån den ena staden till den andra. Och så skall över eder komma allt rättfärdigt blod, som är utgjutet på jorden, ända ifrån den rättfär-

usque ad sanguinem Zachariæ, filii Barachiæ, quem occidistis inter templum et altare. Amen, dico vobis, venient hæc omnia super generationem istam. Jerusalem, Jerusalem, quæ occidis prophetas, et lapidas eos, qui ad te missi sunt, quoties volui congregare filios tuos, quemadmodum gallina congregat pullos suos sub alas, et noluisti? Ecce, relinquetur vobis domus vestra deserta. Dico enim vobis, non me videbitis amodo, donec dicatis: Benedictus, qui venit in nomine Domini.

dige Abels blod intill Sakarias', Barakias' sons, blod, hans som I dräpten mellan templet och altaret. Sannerligen säger jag eder: Allt detta skall komma över detta släkte. Jerusalem, Jerusalem, du som dräper profeterna och stenar dem, som äro sända till dig, huru ofta har jag icke velat församla dina barn, liksom hönan församlar kycklingarna under sina vingar. Men I haven icke velat. Se, edert hus skall komma att stå övergivet och öde. Ty jag säger eder: Härefter skolen I icke få se mig förr än den tid kommer, då I sägen: Välsignad vare han, som kommer i Herrens namn.

Offertorium.
(Apg. 6:5, 7, 59.)

Elegerunt Apostoli Stephanum Levitam, plenum fide et Spiritu Sancto: quem lapidaverunt Judæi orantem, et dicentem: Domine Jesu, accipe spiritum meum. Alleluja.

Apostlarna valde Stefanus till diakon, en man full av tro och den Helige Ande; han stenades av judarna, medan han bad och sade: Herre Jesus, mottag min ande. Alleluja.

Annandag Jul

Secreta.

Suscipe, Domine, munera pro tuorum commemoratione Sanctorum: ut, sicut illos passio gloriosos effecit; ita nos devotio reddat innocuos. Per Dominum...

Mottag, o Herre, våra offergåvor till dina heligas åminnelse, och giv, att såsom lidandet förhärligat dem, vår andakt må rena oss från synd. Genom vår Herre...

Oblata, Domine, munera, nova Unigeniti tui Nativitate sanctifica: nosque a peccatorum nostrorum maculis emunda. Per eumdem Dominum...

Helga, o Herre, de gåvor, som vi framburit vid din Sons födelse i dag, och rena oss från våra synders fläckar. Genom samme vår Herre...

Praefatio Nativitatis.
(Sid. 27.)

Communio.
(Apg. 7:55, 58, 59.)

Video cælos apertos, et Jesum stantem a dextris virtutis Dei: Domine Jesu, accipe spiritum meum, et ne statuas illis hoc peccatum.

Jag ser himmelen öppen och Jesus stå vid Guds krafts högra sida. Herre Jesus, mottag min ande och tillräkna dem icke denna synd.

Postcommunio.

Auxilientur nobis, Domine, sumpta mysteria: et, intercedente beato Stephano Martyre tuo,

Må de heliga gåvor, som vi anammat, förläna oss din hjälp, o Herre, och genom din

sempiterna protectione confirment. Per Dominum...

helige martyr Stefanus' förbön styrka oss med ständigt skydd. Genom vår Herre...

Præsta, quæsumus, omnipotens Deus: ut natus hodie Salvator mundi, sicut divinæ nobis generationis est auctor; ita et immortalitatis sit ipse largitor: Qui tecum vivit...

Förläna, vi bedja dig, allsmäktige Gud, att världens Frälsare, som i dag blivit född, måtte, liksom han är upphovet till vår andliga återfödelse, också giva oss oförgänglighetens gåva. Han, som med dig...

Söndagen efter Jul.

Introitus.
(Vish. 18:14-15. — Ps. 92:1.)

Dum medium silentium tenerent omnia, et nox in suo cursu medium iter haberet, omnipotens Sermo tuus, Domine, de cælis a regalibus sedibus venit. Dominus regnavit, decorem indutus est: indutus est Dominus fortitudinem, et præcinxit se.
Gloria Patri...
Dum medium...

Då djup tystnad rådde överallt och midnattstimmen var inne, nedsteg ditt allsmäktiga Ord, o Herre, från sitt konungsliga säte i himlarna.
Herren är konung, han har iklätt sig sin skrud, Herren har iklätt sig starkhet, och han har omgjordat sig.
Ära vare...
Då djup...

Söndagen efter Jul

Oratio.

Omnipotens sempiterne Deus, dirige actus nostros in beneplacito tuo: ut in nomine dilecti Filii tui mereamur bonis operibus abundare: Qui tecum...

Allsmäktige, evige Gud, led våra handlingar efter ditt välbehag, på det att vi må bliva värdiga att bära goda gärningars rikliga frukter i din älskade Sons namn, vilken med dig lever...

Concede, quæsumus, omnipotens Deus: ut nos Unigeniti tui nova per carnem Nativitas liberet; quos sub peccati jugo vetusta servitus tenet. Per eumdem Dominum...

Förläna, vi bedja dig, allsmäktige Gud, att din enfödde Sons födelse i köttet i dag må frigöra oss, som i gammal träldom hållas fängslade under syndens ok. Genom samme vår Herre...

Epistola.
(Gal. 4:1-7.)

Lectio Epistolæ beati Pauli Apostoli ad Galatas. Fratres: Quanto tempore heres parvulus est, nihil differt a servo, cum sit dominus omnium: sed sub tutoribus et actoribus est usque ad præfinitum tempus a patre: ita et nos, cum essemus parvuli, sub elementis mundi eramus servientes. At ubi venit plenitudo temporis, misit

Bröder, så länge arvingen är barn, finnes ingen skillnad mellan honom och en träl, fastän han är herre över alla ägodelarna; ty han står under förmyndare och förvaltare ända till den tid, fadern har bestämt; sammalunda höllos ock vi, när vi voro barn, i träldom under världens barnaläror. Men när tiden var fullbordad, sände

Deus Filium suum, factum ex muliere, factum sub lege, ut eos, qui sub lege erant, redimeret, ut adoptionem filiorum reciperemus. Quoniam autem estis filii, misit Deus Spiritum Filii sui in corda vestra, clamantem: Abba, Pater. Itaque jam non est servus, sed filius: quod si filius, et heres per Deum.

Gud sin Son, född av kvinna och ställd under lagen, för att han skulle friköpa dem, som stodo under lagen, så att vi skulle få söners rätt. Och eftersom I nu ären söner, har han sänt i edra hjärtan sin Sons Ande, som ropar: Abba Fader. Så är du nu icke mera träl, utan son; och såsom son även arvinge genom Gud.

Graduale.

(Ps. 44:3, 2. — Ps. 92:1.)

Speciosus forma præ filiis hominum: diffusa est gratia in labiis tuis. Eructavit cor meum verbum bonum, dico ego opera mea Regi: lingua mea calamus scribæ, velociter scribentis.

Alleluja, alleluja. Dominus regnavit, decorem induit: induit Dominus fortitudinem, et præcinxit se virtute. Alleluja.

Den skönaste är du av människors barn, behag är utgjutet över dina läppar. — Ur mitt hjärta framväller en skön sång, jag täljer mina verk för konungen. Min tunga är skrivarens penna, som snabbt skriver.

Alleluja, alleluja. Herren är konung, han har iklätt sig sin skrud, Herren har iklätt sig starkhet, och han har omgjordat sig med kraft. Alleluja.

Evangelium.
(Luk. 2:33-40.)

Sequentia sancti Evangelii secundum Lucam.

I den tiden förundrade sig Josef och Maria,

Söndagen efter Jul

In illo tempore: Erat Joseph et Maria Mater Jesu, mirantes super his quæ dicebantur de illo. Et benedixit illis Simeon, et dixit ad Mariam Matrem ejus: Ecce, positus est hic in ruinam, et in resurrectionem multorum in Israel: et in signum cui contradicetur: et tuam ipsius animam pertransibit gladius, ut revelentur ex multis cordibus cogitationes. Et erat Anna prophetissa, filia Phanuel, de tribu Aser: hæc processerat in diebus multis, et vixerat cum viro suo annis septem a virginitate sua. Et hæc vidua usque ad annos octoginta quatuor: quæ non discedebat de templo, jejuniis et obsecrationibus serviens nocte ac die. Et hæc, ipsa hora superveniens, confitebatur Domino, et loquebatur de illo omnibus, qui exspectabant redemptionem Israel. Et ut perfecerunt omnia secundum legem Domini, reversi sunt in

Jesu Moder, över det som sades om honom. Och Simeon välsignade dem och sade till Maria, hans moder: Se, denne är satt till fall eller upprättelse för många i Israel och till ett tecken, som skall bliva motsagt. Och även genom din själ skall gå ett svärd. Så skola många hjärtans tankar bliva uppenbara. Där fanns ock en profetissa, Anna, Fanuels dotter, av Asers stam. Hon var kommen till hög ålder; i sju år hade hon levat med sin man från den tid, då hon var jungfru, och hon var nu änka, åttiofyra år gammal. Och hon lämnade aldrig templet, utan tjänade där Gud med fastor och böner natt och dag. Hon kom också i samma stund tillstädes och prisade Gud och talade om honom till alla dem, som väntade på Israels förlossning. Och när de hade fullgjort allt, som var stadgat i Herrens lag, vände de tillbaka

Galilæam in civitatem suam Nazareth. Puer autem crescebat, et confortabatur, plenus sapientia: et gratia Dei erat in illo.

till sin stad, Nasaret i Galileen. Men barnet växte upp och han vart stark, uppfylld av vishet; och Guds nåd var i honom.

Offertorium.
(Ps. 92:1-2.)

Deus firmavit orbem terræ, qui non commovebitur: parata sedes tua, Deus, ex tunc, a sæculo tu es.

Gud har grundfäst jordens krets, och den skall icke rubbas. Fast står din tron, o Gud, från begynnelsen, du är av evighet.

Secreta.

Concede, quæsumus, omnipotens Deus: ut oculis tuæ majestatis munus oblatum, et gratiam nobis piæ devotionis obtineat, et effectum beatæ perennitatis acquirat. Per Dominum nostrum...

Förunna oss, vi bedja dig, allsmäktige Gud, att denna offergåva, som framburits för ditt majestäts blickar, må utverka åt oss den fromma gudaktighetens nåd och den saliga evighetens frukt. Genom vår Herre...

Oblata, Domine, munera, nova Unigeniti tui Nativitate sanctifica: nosque a peccatorum nostrorum maculis emunda. Per eumdem Dominum...

Helga, o Herre, de gåvor, som vi framburit, genom din Sons födelse i dag, och rena oss från våra synders fläckar. Genom samme vår Herre...

Praefatio Nativitatis.
(Sid. 27.)

Communio.
(Matt. 2:20.)

Tolle Puerum, et Matrem ejus, et vade in terram Israel: defuncti sunt enim, qui quærebant animam Pueri.	Tag barnet och dess moder och begiv dig till Israels land; ty de äro nu döda, som traktade efter barnets liv.

Postcommunio.

Per hujus, Domine, operationem mysterii, et vitia nostra purgentur, et justa desideria compleantur. Per Dominum...	Måtte, o Herre, genom verkan av detta Sakrament våra fel utplånas och våra rättfärdiga önskningar uppfyllas. Genom vår Herre...
Præsta, quæsumus, omnipotens Deus: ut natus hodie Salvator mundi, sicut divinæ nobis generationis est auctor; ita et immortalitatis sit ipse largitor: Qui tecum vivit et regnat...	Förläna, vi bedja dig, allsmäktige Gud, att världens Frälsare, som i dag blivit född, måtte, liksom han är upphovet till vår andliga återfödelse, också giva oss oförgänglighetens gåva. Han, som med dig lever och regerar...

Nyårsdagen.
(Herrens omskärelse.)

Introitus.
(Jes. 9:6. — Ps. 97:1.)

Puer natus est nobis, et filius datus est nobis: cujus imperium super humerum ejus:	Ett Barn är oss fött, en son är oss given; herraväldet vilar på hans skuldror, och hans

et vocabitur nomen ejus magni consilii Angelus.

Cantate Domino canticum novum: quia mirabilia fecit.

Gloria Patri...

Puer natus est...

namn skall vara det stora rådets Ängel.

Sjungen Herren en ny sång, ty han har gjort underbara ting.

Ära vare...

Ett Barn är oss fött...

Oratio.

Deus, qui salutis æternæ, beatæ Mariæ virginitate fecunda, humano generi præmia præstitisti: tribue, quæsumus; ut ipsam pro nobis intercedere sentiamus, per quam meruimus auctorem vitæ suscipere, Dominum nostrum Jesum Christum, Filium tuum: Qui tecum vivit...

Gud, som genom den saligaste Jungfru Marias fruktsamhet förlänat människosläktet den eviga frälsningens gåva, giv oss, vi bedja dig, att vi må erfara hennes förbön, då vi genom henne fått mottaga livets upphov, vår Herre Jesus Kristus, din Son, vilken med dig lever...

Epistola.
(Tit. 2:11-15.)

Lectio Epistolæ beati Pauli Apostoli ad Titum. Carissime: Apparuit gratia Dei Salvatoris nostri omnibus hominibus, erudiens nos, ut, abnegantes impietatem et sæcularia desideria, sobrie et juste et pie vivamus in hoc sæculo, exspectantes beatam spem et adven-

Högtälskade. Guds, vår Frälsares, nåd har uppenbarats för alla människor; den lär oss att avsäga oss all ogudaktighet och alla världsliga begärelser och att leva i tukt och rättfärdighet och gudaktighet i denna värld, medan vi vänta på fullbordandet av vårt saliga hopp, nämligen på

Nyårsdagen

tum gloriæ magni Dei et Salvatoris nostri Jesu Christi: qui dedit semetipsum pro nobis: ut nos redimeret ab omni iniquitate, et mundaret sibi populum acceptabilem, sectatorem bonorum operum. Hæc loquere et exhortare: in Christo Jesu, Domino nostro.

vår mäktige Guds och Frälsares Jesu Kristi återkomst i härlighet; han har utgivit sig själv för oss till att förlossa oss från all orättfärdighet och till att rena oss och så dana åt sig ett folk, som är honom välbehagligt och beflitar sig om goda gärningar. Så skall du tala och förmana i Kristus Jesus, vår Herre.

Graduale.
(Ps. 97:3-4, 2. — Hebr. 1:1-2.)

Viderunt omnes fines terræ salutare Dei nostri: jubilate Deo, omnis terra. Notum fecit Dominus salutare suum: ante conspectum gentium revelavit justitiam suam. Alleluja, alleluja. Multifarie olim Deus loquens patribus in Prophetis, novissime diebus istis locutus est nobis in Filio. Alleluja.

Alla jordens riken hava skådat vår Guds frälsning. Lovsjungen Herren, alla land! Herren har kungjort sin frälsning; inför folkens ögon har han uppenbarat sin rättfärdighet. Alleluja, alleluja. Fordom talade Gud många gånger och på mångahanda sätt till fäderna genom profeterna, men slutligen i dessa dagar har han talat till oss genom Sonen. Alleluja.

Evangelium.
(Luk. 2:21.)

Sequentia sancti Evangelii secundum Lucam.

I den tiden, när åtta dagar voro förflutna

Jultiden

In illo tempore: Postquam consummati sunt dies octo, ut circumcideretur Puer: vocatum est nomen ejus Jesus, quod vocatum est ab Angelo, priusquam in utero conciperetur.

och Barnet skulle omskäras, gavs honom namnet Jesus, det namn, som hade givits honom av ängeln, förrän han blev undfången i moderlivet.

Offertorium.
(Ps. 88:12, 15.)

Tui sunt cæli, et tua est terra: orbem terrarum et plenitudinem ejus tu fundasti: justitia et judicium præparatio sedis tuæ.

Dina äro himlarna, din är ock jorden; jordkretsen och vad däruppå är har du grundat; rättfärdighet och rätt äro din trons fästen.

Secreta.

Muneribus nostris, quæsumus, Domine, precibusque susceptis: et cælestibus nos munda mysteriis, et clementer exaudi. Per Dominum...

Mottag, Herre, våra gåvor och böner, rena oss genom dessa himmelska hemligheter och bönhör oss nådeligen. Genom vår Herre...

Praefatio Nativitatis.
(Sid. 27.)

Communio.
(Ps. 97:3.)

Viderunt omnes fines terræ salutare Dei nostri.

Alla jordens riken hava skådat vår Guds frälsning.

Postcommunio.

Hæc nos communio, Domine, purget a crimine: et intercedente beata Virgine Dei Genitrice Maria, cælestis remedii faciat esse consortes. Per eumdem Dominum nostrum...

Må denna kommunion rena oss, Herre, från synd, och på den heliga Jungfrun, Guds Moder Marias förbön göra oss delaktiga i det himmelska läkemedlet. Genom samme vår Herre...

Jesu Namns fest.

Introitus.
(Fil. 2:10-11. — Ps. 8:2.)

In nomine Jesu omne genu flectatur, cælestium, terrestrium, et infernorum: et omnis lingua confiteatur, quia Dominus Jesus Christus in gloria est Dei Patris. Domine, Dominus noster, quam admirabile est nomen tuum in universa terra!
Gloria Patri...
In nomine Jesu...

I Jesu namn skola allas knän böja sig, deras, som äro i himmelen, på jorden och under jorden, och alla tungor skola bekänna, att Herren Jesus Kristus är i Gud Faderns härlighet. Herre, vår Herre, huru underbart är icke ditt namn i hela världen!
Ära vare...
I Jesu namn...

Oratio.

Deus, qui unigenitum Filium tuum constituisti humani generis Salvatorem, et Jesum vocari jussisti: concede propi-

O Gud, du som utsett din enfödde Son till människosläktets Frälsare och befallt att giva honom namnet Je-

54 Jultiden

tius; ut, cujus sanctum nomen veneramur in terris, ejus quoque aspectu perfruamur in cælis. Per eumdem Dominum...

sus, förläna oss nådigt, att vi, som på jorden ära hans heliga namn, en gång få glädjas vid hans åsyn i himmelen. Genom samme vår Herre...

Epistola.
(Apg. 4:8-12.)

Lectio Actuum Apostolorum. In diebus illis: Petrus, repletus Spiritu Sancto, dixit: Principes populi et seniores, audite: Si nos hodie dijudicamur in benefacto hominis infirmi, in quo iste salvus factus est, notum sit omnibus vobis, et omni plebi Israel: quia in nomine Domini nostri Jesu Christi Nazareni, quem vos crucifixistis, quem Deus suscitavit a mortuis, in hoc iste astat coram vobis sanus. Hic est lapis, qui reprobatus est a vobis ædificantibus: qui factus est in caput anguli: et non est in alio aliquo salus. Nec enim aliud nomen est sub

I den tiden uppfylldes Petrus av den Helige Ande och sade till dem: I folkets rådsherrar och äldste, eftersom vi i dag underkastas rannsakning för en god gärning mot en sjuk man och tillfrågas, varigenom denne har blivit botad, så mån I veta, I alla och hela Israels folk, att det är i Jesu Kristi, nasaréens, namn, hans, som I haven korsfäst, men som Gud har uppväckt från de döda — att det är i detta namn, som denne man står helbrägda inför eder. Han är den sten, som av eder, byggningsmännen, förkastades och är vorden till hörnstenen; och i ingen annan är frälsning: ty det är intet annat namn

Jesu Namns fest

cælo datum hominibus, in quo oporteat nos salvos fieri. | under himmelen givet åt människorna, i vilket vi skola frälsas.

Graduale.
(Ps. 105:47. — Jes. 63:16. — Ps. 144:21.)

Salvos fac nos, Domine, Deus noster, et congrega nos de nationibus: ut confiteamur nomini sancto tuo, et gloriemur in gloria tua. Tu, Domine, Pater noster et Redemptor noster: a sæculo nomen tuum.
Alleluja, alleluja. Laudem Domini loquetur os meum, et benedicat omnis caro nomen sanctum ejus. Alleluja. | Fräls oss, Herre, vår Gud, och församla oss från folken, på det att vi må prisa ditt heliga namn och berömma oss av din härlighet. Herre, "vår Fader och Frälsare" är ditt namn från evighet.
Alleluja, alleluja. Min mun skall förkunna Herrens lov, och allt kött skall prisa hans heliga namn. Alleluja.

Evangelium.
(Luk. 2:21.)

Sequentia sancti Evangelii secundum Lucam. In illo tempore: Postquam consummati sunt dies octo, ut circumcideretur Puer: vocatum est nomen ejus Jesus, quod vocatum est ab Angelo, priusquam in utero conciperetur. | I den tiden, när åtta dagar voro förflutna och Barnet skulle omskäras, gavs honom namnet Jesus, det namn, som hade givits honom av ängeln, förrän han blev undfången i moderlivet.

Offertorium.
(Ps. 85:12, 5.)

Confitebor tibi, Domine, Deus meus, in | Jag skall lovprisa dig, Herre, min Gud, av allt

Jultiden

toto corde meo, et glorificabo nomen tuum in æternum: quoniam tu, Domine, suavis et mitis es: et multæ misericordiæ omnibus invocantibus te. Alleluja.

mitt hjärta och ära ditt namn evinnerligen; ty du, o Herre, är ljuvlig och mild och rik på förbarmande för alla, som åkalla dig. Alleluja.

Secreta.

Benedictio tua, clementissime Deus, qua omnis viget creatura, sanctificet, quæsumus, hoc sacrificium nostrum, quod ad gloriam nominis Filii tui, Domini nostri Jesu Christi, offerimus tibi: ut majestati tuæ placere possit ad laudem, et nobis proficere ad salutem. Per eumdem Dominum nostrum...

Vi bedja dig, mildaste Gud, låt din välsignelse, varav alla skapade varelser leva, helga detta vårt offer, som vi frambära till förhärligande av din Sons vår Herres Jesu Kristi namn, så att det må behaga ditt majestät och lända till vår välfärd. Genom samme vår Herre...

Praefatio Nativitatis.
(Sid. 27.)

Communio.
(Ps. 85:9-10.)

Omnes gentes quascumque fecisti, venient, et adorabunt coram te, Domine, et glorificabunt nomen tuum: quoniam magnus es tu, et faciens mirabilia: tu es Deus solus. Alleluja.

Alla de folk, du har skapat, skola komma och tillbedja inför ditt ansikte, o Herre, och förhärliga ditt namn; ty du är stor och gör underverk; du allena är Gud. Alleluja.

Postcommunio.

Omnipotens æterne Deus, qui creasti et redemisti nos, respice propitius vota nostra: et sacrificium salutaris hostiæ, quod in honorem nominis Filii tui, Domini nostri Jesu Christi, majestati tuæ obtulimus, placido et benigno vultu suscipere digneris; ut gratia tua nobis infusa, sub glorioso nomine Jesu, æternæ prædestinationis titulo gaudeamus nomina nostra scripta esse in cælis. Per eumdem Dominum...

Allsmäktige, evige Gud, du som skapat och återlöst oss, se nådigt till våra böner och mottag huldrikt och välvilligt frälsningens offer, som vi framburit åt ditt majestät till ära för din Sons vår Herres Jesu Kristi namn, på det att din nåd må utgjutas över oss, och vi därigenom få glädja oss, att våra namn äro skrivna i himmelen i den eviga utkorelsens bok. Genom samme vår Herre...

Epifania: Herrens uppenbarelse.
(Trettondagen. — Heliga tre konungars dag.)

Tretton dagar efter Jul (6 jan.) firar Kyrkan Gudamänniskans uppenbarelse (epiphania, grek. = uppenbarelse).
Denna fest har till föremål tre uppenbarelser av Kristi Gudoms härlighet. I Kyrkans liturgi firas nämligen icke blott de vise männens från Österlandet hyllning av Jesusbarnet i Betlehem. På denna dag minnas vi även Herrens dop i Jordan, då Gud Faders röst förkunnade, att Jesus var hans älskade Son, samt det första underverk, varigenom Jesus uppenbarade sin gudomskraft, då han i Kana förvandlade vatten till vin.
— Epifaniafesten är den äldsta av alla kyrkofester bortsett naturligtvis från Påsk och Pingst, äldre än själva Julen. Festen firas därför med en högtidlig och oföränderlig oktav. — Då de vise männen från Österlandet stå såsom de första representanterna för de troende ur hednafolken, har "Heliga tre konungars dag" jämte oktav i hela

Trettondagen

Kyrkan, och i synnerhet i Rom, fått karaktär av missionsfest.
Mellan Epifania och söndagen Septuagesima följer ett växlande antal söndagar, högst sex. Ju kortare tiden före Septuagesima är, desto längre blir i samma år tiden efter Pingst. De söndagsmässor, som icke få plats på söndagarna efter Epifania, bliva därför överflyttade till kyrkoårets slut.

Introitus.
(Mal. 3:1. — Ps. 71:1.)

Ecce, advenit dominator Dominus: et regnum in manu ejus, et potestas, et imperium. Deus, judicium tuum regi da: et justitiam tuam Filio regis.
Gloria Patri...
Ecce, advenit...

Se, härskaren har kommit, Herren; i hans hand är riket och makten och herraväldet. O Gud, giv din domsrätt åt Konungen och din rättfärdighet åt Konungasonen.
Ära vare...
Se, härskaren har kommit...

Oratio.

Deus, qui hodierna die Unigenitum tuum gentibus stella duce revelasti: concede propitius; ut, qui jam te ex fide cognovimus, usque ad contemplandam speciem tuæ celsitudinis perducamur. Per eumdem Dominum nostrum...

O Gud, som på denna dag genom en stjärnas ledning för hedningarna uppenbarat din enfödde Son, förläna oss nådeligen, att vi, som redan lärt känna dig genom tron, måtte nå fram till åskådning av ditt majestäts härlighet. Genom samme vår Herre...

Epistola.
(Jes. 60:1-6.)

Lectio Isaiæ Prophetæ. Surge, illuminare, Jerusalem: quia venit lumen tuum, et gloria Domini super te orta est. Quia ecce tenebræ operient terram, et caligo populos: super te autem orietur Dominus, et gloria ejus in te videbitur. Et ambulabunt gentes in lumine tuo, et reges in splendore ortus tui. Leva in circuitu oculos tuos, et vide: omnes isti congregati sunt, venerunt tibi: filii tui de longe venient, et filiæ tuæ de latere surgent. Tunc videbis et afflues, mirabitur et dilatabitur cor tuum, quando conversa fuerit ad te multitudo maris, fortitudo gentium venerit tibi. Inundatio camelorum operiet te, dromedarii Madian et Epha: omnes de Saba venient, aurum et thus deferentes, et laudem Domino annuntiantes.

Stå upp, Jerusalem, var ljus; ty ditt ljus kommer, och Herrens härlighet går upp över dig. Se mörker övertäcker jorden och töcken lägrar sig över folken, men över dig uppgår Herren, och hans härlighet uppenbaras över dig. Och folken skola vandra i ditt ljus och konungarna i glansen, som går upp över dig. Lyft upp dina ögon och se dig omkring: alla församlas hos dig; dina söner komma fjärran ifrån, och dina döttrar bida där vid deras sida. Vid den synen skall du stråla av fröjd, och ditt hjärta skall bäva och vidga sig; ty havets rikedomar skola föras till dig, och folkens skatter skola falla dig till. Skaror av kameler skola övertäcka dig, dromedarer från Madian och Efa; från Saba skola de alla komma, guld och rökelse skola de frambära och förkunna Herrens lov.

Graduale.
(Jes. 60:6, 1. — Matt. 2:2.)

Omnes de Saba venient, aurum et thus deferentes, et laudem Domino annuntiantes. Surge et illuminare, Jerusalem: quia gloria Domini super te orta est. Alleluja, alleluja. Vidimus stellam ejus in Oriente, et venimus cum muneribus adorare Dominum. Alleluja.	Från Saba skola de alla komma, guld och rökelse skola de frambära och förkunna Herrens lov. Stå upp och var ljus, Jerusalem, ty Herrens härlighet har gått upp över dig. Alleluja, alleluja. Vi hava sett hans stjärna i östern och hava kommit med gåvor för att tillbedja Herren. Alleluja.

Evangelium.
(Matt. 2:1-12.)

Sequentia sancti Evangelii secundum Matthæum. Cum natus esset Jesus in Bethlehem Juda in diebus Herodis regis, ecce, Magi ab Oriente venerunt Jerosolymam dicentes: Ubi est, qui natus est rex Judæorum? Vidimus enim stellam ejus in Oriente, et venimus adorare eum. Audiens autem Herodes rex, turbatus est, et omnis Jerosolyma cum illo. Et congregans omnes principes sacerdotum et

När Jesus var född i Betlehem i Judeen, i konung Herodes' dagar, se, då kommo vise män från Österlandet till Jerusalem och sade: Var är den nyfödde judakonungen? Vi hava sett hans stjärna i östern och hava kommit för att tillbedja honom. Då konung Herodes hörde detta, blev han förskräckt och hela Jerusalem med honom. Och han församlade alla överstepräster och de skriftlärde bland folket

scribas populi, sciscitabatur ab eis, ubi Christus nasceretur. At illi dixerunt ei: In Bethlehem Judæ: sic enim scriptum est per Prophetam: Et tu, Bethlehem terra Juda, nequaquam minima es in principibus Juda: ex te enim exiet dux, qui regat populum meum Israel. Tunc Herodes, clam vocatis Magis, diligenter didicit ad eis tempus stellæ, quæ apparuit eis: et mittens illos in Bethlehem, dixit: Ite, et interrogate diligenter de puero: et cum inveneritis, renuntiate mihi, ut et ego veniens adorem eum. Qui cum audissent regem, abierunt. Et ecce, stella, quam viderant in Oriente, antecedebat eos, usque dum veniens, staret supra, ubi erat Puer. Videntes autem stellam, gavisi sunt gaudio magno valde. Et intrantes domum, in-

och frågade dem, var Kristus skulle födas. De svarade honom: I Betlehem i Judeen; ty så är skrivet genom profeten: Och du, Betlehem i Judalandet, är ingalunda den ringaste bland Juda furstestäder; ty av dig skall utgå den furste, som skall regera mitt folk Israel. Då kallade Herodes hemligen till sig de vise männen och utfrågade dem noga om tiden, då stjärnan visat sig för dem. Sedan lät han dem fara till Betlehem och sade: Gån och frågen noga efter barnet; och när I haven funnit det, så underrätten mig därom, att även jag må komma och tillbedja det. När de hade hört konungen, drogo de bort. Och se, stjärnan, som de hade sett i östern, gick framför dem, till dess den stannade över det ställe, där Barnet var. Men när de sågo stjärnan, uppfylldes de av en övermåttan stor glädje. Och de gingo in i huset, funno Barnet med Maria, dess moder,

venerunt Puerum cum Maria Matre ejus, *(hic genuflectitur)* et procidentes adoraverunt eum. Et, apertis thesauris suis, obtulerunt ei munera, aurum, thus et myrrham. Et responso accepto in somnis, ne redirent ad Herodem, per aliam viam reversi sunt in regionem suam.

(här knäböjes) föllo ned och tillbådo det. Och de togo fram sina skatter och framburo sina gåvor: guld, rökelse och myrra. Och sedan de i sömnen hade blivit tillsagda att icke återvända till Herodes, drogo de på en annan väg tillbaka till sitt land.

Offertorium.
(Ps. 71:10-11.)

Reges Tharsis, et insulæ munera offerent: reges Arabum et Saba dona adducent: et adorabunt eum omnes reges terræ, omnes gentes servient ei.

Konungarna från Tarsis och öarna skola frambära skänker; Arabiens och Sabas konungar skola medföra gåvor. Alla jordens konungar skola tillbedja honom, och alla folk skola tjäna honom.

Secreta.

Ecclesiæ tuæ quæsumus, Domine, dona propitius intuere: quibus non jam aurum, thus et myrrha profertur; sed quod eisdem muneribus declaratur, immolatur et sumitur, Jesus Christus, Filius tuus, Dominus noster: Qui tecum vivit...

Se nådigt, Herre, på din Kyrkas gåvor, genom vilka nu icke mer frambäras guld, rökelse och myrra, utan den offras och anammas, som genom dessa gåvor sinnebildas, vår Herre Jesus Kristus, din Son, vilken med dig lever...

Jultiden

Praefatio Epiphaniae.

Vere dignum et justum est, æquum et salutare, nos tibi semper et ubique gratias agere, Domine sancte, Pater omnipotens, æterne Deus: Quia, cum Unigenitus tuus in substantiia nostræ mortalitatis apparuit, nova nos immortalitatis suæ luce reparavit: Et ideo cum Angelis et Archangelis cum Thronis et Dominationibus, cumque omni militia coelestis exercitus, hymnum gloriæ tuæ canimus, sine fine dicentes:

Det är i sanning tillbörligt och rätt, riktigt och gagneligt, att vi alltid och allestädes tacka dig, helige Herre, allsmäktige Fader, evige Gud! Ty då din enfödde Son uppenbarade sig i vår dödliga människonatur, förnyade han oss i sin odödlighets ljus. Därför sjunga vi med änglar och ärkeänglar, med troner och herradömen och med hela den himmelska härskaran din härlighets lov, i det vi oavlåtligt säga:

Communio.
(Matt. 2:2.)

Vidimus stellam ejus in Oriente, et venimus cum muneribus adorare Dominum.

Vi hava sett hans stjärna i österlandet och hava kommit med gåvor för att tillbedja Herren.

Postcommunio.

Præsta, quæsumus, omnipotens Deus: ut, quæ sollemni celebramus officio, purificatæ mentis intelligentia consequamur. Per Dominum...

Förläna oss, allsmäktige Gud, att vi med luttrat sinne må förstå och uppnå, vad vi med högtidlig gudstjänst fira. Genom vår Herre...

Den heliga Familjens fest.

Introitus.
(Ordspr. 23:24, 25. — Ps. 83:2-3.)

Exsultat gaudio pater Justi, gaudeat Pater tuus et Mater tua, et exsultet quæ genuit te. Quam dilecta tabernacula tua, Domine virtutum! concupiscit, et deficit anima mea in atria Domini. Gloria Patri... Exsultat gaudio...

Högt fröjdar sig den Rättfärdiges fader; din fader och din moder glädje sig, och hon som fött dig, juble. Huru ljuvliga äro icke dina boningar, härskarornas Herre! Min själ längtar och trängtar efter Herrens gårdar. Ära vare... Högt fröjdar sig...

Oratio.

Domine Jesu Christe, qui, Mariæ et Joseph subditus, domesticam vitam ineffabilibus virtutibus consecrasti: fac nos, utriusque auxilio, Familiæ sanctæ tuæ exemplis instrui; et consortium consequi sempiternum: Qui vivis...

Herre Jesus Kristus, du, som var Maria och Josef underdånig och med outsägliga dygder helgat livet i hemmet, giv, att vi med bägges hjälp taga lärdom av din heliga familjs föredömen och uppnå deras eviga gemenskap. Du som lever och regerar...

Epistola.
(Kol. 3:12-17.)

Lectio Epistolæ beati Pauli Apostoli ad Colossenses Fratres: Induite vos sicut electi

Bröder, ikläden eder såsom Guds utvalda, hans heliga och älskade, hjärtlig barmhärtig-

Dei, sancti et dilecti, viscera misericordiæ, benignitatem, humilitatem, modestiam, patientiam: supportantes invicem et donantes vobismetipsis, si quis adversus aliquem habet querelam: sicut et Dominus donavit vobis, ita et vos Super omnia autem hæc caritatem habete, quod est vinculum perfectionis: et pax Christi exsultet in cordibus vestris, in qua et vocati estis in uno corpore: et grati estote. Verbum Christi habitet in vobis abundanter, in omni sapientia, docentes et commonentes vosmetipsos psalmis, hymnis et canticis spiritualibus, in gratia cantantes in cordibus vestris Deo. Omne, quodcumque facitis in verbo aut in opere, omnia in nomine Domini Jesu Christi, gratias agentes Deo et Patri per ipsum.

het, godhet, ödmjukhet, saktmod, tålamod. Och haven fördrag med varandra och förlåten varandra, om någon har något att förebrå en annan. Såsom Herren har förlåtit eder, så skolen ock I förlåta. Men över allt detta skolen I ikläda eder kärleken, ty den är fullkomlighetens sammanhållande band. Och låten Kristi frid regera i edra hjärtan; ty till att äga den, ären I ock kallade såsom lemmar i en och samma kropp. Och varen tacksamma. Låten Kristi ord rikligen bo ibland eder, undervisen och förmanen varandra i all vishet, med psalmer och lovsånger och andliga visor, och sjungen med tacksägelse till Guds ära i edra hjärtan. Och allt vad helst I företagen eder i ord eller gärning, gören det allt i Herrens Jesu Kristi namn och tacken Gud, Fadern, genom Jesus Kristus, vår Herre.

Den heliga Familjens fest 67

Graduale.
(Ps. 26:4. — 83:5. — Jes. 45:15.)

Unam petii a Domino, hanc requiram: ut inhabitem in domo Domini omnibus diebus vitæ meæ. Beati, qui habitant in domo tua, Domine: in sæcula sæculorum laudabunt te. Alleluja, alleluja. Vere tu es Rex absconditus, Deus Israel Salvator. Alleluja.

Ett har jag begärt av Herren, därefter traktar jag: att jag må bo i Herrens hus i alla mina livsdagar. Saliga äro de, som bo i ditt hus, Herre; i all evighet skola de lova dig. Alleluja, alleluja. Du är sannerligen en fördold konung, Israels Gud, Frälsaren. Alleluja.

Evangelium.
(Luk. 2:42-52.)

Sequentia sancti Evangelii secundum Lucam. Cum factus esset Jesus annorum duodecim, ascendentibus illis Jerosolymam secundum consuetudinem diei festi, consummatisque diebus, cum redirent, remansit puer Jesus in Jerusalem, et non cognoverunt parentes ejus. Existimantes autem illum esse in comitatu, venerunt iter diei, et requirebant eum inter cognatos et notos. Et non invenientes, regressi

När Jesus hade blivit tolv år gammal, gingo hans föräldrar vid påskhögtiden efter sedvänja upp till Jerusalem. Då de nu efter högtidsdagarnas slut vände hem igen, stannade gossen Jesus kvar i Jerusalem, utan att hans föräldrar visste därom. De menade, att han var med i ressällskapet, och gjorde så en dagsresa och sökte efter honom bland fränder och vänner. När de då icke funno honom, vände de tillbaka till

sunt in Jerusalem, requirentes eum. Et factum est, post triduum invenerunt illum in templo sedentem in medio doctorum, audientem illos et interrogantem eos. Stupebant autem omnes, qui eum audiebant, super prudentia et responsis ejus. Et videntes admirati sunt. Et dixit Mater ejus ad illum: Fili, quid fecisti nobis sic? Ecce, pater tuus et ego dolentes quærebamus te. Et ait ad illos: Quid est, quod me quærebatis? Nesciebatis, quia in his, quæ Patris mei sunt, oportet me esse? Et ipsi non intellexerunt verbum, quod locutus est ad eos. Et descendit cum eis, et venit Nazareth: et erat subditus illis. Et Mater ejus conservabat omnia verba hæc in corde suo. Et Jesus proficiebat sapientia et ætate et gratia apud Deum et homines.

Jerusalem och sökte efter honom. Och det hände, att de efter tre dagar funno honom i templet, där han satt mitt ibland lärarna, hörde på dem och frågade dem; och alla, som hörde honom, häpnade över hans förstånd och hans svar. När de nu fingo se honom, förundrade de sig högeligen; och hans moder sade till honom: Son, varför har du gjort oss detta? Se, din fader och jag hava sökt dig med stor ängslan. Då sade han till dem: Varför haven I sökt mig? Vissten I icke, att jag bör vara i det, som tillhör min Fader? Men de förstodo icke, vad han menade med dessa ord. Så följde han med dem och kom till Nasaret; och han var dem underdånig. Och hans moder gömde allt detta i sitt hjärta. Och Jesus växte till i vishet och ålder och nåd inför Gud och människor.

Den heliga Familjens fest

Offertorium.
(Luk. 2:22.)

Tulerunt Jesum parentes ejus in Jerusalem, ut sisterent eum Domino.

Hans föräldrar förde Jesus till Jerusalem för att framställa honom inför Herren.

Secreta.

Placationis hostiam offerimus tibi, Domine, suppliciter deprecantes: ut, per intercessionem Deiparæ Virginis cum beato Joseph, familias nostras in pace et gratia tua firmiter constituas. Per eundem Dominum...

Vi frambära dig, Herre, försoningsoffret och bönfalla ödmjukt, att du på den jungfruliga Gudsmoderns och den helige Josefs förbön ville trygga och befästa våra familjer i din frid och din nåd. Genom vår Herre...

Praefatio Epiphaniae.
(Sid. 64.)

Communio.
(Luk. 2:51.)

Descendit Jesus cum eis, et venit Nazareth, et erat subditus illis.

Jesus följde med dem och kom till Nasaret och var dem underdånig.

Postcommunio.

Quos cælestibus reficis sacramentis, fac, Domine Jesu, sanctæ Familiæ tuæ exempla jugiter imitari: ut, in hora mortis nostræ, occurrente gloriosa Virgine Matre tua cum

Giv, Herre, att vi, vilka du vederkvicker med himmelska hemligheter, städse må efterfölja din heliga familjs föredömen, på det att i vår dödsstund din ärorika jungfruliga Moder med den helige Jo-

beato Joseph; per te in æterna tabernacula recipi mereamur: Qui vivis...

sef må komma oss till mötes och vi av dig må upptagas i de eviga hyddorna. Du, som lever...

Första söndagen efter Trettondagen.

Introitus.
(Ps. 99:1.)

In excelso throno vidi sedere virum, quem adorat multitudo Angelorum, psallentes in unum: ecce, cujus imperii nomen est in æternum. Jubilate Deo, omnis terra: servite Domino in lætitia.
Gloria Patri...
In excelso...

På den höga tronen såg jag en man sitta, vilken änglarnas skara tillbeder, lovsjungande med samfälld röst: Hans herravälde varar evinnerligen. Lovsjungen Gud, all jordens länder; tjänen Herren i glädje.
Ära vare...
På den höga...

Oratio.

Vota, quæsumus, Domine, supplicantis populi cælesti pietate prosequere: ut et, quæ agenda sunt, videant, et ad implenda, quæ viderint, convalescant. Per Dominum...

Mottag, vi bedja dig, o Herre, med din himmelska kärlek ditt bönfallande folks åkallan, på det att vi både må inse, vad vi böra göra, och vinna styrka att fullgöra, vad vi hava insett. Genom...

Epistola.
(Rom. 12:1-5.)

Lectio Epistolæ beati Pauli Apostoli ad Ro-

Bröder, jag besvär eder vid Guds barm-

Första sönd. e. Trettondagen

manos. Fratres: Obsecro vos per misericordiam Dei, ut exhibeatis corpora vestra hostiam viventem, sanctam, Deo placentem, rationabile obsequium vestrum. Et nolite conformari huic sæculo, sed reformamini in novitate sensus vestri: ut probetis, quæ sit voluntas Dei bona, et beneplacens, et perfecta. Dico enim per gratiam, quæ data est mihi, omnibus qui sunt inter vos: Non plus sapere, quam oportet sapere, sed sapere ad sobrietatem: et unicuique sicut Deus divisit mensuram fidei. Sicut enim in uno corpore multa membra habemus, omnia autem membra non eumdem actum habent: ita multi unum corpus sumus in Christo, singuli autem alter alterius membra: in Christo Jesu, Domino nostro.

härtighet att frambära edra kroppar till ett levande, heligt och Gud välbehagligt offer — detta vare eder andliga gudstjänst. Och skicken eder icke efter denna värld, utan förvandlen eder genom sinnets förnyelse, så att I kunnen pröva, vad som är Guds vilja, vad som är gott och välbehagligt och fullkomligt. Ty i kraft av den nåd, som har blivit mig given, tillsäger jag var och en av eder att icke hava högre tankar om sig än tillbörligt är, utan tänka blygsamt, i överensstämmelse med det mått av tro, som Gud har tilldelat var och en. Ty såsom vi i en och samma kropp hava många lemmar, men alla lemmarna icke hava samma förrättning, så utgöra ock vi, fastän många, en enda kropp i Kristus, men var för sig äro vi lemmar, varandra till tjänst i Kristus Jesus, vår Herre.

Jultiden

Graduale.
(Ps. 71:18, 3. — 99:1.)

Benedictus Dominus, Deus Israel, qui facit mirabilia magna solus a sæculo. Suscipiant montes pacem populo tuo, et colles justitiam. Alleluja, alleluja. Jubilate Deo, omnis terra: servite Domino in lætitia. Alleluja.

Välsignad vare Herren, Israels Gud, som allena av evighet gör stora under. Må bergen mottaga fred åt ditt folk, och kullarna rättfärdighet. Alleluja, alleluja. Lovsjungen Gud, all jordens folk och tjänen Herren i glädje. Alleluja.

Evangelium.
(Luk. 2:42-52.)

Sequentia sancti Evangelii secundum Lucam. Cum factus esset Jesus annorum duodecim, ascendentibus illis Jerosolymam secundum consuetudinem diei festi, consummatisque diebus, cum redirent, remansit puer Jesus in Jerusalem, et non cognoverunt parentes ejus. Existimantes autem illum esse in comitatu, venerunt iter diei, et requirebant eum inter cognatos et notos. Et non invenientes, regressi sunt in Jerusalem, requirentes eum.

När Jesus hade blivit tolv år gammal, gingo hans föräldrar vid påskhögtiden efter sedvänja upp till Jerusalem. Då de nu efter högtidsdagarnas slut vände hem igen, stannade gossen Jesus kvar i Jerusalem, utan att hans föräldrar visste därom. De menade, att han var med i ressällskapet, och gjorde så en dagsresa och sökte efter honom bland fränder och vänner. När de då icke funno honom, vände de tillbaka till Jerusalem och sökte efter honom. Och det

Et factum est, post triduum invenerunt illum in templo, sedentem in medio doctorum, audientem illos et interrogantem eos. Stupebant autem omnes, qui eum audiebant, super prudentia et responsis ejus. Et videntes admirati sunt. Et dixit Mater ejus ad illum: Fili, quid fecisti nobis sic? Ecce, pater tuus et ego dolentes quærebamus te. Et ait ad illos: Quid est, quod me quærebatis? Nesciebatis, quia in his, quæ Patris mei sunt, oportet me esse? Et ipsi non intellexerunt verbum, quod locutus est ad eos. Et descendit cum eis, et venit Nazareth: et erat subditus illis. Et Mater ejus conservabat omnia verba hæc in corde suo. Et Jesus proficiebat sapientia et ætate et gratia apud Deum et homines.

hände, att de efter tre dagar funno honom i templet, där han satt mitt ibland lärarna, hörde på dem och frågade dem; och alla, som hörde honom, häpnade över hans förstånd och hans svar. När de nu fingo se honom, förundrade de sig högeligen; och hans moder sade till honom: Son, varför har du gjort oss detta? Se, din fader och jag hava sökt dig med stor ängslan. Då sade han till dem: Varför haven I sökt mig? Vissten I icke, att jag bör vara i det, som tillhör min Fader? Men de förstodo icke, vad han menade med dessa ord. Så följde han med dem och kom till Nasaret; och han var dem underdånig. Och hans moder gömde allt detta i sitt hjärta. Och Jesus växte till i vishet och ålder och nåd inför Gud och människor.

Offertorium.
(Ps. 99:1-2.)

Jubilate Deo, omnis terra, servite Domino in lætitia: intrate in

Lovsjungen Gud, all jordens folk och tjänen Herren i glädje. Trä-

conspectu ejus in exsultatione: quia Dominus ipse est Deus.

den fram i hans åsyn med fröjderop, ty Herren själv är Gud.

Secreta.

Oblatum tibi, Domine, sacrificium vivificet nos semper et muniat. Per Dominum...

Må offret, vi frambära åt dig, Herre, alltid förläna oss liv och styrka. Genom vår Herre...

Praefatio Epiphaniae.
(Sid. 64.)

Communio.
(Luk. 2:48-49.)

Fili, quid fecisti nobis sic? ego et pater tuus dolentes quærebamus te. Et quid est, quod me quærebatis? nesciebatis, quia in his, quæ Patris mei sunt, oportet me esse?

Son, varför har du gjort oss detta? Se, din fader och jag hava sökt dig med ängslan. Varför haven I sökt mig? Vissten I icke, att jag bör vara i det, som tillhör min Fader?

Postcommunio.

Supplices te rogamus, omnipotens Deus: ut, quos tuis reficis sacramentis, tibi etiam placitis moribus dignanter deservire concedas. Per Dominum...

Bönfallande bedja vi dig, allsmäktige Gud, förläna dem, som du vederkvicker med dina sakrament, att även värdigt tjäna dig med en dig välbehaglig vandel. Genom...

Anm. De söndagar efter Epifania, som på grund av tidigt infallande påsktermin icke kunna firas vid denna tid, firas i stället före Domssöndagen. Se sid. 485.

Andra söndagen efter Trettondagen.

Introitus.
(Ps. 65:4. — 65:1-2.)

Omnis terra adoret te, Deus, et psallat tibi: psalmum dicat nomini tuo, Altissime. Jubilate Deo, omnis terra, psalmum dicite nomini ejus: date gloriam laudi ejus. Gloria Patri... Omnis terra...

Hela jorden må tillbedja och lovsjunga dig, o Gud, må den lovsjunga ditt namn, du Allrahögste. Jublen i Gud, alla länder, lovsjungen hans namn, upphöjen hans ära. Ära vare... Hela jorden...

Oratio.

Omnipotens sempiterne Deus, qui cælestia simul et terrena moderaris: supplicationes populi tui clementer exaudi; et pacem tuam nostris concede temporibus. Per Dominum...

Allsmäktige, evige Gud, som styr allt både i himlen och på jorden, hör nådigt ditt folks böner, och förläna oss din frid i alla våra angelägenheter. Genom vår Herre...

Epistola.
(Rom. 12:6-16.)

Lectio Epistolæ beati Pauli Apostoli ad Romanos. Fratres: Habentes donationes secundum gratiam, quæ data est nobis, differentes: sive prophetiam

Bröder, vi hava olika gåvor alltefter den nåd, som blivit oss given. Har alltså någon ordets gåva, så bruke han den i överensstämmelse med tron; har någon tjänandets gåva, så erbjude han sina tjänster;

secundum rationem fidei, sive ministerum in ministrando, sive qui docet in doctrina, qui exhortatur in exhortando, qui tribuit in simplicitate, qui præest in sollicitudine, qui miseretur in hilaritate. Dilectio sine simulatione. Odientes malum, adhærentes bono: Caritate fraternitatis invicem diligentes: Honore invicem prævenientes: Sollicitudine non pigri: Spiritu ferventes: Domino servientes: Spe gaudentes: In tribulatione patientes: Orationi instantes: Necessitatibus sanctorum communicantes: Hospitalitatem sectantes. Benedicite persequentibus vos: benedicite, et nolite maledicere. Gaudere cum gaudentibus, flere cum flentibus: Idipsum invicem sen-

har någon en lärares gåva, så meddele han sin lärdom; har någon själasörjarens gåva, så vårde han sig om själarna. Den som delar ut gåvor, han göre det med gott hjärta; den som är satt till föreståndare, han vare det med nit; den som övar barmhärtighet, han göre det med glädje. Eder kärlek vare utan skrymtan; avskyn det onda, hållen fast vid det goda. Älsken varandra av hjärtat i broderlig kärlek; söken förekomma varandra i inbördes aktning. Varen icke tröga, där det gäller nit; varen brinnande i anden, tjänen Herren. Varen glada i hoppet, tåliga i bedrövelsen, uthålliga i bönen. Sörjen för de heligas behov. Varen angelägna om att bevisa gästvänlighet. Välsignen dem som förfölja eder; välsignen, och förbannen icke. Glädjens med dem som äro glada, gråten med dem som gråta. Varen ens till sinnes med varan-

Andra sönd. e. Trettondagen

tientes: Non alta sapientes, sed humilibus consentientes.

dra. Haven icke edert sinne vänt till vad högt är, utan hållen eder till det, som är ringa.

Graduale.
(Ps. 106:20-21. — 148:2.)

Misit Dominus verbum suum, et sanavit eos: et eripuit eos de interitu eorum. Confiteantur Domino misericordiæ ejus: et mirabilia ejus filiis hominum. Alleluja, alleluja. Laudate Dominum, omnes Angeli ejus: laudate eum, omnes virtutes ejus. Alleluja.

Herren sände sitt Ord och gjorde dem helbrägda och frälste dem från undergång. Må de prisa Herren för hans barmhärtighet och de under, han gör med människors barn. Alleluja, alleluja. Loven Herren, alla hans änglar, loven honom, alla hans härskaror. Alleluja.

Evangelium.
(Joh. 2:1-11.)

Sequentia sancti Evangelii secundum Joannem. In illo tempore: Nuptiæ factæ sunt in Cana Galilææ: et erat Mater Jesu ibi. Vocatus est autem et Jesus, et discipuli ejus ad nuptias. Et deficiente vino, dicit Mater Jesu ad eum: Vinum non habent. Et dicit ei Jesus: Quid mihi et tibi est, mulier? nondum venit hora mea. Dicit Mater ejus ministris:

I den tiden hölls ett bröllop i Kana i Galileen, och Jesu Moder var där. Också Jesus och hans lärjungar blevo inbjudna till bröllopet. Och vinet begynte taga slut. Då sade Jesu Moder till honom: De hava intet vin. Jesus svarade henne: Låt mig vara, kvinna; min stund är ännu icke kommen. Hans Moder sade då till tjänarna: Vadhelst han säger till eder, det

Jultiden

Quodcumque dixerit vobis, facite. Erant autem ibi lapideæ hydriæ sex positæ secundum purificationem Judæorum capientes singulæ metretas binas vel ternas. Dicit eis Jesus: Implete hydrias aqua. Et impleverunt eas usque ad summum. Et dicit eis Jesus: Haurite nunc, et ferte architriclino. Et tulerunt. Ut autem gustavit architriclinus aquam vinum factam, et non sciebat unde esset, ministri autem sciebant, qui hauserant aquam: vocat sponsum architriclinus, et dicit ei: Omnis homo primum bonum vinum ponit: et cum inebriati fuerint, tunc id, quod deterius est. Tu autem servasti bonum vinum usque adhuc. Hoc fecit initium signorum Jesus in Cana Galilææ: et manifestavit gloriam suam, et crediderunt in eum discipuli ejus.

skolen I göra. Nu stodo där sex stenkrukor, sådana som judarna hade för sina tvagningar, de rymde två eller tre mått var. Jesus sade till dem: Fyllen krukorna med vatten. Och de fyllde dem ända till brädden. Sedan sade han till dem: Ösen nu upp och bären till övertjänaren. Och de gjorde så. Och övertjänaren smakade på vattnet, som nu hade blivit vin; och han visste icke, varifrån det hade kommit, vilket däremot tjänarna visste, de som hade öst upp vattnet. Då kallade övertjänaren på brudgummen och sade till honom: Man brukar eljest alltid först sätta fram det goda vinet och sedan, när gästerna hava druckit rikligen, det som är sämre. Du har gömt det goda vinet ända tills nu. Detta var det första under, som Jesus gjorde. Han gjorde det i Kana i Galileen och uppenbarade så sin härlighet; och hans lärjungar trodde på honom.

Andra sönd. e. Trettondagen

Offertorium.
(Ps. 65:1-2, 16.)

Jubilate Deo, universa terra: psalmum dicite nomini ejus: venite et audite, et narrabo vobis, omnes qui timetis Deum, quanta fecit Dominus animæ meæ, alleluja.

Alla länder, jublen i Gud, lovsjungen hans namn. Kommen och hören, och jag skall förkunna eder, I alla som frukten Gud, vilka stora ting Herren har gjort med min själ, alleluja.

Secreta.

Oblata, Domine, munera sanctifica: nosque a peccatorum nostrorum maculis emunda. Per Dominum nostrum ...

Helga, Herre, de offergåvor vi framburit, och rena oss från fläckarna av våra synder. Genom vår Herre ...

Praefatio Trinitatis.
(Sid. 291.)

Communio.
(Joh. 2:7, 8, 9, 10-11)

Dicit Dominus: Implete hydrias aqua, et ferte architriclino. Cum gustasset architriclinus aquam vinum factam, dicit sponso: Servasti bonum vinum usque adhuc. Hoc signum fecit Jesus primum coram discipulis suis.

Herren sade: Fyllen kärlen med vatten och bären dem till övertjänaren. När övertjänaren hade smakat på vattnet, som hade blivit vin, sade han till brudgummen: Du har gömt det goda vinet ända tills nu. Detta var det första under, Jesus gjorde inför sina lärjungar.

Postcommunio.

Augeatur in nobis, quæsumus, Domine,

Föröka i oss, vi bedja dig, Herre, din krafts

tuæ virtutis operatio: ut divinis vegetati sacramentis, ad eorum promissa capienda, tuo munere præparemur. Per Dominum...

verkan, på det att vi, styrkta av dina gudomliga sakrament, genom din gåva måtte förberedas att uppnå det däri utlovade goda. Genom vår Herre...

Tredje söndagen efter Trettondagen.

Introitus.
(Ps. 96:7-8. — 96:1.)

Adorate Deum, omnes Angeli ejus: audivit, et lætata est Sion: et exsultaverunt filiæ Judæ. Dominus regnavit, exsultet terra: lætentur insulæ multæ.
Gloria Patri...
Adorate Deum...

Tillbedjen Gud, alla hans änglar. Sion har hört det och fröjdat sig, och Juda döttrar jublade.
Herren är konung, må länderna jubla, och fröjdas må de många öar.
Ära vare...
Tillbedjen Gud...

Oratio.

Omnipotens sempiterne Deus, infirmitatm nostram propitius respice, atque, ad protegendum nos, dexteram tuæ majestatis extende. Per Dominum...

Allsmäktige, evige Gud, se nådeligen till vår svaghet, och utsträck ditt majestäts högra hand till vårt beskydd. Genom vår Herre...

Epistola.
(Rom. 12:16-21.)

Lectio Epistolæ beati Pauli Apostoli ad Ro-

Bröder, hållen icke eder själva för kloka.

Tredje sönd. e. Trettondagen

manos. Fratres: Nolite esse prudentes apud vosmetipsos: nulli malum pro malo reddentes: providentes bona non tantum coram Deo, sed etiam coram omnibus hominibus. Si fieri potest, quod ex vobis est, cum omnibus hominibus pacem habentes: Non vosmetipsos defendentes, carissimi, sed date locum iræ. Scriptum est enim: Mihi vindicta: ego retribuam, dicit Dominus. Sed si esurierit inimicus tuus, ciba illum: si sitit, potum da illi: hoc enim faciens, carbones ignis congeres super caput ejus. Noli vinci a malo, sed vince in bono malum.

Vedergällen ingen med ont för ont. Vinnläggen eder om vad gott är, icke blott inför Gud utan även inför alla människor. Hållen frid med alla människor, om möjligt är och så mycket som på eder beror. Utkräven icke själva eder rätt, mina älskade, utan lämnen rum för vredesdomen; ty det är skrivet: Min är hämnden, jag skall vedergälla det, säger Herren. Men om din ovän är hungrig, så giv honom att äta, om han är törstig, så giv honom att dricka; ty om du så gör, samlar du glödande kol på hans huvud. Låt dig icke övervinnas av det onda, utan övervinn det onda med det goda.

Graduale.
(Ps. 101:16-17. — 96:1.)

Timebunt gentes nomen tuum, Domine, et omnes reges terræ gloriam tuam. Quoniam ædificavit Dominus Sion, et videbitur in majestate sua.
Alleluja, alleluja. Do-

Hednafolken skola frukta ditt namn, o Herre, och alla jordens konungar din ära. Ty Herren har uppbyggt Sion och skall uppenbara sig i sitt majestät.
Alleluja, alleluja. Herren är Konung, må

minus regnavit, exsultet terra: lætentur insulæ multæ. Alleluja.

länderna jubla, och fröjdas må de många öar. Alleluja.

Evangelium.
(Matt. 8:1-13.)

Sequentia sancti Evangelii secundum Matthæum. In illo tempore: Cum descendisset Jesus de monte, secutæ sunt eum turbæ multæ: et ecce, leprosus veniens adorabat eum, dicens: Domine, si vis, potes me mundare. Et extendens Jesus manum, tetigit eum, dicens: Volo. Mundare. Et confestim mundata est lepra ejus. Et ait illi Jesus: Vide, nemini dixeris: sed vade, ostende te sacerdoti, et offer munus, quod præcepit Moyses, in testimonium illis. Cum autem introisset Capharnaum, accessit ad eum centurio, rogans eum, et dicens: Domine, puer meus jacet in domo paralyti-

I den tiden, då Jesus hade stigit ned från berget, följde honom folket i stor mängd. Och se, där kom en spetälsk man och föll ned för honom och sade: Herre, om du vill, så kan du göra mig ren. Då utsträckte Jesus sin hand, rörde vid honom och sade: Jag vill; bliv ren. Och strax blev han ren från sin spetälska. Och Jesus sade till honom: Se till, att du icke säger detta för någon; utan gå och visa dig för prästen och frambär det offer, som Moses har föreskrivit, till ett vittnesbörd för dem. — När Jesus därefter kom in i Kapernaum, trädde en hövitsman fram till honom, bad honom och sade: Herre, min tjänare ligger hemma förlamad och plågas svårt. Och Jesus sade till honom: Jag

Tredje sönd. e. Trettondagen

cus, et male torquetur. Et ait illi Jesus: Ego veniam, et curabo eum. Et respondens centurio, ait: Domine, non sum dignus, ut intres sub tectum meum: sed tantum dic verbo, et sanabitur puer meus. Nam et ego homo sum sub potestate constitutus, habens sub me milites, et dico huic: Vade, et vadit; et alii: Veni, et venit; et servo meo: Fac hoc, et facit. Audiens autem Jesus, miratus est, et sequentibus se dixit: Amen, dico vobis, non inveni tantam fidem in Israel. Dico autem vobis, quod multi ab Oriente et Occidente venient, et recumbent cum Abraham et Isaac et Jacob in regno· cælorum: filii autem regni ejicientur in tenebras exteriores: ibi erit fletus et stridor dentium. Et dixit Jesus

skall komma och bota honom. Men hövitsmannen svarade och sade: Herre, jag är icke värdig, att du går in under mitt tak, utan säg blott ett ord, så blir min tjänare helbrägda. Ty jag är ju själv en man, som står under andras befäl, och jag återigen har krigsfolk under mig; och om jag säger till en av dem: Gå, så går han, eller till en annan: Kom, så kommer han; och om jag säger till min tjänare: Gör det, då gör han så. När Jesus hörde detta, förundrade han sig och sade till dem som följde honom: Sannerligen säger jag eder: så stor tro har jag icke funnit i Israel. Och jag säger eder: Många skola komma från öster och väster och sitta till bords med Abraham, Isak och Jakob i himmelriket. Men rikets barn skola bliva utkastade i mörkret utanför; där skall vara gråt och tandagnisslan. — Och Jesus sade till hövitsmannen: Gå, och så-

centurioni: Vade, et sicut credidisti, fiat tibi. Et sanatus est puer in illa hora.

som du har trott, så må det ske dig. Och i samma stund blev hans tjänare helbrägda.

Offertorium.

(Ps. 117:16, 17.)

Dextera Domini fecit virtutem, dextera Domini exaltavit me: non moriar, sed vivam, et narrabo opera Domini.

Herrens hand har gjort mäktiga ting, Herrens hand har upphöjt mig. Jag skall icke dö, utan leva och förkunna Herrens verk.

Secreta.

Hæc hostia, Domine, quæsumus, emundet nostra delicta: et, ad sacrificium celebrandum, subditorum tibi corpora mentesque sanctificet. Per Dominum nostrum.

Låt detta offer, vi bedja dig, Herre, rena oss från våra synder, och till offerhandlingens firande helga dina tjänare till kropp och själ. Genom vår Herre...

Praefatio Trinitatis.

(Sid. 291.)

Communio.

(Luk. 4:22.)

Mirabantur omnes de his, quæ procedebant de ore Dei.

Alla förundrade sig över de ord, som utgingo från Guds mun.

Postcommunio.

Quos tantis, Domine, largiris uti mysteriis: quæsumus; ut effectibus nos eorum veraciter aptare digneris. Per Dominum...

Herre, vi, som du förunnar att få del av så stora hemligheter, vi bedja dig, att du värdigas göra oss i sanning skickade att skörda deras frukter.

Fjärde söndagen efter Trettondagen.

Introitus.
(Ps. 96:7-8. — 96:1.)

Adorate Deum, omnes Angeli ejus: audivit: et lætata est Sion: et exsultaverunt filiæ Judæ. Dominus regnavit, exsultet terra: lætentur insulæ multæ.
Gloria Patri...
Adorate Deum...

Tillbedjen Gud, alla hans änglar. Sion har hört det och fröjdat sig, och Juda döttrar jublade. Herren är Konung, må länderna jubla, och fröjdas må de många öar.
Ära vare...
Tillbedjen Gud...

Oratio.

Deus, qui nos, in tantis periculis constitutos, pro humana scis fragilitate non posse subsistere: da nobis salutem mentis et corporis; ut ea, quæ pro peccatis nostris patimur, te adjuvante vincamus. Per Dominum...

Gud, du, som vet att vi, blottställda för så stora faror, i vår mänskliga bräcklighet icke förmå vara ståndaktiga, giv oss det som tjänar till själens och kroppens välfärd, på det att vi genom ditt bistånd må övervinna, vad vi för våra synders skull lida. Genom vår Herre...

Epistola.
(Rom. 13:8-10.)

Lectio Epistolæ beati Pauli Apostoli ad Romanos. Fratres: Nemini quidquam debeatis, nisi ut invicem diliga-

Bröder, bliven ingen något skyldiga, utom i kärlek till varandra; ty den som älskar sin nästa, han har uppfyllt

tis: qui enim diligit proximum, legem implevit. Nam: Non adulterabis, Non occides, Non furaberis, Non falsum testimonium dices, Non concupisces: et si quod est aliud mandatum, in hoc verbo instauratur: Diliges proximum tuum sicut teipsum. Dilectio proximi malum non operatur. Plenitudo ergo legis est dilectio.

lagen. Ty detta: Du skall icke begå äktenskapsbrott, Du skall icke dräpa, Du skall icke stjäla, Du skall icke bära falskt vittnesbörd, Du skall icke hava begärelse, och vilket annat bud som helst, allt sammanfattas i det ordet: Du skall älska din nästa såsom dig själv. Kärleken gör intet ont mot nästan; alltså är kärleken lagens uppfyllelse.

Graduale.
(Ps. 101:16-17. — 96:1.)

Timebunt gentes nomen tuum, Domine, et omnes reges terræ gloriam tuam. Quoniam ædificavit Dominus Sion, et videbitur in majestate sua. Alleluja, alleluja. Dominus regnavit, exsultet terra: lætentur insulæ multæ. Alleluja.

Hednafolken skola frukta ditt namn, o Herre, och alla jordens konungar din ära. Ty Herren har uppbyggt Sion och skall uppenbara sig i sitt majestät.
Alleluja, alleluja. Herren är Konung, må länderna jubla, och fröjdas må de många öar. Alleluja.

Evangelium.
(Matt. 8:23-27.)

Sequentia sancti Evangelii secundum Matthæum. In illo tempore: Ascendente Je-

I den tiden steg Jesus i en båt, och hans lärjungar följde honom. Och se, då uppstod en

Fjärde sönd. e. Trettondagen

su in naviculam, secuti sunt eum discipuli ejus: et ecce, motus magnus factus est in mari, ita ut navicula operiretur fluctibus, ipse vero dormiebat. Et accesserunt ad eum discipuli ejus, et suscitaverunt eum, dicentes: Domine, salva nos, perimus. Et dicit eis Jesus: Quid timidi estis, modicæ fidei? Tunc surgens, imperavit ventis et mari, et facta est tranquillitas magna. Porro homines mirati sunt, dicentes: Qualis est hic, quia venti et mare obœdiunt ei?

häftig storm på sjön, så att vågorna slogo över båten; men själv låg han och sov. Då gingo hans lärjungar fram till honom, väckte honom och sade: Herre, fräls oss; vi förgås. Men Jesus sade till dem: I klentrogna, varför rädens I? Därpå stod han upp, näpste vindarna och vattnet, och det blev alldeles stilla och lugnt. Och människorna förundrade sig och sade: Vem är då denne, att vindarna och vattnet lyda honom?

Offertorium.
(Ps. 117:16, 17.)

Dextera Domini fecit virtutem, dextera Domini exaltavit me: non moriar, sed vivam, et narrabo opera Domini.

Herrens hand har gjort mäktiga ting, Herrens hand har upphöjt mig. Jag skall icke dö, utan leva och förkunna Herrens verk.

Secreta.

Concede, quæsumus, omnipotens Deus: ut hujus sacrificii munus oblatum fragilitatem

Förunna oss, vi bedja dig, allsmäktige Gud, att frambärandet av denna offergåva städse må rena och bevara

Jultiden

nostram ab omni malo purget semper et muniat. Per Dominum...	oss i vår skröplighet från allt ont. Genom vår Herre...

Praefatio Trinitatis.
(Sid. 291.)

Communio.
(Luk. 4:22.)

Mirabantur omnes de his, quæ procedebant de ore Dei.	Alla förundrade sig över de ord, som utgingo från Guds mun.

Postcommunio.

Munera tua nos, Deus, a delectationibus terrenis expediant: et cælestibus semper instaurent alimentis. Per Dominum nostrum...	Må dina gåvor, o Gud, befria oss från jordiska lustar, och städse förnya oss genom sin himmelska näring. Genom vår Herre...

Femte söndagen efter Trettondagen.

Introitus.
(Ps. 96:7-8. — 96:1.)

Adorate Deum, omnes Angeli ejus: audivit, et lætata est Sion: et exsultaverunt filiæ Judæ. Dominus regnavit, exsultet terra: lætentur insulæ multæ. Gloria Patri... Adorate Deum...	Tillbedjen Gud, alla hans änglar. Sion har hört det och fröjdat sig, och Juda döttrar jublade. Herren är Konung, må länderna jubla, och fröjdas må de många öar. Ära vare... Tillbedjen Gud...

Femte sönd. e. Trettondagen

Oratio.

Familiam tuam, quæsumus, Domine, continua pietate custodi: ut, quæ in sola spe gratiæ cælestis innititur, tua semper protectione muniatur. Per Dominum nostrum...

Vi bedja dig, o Herre, vaka över dina tjänare med din beständiga kärlek, på det att vi, som sätta vårt enda hopp till din himmelska nåd, alltid må styrkas genom ditt beskydd. Genom vår Herre...

Epistola.
(Kol. 3:12-17.)

Lectio Epistolæ beati Pauli Apostoli ad Colossenses. Fratres: Induite vos sicut electi Dei, sancti et dilecti, viscera misericordiæ, benignitatem, humilitatem, modestiam, patientiam: supportantes invicem, et donantes vobismetipsis, si quis adversus aliquem habet querelam: sicut et Dominus donavit vobis, ita et vos. Super omnia autem hæc caritatem habete, quod est vinculum perfectionis: et pax Christi exsultet in cordibus vestris, in qua et vocati estis in uno corpore: et grati estote. Verbum Christi habitet in vobis abun-

Bröder, ikläden eder såsom Guds utvalda, hans heliga och älskade, hjärtlig barmhärtighet, godhet, ödmjukhet, saktmod, tålamod. Och haven fördrag med varandra och förlåten varandra, om någon har något att förebrå en annan. Såsom Herren har förlåtit eder, så skolen ock I förlåta. Men över allt detta skolen I ikläda eder kärleken, ty den är fullkomlighetens sammanhållande band. Och låten Kristi frid regera i edra hjärtan; ty till att äga den, ären I ock kallade såsom lemmar i en och samma kropp.

danter, in omni sapientia, docentes, et commonentes vosmetipsos psalmis, hymnis et canticis spiritualibus, in gratia cantantes in cordibus vestris Deo. Omne, quodcumque facitis in verbo aut in opere, omnia in nomine Domini Jesu Christi, gratias agentes Deo et Patri per Jesum Christum, Dominum nostrum.

Och varen tacksamma. Låten Kristi ord rikligen bo ibland eder. Undervisen och förmanen varandra i all vishet, med psalmer och lovsånger och andliga visor, och sjungen med tacksägelse till Guds ära i edra hjärtan. Och allt, vad helst I företagen eder i ord eller i gärning, gören det allt i Herrens Jesu Kristi namn och tacken Gud, Fadern, genom Jesus Kristus, vår Herre.

Graduale.
(Ps. 101:16-17. — 96:1.)

Timebunt gentes nomen tuum, Domine, et omnes reges terræ gloriam tuam. Quoniam ædificavit Dominus Sion, et videbitur in majestate sua. Alleluja, alleluja. Dominus regnavit, exsultet terra: lætentur insulæ multæ. Alleluja.

Hednafolken skola frukta ditt namn, o Herre, och alla jordens konungar din ära. Ty Herren har uppbyggt Sion och skall uppenbara sig i sitt majestät. Alleluja, alleluja. Herren är Konung, må länderna jubla, och fröjdas må de många öar. Alleluja.

Evangelium.
(Matt. 13:24-30.)

Sequentia sancti Evangelii secundum Matthæum. In illo tem-

I den tiden framställde Jesus för folket denna liknelse:

Femte sönd. e. Trettondagen

pore: Dixit Jesus turbis parabolam hanc: Simile factum est regnum cælorum homini, qui seminavit bonum semen in agro suo. Cum autem dormirent homines, venit inimicus ejus, et superseminavit zizania in medio tritici, et abiit. Cum autem crevisset herba, et fructum fecisset, tunc apparuerunt et zizania. Accedentes autem servi patrisfamilias, dixerunt ei: Domine, nonne bonum semen seminasti in agro tuo? Unde ergo habet zizania? Et ait illis: Inimicus homo hoc fecit. Servi autem dixerunt ei: Vis, imus, et colligimus ea? Et ait: Non: ne forte colligentes zizania, eradicetis simul cum eis et triticum. Sinite utraque crescere usque ad messem, et in tempore messis dicam messoribus: Colligite primum zizania, et alligate ea in fasciculos ad comburendum, triticum autem congregate in horreum meum.

Himmelriket liknar en man, som sådde god säd i sin åker. Men då folket sov, kom hans ovän och sådde ogräs mitt ibland vetet och gick sin väg. När nu säden sköt upp och satte frukt, så visade sig ock ogräset. Då trädde husbondens tjänare fram och sade till honom: Herre, har du icke sått god säd i din åker? Varifrån har den då fått ogräs? Han svarade dem: Det har en ovän gjort. Tjänarna sade till honom: Vill du, att vi gå och samla det tillhopa? Men han svarade: Nej, ty då I hopsamlen ogräset, kunden I samtidigt upprycka vetet. Låten båda slagen växa tillsammans intill skörden, och i skördens tid skall jag säga till skördemännen: Samlen först ogräset och binden det i knippor till att uppbrännas; men samlen sedan in vetet i min lada.

Offertorium.
(Ps. 117:16, 17.)

Dextera Domini fecit virtutem, dextera Domini exaltavit me: non moriar, sed vivam, et narrabo opera Domini.

Herrens hand har gjort mäktiga ting, Herrens hand har upphöjt mig. Jag skall icke dö, utan leva och förkunna Herrens verk.

Secreta.

Hostias tibi, Domine, placationis offerimus: ut et delicta nostra miseratus absolvas, et nutantia corda tu dirigas. Per Dominum nostrum...

Till dig, Herre, frambära vi försoningens offer, på det att du i din barmhärtighet må förlåta oss våra synder och rätt leda våra vacklande hjärtan. Genom vår Herre...

Praefatio Trinitatis.
(Sid. 291.)

Communio.
(Luk. 4:22.)

Mirabantur omnes de his, quæ procedebant de ore Dei.

Alla förundrade sig över de ord, som utgingo från Guds mun.

Postcommunio.

Quæsumus, omnipotens Deus: ut illius salutaris capiamus effectum, cujus per hæc mysteria pignus accepimus. Per Dominum nostrum...

Vi bedja dig, allsmäktige Gud, att vi må skörda frukten av den frälsning, vars underpant vi genom dessa hemligheter hava mottagit. Genom vår Herre...

Sjätte söndagen efter Trettondagen.

Introitus.
(Ps. 96:7-8. — 96:1.)

Adorate Deum, omnes Angeli ejus: audivit, et lætata est Sion: et exsultaverunt filiæ Judæ. Dominus regnavit, exsultet terra: lætentur insulæ multæ. Gloria Patri... Adorate Deum...

Tillbedjen Gud, alla hans änglar. Sion har hört det och fröjdat sig, och Juda döttrar jublade. Herren är Konung, må länderna jubla, och fröjdas må de många öar. Ära vare... Tillbedjen Gud...

Oratio.

Præsta, quæsumus, omnipotens Deus: ut, semper rationabilia meditantes, quæ tibi sunt placita, et dictis exsequamur et factis. Per Dominum...

Förläna, vi bedja dig, allsmäktige Gud, att våra tankar alltid må präglas av andlig vishet och vi sålunda i ord och gärning söka vad som är dig välbehagligt. Genom vår Herre...

Epistola.
(1 Tess. 1:2-10.)

Lectio Epistolæ beati Pauli Apostoli ad Thessalonicenses. Fratres: Gratias agimus Deo semper pro omnibus vobis, memoriam vestri facientes in orationibus nostris sine intermissione, memores operis fidei vestræ, et laboris,

Bröder, vi tacka Gud alltid för eder alla och tänka oavlåtligen på eder i våra böner; ty vi komma ihåg eder tros verk och eder möda och kärlek och ståndaktighet i hoppet på vår Herre Jesus Kristus, inför vår Gud

et caritatis, et sustinentiæ spei Domini nostri Jesu Christi, ante Deum et Patrem nostrum: scientes, fratres, dilecti a Deo, electionem vestram: quia Evangelium nostrum non fuit ad vos in sermone tantum, sed et in virtute, et in Spiritu Sancto, et in plenitudine multa, sicut scitis quales fuerimus in vobis propter vos. Et vos imitatores nostri facti estis, et Domini, excipientes verbum in tribulatione multa, cum gaudio Spiritus Sancti: ita ut facti sitis forma omnibus credentibus in Macedonia, et in Achaja. A vobis enim diffamatus est sermo Domini, non solum in Macedonia, et in Achaja, sed et in omni loco fides vestra, quæ est ad Deum, profecta est, ita ut non sit nobis necesse quidquam loqui. Ipsi enim de nobis annuntiant qualem introitum habuerimus ad vos: et quomodo conversi estis ad Deum a simulacris, servire Deo vivo et

och Fader. Vi veta ju, kära bröder, I Guds älskade, huru det var, när I bleven utvalda: vårt evangelium kom till eder icke med ord allenast, utan i kraft och den Helige Ande och överströmmande trosvisshet. I veten ock, på vad sätt vi uppträdde bland eder till edert bästa. Och I bleven våra och Herrens efterföljare och mottogen ordet mitt under stort betryck med glädje i den Helige Ande. Så bleven I ett föredöme för alla troende i Macedonien och Akaja; ty från eder har Herrens ord gått ut och fått genljud icke blott i Macedonien och Akaja, utan överallt har eder tro på Gud blivit känd, så att vi icke behöva tala därom. Ty de förkunna själva om oss, vilken god början vi hade hos eder, och huru I från avgudarna haven omvänt eder till Gud för att tjäna den levande och sanne Guden och för att från himmelen förbida

Sjätte sönd. e. Trettondagen

vero, et exspectare Filium ejus de cælis (quem suscitavit ex mortuis) Jesum, qui eripuit nos ab ira ventura.

hans Son, vilken han har uppväckt från de döda, Jesus, som frälst oss från den tillkommande vreden.

Graduale.
(Ps. 101:16-17. — 96:1.)

Timebunt gentes nomen tuum, Domine, et omnes reges terræ gloriam tuam. Quoniam ædificavit Dominus Sion, et videbitur in majestate sua. Alleluja, alleluja. Dominus regnavit, exsultet terra: lætentur insulæ multæ. Alleluja.

Hednafolken skola frukta ditt namn, o Herre, och alla jordens konungar din ära. Ty Herren har uppbyggt Sion och skall uppenbara sig i sitt majestät.
Alleluja, alleluja. Herren är Konung, må länderna jubla, och fröjdas må de många öar. Alleluja.

Evangelium.
(Matt. 13:31-35.)

Sequentia sancti Evangelii secundum Matthæum. In illo tempore: Dixit Jesus turbis parabolam hanc: Simile est regnum cælorum grano sinapis, quod accipiens homo seminavit in agro suo: quod minimum quidem est omnibus seminibus: cum autem creverit, majus est omnibus oleribus, et fit arbor, ita ut volucres cæli veniant, et

I den tiden framställde Jesus för folket denna liknelse: Himmelriket är likt ett senapskorn, som en man tog och nedlade i sin åker. Det är minst bland alla frön, men när det har växt upp, är det större än alla kryddväxter, ja, det bliver till ett träd, så att himmelens fåglar komma och bo i dess grenar. — En annan

habitent in ramis ejus. Aliam parabolam locutus est eis: Simile est regnum cælorum fermento, quod acceptum mulier abscondit in farinæ satis tribus, donec fermentatum est totum. Hæc omnia locutus est Jesus in parabolis ad turbas: et sine parabolis non loquebatur eis: ut impleretur quod dictum erat per Prophetam dicentem: Aperiam in parabolis os meum, eructabo abscondita a constitutione mundi.

liknelse framställde han för dem: Himmelriket liknar en surdeg, vilken en kvinna tog och blandade i tre mått mjöl, till dess alltsammans blev genomsyrat. Allt detta talade Jesus i liknelser till folket, och utan liknelser talade han icke till dem, för att det skulle uppfyllas, som var sagt genom profeten, som säger: Jag skall öppna min mun i liknelser, jag skall uppenbara det, som har varit dolt från världens grundläggning.

Offertorium.
(Ps. 117:16, 17.)

Dextera Domini fecit virtutem, dextera Domini exaltavit me: non moriar, sed vivam, et narrabo opera Domini.

Herrens hand har gjort mäktiga ting, Herrens hand har upphöjt mig. Jag skall icke dö, utan leva och förkunna Herrens verk.

Secreta.

Hæc nos oblatio, Deus, mundet, quæsumus, et renovet, gubernet et protegat. Per Dominum nostrum...

Må detta offer, vi bedja dig, o Gud, rena och förnya, leda och beskärma oss. Genom vår Herre...

Praefatio Trinitatis.
(Sid 291.)

Communio.
(Luk. 4:22.)

| Mirabantur omnes de his, quæ procedebant de ore Dei. | Alla förundrade sig över de ord, som utgingo från Guds mun. |

Postcommunio.

| Cælestibus, Domine, pasti deliciis: quæsumus; ut semper eadem, per quæ veraciter vivimus, appetamus. Per Dominum... | Vederkvickta av denna himmelska ljuvlighet, bedja vi dig, o Herre, att vi alltid måtte åstunda densamma, som i sanning uppehåller vårt liv. Genom vår Herre... |

Septuagesimatiden.

Med söndagen Septuagesima börjar förberedelsetiden till Påsk. Sedvänjan att helga tiden före Påsk genom fasta och bön går tillbaka till de första kristna århundradena; men man började icke alltid och överallt Fastan på samma dag; det fanns även trakter, i vilka man icke fastade varje dag i veckan. På så sätt uppstodo uttrycken 70-, 60-, 50-, 40-dagars fasta. Därav namnen Septuagesima (70:de), Sexagesima (60:de), Quinquagesima (50:de) om de söndagar, som tänkas börja dessa olika långa fastetider. Ehuru nu i hela den katolska Kyrkan fastetiden endast omfattar de sista 40 dagarna före Påsk, ha ändå de gamla namnen bevarats, och gudstjänsten bär redan från söndagen Septuagesima botens prägel. Lovsången: "Gloria in Excelsis" ljuder icke mera, och vid mässans slut heter det icke: "Ite, missa est" (Gån, mässan är slut), utan "Benedicamus Domino" (Låtom oss prisa Herren), i det Kyrkan uppfordrar de troende att ännu en stund dväljas i bön inför Guds ansikte. Vid Graduale bortfalla de tre Alleluja; icke heller höres något Alleluja i den övriga liturgien, och den liturgiska färgen är violett såsom i Advent och Fastan.

Söndagen Septuagesima.

Introitus.
(Ps. 17:5, 6, 7. — 17:2-3.)

Circumdederunt me gemitus mortis, dolores inferni circumdederunt me: et in tribulatione mea invocavi Dominum, et exaudivit de templo sancto suo vocem meam.
Diligam te, Domine, fortitudo mea: Dominus firmamentum meum, et refugium meum, et liberator meus.
Gloria Patri...
Circumdederunt me...

Dödens jämmer har omgivit mig, helvetets kval hava omslutit mig. I min nöd ropade jag till Herren, och från sitt heliga tempel hörde han min röst.
Jag vill älska dig, Herre, min starkhet; Herren är mitt fäste och min tillflykt och min förlossare.
Ära vare...
Dödens jämmer...

Oratio.

Preces populi tui, quæsumus, Domine, clementer exaudi: ut, qui juste pro peccatis nostris affligimur, pro tui nominis gloria misericorditer liberemur. Per Dominum nostrum...

Vi bedja dig, Herre, hör mildeligen ditt folks böner, på det att vi, som med rätta straffas för våra synder, må, ditt namn till ära, finna barmhärtighet och frälsning. Genom vår Herre...

Epistola.
(1 Kor. 9:24-27, — 10:1-5.)

Lectio Epistolæ beati Pauli Apostoli ad Corinthios. Fratres: Ne-

Bröder, veten I icke, att de som löpa på tävlingsbanan, allesam-

Söndagen Septuagesima

scitis, quod ii, qui in stadio currunt, omnes quidem currunt, sed unus accipit bravium? Sic currite, ut comprehendatis. Omnis autem, qui in agone contendit, ab omnibus se abstinet: et illi quidem ut corruptibilem coronam accipiant; nos autem incorruptam. Ego igitur sic curro, non quasi in incertum: sic pugno, non quasi aërem verberans: sed castigo corpus meum, et in servitutem redigo: ne forte, cum aliis prædicaverim, ipse reprobus efficiar. Nolo enim vos ignorare, fratres, quoniam patres nostri omnes sub nube fuerunt, et omnes mare transierunt, et omnes in Moyse baptizati sunt in nube, et in mari: et omnes eamdem escam spiritalem manducaverunt, et omnes eumdem potum spiritalem biberunt: (bibebant autem de spiritali, consequente eos, petra: petra autem erat Christus): sed non in pluribus eorum beneplacitum est Deo.

mans löpa, men endast en får priset? Löpen så, att I vinnen priset. Och var och en, som brottas i en tävlingskamp, är avhållsam i allt: dessa för att få en förgänglig segerkrans, men vi en oförgänglig. Jag för min del löper även, dock icke mot något ovisst mål; jag fäktar även, dock icke som om jag utdelade mina slag i luften, utan jag späker min kropp och tvingar den till lydnad, på det att jag icke, efter att hava predikat för andra, själv skall bliva förkastad. Ty jag vill icke, bröder, lämna eder i okunnighet om att våra fäder voro alla under molnskyn och gingo alla genom havet; alla döptes de till Moses i molnskyn och i havet; alla åto de samma andliga mat, och alla drucko de samma andliga dryck; de drucko nämligen ur en andlig klippa, som åtföljde dem; och klippan var Kristus. Men till de flesta av dem hade Gud icke behag.

Söndagen Septuagesima

Graduale.
(Ps. 9:10-11. — 9:19-20.)

Adjutor in opportunitatibus, in tribulatione: sperent in te, qui noverunt te: quoniam non derelinquis quærentes te, Domine. Quoniam non in finem oblivio erit pauperis: patientia pauperum non peribit in æternum: exsurge, Domine, non prævaleat homo.

Du kommer till vår hjälp i nöden, när tiden är inne; må de hoppas på dig, de som känna dig, ty du övergiver icke dem, som söka dig. Ty den fattige är icke för alltid överlämnad åt glömskan, de fattigas tålamod skall icke vara förgäves i evighet. Res dig, o Herre, på det att icke människan må få överhand.

Tractus.
(Ps. 129:1-4.)

De profundis clamavi ad te, Domine: Domine, exaudi vocem meam. Fiant aures tuæ intendentes in orationem servi tui. Si iniquitates observaveris, Domine: Domine, quis sustinebit? Quia apud te propitiatio est, et propter legem tuam sustinui te, Domine.

Utur djupen ropar jag till dig, Herre, Herre, hör min röst. Låt dina öron lyssna till din tjänares bön. Om du vill akta på våra missgärningar, Herre, Herre, vem kan då bestå. Men hos dig är försoning, och för din lags skull längtar jag efter dig, Herre.

Evangelium.
(Matt. 20:1-16.)

Sequentia sancti Evangelii secundum Mattheum. In illo tempore:

I den tiden framställde Jesus för sina lärjungar denna liknel-

Söndagen Septuagesima

Dixit Jesus discipulis suis parabolam hanc: Simile est regnum cælorum homini patrifamilias, qui exiit primo mane conducere operarios in vineam suam. Conventione autem facta cum operariis ex denario diurno, misit eos in vineam suam. Et egressus circa horam tertiam, vidit alios stantes in foro otiosos, et dixit illis: Ite et vos in vineam meam, et quod justum fuerit, dabo vobis. Illi autem abierunt. Iterum autem exiit circa sextam et nonam horam: et fecit similiter. Circa undecimam vero exiit, et invenit alios stantes, et dicit illis: Quid hic statis tota die otiosi? Dicunt ei: Quia nemo nos conduxit. Dicit illis: Ite et vos in vineam meam. Cum sero autem factum esset, dicit dominus vineæ procuratori suo: Voca operarios, et redde illis mercedem, incipiens a novissimis

se: Himmelriket är likt en husbonde, som bittida om morgonen gick ut för att leja arbetare för sin vingård. Och när han hade kommit överens med arbetarna om en denar för dagen, sände han dem till sin vingård. När han sedan gick ut vid tredje timmen, såg han andra stå sysslolösa på torget; och han sade till dem: Gån ock I till min vingård, och jag skall giva eder vad skäligt är. Och de gingo. Åter gick han ut vid sjätte och vid nionde timmen och gjorde sammalunda. Också vid elfte timmen gick han ut, fann andra stå där och sade till dem: Varför stån I här hela dagen sysslolösa? De svarade honom: Emedan ingen har lejt oss. Då sade han till dem: Gån ock I till min vingård. När det så hade blivit afton, sade vingårdens herre till sin förvaltare: Kalla fram arbetarna och giv dem lönen, men börja med de sista och gå så tillbaka

Söndagen Septuagesima

usque ad primos. Cum venissent ergo qui circa undecimam horam venerant, acceperunt singulos denarios. Venientes autem et primi, arbitrati sunt, quod plus essent accepturi: acceperunt autem et ipsi singulos denarios. Et accipientes murmurabant adversus patremfamilias, dicentes: Hi novissimi una hora fecerunt, et pares illos nobis fecisti, qui portavimus pondus diei et æstus. At ille respondens uni eorum, dixit: Amice, non facio tibi injuriam: nonne ex denario convenisti mecum? Tolle quod tuum est, et vade: volo autem et huic novissimo dare sicut et tibi. Aut non licet mihi, quod volo, facere? an oculus tuus nequam est, quia ego bonus sum? Sic erunt novissimi primi, et primi novissimi. Multi enim sunt vocati, pauci vero electi.

till de första. Då nu de kommo fram, som hade börjat vid elfte timmen, fingo de var och en sin denar. När sedan de första kommo, trodde de, att de skulle få mera, men också de fingo alla endast en denar. När de fingo den, knotade de mot husbonden och sade: Dessa sista hava arbetat en enda timme, och du har ställt dem lika med oss, som hava burit dagens tunga och hetta. Men han svarade en av dem och sade: Vän, jag gör dig ingen orätt; har du icke kommit överens med mig om en denar? Tag vad dig tillkommer och gå. Men jag vill giva även denne siste lika mycket som dig. Eller får jag icke göra vad jag vill med det, som är mitt? Är ditt öga ont, emedan jag är god? Så skola de sista vara de första och de första de sista; ty många äro kallade, men få utvalda.

Söndagen Septuagesima

Offertorium.
(Ps. 91:2.)

Bonum est confiteri Domino, et psallere nomini tuo, Altissime.

Det är gott att bekänna sig till Herren, och lovsjunga ditt namn, du Allrahögste.

Secreta.

Muneribus nostris, quæsumus, Domine, precibusque susceptis: et cælestibus nos munda mysteriis, et clementer exaudi. Per Dominum...

Vi bedja dig, Herre, mottag våra offer och böner, och rena oss genom dessa himmelska hemligheter och bönhör oss mildeligen. Genom vår Herre...

Praefatio Trinitatis.
(Sid. 291.)

Communio.
(Ps. 30:17-18.)

Illumina faciem tuam super servum tuum, et salvum me fac in tua misericordia: Domine, non confundar, quoniam invocavi te.

Låt ditt ansikte lysa över din tjänare, och gör mig helbrägda efter din barmhärtighet, Herre; jag skall icke komma på skam, ty jag har åkallat dig.

Postcommunio.

Fideles tui, Deus, per tua dona firmentur: ut eadem et percipiendo requirant, et quærendo sine fine percipiant. Per Dominum nostrum...

Låt, o Gud, dina troende styrkas genom dina gåvor, på det att de ånyo må efterlängta, vad de njutit, och ständigt åtnjuta, vad de längta efter. Genom vår Herre...

Söndagen Sexagesima.

Introitus.
(Ps. 43:23-26. — 43:2.)

Exsurge, quare obdormis, Domine? exsurge, et ne repellas in finem: quare faciem tuam avertis, obliviscéris tribulationem nostram? adhæsit in terra venter noster: exsurge, Domine, adjuva nos, et libera nos. Deus, auribus nostris audivimus: patres nostri annuntiaverunt nobis.
Gloria Patri...
Exsurge...

Res dig, Herre, varför sover du? Res dig och förskjut oss icke för alltid. Varför vänder du ifrån oss ditt ansikte och förgäter vår vedermöda? Vår kropp häftar vid jorden, res dig, Herre, hjälp oss och förlossa oss. O Gud, med våra öron hava vi hört det, våra fäder hava förkunnat det för oss.
Ära vare...
Res dig...

Oratio.

Deus, qui conspicis, quia ex nulla nostra actione confidimus: concede propitius; ut, contra adversa omnia, Doctoris gentium protectione muniamur. Per Dominum...

O Gud, du, som väl ser, att vi icke förlita oss på någon vår egen gärning, förunna oss nådeligen, att vi under beskydd av hednafolkens lärare må bevaras från allt ont. Genom vår Herre...

Epistola.
(2 Kor. 11:19-33. — 12:1-9.)

Lectio Epistolæ beati Pauli Apostoli ad Corinthios. Fratres: Li-

Bröder, I haven ju gärna fördrag med dårar, I som själva ären

Söndagen Sexagesima

benter suffertis insipientes: cum sitis ipsi sapientes. Sustinetis enim, si quis vos in servitutem redigit, si quis devorat, si quis accipit, si quis extollitur, si quis in faciem vos cædit. Secundum ignobilitatem dico, quasi nos infirmi fuerimus in hac parte. In quo quis audet, (in insipientia dico) audeo et ego: Hebræi sunt, et ego: Israëlitæ sunt, et ego: Semen Abrahæ sunt, et ego: Ministri Christi sunt, (ut minus sapiens dico) plus ego: in laboribus plurimis, in carceribus abundantius, in plagis supra modum, in mortibus frequenter. A Judæis quinquies quadragenas, una minus, accepi. Ter virgis cæsus sum, semel lapidatus sum, ter naufragium feci, nocte et die in profundo maris

så kloka. I fördragen ju, om man trälbinder eder, om man utsuger eder, om man fängslar eder, om man förhäver sig över eder, om man slår eder i ansiktet. Till min skam måste jag nog tillstå: vi för vår del hava varit för svaga till sådant. Men eljest, varav någon annan vågar berömma sig, därav kan ock jag (för att tala enfaldigt) berömma mig. De äro hebréer, så ock jag. De äro israeliter, så ock jag. De äro Abrahams säd, så ock jag. Äro de Kristi tjänare, så är jag (för att tala mindre vist) det ännu mer. Jag har haft mer arbete, oftare varit i fängelse, fått hugg och slag till överflöd, varit i dödsnöd många gånger. Av judarna har jag fem gånger fått fyrtio slag så när som på ett. Tre gånger har jag blivit piskad med spön, en gång har jag blivit stenad, tre gånger har jag lidit skeppsbrott, ett helt dygn har jag drivit omkring på öppna

Söndagen Sexagesima

fui: in itineribus sæpe, periculis fluminum, periculis latronum, periculis ex genere, periculis ex gentibus, periculis in civitate, periculis in solitudine, periculis in mari, periculis in falsis fratribus: in labore et ærumna, in vigiliis multis, in fame et siti, in jejuniis multis, in frigore et nuditate: præter illa quæ extrinsecus sunt, instantia mea quotidiana, sollicitudo omnium Ecclesiarum. Quis infirmatur, et ego non infirmor? quis scandalizatur, et ego non uror? Si gloriari oportet: quæ infirmitatis meæ sunt, gloriabor. Deus et Pater Domini nostri Jesu Christi, qui est benedictus in sæcula, scit quod non mentior. Damasci præpositus gentis Aretæ regis, custodiebat civitatem

havet. Jag har ofta måst vara ute på resor; jag har utstått faror på floder, faror bland rövare, faror genom landsmän, faror genom hedningar, faror i städer, faror i öknar, faror på havet, faror bland falska bröder — allt under arbete och möda, under mångfaldiga vakor, under hunger och törst, ofta under svält, och ofta i köld och nakenhet. Till allt annat kommer den dagliga rastlösheten, omsorgen om alla församlingarna. Vem är svag, utan att också jag bliver svag? Vem kommer på fall, utan att jag upptändes av nitälskan? — Om jag nu måste berömma mig, så vill jag berömma mig av min svaghet. Vår Herres Jesu Kristi Gud och Fader, som är högtlovad i evighet, vet, att jag icke ljuger. I Damaskus lät konung Aretas ståthållare sätta ut vakt vid damaskenernas stad för att gripa mig; och jag måste i en

Söndagen Sexagesima

Damascenorum, ut me comprehenderet: et per fenestram in sporta dimissus sum per murum, et sic effugi manus ejus. Si gloriari oportet (non expedit quidem), veniam autem ad visiones, et revelationes Domini. Scio hominem in Christo ante annos quatuordecim, (sive in corpore nescio, sive extra corpus nescio, Deus scit:) raptum hujusmodi usque ad tertium cælum. Et scio hujusmodi hominem, (sive in corpore, sive extra corpus nescio, Deus scit:) quoniam raptus est in paradisum: et audivit arcana verba, quæ non licet homini loqui. Pro hujusmodi gloriabor: pro me autem nihil gloriabor nisi in infirmitatibus meis. Nam, et si voluero gloriari, non ero insipiens: verita-

korg släppas ned genom en öppning i muren och kom så undan hans händer. Om jag måste berömma mig (men jag borde det visst icke), så kommer jag nu till syner och uppenbarelser från Herren. Jag vet om en man, som är i Kristus, att han för fjorton år sedan blev uppryckt ända till tredje himmelen, (om med kroppen, vet jag icke, eller utan kroppen, vet jag icke, Gud vet det). Ja, jag vet om denne man, att han (om med kroppen eller utan kroppen vet jag icke, Gud vet det) blev uppryckt till paradiset och fick höra hemlighetsfulla ord, sådana som det icke är lovligt för en människa att uttala. Av detta vill jag berömma mig; men av mig själv skall jag icke berömma mig, om icke av mina svagheter. Visserligen vore jag icke en dåre, om jag ville berömma mig själv, ty det vore sanning, som jag då skul-

tem enim dicam: parco autem, ne quis me existimet supra id, quod videt in me, aut aliquid audit ex me. Et ne magnitudo revelationum extollat me, datus est mihi stimulus carnis meæ angelus satanæ, qui me colaphizet. Propter quod ter Dominum rogavi, ut discederet a me: et dixit mihi: Sufficit tibi gratia mea: nam virtus in infirmitate perficitur. Libenter igitur gloriabor in infirmitatibus meis, ut inhabitet in me virtus Christi.

le tala; men likväl avhåller jag mig därifrån, för att ingen skall hava högre tankar om mig än skäligt är, efter vad han ser hos mig eller hör av mig. Och för att jag icke skall förhäva mig på grund av uppenbarelsernas storhet, gavs mig en tagg i köttet, en satans ängel, som skall slå mig i ansiktet. Att denne måtte vika ifrån mig, därom har jag tre gånger bett till Herren. Men Herren har sagt till mig: Min nåd är dig nog, ty kraften fullkomnas i svaghet. Därför vill jag hellre med glädje berömma mig av min svaghet, på det att Kristi kraft må bo i mig.

Graduale.
(Ps. 82:19, 14.)

Sciant gentes, quoniam nomen tibi Deus: tu solus Altissimus super omnem terram. Deus meus, pone illos ut rotam, et sicut stipulam ante faciem venti.

Må hednafolken veta, att ditt namn är Gud, du allena är den högste över all världen. Min Gud, gör dem som en stoftvirvel och som ett halmstrå, drivet av vinden.

Söndagen Sexagesima

Tractus.
(Ps. 59:4, 6.)

Commovisti, Domine, terram, et conturbasti eam. Sana contritiones ejus, quia mota est. Ut fugiant a facie arcus: ut liberentur electi tui.

Herre, du har skakat jorden och låtit henne darra. Hela hennes revor, ty hon sviktar. På det att dina utvalda må undfly pilarna, att de må frälsas.

Evangelium.
(Luk. 8:4-15.)

Sequentia sancti Evangelii secundum Lucam. In illo tempore: Cum turba plurima convenirent, et de civitatibus properarent ad Jesum, dixit per similitudinem: Exiit, qui seminat, seminare semen suum: et dum seminat, aliud cecidit secus viam, et conculcatum est, et volucres cæli comederunt illud. Et aliud cecidit supra petram: et natum aruit, quia non habebat humorem. Et aliud cecidit inter spinas, et simul exortæ spinæ suffocaverunt illud. Et aliud cecidit in terram bonam: et ortum fecit fructum centuplum. Hæc dicens, clamabat: Qui habet aures audiendi, audiat.

I den tiden, när mycket folk strömmade samman och från städerna skyndade till Jesus, sade han i en liknelse: En såningsman gick ut för att så sin säd; och då han sådde, föll somt vid vägen och nedtrampades, och himmelens fåglar åto upp det. Och somt föll på stengrund och vissnade, så snart det hade spirat upp; ty det hade icke någon fuktighet. Och somt föll bland törnen, och törnena växte upp tillsammans därmed och förkvävde det. Och somt föll i god jord, spirade upp och bar hundrafaldig frukt. Då han hade sagt detta, ropade han: Den som

Söndagen Sexagesima

Interrogabant autem eum discipuli ejus, quæ esset hæc parabola. Quibus ipse dixit: Vobis datum est nosse mysterium regni Dei, ceteris autem in parabolis: ut videntes non videant, et audientes non intelligant. Est autem hæc parabola: Semen est verbum Dei. Qui autem secus viam, hi sunt qui audiunt: deinde venit diabolus, et tollit verbum de corde eorum, ne credentes salvi fiant. Nam qu' supra petram: qui cum audierint, cum gaudio suscipiunt verbum: et hi radices non habent: qui ad tempus credunt, et in tempore tentationis recedunt. Quod autem in spinas cecidit: hi sunt, qui audierunt, et a sollicitudinibus, et divitiis, et voluptatibus vitæ euntes, suffocantur, et non referunt fructum. Quod autem in bonam terram: hi

har öron till att höra, han höre. Då frågade hans lärjungar honom, vad denna liknelse betydde. Och han sade till dem: Eder är givet att förstå Guds rikes hemlighet, men åt de andra givas liknelser, på det att de med seende ögon icke må se och med hörande öron icke förstå. Men liknelsens betydelse är denna: Säden är Guds ord. De vid vägen, äro de som höra; sedan kommer djävulen och borttager ordet ur deras hjärta, på det att de icke må tro och varda saliga. De på stengrunden äro de, som med glädje mottaga ordet, när de höra det; men de hava ingen rot; de tro till en tid och avfalla i frestelsens stund. Och det som föll bland törnen, det är de som, sedan de hava hört, gå bort och låta ordet förkvävas av bekymmer och rikedomar och livets njutningar och så icke bära någon frukt. Men det som

Söndagen Sexagesima

sunt, qui in corde bono et optimo audientes verbum retinent, et fructum afferunt in patientia.

föll i den goda jorden, det är de som höra ordet och behålla det i ett gott, ja, mycket gott hjärta och bära frukt i tålamod.

Offertorium.
(Ps. 16:5, 6-7.)

Perfice gressus meos in semitis tuis, ut non moveantur vestigia mea: inclina aurem tuam, et exaudi verba mea: mirifica misericordias tuas, qui salvos facis sperantes in te, Domine.

Led mina steg på dina vägar, att mina fötter icke må vackla. Vänd ditt öra till min bön och hör mina ord. Visa din förunderliga barmhärtighet, du som frälser den, som hoppas på dig, Herre.

Secreta.

Oblatum tibi, Domine, sacrificium, vivificet nos semper et muniat. Per Dominum...

Låt, o Herre, detta offer, som vi framburit åt dig, alltid skänka oss liv och beskärm. Genom vår Herre...

Praefatio Trinitatis.
(Sid. 291.)

Communio.
(Ps. 42:4.)

Introibo ad altare Dei, ad Deum qui lætificat juventutem meam.

Jag skall framträda till Guds altare, till Gud, min ungdoms glädje.

Postcommunio.

Supplices te rogamus, omnipotens Deus: ut,

Bönfallande bedja vi dig, allsmäktige Gud,

quos tuis reficis sacramentis, tibi etiam placitis moribus dignanter deservire concedas. Per Dominum...

att du måtte förläna dem, som du vederkvicker med dina sakrament, att även värdigt tjäna dig med en dig välbehaglig vandel. Genom vår Herre...

Söndagen Quinquagesima.

FASTLAGSSÖNDAGEN.

Introitus.
(Ps. 30:3-4. — 30:2.)

Esto mihi in Deum protectorem, et in locum refugii, ut salvum me facias: quoniam firmamentum meum, et refugium meum es tu: et propter nomen tuum dux mihi eris, et enutries me.
In te, Domine, speravi, non confundar in æternum: in justitia tua libera me, et eripe me.

Gloria Patri...
Esto mihi...

Var mig, o Gud, ett mäkt'gt värn och min tillflykt, att du må frälsa mig. Ty du är mitt fäste och min tillflykt. Du skall vara min ledare för ditt namns skull och giva mig näring.
På dig, Herre, har jag hoppats, i evighet skall jag icke komma på skam. Befria mig i din rättfärdighet och förlossa mig.

Ära vare...
Var mig, o Gud...

Oratio.

Preces nostras, quæsumus, Domine, clementer exaudi: atque, a peccatorum vinculis absolutos, ab omni nos adversitate custodi. Per Dominum...

Hör mildeligen, vi bedja dig, o Herre, våra böner: lös oss ifrån syndens bojor och bevara oss från alla onda anslag. Genom vår Herre...

Söndagen Quinquagesima

Epistola.
(1 Kor. 13:1-13.)

Lectio Epistolæ beati Pauli Apostoli ad Corinthios. Fratres: Si linguis hominum loquar et Angelorum, caritatem autem non habeam, factus sum velut æs sonans, aut cymbalum tinniens. Et si habuero prophetiam, et noverim mysteria omnia, et omnem scientiam: et si habuero omnem fidem, ita ut montes transferam, caritatem autem non habuero, nihil sum. Et si distribuero in cibos pauperum omnes facultates meas, et si tradidero corpus meum, ita ut ardeam, caritatem autem non habuero, nihil mihi prodest. Caritas patiens est, benigna est: caritas non æmulatur, non agit perperam, non inflatur, non est ambitiosa, non quærit quæ sua sunt, non irritatur, non cogitat malum, non gaudet super iniquitate, congaudet autem veritati: omnia suffert, omnia credit, omnia sperat,

Bröder, om jag talade både människors och änglars tungomål, men icke hade kärlek, så vore jag blott en ljudande malm eller en klingande cymbal. Och om jag hade profetians gåva och visste alla hemligheter och ägde all kunskap, och om jag hade all tro, så att jag kunde förflytta berg, men icke hade kärlek, så vore jag intet. Och om jag gåve bort allt vad jag ägde till bröd åt de fattiga, ja, om jag offrade min kropp till att brännas upp, men icke hade kärlek, så vore detta mig till intet gagn. Kärleken är tålig och mild. Kärleken avundas icke, skickar sig icke ohöviskt, uppblåses icke. Den förhäver sig icke, den söker icke sitt, den förtörnas icke, den minnes icke det onda. Den gläder sig icke över orättfärdigheten, men har sin glädje i sanningen. Den fördrager allting, den tror allting, den hoppas allting, den

omnia sustinet. Caritas numquam excidit: sive prophetiæ evacuabuntur, sive linguæ cessabunt, sive scientia destruetur. Ex parte enim cognoscimus, et ex parte prophetamus. Cum autem venerit quod perfectum est, evacuabitur quod ex parte est. Cum essem parvulus, loquebar ut parvulus, sapiebam ut parvulus, cogitabam ut parvulus. Quando autem factus sum vir, evacuavi quæ erant parvuli. Videmus nunc p r speculum in ænigmate: tunc autem facie ad faciem. Nunc cognosco ex parte: tunc autem cognoscam, sicut et cognitus sum. Nunc autem manent fides, spes, caritas, tria hæc: major autem horum est caritas.

uthärdar allting. Kärleken upphör aldrig, om än profetians gåva försvinner, och tungomålstalandet tager slut, och kunskapen varder om intet. Ty vår kunskap är ett styckverk, och vårt profeterande är ett styckverk; men när det kommer, som är fullkomligt, då skall allt det försvinna, som är styckverk. När jag var barn, talade jag som ett barn, kände som ett barn, tänkte som ett barn; men sedan jag blev man, har jag lagt bort vad barnsligt är. Nu se vi på ett dunkelt sätt, som i en spegel, men då skola vi skåda ansikte mot ansikte. Nu är min kunskap ett styckverk, men då skall jag tillfullo känna och förstå, såsom jag ock själv är känd och förstådd. Men nu förbliva tro, hopp, kärlek, dessa tre, men störst ibland dem är kärleken.

Graduale.
(Ps. 76:15, 16.)

Tu es Deus qui facis mirabilia solus: notam

Du är Gud, den ende, som gör under, du har

Söndagen Quinquagesima

fecisti in gentibus virtutem tuam. Liberasti in brachio tuo populum tuum, filios Israel, et Joseph.

uppenbarat din kraft för hednafolken. — Med din arm har du befriat ditt folk, Israels barn och Josefs.

Tractus.
(Ps. 99:1-2.)

Jubilate Deo, omnis terra: servite Domino in lætitia. Intrate in conspectu ejus in exsultatione: scitote, quod Dominus ipse est Deus. Ipse fecit nos, et non ipsi nos: nos autem populus ejus, et oves pascuæ ejus.

Fröjdens inför Gud, all jordens länder, tjänen Herren i glädje. Träden inför hans åsyn med jubelrop; veten, att Herren själv är Gud. Det är han, som skapat oss, icke vi själva; vi äro hans folk, vi äro hans får på hans betesmarker.

Evangelium.
(Luk. 18:31-43.)

Sequentia sancti Evangelii secundum Lucam. In illo tempore: Assumpsit Jesus duodecim, et ait illis: Ecce, ascendimus Jerosolymam, et consummabuntur omnia, quæ scripta sunt per Prophetas de Filio hominis. Tradetur enim Gentibus, et illudetur, et flagellabitur, et conspuetur: et postquam flagellaverint, occident eum, et tertia die resurget. Et ipsi nihil horum

I den tiden tog Jesus de tolv till sig och sade till dem: Se, vi gå upp till Jerusalem, och allt skall fullbordas, som genom profeterna är skrivet om Människosonen. Ty han skall överlämnas åt hedningarna och bliva begabbad, gisslad och bespottad. Och efter att hava gisslat honom, skola de döda honom, men på tredje dagen skall han uppstå igen. Men de förstodo intet

Söndagen Quinquagesima

intellexerunt, et erat verbum istud absconditum ab eis, et non intelligebant quæ dicebantur. Factum est autem, cum appropinquaret Jericho, cæcus quidam sedebat secus viam, mendicans. Et cum audiret turbam prætereuntem, interrogabat quid hoc esset. Dixerunt autem ei, quod Jesus Nazarenus transiret. Et clamavit, dicens: Jesu, fili David, miserere mei. Et qui præibant, increpabant eum ut taceret. Ipse vero multo magis clamabat: Fili David, miserere mei. Stans autem Jesus, jussit illum adduci ad se. Et cum appropinquasset, interrogavit illum, dicens: Quid tibi vis faciam? At ille dixit: Domine, ut videam. Et Jesus dixit illi: Respice, fides tua te salvum fecit. Et confestim vidit, et sequebatur illum, magnificans Deum. Et omnis plebs ut vidit, dedit laudem Deo.

därav, och detta tal var dem fördolt, och de fattade icke det som sades. — Och det hände sig, då han närmade sig Jeriko, att en blind satt vid vägen och tiggde. När denne hörde folk gå förbi, frågade han, vad det var. De svarade honom, att Jesus från Nasaret kom förbi. Då ropade han och sade: Jesus, Davids Son, förbarma dig över mig! Och de som gingo framför, tillsade honom strängt, att han skulle tiga; men han ropade blott ännu högre: Davids Son, förbarma dig över mig! Då stannade Jesus och befallde, att han skulle föras till honom. Och då han hade kommit fram, frågade Jesus honom och sade: Vad vill du, att jag skall göra dig? Han svarade: Herre, att jag kunde se. Jesus sade till honom: Varde seende! Din tro har hjälpt dig. Och strax kunde han se, och han följde honom, prisande Gud. Och allt folket, som såg detta, lovade Gud.

Söndagen Quinquagesima

Offertorium.
(Ps. 118:12-13.)

Benedictus es, Domine, doce me justificationes tuas: in labiis meis pronuntiavi omnia judicia oris tui.

Välsignad är du, o Herre, lär mig din rättfärdighet, med mina läppar har jag förkunnat din vishets alla domar.

Secreta.

Hæc hostia, Domine, quæsumus, emundet nostra delicta: et, ad sacrificium celebrandum, subditorum tibi corpora mentesque sanctificet. Per Dominum nostrum...

Må denna offergåva, vi bedja dig, Herre, rena oss från våra synder, och för offrets firande helga dina tjänare till kropp och själ. Genom vår Herre...

Praefatio Trinitatis.
(Sid. 291.)

Communio.
(Ps. 77:29-30.)

Manducaverunt, et saturati sunt nimis, et desiderium eorum attulit eis Dominus: non sunt fraudati a desiderio suo.

De åto och blevo mättade övernog, och Herren gav dem allt vad de begärde. De blevo icke svikna i sina förväntningar.

Postcommunio.

Quæsumus, omnipotens Deus: ut, qui cælestia alimenta percepimus, per hæc contra omnia adversa muniamur. Per Dominum nostrum...

Vi bedja dig, allsmäktige Gud, att vi, som hava mottagit denna himmelska näring, därigenom måtte beskärmas mot alla våra fiender. Genom vår Herre...

Fastetiden.

Omvändelse, bön och fasta höra alltid till huvudelementen i det kristna livet; dock sätta de sin särskilda prägel på fastetiden, de 40 sista dagarna före Påsk. Talet 40 är betydelsefullt i den Heliga Skrift. 40 år irrade Israels folk omkring i öknen, 40 dagar fastade Moses, innan han närmade sig Herren på Sinai berg, 40 dagar fastade Jesus själv. Det var därför, Kyrkan gav fastetiden en längd av just 40 dagar. I denna tid bär hela gudstjänsten, liksom redan i Septuagesimatiden, en allvarsam, ja, dyster prägel; denna når sin höjdpunkt i de två sista veckorna före Påsk, Passionstiden.

Askonsdag.

Askonsdagen är fastetidens början. På denna dag strör Kyrkan aska på våra huvuden eller tecknar kors med aska på vår panna för att på så sätt giva oss en tydlig påminnelse om vår dödlighet och därigenom allvarligt uppmana oss till ödmjukhet, omvändelse och bot.

Askonsdag

I ASKANS INVIGNING OCH UTDELNING.

Antifon.
(Ps. 68:17, 2.)

Exaudi nos, Domine, quoniam benigna est misericordia tua: secundum multitudinem miserationum tuarum respice nos, Domine. Salvum me fac, Deus: quoniam intraverunt aquæ usque ad animam meam.
Gloria Patri...
Exaudi nos...
Dominus vobiscum.
Et cum spiritu tuo.

Bönhör oss, Herre, i din stora miskundsamhet. I din milda barmhärtighet se ned till oss, Herre. Fräls mig, Gud, ty vattenflödet har trängt fram till min själ.
Ära vare...
Bönhör oss, Herre...
Herren vare med eder.
Och med din ande.

Orationes.

Oremus. Omnipotens sempiterne Deus, parce pænitentibus, propitiare supplicantibus: et mittere digneris sanctum Angelum tuum de cælis, qui bene † dicat et sancti † ficet hos cineres, ut sint remedium salubre omnibus nomen sanctum tuum humiliter implorantibus, ac semetipsos pro conscientia delictorum suorum accusantibus, ante conspectum divinæ clementiæ tuæ facinora sua deplorantibus, vel serenissimam pietatem

Låtom oss bedja. Allsmäktige, evige Gud, se i barmhärtighet till vår ånger och vänd dig i nåd till våra böner. Värdigas sända din heliga ängel från himmelen för att välsigna denna aska, på det den må bliva ett frälsningens medel för alla dem, som i ödmjukhet åkalla ditt namn, för dem, som i medvetandet om sin syndaskuld anklaga sig själva och inför din gudomliga mildhets åsyn begråta sina missgärningar och

tuam suppliciter obnixeque flagitantibus: et præsta per invocationem sanctissimi nominis tui; ut, quicumque per eos aspersi fuerint, pro redemptione peccatorum suorum, corporis sanitatem et animæ tutelam percipiant. Per Christum, Dominum nostrum. Amen.

taga sin tillflykt till din förbarmande godhet. Värdes giva, att genom åkallandet av ditt heliga namn alla de, som till sina synders förlåtelse bliva beströdda med denna aska, må bevaras till kropp och själ. Genom Kristus, vår Herre. Amen.

Oremus. Deus, qui non mortem, sed pænitentiam desideras peccatorum: fragilitatem conditionis humanæ benignissime respice; et hos cineres, quos, causa proferendæ humilitatis atque promerendæ veniæ, capitibus nostris imponi decernimus, bene † dicere pro tua pietate dignare: ut, qui nos cinerem esse, et ob pravitatis nostræ demeritum in pulverem reversuros cognoscimus; peccatorum omnium veniam, et præmia pænitentibus repromissa, misericorditer consequi mereamur. Per Christum, Dominum nostrum. Amen.

Låtom oss bedja. O Gud, du som icke önskar syndarens död utan hans omvändelse, se i nåd ned på mänsklighetens svaga natur och värdes i din godhet välsigna denna aska, som vi vilja mottaga på våra huvuden för att så visa vår ödmjukhet och uppnå ditt förbarmande. Giv, att vi, som sålunda bekänna oss icke vara annat än stoft och för vår synds skull rätteligen borde vända tillbaka till stoftet, genom din nåd må uppnå syndernas förlåtelse och den lön, som du utlovat dem, som omvända sig. Genom Kristus, vår Herre. Amen.

Askonsdag

Oremus. Deus, qui humiliatione flecteris, et satisfactione placaris: aurem tuæ pietatis inclina precibus nostris; et capitibus servorum tuorum, horum cinerum aspersione contactis, effunde propitius gratiam tuæ benedictionis: ut eos et spiritu compunctionis repleas et, quæ juste postulaverint, efficaciter tribuas; et concessa perpetuo stabilita et intacta manere decernas. Per Christum Dominum nostrum. Amen.

Låtom oss bedja. O Gud, du som låter dig bevekas genom ödmjukhet och försonas genom bot, vänd nådigt ditt öra till våra böner, utgjut över dina tjänares huvuden, som denna aska skall beröra, din milda välsignelses nåd. Värdes uppfylla dem alla med en ångerfull ande och rikligt giva dem, vad de rätteligen åstunda; befäst dem däri och låt dem aldrig bryta däremot. Genom Kristus, vår Herre. Amen.

Oremus. Omnipotens sempiterne Deus, qui Ninivitis, in cinere et cilicio pænitentibus, indulgentiæ tuæ remedia præstitisti: concede propitius; ut sic eos imitemur habitu, quatenus veniæ prosequamur obtentu. Per Dominum nostrum...

Låtom oss bedja. Allsmäktige, evige Gud, du som låtit staden Ninive försonas med dig genom botgöring i säck och aska, giv nådigt, att vi må så följa detta exempel, att även vi må uppnå din förlåtelse. Genom vår Herre...

Prästen viger askan med vigvatten och rökelse. Därefter mottager han själv den vigda askan, medan kören sjunger:

Antifon.
(Joel 2:13.)

Immutemur habitu, in cinere et cilicio: jejunemus, et ploremus ante Dominum: quia

Låtom oss byta vår klädnad och kläda oss i säck och aska, låtom oss fasta och gråta in-

Fastetiden

multum misericors est dimittere peccata nostra Deus noster.	för Herren, ty mycket miskundsam är vår Gud att förlåta våra synder.

Antifon.
(Joel 2:17.)

Inter vestibulum et altare plorabunt sacerdotes ministri Domini, et dicent: Parce, Domine, parce populo tuo: et ne claudas ora canentium te, Domine.	Mellan förhallen och altaret må prästerna, Herrens tjänare, hålla klagogråt och säga: Skona, o Herre, skona ditt folk, och tillslut icke deras mun, som lovsjunga dig, Herre.

Antifon.
(Est. 13. — Joel 2. — Ps. 78:9.)

Emendemus in melius, quæ ignoranter peccavimus: ne, subito præoccupati die mortis, quæramus spatium pænitentiæ, et invenire non possimus.	Låtom oss söka bättra, vad vi av ovetenhet hava syndat, att vi icke, överraskade i dödens stund, må söka tid till bot, utan att kunna finna den.
Attende, Domine, et miserere: quia peccavimus tibi.	Akta på oss, Herre, och förbarma dig över oss, ty vi hava syndat emot dig.
Adjuva nos, Deus, salutaris noster: et propter honorem nominis tui, Domine, libera nos.	Hjälp oss, Gud, vår frälsning, och förlossa oss, Herre, ditt namn till ära.
Attende, Domine...	Akta på oss...
Gloria Patri...	Ära vare Fadern...
Attende, Domine...	Akta på oss...

Under tiden utdelas askan till de närvarande troende med orden:

Askonsdag

Memento, homo, quia pulvis es, et in pulverem reverteris.	Kom i håg, o människa, att du är stoft, och att du skall återvända till stoft.

Efter askans utdelning beder prästen:

Dominus vobiscum. Et cum spiritu tuo.	Herren vare med eder. Och med din ande.
Oremus. Concede nobis, Domine, præsidia militiæ christianæ sanctis inchoare jejuniis: ut, contra spiritales nequitias pugnaturi, continentiæ muniamur auxiliis. Per Christum, Dominum nostrum. Amen.	*Låtom oss bedja.* Förläna oss, Herre, att begynna vår vakttjänst med fastande, så att vi, som skola strida mot det andliga fördärvet, genom avhållsamhet må vinna förstärkning och hjälp. Genom Kristus, vår Herre. Amen.

II. DEN HELIGA MÄSSAN.

Introitus.

(Vish. 11:24, 25, 27. — Ps. 56:2)

Misereris omnium, Domine, et nihil odisti eorum quæ fecisti, dissimulans peccata hominum propter pænitentiam et parcens illis: quia tu es Dominus, Deus noster. Miserere mei, Deus, miserere mei: quoniam in te confidit anima mea. Gloria Patri... Misereris omnium...	Du förbarmar dig över alla, o Herre, och hatar intet av det du skapat; du synes icke se människornas synder, då de göra bot, och skonar dem; ty du är Herren, vår Gud. Förbarma dig över mig, o Gud, förbarma dig över mig; ty på dig förtröstar min själ. Ära vare... Du förbarmar...

Oratio.

Præsta, Domine, fidelibus tuis: ut jejuniorum veneranda sollemnia, et congrua pietate suscipiant, et secura devotione percurrant, Per Dominum...

Förunna, o Herre, dina troende, att de med tillbörlig fromhet må begynna fastans vördnadsvärda högtid och med ostörd andakt genomleva den. Genom vår Herre...

Epistola.
(Joel 2:12-19.)

Lectio Joelis Prophetæ. Hæc dicit Dominus: Convertimini ad me in toto corde vestro, in jejunio, et in fletu, et in planctu. Et scindite corda vestra, et non vestimenta vestra, et convertimini ad Dominum, Deum vestrum: quia benignus et misericors est, patiens, et multæ misericordiæ, et præstabilis super malitia. Quis scit, si convertatur, et ignoscat, et relinquat post se benedictionem, sacrificium, et libamen Domino, Deo vestro? Canite tuba in Sion, sanctificate jejunium, vocate cœtum, congregate populum, sanctificate ecclesiam, coadunate senes, congregate parvulos et sugentes

Så talar Herren: Omvänden eder till mig av hela edert hjärta, med fasta och gråt och klagan. Sönderriven edra hjärtan och icke edra kläder, och vänden om till Herren, eder Gud; ty han är nådig och barmhärtig, långmodig och stor i mildhet och höjd över all ondska. Vem vet, måhända förbarmar han sig och förlåter och lämnar kvar efter sig välsignelse, så att I kunnen frambära åt Herren, eder Gud, spisoffer och drickoffer. Stöten i basun på Sion, pålysen en helig fasta, utlysen en sammankomst; församlen folket, helgen menigheten, kallen tillhopa de gamla, församlen barnen, jämväl dem som ännu

ubera: egrediatur sponsus de cubili suo, et sponsa de thalamo suo. Inter vestibulum et altare plorabunt sacerdotes ministri Domini, et dicent: Parce, Domine, parce populo tuo: et ne des hereditatem tuam in opprobrium, ut dominentur eis nationes. Quare dicunt in populis: Ubi est Deus eorum? Zelatus est Dominus terram suam, et pepercit populo suo. Et respondit Dominus, et dixit populo suo: Ecce, ego mittam vobis frumentum et vinum et oleum, et replebimini eis: et non dabo vos ultra opprobrium in gentibus: dicit Dominus omnipotens.

dia vid bröstet; brudgummen må komma ur sin kammare och bruden ur sitt gemak. Mellan förhallen och altaret må prästerna, Herrens tjänare, hålla klagogråt och säga: Skona, o Herre, skona ditt folk, och låt icke din arvedel bliva till smälek, så att hednafolken härska över den. Varför skulle man få säga bland folken: Var är nu deras Gud? Herren nitälskar för sitt land och skonar sitt folk. Herren svarar och säger till sitt folk: Se, jag vill sända eder säd och vin och olja, så att I fån mätta eder därav, och jag skall icke mera låta eder bliva till smälek bland hednafolken. Detta säger Herren, den Allsmäktige.

Graduale.
(Ps. 56:2, 4.)

Miserere mei, Deus, miserere mei: quoniam in te confidit anima mea. Misit de cælo, et liberavit me, dedit in opprobrium conculcantes me.

Förbarma dig över mig, o Gud, förbarma dig över mig; ty på dig förtröstar min själ. Han sänder hjälp från himmelen och befriar mig; han prisgiver åt smälek dem, som trampa mig under fötterna.

Tractus.

(Ps. 102:10. — Ps. 78:8-9.)

Domine, non secundum peccata nostra, quæ fecimus nos: neque secundum iniquitates nostras retribuas nobis. Domine, ne memineris iniquitatum nostrarum antiquarum: cito anticipent nos misericordiæ tuæ, quia pauperes facti sumus nimis. Adjuva nos, Deus, salutaris noster: et propter gloriam nominis tui, Domine, libera nos: et propitius esto peccatis nostris, propter nomen tuum.

Herre, vedergäll oss icke efter våra synder, som vi gjort, och icke efter våra missgärningar. Herre, tänk ej på våra forna missgärningar, låt din barmhärtighet snarligen komma oss till mötes; ty vi hava blivit övermåttan fattiga. Hjälp oss, du vår frälsnings Gud, och rädda oss för ditt namns äras skull och förlåt oss våra synder för ditt namns skull.

Evangelium.

(Matt. 6:16-21.)

Sequentia sancti Evangelii secundum Matthæum. In illo tempore: Dixit Jesus discipulis suis: Cum jejunatis, nolite fieri, sicut hypocritæ, tristes. Exterminant enim facies suas, ut appareant hominibus jejunantes. Amen, dico vobis, quia receperunt mercedem suam. Tu autem, cum jejunas, unge caput tuum, et faciem tuam lava,

I den tiden sade Jesus till sina lärjungar: När I fasten, så sen icke bedrövade ut såsom skrymtarna; ty de vanställa sina ansikten på det att människorna skola se, att de fasta. Sannerligen säger jag eder: De hava fått sin lön. Men du, när du fastar, smörj ditt huvud och två ditt an-

Askonsdag

ne videaris hominibus jejunans, sed Patri tuo, qui est in abscondito: et Pater tuus, qui videt in abscondito, reddet tibi. Nolite thesaurizare vobis thesauros in terra: ubi ærugo et tinea demolitur: et ubi fures effodiunt et furantur. Thesaurizate autem vobis thesauros in cælo: ubi neque ærugo neque tinea demolitur; et ubi fures non effodiunt nec furantur. Ubi enim est thesaurus tuus, ibi est et cor tuum.

sikte, för att icke människorna, utan din Fader i det fördolda må se, att du fastar; och din Fader, som ser i det fördolda, skall vedergälla dig. Samlen eder icke skatter på jorden, där rost och mal förstöra, och tjuvar bryta sig in och stjäla; utan samlen eder skatter i himmelen, där varken rost eller mal förstöra, och tjuvar icke bryta sig in och stjäla. Ty där din skatt är, där är ock ditt hjärta.

Offertorium.
(Ps. 29:2-3.)

Exaltabo te, Domine, quoniam suscepisti me, nec delectasti inimicos meos super me: Domine, clamavi ad te, et sanasti me.

Jag vill upphöja dig, Herre, ty du har tagit dig an mig och icke låtit mina fiender glädja sig över mig. Herre, jag ropade till dig, och du gjorde mig helbrägda.

Secreta.

Fac nos, quæsumus, Domine, his muneribus offerendis convenienter aptari: quibus ipsius venerabilis sacramenti celebramus exordium. Per Dominum...

Låt oss, o Herre, tillbörligt förbereda oss till att frambära dessa gåvor, genom vilka vi fira begynnelsen till själva den vördnadsvärda hemligheten. Genom vår Herre...

Fastetiden

Praefatio Quadragesimae.

Vere dignum et justum est, æquum et salutare, nos tibi semper et ubique gratias agere: Domine sancte, Pater omnipotens, æterne Deus: Qui corporali jejunio vitia comprimis, mentem elevas, virtutem largiris et præmia: per Christum, Dominum nostrum. Per quem majestatem tuam laudant Angeli, adorant Dominationes, tremunt Potestates. Cæli cælorumque Virtutes ac beata Seraphim socia exsultatione concelebrant. Cum quibus et nostras voces ut admitti jubeas, deprecamur, supplici confessione dicentes:

Det är sannerligen tillbörligt och rätt, riktigt och gagneligt, att vi alltid och allestädes tacka dig, helige Herre, allsmäktige Fader, evige Gud: du som genom lekamlig fasta kuvar lasterna, upplyfter själen, skänker oss kraft till det goda och lön därför, genom Kristus, vår Herre; genom vilken ditt majestät lovas av änglarna, tillbedes av herradömena, fruktas av makterna, i gemensam fröjd firas av himlarna och himlarnas krafter och av de saliga serafim. Låt med deras röster, vi bedja dig, även våra komma till dig, då vi i ödmjuk lovsång säga:

Communio.
(Ps. 1:2, 3.)

Qui meditabitur in lege Domini die ac nocte, dabit fructum suum in tempore suo.

Den, som dag och natt betraktar Herrens lag, bär frukt i sinom tid.

Postcommunio.

Percepta nobis, Domine præbeant sacramenta subsidium: ut tibi grata sint nostra

Herre, låt det sakrament, som vi mottagit, lända oss till hjälp, på det att vårt fastande

Första söndagen i fastan

jejunia, et nobis proficiant ad medelam. Per Dominum...	må vara dig till välbehag och tjäna oss till läkedom. Genom vår Herre...

Första söndagen i fastan.

Introitus.
(Ps. 90:15, 16. — 90:1.)

Invocabit me, et ego exaudiam eum: eripiam eum, et glorificabo eum: longitudine dierum adimplebo eum. Qui habitat in adjutorio Altissimi, in protectione Dei cæli commorabitur. Gloria Patri... Invocabit me...	Han skall åkalla mig, och jag vill bönhöra honom, jag vill frälsa och förhärliga honom; med långt liv vill jag mätta honom. Den som bor under den Högstes beskärm, han vistas under hägnet av himmelens Gud. Ära vare... Han skall...

Oratio.

Deus, qui Ecclesiam tuam annua quadragesimali observatione purificas: præsta familiæ tuæ; ut, quod a te obtinere abstinendo nititur, hoc bonis operibus exsequatur. Per Dominum nostrum...	O Gud, du som renar din Kyrka genom iakttagandet av den årliga fastan, förunna ditt folk att genom goda gärningar uppnå, vad det genom sin återhållsamhet åsyftar. Genom vår Herre...

Epistola.
(2 Kor. 6:1-10.)

Lectio Epistolæ beati Pauli Apostoli ad Corinthios. Fratres: Exhortamur vos, ne in	Bröder, vi förmana eder, att icke så mottaga Guds nåd, att den bliver utan frukt. Han

vacuum gratiam Dei recipiatis. Ait enim: Tempore accepto exaudivi te, et in die salutis adjuvi te. Ecce, nunc tempus acceptabile, ecce, nunc dies salutis. Nemini dantes ullam offensionem, ut non vituperetur ministerium nostrum: sed in omnibus exhibeamus nosmetipsos sicut Dei ministros, in multa patientia, in tribulationibus, in necessitatibus, in angustiis, in plagis, in carceribus, in seditionibus, in laboribus, in vigiliis, in jejuniis, in castitate, in scientia, in longanimitate, in suavitate, in Spiritu Sancto, in caritate non ficta, in verbo veritatis, in virtute Dei, per arma justitiæ a dextris, et a sinistris: per gloriam, et ignobilitatem: per infamiam, et bonam famam: ut seductores, et veraces: sicut qui ignoti, et cogniti: quasi morientes, et ecce, vivimus: ut castigati, et non mortificati: quasi

säger ju: Jag bönhör dig i behaglig tid, och jag hjälper dig på frälsningens dag. Se, nu är den välbehagliga tiden; ja, nu är frälsningens dag. Härvid vilja vi icke i något stycke vara någon till anstöt, på det att vårt ämbete icke må bliva klandrat. Fastmer vilja vi i allting bevisa oss såsom Guds tjänare, i mycken ståndaktighet, under bedrövelse och nöd och ångest, under hugg och slag, under fångenskap och upprorslarm, under mödor, vakor och svält, i renhet, i kunskap, i tålamod och godhet, i den Helige Ande, i oskrymtad kärlek, med sanning i vårt tal, med kraft från Gud, med rättfärdighetens vapen till höger och till vänster, under ära och smälek, under ont rykte och gott rykte, om vi anses för uppviglare eller för ärliga människor, om vi förbliva okända eller äro kända; såsom döende, men se, vi leva, såsom tuktade, men likväl icke till döds, såsom bedrövade, men

tristes, semper autem gaudentes: sicut egentes, multos autem locupletantes: tamquam nihil habentes, et omnia possidentes.

dock alltid glada, såsom fattiga, medan vi dock göra många rika, såsom utblottade på allt, men likväl ägande allt.

Graduale.
(Ps. 90:11-12.)

Angelis suis Deus mandavit de te, ut custodiant te in omnibus viis tuis. In manibus portabunt te, ne umquam offendas ad lapidem pedem tuum.

Gud har givit sina änglar befallning om dig, att de skola bevara dig på alla dina vägar. De skola bära dig på händerna, att du icke må stöta din fot mot någon sten.

Tractus.
(Ps. 90:1-7, 11-16)

Qui habitat in adjutorio Altissimi, in protectione Dei cæli commorabitur. Dicet Domino: Susceptor meus es tu, et refugium meum: Deus meus, sperabo in eum. Quoniam ipse liberavit me de laqueo venantium, et a verbo aspero. Scapulis suis obumbrabit tibi, et sub pennis ejus sperabis. Scuto circumdabit te veritas ejus: non timebis a timore nocturno. A sagitta volante per diem, a negotio perambulante in te-

Den som bor under den Högstes beskärm, han vistas under hägnet av himmelens Gud. Han säger till Herren: Du är mitt värn och min tillflykt, min Gud, på vilken jag förtröstar. Ty han räddar mig från fågelfängarens snara och från allt fördärv. Med sina skuldror skall han betäcka dig, och under hans vingar skall du fatta mod. Med en sköld skall hans trohet omgiva dig; du behöver icke frukta nattens fasor, icke pilen,

nebris, a ruina et dæmonio meridiano. Cadent a latere tuo mille, et decem milia a dextris tuis: tibi autem non appropinquabit. Quoniam Angelis suis mandavit de te, ut custodiant te in omnibus viis tuis. In manibus portabunt te, ne umquam offendas ad lapidem pedem tuum. Super aspidem et basiliscum ambulabis, et conculcabis leonem et draconem. Quoniam in me speravit, liberabo eum: protegam eum, quoniam cognovit nomen meum. Invocabit me, et ego exaudiam eum: cum ipso sum in tribulatione. Eripiam eum, et glorificabo eum: longitudine dierum adimplebo eum, et ostendam illi salutare meum.

som flyger om dagen, icke ofärd, som smyger om natten, icke den ondes angrepp om middagen. Om än tusen falla vid din sida och tiotusen vid din högra sida, skall ofärd dock icke nalkas dig. Ty han har givit sina änglar befallning om dig, att de skola bevara dig på alla dina vägar. De skola bära dig på händerna, att du icke må stöta din fot mot någon sten. Över ormar och huggormar skall du gå fram, du skall trampa på lejon och drakar. Han förtröstar på mig, därför skall jag befria honom; jag skall beskydda honom, emedan han känner mitt namn. Han skall åkalla mig, och jag skall bönhöra honom; jag är med honom i nöden; jag skall rädda honom och låta honom komma till ära. Med långt liv skall jag mätta honom och låta honom se min frälsning.

Evangelium.
(Matt. 4:1-11.)

Sequentia sancti Evangelii secundum Mat-

I den tiden fördes Jesus av Anden ut i

Första söndagen i fastan

thæum. In illo tempore: Ductus est Jesus in desertum a Spiritu, ut tentaretur a diabolo. Et cum jejunasset quadraginta diebus, et quadraginta noctibus, postea esuriit. Et accedens tentator, dixit ei: Si Filius Dei es, dic ut lapides isti panes fiant. Qui respondens, dixit: Scriptum est: Non in solo pane vivit homo, sed in omni verbo, quod procedit de ore Dei. Tunc assumpsit eum diabolus in sanctam civitatem, et statuit eum super pinnaculum templi, et dixit ei: Si Filius Dei es, mitte te deorsum. Scriptum est enim: Quia Angelis suis mandavit de te, et in manibus tollent te, ne forte offendas ad lapidem pedem tuum. Ait illi Jesus: Rursum scriptum est: Non tentabis Dominum, Deum tuum. Iterum assumpsit eum diabolus in montem excelsum valde: et osten-

öknen för att frestas av djävulen. Och när han hade fastat i fyrtio dagar och fyrtio nätter, blev han omsider hungrig. Då gick frestaren fram till honom och sade: Är du Guds Son, så säg, att dessa stenar skola bliva bröd. Men han svarade och sade: Det står skrivet: Människan lever icke av bröd allena, utan av vart och ett ord, som utgår från Guds mun. Därefter tog djävulen honom med sig till den heliga staden, ställde honom på templets tinnar och sade till honom: Är du Guds Son, så störta dig ned; ty det står skrivet: Han har givit sina änglar befallning om dig, och de skola bära dig på händerna, att du icke må stöta din fot mot någon sten. Jesus sade till honom: Men det står också skrivet: Du skall icke fresta Herren, din Gud. Åter tog djävulen honom med sig upp på ett mycket högt berg och visade honom alla världens riken och

dit ei omnia regna mundi, et gloriam eorum, et dixit ei: Hæc omnia tibi dabo, si cadens adoraveris me. Tunc dicit ei Jesus: Vade, Satana: scriptum est enim: Dominum, Deum tuum, adorabis, et illi soli servies. Tunc reliquit eum diabolus: et ecce, Angeli accesserunt, et ministrabant, ei.

deras härlighet och sade till honom: Allt detta skall jag giva dig, om du faller ned och tillbeder mig. Då sade Jesus till honom: Vik hädan, satan; ty det står skrivet: Herren, din Gud, skall du tillbedja, och honom allena skall du tjäna. Då lämnade djävulen honom, och se, änglar kommo och tjänade honom.

Offertorium.
(Ps. 90:4-5.)

Scapulis suis obumbrabit tibi Dominus, et sub pennis ejus sperabis: scuto circumdabit te veritas ejus.

Med sina skuldror skall Herren betäcka dig, och under hans vingar skall du fatta mod. Med en sköld skall hans trohet omgiva dig.

Secreta.

Sacrificium quadragesimalis initii sollemniter immolamus, te, Domine, deprecantes: ut, cum epularum restrictione carnalium, a noxiis quoque voluptatibus temperemus. Per Dominum nostrum...

Vid fastetidens början frambära vi högtidligt offret och bedja dig, Herre, att vi, jämte inskränkning av kroppens föda, även måtte avhålla oss från skadliga nöjen. Genom vår Herre...

Praefatio Quadragesimae.
(Sid. 128.)

Communio.
(Ps. 90:4-5.)

Scapulis suis obumbrabit tibi Dominus, et sub pennis ejus sperabis: scuto circumdabit te veritas ejus.	Med sina skuldror skall Herren betäcka dig, och under hans vingar skall du fatta mod. Med en sköld skall hans trohet omgiva dig.

Postcommunio.

Tui nos, Domine, sacramenti libatio sancta restauret: et a vetustate purgatos, in mysterii salutaris faciat transire consortium. Per Dominum...	Må ditt sakraments heliga offer förnya oss, o, Herre, och låt oss, renade från det gamla levernet, varda delaktiga av vår frälsnings hemlighet. Genom vår Herre...

Andra söndagen i fastan.

Introitus.
(Ps. 24:6, 3, 22, 1, 2.)

Reminiscere miserationum tuarum, Domine, et misericordiæ tuæ, quæ a sæculo sunt: ne umquam dominentur nobis inimici nostri: libera nos, Deus Israel, ex omnibus angustiis nostris.	Tänk, Herre, på ditt förbarmande och din barmhärtighet, som äro ifrån evighet, på det att icke våra fiender må härska över oss; förlossa oss, Israels Gud, ur all vår nöd.
Ad te, Domine, levavi animam meam: Deus meus, in te confido, non erubescam.	Till dig, Herre, upplyfter jag min själ; min Gud, på dig förtröstar jag; jag skall icke komma på skam.
Gloria Patri...	Ära vare...
Reminiscere...	Tänk, Herre...

Oratio.

Deus, qui conspicis omni nos virtute destitui: interius exteriusque custodi; ut ab omnibus adversitatibus muniamur in corpore, et a pravis cogitationibus mundemur in mente. Per Dominum nostrum...

Gud, du som ser, att vi sakna all kraft, beskydda oss till det inre och yttre, att vi må bevaras från allt, som kan skada vår kropp, och renas från alla syndiga tankar, som fläckat vår själ. Genom vår Herre...

Epistola.
(1 Tess. 4:1-7.)

Lectio Epistolæ beati Pauli Apostoli ad Thessalonicenses. Fratres: Rogamus vos, et obsecramus in Domino Jesu: ut, quemadmodum accepistis a nobis, quomodo oporteat vos ambulare et placere Deo, sic et ambuletis, ut abundetis magis. Scitis enim quæ præcepta dederim vobis per Dominum Jesum. Hæc est enim voluntas Dei, sanctificatio vestra: ut abstineatis vos a fornicatione, ut sciat unusquisque vestrum vas suum possidere in sanctificatione, et honore; non in passione desiderii, sicut et gentes, quæ ignorant Deum: et ne quis supergredia-

Bröder, vi bedja och förmana eder i Herren Jesus att allt mer förkovra eder i en sådan vandel, som I haven fått lära av oss, att I skolen föra, Gud till behag. I veten ju, vilka bud vi hava givit eder genom Herren Jesus. Ty detta är Guds vilja, eder helgelse, att I avhållen eder från otukt, och att var och en av eder vet att hava sin egen maka i helgelse och ära, icke i begärelses lusta såsom hedningarna — vilka icke känna Gud — och att ingen kränker sin broder eller

Andra söndagen i fastan

tur, neque circumveniat in negotio fratrem suum: quoniam vindex est Dominus de his omnibus, sicut prædiximus vobis, et testificati sumus. Non enim vocavit nos Deus in immunditiam, sed in sanctificationem: in Christo Jesu, Domino nostro.

gör honom något förfång; ty Herren är en hämnare över allt detta, såsom vi redan förut hava sagt och betygat för eder. Ty Gud har icke kallat oss till orenhet utan till att leva i helgelse i Kristus Jesus, vår Herre.

Graduale.
(Ps. 24:17-18.)

Tribulationes cordis mei dilatatæ sunt: de necessitatibus meis eripe me, Domine. Vide humilitatem meam, et laborem meum: et dimitte omnia peccata mea.

Mitt hjärtas trångmål hava blivit många; rädda mig, o Herre, ur all min nöd. Se till min förnedring och min vedermöda och förlåt mig alla mina synder.

Tractus.
(Ps. 105:1-4.)

Confitemini Domino quoniam bonus: quoniam in sæculum misericordia ejus. Quis loquetur potentias Domini: auditas faciet omnes laudes ejus? Beati qui custodiunt judicium, et faciunt justitiam in omni tempore. Memento nostri, Domine, in beneplacito populi tui: visita nos in salutari tuo.

Prisen Herren, ty han är god, ty hans barmhärtighet varar evinnerligen. Vem kan uttala Herrens väldiga gärningar och förkunna allt hans lov. Saliga äro de, som akta på vad rätt är, de som alltid öva rättfärdighet. Tänk, o Herre, på oss för det välbehag du har i ditt folk, och besök oss med din frälsning.

Evangelium.
(Matt. 17:1-9.)

Sequentia sancti Evangelii secundum Matthæum. In illo tempore: Assumpsit Jesus Petrum, et Jacobum, et Joannem fratrem ejus, et duxit illos in montem excelsum seorsum: et transfiguratus est ante eos. Et resplenduit facies ejus sicut sol: vestimenta autem ejus facta sunt alba sicut nix. Et ecce, apparuerunt illis Moyses et Elias cum eo loquentes. Respondens autem Petrus, dixit ad Jesum: Domine, bonum est nos hic esse: si vis, faciamus hic tria tabernacula, tibi unum, Moysi unum, et Eliæ unum. Adhuc eo loquente, ecce, nubes lucida obumbravit eos. Et ecce vox de nube, dicens: Hic est Filius meus dilectus, in quo mihi bene complacui: ipsum audite. Et audientes discipuli, ceciderunt in faciem suam, et timuerunt valde. Et accessit Jesus, et tetigit eos, dixitque eis: Surgite, et

I den tiden tog Jesus Petrus och Jakobus och dennes broder Johannes med sig och förde dem avsides upp på ett högt berg. Och han blev förklarad inför dem, och hans ansikte strålade såsom solen, och hans kläder blevo vita som snö. Och se, för dem visade sig Moses och Elias, talande med honom. Då tog Petrus till orda och sade till Jesus: Herre, här är oss gott att vara. Vill du, så låtom oss här göra tre hyddor, en åt dig, en åt Moses och en åt Elias. Medan han ännu talade, se, då överskyggade dem en ljus sky. Och en röst ur skyn sade: Denne är min älskade Son, i vilken jag har mitt välbehag; honom skolen I höra! Och när lärjungarna hörde detta, föllo de på sina ansikten och blevo mycket förskräckta. Men Jesus gick fram, rörde vid dem och sade: Stån upp och rä-

Andra söndagen i fastan

nolite timere. Levantes autem oculos suos, neminem viderunt, nisi solum Jesum. Et descendentibus illis de monte, præcepit eis Jesus, dicens: Nemini dixeritis visionem, donec Filius hominis a mortuis resurgat.

dens icke. När de upplyfte sina ögon, sågo de ingen utom Jesus allena. Då de sedan stego ned från berget, bjöd Jesus dem och sade: Omtalen icke för någon denna syn, förrän Människosonen har uppstått ifrån de döda.

Offertorium.
(Ps. 118:47, 48.)

Meditabor in mandatis tuis, quæ dilexi valde: et levabo manus meas ad mandata tua, quæ dilexi.

Jag vill begrunda dina stadgar, som jag högt älskar; jag vill omfatta dina bud, som äro mig kära.

Secreta.

Sacrificiis præsentibus, Domine, quæsumus, intende placatus: ut et devotioni nostræ proficiant et saluti. Per Dominum nostrum...

Se, Herre, nådigt ned till dessa våra offer, på det att de må befrämja både vår andakt och frälsning. Genom vår Herre...

Praefatio Quadragesimae.
(Sid. 128.)

Communio.
(Ps. 5:2-4.)

Intellige clamorem meum: intende voci orationis meæ, Rex meus et Deus meus: quoniam ad te orabo, Domine.

Hör mitt rop och akta på min bedjande röst, min Konung och min Gud; ty till dig, Herre, vill jag ställa min bön.

Postcommunio.

Supplices te rogamus, omnipotens Deus:

Vi bedja dig ödmjukt, allsmäktige Gud, låt

Fastetiden

ut, quos tuis reficis sacramentis, tibi etiam placitis moribus dignanter deservire concedas. Per Dominum...

dem, som du vederkvicker med dina sakrament, även tjäna dig med en välbehaglig vandel. Genom vår Herre...

Tredje söndagen i fastan.

Introitus.
(Ps. 24:15, 16, 1, 2.)

Oculi mei semper ad Dominum, quia ipse evellet de laqueo pedes meos: respice in me, et miserere mei, quoniam unicus et pauper sum ego.
Ad te, Domine, levavi animam meam: Deus meus, in te confido, non erubescam.
Gloria Patri...
Oculi mei...

Mina ögon se alltid till Herren, ty han drager mina fötter ur snaran. Se till mig och förbarma dig över mig, ty jag är ensam och arm.
Till dig, Herre, upplyfter jag min själ; min Gud, på dig förtröstar jag; jag skall icke komma på skam.
Ära vare...
Mina ögon se...

Oratio.

Quæsumus, omnipotens Deus, vota humilium respice: atque, ad defensionem nostram, dexteram tuæ majestatis extende. Per Dominum...

Vi bedja dig, allsmäktige Gud, se till vår ödmjuka bön och utsträck din mäktiga hand till vårt försvar. Genom vår Herre...

Epistola.
(Ef. 5:1-9.)

Lectio Epistolæ beati Pauli Apostoli ad E-

Bröder, bliven alltså Guds efterföljare, såsom

Tredje söndagen i fastan

phesios. Fratres: Estote imitatores Dei, sicut filii carissimi: et ambulate in dilectione, sicut et Christus dilexit nos, et tradidit semetipsum pro nobis oblationem, et hostiam Deo in odorem suavitatis. Fornicatio autem, et omnis immunditia, aut avaritia, nec nominetur in vobis, sicut decet sanctos: aut turpitudo, aut stultiloquium, aut scurrilitas, quæ ad rem non pertinet: sed magis gratiarum actio. Hoc enim scitote intelligentes, quod omnis fornicator, aut immundus, aut avarus, quod est idolorum servitus, non habet hereditatem in regno Christi, et Dei. Nemo vos seducat inanibus verbis: propter hæc enim venit ira Dei in filios diffidentiæ. Nolite ergo effici participes eorum. Eratis enim aliquando tenebræ: nunc autem lux in Domino. Ut filii lucis ambulate: fructus enim lucis est in omni bonitate, et justitia, et veritate.

hans älskade barn, och vandren i kärlek, såsom Kristus älskade oss och utgav sig själv för oss till en gåva, till ett kostbart och välbehagligt offer inför Gud. Men otukt och orenhet, av vad slag det vara må, och girighet skolen I, såsom det anstår heliga, icke ens låta nämnas bland eder, ej heller ohöviskt väsende och dåraktigt tal och gyckel; sådant är otillbörligt. Låten fastmer tacksägelse höras. Ty det bören I veta och förstå, att ingen otuktig eller oren eller girig (ty en sådan är en avgudadyrkare) har arvedel i Kristi och Guds rike. Låten ingen bedraga eder med tomma ord; ty för sådana synder kommer Guds vrede över de ohörsamma. Haven alltså ingen del i sådant. I voren ju förut mörker, men nu ären I ljus i Herren, vandren då såsom ljusets barn. Ty ljusets frukt består i allt vad godhet och rättfärdighet och sanning är.

Fastetiden

Graduale.
(Ps. 9:20, 4.)

Exsurge, Domine, non prævaleat homo: judicentur gentes in conspectu tuo. In convertendo inimicum meum retrorsum, infirmabuntur, et peribunt a facie tua.

Res dig, Herre, på det att icke människan må få överhand; låt hedningarna bliva dömda inför ditt ansikte. När du vänder mina fiender till flykt, falla de i vanmakt och förgås för ditt ansikte.

Tractus.
(Ps. 122:1-3.)

Ad te levavi oculos meos, qui habitas in cælis. Ecce, sicut oculi servorum in manibus dominorum suorum. Et sicut oculi ancillæ in manibus dominæ suæ: ita oculi nostri ad Dominum, Deum nostrum, donec misereatur nostri. Miserere nobis, Domine, miserere nobis.

Jag lyfter mina ögon upp till dig, du som bor i himmelen. Se, såsom tjänarnas ögon skåda på deras herres hand, såsom tjänarinnans ögon på hennes härskarinnas hand, så skåda våra ögon upp till Herren, vår Gud, till dess han förbarmar sig över oss. Förbarma dig över oss, o Herre, förbarma dig över oss.

Evangelium.
(Luk. 11:14-28.)

Sequentia sancti Evangelii secundum Lucam. In illo tempore: Erat Jesus ejiciens dæmonium, et illud erat mutum. Et cum ejecisset

I den tiden utdrev Jesus en ond ande, och den var stum. Och när han hade utdrivit den onde anden, talade den stumme, och folket

Tredje söndagen i fastan

dæmonium, locutus est mutus, et admiratæ sunt turbæ. Quidam autem ex eis dixerunt: In Beelzebub principe dæmoniorum ejicit dæmonia. Et alii tentantes, signum de cælo quærebant ab eo. Ipse autem ut vidit cogitationes eorum, dixit eis: Omne regnum in seipsum divisum desolabitur, et domus supra domum cadet. Si autem et satanas in seipsum divisus est, quomodo stabit regnum ejus? quia dicitis, in Beelzebub me ejicere dæmonia. Si autem ego in Beelzebub ejicio dæmonia: filii vestri in quo ejiciunt? Ideo ipsi judices vestri erunt. Porro si in digito Dei ejicio dæmonia: profecto pérvenit in vos regnum Dei. Cum fortis armatus custodit atrium suum, in pace sunt ea, quæ possidet. Si autem fortior eo su-

förundrade sig. Men några av dem sade: Han utdriver onda andar med Beelsebub, de onda andarnas furste. Andra frestade honom och begärde av honom ett tecken från himmelen. Men han, som såg deras tankar, sade till dem: Vart rike, som är söndrat mot sig självt, skall förödas, och hus skall falla på hus. Är även satan söndrad mot sig själv, huru skall då hans rike hava bestånd? I sägen ju, att jag utdriver onda andar med Beelsebub. Men om jag utdriver de onda andarna med Beelsebub, med vem driva då edra egna söner ut dem? Dessa skola vara edra domare. Men om jag utdriver de onda andarna med Guds finger, så har ju i sanning Guds rike kommit till eder. När en stark man, väl väpnad, bevakar sin gård, så är all hans egendom fredad. Men om en starkare angriper honom och övervinner honom, så tager denne

perveniens vicerit eum, universa arma ejus auferet in quibus confidebat, et spolia ejus distribuet. Qui non est mecum, contra me est: et qui non colligit mecum, dispergit. Cum immundus spiritus exierit de homine, ambulat per loca inaquosa, quærens requiem: et non inveniens, dicit: Revertar in domum meam, unde exivi. Et cum venerit, invenit eam scopis mundatam, et ornatam. Tunc vadit, et assumit septem alios spiritus secum nequiores se, et ingressi habitant ibi. Et fiunt novissima hominis illius pejora prioribus. Factum est autem, cum hæc diceret: extollens vocem quædam mulier de turba, dixit illi: Beatus venter, qui te portavit, et ubera, quæ suxisti. At ille dixit: Quinimmo beati, qui audiunt verbum Dei, et custodiunt illud.

ifrån honom de vapen, som han förtröstade på, och skiftar bytet efter honom. Den som icke är med mig, han är emot mig; och den som icke samlar med mig, han förskingrar. När den orene anden har farit ut från människan, vandrar han genom ökentrakter och söker vila; och då han icke finner någon, säger han: Jag skall vända tillbaka till mitt hus, varifrån jag utgick. Och när han kommer, finner han det fejat och prytt. Då går han och tager med sig sju andra andar, som äro värre än han själv, och de gå in och bo där; och för den människan bliver det sista värre än det första. Och det hände sig, då han sade detta, att en kvinna i folkhopen upphävde sin röst och sade till honom: Saligt är det modersköte, som har burit dig, och det bröst, som du har diat. Men han sade: Ja, saliga äro de som höra Guds ord och gömma det.

Tredje söndagen i fastan

Offertorium.
(Ps. 18:9-12.)

Justitiæ Domini rectæ, lætificantes corda, et judicia ejus dulciora super mel et favum: nam et servus tuus custodit ea.

Herrens stadgar äro rättfärdiga och fröjda hjärtat, hans domar äro ljuvare än honungens sötma; och din tjänare håller dem städse.

Secreta.

Hæc hostia, Domine, quæsumus, emundet nostra delicta: et, ad sacrificium celebrandum, subditorum tibi corpora mentesque sanctificet. Per Dominum nostrum...

Vi bedja dig, Herre, låt denna offergåva rena oss från våra synder, och för offrets frambärande helga dina tjänare till kropp och själ. Genom vår Herre...

Praefatio Quadragesimae.
(Sid. 128.)

Communio.
(Ps. 83:4-5.)

Passer invenit sibi domum, et turtur nidum, ubi reponat pullos suos: altaria tua, Domine virtutum, Rex meus, et Deus meus: beati, qui habitant in domo tua, in sæculum sæculi laudabunt te.

Sparven finner sitt bo och duvan ett näste åt sig, där hon kan lägga sina ungar; dina altaren, Herre Sabaot, min Konung och min Gud. Saliga äro de, som bo i ditt hus; i evighet skola de lova dig.

Postcommunio.

A cunctis nos, quæsumus, Domine, reati-

Fräls oss nådigt, o Herre, från all skuld

bus et periculis propitiatus absolve: quos tanti mysterii tribuis esse participes. Per Dominum...

och fara, du som låter oss deltaga i så stora hemligheter. Genom vår Herre...

Fjärde söndagen i fastan.

Introitus.

(Jes. 66:10, 11. — Ps. 121:1.)

Lætare, Jerusalem: et conventum facite, omnes qui diligitis eam: gaudete cum lætitia, qui in tristitia fuistis: ut exsultetis, et satiemini ab uberibus consolationis vestræ. Lætatus sum in his, quæ dicta sunt mihi: in domum Domini ibimus.
Gloria Patri...
Lætare...

Fröjda dig, Jerusalem, och församlen eder alla, I som haven henne kär. Glädjens och fröjden eder, I som voren bedrövade, att I mån jubla och mättas av tröstens rikligt flytande ström. Jag gladdes, när man sade till mig: vi skola gå till Herrens hus.
Ära vare...
Fröjda dig...

Oratio.

Concede, quæsumus, omnipotens Deus: ut, qui ex merito nostræ actionis affligimur, tuæ gratiæ consolatione respiremus. Per Dominum...

Förunna oss nådigt, allsmäktige Gud, att vi, som för våra gärningars skull efter förtjänst lida straff, må vederkvickas genom din nåds tröst. Genom vår Herre...

Fjärde söndagen i fastan

Epistola.
(Gal. 4:22-31.)

Lectio Epistolæ beati Pauli Apostoli ad Galatas. Fratres: Scriptum est: Quoniam Abraham duos filios habuit: unum de ancilla, et unum de libera. Sed qui de ancilla, secundum carnem natus est: qui autem de libera, per repromissionem: quæ sunt per allegoriam dicta. Hæc enim sunt duo testamenta. Unum quidem in monte Sina, in servitutem generans: quæ est Agar: Sina enim mons est in Arabia, qui conjunctus est ei, quæ nunc est Jerusalem, et servit cum filiis suis. Illa autem, quæ sursum est Jerusalem, libera est, quæ est mater nostra. Scriptum est enim: Lætare, sterilis, quæ non paris: erumpe, et clama, quæ non parturis: quia multi filii desertæ, magis quam ejus, quæ habet virum. Nos autem, fra-

Bröder, det är skrivet, att Abraham fick två söner, en med tjänstekvinnan och en med sin friborna hustru. Men tjänstekvinnans son är född efter köttet, då däremot den friborna hustruns son är född i kraft av löftet. Dessa ord hava en djupare mening; ty de båda kvinnorna beteckna de två förbunden. Agar, det från berget Sinai, som föder till träldom — berget Sinai kallas nämligen i Arabien för Agar — och motsvarar det nuvarande Jerusalem; ty detta lever med sina barn i träldom. Men det Jerusalem, som är där ovan, det är fritt, och det är vår moder. Så är ju skrivet: Jubla, du ofruktsamma, du som icke föder; brist ut i jubelrop, du som icke bliver moder. Ty den ensamma skall hava många barn, flera än den, som har man. Men vi, mina bröder, äro löftets barn, i likhet med Isak. Men lik-

tres, secundum Isaac promissionis filii sumus. Sed quomodo tunc is, qui secundum carnem natus fuerat, persequebatur eum, qui secundum spiritum: ita et nunc. Sed quid dicit Scriptura? Ejice ancillam et filium ejus: non enim heres erit filius ancillæ cum filio liberæ. Itaque, fratres, non sumus ancillæ filii, sed liberæ: qua libertate Christus nos liberavit.

som fordom den son, som var född efter köttet, förföljde den som var född efter anden, så är det ock nu. Dock, vad säger skriften? Driv ut tjänstekvinnan och hennes son; ty tjänstekvinnans son skall förvisso icke ärva med den friborna hustruns son. Alltså, mina bröder, vi äro icke barn av tjänstekvinnan, utan av den friborna i kraft av den frihet, varmed Kristus har befriat oss.

Graduale.
(Ps. 121:1, 7.)

Lætatus sum in his, quæ dicta sunt mihi: in domum Domini ibimus. Fiat pax in virtute tua: et abundantia in turribus tuis.

Jag gladde mig över att man sagt mig: vi skola gå till Herrens hus. Varde frid i ditt fäste, och överflöd råde i dina torn.

Tractus.
(Ps. 124:1-2.)

Qui confidunt in Domino, sicut mons Sion: non commovebitur in æternum, qui habitat in Jerusalem. Montes in circuitu ejus: et Dominus in circuitu populi sui, ex hoc nunc et usque in sæculum.

De som förtrösta på Herren, de äro såsom Sions berg; i evighet skall den icke rubbas, som bor i Jerusalem. Det omhägnas av berg, och Herren omhägnar sitt folk ifrån nu och till evig tid.

Fjärde söndagen i fastan

Evangelium.
(Joh. 6:1-15.)

Sequentia sancti Evangelii secundum Joannem. In illo tempore: Abiit Jesus trans mare Galilææ, quod est Tiberiadis: et sequebatur eum multitudo magna, quia videbant signa, quæ faciebat super his, qui infirmabantur. Subiit ergo in montem Jesus: et ibi sedebat cum discipulis suis. Erat autem proximum Pascha, dies festus Judæorum. Cum sublevasset ergo oculos Jesus, et vidisset quia multitudo maxima venit ad eum, dixit ad Philippum: Unde ememus panes, ut manducent hi? Hoc autem dicebat tentans eum: ipse enim sciebat quid esset facturus. Respondit ei Philippus: Ducentorum denariorum panes non sufficiunt eis, ut unusquisque modicum quid accipiat. Dicit ei unus ex discipulis ejus, Andreas, frater Simonis Petri: Est puer unus hic, qui habet quinque panes horde-

I den tiden for Jesus över Galileiska havet, som även kallas Tiberias sjö. Och mycket folk följde honom, emedan de sågo de under, som han gjorde med de sjuka. Då gick Jesus upp på berget och satte sig där med sina lärjungar. Och påsken, judarnas högtid, var nära. Då nu Jesus upplyfte sina ögon och såg, att en mycket stor folkmängd hade kommit till honom, sade han till Filippus: Varifrån skola vi köpa bröd, att dessa få äta? Men han sade detta för att pröva honom; ty själv visste han, vad han skulle göra. Filippus svarade honom: Bröd för två hundra denarer vore icke nog för dem, så att var och en kunde få ett litet stycke. Då sade en av hans lärjungar, Andreas, Simon Petri broder, till honom: Här är en gosse, som har fem kornbröd och två fiskar;

aceos, et duos pisces: sed hæc quid sunt inter tantos? Dixit ergo Jesus: Facite homines discumbere. Erat autem fænum multum in loco. Discubuerunt ergo viri, numero quasi quinque milia. Accepit ergo Jesus panes, et cum gratias egisset, distribuit discumbentibus: similiter et ex piscibus quantum volebant. Ut autem impleti sunt, dixit discipulis suis: Colligite quæ superaverunt fragmenta, ne pereant. Collegerunt ergo, et impleverunt duodecim cophinos fragmentorum ex quinque panibus hordeaceis, quæ superfuerunt his, qui manducaverant. Illi ergo homines cum vidissent quod Jesus fecerat signum, dicebant: Quia hic est vere Propheta, qui venturus est in mundum. Jesus ergo cum cognovisset, quia venturi essent ut raperent eum, et facerent eum regem, fugit iterum in montem ipse solus.

men vad förslår detta åt så många? Då sade Jesus: Låten folket lägra sig. Det var nämligen mycket gräs på det stället. Då lägrade sig männen till ett antal av omkring fem tusen. Jesus tog nu bröden, tackade och delade ut åt dem, som lägrat sig, likaledes ock av fiskarna så mycket de ville. Och då de blivit mättade, sade han till sina lärjungar: Samlen de överblivna styckena, att de icke förfaras. Och de samlade dem och fyllde tolv korgar med stycken, som hade blivit över av de fem kornbröden, efter dem som hade ätit. Då nu dessa människor hade sett det under, som Jesus hade gjort, sade de: Denne är i sanning den profet, som skall komma i världen. Men då Jesus märkte, att de ämnade komma och taga honom med våld för att göra honom till konung, drog han sig åter undan till berget, han allena.

Fjärde söndagen i fastan

Offertorium.
(Ps. 134:3, 6.)

Laudate Dominum, quia benignus est: psallite nomini ejus, quoniam suavis est: omnia quæcumque voluit, fecit in cælo, et in terra.

Loven Herren, ty han är god: lovsjungen hans namn, ty han är mild. Allt vad han vill, gör han i himmelen och på jorden.

Secreta.

Sacrificiis præsentibus, Domine, quæsumus, intende placatus: ut et devotioni nostræ proficiant et saluti. Per Dominum nostrum...

Vi bedja dig, Herre, se nådigt till dessa våra offer, att de må befrämja både vår andakt och vår frälsning. Genom vår Herre...

Praefatio Quadragesimae.
(Sid. 128.)

Communio.
(Ps. 121:3-4.)

Jerusalem, quæ ædificatur ut civitas, cujus participatio ejus in idipsum: illuc enim ascenderunt tribus, tribus Domini, ad confitendum nomini tuo, Domine.

Jerusalem, uppbyggt såsom en stad, i vilken alla hava andel: dit draga stammarna upp, Herrens stammar, för att prisa ditt namn, Herre.

Postcommunio.

Da nobis, quæsumus, misericors Deus: ut sancta tua, quibus incessanter explemur, sinceris tractemus obsequiis, et fideli semper mente sumamus. Per Dominum nostrum...

Giv oss, barmhärtige Gud, att vi med uppriktig fromhet nalkas och alltid med troende hjärta anamma dina heliga hemligheter, som med sin rikedom oavlåtligt lyckliggöra oss. Genom vår Herre...

Passionstiden.

Fastans två sista veckor, Passionsveckan och den Stilla veckan, utgöra tillsammans Passionstiden, under vilken Kyrkan fördjupar sig i Frälsarens förestående lidande och död (passion = lidande). Redan från och med söndagen Septuagesima försvann lovsången "Gloria in excelsis" och jubelropet "Alleluja" ur den kyrkliga liturgien. Nu förstummas även den s. k. doxologien "Gloria Patri". Ävenledes bortfaller psalmen "Judica" i trappstegsbönen.

För att rätt giva uttryck åt sin sorg övertäcker Kyrkan från och med Passionssöndagen till Påsk alla krucifix och altarbilder med violetta förhängen. Ögat skall under bönen icke ha något föremål att fästa sig vid, för att den betraktande anden med desto större innerlighet måtte dväljas vid den ofattbara hemligheten av Kristi kors och lidande.

Passionssöndagen.

Introitus.
(Ps. 42:1, 2, 3.)

Judica me, Deus, et discerne causam meam de gente non sancta: ab homine iniquo, et

Döm mig, o Gud, och utför min sak mot oheligt folk; rädda mig från orättfärdiga och

doloso eripe me: quia tu es Deus meus, et fortitudo mea. Emitte lucem tuam, et veritatem tuam: ipsa me deduxerunt, et adduxerunt in montem sanctum tuum, et in tabernacula tua. Judica me...

trolösa människor. Ty du är min Gud och min styrka. Sänd ut ditt ljus och din sanning; de leda och föra mig till ditt heliga berg och till dina hyddor. Döm mig...

Oratio.

Quæsumus, omnipotens Deus, familiam tuam propitius respice: ut, te largiente, regatur in corpore; et, te servante, custodiatur in mente. Per Dominum...

Vi bedja dig, allsmäktige Gud, se i nåd till de dina, på det att vi genom din huldhet och under ditt beskydd må ledas och bevaras till både kropp och själ. Genom vår Herre...

Epistola.
(Hebr. 9:11-15.)

Lectio Epistolæ beati Pauli Apostoli ad Hebræos. Fratres: Christus assistens Pontifex futurorum bonorum, per amplius et perfectius tabernaculum non manufactum, id est, non hujus creationis: neque per sanguinem hircorum aut vitulorum, sed per proprium sanguinem introivit semel in Sancta, æterna re-

Bröder, Kristus har kommit såsom överstepräst för det tillkommande goda; och genom det större och fullkomligare tabernakel, som icke är gjort med händer, det är, som icke tillhör denna skapelse, gick han, icke med bockars och kalvars blod, utan med sitt eget blod, en gång för alla in i det allra-

Passionssöndagen

demptione inventa. Si enim sanguis hircorum et taurorum, et cinis vitulæ aspersus, inquinatos sanctificat ad emundationem carnis: quanto magis sanguis Christi, qui per Spiritum Sanctum semetipsum obtulit immaculatum Deo, emundabit conscientiam nostram ab operibus mortuis, ad serviendum Deo viventi? Et ideo novi Testamenti mediator est: ut, morte intercedente, in redemptionem earum prævaricationum, quæ erant sub priori Testamento, repromissionem accipiant, qui vocati sunt æternæ hereditatis, in Christo Jesu, Domino nostro.

heligaste och vann en evig förlossning. Ty om redan blod av bockar och tjurar och aska av en ko, stänkt på dem som hava blivit förorenade, helgar till utvärtes renhet, huru mycket mer skall icke Kristi blod — då han nu genom den Helige Ande har framburit sig själv såsom ett felfritt offer åt Gud — rena våra samveten från döda gärningar till att tjäna den levande Guden! Så är han medlare för det Nya förbundet. Därigenom att han led döden till förlossning ifrån överträdelserna under det Gamla förbundet, skulle de, som voro kallade, få det utlovade eviga arvet i Kristus Jesus, vår Herre.

Graduale.
(Ps. 142:9, 10. — Ps. 17:48-49.)

Eripe me, Domine, de inimicis meis: doce me facere voluntatem tuam.
Liberator meus, Domine, de gentibus iracundis: ab insurgenti-

Rädda mig från mina fiender, Herre; lär mig att göra din vilja.
Du, Herre, är min räddare från grymma människor; du upphöjer mig över mina

bus in me exaltabis me: a viro iniquo eripies me.

motståndare, du frälsar mig från ondskans man.

Tractus.
(Ps. 128:1-4.)

Sæpe expugnaverunt me a juventute mea. Dicat nunc Israel: sæpe expugnaverunt me a juventute mea. Etenim non potuerunt mihi: supra dorsum meum fabricaverunt peccatores. Prolongaverunt iniquitates suas: Dominus justus concidit cervices peccatorum.

Ofta angrepo mig syndarne allt ifrån min ungdom. Säge nu Israel: ofta angrepo mig syndarne allt ifrån min ungdom. Men de förmådde intet emot mig. På min rygg hava syndarne plöjt och dragit långa fåror. Men Herren är rättfärdig och har förkrossat de ogudaktigas hop.

Evangelium.
(Joh. 8:46-59.)

Sequentia sancti Evangelii secundum Joannem. In illo tempore: Dicebat Jesus turbis Judæorum: Quis ex vobis arguet me de peccato? Si veritatem dico vobis, quare non creditis mihi? Qui ex Deo est, verba Dei audit. Propterea vos non auditis, quia ex Deo non estis. Responde-

I den tiden sade Jesus till judarna: Vem av eder kan överbevisa mig om någon synd? Om jag talar sanning till eder, varför tron I mig icke? Den som är av Gud, hör Guds ord. Därför hören I det icke, emedan I icke ären av Gud. Då svarade judarna och sade till honom: Säga vi icke med rätt, att du är en

runt ergo Judæi, et dixerunt ei: Nonne bene dicimus nos, quia Samaritanus es tu, et dæmonium habes? Respondit Jesus: Ego dæmonium non habeo, sed honorifico Patrem meum, et vos inhonorastis me. Ego autem non quæro gloriam meam: est qui quærat, et judicet. Amen, amen, dico vobis: si quis sermonem meum servaverit, mortem non videbit in æternum. Dixerunt ergo Judæi: Nunc cognovimus quia dæmonium habes. Abraham mortuus est, et Prophetæ; et tu dicis: Si quis sermonem meum servaverit, non gustabit mortem in æternum. Numquid tu major es patre nostro Abraham, qui mortuus est? et Prophetæ mortui sunt. Quem teipsum facis? Respondit Jesus: Si ego glorifico meipsum, gloria mea nihil est: est Pater meus, qui glorificat me, quem vos dicitis quia Deus vester est, et non cognovistis eum: ego au-

samarit och är besatt av en ond ande? Jesus svarade: Jag är icke besatt av en ond ande, utan jag ärar min Fader, och I vanären mig. Men jag söker icke min ära; en finnes dock, som söker den och som dömer. Sannerligen, sannerligen säger jag eder: Om någon håller mitt ord, skall han icke se döden i evighet. Då sade judarna: Nu förstå vi, att du är besatt av en ond ande. Abraham har dött och likaledes profeterna; och du säger: Om någon håller mitt ord, skall han icke smaka döden i evighet! Är väl du förmer än vår fader Abraham, som har dött? Även profeterna hava dött. Till vem gör du dig själv? Jesus svarade: Om jag ärar mig själv, så är min ära ingenting; det är min Fader, som ärar mig, han, som I sägen vara eder Gud. Dock, I kännen honom icke; men jag känner honom; och om jag sade, att jag icke kände ho-

tem novi eum: et si dixero, quia non scio eum, ero similis vobis, mendax. Sed scio eum, et sermonem ejus servo. Abraham pater vester exsultavit, ut videret diem meum: vidit, et gavisus est. Dixerunt ergo Judæi ad eum: Quinquaginta annos nondum habes, et Abraham vidisti? Dixit eis Jesus: Amen, amen, dico vobis, antequam Abraham fieret, ego sum. Tulerunt ergo lapides, ut jacerent in eum: Jesus autem abscondit se, et exivit de templo.

nom, så vore jag en lögnare liksom I; men jag känner honom och håller hans ord. Abraham, eder fader, fröjdade sig, att han skulle få se min dag; han fick se den och gladde sig. Då sade judarna till honom: Du är ännu icke femtio år gammal och har sett Abraham? Jesus sade till dem: Sannerligen, sannerligen säger jag eder: Förrän Abraham blev till, är jag. Då togo de upp stenar för att kasta på honom. Men Jesus gömde sig undan och gick ut ur templet.

Offertorium.
(Ps. 118:17, 107.)

Confitebor tibi, Domine, in toto corde meo: retribue servo tuo: vivam, et custodiam sermones tuos: vivifica me secundum verbum tuum, Domine.

Jag skall prisa dig, Herre, av allt mitt hjärta. Gör din tjänare gott, så skall jag leva och hålla dina bud. Styrk mig, Herre, efter ditt ord.

Secreta.

Hæc munera, quæsumus, Domine, et vincula nostræ pravitatis absolvant, et tuæ no-

Herre, vi bedja dig, låt dessa gåvor lösa oss från ondskans band och vinna din barm-

bis misericordiæ dona concilient. Per Dominum...

härtighets välgärningar. Genom vår Herre...

Praefatio Crucis.

Vere dignum et justum est, æquum et salutare, nos tibi semper et ubique gratias agere. Domine sancte, Pater omnipotens, æterne Deus: Qui salutem humani generis in ligno crucis constituisti, ut, unde mors oriebatur, inde vita resurgeret, et qui in ligno vincebat, in ligno quoque vinceretur, per Christum Dominum nostrum. Per quem majestatem tuam laudant Angeli, adorant Dominationes, tremunt Potestates, coeli coelorumque Virtutes ac beata Seraphim socia exsultatione concelebrant, cum quibus et nostras voces, ut admitti jubeas, deprecamur, supplici confessione dicentes:

Det är sannerligen tillbörligt och rätt, riktigt och gagneligt, att vi alltid och allestädes tacka dig, helige Herre, allsmäktige Fader, evige Gud: dig som velat att människans frälsning skulle ske på korsets träd, på det att livet åter måtte växa fram där, varifrån döden kommit, och att den, som segrat på kunskapens träd, måtte besegras på korsets träd, genom Kristus, vår Herre; genom vilken ditt majestät lovas av änglarna, tillbedes av herradömena, fruktas av makterna, firas i gemensam fröjd av himlarna och himlarnas krafter och av de saliga serafim. Låt med deras röster, vi bedja dig, även våra komma till dig, då vi i ödmjuk lovsång säga:

Communio.
(1 Kor. 11:24, 25.)

Hoc corpus, quod pro vobis tradetur: hic

Detta är den lekamen, som skall utgivas

calix novi Testamenti est in meo sanguine, dicit Dominus: hoc facite, quotiescumque sumitis, in meam commemorationem.

för eder; detta är det nya förbundets kalk i mitt blod, säger Herren; gören detta, så ofta I njuten därav, till min åminnelse.

Postcommunio.

Adesto nobis, Domine, Deus noster: et, quos tuis mysteriis recreasti, perpetuis defende subsidiis. Per Dominum...

Bistå oss, Herre vår Gud, och försvara städse med din hjälp dem, som du vederkvickt med dina hemligheter. Genom vår Herre...

Palmsöndagen.

Med denna dag börjar den »*Stilla veckan*»(Hebdomada sancta), som helt är invigd åt minnet av Frälsarens lidande och död. Det svenska namnet Dymmelveckan kommer av det gammalsvenska dymbil (-vecka), besläktat med dumber = stum. Det betyder alltså »den stumma (stilla) veckan».

Fyra gånger läses under denna vecka Passionshistorien: Palmsöndagen enligt Matteus, tisdagen enligt Markus, onsdagen enligt Lukas, Långfredagen enligt Johannes.

På själva *Palmsöndagen* minnas vi i första hand Frälsarens triumferande intåg i Jerusalem. Sedan påven Gregorius den Stores tid, vid början av 600-talet, har det varit allmänt bruk i Kyrkan att på denna dag viga palmkvistar eller andra kvistar och hålla en högtidlig procession till minne av Jesu intåg i Jerusalem. Kvistarna utdelas till de troende och hållas i handen under processionen och under läsningen av passionshistorien samt medtagas sedan och anbringas i hemmen över ett krucifix eller någon annan religiös bild, för att vara en ständig påminnelse om Kristi seger på korset.

Palmvigningen och processionen inleda högmässogudstjänsten. Såsom högmässans evangelium läses Herrens passionshistoria enligt Matteus.

Palmsöndagen

I. PALMVIGNINGEN.

Prästen träder fram till altaret i violett korkåpa och läser å epistelsidan följande antifon, som samtidigt sjunges av kören.

Antifona.
(Matt. 21:9.)

Hosanna filio David: benedictus, qui venit in nomine Domini. O Rex Israel: Hosanna in excelsis.
R. Dominus vobiscum.
V. Et cum spiritu tuo.

Hosianna, Davids son! Välsignad vare han, som kommer i Herrens namn. O Israels Konung: Hosianna i höjden!
Pr. Herren vare med eder.
M. Och med din ande.

Oratio.

Oremus. Deus, quem diligere et amare justitia est, ineffabilis gratiæ tuæ in nobis dona multiplica: et qui fecisti nos in morte Filii tui sperare quæ credimus; fac nos eodem resurgente pervenire quo tendimus: Qui tecum vivit et regnat...

Låtom oss bedja. O Gud, som vi med rätta böra prisa och älska över allting, mångfaldiga i oss din outsägliga nåds gåvor, och såsom du genom din Sons död har givit oss hopp om det vi tro, så låt oss vinna målet för vår strävan, genom hans uppståndelse, som med dig lever och regerar...

Lectio.
(2 Mos. 15:27; 16:1-7.)

In diebus illis: Venerunt filii Israel in Elim, ubi erant duodecim fon-

I de dagarna kommo Israels barn till Elim, där det fanns tolv vat-

tes aquarum, et septuaginta palmæ: et castrametati sunt juxta aquas. Profectique sunt de Elim, et venit omnis multitudo filiorum Israel in desertum Sin, quod est inter Elim et Sinai: quintodecimo die mensis secundi, postquam egressi sunt de terra Ægypti. Et murmuravit omnis congregatio filiorum Israel contra Moysen et Aaron in solitudine. Dixeruntque filii Israel ad eos: Utinam mortui essemus per manum Domini in terra Ægypti, quando sedebamus super ollas carnium, et comedebamus panem in saturitate: cur eduxistis nos in desertum istud, ut occideretis omnem multitudinem fame? Dixit autem Dominus ad Moysen: Ecce, ego pluam vobis panes de cœlo: egrediatur populus, et colligat quæ sufficiunt per singulos dies: ut tentem eum, utrum ambulet in lege

tenkällor och sjuttio palmträd, och de lägrade sig vid vattnen. Och de bröto upp från Elim, och hela mängden av Israels barn kom till öknen Sin, som ligger mellan Elim och Sinai, på den femtonde dagen i andra månaden, sedan de dragit ut från Egyptens land. Och alla Israels barn knotade i öknen mot Moses och Aron. Och Israels barn sade till dem: Hade vi blott fått dö för Herrens hand i Egyptens land, då vi sutto vid köttgrytorna och åto bröd, tills vi blevo mätta! Varför haven I fört oss ut i denna öken till att låta hela mängden dö av hunger? Men Herren sade till Moses: Se, jag vill låta bröd regna ned till eder från himmelen. Må folket gå ut och samla så mycket, som behövs för var särskild dag, för att jag må pröva dem, om de vilja vandra efter min lag eller ej. Men på den sjätte dagen skola de tillaga vad de föra hem, och

Palmsöndagen

mea, an non. Die autem sexto parent quod inferant: et sit duplum, quam colligere solebant per singulos dies. Dixeruntque Moyses et Aaron ad omnes filios Israel: Vespere scietis, quod Dominus eduxerit vos de terra Ægypti: et mane videbitis gloriam Domini.

det skall vara dubbelt så mycket som de annars dagligen pläga samla. Och Moses och Aron sade till alla Israels barn: I afton skolen I förstå, att det är Herren, som har fört eder ut ur Egyptens land, och tidigt i morgon skolen I skåda Herrens härlighet.

Responsorium I.
(Joh. 11:47-49, 50, 53.)

R. Collegerunt pontifices et pharisæi concilium, et dixerunt: Quid facimus, quia hic homo multa signa facit? Si dimittimus eum sic, omnes credent in eum: * Et venient Romani, et tollent nostrum locum et gentem. V. Unus aut m ex illis, Caiphas nomine, cum esset pontifex anni illius, prophetavit, dicens: Expedit vobis, ut unus moriatur homo pro populo, et non tota gens pereat. Ab illo ergo die cogitaverunt interficere eum, dicentes: R. Et venient Romani, et tollent nostrum locum et gentem.

R. Översteprästerna och fariseerna församlade rådet och sade: Vad skola vi göra, ty denne man gör många tecken? Om vi låta honom fortsätta på detta sätt, skola alla tro på honom. * Och romarna skola komma och taga vårt land och folk. V. Men en av dem, vid namn Kaifas, som var överstepräst för det året, profeterade och sade: Det är bättre för eder, att *en* man dör för folket, än att hela folket förgås. Från den dagen tänkte de således på att döda honom, sägande: R. Och romarna skola komma och taga vårt land och folk.

Palmsöndagen

Responsorium II.
(Matt. 26:39, 41.)

In monte Oliveti oravit ad Patrem: Pater, si fieri potest, transeat a me calix iste. * Spiritus quidem promptus est, caro autem infirma: fiat voluntas tua. V. Vigilate, et orate, ut non intretis in tentationem. R. Spiritus quidem promptus est, caro autem infirma: fiat voluntas tua.

På Oljeberget bad han till Fadern: Fader, om det är möjligt, så gånge denna kalk förbi mig. * Väl är anden villig, men köttet är svagt. Ske din vilja. V. Vaken och bedjen, att I icke fallen i frestelse. R. Väl är anden villig, men köttet är svagt. Ske din vilja.

Evangelium.
(Matt. 21:1-9.)

V. Dominus vobiscum.
R. Et cum spiritu tuo.
V. Sequentia † sancti Evangelii secundum Matthæum.
R. Gloria tibi, Domine.

In illo tempore: Cum appropinquasset Jesus Jerosolymis, et venisset Bethphage ad montem Oliveti: tunc misit duos discipulos suos, dicens eis: Ite in castellum, quod contra vos est, et statim invenietis asinam alligatam, et pullum cum

V. Herren vare med eder.
R. Och med din ande.
V. Det följande † ur det heliga Evangeliet enligt Matteus.
R. Ära vare dig, Herre.

I den tiden nalkades Jesus Jerusalem, och när han hade kommit till Betfage vid Oljeberget, sände han två lärjungar och sade till dem: Gån in i byn, som ligger mitt framför eder, och strax skolen I finna en åsninna stå där bunden och en fåle bredvid henne; lö-

Palmsöndagen

ea: solvite, et adducite mihi: et si quis vobis aliquid dixerit, dicite, quia Dominus his opus habet, et confestim dimittet eos. Hoc autem totum factum est, ut adimpleretur quod dictum est per Prophetam, dicentem: Dicite filiæ Sion: Ecce, Rex tuus venit tibi mansuetus, sedens super asinam et pullum, filium subjugalis. Euntes autem discipuli, fecerunt sicut præcepit illis Jesus. Et adduxerunt asinam, et pullum: et imposuerunt super eos vestimenta sua, et eum desuper sedere fecerunt. Plurima autem turba straverunt vestimenta sua in via: alii autem cædebant ramos de arboribus, et sternebant in via: turbæ autem, quæ præcedebant et quæ sequebantur, clamabant, dicentes: Hosanna filio David: benedictus, qui venit in nomine Domini.

sen dem och fören dem till mig. Och om någon säger något åt eder, så skolen I svara: Herren behöver dem; då skall han genast släppa dem. Men allt detta skedde, för att det skulle uppfyllas, som är sagt genom profeten, som säger: Sägen till Sions dotter: Se, din Konung kommer till dig saktmodig, sittande på en åsna, på en arbetsåsninnas fåle. Och lärjungarna gingo bort och gjorde, såsom Jesus hade befallt dem. Och de förde åsninnan och fålen till honom, lade sina kläder på dem och läto honom sätta sig däruppå. Men en stor mängd folk bredde sina kläder på vägen, och andra skuro kvistar från träden och strödde dem på vägen. Och folkskarorna, de som gingo förut och de som följde efter, ropade och sade: Hosianna, Davids son! Välsignad vare han, som kommer i Herrens namn.

Oratio.

V. Dominus vobiscum.
R. Et cum spiritu tuo.
Oremus. Auge fidem in te sperantium, Deus, et supplicum preces clementer exaudi: veniat super nos multiplex misericordia tua: bene † dicantur et hi palmites palmarum, seu olivarum: et sicut in figura Ecclesiæ multiplicasti Noe egredientem de arca, et Moysen exeuntem de Ægypto cum filiis Israel: ita nos, portantes palmas et ramos olivarum, bonis actibus occurramus obviam Christo: et per ipsum in gaudium introeamus æternum: Qui tecum vivit et regnat in unitate Spiritus Sancti Deus.

V. Herren vare med eder.
R. Och med din ande.
Låtom oss bedja. Föröka, o Gud, tron i oss, som hoppas på dig, och hör mildeligen våra ödmjuka böner; må din mångfaldiga barmhärtighet komma över dessa grenar av palmer och olivträd. Och såsom du, för att förebilda Kyrkan, rikligen välsignade både Noak, då han utträdde ur arken, och Moses, då han drog ut från Egypten med Israels barn, så låt oss, som bära palmer och olivgrenar, med goda gärningar gå Kristus till mötes och inträda i den eviga glädjen genom honom, som med dig lever och regerar i den Helige Andes enhet, Gud.

Praefatio.

Per omnia sæcula sæculorum.
R. Amen.
V. Dominus vobiscum.
R. Et cum spiritu tuo.

Från evighet till evighet.
R. Amen.
V. Herren vare med eder.
R. Och med din ande.

V. Sursum corda.

R. Habemus ad Dominum.

V. Gratias agamus Domino, Deo nostro.

R. Dignum et justum est.

V. Vere dignum et justum est, æquum et salutare, nos tibi semper et ubique gratias agere: Domine sancte, Pater omnipotens, æterne Deus: Qui gloriaris in consilio Sanctorum tuorum. Tibi enim serviunt creaturæ tuæ: quia te solum auctorem et Deum cognoscunt, et omnis factura tua te collaudat, et benedicunt te Sancti tui. Quia illud magnum Unigeniti tui nomen coram regibus et potestatibus hujus sæculi libera voce confitentur. Cui assistunt Angeli et Archangeli, Throni et Dominationes: cumque omni militia cælestis exercitus hymnum gloriæ tuæ concinunt, sine fine dicentes:

V. Upplyften edra hjärtan.

R. Vi hava upplyft dem till Herren.

V. Låtom oss tacka Herren, vår Gud.

R. Det är tillbörligt och rätt.

V. Det är i sanning tillbörligt och rätt, riktigt och gagneligt, att vi alltid och allestädes tacka dig, helige Herre, allsmäktige Fader, evige Gud, som förhärligas i dina heligas råd. Ty dig tjäna dina skapelser, emedan de i dig allena igenkänna sitt upphov och sin Gud. Och alla dina verk prisa dig, och alla dina heliga lovsjunga dig. Med frimodig röst bekänna de inför denna världens konungar och makter din Enföddes stora namn. Inför dig tjäna änglar och ärkeänglar, troner och herradömen, och med hela den himmelska härskaran sjunga de samstämmigt lovsången till din härlighet, utan ände sägande:

Palmsöndagen

Sanctus.

Sanctus, Sanctus, Sanctus Dominus, Deus Sabaoth. Pleni sunt cæli et terra gloria tua. Hosanna in excelsis. Benedictus, qui venit in nomine Domini. Hosanna in excelsis.

Helig, helig, helig är Herren Gud Sabaoth. Himmel och jord äro fulla av din härlighet. Hosianna i höjden. Välsignad vare han, som kommer i Herrens namn. Hosianna i höjden.

Orationes.

V. Dominus vobiscum.
R. Et cum spiritu tuo.

V. Herren vare med eder.
R. Och med din ande.

Oremus. Petimus, Domine sancte, Pater omnipotens, æterne Deus: ut hanc creaturam olivæ, quam ex ligni materia prodire jussisti, quamque columba rediens ad arcam proprio pertulit ore, bene † dicere, et sancti † ficare digneris: ut, quicumque ex ea receperint, accipiant sibi protectionem animæ et corporis: fiatque, Domine, nostræ salutis remedium tuæ gratiæ sacramentum. Per Dominum...

Låtom oss bedja. Vi bedja, helige Herre, allsmäktige Fader, evige Gud, att du värdes välsigna och helga denna din skapelse, olivgrenen, som du har låtit framspira ur trädet, och som duvan bar i sin näbb, när hon återvände till arken, på det att alla, som mottaga av dessa grenar, också må erhålla beskydd till själ och kropp. Och låt, Herre, denna din nåds hemlighet bliva ett medel till vår frälsning. Genom vår Herre...

Palmsöndagen

Oremus. Deus, qui dispersa congregas, et congregata conservas: qui populis, obviam Jesu ramos portantibus, benedixisti: bene † dic etiam hos ramos palmæ et olivæ, quos tui famuli ad honorem nominis tui fideliter suscipiunt; ut, in quemcumque locum introducti fuerint, tuam benedictionem habitatores loci illius consequantur: et, omni adversitate effugata, dextera tua protegat, quos redemit Jesus Christus, Filius tuus, Dominus noster: Qui tecum vivit...

Låtom oss bedja. Gud, du som samlar det förskingrade och bevarar, vad du samlat, du som välsignade skarorna, vilka gingo Jesus till mötes med grenar i sina händer, välsigna också dessa palmens och olivens grenar, vilka dina tjänare till ditt namns ära i tro mottaga, på det att i varje hus, där de inbäras, din välsignelse måtte utgjutas över alla, som där bo, att all fientlighet må flykta och din högra hand må beskydda alla dem, som blivit återlösta genom Jesus Kristus, din Son, vår Herre, som med dig lever...

Oremus. Deus, qui miro dispositionis ordine, ex rebus etiam insensibilibus, dispensationem nostræ salutis ostendere voluisti: da, quæsumus; ut devota tuorum corda fidelium salubriter intelligant, quid mystice designet in facto, quod hodie, cælesti lumine afflata, Redemptori obviam procedens, palmarum

Låtom oss bedja. O Gud, du som i skapelsens underbara planläggning jämväl genom de livlösa tingen har velat visa oss frälsningens verk, giv oss, vi bedja dig, att dina trognas hängivna hjärtan må fatta och förstå, vad som på ett hemlighetsfullt sätt betecknas därigenom, att folkskaran, ledd av ett himmelskt

atque olivarum ramos vestigiis ejus turba substravit. Palmarum igitur rami de mortis principe triumphos exspectant; surculi vero olivarum, spiritualem unctionem advenisse quodammodo clamant. Intellexit enim jam tunc illa hominum beata multitudo præfigurari: quia Redemptor noster, humanis condolens miseriis, pro totius mundi vita cum mortis principe esset pugnaturus ac moriendo triumphaturus. Et ideo talia obsequens administravit, quæ in illo et triumphos victoriæ et misericordiæ pinguedinem declararent. Quod nos quoque plena fide, et factum et significatum retinentes, te, Domine sancte, Pater omnipotens, æterne Deus, per eumdem Dominum nostrum Jesum Christum suppliciter exoramus: ut in ipso atque per ipsum, cujus nos membra fieri voluisti, de mortis imperio vic-

ljus, gick Frälsaren till mötes och strödde kvistar av palmer och olivträd på hans väg. Palmgrenarna bebåda segern över dödens furste; olivkvistarna tala om den andliga smörjelsens ankomst. Denna saliga människoskara förstod nämligen redan då genom förebilder, att vår Återlösare av medlidande med mänsklighetens elände ville kämpa för hela världens liv mot dödens furste och triumfera genom sin död. Och därför frambar hela skaran i lydnad en sådan hyllning, som förkunnade både segerns triumf och barmhärtighetens rikedom. I det att även vi i trons fullhet fasthålla både vid tecknet och det betecknade, bedja vi dig ödmjukt, helige Herre, allsmäktige Fader, evige Gud, genom samme vår Herre, Jesus Kristus, att vi i honom och genom honom, till vilkens lemmar du har velat göra oss, må hembära seger över

Palmsöndagen

toriam reportantes, ipsius gloriosæ resurrectionis participes esse mereamur: Qui tecum vivit...

dödens herravälde och uppnå att bliva delaktiga i hans härliga uppståndelse, vilken med dig lever och regerar...

Oremus. Deus, qui per olivæ ramum, pacem terris columbam nuntiare jussisti: præsta, quæsumus; ut hos olivæ ceterarumque arborum ramos cælesti bene † dictione sanctifices: ut cuncto populo tuo proficiant ad salutem. Per Christum, Dominum nostrum. Amen.

Låtom oss bedja. O Gud, du som bjöd, att duvan med en olivkvist skulle förkunna jorden frid, vi bedja dig, att du måtte helga dessa grenar av oliv- och andra träd med din himmelska välsignelse, på det att de må tjäna hela ditt folk till andlig välfärd. Genom Kristus, vår Herre. Amen.

Oremus. Bene † dic, quæsumus, Domine, hos palmarum seu olivarum ramos: et præsta; ut, quod populus tuus in tui venerationem hodierna die corporaliter agit, hoc spiritualiter summa devotione perficiat, de hoste victoriam reportando et opus misericordiæ summopere diligendo. Per Dominum nostrum...

Låtom oss bedja. Välsigna, vi bedja dig, o Herre, dessa grenar av palmer och olivträd, och förläna, att denna handling, som ditt folk till din ära i dag företager i lekamlig måtto, andligen må fullbordas med den djupaste andakt, i det att vi hembära seger över vår fiende och av hela vårt hjärta älska barmhärtighetens gärningar. Genom vår Herre...

Prästen viger grenarna med vigvatten och rökelse.

Palmsöndagen

V. Dominus vobiscum.
R. Et cum spiritu tuo.
Oremus. Deus, qui Filium tuum Jesum Christum, Dominum nostrum, pro salute nostra in hunc mundum misisti, ut se humiliaret ad nos et nos revocaret ad te: cui etiam, dum Jerusalem veniret, ut adimpleret Scripturas, credentium populorum turba, fidelissima devotione, vestimenta sua cum ramis palmarum in via sternebant: præsta, quæsumus; ut illi fidei viam præparemus, de qua, remoto lapide offensionis et petra scandali, frondeant apud te opera nostra justitiæ ramis: ut ejus vestigia sequi mereamur: Qui tecum vivit et regnat in unitate Spiritus Sancti, Deus, per omnia sæcula sæculorum.

V. Herren vare med eder.
R. Och med din ande.
Låtom oss bedja. O Gud, som till vår frälsning har sänt din Son Jesus Kristus, vår Herre, i denna värld, för att han skulle sänka sig till oss och återföra oss till dig; honom, för vilken den troende folkskaran med den frommaste hängivenhet bredde sina kläder på vägen och strödde palmkvistar därpå, då han kom till Jerusalem för att Skrifterna måtte uppfyllas; dig bedja vi, o Gud, förläna att vi genom tron bereda vägen för honom, så att vi avlägsna anstötlighetens och förargelsens stenar, och att på hans väg våra gärningar må grönska inför dig med rättfärdighetens lövverk, på det att vi måtte uppnå att följa i hans fotspår, vilken med dig lever...

Nu utdelas de invigda kvistarna, medan kören sjunger följande antifoner:

Pueri Hebræorum, portantes ramos olivarum, obviaverunt Do-

Ebreernas barn gingo Herren till mötes med olivkvistar i hän-

Palmsöndagen

mino, clamantes et dicentes: Hosanna in excelsis.
Pueri Hebræorum vestimenta prosternebant in via et clamabant, dicentes: Hosanna filio David: benedictus, qui venit in nomine Domini.

derna, ropade och sade: Hosianna i höjden.
Ebreernas barn bredde sina kläder på vägen, ropade och sade: Hosianna, Davids son; välsignad vare han, som kommer i Herrens namn.

Sedan kvistarna utdelats, beder prästen:

V. Dominus vobiscum.
R. Et cum spiritu tuo.

V. Herren vare med eder.
R. Och med din ande.

Oremus. Omnipotens sempiterne Deus, qui Dominum nostrum Jesum Christum super pullum asinæ sedere fecisti, et turbas populorum vestimenta vel ramos arborum in via sternere et Hosanna decantare in laudem ipsius docuisti: da, quæsumus; ut illorum innocentiam imitari possimus, et eorum meritum consequi mereamur. Per eumdem Christum, Dominum nostrum. Amen.

Låtom oss bedja. Allsmäktige, evige Gud, du som lät vår Herre Jesus Kristus sätta sig på åsninnans fåle och ingav folkskarorna att breda sina kläder eller trädens kvistar på vägen och att sjunga Hosianna till hans lov, vi bedja dig, giv att vi kunna efterlikna deras oskuld och uppnå deras förtjänst. Genom samme Kristus vår Herre. Amen.

II. PROCESSIONEN.

V. Procedamus in pace.
R. In nomine Christi. Amen.

V. Låtom oss draga fram i frid.
R. I Kristi namn. Amen.

Palmsöndagen

Under processionen, då alla bära kvistar i händerna, sjunges en eller flera av följande antifoner:

Antifon 1.

Cum appropinquaret Dominus Jerosolymam, misit duos ex discipulis suis, dicens: Ite in castellum, quod contra vos est: et invenietis pullum asinæ alligatum, super quem nullus hominum sedit: solvite, et adducite mihi. Si quis vos interrogaverit, dicite: Opus Domino est. Solventes adduxerunt ad Jesum: et imposuerunt illi vestimenta sua, et sedit super eum: alii expandebant vestimenta sua in via: alii ramos de arboribus sternebant: et qui sequebantur, clamabant: Hosanna, benedictus, qui venit in nomine Domini: benedictum regnum patris nostri David: Hosanna in excelsis: miserere nobis, fili David.

Då Herren närmade sig Jerusalem, sände han två av sina lärjungar och sade: Gån in i byn, som ligger framför eder, och I skolen finna en åsninnas fåle bunden, på vilken ännu icke någon människa suttit; lösen den och fören den till mig. Om någon spörjer om något, så sägen: Herren behöver den. De löste fålen och förde den till Jesus och lade sina kläder på den, och Jesus satte sig däruppå. Somliga bredde sina kläder på vägen, andra strödde kvistar från träden på vägen, och de, som följde honom, ropade: Hosianna; välsignad vare han, som kommer i Herrens namn. Välsignat vare vår Fader Davids rike. Hosianna i höjden. Förbarma dig över oss, du Davids son!

Antifon 2.

Cum audisset populus, quia Jesus venit

Då folket hörde, att Jesus kom till Jerusa-

Palmsöndagen

Jerosolymam, acceperunt ramos palmarum: et exierunt ei obviam, et clamabant pueri, dicentes: Hic est, qui venturus est in salutem populi. Hic est salus nostra et redemptio Israel. Quantus est iste, cui Throni et Dominationes occurrunt! Noli timere, filia Sion: ecce, Rex tuus venit tibi, sedens super pullum asinæ, sicut scriptum est. Salve, Rex, fabricator mundi, qui venisti redimere nos.

lem, togo de palmkvistar och gingo honom till mötes, och barnen ropade, sägande: Han är den, som skall komma till folkets frälsning. Han är vår frälsning och Israels befrielse. Huru väldig är icke han, som Troner och Herradömen skynda till mötes! Frukta icke, dotter Sion: Se, din Konung kommer till dig, sittande på åsninnans fåle, såsom skrivet står. Hell dig, Konung, världens Skapare, som har kommit för att återlösa oss.

Antifon 3.

Ante sex dies sollemnis Paschæ, quando venit Dominus in civitatem Jerusalem, occurrerunt ei pueri: et in manibus portabant ramos palmarum, et clamabant voce magna, dicentes: Hosanna in excelsis: benedictus, qui venisti in multitudine misericordiæ tuæ: Hosanna in excelsis.

Sex dagar före Påskhögtiden, då Herren kom till staden Jerusalem, gingo barnen honom till mötes, och i händerna buro de palmkvistar, och de ropade med hög röst, sägande: Hosianna i höjden! Välsignad vare du, som har kommit i din barmhärtighets rikedom. Hosianna i höjden!

Antifon 4.

Occurrunt turbæ cum floribus et palmis Red-

Skarorna komma med blomster och palmer

Palmsöndagen

emptori obviam: et victori triumphanti digna dant obsequia: Filium Dei ore gentes prædicant: et in laudem Christi voces tonant per nubila: Hosanna in excelsis.

Frälsaren till mötes och giva en värdig hyllning åt den triumferande segraren. Folken förkunna högljutt Guds Son, och rösterna skalla mot skyarna till Kristi lov: Hosianna i höjden!

Antifon 5.

Cum Angelis et pueris fideles inveniamur, triumphatori mortis clamantes: Hosanna in excelsis.

Må vi befinnas trogna som änglarna och barnen och ropa till dödens besegrare: Hosianna i höjden!

Antifon 6.

Turba multa, quæ convenerat ad diem festum, clamabat Domino: Benedictus, qui venit in nomine Domini: Hosanna in excelsis.

Den stora skaran, som samlats till högtiden, ropade till Herren: Välsignad vare han, som kommer i Herrens namn. Hosianna i höjden!

Vid processionens återvändande, medan kyrkdörren är stängd, sjunga några sångare inne i kyrkan växelvis med de utanför stående följande hymn:*

Gloria, laus, et honor tibi sit Rex Christe, Redemptor: Cui puerile decus prompsit Hosanna pium.

Lov och ära och pris vi bringa dig, Kristus, vår Konung, Dig som av Israels barn hälsats med jubel och sång.

R. Gloria, laus...

S. Lov och ära...

Israel es tu Rex, Davidis et inclyta proles:

Israels Konung du är och Davids frejdade

* Hymnen är diktad av Biskop Theodulf av Orleans, † 821.

Nomine qui in Domini Rex benedicte venis.
R. Gloria, laus...

Coetus in excelsis te laudat coelicus omnis, Et mortalis homo, et cuncta creata simul.
R. Gloria, laus...

Plebs Hebraea tibi cum palmis obvia venit: Cum prece, voto, hymnis, adsumus ecce tibi.
R. Gloria, laus...

Hi tibi passuro solvebant munia laudis: Nos tibi regnanti pangimus ecce melos.
R. Gloria, laus...

Hi placuere tibi, placeat devotio nostra: Rex bone, Rex clemens, cui bona cuncta placent.
R. Gloria, laus...

ättling, Du som i Herrens namn nådigt kommer till oss.
S. Lov och ära...

Himmelens saliga kör och jordens dödliga släkte, Allt, som har anda och liv, prisar ditt heliga namn.
S. Lov och ära...

Dig ebreernas folk med palmer i händerna mötte; Se, med bön och med sång glada vi komma till dig.
S. Lov och ära...

När mot döden du gick, ditt folk uppstämde Hosanna; Högre vi sjunga ditt lov, då du besegrat dess makt.
S. Lov och ära...

Nådigt du hörde på Israels lov; hör nådigt vår lovsång, Gode, barmhärtige Drott, som i allt gott har behag.
S. Lov och ära...

Därefter klappar subdiakonen med korset på kyrkdörren, som nu öppnas för processionen. Under dess återinträde i kyrkan sjunger kören:

Responsorium.

Ingrediente Domino in sanctam civitatem, Hebræorum pueri resurrectionem vitæ pronuntiantes, Cum ramis palmarum: Hosanna,

Då Herren drog in i den heliga staden, förkunnade ebreernas barn livets uppståndelse, i det de med palmkvistar i händerna ropade: Ho-

clamabant, in excelsis. Cum audisset populus, quod Jesus veniret Jerosolymam, exierunt obviam ei. Cum ramis palmarum: Hosanna, clamabant, in excelsis.

sianna i höjden. Då folket hörde, att Jesus kom till Jerusalem, gingo de honom till mötes. Med palmkvistar i händerna ropade de: Hosianna i höjden.

III. HÖGMÄSSAN.

Introitus.

(Ps. 21:20, 22. - Ps. 21:2.)

Domine, ne longe facias auxilium tuum a me, ad defensionem meam aspice: libera me de ore leonis, et a cornibus unicornium humilitatem meam. Deus, Deus meus, respice in me: quare me dereliquisti? longe a salute mea verba delictorum meorum. Domine, ne longe...

Herre, håll dig icke fjärran från mig; du min starkhet, skynda till min hjälp. Fräls mig från lejonets gap och rädda mig svage undan vildoxarnas horn. Gud, min Gud, se till mig i nåd, varför har du övergivit mig? Jag ropar i min nöd, men min frälsning är fjärran. Herre, håll...

Oratio.

Omnipotens sempiterne Deus, qui humano generi, ad imitandum humilitatis exemplum, Salvatorem nostrum carnem sumere et crucem subire fecisti: concede propitius; ut et patientiæ ipsius habere documenta et resurrectionis consortia merea-

Allsmäktige, evige Gud, du som, människosläktet till ett föredöme av ödmjukhet, lät vår Frälsare anamma kött och lida korsets pina, förunna oss nådigt, att vi må aktas värdiga att efterfölja hans tålamod och få del i hans uppståndelse.

Palmsöndagen

mur. Per eumdem Dominum...	Genom samme vår Herre...

Epistola.
(Fil. 2:5-11.)

Lectio Epistolæ beati Pauli Apostoli ad Philippenses. Fratres: Hoc enim sentite in vobis, quod et in Christo Jesu: qui, cum in forma Dei esset, non rapinam arbitratus est esse se æqualem Deo: sed semetipsum exinanivit, formam servi accipiens, in similitudinem hominum factus, et habitu inventus ut homo. Humiliavit semetipsum, factus obœdiens usque ad mortem, mortem autem crucis. Propter quod et Deus exaltavit illum: et donavit illi nomen, quod est super omne nomen: ut in nomine Jesu omne genu flectatur cælestium, terrestrium, et infernorum: et omnis lingua confiteatur, quia Dominus Jesus Christus in gloria est Dei Patris.

Bröder, varen så till sinnes, som Kristus Jesus var. Han, som var till i Guds gestalt, valde att icke med makt fasthålla Guds härlighet utan han utblottade sig själv, i det han antog en tjänares gestalt, blev lik oss människor, och befanns till sin natur vara en människa. Han ödmjukade sig själv, blev lydig intill döden, ja, intill korsets död. Därför har ock Gud upphöjt honom över allting och givit honom det namn, som är över alla namn, för att i Jesu namn allas knän skola böja sig *(här knäböjes)*, deras som äro i himmelen, på jorden och under jorden, och alla tungor bekänna, att Herren Jesus Kristus är i Gud Faderns härlighet.

Graduale.
(Ps. 72:24, 1-3.)

Tenuisti manum dexteram meam: et in vo- | Du håller mig vid din högra hand och leder luntate tua deduxisti me: et cum gloria assumpsisti me. Quam bonus Israel Deus rectis corde! mei autem pene moti sunt pedes: pene effusi sunt gressus mei: quia zelavi in peccatoribus, pacem peccatorum videns.

mig efter din vilja och upptager mig i härlighet. Huru god är icke Gud mot Israel, mot de av hjärtat rättsinniga! Men mina fötter hade så när snubblat, mina steg voro helt nära att slinta, emedan jag ivrade emot syndarna, då jag såg, att det gick dem väl.

Tractus.
(Ps. 21:2-9, 18, 19, 22, 24, 32.)

Deus, Deus meus, respice in me: quare me dereliquisti? Longe a salute mea verba delictorum meorum. Deus meus, clamabo per diem, nec exaudies: in nocte, et non ad insipientiam mihi. Tu autem in sancto habitas, laus Israel. In te speraverunt patres nostri: speraverunt, et liberasti eos. Ad te clamaverunt, et salvi facti sunt: in te speraverunt, et non sunt confusi. Ego autem sum vermis, et non homo: opprobrium hominum, et abjectio plebis. Omnes qui vi-

Gud, min Gud, se till mig i nåd, varför har du övergivit mig? Jag ropar i min nöd, men min frälsning är fjärran. Min Gud, jag ropar om dagen, men du svarar icke, så ock om natten, men jag får ingen ro. Och dock bor du i helgedomen, du Israels härlighet. På dig förtröstade våra fäder; de förtröstade, och du räddade dem. Till dig ropade de och blevo hulpna; på dig förtröstade de och kommo icke på skam. Men jag är en mask och icke en människa, till smälek bland män, förak-

debant me, aspernabantur me: locuti sunt labiis, et moverunt caput. Speravit in Domino, eripiat eum: salvum faciat eum, quoniam vult eum. Ipsi vero consideraverunt, et conspexerunt me: diviserunt sibi vestimenta mea, et super vestem meam miserunt sortem. Libera me de ore leonis: et a cornibus unicornium humilitatem meam. Qui timetis Dominum, laudate eum: universum semen Jacob, magnificate eum. Annuntiabitur Domino generatio ventura: et annuntiabunt cæli justitiam ejus. Populo, qui nascetur, quem fecit Dominus.

tad av folket. Alla, som se mig, bespotta mig; de spärra upp munnen, de skaka på huvudet: 'Han litade på Herren; må Herren nu befria och rädda honom, ty han har ju behag i honom.' De beskåda mig, de se med löje på mig. De dela mina kläder mellan sig och kasta lott om min klädnad. Fräls mig från lejonets gap och rädda mig svage undan vildoxarnas horn. I som frukten Herren, loven honom; ären honom, alla Jakobs barn. Kommande ättled skola tjäna honom, och himlarna skola förkunna hans rättfärdighet för det folk, som skall födas, och som Herren har gjort.

Passionshistorien enligt Matteus.
(Matt. 26 och 27.)

Passionshistorien sjunges, om möjligt, av den celebrerande prästen, 2 diakoner och kören så, att prästen sjunger alla Kristi ord (†), en diakon (S=succentor, medsångare) olika enskilda personers ord, kören folkmassans rop (T=turba, folkmassa) samt tal av flera personer, den andre diakonen (C=cantor, sångare) den berättande texten. Härigenom uppnås en lika värdig som verkningsfull antydan av dramatisk handling.

Palmsöndagen

In illo tempore: Dixit Jesus discipulis suis: † Scitis quia post biduum Pascha fiet, et Filius hominis tradetur ut crucifigatur. C. Tunc congregati sunt principes sacerdotum, et seniores populi in atrium principis sacerdotum, qui dicebatur Caiphas: et consilium fecerunt ut Jesum dolo tenerent, et occiderent. Dicebant autem: T. Non in die festo, ne forte tumultus fieret in populo. C. Cum autem Jesus esset in Bethania in domo Simonis leprosi, accessit ad eum mulier habens alabastrum unguenti pretiosi, et effudit super caput ipsius recumbentis. Videntes autem discipuli, indignati sunt, dicentes: T. Ut quid perditio hæc? potuit enim istud venumdari multo, et dari pauperibus. C. Sciens autem Jesus, ait illis: † Quid molesti estis huic

I den tiden sade Jesus till sina lärjungar: I veten, att två dagar härefter är påsk; då skall Människosonen bliva förrådd och utlämnad till att korsfästas. Då församlade sig de förnämsta prästerna och folkets äldste i förgården hos översteprästen, som hette Kaifas. Och de rådslogo om att gripa Jesus med list och döda honom. Men de sade: Icke under högtiden, att icke tilläventyrs ett upplopp må ske ibland folket. Men då Jesus var i Betania, i Simon den spetälskes hus, framträdde till honom en kvinna, som hade ett alabasterkärl med dyrbar smörjelse, och utgöt den över hans huvud, då han låg till bords. Då lärjungarna sågo det, harmades de och sade: Vartill detta slöseri? Ty detta hade kunnat säljas dyrt och penningarna givas åt de fattiga. När Jesus märkte detta, sade han till dem: Varför oroen I

Palmsöndagen

mulieri? opus enim bonum operata est in me. Nam semper pauperes habetis vobiscum: me autem non semper habetis. Mittens enim hæc unguentum hoc in corpus meum, ad sepeliendum me fecit. Amen, dico vobis, ubicumque prædicatum fuerit hoc Evangelium in toto mundo, dicetur et quod hæc fecit in memoriam ejus. *C.* Tunc abiit unus de duodecim, qui dicebatur Judas Iscariotes, ad principes sacerdotum, et ait illis: *S.* Quid vultis mihi dare, et ego vobis eum tradam? *C.* At illi constituerunt ei triginta argenteos. Et exinde quærebat opportunitatem ut eum traderet. Prima autem die azymorum accesserunt discipuli ad Jesum, dicentes: *T.* Ubi vis paremus tibi comedere pascha? *C.* At Jesus dixit: † Ite in civitatem ad quemdam, et dicite

kvinnan? Det är en god gärning, som hon har gjort mot mig. Fattiga haven I alltid bland eder; men mig haven I icke alltid. Då hon utgöt denna smörjelse på min kropp, gjorde hon det såsom en tillredelse till min begravning. Sannerligen säger jag eder: Varhelst detta Evangelium skall förkunnas i hela världen, skall ock det, som hon har gjort, omtalas till hennes åminnelse. Då gick en av de tolv, som hette Judas Iskariot, till översteprästerna och sade till dem: Vad viljen I giva mig, om jag överlämnar honom åt eder? De anslogo åt honom trettio silverpenningar. Och från den tiden sökte han tillfälle att utlämna honom. Men på den första dagen under det osyrade brödets högtid gingo lärjungarna fram till Jesus och frågade honom: Var vill du, att vi skola tillreda påskalammets måltid åt dig? Jesus sade: Gån in i

ei: Magister dicit: Tempus meum prope est, apud te facio pascha cum discipulis meis. *C.* Et fecerunt discipuli, sicut constituit illis Jesus, et paraverunt pascha. Vespere autem facto, discumbebat cum duodecim discipulis suis. Et edentibus illis, dixit: † Amen, dico vobis, quia unus vestrum me traditurus est. *C.* Et contristati valde, cœperunt singuli dicere: *S.* Numquid ego sum, Domine? *C.* At ipse respondens, ait: † Qui intingit mecum manum in paropside, hic me tradet. Filius quidem hominis vadit, sicut scriptum est de illo: væ autem homini illi, per quem Filius hominis tradetur: bonum erat ei, si natus non fuisset homo ille. *C.* Respondens autem Judas, qui tradidit eum, dixit: *S.* Numquid ego sum, Rabbi? *C.* Ait illi: † Tu dixisti. *C.* Cœnantibus autem eis, accepit

staden till en viss man och sägen till honom: Mästaren säger: Min tid är nära; hos dig vill jag hålla påsk med mina lärjungar. Och lärjungarna gjorde, såsom Jesus hade befallt dem, och tillredde påskalammet. När det så hade blivit afton, satte han sig till bords med sina tolv lärjungar. Och under det de åto, sade han: Sannerligen säger jag eder: En av eder skall förråda mig. Då blevo de mycket bedrövade och begynte var för sig fråga: Icke är det väl jag Herre? Men han svarade och sade: Den, som med mig doppar handen i fatet, han skall förråda mig. Väl går Människosonen bort, såsom det är skrivet om honom; men ve den mannen, genom vilken Människosonen skall förrådas; det vore bättre för honom, om han icke hade blivit född. Men Judas, som förrådde honom, tog till orda och frågade: Rabbi, icke är det väl jag? Jesus

Palmsöndagen

Jesus panem, et benedixit, ac fregit, deditque discipulis suis, et ait: † Accipite et comedite: hoc est corpus meum. C. Et accipiens calicem, gratias egit: et dedit illis, dicens: † Bibite ex hoc omnes. Hic est enim sanguis meus novi Testamenti, qui pro multis effundetur in remissionem peccatorum. Dico autem vobis: non bibam amodo de hoc genimine vitis, usque in diem illum, cum illud bibam vobiscum novum in regno Patris mei. C. Et hymno dicto, exierunt in montem Oliveti. Tunc dicit illis Jesus: † Omnes vos scandalum patiemini in me, in ista nocte. Scriptum est enim: Percutiam pastorem, et dispergentur oves gregis. Postquam autem resurrexero, præcedam vos in Galilæam. C. Respondens autem Petrus, ait illi: S. Et si omnes scandalizati fuerint in

svarade honom: Ja, du är det. Medan de nu åto, tog Jesus brödet, välsignade och bröt det, gav åt sina lärjungar och sade: Tagen och äten; detta är min lekamen. Och han tog kalken, tackade, gav åt dem och sade: Dricken härav alla; ty det Nya förbundets, som varder utgjutet för många till syndernas förlåtelse. Men jag säger eder: Härefter skall jag icke mera dricka av denna vinträdets frukt intill den dagen, då jag skall dricka den ny med eder i min Faders rike. När de sedan hade sjungit lovsången, gingo de ut till Oljeberget. Då sade Jesus till dem: I denna natt skolen I alla taga anstöt av mig. Ty det står skrivet: Jag skall slå herden, och hjordens får skola förskingras. Men sedan jag har uppstått, skall jag gå före eder till Galileen. Då svarade Petrus och sade till honom: Om än alla taga anstöt av dig, så skall dock jag aldrig

te, ego numquam scandalizabor. *C.* Ait illi Jesus: † Amen, dico tibi, quia in hac nocte, antequam gallus cantet, ter me negabis. *C.* Ait illi Petrus: *S.* Etiam si oportuerit me mori tecum, non te negabo. *C.* Similiter et omnes discipuli dixerunt. Tunc venit Jesus cum illis in villam, quæ dicitur Gethsemani, et dixit discipulis suis: † Sedete hic, donec vadam illuc, et orem. *C.* Et assumpto Petro, et duobus filiis Zebedæi, cœpit contristari, et mæstus esse. Tunc ait illis: † Tristis est anima mea usque ad mortem: sustinete hic, et vigilate mecum. *C.* Et progressus pusillum, procidit in faciem suam, orans, et dicens: † Pater mi, si possibile est, transeat a me calix iste. Verumtamen non sicut ego volo, sed sicut tu. *C.* Et venit ad discipulos suos, et invenit eos dormientes: et dicit

taga anstöt. Jesus sade till honom: Sannerligen säger jag dig: I denna natt, förrän hanen höres gala, skall du tre gånger förneka mig. Då sade Petrus till honom: Om jag än måste dö med dig, skall jag dock icke förneka dig. Sammalunda sade ock alla lärjungarna. Sedan kom Jesus med dem till en lantgård, som kallas Getsemane, och han sade till sina lärjungar: Bliven kvar här, medan jag går dit bort och beder. Och han tog Petrus och Sebedei två söner med sig och begynte bedrövas och ängslas. Då sade han till dem: Min själ är bedrövad intill döden; stannen kvar här och vaken med mig. Därefter gick han litet längre fram, föll ned på sitt ansikte, bad och sade: Min Fader, om det är möjligt, så gånge denna kalk ifrån mig; dock icke såsom jag vill, utan såsom du. Sedan kom han tillbaka till sina lärjungar, fann dem sovande och sade till

Palmsöndagen

Petro: † Sic non potuistis una hora vigilare mecum? Vigilate, et orate, ut non intretis in tentationem. Spiritus quidem promptus est, caro autem infirma. *C.* Iterum secundo abiit, et oravit, dicens: † Pater mi, si non potest hic calix transire, nisi bibam illum, fiat voluntas tua. *C.* Et venit iterum, et invenit eos dormientes: erant enim oculi eorum gravati. Et relictis illis, iterum abiit, et oravit tertio, eumdem sermonem dicens. Tunc venit ad discipulos suos, et dicit illis: † Dormite jam, et requiescite: ecce, appropinquavit hora, et Filius hominis tradetur in manus peccatorum. Surgite, eamus: ecce, appropinquavit qui me tradet. *C.* Adhuc eo loquente, ecce, Judas, unus de duodecim venit, et cum eo turba multa cum gladiis, et fustibus, missi a principibus sacerdotum, et seniori-

Petrus: Så haven I då icke kunnat vaka en timme med mig? Vaken och bedjen att I icke mån komma i frestelse. Anden är villig, men köttet är svagt. Åter gick han bort för andra gången, bad och sade: Min Fader, om det icke är möjligt, att denna kalk går ifrån mig, utan att jag dricker den, så ske din vilja! Och han kom tillbaka och fann dem åter sovande; ty deras ögon voro tunga av sömn. Då lämnade han dem, gick åter bort och bad för tredje gången, sägande samma ord. Därefter kom han tillbaka till sina lärjungar och sade till dem: Soven I alltjämt och vilen eder? Se, stunden är nära, då Människosonen skall överlämnas i syndarnas händer. Stån upp, låtom oss gå! Se, den är nära, som skall förråda mig. Medan han ännu talade, se, då kom Judas, en av de tolv, och med honom en stor folkskara med svärd och stavar, utsända av översteprästerna och folkets äldste.

bus populi. Qui autem tradidit eum, dedit illis signum dicens: S. Quemcumque osculatus fuero, ipse est, tenete eum. C. Et confestim accedens ad Jesum, dixit: S. Ave, Rabbi. C. Et osculatus est eum. Dixitque illi Jesus: † Amice, ad quid venisti? C. Tunc accesserunt, et manus injecerunt in Jesum, et tenuerunt eum. Et ecce, unus ex his, qui erant cum Jesu, extendens manum, exemit gladium suum, et percutiens servum principis sacerdotum, amputavit auriculam ejus. Tunc ait illi Jesus: † Converte gladium tuum in locum suum. Omnes enim, qui acceperint gladium, gladio peribunt. An putas, quia non possum rogare Patrem meum, et exhibebit mihi modo plus quam duodecim legiones Angelorum? Quomodo ergo implebuntur Scripturæ, quia sic oportet fieri? C. In illa hora dixit Jesus turbis: † Tamquam ad latronem existis cum

Förrädaren hade givit dem ett tecken och sagt: Den som jag kysser, han är det; gripen honom. Och strax gick han fram till Jesus och sade: Hell dig, Rabbi! Och han kysste honom. Men Jesus sade till honom: Vän, varför har du kommit? Då stego de fram, buro händer på Jesus och grepo honom. Och se, en av dem, som voro med Jesus, utsträckte handen, drog sitt svärd, slog till översteprästens tjänare och avhögg hans öra. Då sade Jesus till honom: Stick ditt svärd i skidan; ty alla som taga till svärd, skola förgås genom svärd. Eller menar du, att jag icke kunde bedja min Fader, och han skulle sända mig mer än tolv legioner änglar? Huru skulle då skrifterna uppfyllas, som säga, att så måste ske? I samma stund sade Jesus till skaran: Såsom mot en rövare haven I gått ut med svärd och stavar för att fasttaga mig. Dagligen satt jag bland eder och lärde i

gladiis, et fustibus comprehendere me: quotidie apud vos sedebam docens in templo, et non me tenuistis. *C.* Hoc autem totum factum est, ut adimplerentur Scripturæ Prophetarum. Tunc discipuli omnes, relicto eo, fugerunt. At illi tenentes Jesum, duxerunt ad Caipham, principem sacerdotum, ubi scribæ et seniores convenerant. Petrus autem sequebatur eum a longe, usque in atrium principis sacerdotum. Et ingressus intro, sedebat cum ministris, ut videret finem. Principes autem sacerdotum, et omne concilium, quærebant falsum testimonium contra Jesum, ut eum morti traderent: et non invenerunt, cum multi falsi testes accessissent. Novissime autem venerunt duo falsi testes, et dixerunt: *T.* Hic dixit: Possum destruere templum Dei, et post triduum reædificare illud. *C.* Et surgens princeps sacerdotum, ait illi: *S.* Nihil

templet, och I haven icke gripit mig. Men allt detta har skett, på det att profeternas skrifter skulle uppfyllas. Då övergåvo honom alla lärjungarna och flydde. Men de, som hade gripit Jesus, förde honom till översteprästen Kaifas, hos vilken de skriftlärde och äldste voro församlade. Men Petrus följde honom på avstånd ända till översteprästens förgård. Och han gick in och satte sig bland tjänarna för att se, vad slutet skulle bliva. Översteprästerna och hela rådet sökte nu falskt vittnesbörd mot Jesus för att kunna överlämna honom till döden; och de funno intet, ehuru många falska vittnen framträdde. Men slutligen kommo två falska vittnen och sade: Denne har sagt: Jag kan nedbryta Guds tempel och uppbygga det igen tre dagar därefter. Då reste sig översteprästen och sade till honom: Svarar du intet på det, som dessa

respondes ad ea, quæ isti adversum te testificantur? *C.* Jesus autem tacebat. Et princeps sacerdotum ait illi: *S.* Adjuro te per Deum vivum, ut dicas nobis, si tu es Christus, Filius Dei. *C.* Dicit illi Jesus: † Tu dixisti. Verumtamen dico vobis, amodo videbitis Filium hominis sedentem a dextris virtutis Dei, et venientem in nubibus cæli. *C.* Tunc princeps sacerdotum scidit vestimenta sua, dicens: *S.* Blasphemavit: quid adhuc egemus testibus? Ecce, nunc audistis blasphemiam: quid vobis videtur? *C.* At illi respondentes dixerunt: *T.* Reus est mortis. *C.* Tunc exspuerunt in faciem ejus, et colaphis eum, ceciderunt, alii autem palmas in faciem ejus dederunt, dicentes: *T.* Prophetiza nobis, Christe, quis est qui te percussit? *C.* Petrus vero sedebat foris in atrio: et acces-

vittna mot dig? Men Jesus teg. Och översteprästen sade till honom: Jag besvär dig vid den levande Guden, att du säger oss, om du är Kristus, Guds Son. Jesus sade till honom: Ja, jag är det. Och jag säger eder: Hädanefter skolen I få se Människosonen sitta på Guds krafts högra sida och komma på himmelens skyar. Då sönderrev översteprästen sina kläder och sade: Han har hädat. Vartill behöva vi flera vittnen? Se, nu haven I hört hädelsen. Vad synes eder? De svarade och sade: Han är saker till döden. Då spottade de honom i ansiktet och slogo honom med knytnävarna, men andra slogo honom i ansiktet och sade: Profetera för oss, Kristus: vem är det, som slagit dig? Men Petrus satt utanför på gården; och en tjänstekvinna gick fram till honom och sade: Också du var med Jesus, galileern. Men han ne-

sit ad eum una ancilla, dicens: *S.* Et tu cum Jesu Galilæo eras. *C.* At ille negavit coram omnibus, dicens: *S.* Nescio quid dicis. *C.* Exeunte autem illo januam, vidit eum alia ancilla, et ait his, qui erant ibi: *S.* Et hic erat cum Jesu Nazareno. *C.* Et iterum negavit cum juramento: Quia non novi hominem. Et post pusillum accesserunt qui stabant, et dixerunt Petro: *T.* Vere et tu ex illis es: nam et loquela tua manifestum te facit. *C.* Tunc cœpit detestari, et jurare quia non novisset hominem. Et continuo gallus cantavit. Et recordatus est Petrus verbi Jesu, quod dixerat: Priusquam gallus cantet, ter me negabis. Et egressus foras, flevit amare. Mane autem facto, consilium inierunt omnes principes sacerdotum, et seniores populi adversus Jesum, ut eum morti traderent. Et

kade inför alla och sade: Jag vet icke, vad du menar. Och när han gick ut genom porten, såg en annan tjänstekvinna honom och sade till dem, som voro där: Också denne var med Jesus från Nasaret. Åter nekade han med en ed och sade: Jag känner icke den människan. Strax därefter kommo de kringstående fram och sade till Petrus: Förvisso är du ock en av dem; ty även ditt uttal röjer dig. Då började han att svärja och bedyrade, att han icke kände den människan. Och strax gol hanen. Då kom Petrus ihåg Jesu ord, huru han hade sagt: Förrän hanen höres gala, skall du tre gånger förneka mig. Och han gick ut och grät bitterligen. Men när det hade blivit morgon, höllo alla översteprästerna och folkets äldste råd mot Jesus för att överantvarda honom till döden. Och de läto binda honom och förde honom bort och över-

vinctum adduxerunt eum, et tradiderunt Pontio Pilato præsidi. Tunc videns Judas, qui eum tradidit, quod damnatus esset; pænitentia ductus, retulit triginta argenteos principibus sacerdotum, et senioribus, dicens: *S.* Peccavi, tradens sanguinem justum. *C.* At illi dixerunt: *T.* Quid ad nos? Tu videris. *C.* Et projectis argenteis in templo, recessit: et abiens, laqueo se suspendit. Principes autem sacerdotum, acceptis argenteis, dixerunt: *T.* Non licet eos mittere in corbonam: quia pretium sanguinis est. *C.* Consilio autem inito, emerunt ex illis agrum figuli in sepulturam peregrinorum. Propter hoc vocatus est ager ille, Haceldama, hoc est, ager sanguinis, usque in hodiernum diem. Tunc impletum est, quod dictum est per Jeremiam Prophetam, dicentem: Et acceperunt triginta lämnade honom åt landshövdingen Pontius Pilatus. När då Judas, som hade förrått honom, såg, att han var dömd, ångrade han sig, återbar de trettio silverpenningarna till översteprästerna och de äldste och sade: Jag har syndat; ty jag har förrått oskyldigt blod. Men de svarade: Vad kommer det oss vid? Det är din sak! Och han kastade silverpenningarna i templet, avlägsnade sig och gick bort och hängde sig i ett rep. Men översteprästerna togo silverpenningarna och sade: Det är icke lovligt att lägga dem i offerkistan; ty det är blodspenningar. När de nu hade hållit råd, köpte de för dem en krukmakares åker till begravningsplats för främlingar. Därför har ock området kallats Hakeldama, det är blodsåker, intill denna dag. Då uppfylldes det, som blivit sagt genom profeten Jeremias, som säger: Och de togo de trettio silverpenningar-

Palmsöndagen

argenteos pretium appretiati, quem appretiaverunt a filiis Israel: et dederunt eos in agrum figuli, sicut constituit mihi Dominus. Jesus autem stetit ante præsidem, et interrogavit eum præses, dicens: S. Tu es Rex Judæorum? C. Dicit illi Jesus: † Tu dicis. C. Et cum accusaretur a principibus sacerdotum, et senioribus, nihil respondit. Tunc dicit illi Pilatus: S. Non audis, quanta adversum te dicunt testimonia? C. Et non respondit ei ad ullum verbum, ita ut miraretur præses vehementer. Per diem autem sollemnem consueverat præses populo dimittere unum vinctum, quem voluissent. Habebat autem tunc vinctum insignem, qui dicebatur Barabbas. Congregatis ergo illis, dixit Pilatus: S. Quem vultis dimittam vobis: Barabbam, am Jesum, qui dicitur Christus? C.

na, priset för den man, vilken de hade värderat och köpt av Israels barn, och gåvo dem för krukmakarens åker, såsom Herren befallde mig. Men Jesus ställdes inför landshövdingen. Och landshövdingen frågade honom och sade: Är du judarnas konung? Jesus sade till honom: Jag är det. Och när han anklagades av översteprästerna och de äldste, svarade han intet. Då sade Pilatus till honom: Hör du icke, huru mycket de hava att vittna emot dig? Och han svarade honom icke på en enda fråga, så att landshövdingen förundrade sig mycket. Men vid högtiden brukade landshövdingen lösgiva en fånge åt folket, vilken de ville. Han hade nu den gången en beryktad fånge, som hette Barabbas. Då de nu voro församlade, sade Pilatus: Vilkendera viljen I, att jag skall giva eder lös, Barabbas eller Jesus, som kallas Kristus? Ty han visste, att de av

7

Sciebat enim quod per invidiam tradidissent eum. Sedente autem illo pro tribunali, misit ad eum uxor ejus, dicens: S. Nihil tibi, et justo illi: multa enim passa sum hodie per visum propter eum. C. Principes autem sacerdotum, et seniores persuaserunt populis, ut peterent Barabbam, Jesum vero perderent. Respondens autem præses, ait illis: S. Quem vultis vobis de duobus dimitti? C. At illi dixerunt: T. Barabbam. C. Dicit illis Pilatus: S. Quid igitur faciam de Jesu, qui dicitur Christus? C. Dicunt omnes: T. Crucifigatur. C. Ait illis præses: S. Quid enim mali fecit? C. At illi magis clamabant, dicentes: T. Crucifigatur. C. Videns autem Pilatus quia nihil proficeret, sed magis tumultus fieret: accepta aqua, lavit manus co-

avund hade utlämnat honom. Men medan han satt på domarsätet, sände hans hustru bud till honom och lät säga honom: Befatta dig icke med denne rättfärdige man; ty jag har i natt i drömmen plågats mycket för hans skull. Men översteprästerna och de äldste övertalade folket, att de skulle begära Barabbas men förgöra Jesus. Då tog landshövdingen till orda och sade till dem: Vilken av de två viljen I, att jag skall giva eder lös? Och de sade: Barabbas. Pilatus frågade dem: Vad skall jag då göra med Jesus, som kallas Kristus? Då ropade alla: Låt korsfästa honom! Landshövdingen frågade dem: Vad ont har han då gjort? Men de skriade ännu ivrigare och sade: Låt korsfästa honom! När nu Pilatus såg, att han icke kunde uträtta något, utan att larmet tillväxte allt mera, lät han hämta vatten, tvådde sina händer i folkets

Palmsöndagen

ram populo, dicens: *S.* Innocens ego sum a sanguine justi hujus: vos videritis. *C.* Et respondens universus populus, dixit. *T.* Sanguis ejus super nos, et super filios nostros. *C.* Tunc dimisit illis Barabbam: Jesum autem flagellatum tradidit eis, ut crucifigeretur. Tunc milites præsidis suscipientes Jesum in prætorium, congregaverunt ad eum universam cohortem: et exuentes eum, chlamydem coccineam circumdederunt ei: et plectentes coronam de spinis, posuerunt super caput ejus, et arundinem in dextera ejus. Et genu flexo ante eum, illudebant ei, dicentes: *T.* Ave, Rex Judæorum. *C.* Et exspuentes in eum, acceperunt arundinem, et percutiebant caput ejus. Et postquam illuserunt ei, exuerunt eum chlamyde,

åsyn och sade: Jag är oskyldig till denne rättfärdige mans blod. I mån själva svara därför. Och allt folket svarade och sade: Hans blod komme över oss och våra barn! Då gav han dem Barabbas lös, men lät gissla Jesus och överlämnade honom åt dem till att korsfästas. Därpå togo landshövdingens soldater Jesus in i pretoriet och församlade hela den romerska vakten omkring honom. Och de togo av honom hans kläder och kastade en skarlakansröd mantel över . honom. Och de flätade en krona av törnen, satte den på hans huvud och gåvo honom ett vassrör i högra handen. Och de böjde knä inför honom, begabbade honom och sade: Hell dig, judarnas konung! Och de spottade på honom, togo röret och slogo honom på huvudet. Och sedan de hade begabbat honom, avtogo de honom manteln, iklädde honom hans kläder

et induerunt eum vestimentis ejus, et duxerunt eum ut crucifigerent. Exeuntes autem, invenerunt hominem Cyrenæum, nomine Simonem: hunc angariaverunt, ut tolleret crucem ejus. Et venerunt in locum, qui dicitur Golgotha, quod est Calvariæ locus. Et dederunt ei vinum bibere cum felle mixtum. Et cum gustasset, noluit bibere. Postquam autem crucifixerunt eum, diviserunt vestimenta ejus, sortem mittentes: ut impleretur, quod dictum est per Prophetam, dicentem: Diviserunt sibi vestimenta mea, et super vestem meam miserunt sortem. Et sedentes, servabant eum. Et imposuerunt super caput ejus causam ipsius scriptam: Hic est Jesus, Rex Judæorum. Tunc crucifixi sunt cum eo duo latrones: unus a dextris, et unus a sinistris.

och förde honom bort för att korsfästa honom. Då de nu voro på väg, mötte de en man från Cyrene, vid namn Simon; honom nödgade de att bära hans kors. Och de kommo till det ställe, som kallas Golgata, det är huvudskalleplats. Och de gåvo honom att dricka vin, blandat med galla. Han smakade därpå, men ville icke dricka. När de sedan hade korsfäst honom, delade de hans kläder och kastade lott om dem, på det att uppfyllas skulle, vad som blivit sagt genom profeten, som säger: De hava delat mina kläder mellan sig och kastat lott om min livklädnad. Och de satte sig och bevakade honom. Och över hans huvud satte de en inskrift med anklagelsen emot honom: Denne är Jesus, judarnas konung. Med honom korsfästes då två rövare, en på den högra sidan, och en på den vänstra. Men de, som gingo för-

Palmsöndagen

Prætereuntes autem blasphemabant eum, moventes capita sua, et dicentes: T. Vah, qui destruis templum Dei, et in triduo illud reædificas: salva temetipsum. Si Filius Dei es, descende de cruce. C. Similiter et principes sacerdotum illudentes cum scribis et senioribus, dicebant: T. Alios salvos fecit, seipsum non potest salvum facere: si Rex Israel est, descendat nunc de cruce, et credimus ei: confidit in Deo: liberet nunc, si vult, eum; dixit enim: Quia Filius Dei sum. C. Idipsum autem et latrones, qui crucifixi erant cum eo, improperabant ei. A sexta autem hora tenebræ factæ sunt super universam terram usque ad horam nonam. Et circa horam nonam clamavit Jesus voce magna, dicens: † Eli, Eli, lamma sabacthani? C. Hoc est: † Deus meus, Deus meus, ut

bi, hädade honom, skakade på huvudet och sade: Du, som nedbryter Guds tempel och på tre dagar bygger upp det igen, hjälp dig nu själv! Är du Guds Son, så stig ned från korset! Sammalunda begabbade honom ock översteprästerna jämte de skriftlärda och de äldste och sade: Andra har han hjälpt; sig själv kan han icke hjälpa. Är han Israels konung, så stige han ned från korset, och vi skola tro honom. Han har satt sin förtröstan på Gud, må denne nu frälsa honom, om han har behag till honom; han har ju sagt: Jag är Guds Son. Detsamma förebrådde honom ock de rövare, som voro korsfästa med honom. Men från sjätte timmen vart ett mörker över hela jorden ända till nionde timmen. Och vid nionde timmen ropade Jesus med hög röst och sade: Eli, Eli, lamma sabacthani? Det är: Min Gud, min Gud, varför har du övergi-

quid dereliquisti me? C. Quidam autem illic stantes, et audientes, dicebant: *T.* Eliam vocat iste. C. Et continuo currens unus ex eis, acceptam spongiam implevit aceto, et imposuit arundini, et dabat ei bibere. Ceteri vero dicebant: *S.* Sine, videamus an veniat Elias liberans eum. C. Jesus autem iterum clamans voce magna, emisit spiritum.

vit mig? Men några, som stodo där och hörde det, sade: Han kallar på Elias. Och strax skyndade en av dem fram, tog en svamp, fyllde den med ättikvin, satte den på ett vassrör och gav honom att dricka. Men de andra sade: Vänta, låtom oss se, om Elias kommer och hjälper honom. Åter ropade Jesus med hög röst och uppgav anden.

Här göres ett litet uppehåll, och alla böja knä för att andaktsfullt övertänka Jesu död.

Et ecce, velum templi scissum est in duas partes a summo usque deorsum: et terra mota est, et petræ scissæ sunt, et monumenta aperta sunt: et multa corpora sanctorum, qui dormierant, surrexerunt. Et exeuntes de monumentis post resurrectionem ejus, venerunt in sanctam civitatem, et apparuerunt multis. Centurio autem, et qui cum eo erant, custodientes Jesum, viso terræmotu et his, quæ fiebant, timue-

Och se, förlåten i templet remnade i två stycken, uppifrån och ända ned; och jorden skalv och klipporna remnade, och gravarna öppnade sig, och många avsomnade heligas kroppar stodo upp. De gingo ut ur gravarna efter hans uppståndelse, kommo in i den heliga staden och uppenbarade sig för många. Men när hövitsmannen och de, som med honom höllo vakt om Jesus, sågo jordbävningen och de ting, som skedde, intogos de

Palmsöndagen

runt valde, dicentes: *T.* Vere Filius Dei erat iste. *C.* Erant autem ibi mulieres multæ a longe, quæ secutæ erant Jesum a Galilæa, ministrantes ei: inter quas erat Maria Magdalene, et Maria Jacobi, et Joseph mater, et mater filiorum Zebedæi. Cum autem sero factum esset, venit quidam homo dives ab Arimathæa, nomine Joseph, qui et ipse discipulus erat Jesu. Hic accessit ad Pilatum, et petiit corpus Jesu. Tunc Pilatus jussit reddi corpus. Et accepto corpore, Joseph involvit illud in sindone munda. Et posuit illud in monumento suo novo, quod exciderat in petra. Et advolvit saxum magnum ad ostium monumenti, et abiit. Erat autem ibi Maria Magdalene, et altera Maria, sedentes contra sepulcrum.

av stor fruktan och sade: För visso, denne var Guds Son! På något avstånd därifrån voro många kvinnor, som hade följt Jesus från Galileen för att tjäna honom. Ibland dessa voro Maria Magdalena, Maria, Jakobi och Josefs moder, och Sebedei söners moder. När det sedan hade blivit afton, kom en rik man från Arimatea, vid namn Josef, vilken också var en Jesu lärjunge. Denne gick till Pilatus och utbad sig att få Jesu kropp. Då befallde Pilatus, att man skulle lämna ut den åt honom. Och Josef tog hans kropp, svepte den i rent linne och lade den i sin nya grav, vilken han låtit uthugga i en klippa, vältrade en stor sten för ingången till graven och gick därifrån. Men Maria Magdalena och den andra Maria voro där, och de sutto mitt emot graven.

Nu bedjes bönen *Munda cor meum*, och slutet av passionshistorien sjunges i evangelieton.

Altera autem die, quæ est post Parasceven,

Andra dagen, vilken följer på tillredelseda-

convenerunt principes sacerdotum et pharisæi ad Pilatum, dicentes: Domine, recordati sumus, quia seductor ille dixit adhuc vivens: Post tres dies resurgam. Jube ergo custodiri sepulcrum usque in diem tertium: ne forte veniant discipuli ejus, et furentur eum, et dicant plebi: Surrexit a mortuis: et erit novissimus error pejor priore. Ait illis Pilatus: Habetis custodiam, ite, custodite sicut scitis. Illi autem abeuntes, munierunt sepulcrum, signantes lapidem, cum custodibus.

gen, församlade sig översteprästerna och fariseerna hos Pilatus och sade: Herre, vi hava erinrat oss, att denne uppviglare sade, medan han ännu levde: Efter tre dagar skall jag uppstå igen. Befall därför, att graven bevakas intill den tredje dagen, att icke tilläventyrs hans lärjungar komma och stjäla bort honom och säga till folket: Han är uppstånden ifrån de döda; då blir den sista villan värre än den första. Då sade Pilatus till dem: Där haven I en vakt; gån och bevaken graven bäst I kunnen. Och de gingo, satte ut vakt vid graven och förseglade stenen.

Offertorium.
(Ps. 68:21, 22.)

Improperium exspectavit cor meum, et miseriam: et sustinui, qui simul mecum contristaretur, et non fuit: consolantem me quæsivi, et non inveni: et dederunt in escam meam fel, et in siti

Smälek väntade mitt hjärta och nöd; jag väntade på medlidande, men där var intet; jag sökte efter en tröstare, men jag fann ingen. De gåvo mig galla att äta,

Palmsöndagen

mea potaverunt me aceto. | och i min törst gåvo de mig ättika att dricka.

Secreta.

Concede, quæsumus, Domine: ut oculis tuæ majestatis munus oblatum, et gratiam nobis devotionis obtineat, et effectum beatæ perennitatis acquirat. Per Dominum nostrum... | Förläna oss, o Herre, vi bedja dig, att det offer, som vi frambära inför ditt majestäts åsyn, må förvärva oss fromhetens nåd och giva såsom frukt den eviga saligheten. Genom vår Herre...

Praefatio Crucis.

(Sid. 158.)

Communio.

(Matt. 26:42.)

Pater, si non potest hic calix transire, nisi bibam illum: fiat voluntas tua. | Fader, om det icke är möjligt, att denna kalk går ifrån mig, utan att jag dricker den, så ske din vilja.

Postcommunio.

Per hujus, Domine, operationem mysterii: et vitia nostra purgentur, et justa desideria compleantur. Per Dominum... | Låt, o Herre, genom detta Sakraments verkan våra synder utplånas och våra rättfärdiga önskningar uppfyllas. Genom vår Herre...

Skärtorsdagen.

Kyrkan firar denna dag instiftelsen av altarets allraheligaste Sakrament, och gudstjänsten bär därför en dubbel prägel: av glädje över detta stora sakrament; därför paramentens vita färg, Gloria in excelsis, klockringning och orgelspel — och av sorg över Kristi lidandes början; ty det var ju Skärtorsdagens kväll, som Herren blev förrådd. Denna dag firas i varje kyrka endast en mässa. Celebranten giver icke diakonen fridskyssen för att icke påminna om förrädarens falska kyss. Efter mässan bäres det heliga Sakramentet från högaltaret bort till ett särskilt tillrett tabernakel, där det vilar till Långfredagens morgongudstjänst. Under mellantiden står högaltarets tabernakel öppet och tomt, det eviga ljuset är släckt, i stället för klockorna användas träbjällror, och alla altaren berövas sina linnedukar och annan prydnad.

Ordet Skärtorsdag kommer av skär (= ren), och detta namn lär ha uppkommit därav, att man på denna dag för den förestående högtiden brukade rena och putsa allt i kyrkan, särskilt altarprydnaderna och gudstjänstens tillbehör, i främsta rummet de heliga kärlen.

Skärtorsdagen

Introitus.
(Gal. 6:14 — Ps. 66:2.)

Nos autem gloriari oportet in cruce Domini nostri Jesu Christi: in quo est salus, vita et resurrectio nostra: per quem salvati et liberati sumus.

Deus misereatur nostri, et benedicat nobis: illuminet vultum suum super nos, et misereatur nostri.

Nos autem gloriari oportet in cruce Domini nostri Jesu Christi: in quo est salus, vita et resurrectio nostra: per quem salvati et liberati sumus.

Oss höves att berömma oss av vår Herres Jesu Kristi kors; ty i honom är vår frälsning, vårt liv och vår uppståndelse; genom honom äro vi frälsta och befriade.

Gud förbarme sig över oss och välsigne oss; han låte sitt ansikte lysa över oss och vare oss nådig.

Oss höves att berömma oss av vår Herres Jesu Kristi kors; ty i honom är vår frälsning, vårt liv och vår uppståndelse; genom honom äro vi frälsta och befriade.

Oratio.

Deus, a quo et Judas reatus sui pœnam, et confessionis suæ latro præmium sumpsit, concede nobis tuæ propitiationis effectum: ut, sicut in passione sua Jesus Christus, Dominus noster, diversa utrisque intulit stipendia meritorum; ita nobis, ablato vetustatis errore,

O Gud, av vilken Judas fick straff för sitt brott och rövaren lön för sin bekännelse, låt oss åtnjuta din försonings frukt, så att vår Herre Jesus Kristus, vilken under sitt lidande gav bäggedera deras olika förtjänta lön, även från oss må borttaga den gamla förvillelsen och skänka

resurrectionis suæ gratiam largiatur: Qui tecum vivit et regnat...

oss sin uppståndelses nåd, han, som med dig lever...

Epistola.

(1 Kor. 11:20-32.)

Lectio Epistolæ beati Pauli Apostoli ad Corinthios. Fratres: Convenientibus vobis in unum, jam non est Dominicam cœnam manducare. Unusquisque enim suam cœnam præsumit ad manducandum. Et alius quidem esurit: alius autem ebrius est. Numquid domos non habetis ad manducandum et bibendum? aut ecclesiam Dei contemnitis, et confunditis eos, qui non habent? Quid dicam vobis? Laudo vos? In hoc non laudo. Ego enim accepi a Domino, quod et tradidi vobis quoniam Dominus Jesus, in qua nocte tradebatur, accepit panem, et gratias agens fregit, et dixit: Accipite, et manducate: hoc est corpus meum, quod pro vobis tradetur: hoc facite in meam commemorationem. Similiter et calicem, postquam

Bröder, när I kommen tillsammans, så är det ju icke mer att hålla Herrens nattvard. Ty vid måltiden tager var och en i förväg själv den mat, han medfört, och den ene hungrar, den andre åter är överlastad. Haven I icke edra hem för att äta och dricka? Eller förakten I Guds Kyrka och viljen komma dem att blygas, som icke hava något? Vad skall jag säga eder? Skall jag prisa eder? Häri prisar jag eder icke. Ty jag har mottagit av Herren, vad jag också har meddelat eder, att Herren Jesus i den natt, då han blev förrådd, tog brödet, tackade, bröt det och sade: Tagen och äten; detta är min lekamen, som skall utgivas för eder; gören detta till min åminnelse. Sammalunda tog han även kalken efter måltiden

cœnavit, dicens: Hic calix novum Testamentum est in meo sanguine: hoc facite, quotiescumque bibetis, in meam commemorationem. Quotiescumque enim manducabitis panem hunc, et calicem bibetis: mortem Domini annuntiabitis donec veniat. Itaque quicumque manducaverit panem hunc, vel biberit calicem Domini indigne, reus erit corporis et sanguinis Domini. Probet autem seipsum homo, et sic de pane illo edat, et de calice bibat. Qui enim manducat et bibit indigne, judicium sibi manducat et bibit: non dijudicans corpus Domini. Ideo inter vos multi infirmi et imbecilles, et dormiunt multi. Quod si nosmetipsos dijudicaremus, non utique judicaremur. Dum judicamur autem, a Domino corripimur, ut non cum hoc mundo damnemur.

och sade: Denna kalk är det Nya förbundet i mitt blod; gören detta, så ofta I dricken därav, till min åminnelse. Ty så ofta I äten detta bröd och dricken denna kalk, förkunnen I Herrens död, till dess han kommer. Var och en således, som ovärdigt äter detta bröd eller dricker Herrens kalk, han försyndar sig på Herrens lekamen och blod. Men människan pröve sig själv; och äte så av detta bröd och dricke av denna kalk. Ty den som ovärdigt äter och dricker, han äter och dricker själv domen över sig, emedan han icke urskiljer Herrens lekamen. Därför äro bland eder många svaga och sjuka, och många hava avsomnat. Ty om vi ginge till doms med oss själva, så bleve vi icke dömda. Men då vi nu bliva dömda, så är detta en Herrens tuktan (som drabbar oss) för att vi icke skola bliva fördömda tillika med världen.

Skärtorsdagen

Graduale.
(Fil. 2:8-9.)

Christus factus est pro nobis obœdiens usque ad mortem, mortem autem crucis. — Propter quod et Deus exaltavit illum: et dedit illi nomen, quod est super omne nomen.

Kristus vart lydig intill döden, ja, intill korsets död. — Därför har ock Gud upphöjt honom och givit honom ett namn, som är över alla namn.

Evangelium.
(Joh. 13:1-15.)

Sequentia sancti Evangelii secundum Joannem. Ante diem festum Paschæ, sciens Jesus, quia venit hora ejus, ut transeat ex hoc mundo ad Patrem: cum dilexisset suos, qui erant in mundo, in finem dilexit eos. Et cœna facta, cum diabolus jam misisset in cor, ut traderet eum Judas Simonis Iscariotæ: sciens quia omnia dedit ei Pater in manus, et quia a Deo exivit, et ad Deum vadit: surgit a cœna, et ponit vestimenta sua: et cum accepisset linteum, præcinxit se. Deinde mittit aquam in

Före påskhögtiden, då Jesus visste, att stunden för honom var kommen att gå bort från denna värld till Fadern, bevisade han de sina i denna världen, dem han alltid hade älskat, sin kärlek intill det yttersta. Då aftonmåltiden var slutad, och djävulen redan hade ingivit Judas Iskariot, Simons son, i hjärtat att förråda honom, och ehuru han visste, att Fadern hade givit allt i hans händer, och att han hade utgått från Gud och gick till Gud, stod han upp från måltiden och lade av sig överklädnaden och tog en linneduk och band den

Skärtorsdagen

pelvim, et cœpit lavare pedes discipulorum, et extergere linteo, quo erat præcinctus. Venit ergo ad Simonem Petrum. Et dicit ei Petrus: Domine, tu mihi lavas pedes? Respondit Jesus, et dixit ei: Quod ego facio, tu nescis modo, scies autem postea. Dicit ei Petrus: Non lavabis mihi pedes in æternum. Respondit ei Jesus: Si non lavero te, non habebis partem mecum. Dicit ei Simon Petrus: Domine, non tantum pedes meos, sed et manus, et caput. Dicit ei Jesus: Qui lotus est, non indiget nisi ut pedes lavet, sed est mundus totus. Et vos mundi estis, sed non omnes. Sciebat enim quisnam esset, qui traderet eum: propterea dixit: Non estis mundi omnes. Postquam ergo lavit pedes eorum, et accepit vestimenta sua: cum recubuisset iterum,

om sig. Sedan slog han vatten i ett fat och begynte två lärjungarnas fötter och torkade dem med linneduken, som han hade bundit om sig. Så kom han till Simon Petrus; och Petrus sade till honom: Herre, skall du två mina fötter? Jesus svarade och sade till honom: Vad jag gör, förstår du icke nu; men du skall förstå det sedan. Petrus sade till honom: Aldrig någonsin skall du två mina fötter. Jesus svarade honom: Om jag icke tvår dig, så har du ingen del i mig. Simon Petrus sade till honom: Herre, icke blott mina fötter, utan även händerna och huvudet. Jesus sade till honom: Den som är tvagen, behöver sedan icke mer än två fötterna, så är han helt och hållet ren. Och I ären rena; dock icke alla. Ty han visste, vem som skulle förråda honom; därför sade han: I ären icke alla rena. Sedan han nu hade tvagit de-

dixit eis: Scitis, quid fecerim vobis? Vos vocatis me Magister et Domine: et bene dicitis: sum etenim. Si ergo ego lavi pedes vestros, Dominus et Magister: et vos debetis alter alterius lavare pedes. Exemplum enim dedi vobis, ut, quemadmodum ego feci vobis, ita et vos faciatis.

ras fötter och tagit på sig sina kläder, satte han sig igen till bords och sade till dem: Förstån I, vad jag har gjort? I kallen mig Mästare och Herre, och I sägen rätt; ty jag är det. Har nu jag, Herren och Mästaren, tvagit edra fötter, så bören ock I två varandras fötter. Ty jag har givit eder ett föredöme, för att även I skolen göra, såsom jag har gjort.

Offertorium.
(Ps. 117:16-17.)

Dextera Domini fecit virtutem, dextera Domini exaltavit me: non moriar, sed vivam, et narrabo opera Domini.

Herrens högra hand har gjort mäktiga ting, Herrens hand har upphöjt mig. Jag skall icke dö utan leva och förkunna Herrens verk.

Secreta.

Ipse tibi, quæsumus, Domine sancte, Pater omnipotens, æterne Deus, sacrificium nostrum reddat acceptum, qui discipulis suis in sui commemorationem hoc fieri hodierna traditione monstravit, Jesus...

Vi bedja dig, helige Herre, allsmäktige Fader, evige Gud, att han, som denna dag gav sina lärjungar fullmakt och befallning att göra detta till hans åminnelse, själv må göra vårt offer välbehagligt för dig, Jesus...

Skärtorsdagen

Praefatio Crucis.

(Sid. 158.)

Canon.

(På Skärtorsdag få några av canonbönerna före förvandlingen säregna tillägg på grund av dagens särskilda förhållande till Sakramentets instiftelse.)

Communicantes, et diem sacratissimum celebrantes, quo Dominus noster Jesus Christus pro nobis est traditus: sed et memoriam venerantes, in primis gloriosæ semper Virginis Mariæ, Genitricis ejusdem Dei et Domini nostri Jesu Christi: sed et beatorum Apostolorum ac Martyrum tuorum, Petri et Pauli, Andreæ, Jacobi, Joannis, Thomæ, Jacobi, Philippi, Bartholomæi, Matthæi, Simonis et Thaddæi: Lini, Cleti, Clementis, Xysti, Cornelii, Cypriani, Laurentii, Chrysogoni, Joannis et Pauli, Cosmæ et Damiani: et omnium Sanctorum tuorum; quorum meritis precibusque concedas, ut in omnibus protectionis tuæ muniamur auxilio. Per eumdem Chri-	Delaktiga i de heligas gemenskap *fira vi den högtidliga dag, på vilken vår Herre Jesus Kristus för oss blev överlämnad,* och fira även åminnelsen framför allt av den ärorika, alltid rena Jungfru Maria, Moder till vår Gud, och Herre Jesus Kristus, men också av dina heliga apostlar och martyrer, Petrus och Paulus, Andreas, Jakobus, Johannes, Tomas, Jakobus, Filippus, Bartolomeus, Matteus, Simon och Taddeus, Linus, Kletus, Klemens, Sixtus, Kornelius, Cyprianus, Laurentius, Krysogonus, Johannes och Paulus, Kosmas och Damianus och av alla dina helgon. Förunna oss genom deras förtjänster och förböner, att vi i allt måtte

stum, Dominum nostrum. Amen.

Hanc igitur oblationem servitutis nostræ, sed et cunctæ familiæ tuæ, quam tibi offerimus ob diem, in qua Dominus noster Jesus Christus tradidit discipulis suis Corporis et Sanguinis sui mysteria celebranda: quæsumus, Domine, ut placatus accipias: diesque nostros in tua pace disponas, atque ab æterna damnatione nos eripi, et in electorum tuorum jubeas grege numerari. Per eundem Christum, Dominum nostrum. Amen.

Quam oblationem tu, Deus, in omnibus, quæsumus, bene † dictam, adscrip † tam, ra † tam, rationabilem, acceptabilemque facere digneris: ut nobis Cor † pus, et San † guis fiat dilectissimi Filii tui, Domini nostri Jesu Christi.

Qui pridie, quam pro nostra omniumque salute pateretur, hoc est,

erfara din starka hjälp och ditt beskydd, genom samme Kristus, vår Herre. Amen.

Mottag nådigt, o Herre, vi bedja dig, av oss, dina tjänare och av hela din församling detta offer, *som vi frambära åt dig till minne av den dag, på vilken vår Herre Jesus Kristus överlämnade åt sina lärjungar att fira hans lekamens och blods hemligheter;* led våra dagar i frid, fräls oss från evig fördömelse och låt oss en gång räknas bland dina utvaldas skara, genom Kristus, vår Herre. Amen.

Vi bedja dig, o Gud, gör detta offer i allt välsignat, helgat, värdigt, fullkomligt och välbehagligt, att det för oss varder till din älskade Sons, vår Herres Jesu Kristi lekamen och blod:

Vilken, *dagen innan han för vår och hela mänsklighetens fräls-*

Skärtorsdagen

hodie, accepit panem in sanctas ac venerabiles manus suas...

ning led och dog, alltså på denna dag, tog brödet i sina heliga och vördnadsvärda händer...

(Härefter fortsätta instiftelseorden och övriga canonböner i vanlig form.)

Communio.
(Joh. 13:12, 13, 15.)

Dominus Jesus, postquam cœnavit cum discipulis suis, lavit pedes eorum, et ait illis: Scitis, quid fecerim vobis ego, Dominus et Magister? Exemplum dedi vobis, ut et vos ita faciatis.

Sedan vår Herre Jesus hållit aftonmåltiden med sina lärjungar, tvådde han deras fötter och sade till dem: Förstån I, vad jag, Herren och Mästaren, gjort? Jag har givit eder ett föredöme, att även I skolen göra likaså.

Postcommunio.

Refecti vitalibus alimentis, quæsumus, Domine, Deus noster: ut, quod tempore nostræ mortalitatis exsequimur, immortalitatis tuæ munere consequamur. Per Dominum nostrum...

Vederkvickta med livets föda, bedja vi dig, Herre vår Gud, att vi genom odödlighetens gåva må uppnå, vad vi eftersträva i vår dödlighets dagar. Genom vår Herre...

Vid högmässans slut bäres Sakramentet i högtidlig procession till det särskilda tabernaklet, där efter mässans slut privata och offentliga adorationstimmar vidtaga. Under processionen sjunges följande hymn.

Skärtorsdagen

Processionen.
HYMNEN ›PANGE LINGUA›.

Pange lingua gloriosi Corporis mysterium, Sanguinisque pretiosi, Quem in mundi pretium Fructus ventris generosi Rex effudit Gentium.

Nobis datus, nobis natus Ex intacta Virgine, Et in mundo conversatus, Sparso verbi semine, Sui moras incolatus Miro clausit ordine.

In supremae nocte cœnæ Recumbens cum fratribus; Observata lege plene Cibis in legalibus, Cibum turbae duodenæ Se dat suis manibus.

Verbum caro, panem verum Verbo carnem efficit: Fitque Sanguis Christi merum. Et si sensus deficit:

Högt må prisa varje tunga Jesu kropp så underbar Och en lovsång honom sjunga För det blod, han gjutit har, Tacka honom för det tunga Korset, som för oss han bar.

Fadern honom till oss sände, Rena Jungfruns son han är; Ljuset han i världen tände, Evig sanning han oss lär Och till sist vid livets ände Fram sig själv som offer bär.

När, som lagen föreskriver, På de gamla fädrens vis Lammets högtid firad bliver, Då, det undret vare pris! Han med egna händer giver Åt de tolv sig själv till spis.

Vid det sista nattvardsbordet, Dagen före Jesu död, Ordet, som vart kött, med ordet Till sitt kött förvandlat bröd;

Skärtorsdagen

Ad firmandum cor cincerum Sola fides sufficit.

Tantum ergo Sacramentum Veneremur cernui:
Et antiquum documentum Novo cedat ritui:
Praestet fides supplementum Sensuum defectui.

Genitori, Genitoque Laus et jubilatio,
Salus, honor, virtus quoque Sit et benedictio:
Procedenti ab utroque Compar sit laudatio.

Amen.

Vinet Kristi blod är vordet, Då hans allmakts ord det bjöd.

Må i ödmjukhet vi ära Detta helga Sakrament!
Högre än de gamles lära Står det nya testament;
Att oss Herren själv är nära, Hjärtat genom tron har känt.

Fadern, som i höjden tronar, Lov och tack i evighet,
Sonen, som vår synd försonar, Anden pris och härlighet!
Högt så jubelsången tonar Upp till dig, Treenighet!

Amen.

Efter processionen avklädas altarena. Huvudaltarets tabernakel står tomt.
Långfredagens allvar håller sitt intåg.

Långfredagen.

Långfredagen är helt ägnad åt minnet av Jesu Kristi blodiga offerdöd på korset. Kyrkan är uppfylld av sorg över Frälsarens ofattbara djup av smälek och marter och så försänkt i tillbedjan av det gudomliga rådslut, som i Kristi död lät kärleken segra över synden, att hon på denna dag liksom icke vågar att på sina altaren förnya det offer, som fullbordades på Golgata, under det jorden bävade och solen förmörkades.
Denna dag frambäres alltså icke något mässoffer, ej heller utdelas den heliga Kommunionen; ty för mycket av uppståndelsens härlighet och glädje bryter dock alltid igenom Mässoffrets mysterium och Kommunionens heliga tröst. Långfredagens liturgi är i Katolska Kyrkan helt genomträngd av sorg och ånger och bot; dagen är ingen festdag utan en sorgedag, ty Kristus, vår Herre, har dött. Sakramentet finnes efter gudstjänsten icke mer på altaret, tabernaklet står tomt, och evighetslampan är släckt. Något av Golgatas tysthet och övergivenhet efter Jesu död har

hållit sitt intåg i Kyrkan. Även eftermiddagens och aftonens andakter deltaga i denna dagens karaktär av medlidande och sorg och ånger; de äro inga festandakter utan passions-andakter. Under huvudgudstjänsten blir Kristi kors på ett högtidligt sätt avtäckt och framställt för de andäktiga till hyllning. Korsbilden över det tomma tabernaklet skall hela dagen draga de troendes blickar och hjärtan till sig.
Gudstjänsten har en för dagen särskild ordning: 1. Läsningarna inkl. passionshistorien. 2. De stora förbönerna. 3. Korsets hyllning. 4. "De förut helgade offergåvornas mässa".

På det helt oklädda altaret står krucifixet täckt med ett svart kläde. Intet ljus är tänt, och utan ljus och rökelse träda celebrans och leviter i svarta paramenter in i kyrkan, och gudstjänsten begynner med tyst bön.

I. LÄSNINGARNA.

Lectio.
(Osee. 6:1-6.)

Hæc dicit Dominus: In tribulatione sua mane consurgent ad me: Venite, et revertamur ad Dominum: quia ipse cepit, et sanabit nos: percutiet, et curabit nos. Vivificabit nos post duos dies: in die tertia suscitabit nos, et vivemus in conspectu ejus. Sciemus, sequemurque, ut cogno-

Detta säger Herren: I sin nöd skola de i arla morgonstund komma och söka mig: 'Kommen, låtom oss vända om till Herren. Ty han har slagit oss, han skall ock förbinda oss. Han har sargat oss, han skall ock hela oss. Han skall om två dagar åter göra oss helbrägda; ja, på tredje dagen skall han låta oss stå upp, så att vi få leva inför honom.

scamus Dominum: quasi diluculum præparatus est egressus ejus, et veniet quasi imber nobis temporaneus, et serotinus terræ.

Så låtom oss lära känna Herren, ja, låtom oss fara efter att lära känna honom. Hans uppgång är som morgonrodnadens, han skall komma över oss likt ett regn, likt ett vårregn som vattnar jorden.'

Quid faciam tibi, Ephraim? Quid faciam tibi Juda? misericordia vestra quasi nubes matutina: et quasi ros mane pertransiens. Propter hoc dolavi in prophetis, occidi eos in verbis oris mei: et judicia tua quasi lux egredientur. Quia misericordiam volui, et non sacrificium et scientiam Dei, plus quam holocausta.

Vad skall jag göra med dig, Efraim? Vad skall jag göra med dig Juda? Eder kärlek är ju lik morgonskyn, lik daggen, som tidigt försvinner. Därför har jag utdelat mina hugg genom profeterna, därför har jag dräpt genom min muns tal; så skall domen över dig stå fram i ljuset. Ty jag har behag till kärlek och icke till offer och till Guds kunskap mer än till brännoffer.

Tractus.
(Habak. 3.)

Domine, audivi auditum tuum, et timui: consideravi opera tua, et expavi. V. In medio duorum animalium in-

Herre, jag hörde ditt budskap, och jag fruktade; jag begrundade dina gärningar, och jag förfärades. V. Mitt emellan tvenne väsen-

Långfredagen

notesceris: dum appropinquaverint anni, cognosceris: dum advenerit tempus, ostenderis. *V.* In eo, dum conturbata fuerit anima mea: in ira, misericordiæ memor eris. *V.* Deus a Libano veniet, et Sanctus de monte umbroso, et condenso. *V.* Operuit cælos majestas ejus: et laudis ejus plena est terra.

den skall du uppenbaras; medan åren närma sig, skall du förnimmas; i tidens fullbordan skall du visa dig. *V.* I den tiden, när min själ blivit förvirrad, skall du i din vrede dock minnas din barmhärtighet. *V.* Gud skall komma från Libanon, och den Helige från berget med den täta skuggan. *V.* Hans härlighet inhöljer himlarna, och jorden är full av hans lov.

Oratio.

Sac. Oremus.
Diac. Flectamus genua.
Subd. Levate.

Pr. Låtom oss bedja.
D. Låtom oss böja knä.
S. Resen eder.

Deus, a quo et Judas reatus sui pœnam, et confessionis suæ latro præmium sumpsit, concede nobis tuæ propitiationis effectum: ut, sicut in passione sua Jesus Christus, Dominus noster, diversa utrisque intulit stipendia meritorum; ita nobis, ablato vetustatis errore, resurrectionis suæ gratiam largiatur: Qui tecum vivit et regnat...

O Gud, av vilken Judas fick straff för sitt brott och rövaren lön för sin bekännelse, låt oss åtnjuta din försonings frukt, så att vår Herre Jesus Kristus, vilken under sitt lidande gav bäggedera deras olika förtjänta lön, även från oss må borttaga den gamla förvillelsen och skänka oss sin uppståndelses nåd, han, som med dig lever...

Långfredagen

Lectio.
(2 Mos. 12:1-11.)

In diebus illis: Dixit Dominus ad Moysen et Aaron in terra Ægypti: Mensis iste, vobis principium mensium: primus erit in mensibus anni. Loquimini ad universum cœtum filiorum Israel, et dicite eis: Decima die mensis hujus tollat unusquisque agnum per familias, et domos suas. Sin autem minor est numerus, ut sufficere possit ad vescendum agnum, assumet vicinum suum, qui junctus est domui suæ. juxta numerum animarum, quæ sufficere possunt ad esum agni. Erit autem agnus absque macula, masculus, anniculus: juxta quem ritum tolletis et hædum. Et servabitis eum usque ad quartam decimam diem mensis hujus: immolabitque eum

Och Herren talade till Moses och Aron i Egyptens land och sade: Denna månad skall hos eder vara den främsta månaden, den skall hos eder vara den första av årets månader. Talen till Israels hela menighet och sägen: På tionde dagen i denna månad skall var husfader taga sig ett lamm, så att vart hushåll får ett lamm. Men om hushållet är för litet till ett lamm, så skola husfadern och hans närmaste granne taga ett lamm tillsammans, efter personernas antal. För vart lamm skolen I beräkna ett visst antal, i mån av vad var och en äter. Ett felfritt årsgammalt lamm av hankön skolen I utvälja; av fåren eller av getterna skolen I taga det. Och I skolen förvara det intill fjortonde dagen i denna månad; då skall man — Israels hela församlade menighet — slakta det vid afton-

universa multitudo filiorum Israel ad vesperam. Et sument de sanguine ejus, ac ponent super utrumque postem, et in superliminaribus domorum, in quibus comedent illum. Et edent carnes nocte illa assas igni, et azymos panes cum lactucis agrestibus. Non comedetis ex eo crudum quid, nec coctum aqua, sed tantum assum igni: caput cum pedibus ejus, et intestinis vorabitis. Nec remanebit quidquam ex eo usque mane. Si quid residuum fuerit, igne comburetis. Sic autem comedetis illum: Renes vestros accingetis, et calceamenta habebitis in pedibus, tenentes baculos in manibus, et comedetis festinanter: est enim Phase (id est transitus) Domini.

tiden. Och man skall taga av blodet och stryka på båda dörrposterna och på övre dörrträet i husen, där man äter det. Och man skall äta köttet samma natt; det skall vara stekt på eld, och man skall äta det med osyrat bröd jämte bittra örter. I skolen icke äta något därav rått eller kokt i vatten, utan det skall vara stekt på eld, med huvud, fötter och innanmäte. Och I skolen icke lämna något därav kvar till morgonen; skulle något därav bliva kvar till morgonen, skolen I bränna upp det i eld. Och I skolen äta det så: I skolen vara omgjordade kring edra länder, hava edra skor på fötterna och edra stavar i händerna. Och I skolen äta det med hast. Ty det är Herrens påsk (d. v. s. förbigång).

Tractus.
(Ps. 139:2-10. 14.)

Eripe me, Domine, ab homine malo: a viro iniquo libera me. V. Qui cogitaverunt malitias in

Rädda mig, Herre, från onda människor, bevara mig för våldets män. V. För dem som

corde: tota die constituebant prælia. *V.* Acuerunt linguas suas sicut serpentis: venenum aspidum sub labiis eorum. *V.* Custodi me, Domine, de manu peccatoris: et ab hominibus iniquis libera me. *V.* Qui cogitaverunt supplantare gressus meos: absconderunt superbi laqueum mihi. *V.* Et funes extenderunt in laqueum pedibus meis: juxta iter scandalum posuerunt mihi. *V.* Dixi Domino: Deus meus es tu: exaudi, Domine, vocem orationis meæ. *V.* Domine, Domine, virtus salutis meæ: obumbra caput meum in die belli. *V.* Ne tradas me a desiderio meo peccatori: cogitaverunt adversus me: ne derelinquas me, ne umquam exaltentur. *V.* Caput circuitus eorum: labor labiorum ipsorum operiet eos. *V.* Verumtamen justi confitebuntur nomini tuo: et habitabunt recti cum vultu tua.

uttänka ont i sina hjärtan och dagligen rota sig samman till strid. *V.* De vässa sina tungor liksom ormar, huggormsgift är inom deras läppar. *V.* Bevara mig, Herre, för de ogudaktigas händer, beskydda mig för våldets män, *V.* Som uttänka planer för att bringa mig på fall, som i sitt högmod lägga ut snaror för min fot. *V.* De breda ut nät invid vägens rand, giller sätta de för mig. *V.* Jag säger till Herren: 'Du är min Gud.' Lyssna, o Herre, till mina böners ljud. *V.* Herre, Herre, du min starka hjälp, du beskärmar mitt huvud på stridens dag. *V.* Tillstäd icke, Herre, vad de ogudaktiga begära; låt deras anslag ej lyckas, de skulle eljest förhäva sig. *V.* Över de mäns huvuden, som omringa mig, må den olycka komma, som deras läppar bereda. *V.* Men de rättfärdiga skola prisa ditt namn och de redliga bo inför ditt ansikte.

Långfredagen

Passio.
Passionshistorien enligt Johannes.
(Joh. 18 och 19.)

Passionshistorien sjunges, om möjligt, av den celebrerande prästen, 2 diakoner och kören så, att prästen sjunger alla Kristi ord (†), en diakon (S = succentor, medsångare) de olika enskilda personernas ord, kören folkmassans rop (T = turba, folkmassa) samt tal av flera personer, den andre diakonen (C = cantor, sångare) den berättande texten. Härigenom uppnås en lika värdig som verkningsfull antydan av dramatisk handling.

Passio Domini nostri Jesu Christi secundum Joannem. In illo tempore: Egressus est Jesus cum discipulis suis trans torrentem Cedron, ubi erat hortus, in quem introivit ipse, et discipuli ejus. Sciebat autem et Judas, qui tradebat eum, locum: quia frequenter Jesus convenerat illuc cum discipulis suis. Judas ergo cum accepisset cohortem, et a pontificibus et pharisæis ministros, venit illuc cum laternis, et facibus, et armis. Jesus itaque sciens omnia quæ ventura erant super eum, processit, et dixit eis: † Quem quæritis? *C.* Responderunt ei: *T.* Jesum Nazarenum. *C.* Dicit eis Jesus: † Ego sum. *C.* Stabat autem et Judas,

I den tiden gick Jesus med sina lärjungar ut till ett ställe på andra sidan bäcken Cedron. Där var en örtagård, och i den gick han in med sina lärjungar. Men också Judas, han som skulle förråda honom, kände till det stället; ty Jesus hade ofta gått dit med sina lärjungar. Judas tog nu den romerska vakten samt några av översteprästernas och fariseernas tjänare med sig och kom dit med bloss, lyktor och vapen. Och Jesus, som visste allt vad som skulle övergå honom, gick fram och sade till dem: Vem söken I? De svarade honom: Jesus från Nasaret. Jesus sade till dem: Det är jag. Och även Judas, för-

qui tradebat eum, cum ipsis. Ut ergo dixit eis: Ego sum: abierunt retrorsum, et ceciderunt in terram. Iterum ergo interrogavit eos: ☦ Quem quæritis? *C.* Illi autem dixerunt: *T.* Jesum Nazarenum. *C.* Respondit Jesus: ☦ Dixi vobis, quia ego sum: si ergo me quæritis, sinite hos abire. *C.* Uti impleretur sermo, quem dixit: Quia quos dedisti mihi, non perdidi ex eis quemquam. Simon ergo Petrus habens gladium eduxit eum: et percussit pontificis servum: et abscidit auriculam ejus dexteram. Erat autem nomen servo Malchus. Dixit ergo Jesus Petro: ☦ Mitte gladium tuum in vaginam. Calicem, quem dedit mihi Pater, non bibam illum?

C. Cohors ergo, et tribunus, et ministri Judæorum comprehenderunt Jesum, et ligaverunt eum: et adduxerunt eum ad Annam primum, erat enim socer Caiphæ, qui erat

rädaren, stod där ibland dem. När Jesus nu sade till dem: 'Det är jag', veko de tillbaka och föllo till marken. Åter frågade han dem då: Vem söken I? De svarade: Jesus från Nasaret. Jesus sade: Jag har sagt eder, att det är jag; om det alltså är mig, I söken, så låten dessa gå. — Ty det ordet skulle uppfyllas, som han hade sagt: Av dem, som du har givit mig, har jag icke förlorat någon. Och Simon Petrus, som hade ett svärd, drog ut det, slog till översteprästens tjänare och avhögg hans högra öra; tjänarens namn var Malkus. Då sade Jesus till Petrus: Stick ditt svärd i skidan. Skulle jag icke dricka den kalk, som min Fader har givit mig?

Den romerske hövitsmannen med sin vakt och de judiska rättstjänarna grepo då Jesus, bundo honom och förde honom bort, först till Annas; denne var nämligen svärfader

Långfredagen

pontifex anni illius. Erat autem Caiphas, qui consilium dederat Judæis: Quia expedit, unum hominem mori pro populo.

Sequebatur autem Jesum Simon Petrus, et alius discipulus. Discipulus autem ille erat notus pontifici, et introivit cum Jesu in atrium pontificis. Petrus autem stabat ad ostium foris. Exivit ergo discipulus alius, qui erat notus pontifici, et dixit ostiariæ: et introduxit Petrum. Dicit ergo Petro ancilla ostiaria: *S.* Numquid et tu ex discipulis es hominis istius? *C.* Dicit ille: *S.* Non sum. *C.* Stabant autem servi, et ministri ad prunas, quia frigus erat, et calefaciebant se: erat autem cum eis et Petrus stans, et calefaciens se. Pontifex ergo interrogavit Jesum de discipulis suis, et de

till Kaifas, som var överstepräst för det året; och det var samme Kaifas, som hade givit judarna det rådet: 'Det vore bäst, om *en* man finge dö för folket.'

Och Simon Petrus jämte en annan lärjunge följde efter Jesus. Denne lärjunge var bekant med översteprästen och gick med Jesus in på översteprästens gård; men Petrus stod utanför vid porten. Den andre lärjungen, den som var bekant med översteprästen, gick då ut och talade med portvakterskan och fick så föra Petrus in. Tjänstekvinnan, som vaktade porten, sade därvid till Petrus: Är icke även du en av den mannens lärjungar? Han svarade: Nej, det är jag icke. Men tjänstefolket och rättstjänarna hade gjort upp en koleld, ty det var kallt, och de stodo där och värmde sig; bland dem stod också Petrus och värmde sig. Översteprästen frågade

doctrina ejus. Respondit ei Jesus: † Ego palam locutus sum mundo: ego semper docui in synagoga, et in templo, quo omnes Judæi conveniunt: et in occulto locutus sum nihil. Quid me interrogas? interroga eos, qui audierunt quid locutus sim ipsis: ecce, hi sciunt quæ dixerim ego. *C.* Hæc autem cum dixisset, unus assistens ministrorum dedit alapam Jesu, dicens: *S.* Sic respondes pontifici? *C.* Respondit ei Jesus: † Si male locutus sum, testimonium perhibe de malo: si autem bene, quid me cædis? *C.* Et misit eum Annas ligatum ad Caipham pontificem.

Erat autem Simon Petrus stans et calefaciens se. Dixerunt ergo ei: *T.* Numquid et tu ex discipulis ejus es? *C.* Negavit ille,

nu Jesus om hans lärjungar och om hans lära. Jesus svarade honom: Jag har talat öppet för världen, jag har alltid lärt i synagogan och i templet, de ställen, där alla judar bruka komma tillsammans, och intet har jag talat hemligen. Varför frågar du mig? Fråga dem, som hava hört, vad jag har talat till dem: se, de veta, vad jag har sagt. När Jesus sade detta, gav honom en av rättstjänarna, som stod där bredvid, ett slag i ansiktet och sade: Svarar du översteprästen så? Jesus svarade honom: Har jag talat orätt, så bevisa, att det var orätt; men har jag talat rätt, varför slår du mig då? Och Annas sände honom bunden till översteprästen Kaifas.

Men Simon Petrus stod och värmde sig. Då sade de till honom: Är icke även du en av hans lärjungar? Han nekade och sade: Jag är det icke. Då sade

Långfredagen

et dixit: *S.* Non sum. *C.* Dicit ei unus ex servis pontificis, cognatus ejus, cujus abscidit Petrus auriculam: *S.* Nonne ego te vidi in horto cum illo? *C.* Iterum ergo negavit Petrus: et statim gallus cantavit.

Adducunt ergo Jesum a Caipha in prætorium. Erat autem mane: et ipsi non introierunt in prætorium, ut non contaminarentur, sed ut manducarent Pascha. Exivit ergo Pilatus ad eos foras, et dixit: *S.* Quam accusationem affertis adversus hominem hunc? *C.* Responderunt, et dixerunt ei: *T.* Si non esset hic malefactor, non tibi tradidissemus eum. *C.* Dixit ergo eis Pilatus: *S.* Accipite eum vos, et secundum legem vestram judicate eum. *C.* Dixerunt ergo ei Judæi: *T.* Nobis non licet interficere quemquam. *C.* Ut sermo Jesu impleretur, quem

en av översteprästens tjänare, en frände till den, vars öra Petrus hade avhuggit: Såg jag icke själv, att du var med honom i örtagården? Då nekade Petrus åter. Och i detsamma gol hanen.

Sedan förde de Jesus från Kaifas till rättens hus, och det var nu morgon. Men själva gingo de icke in i palatset, för att de icke skulle bliva orenade utan kunna äta påskalammet. Då gick Pilatus ut till dem och sade: Vilken anklagelse haven I att frambära mot denne man? De svarade och sade till honom: Vore han icke en illgärningsman, så hade vi icke överlämnat honom åt dig. Då sade Pilatus till dem: Tagen I honom och dömen honom efter eder lag. Judarna svarade honom: Det är oss icke tillåtet att döda någon. Ty Jesu ord skulle uppfyllas, det som han sagt för att giva tillkänna, på vad sätt han skulle dö. Pilatus gick

dixit, significans qua morte esset moriturus. Introivit ergo iterum in prætorium Pilatus, et vocavit Jesum, et dixit ei: S. Tu es Rex Judæorum? C. Respondit Jesus: † A temetipso hoc dicis, an alii dixerunt tibi de me? C. Respondit Pilatus: S. Numquid ego Judæus sum? Gens tua, et pontifices tradiderunt te mihi: quid fecisti? C. Respondit Jesus: † Regnum meum non est de hoc mundo. Si ex hoc mundo esset regnum meum, ministri mei utique decertarent ut non traderer Judæis: nunc autem regnum meum non est hinc. C. Dixit itaque ei Pilatus: S. Ergo Rex es tu? C. Respondit Jesus † Tu dicis, quia Rex sum ego. Ego in hoc natus sum, et ad hoc veni in mundum, ut testimonium perhibeam veritati: omnis qui est ex veritate, audit vocem meam. C. Dicit ei Pilatus: S. Quid est ve-

då åter in i palatset, kallade Jesus till sig och sade till honom: Är du judarnas konung? Jesus svarade: Säger du detta av dig själv, eller hava andra sagt det om mig? Pilatus svarade: Jag är väl icke en jude! Ditt eget folk och översteprästerna hava överlämnat dig åt mig. Vad har du gjort? Jesus svarade: Mitt rike är icke av denna världen. Om mitt rike vore av denna världen, så skulle väl mina tjänare kämpa för mig, för att jag icke skulle bliva överlämnad åt judarna. Men nu är mitt rike icke av denna världen. Då sade Pilatus till honom: Så är du dock en konung? Jesus svarade: Ja, jag är en konung. Därtill är jag född, och därtill har jag kommit i världen, att jag skall vittna för sanningen. Var och en som är av sanningen, han hör min röst. Pilatus sade till honom: Vad är sanning? När han hade sagt detta,

ritas? *C.* Et cum hoc dixisset, iterum exivit ad Judæos, et dicit eis: *S.* Ego nullam invenio in eo causam. Est autem consuetudo vobis ut unum dimittam vobis in Pascha: vultis ergo dimittam vobis Regem Judæorum? *C.* Clamaverunt ergo rursum omnes, dicentes: *T.* Non hunc, sed Barabbam. *C.* Erat autem Barabbas latro.

Tunc ergo apprehendit Pilatus Jesum, et flagellavit. Et milites plectentes coronam de spinis, imposuerunt capiti ejus: et veste purpurea circumdederunt eum. Et veniebant ad eum, et dicebant: *T.* Ave, Rex Judæorum. *C.* Et dabant ei alapas. Exivit ergo iterum Pilatus foras, et dicit eis: *S.* Ecce, adduco vobis eum foras, ut cognoscatis, quia nullam invenio in eo causam. *C.* (Exivit ergo Jesus portans coronam spineam, et purpureum vestimentum.)

gick han åter ut till judarna och sade till dem: Jag finner icke någon skuld hos honom. Men nu är det en sedvänja hos eder, att jag vid påsken skall giva eder en fånge lös. Viljen I då, att jag skall frigiva 'judarnas konung'? Då skriade de åter och sade: Icke honom, utan Barabbas. Men Barabbas var en rövare.

Så tog då Pilatus Jesus och lät gissla honom. Och soldaterna flätade en krona av törnen och satte den på hans huvud och klädde på honom en purpurfärgad mantel. Sedan trädde de fram till honom och sade: Hell dig, judarnas konung! och slogo honom i ansiktet. Åter gick Pilatus ut och sade till folket: Se, jag vill föra honom ut till eder, på det att I mån förstå, att jag icke finner någon skuld hos honom. Och Jesus kom då ut, bärande törnekronan och purpurmanteln. Och han sade till

Et dicit eis: *S.* Ecce homo. *C.* Cum ergo vidissent eum pontifices et ministri, clamabant, dicentes: *T.* Crucifige, crucifige eum. *C.* Dicit eis Pilatus: *S.* Accipite eum vos, et crucifigite: ego enim non invenio in eo causam. *C.* Responderunt ei Judæi: *T.* Nos legem habemus, et secundum legem debet mori, quia Filium Dei se fecit. *C.* Cum ergo audisset Pilatus hunc sermonem, magis timuit. Et ingressus est prætorium iterum: et dixit ad Jesum: *S.* Unde es tu? *C.* Jesus autem responsum non dedit ei. Dicit ergo ei Pilatus: *S.* Mihi non loqueris? nescis quia potestatem habeo crucifigere te, et potestatem habeo dimittere te? *C.* Respondit Jesus † Non haberes potestatem adversum me ullam, nisi tibi datum esset desuper. Propterea, qui me tradidit

dem: Se, människan! Då nu översteprästerna och rättstjänarna fingo se honom, skriade de: Korsfäst honom! Korsfäst honom! Pilatus sade till dem: Tagen I honom då och korsfästen honom; jag finner icke någon skuld hos honom. Judarna svarade honom: Vi hava en lag, och efter den lagen måste han dö, ty han har gjort sig till Guds Son. När Pilatus hörde dem tala så, blev hans fruktan ännu större. Han gick åter in i palatset och frågade Jesus: Varifrån är du? Men Jesus gav honom intet svar. Då sade Pilatus till honom: Svarar du mig icke? Vet du då icke, att jag har makt att giva dig fri och makt att korsfästa dig? Jesus svarade honom: Du hade icke någon makt över mig, om den icke vore dig given ovanifrån. Därför har ock den större synd, som har överlämnat mig åt dig. Från den stunden sökte Pilatus

Långfredagen

tibi, majus peccatum habet. *C.* Et exinde quærebat Pilatus dimittere eum. Judæi autem clamabant dicentes: *T.* Si hunc dimittis, non es amicus Cæsaris. Omnis enim, qui se regem facit, contradicit Cæsari. *C.* Pilatus autem cum audisset hos sermones, adduxit foras Jesum, et sedit pro tribunali, in loco, qui dicitur Lithostrotos, hebraice autem Gabbatha. Erat autem Parasceve Paschæ, hora quasi sexta, et dicit Judæis: *S.* Ecce Rex vester. *C.* Illi autem clamabant: *T.* Tolle, tolle, crucifige eum. *C.* Dicit eis Pilatus: *S.* Regem vestrum crucifigam? *C.* Responderunt pontifices: *T.* Non habemus regem, nisi Cæsarem. *C.* Tunc ergo tradidit eis illum ut crucifigeretur. Susceperunt autem Jesum, et eduxerunt.

Et bajulans sibi crucem, exivit in eum, qui dicitur Calvariæ locum, hebraice autem Gol-

efter någon utväg att frigiva honom. Men judarna ropade och sade: Giver du honom fri, så är du icke kejsarens vän. Vem helst som gör sig till konung, han sätter sig upp emot kejsaren. När Pilatus hörde de orden, lät han föra ut Jesus och satte sig på domarsätet, på en plats, som kallades Lithostrotos, på hebreiska Gabbata. Det var tillredelsedagen före påsken, vid sjätte timmen. Och han sade till judarna: Se här eder konung! Då skriade de: Bort med honom! Bort med honom! Korsfäst honom! Pilatus sade till dem: Skall jag korsfästa eder konung? Översteprästerna svarade: Vi hava ingen annan konung än kejsaren. Då utlämnade han honom åt dem för att korsfästas. Och de togo Jesus och förde honom ut.

Och han bar själv sitt kors och kom så ut till det ställe, som kallas Huvudskalleplatsen, på hebreiska

gotha: ubi crucifixerunt eum, et cum eo alios duos, hinc et hinc, medium autem Jesum. Scripsit autem et titulum Pilatus: et posuit super crucem. Erat autem scriptum: Jesus Nazarenus, Rex Judæorum. Hunc ergo titulum multi Judæorum legerunt, quia prope civitatem erat locus, ubi crucifixus est Jesus. Et erat scriptum hebraice, græce, et latine. Dicebant ergo Pilato pontifices Judæorum: *T.* Noli scribere, Rex Judæorum: sed quia ipse dixit: Rex sum Judæorum. *C.* Respondit Pilatus: *S.* Quod scripsi, scripsi. *C.* Milites ergo cum crucifixissent eum, acceperunt vestimenta ejus (et fecerunt quator partes: unicuiaue militi partem), et tunicam. Erat autem tunica inconsutilis, desuper contexta per totum.

Golgata. Där korsfäste de honom och med honom två andra, en på vardera sidan och Jesus i mitten. Men Pilatus lät dock göra en överskrift och sätta upp den på korset; och den lydde så: "Jesus från Nasaret, judarnas konung". Den överskriften läste många av judarna, ty det ställe, där Jesus var korsfäst, låg nära staden; och den var avfattad på hebreiska, på grekiska och på latin. Då sade judarnas överstepräster till Pilatus: Skriv icke: 'Judarnas konung', utan skriv: 'Han har sagt sig vara judarnas konung'. Pilatus svarade: Vad jag har skrivit, det har jag skrivit. Då nu soldaterna hade korsfäst Jesus, togo de hans kläder och delade dem i fyra delar, en del åt var och en. Också livklädnaden togo de. Men livklädnaden hade inga sömmar utan var vävd i ett stycke uppifrån och alltigenom. Därför sade de till var-

Långfredagen

Dixerunt ergo ad invicem: *T.* Non scindamus eam, sed sortiamur de illa cujus sit. *C.* Ut Scriptura impleretur, dicens: Partiti sunt vestimenta mea sibi: et in vestem meam miserunt sorte. Et milites quidem hæo fecerunt.

Stabant autem juxta crucem Jesu Mater ejus, et soror Matris ejus Maria Cleophæ, et Maria Magdalene. Cum vidisset ergo Jesus Matrem, et discipulum stantem, quem diligebat, dicit Matri suæ: † Mulier, ecce filius tuus. *C.* Deinde dicit discipulo: † Ecce mater tua. *C.* Et ex illa hora accepit eam discipulus in sua. Postea sciens Jesus quia omnia consummata sunt, ut consummaretur Scriptura, dixit: † Sitio. *C.* Vas ergo erat positum aceto plenum. Illi autem spongiam plenam aceto, hyssopo circumponentes, obtulerunt ori ejus. Cum ergo accepisset

andra: Låt oss icke skära sönder den utan kasta lott om, vilken den skall tillhöra. Ty Skriftens ord skulle uppfyllas: 'De delade mina kläder mellan sig och kastade lott om min klädnad'. Så gjorde nu soldaterna.

Och vid Jesu kors stodo hans moder och hans moders syster, Maria, Kleophas hustru, och Maria Magdalena. När Jesus nu såg sin moder och bredvid henne den lärjunge, som han älskade, sade han till sin moder: kvinna, se din son; sedan sade han till lärjungen: Se din moder; och från den stunden tog lärjungen henne till sig. Eftersom nu Jesus visste, att allt annat var fullbordat, sade han därefter, då ju Skriften i allt skulle uppfyllas: Jag törstar. Där stod då ett kärl, som var fullt av ättik-vin. Med det vinet fyllde de en svamp, som de satte på en isopstängel och förde till hans mun. Och när Jesus hade

Jesus acetum, dixit † Consummatum est. C. Et inclinato capite tradidit spiritum.

tagit emot vinet, sade han: Det är fullbordat. Sedan böjde han sitt huvud och uppgav anden.

Här göres ett kort uppehåll, och alla böja knä för att andaktsfullt övertänka Jesu död.

Judæi ergo (quoniam Parasceve erat) ut non remanerent in cruce corpora sabbato (erat enim magnus dies ille sabbati), rogaverunt Pilatum, ut frangerentur eorum crura, et tollerentur. Venerunt ergo milites: et primi quidem fregerunt crura, et alterius, qui crucifixus est cum eo. Ad Jesum autem cum venissent, ut viderunt eum jam mortuum, non fregerunt ejus crura: sed unus militum lancea latus ejus aperuit, et continuo exivit sanguis, et aqua. Et qui vidit, testimonium perhibuit: et verum est testimonium ejus. Et

Men eftersom det var tillredelsedag och judarna icke ville, att kropparna skulle bliva kvar på korsen över sabbaten (ty. den sabbaten var en stor högtidsdag) bådo de Pilatus, att han skulle sönderslå de korsfästes ben och taga bort kropparna. Så kommo då soldaterna och slogo sönder den förstes ben och sedan den andres, som var korsfäst med honom. När de därefter kommo till Jesus och sågo honom redan vara död, sönderslogo de icke hans ben: men en av soldaterna öppnade hans sida med ett spjut, och strax kom därifrån ut blod och vatten. Och den, som sett detta, har vittnat därom; och hans vittnesbörd är sant; och han vet, att han säger sanning, för att

Långfredagen

ille scit, quia vera dicit: ut et vos credatis. Facta sunt enim hæc, ut Scriptura impleretur: Os non comminuetis ex eo. Et iterum alia Scriptura dicit: Videbunt in quem transfixerunt.

även I skolen tro. Ty detta skedde, för att Skriftens ord skulle uppfyllas: Intet ben skall sönderslås på honom. Och åter ett annat Skriftens ord säger: De skola se, vem de hava genomborrat.

Nu bedjes bönen *Munda cor meum,* och slutet av passionshistorien sjunges i evangelieton.

Post hæc autem rogavit Pilatum Joseph ab Arimathæa (eo quod esset discipulus Jesu, occultus autem propter metum Judæorum), ut tolleret corpus Jesu. Et permisit Pilatus. Venit ergo, et tulit corpus Jesu. Venit autem et Nicodemus, qui venerat ad Jesum nocte primum, ferens mixturam myrrhæ, et aloes quasi libras centum. Acceperunt ergo corpus Jesu, et ligaverunt illud linteis cum aromatibus, sicut mos est Judæis sepelire. Erat autem in loco, ubi crucifixus est, hortus: et in horto monumentum novum, in quo nondum quisquam

Men Josef från Arimatea, som var en Jesu lärjunge — fastän i hemlighet, av fruktan för judarna — kom därefter och bad Pilatus att få nedtaga Jesu kropp; och Pilatus tillstadde honom det. Han gick då och tog ned Jesu kropp. Även Nikodemus kom dit, han som första gången hade besökt honom om natten; denne förde med sig en blandning av myrra och aloe, vid pass hundra skålpund. De togo Jesu kropp och svepte den i linnedukar med välluktande kryddor, såsom judarna hava för sed vid begravningar. Och invid det ställe, där han hade blivit korsfäst, var en örtagård, och i örta-

positus erat. Ibi ergo propter Parasceven Judaeorum, quia juxta erat monumentum, posuerunt Jesum.	gården fanns en ny grav, i vilken ännu ingen hade blivit lagd. Där lade de nu Jesus, eftersom det var judarnas tillredelsedag, och graven låg i närheten.

II. FÖRBÖNERNA.

Nu börja de s. k. *Stora förbönerna*, genom vilka Kyrkan nedkallar över alla sina medlemmar och hela världen den återlösningens välsignelse, som utgår från korset.

Prästen angiver först i några inledande ord, för vilka man skall bedja och om vilken nåd man skall bedja för dem. Därefter uppfordrar han till bön genom: Låtom oss bedja. Diakonen utropar: Låtom oss böja knä. Alla knäfalla en kort stund och bedja i tystnad. Subdiakonen utropar: Resen eder. Och alla stiga åter upp. Därefter sammanfattar prästen sina och församlingens böner i en högtidligt formulerad "Collecta", varpå alla svara: Amen.

Oremus, dilectissimi nobis, pro Ecclesia sancta Dei: ut eam Deus et Dominus noster pacificare, adunare, et custodire dignetur toto orbe terrarum: subjiciens ei principatus, et potestates: detque nobis quietam et tranquillam vitam degentibus, glorificare Deum Patrem omnipotentem.	Låtom oss bedja, högtälskade, för Guds heliga Kyrka, att vår Gud och Herre måtte nådigt bevara henne i fred och enighet över hela världen, underlägga henne alla furstedömen och makter och förunna oss att i ett stilla och fridfullt liv prisa Gud, den allsmäktige Fadern.
Oremus. *Diac. Flectamus genua.* *Subd. Levate.*	*Låtom oss bedja.* *D. Låtom oss böja knä.* *S. Resen eder.*
Omnipotens sempi-	Allsmäktige, evige Gud, du som i Kristus

terne Deus, qui gloriam tuam omnibus in Christo gentibus revelasti: custodi opera misericordiæ tuæ; ut Ecclesia tua, toto orbe diffusa, stabili fide in confessione tui nominis perseveret. Per eumdem Dominum nostrum...
R. Amen.

Oremus et pro beatissimo Papa nostro N. ut Deus et Dominus noster, qui elegit eum in ordine episcopatus, salvum atque incolumem custodiat Ecclesiæ suæ sanctæ, ad regendum populum sanctum Dei.

Oremus.
Diac. Flectamus genua.
Subd. Levate.

Omnipotens sempiterne Deus, cujus judicio universa fundantur: respice propitius ad preces nostras, et electum nobis Antistitem tua pietate conserva; ut christiana plebs, quæ te gubernatur auctore, sub tanto Pontifce, credulitatis suæ meritis

har uppenbarat din härlighet för alla folk, beskydda din barmhärtighets verk, på det att din över hela jorden utbredda Kyrka med orubblig tro må fasthålla vid bekännelsen av ditt namn. Genom samme vår Herre...
S. Amen.

Låtom oss också bedja för vår Helige Fader, påven N., att vår Gud och Herre, som utvalt honom till överherdeämbetet, må hålla sin hand över honom och bevara honom åt sin heliga Kyrka till att styra Guds heliga folk.

Låtom oss bedja.
D. *Låtom oss böja knä.*
S. *Resen eder.*

Allsmäktige, evige Gud, genom vilkens rådslut allt består, se nådigt ned till våra böner och bevara i din mildhet vår utvalde överherde, på det att det kristna folket, som efter din vilja är anförtrott åt hans ledning, under en så upphöjd överstepräst alltmer må tillväxa i trons för-

Långfredagen

augeatur. Per Dominum nostrum...
R. Amen.
Oremus et pro omnibus Episcopis, Presbyteris, Diaconibus, Subdiaconibus, Acolythis, Exorcistis, Lectoribus, Ostiariis, Confessoribus, Virginibus, Viduis: et pro omni populo sancto Dei.

Oremus.
Diac. Flectamus genua.
Subd. Levate.

Omnipotens sempiterne Deus, cujus spiritu totum corpus Ecclesiæ sanctificatur et regitur: exaudi nos pro universis ordinibus supplicantes; ut, gratiæ tuæ munere, ab omnibus tibi gradibus fideliter serviatur. Per Dominum nostrum...
R. Amen.

Oremus et pro catechumenis nostris: ut Deus et Dominus noster adaperiat aures præcordiorum ipsorum, januamque misericordiæ; ut, per lavacrum regenerationis accepta

tjänster. Genom vår Herre...
R. Amen.
Låtom oss också bedja för alla biskopar, präster, diakoner, subdiakoner, akolyter, exorcister, lektorer, ostiarier*, bekännare, jungfrur, änkor och för hela Guds heliga folk.

Låtom oss bedja.
D. Låtom oss böja knä.
S. Resen eder.

Allsmäktige, evige Gud, genom vilkens ande Kyrkans hela lekamen helgas och styres, hör våra ödmjuka böner för alla Kyrkans stånd, att de alla, var i sin ställning, med din nåds bistånd troget må tjäna dig. Genom vår Herre...
R. Amen.

Låtom oss även bedja för våra katekumener**, att vår Gud och Herre må öppna deras hjärtans öron och sin barmhärtighets dörr, så att de genom återfödelsens bad må

---

* Akolyter, exorcister, lektorer och ostiarier förrättade i forntiden lägre kyrkotjänster.

** De som förberedas till det heliga dopet.

remissione omnium peccatorum, et ipsi inveniantur in Christo Jesu, Domino nostro.

undfå förlåtelse för alla sina synder och varda förenade med Kristus Jesus, vår Herre.

Oremus.
Diac. Flectamus genua.
Subd. Levate.
Omnipotens sempiterne Deus, qui Ecclesiam tuam nova semper prole fecundas: auge fidem et intellectum catechumenis nostris; ut, renati fonte baptismatis, adoptionis tuæ filiis aggregentur. Per Dominum nostrum...
R. Amen.

Låtom oss bedja.
D. Låtom oss böja knä.
S. Resen eder.
Allsmäktige, evige Gud, du som alltid riktar din Kyrka med nya barn, föröka våra katekumeners tro och insikt, så att de, återfödda genom dopets bad, må upptagas i dina utvalda barns antal. Genom vår Herre...
R. Amen.

Oremus, dilectissimi nobis, Deum Patrem omnipotentem, ut cunctis mundum purget erroribus: morbos auferat: famem depellat: aperiat carceres: vincula dissolvat: peregrinantibus reditum: infirmantibus sanitatem: navigantibus portum salutis indulgeat.

Låtom oss bedja, högtälskade, till Gud, den allsmäktige Fadern, att han må rensa världen från alla villfarelser, avvända sjukdomar, avvärja hungersnöd, öppna fängelserna, lossa bojorna, förunna de resande hemkomst, de sjuka hälsa, de sjöfarande en säker hamn.

Oremus.
Diac. Flectamus genua.
Subd. Levate.
Omnipotens sempiterne Deus, mæstorum

Låtom oss bedja.
D. Låtom oss böja knä.
S. Resen eder.
Allsmäktige, evige Gud, de bedrövades

Långfredagen

consolatio, laborantium fortitudo: perveniant ad te preces de quacumque tribulatione clamantium; ut omnes sibi in necessitatibus suis misericordiam tuam gaudeant affuisse. Per Dominum nostrum...
R. Amen.

Oremus et pro hæreticis, et schismaticis: ut Deus et Dominus noster eruat eos ab erroribus universis; et ad sanctam matrem Ecclesiam Catholicam atque Apostolicam revocare dignetur.

Oremus.
Diac. Flectamus genua.
Subd. Levate.

Omnipotens sempiterne Deus, qui salvas omnes, et neminem vis perire: respice ad animas diabolica fraude deceptas; ut, omni hæretica pravitate deposita, errantium corda resipiscant, et ad veritatis tuæ redeant uni-

tröst och de betrycktas styrka, låt komma till dig alla deras böner, som i sin nöd ropa till dig, på det att de alla må glädja sig över att din barmhärtighet bistått dem i deras trångmål. Genom vår Herre...
R. Amen.

Låtom oss även bedja för heretiker och schismatiker, att vår Gud och Herre må befria dem från alla deras villfarelser, och att han värdes kalla dem tillbaka till deras heliga moder, den katolska och apostoliska Kyrkan.

Låtom oss bedja.
D. Låtom oss böja knä.
S. Resen eder.

Allsmäktige, evige Gud, du som frälser alla och icke vill, att någon skall förgås, se i nåd ned till de genom djävulens list bedragna själarna, så att de vilsefarandes hjärtan må avlägga all kättersk förvändhet, komma till den rätta insikten och återvända

Långfredagen

tatem. Per Dominum nostrum...
R. Amen.

Oremus et pro perfidis Judæis: ut Deus et Dominus noster auferat velamen de cordibus eorum; ut et ipsi agnoscant Jesum Christum, Dominum nostrum.

(Hic non genuflectitur.)

Omnipotens sempiterne Deus, qui etiam judaicam perfidiam a tua misericordia non repellis: exaudi preces nostras, quas pro illius populi obcæcatione deferimus; ut agnita veritatis tuæ luce, quæ Christus est, a suis tenebris eruantur. Per eundem Dominum nostrum...
R. Amen.

Oremus et pro paganis: ut Deus omnipotens auferat iniquitatem a cordibus eorum; ut, relictis idolis suis, convertantur ad Deum vivum et verum, et unicum Filium ejus Jesum Christum, Deum et Dominum nostrum.

till din sannings enhet. Genom vår Herre...
R Amen.

Låtom oss även bedja för de trolösa judarna, på det att vår Gud och Herre må borttaga täckelset ifrån deras hjärtan, att även de må erkänna Jesus Kristus, vår Herre.

(Här böjes icke knä.)

Allsmäktige, evige Gud, du som icke ens utesluter de trolösa judarna från din barmhärtighet, hör de böner, som vi frambära för detta förblindade folk, att de må erkänna din sannings ljus, som är Kristus, och befrias från sitt mörker. Genom samme vår Herre...
R. Amen.

Låtom oss också bedja för hedningarna, på det att den allsmäktige Guden må borttaga orättfärdigheten från deras hjärtan, att de må övergiva sina avgudar och vända sig till den sanne och levande Guden och till hans ende Son, vår Gud och Herre.

Oremus.
Diac. Flectamus genua.
Subd. Levate.
Omnipotens sempiterne Deus, qui non mortem peccatorum, sed vitam semper inquiris: suscipe propitius orationem nostram, et libera eos ab idolorum cultura; et aggrega Ecclesiæ tuæ sanctæ, ad laudem et gloriam nominis tui. Per Dominum nostrum...
R. Amen.

Låtom oss bedja.
D. Låtom oss böja knä.
S. Resen eder.
Allsmäktige, evige Gud, som icke vill syndarnas död, utan alltid söker deras liv, upptag nådigt vår bön, befria dem från deras avgudadyrkan och förena dem med din heliga Kyrka till ditt namns pris och ära. Genom vår Herre...
R. Amen.

III. KORSETS HYLLNING.

Gudstjänstens tredje del tager nu sin början. Denna högtidliga handling är vördnadsbjudande, icke endast genom sin innebörd, utan även genom sin ålder och härkomst. Den sträcker sig så långt tillbaka i tiden som till den forna församlingen i Jerusalem. Sedan Herrens heliga kors, genom Försynens nådiga skickelse, hade återfunnits, visades det varje år på Långfredagen för folket och framställdes till adoration. Hela dagen defilerade folkmängden förbi, bedjande och sjungande hymner till Kristi lidandes ära. — Även till Rom och andra städer i Västerlandet kommo sedan större eller mindre delar av det heliga korset. Detta ledde till att man därstädes införde samma korsets hyllning, som blivit bruklig i Jerusalem. Från Rom gick så denna »korsets hyllning» över till den latinska Kyrkan. Om det icke fanns någon relik av det heliga korset, nöjde man sig med endast ett krucifix, vilket man då visade samma vördnad som det heliga korset.

Prästen avtager nu mässhaken, och nedanför altaret på epistelsidan tager han emot korset, som är täckt av ett violett dok. Först avtäcker han överdelen, sedan högra armen och till sist det hela, i det han stiger upp till altaret och sjunger varje gång i en högre ton:

Ecce lignum Crucis, in quo salus mundi pependit.	Skåden korsets träd, som världens frälsning burit.
R. Venite adoremus.	R. Kommen, låtom oss tillbedja.

För varje gång kören sjunger Venite, adoremus, falla alla på knä. Nu lägger prästen ned korset framför altaret och bringar detsamma sin hyllning, avtagande sina skor till tecken på allra största ödmjukhet, knäfallande tre gånger och kyssande den korsfästes fötter. Efter prästen följa alla de övriga. Under det att korsets hyllning fortgår, sjunger kören följande, från Österlandet stammande, improperia.

Dessa s. k. improperier äro tagna från profeten Esaias. Ordet improperia betyder förebråelse. I en bevekande klagan förebrår Messias sitt folk dess otacksamhet, i det han påminner dem om alla de välgärningar, varmed han överhopat dem, och visar på de otacksamma gärningar, varmed de vedergällt honom. På dessa förebråelser svarar kören både på grekiska och latin — ett bevis på dessa texters höga ålder. Alla hymner, som ledsaga det heliga korsets hyllning, äro av en ädel och gripande skönhet.

Improperia.

V. Popule meus, quid feci tibi? aut in quo contristavi te? responde mihi. V. Quia eduxi te de terra Ægypti: parasti Crucem Salvatori tuo.
R. Agios o Theos: Sanctus Deus! Agios Ischyros: Sanctus Fortis! Agios Athanatos, eleison imas: Sanctus Immortalis, miserere nobis!

V. Mitt folk, vad har jag gjort mot dig? Eller varmed har jag ens bedrövat dig? Svara mig! V. Jag har fört dig ut ur Egyptens land; men du har timrat ett kors åt mig, din Frälsare!
R. Helige Gud! Helige starke Gud! Helige odödlige Gud, förbarma dig över oss!

Långfredagen

V. Quia eduxi te per desertum quadraginta annis, et manna cibavi te, et introduxi te in terram satis bonam: parasti Crucem Salvatori tuo.)

R. Agios o Theos: Sanctus Deus! *Agios Ischyros*: Sanctus Fortis! *Agios Athanatos, eleison imas*: Sanctus Immortalis, miserere nobis!

V. Quid ultra debui facere tibi, et non feci? Ego quidem plantavi te vineam meam speciosissimam: et tu facta es mihi nimis amara: aceto namque sitim meam potasti: et lancea perforasti latus Salvatori tuo.

R. Agios o Theos: Sanctus Deus! *Agios Ischyros*: Sanctus Fortis! *Agios Athanatos, eleison imas*: Sanctus Immortalis, miserere nobis!

V. Ego propter te flagellavi Ægyptum cum primogenitis suis: et tu me flagellatum tradidisti.

R. Popule meus, quid feci tibi? aut in quo contristavi te? responde mihi!

V. Ego eduxi te de Aegypto, demerso Pharaone in Mare Rubrum:

V. Jag förde dig genom öknen i fyrtio år, närde dig med manna och förde dig in i ett härligt och fruktbart land; men du har timrat ett kors åt mig, din Frälsare!

R. Helige Gud! Helige starke Gud! Helige odödlige Gud, förbarma dig över oss!

V. Vad skulle jag ytterligare hava gjort för dig, som jag icke har gjort? Jag planterade dig såsom min skönaste vingård, och du har givit mig sura druvor; ty du släckte min törst med ättika och genomborrade med spjut din Frälsares sida.

R. Helige Gud! Helige starke Gud! Helige odödlige Gud, förbarma dig över oss!

V. Jag slog för din skull Egypten med dess förstfödde; men du slog mig med gissel och prisgav mig åt döden.

R. Mitt folk, vad har jag gjort mot dig? Eller varmed har jag bedrövat dig? Svara mig!

V. Jag förde dig ut ur Egypten och störtade Farao i Röda ha-

Långfredagen

et tu me tradidisti principibus sacerdotum.

R. Popule meus, quid feci tibi? aut in quo contristavi te? responde mihi!

V. Ego ante te aperui mare: et tu aperuisti lancea latus meum.

R. Popule meus, quid feci tibi? aut in quo contristavi te? responde mihi!

V. Ego ante te praeivi in columna nubis: et tu me duxisti ad praetorium Pilati.

R. Popule meus, quid feci tibi? aut in quo contristavi te? responde mihi!

V. Ego te pavi manna per desertum: et tu me cecidisti alapis et flagellis.

R. Popule meus, quid feci tibi? aut in quo contristavi te? responde mihi!

V. Ego te potavi aqua salutis de petra: et tu me potasti felle, et aceto.

R. Popule meus, quid feci tibi? aut in quo contristavi te? responde mihi!

V. Ego propter te Chananaeorum reges

vet; men du överlämnade mig i överstesprästernas händer.

R. Mitt folk, vad har jag gjort mot dig? Eller varmed har jag bedrövat dig? Svara mig!

V. Jag öppnade dig en väg genom havet; men du öppnade med ett spjut mitt hjärta.

R. Mitt folk, vad har jag gjort mot dig? Eller varmed har jag bedrövat dig? Svara mig!

V. Jag gick framför dig i molnstodens hölje; men du förde mig till Pilati domstol.

R. Mitt folk, vad har jag gjort mot dig? Eller varmed har jag bedrövat dig? Svara mig!

V. Jag mättade dig med manna i öknen; men du lönade mig med knytnävslag och gissel.

R. Mitt folk, vad har jag gjort mot dig? Eller varmed har jag bedrövat dig? Svara mig!

V. Jag gav dig att dricka det frälsande vattnet ur klippan; men du bjöd mig i stället ättika och galla.

R. Mitt folk, vad har jag gjort mot dig? Eller varmed har jag bedrövat dig? Svara mig!

V. Jag slog för din skull kananeernas ko-

Långfredagen

percussi: et tu percussisti arundine caput meum.
R. Popule meus, quid feci tibi? aut in quo contristavi te? responde mihi!

V. Ego dedi tibi sceptrum regale, et tu dedisti capiti meo spineam coronam.
R. Popule meus, quid feci tibi? aut in quo contristavi te? responde mihi!

V. Ego te exaltavi magna virtute: et tu me suspendisti in patibulo Crucis.
R. Popule meus, quid feci tibi? aut in quo contristavi te? responde mihi!

nungar; men du slog mitt huvud med ett rö.
R. Mitt folk, vad har jag gjort mot dig? Eller varmed har jag bedrövat dig? Svara mig!

V. Jag gav åt dig en konungslig spira; men du satte på mitt huvud en krona av törnen.
R. Mitt folk, vad har jag gjort mot dig? Eller varmed har jag bedrövat dig? Svara mig!

V. Jag upphöjde dig till makt och ära; men du upphöjde mig på korsets trä.
R. Mitt folk, vad har jag gjort mot dig? Eller varmed har jag bedrövat dig? Svara mig!

Antifona.

V. Crucem tuam adoramus, Domine: et sanctam resurrectionem tuam laudamus, et glorificamus· ecce enim propter lignum venit gaudium in universo mundo. *V.* Deus misereatur nostri, et benedicat nobis: R. Illuminet vultum suum super nos, et misereatur nostri. *V.* Crucem tuam adoramus, Domine: et sanctam resurrectionem tu-

V. Vi dyrka ditt kors, o Herre, och prisa och lova din heliga uppståndelse; ty se, från korsets stam har glädje utgått över hela världen. *V.* Gud misskunde sig över oss och välsigne oss; *R.* Han låte sitt ansikte lysa över oss och vare oss nådig. *V.* Vi dyrka ditt kors, o Herre, och prisa och lova din heliga uppståndelse; ty se,

Långfredagen

am laudamus, et glorificamus: ecce enim propter lignum venit gaudium in universo mundo.

från korsets stam har glädje utgått över hela världen.

Hymnus »Crux fidelis».*

R. Crux fidelis, inter omnes
Arbor una nobilis:
Nulla silva talem profert,
Fronde, flore, germine.
Dulce lignum, dulces clavos,
Dulce pondus sustinet.

R. Helga Kors, som aldrig sviker, ädlaste av alla träd,
Ingen skog bär sådant lövverk, sådan blomstring, sådan frukt.
Helga träd, du helga spikar bär och helga lemmars last.

V. Pange lingua gloriosi
Lauream certaminis,
Et super Crucis trophaeo
Dic triumphum nobilem:
Qualiter Redemptor orbis
Immolatus vicerit.

V. Upp, min tunga, prisa lagern, vunnen ärofull i strid,
Och för korsets segertecken högstämt sjung triumfens sång,
Huru Kristus världen frälste, då han offrade sig själv.

R. Crux fidelis, inter omnes
Arbor una nobilis:
Nulla silva talem profert,
Fronde, flore, germine.

R. Helga Kors, som aldrig sviker, ädlaste av alla träd,
Ingen skog bär sådant lövverk, sådan blomstring, sådan frukt.

V. De parentis protoplasti
Fraude Factor condolens,
Quando pomi noxialis
In necem morsu ruit:
Ipse lignum tunc notavit,
Damna ligni ut solveret.

V. Över första mänskans fall sig hult förbarmar Herren Gud,
Då hon brottsligt frukten åt och själv sig gav i dödens våld.
Trädet valde Gud till tecken, att han löste trädets skuld.

R. Dulce lignum, dulces
clavos,
Dulce pondus sustinet.

R. Helga träd, du helga spikar bär och helga lemmars last.

V. Hoc opus nostrae salutis
Ordo depoposcerat:
Multiformis proditoris
Ars ut artem falleret:
Et medelam ferret inde,
Hostis unde laeserat.

V. En gudomlig ordning krävde till vår frälsning detta verk.
Ormens svek och ränker fordra, att förståndet självt bedrogs,
Och att läkedom bereddes, där vår ovän givit sår.

---

* Hymnen är författad av Venantius Fortunatus. † ca 605.

Långfredagen

R. Crux fidelis, inter omnes
Arbor una nobilis:
Nulla silva talem profert,
Fronde, flore, germine.

V. Quando venit ergo sacri
Plenitudo temporis,
Missus est ab arce Patris
Natus, orbis Conditor:
Atque ventre virginali
Carne amictus prodiit.

R. Dulce lignum, dulces
clavos,
Dulce pondus sustinet.

V. Vagit infans inter arcta
Conditus praesepia:
Membra pannis involuta
Virgo mater alligat:
Et Dei manus, pedesque
Stricta cingit fascia.

R. Crux fidelis, inter omnes
Arbor una nobilis:
Nulla silva talem profert,
Fronde, flore, germine.

V. Lustra sex qui jam
peregit,
Tempus implens corporis,
Sponte libera Redemptor
Passioni deditus,
Agnus in Crucis levatur
Immolandus stipite.

R. Dulce lignum, dulces
clavos,
Dulce pondus sustinet.

V. Felle potus ecce languet:
Spina, clavi, lancea
Mite corpus perforarunt,
Unda manat, et cruor:
Terra, pontus, astra, mundus,
Quo lavantur flumine!

R. Helga Kors, som aldrig
sviker, ädlaste av alla träd,
Ingen skog bär sådant lövverk, sådan blomstring, sådan frukt.

V. När den helga tids fullbordan enligt evigt rådslut kom,
Sonen sänds från Faderns säte, han, som skapat jordens rund,
Och i Jungfruns rena sköte klädes uti köttets dräkt.

R. Helga träd, du helga spikar bär och helga lemmars last.

V. Som ett barn han stilla gråter, lagd på trånga krubbans strå.
Jungfrumodern troget höljer späda lemmars nakenhet.
Och Guds hand och fot omslutes hårt av lindans täta varv.

R. Helga Kors, som aldrig sviker, ädlaste av alla träd,
Ingen skog bär sådant lövverk, sådan blomstring, sådan frukt.

V. Sedan trettio år förrunnit, och hans jordeliv är fyllt,
Världens Frälsare frivilligt går till lidande och död.
Lammet, som för oss skall offras, höjes upp på korsets stam.

R. Helga träd, du helga spikar bär och helga lemmars last.

V. Galla räckes, då han törstar. Törnen, spikar, lansens udd
Genomstinga hans lekamen.
Blod och vatten flöda fram
Jorden, havet, hela världen tvages ren i denna flod.

Långfredagen

R. Crux fidelis, inter omnes
Arbor una nobilis:
Nulla silva talem profert,
Fronde, flore, germine.

V. Flecte ramos arbor alta,
Tensa laxa viscera,
Et rigor lentescat ille,
Quem dedit nativitas:
Et superni membra Regis
Tende miti stipite.

R. Dulce lignum, dulces
 clavos,
Dulce pondus sustinet.

V. Sola digna tu fuisti,
Ferre mundi victimam:
Atque portum praeparare
Arca mundo naufrago:
Quam sacer cruor perunxit,
Fusus Agni corpore.

R. Crux fidelis, inter omnes
Arbor una nobilis:
Nulla silva talem profert,
Fronde, flore, germine.

V. Sempiterna sit beatae
Trinitati gloria:
Aequa Patri, Filioque;
Par decus Paraclito:
Unius, Trinique nomen
Laudet universitas. Amen.

R. Dulce lignum, dulces
 clavos,
Dulce pondus sustinet.

R. Helga Kors, som aldrig
sviker, ädlaste av alla träd,
Ingen skog bär sådant lövverk, sådan blomstring, sådan frukt.

V. Ädla träd, böj dina grenar, dina spända fibrer lös.
Mjuka upp den styva hårdhet, som dig av naturen gavs.
Låt din Herre Konungs lemmar vila på en veknad stam.

R. Helga träd, du helga spikar bär och helga lemmars last.

V. Du blev aktat värdigt bära offret för all världens skuld,
Att som frälsningsarken föra en skeppsbruten värld i hamn.
Dig har helga blodet invigt, som från Offerlammet flöt.

R. Helga Kors, som aldrig sviker, ädlaste av alla träd,
Ingen skog bär sådant lövverk, sådan blomstring, sådan frukt.

V. Evigt ske dig pris och ära, Heliga Trefaldighet,
Fader, Son och Helig Ande i odelad enighet!
Den Trefaldige och Ende prise alltets härlighet. Amen.

R. Helga träd, du helga spikar bär och helga lemmars last.

IV. PRAESANCTIFICATMÄSSAN.

Efter korsets hyllning hämtas den på Skärtorsdagen konsekrerade Hostian från sitt särskilda tabernakel i högtidlig procession, under vilken följande korshymn* sjunges.

Hymnus »Vexilla Regis».

Vexilla Regis prodeunt;
Fulget Crucis mysterium,

Fram tågar Konungens banér,
fram strålar korsets hemlighet:

---

* Även denna är författad av Venantius Fortunatus.

Långfredagen

Qua vita mortem pertulit
Et morte vitam protulit.

Quae vulnerata lanceae
Mucrone diro, criminum
Ut nos lavaret sordibus,
Manavit unda et sanguine.

Impleta sunt quae concinit
David fideli carmine,
Dicendo nationibus:
Regnavit a ligno Deus.

Arbor decora et fulgida,
Ornata Regis purpura,
Electa digno stipite
Tam sancta membra tangere.

Beata cujus brachiis
Pretium pependit saeculi,
Statera facta corporis,
Tulitque praedam tartari.

O crux, ave, spes unica,
Hoc passionis tempore
Piis adauge gratiam,
Reisque dele crimina.

Te, fons salutis, Trinitas,
Collaudet omnis spiritus:
Quibus Crucis victoriam
Largiris, adde praemium.
Amen.

det kors, där Livet döden
  fann,
och Livet döden övervann.

Din sida genomstungen blev
  av lansens grymma hårda
  stöt;
att oss från syndens fläckar
  två,
ditt hjärta blod och vatten
  göt.
Fullbordat är, vad David sagt
med sina helga sångers ljud,
förkunnande för mänskors
  släkt:
Från korsets trä regerar Gud.

Du allraskönsta träd, som
  fanns,
beprytt med kunglig purpurs
  glans,
du utvalt blev; i dödens nöd
du var Hans helga lemmars
  stöd.

Hell dig! i dina armar låg
vår högsta skatt. Du, likt en
  våg,
vägt smärtans lösepenning av
och bytet tog från död och
  grav.

O kors, vårt enda hopp, hell
  dig
i Kristi marters minnestid,
föröka nådens liv i oss,
du bot för all vår synd och
  skuld,

Treenighet, vår frälsnings
  brunn,
må varje själ, du seger ger,
högt lova dig i samfälld bön;
till korsets seger lägg dess
  lön. Amen.

En duk har blivit utbredd över altaret och ljusen hava tänts. Nu börjar "de förut invigda offergåvornas mässa". Först incenseras offergåvorna och altaret under de sedvanliga stilla bönerna. Därefter följer handtvagningen och
Orate, fratres! etc.; sedan

Pater Noster.

Oremus. Praeceptis salutaribus moniti, et divina institutione formati, audemus dicere:

Pater noster, qui es in caelis: sanctificetur nomen tuum: adveniat regnum tuum: fiat voluntas tua, sicut in caelo, et in terra. Panem nostrum quotidianum da nobis hodie: et dimitte nobis debita nostra, sicut et nos dimittimus debitoribus nostris. Et ne nos inducas in tentationem.

R. Sed libera nos a malo.

V. Amen.

Libera nos, quaesumus, Domine, ab omnibus malis, praeteritis, praesentibus et futuris: et intercedente beata et gloriosa semper Virgine Dei Genitrice Maria, cum beatis Apostolis tuis Petro et Paulo, atque Andrea et omnibus Sanctis, da propitius pacem in diebus nostris: ut ope misericordiae tuae adjuti, et a pec-

Låtom oss bedja. Uppmuntrade genom hälsosamma föreskrifter och vägledda genom gudomlig undervisning våga vi säga:

Fader vår, som är i himmelen, helgat varde ditt namn; tillkomme oss ditt rike; ske din vilja, såsom i himmelen så ock på jorden. Vårt dagliga bröd giv oss i dag; och förlåt oss våra skulder, såsom ock vi förlåta dem oss skyldiga äro; och inled oss icke i frestelse;

R. Utan fräls oss ifrån ondo.

V. Amen.

Fräls oss, o Herre, vi bedja dig, från allt förflutet, närvarande och tillkommande ont, och genom förbönen av den saliga och ärorika, alltid rena Jungfrun, Guds moder Maria, samt av dina saliga apostlar Petrus och Paulus och Andreas och alla helgon skänk oss nådigt frid i våra dagar, på det att vi, understödda

cato simus semper liberi et ab omni perturbatione securi. Per eundem Dominum nostrum Jesum Christum, Filium tuum. Qui tecum vivit et regnat in unitate Spiritus Sancti Deus per omnia saecula saeculorum.

R. Amen.

av din barmhärtighets hjälp, alltid må vara fria från synd och tryggade mot alla trångmål. Genom samme vår Herre Jesus Kristus, din Son, vilken med dig lever och regerar i den Helige Andes enhet, Gud från evighet till evighet.

R. Amen.

Prästen böjer knä inför Sakramentet och höjer detsamma för att tillbedjas av församlingen. Hostian brytes, men fridshälsningen bortfaller. Efter de tysta förberedelsebönerna mottager prästen det heliga Sakramentet.

Någon kommunionbön sjunges icke, ej heller gives någon välsignelse eller läses något slutevangelium; efter att hava böjt sig djupt för altaret, går prästen i tysthet därifrån. Altaret avklädes på nytt.

Påskafton.

Påskaftonens gudstjänst är icke en sista förberedelse till påskdagens högtid, den är redan ett firande av Kristi uppståndelse. Påskaftonen är, liturgiskt sett, icke påskdagens vigil, utan helt enkelt påskhögtiden. Denna gudstjänst hölls ursprungligen under själva påsknatten och var således en påsk-otta, som avslutades vid soluppgången på påskmorgonen. Endast under denna historiska förutsättning kan man förstå denna gudstjänsts djupa symbolik med dess upprepade hänsyftningar på nattens mörker och den frambrytande dagens ljus.

På Långfredagen hade alla kyrkljus, t. o. m. evighetslampan, släckts. Under påsknatten viges därför den nya elden, tänd genom en gnista, som har slagits ur flintan. (Denna gnista, slagen ur flintan, är även en symbol av den Uppståndne, som till nytt liv framgick ur den förseglade klippgraven.) Av den nyvigda lågan tändas påskljuset, altarljusen och evighetslampan, vilkens låga omsorgsfullt skall, utan att någonsin släckas, un-

Påskafton

derhållas till nästa Långfredag. Av evighetslampans låga skola åter, under hela året, altarljusen tändas till gudstjänsterna, liksom Kristi, den Uppståndnes evighetsliv ständigt ånyo tänder nådens liv i allas våra själar. Därför den jublande hymnen om påskljuset; den går, både till den språkliga och musikaliska formen, tillbaka till de triumfsånger, under vilka stormaktstidens Rom förde segerrika fältherrar upp till stadens borg. Den nya eldens och påskljusets invigning är gudstjänstens första del.

Sedan vidtaga de "12 profetiorna", läsningar ur gamla testamentet. Dessa äro en sista undervisning omedelbart före dopet, ty under påsknatten döptes de nykristna, som under den gångna fastetiden därtill blivit förberedda. De mellan läsningarna inskjutna bönerna syfta därför alla till pånyttfödelsens nåd.

Gudstjänstens tredje del blir helt naturligt dopfuntens välsignelse. Även denna dopvattnets invigning äger, i sin uråldriga form och sitt bibliska bildspråk, en djupsinnig symbolik och en enkel, gripande skönhet.

Under den därpå följande Allhelgonalitanian måste man tänka sig, att själva dophandlingen är förrättad. — Envar må inom sig själv, med djupaste allvar, begrunda dopets nåd och det ansvar han har, att inför Gud bevara och föröka densamma.

Efter denna långa förberedelse följer högmässan. I det heliga offret stiger Kristus ned till altaret och tager åter sin boning bland sina trogna. De nydöpta förena sig för första gången med menigheten vid Herrens bord. Påskdagens sol har gått upp, Magnificat, Guds Moders lovsång till Gud-Frälsaren, den trofaste och starke, uppstämmes. Åter och åter klingar Allelujas jublande toner genom kyrkan. Påsken är inne, kyrkoårets äldsta och allra största högtidsdag.

I. ELDENS OCH LJUSETS INVIGNING.

Prästen begiver sig med ministranterna utanför kyrkdörren, och elden frambringas där på uråldrigt sätt med stål och flinta. I stenen ser man en sinnebild av graven, varur Kristus, Världens Ljus, uppstod.

V. Dominus vobiscum.
R. Et cum spiritu tuo.
Oremus. Deus, qui per Filium tuum, angularem scilicet lapidem, claritatis tuæ ignem fidelibus contulisti: productum e silice, nostris profuturum usibus, novum hunc ignem sancti † fica: et concede nobis, ita per hæc festa paschalia cælestibus desideriis inflammari; ut ad perpetuæ claritatis, puris mentibus, valeamus festa pertingere. Per eumdem Christum, Dominum nostrum.
R. Amen.

Oremus. Domine Deus, Pater omnipotens, lumen indeficiens, qui es conditor omnium luminum: bene † dic hoc lumen, quod a te sanctificatum atque benedictum est, qui illuminasti omnem mundum: ut ab eo lumine accendamur, atque illu-

V. Herren vare med eder.
R. Och med din ande.
Låtom oss bedja. O Gud, du som genom din Son, den fasta hörnstenen, har givit dina trogna din klarhets ljus, vi bedja dig, att du måtte helga denna nya eld, som till vårt bruk frambragts ur flintan; och förläna oss, att vi genom denna påskhögtid måtte så upptändas av himmelsk längtan, att vi med rena själar kunna uppnå det eviga ljusets högtid. Genom samme Kristus, vår Herre.
R. Amen.

Låtom oss bedja. Herre Gud, allsmäktige Fader, du oförgängliga Ljus, som är allt det skapade ljusets upphov, välsigna denna dig helgade och vigda låga, du som har upplyst hela världen, på det att vi må upptändas av trons låga och upply-

minemur igne claritatis tuæ: et sicut illuminasti Moysen exeuntem de Ægypto, ita illumines corda, et sensus nostros; ut ad vitam et lucem æternam pervenire mereamur. Per Christum, Dominum nostrum.
R. Amen.
Oremus. Domine sancte, Pater omnipotens, æterne Deus: benedicentibus nobis hunc ignem in nomine tuo, et unigeniti Filii tui, Dei ac Domini nostri Jesu Christi, et Spiritus Sancti, cooperari digneris; et adjuva nos contra ignita tela inimici, et illustra gratia cælesti: Qui vivis et regnas cum eodem Unigenito tuo, et Spiritu Sancto, Deus: per omnia sæcula sæculorum.
R. Amen.

sas av din klarhets ljus. Och liksom du upplyste Moses vid uttåget ur Egypten, må du så upplysa våra hjärtan och sinnen, att vi bliva värdiga att uppnå det eviga livet och ljuset. Genom Kristus, vår Herre.
R. Amen.
Låtom oss bedja. Helige Herre, allsmäktige Fader, evige Gud, värdigas samverka med oss, då vi lysa välsignelsen över denna eld i ditt och din enfödde Sons, vår Guds och Herres Jesu Kristi, och den Helige Andes namn. Var vår hjälp mot fiendens glödande pilar och upplys oss med din himmelska nåd, du som lever och regerar med samme din enfödde Son och den Helige Ande, Gud från evighet till evighet.
R. Amen.

Därefter välsignas de fem rökelsekorn, som skola intryckas i påskljuset.

Veniat, quæsumus, omnipotens Deus, super hoc incensum larga tuæ bene † dictionis infusio: et hunc nocturnum splendorem invisibilis

Vi bedja dig, allsmäktige Gud, låt din välsignelse rikligt utgjutas över denna rökelse, och tänd, du osynlige Nyskapare, en

Påskafton

regenerator accende; ut non solum sacrificium, quod hac nocte litatum est, arcana luminis tua admixtione refulgeat; sed in quocumque loco ex hujus sanctificationis mysterio aliquid fuerit deportatum, expulsa diabolicæ fraudis nequitia, virtus tuæ majestatis assistat. Per Christum, Dominum nostrum.
R. Amen.

stråle i natten, att icke blott det offer, som denna natt frambäres, må stråla genom din klarhets hemlighetsfulla utgjutelse, utan att överallt, dit något av dessa invigda och hemlighetsfulla ting föres, all djävulens svekfulla ondska må fördrivas och din härlighets kraft bistå oss. Genom Kristus, vår Herre.
R. Amen.

Prästen viger elden och de fem rökelsekornen med vigvatten och rökelse. Därpå begiver han sig med ministranterna in i kyrkan, där alla ljus äro släck'a, även den eviga lampan. Närmast före prästen går diakonen, vitklädd, och bär ett trearmat ljus, som betecknar den heliga Treenigheten.

När alla inkommit i kyrkan, tändes ljusets ena arm med den nya elden. Diakonen lyfter ljuset och knäböjer; även alla de övriga knäböja. Diakonen sjunger:

V. Lumen Christi! | *V.* Kristi ljus!
R. Deo gratias! | *R.* Gud vare tack!

Mitt i kyrkan tändes på samma sätt ljusets andra arm och framför högaltaret den tredje. Därvid upprepas: *Kristi ljus* etc. i en för varje gång högre ton.

Sedan diakonen, liksom i en levitmässa, mottagit prästens välsignelse, sjunger han *Påskens lovsång* eller *Exsultet,* vilken av traditionen tillskrives den hel. Augustinus.

Praeconium paschale.

Exsultet jam angelica turba cælorum: exsultent divina mysteria: et pro tanti Regis victoria tuba insonet salutaris. Gaudeat et tellus tantis irradiata fulgoribus: et æterni

Nu juble himlarnas änglaskara, nu juble de gudomliga hemligheterna och frälsningens basunljud förkunne den store Konungens seger. Må även jorden fröjdas, bestrålad av så-

Regis splendore illustrata, totius orbis se sentiat amisisse caliginem. Lætetur et mater Ecclesia, tanti luminis adornata fulgoribus: et magnis populorum vocibus hæc aula resultet. Quapropter astantes vos, fratres carissimi, ad tam miram hujus sancti luminis claritatem, una mecum, quæso, Dei omnipotentis misericordiam invocate. Ut, qui me non meis meritis intra Levitarum numerum dignatus est aggregare: luminis sui claritatem infundens, Cerei hujus laudem implere perficiat. Per Dominum nostrum Jesum Christum, Filium suum: qui cum eo vivit et regnat in unitate Spiritus Sancti Deus.
Per omnia sæcula sæculorum.
R. Amen.

V. Dominus vobiscum.

dana ljungeldar och, belyst av den evige Konungens glans, förnimma, att mörkret, som vilade över hela världen, är förgånget. Fröjdas må även vår moder Kyrkan, som smyckats med en sådan ljusglans; och må detta tempel genljuda av folkskarans samfällda röst. Därför beder jag eder, högtälskade bröder, som ären församlade här omkring detta heliga ljus' underbara glans, åkallen tillsammans med mig den allsmäktige Guds barmhärtighet; på det att han, som utan min förtjänst har värdigats upptaga mig bland leviternas antal, må utgjuta över mig sitt ljus' klarhet och låta mig fullända lovsången över detta Påskljus. Genom vår Herre, Jesus Kristus, hans Son, som med honom lever och regerar i den Helige Andes enhet, Gud från evighet till evighet.
R. Amen.

V. Herren vare med eder.

Påskafton

R. Et cum spiritu tuo.
V. Sursum corda.
R. Habemus ad Dominum.
V. Gratias agamus Domino, Deo nostro.
R. Dignum et justum est.

Vere dignum et justum est, invisibilem Deum Patrem omnipotentem Filiumque ejus unigenitum, Dominum nostrum Jesum Christum, toto cordis ac mentis affectu et vocis ministerio personare. Qui pro nobis æterno Patri Adæ debitum solvit: et veteris piaculi cautionem pio cruore detersit. Hæc sunt enim festa paschalia, in quibus verus ille Agnus occiditur, cujus sanguine postes fidelium consecrantur. Hæc nox est, in qua primum patres nostros, filios Israel eductos de Ægypto, Mare Rubrum sicco vestigio transire fecisti. Hæc igitur nox est,

R. Och med din ande.
V. Upplyften edra hjärtan.
R. Vi hava upplyft dem till Herren.
V. Låtom oss tacka Herren, vår Gud.
R. Det är tillbörligt och rätt.

Det är i sanning tillbörligt och rätt att av hela vårt hjärta och all vår själ och med hög och ljudlig röst prisa den osynlige Gud Fadern allsmäktig och hans enfödde Son, vår Herre Jesus Kristus, som har betalat Adams skuld till den evige Fadern och med sitt oskyldiga blod utplånat den gamla syndens skuldebrev. Ty detta är den påskens högtid, då det sanna lammet slaktas, med vars blod de troendes dörrposter helgas. Detta är den natt, i vilken du fordom förde våra fäder, Israels barn, ur Egypten och lät dem torrskodda vandra genom Röda havet. Ja, detta är den natt, i vilken eldstodens glans skingrade syndernas mörker. Detta är den

9

quæ peccatorum tenebras columnæ illuminatione purgavit. Hæc nox est, quæ hodie per universum mundum in Christo credentes, a vitiis sæculi et caligine peccatorum segregatos, reddit gratiæ, sociat sanctitati. Hæc nox est, in qua, destructis vinculis mortis, Christus ab inferis victor ascendit. Nihil enim nobis nasci profuit, nisi redimi profuisset. O mira circa nos tuæ pietatis dignatio! O inæstimabilis dilectio caritatis: ut servum redimeres, Filium tradidisti! O certe necessarium Adæ peccatum, quod Christi morte deletum est! O felix culpa, quæ talem ac tantum meruit habere Redemptorem! O vere beata nox, quæ sola meruit scire tempus et horam, in qua Christus ab inferis resurrexit! Hæc nox est, de qua scriptum est: Et nox sicut natt, som nu över hela jorden skiljer dem, som tro på Kristus, från denna världens laster och syndernas mörker, återgiver dem nåden och förenar dem med de heligas samfund. Detta är den natt, då Kristus bröt dödens fjättrar och som segrare uppstod ur dödsriket. Till intet gagn hade det varit oss att födas, om icke återlösningen kommit oss till del. Huru underbart har du icke visat din barmhärtighet mot oss! Huru omätlig är icke din kärleks godhet: för att återlösa tjänaren offrade du Sonen! Sannerligen, nödvändig var Adams synd, som genom Kristi död har utplånats! O, lycksaliga skuld, som förtjänade få en sådan, en så stor Återlösare! O, du i sanning lycksaliga natt, som allena har fått veta tiden och stunden, då Kristus uppstod från de döda! Detta är den natt, om vilken står skrivet: "Och natten skall bliva ljus som da-

dies illuminabitur: Et nox illuminatio mea in deliciis meis. Hujus igitur sanctificatio noctis fugat scelera, culpas lavat: et reddit innocentiam lapsis et mæstis lætitiam. Fugat odia, concordiam parat et curvat imperia.

gen, och natten är ljuset i min glädje." Denna natts helighet fördriver brotten och rentvår från synderna, den återgiver oskulden åt de fallna och glädjen åt de bedrövade. Den fördriver hatet, bereder endräkten och böjer världens makter.

Diakonen intrycker nu de fem invigda rökelsekornen i påskljuset, så att de bilda ett kors. De skola påminna oss om Kristi fem sår, vilka han behöll efter sin uppståndelse.

In hujus igitur noctis gratia, suscipe, sancte Pater, incensi hujus sacrificium vespertinum: quod tibi in hac Cerei oblatione sollemni, per ministrorum manus de operibus apum, sacrosancta reddit Ecclesia. Sed jam columnæ hujus præconia novimus, quam in honorem Dei rutilans ignis accendit.

Mottag i denna nådens natt, helige Fader, denna rökelses aftonoffer, som den heliga Kyrkan bringar dig, i det att hon genom sina tjänares händer högtidligt överlämnar detta vaxljus, som bien hava frambragt. Men redan hava vi hört lovsången över den ljusstod, som upptändes till Guds ära av den glimmande elden,

Diakonen tänder nu påskljuset med den ena grenen av det trearmade ljuset.

Qui licet sit divisus in partes, mutuati tamen luminis detrimenta non novit. Alitur enim liquantibus ceris, quas in substantiam pretio-

vilken eld, även om den delas, likväl icke genom att meddela sig lider någon förminskning av sitt ljus. Ty den näres av det smältvax, som biets fruktbärande id har sam-

sæ hujus lampadis apis mater eduxit.

manbragt som ämne till detta kosteliga ljus.

<small>Nu tändas övriga ljus och lampor i kyrkan.</small>

O vere beata nox, quæ exspoliavit Ægyptios, ditavit Hebræos! Nox, in qua terrenis cælestia, humanis divina junguntur. Oramus ergo te, Domine: ut Cereus iste in honorem tui nominis consecratus, ad noctis hujus caliginem destruendam, indeficiens perseveret. Et in odorem suavitatis acceptus, supernis luminaribus misceatur. Flammas ejus lucifer matutinus inveniat. Ille, inquam, lucifer, qui nescit occasum. Ille, qui regressus ab inferis, humano generi serenus illuxit. Precamur ergo te, Domine: ut nos famulos tuos, omnemque clerum, et devotissimum populum: una cum beatissimo Papa nostro N. et Antistite nostro N. quiete temporum concessa, in his paschalibus gaudiis,

O, du i sanning saliga natt, som förödde egypterna men gjorde ebrerna rika; den natt, i vilken det himmelska förenas med det jordiska, det gudomliga med det mänskliga! Vi bedja dig då, Herre, att detta vaxljus, som invigts till ditt namns ära, måtte fortfara att oförsvagat brinna, för att förjaga denna natts mörker. Må det av dig mottagas som en ljuv doft och blanda sina strålar med de himmelska ljusen. Låt Morgonstjärnan finna dess låga, den Morgonstjärna, som icke vet av någon nedgång; som återvänd från dödsriket med sitt sken upplyst människosläktet. Därför bedja vi dig, Herre, att du måtte förläna oss, dina tjänare, och hela prästerskapet och ditt troende folk samt vår helige Fader N. och vår Biskop N. fredliga tider, och att du måtte i

assidua protectione regere, gubernare et conservare digneris. Per eumdem Dominum nostrum Jesum Christum, Filium tuum: Qui tecum vivit et regnat in unitate Spiritus Sancti Deus: per omnia sæcula sæculorum.
R. Amen.

denna Påskens glädje leda, styra och bevara oss med ditt ständiga beskärm. Genom samme vår Herre, Jesus Kristus, din Son, som med dig lever och regerar i den Helige Andes enhet, Gud från evighet till evighet.
R. Amen.

II. PROFETIORNA.

Då i de första kristna tiderna denna gudstjänst varade hela natten och slutade på själva Påskdagen med katekumenernas dop, lästes före dopvattnets invigning flera stycken ur den Heliga Skrift, ännu brukliga under namn av *Profetior*, 12 till antalet, vilka framställa Gamla Testamentets förebilder till det heliga dopet.

1. (1 Mos. 1, 2.) Skapelsen förebildar nyskapelsen genom Kristus och den nya födelsen i dopets sakrament: Guds Ande svävar över vattnet och mörkret vändes i ljus.

2. (1 Mos. 5-8.) Syndafloden påminner oss om Guds rättvisa, och den räddande arken är en förebild till Kyrkan, som frälsar de utvalda.

3. (1 Mos. 22.) Isaks offring är en förebild till Kristi korsoffer, och Abrahams lydnad tillämpas på katekumenerna, vilka genom dopet bli Abrahams andliga barn.

4. (2 Mos. 14, 15.) Övergången av Röda havet förebildar dopet. Kristus för sina troende ut från syndens träldom genom dopets vatten, där de onda makterna gå under.

5. (Es. 54, 55.) Esaias kallar dem, som försmäkta, att dricka ur frälsningens källa.

6. (Bar. 3.) Baruch prisar Guds eviga visdom, som i dopet meddelas människorna till ljus, kraft och frid.

7. (Hez. 37.) Hezekiels syn om de dödas uppväckande förebildar syndarens uppståndelse från den andliga döden.

8. (Es. 4.) Sions från skam och ofruktsamhet befriade döttrar, om vilka Esaias talar, förebilda de troende, som skola bära frälsningens frukter.

9. (2 Mos. 12.) Påskalammet hänvisar på det sanna Lammet, vars blod förmår dödens ängel att gå förbi, och vars kött i Altarets heliga Sakrament styrker de troende på deras vandring mot det utlovade landet.

10. (Jona 3.) Jona förebildar Kristus, som förblev tre dagar i jordens sköte och genom sitt ord bringar världens barn till omvändelse.

11. (5 Mos. 31.) Mose avskedstal, där han varnar sitt folk för vankelmod.

12. (Dan. 3.) De tre ynglingarna i den brinnande ugnen förmana oss till tacksamhet för Herrens välgärningar och ståndaktighet i frestelser och bedrövelser.

III. DOPVATTNETS INVIGNING.

Om kyrkan har en dopfunt, skall dopvattnet nu invigas; i annat fall följer Litanian omedelbart. Prästerna begiva sig i procession med påskljuset till dopfunten, under det att kören sjunger följande:

Tractus.
(Ps. 41:2-4.)

Sicut cervus desiderat ad fontes aquarum: ita desiderat anima mea ad te, Deus. V. Sitivit anima mea ad Deum vivum: quando veniam, et apparebo ante faciem Dei? V. Fuerunt mihi lacrimæ meæ panes die ac nocte, dum dicitur mihi per singulos dies: Ubi est Deus tuus?

Liksom hjorten längtar efter vattenkällan, så längtar min själ efter dig, o Gud. Min själ törstar efter den levande Guden; när vågar jag komma, när vågar jag visa mig inför ditt ansikte? Dag och natt ha tårar varit mitt bröd, och varje dag frågar man mig: Var är din Gud?

Påskafton

Orationes.

V. Dominus vobiscum.
R. Et cum spiritu tuo.
Oremus. Omnipotens sempiterne Deus, respice propitius ad devotionem populi renascentis, qui, sicut cervus, aquarum tuarum expetit fontem: et concede propitius; ut fidei ipsius sitis, baptismatis mysterio, animam corpusque sanctificet. Per Dominum...
R. Amen.

V. Dominus vobiscum.
R. Et cum spiritu tuo.
Oremus. Omnipotens sempiterne Deus, adesto magnæ pietatis tuæ mysteriis, adesto sacramentis: et ad recreandos novos populos, quos tibi fons baptismatis parturit, spiritum adoptionis emitte; ut, quod nostræ humilitatis gerendum est ministerio, virtutis tuæ impleatur effectu. Per Dominum nostrum Jesum Christum, Filium tuum: Qui tecum vivit

V. Herren vare med eder.
R. Och med din ande.
Låtom oss bedja. Allsmäktige, evige Gud, se nådigt ned till ditt folks andakt, det folk, som skall återfödas och som likt hjorten, längtar efter dina vattenkällor, giv nådeligen, att denna trons törst genom dopets hemlighet må helga både kropp och själ. Genom vår Herre...
R. Amen.

V. Herren vare med eder.
R. Och med din ande.
Låtom oss bedja. Allsmäktige, evige Gud, var närvarande i denna din stora kärleks hemlighet, var även närvarande i detta ditt heliga sakrament, utgjut barnaskapets ande över dem, som genom dopets bad skola bliva dina barn, på det att vår ödmjuka gärning må utföra det, som skall fullbordas genom din kraft. Genom vår Herre Jesus Kristus din Son, vilken med dig

et regnat in unitate Spiritus Sancti Deus.
Per omnia sæcula sæculorum.
R. Amen.
V. Dominus vobiscum.
R. Et cum spiritu tuo.
V. Sursum corda.
R. Habemus ad Dominum.
V. Gratias agamus Domino, Deo nostro.
R. Dignum et justum est.
Vere dignum et justum est, æquum et salutare, nos tibi semper et ubique gratias agere, Domine sancte, Pater omnipotens, æterne Deus: Qui invisibili potentia sacramentorum tuorum mirabiliter operaris effectum: Et licet nos tantis mysteriis exsequendis simus indigni: Tu tamen gratiæ tuæ dona non deserens, etiam ad nostras preces aures tuæ pietatis inclinas. Deus, cujus Spiritus super aquas inter ipsa mundi primordia ferebatur: ut jam tunc virtutem

lever och regerar i den Helige Andes enhet, Gud från evighet till evighet.
R. Amen.
V. Herren vare med eder.
R. Och med din ande.
V. Upplyften edra hjärtan.
R. Vi hava upplyft dem till Herren.
V. Låtom oss tacka Herren, vår Gud.
R. Det är tillbörligt och rätt.
Det är i sanning tillbörligt och rätt, riktigt och gagneligt, att vi alltid och allestädes tacka dig, helige Fader, evige Gud, som genom din osynliga kraft på ett underbart sätt åstadkommer verkan av dina heliga sakrament. Om vi än äro ovärdiga till att fullborda så stora hemligheter, så sviker du oss dock icke med din nåds gåvor, utan vänder kärleksfullt dina öron till våra böner. O Gud, vars ande redan vid världens begynnelse svävade över vattnet, så att vattnets natur redan då mottog hel-

sanctificationis aquarum natura conciperet. Deus, qui, nocentis mundi crimina per aquas abluens, regenerationis speciem in ipsa diluvii effusione signasti: ut, unius ejusdemque elementi mysterio, et finis esset vitiis et origo virtutibus. Respice, Domine, in faciem Ecclesiæ tuæ, et multiplica in ea regenerationes tuas, qui gratiæ tuæ affluentis impetu lætificas civitatem tuam: fontemque baptismatis aperis toto orbe terrarum gentibus innovandis: ut, tuæ majestatis imperio, sumat Unigeniti tui gratiam de Spiritu Sancto.

gelsens kraft; Gud, du som utplånat den syndiga världens skuld genom vatten och i själva syndafloden givit oss en bild av återfödelsen, så att ett och samma elements hemlighet både blev lasternas undergång och dygdernas upprinnelse. Herre, se ned till din heliga Kyrka och mångfaldiga i den din återfödelse, du som vederkvicker din stad med din överströmmande nåds kraft och som öppnar dopets källa för att över hela världen återföda allt folk, på det att vattnet genom din mäktiga vilja måtte emottaga din Enföddes nåd av den Helige Ande.

Prästen delar vattnet genom ett korstecken.

Qui hanc aquam, regenerandis hominibus præparatam, arcana sui numinis admixtione fecundet: ut, sanctificatione concepta, ab immaculato divini fontis utero in novam renata creaturam, progenies cælestis emergat: Et quos aut sexus in corte,

Genom sin gudoms heliga bistånd göre Anden detta vatten fruktbärande, vilket är berett till människors återfödelse, på det att, när det fått del av helgelsen i den gudomliga källans obefläckade sköte, det må framkomma ett himmelskt släkte, återfött liksom en

pore aut ætas discernit in tempore, omnes in unam pariat gratia mater infantiam. Procul ergo hinc, jubente te, Domine, omnis spiritus immundus abscedat: procul tota nequitia diabolicæ fraudis absistat. Nihil hic loci habeat contrariæ virtutis admixtio: non insidiando circumvolet: non latendo subrepat: non inficiendo corrumpat.

ny varelse, och huru åtskilda de än kunna vara i ålder och kön, så föder nåden dem alla, utan åtskillnad, till en enda moders barn. Herre, på ditt bud må varje oren ande vika härifrån. Vik långt härifrån all djävulens svek och ondska! Här finns ingen plats för fientliga makters ingrepp; varken om de försåtligt irra omkring eller hemligt smyga sig fram, eller sprida smitta och förgifta detta vatten!

Prästen berör vattnet, liksom för att viga det genom sin handpåläggning.

Sit hæc sancta et innocens creatura libera ab omni impugnatoris incursu, et totius nequitiæ purgata discessu. Sit fons vivus, aqua regenerans, unda purificans: ut omnes hoc lavacro salutifero diluendi, operante in eis Spiritu Sancto perfectæ purgationis indulgentiam consequantur.

Må denna heliga och oskyldiga skapelse vara fri från fiendens alla angrepp och bevaras från all ondska. Må den vara en levande källa, ett återfödelsens vatten, en reningens bölja, på det att alla, som skola renas i detta frälsningens bad, genom den helige Andes i deras hjärtan verkande nåd, bliva delaktiga av syndernas förlåtelse och en fullständig renhet.

Prästen gör korstecknet tre gånger över vattnet.

Påskafton

Unde benedico te, creatura aquæ, per Deum † vivum, per Deum † verum, per Deum † sanctum: per Deum, qui te in principio verbo separavit ab arida: cujus Spiritus super te ferebatur.

Därför välsignar jag dig, du vattnets skapelse, genom den levande Guden, genom den sanne Guden, genom den helige Guden, genom Gud, som i begynnelsen med sitt ord skilde dig från det torra landet och vars ande svävade över dig,

Prästen tager något vatten och stänker det åt alla fyra väderstrecken till åminnelse av Jesu ord: Gån ut i hela världen, lären allt folk och döpen dem o. s. v.

Qui te de paradisi fonte manare fecit, et in quatuor fluminibus totam terram rigare præcepit. Qui te in deserto amaram, suavitate indita, fecit esse potabilem, et sitienti populo de petra produxit. Be † nedico te et per Jesum Christum, Filium ejus unicum, Dominum nostrum: qui te in Cana Galilææ signo admirabili sua potentia convertit in vinum. Qui pedibus super te ambulavit: et a Joanne in Jordane in te baptizatus est. Qui te una cum sanguine de latere suo produxit:

Han, som lät dig rinna ur paradisets källa och befallde dig, att i fyra floder vattna hela jorden; han, som i öknen förvandlade din bitterhet till sötma och gjorde dig drickbart och som befallde dig att välla fram ur en klippa till det törstande folket. Jag välsignar dig också genom Jesus Kristus, hans enfödde Son, vår Herre, som i Kana i Galileen, genom ett märkligt under, av sin allmakt, förvandlade dig till vin; han, som på sina fötter vandrade över dig, och i dig ville döpas av Johannes i Jordan; han, som tillsammans med blod, lät dig flyta ur sin sida

et discipulis suis jussit, ut credentes baptizarentur in te, dicens: Ite, docete omnes gentes, baptizantes eos in nomine Patris, et Filii, et Spiritus Sancti. Hæc nobis præcepta servantibus, tu, Deus omnipotens, clemens adesto: tu benignus aspira.

och befallde sina lärjungar att i dig döpa de troende, sägande: Gån ut, lären allt folk och döpen dem i Faderns, Sonens och den Helige Andes namn. Då vi nu gå att uppfylla denna din befallning, stå oss bi, du allsmäktige Gud, och utsänd nådigt din ande.

Prästen blåser tre gånger i korsform på vattnet.

Tu has simplices aquas tuo ore benedicito: ut præter naturalem emundationem, quam lavandis possunt adhibere corporibus, sint etiam purificandis mentibus efficaces.

Välsigna med din mun detta vatten, så att det icke blott förmår att giva naturlig renhet åt de kroppar, till vilkas tvagning det brukas, utan också giva kraft att därmed rena själarna.

Prästen nedsänker påskljuset i vattnet (en symbol för Kristus, som vid sitt dop nedsteg i Jordan och därmed helgade vattnet).

Descendat in hanc plenitudinem fontis virtus Spiritus Sancti.

Den Helige Andes kraft sänke sig i denna dopfunts vatten.

Ännu två gånger nedsänker han påskljuset i dopvattnet, djupare för varje gång, sista gången ända till botten, och beder varje gång samma bön, men med allt högre stämma. Därefter blåser han tre gånger på vattnet i korsform, i det han fortsätter:

Totamque hujus aquæ substantiam regenerandi fecundet effectu.

Och den befrukte hela detta vattens väsende med återfödelsens kraft.

Påskljuset tages upp ur vattnet.

Hic omnium peccatorum maculæ deleantur:

Härmed varde alla syndafläckar utplånade.

hic natura ad imaginem tuam condita, et ad honorem sui reformata principii, cunctis vetustatis squaloribus emundetur: ut omnis homo, sacramentum hoc regenerationis ingressus, in veræ innocent:æ novam infantiam renascatur.

härmed varde människonaturen, som är skapad till din avbild, förnyad i sin ursprungliga härlighet och renad från all gammal orenhet, så att varje människa, som får del utav detta återfödelsens sakrament, må återfödas till den sanna oskuldens barnaskap.

Avslutningen sjunges icke, utan läses.

Per Dominum nostrum Jesum Christum, Filium tuum: Qui venturus est judicare vivos, et mortuos, et sæculum per ignem. *R.* Amen.

Genom vår Herre Jesus Kristus, din Son, som en gång skall återkomma till att döma levande och döda och hela världen genom eld. Amen.

De närvarande bestänkas med det vigda dopvattnet. Därefter häller prästen, i korsform, några droppar helig olja i vattnet, under det att han säger:

Sanctificetur et fecundetur fons iste Oleo salutis renascentibus ex eo, in vitam æternam. *R.* Amen.

Frälsningens olja helge och befrukte detta dopvatten, så att det länder dem, som därav återfödas, till ett evigt liv.

På samma sätt häller han krisma i vattnet och säger:

Infusio Chrismatis Domini nostri Jesu Christi, et Spiritus Sancti Paracliti, fiat in nomine sanctæ Trinitatis. *R.* Amen.

Må vår Herres Jesu Kristi och den Helige Andes, Hugsvalarens, krisma nedgjutas i detta vatten i den heliga Treenighetens namn. Amen.

Slutligen häller prästen både olja och krisma i vattnet, med orden:

Påskafton

Commixtio Chrismatis sanctificationis, et Olei unctionis, et Aquæ baptismatis, pariter fiat in nomine Pa † tris, et Fi † lii, et Spiritus † Sancti.
R. Amen.

Må denna blandning av helgelsens krisma och smörjelsens olja med dopets vatten ävenledes ske i Faderns och Sonens och den helige Andes namn. Amen.

Därefter blandar prästen, med handen, oljan och krisman i vattnet. Om någon skall döpas, sker detta nu. Prästen och ministranterna vända därpå tillbaka till koret.

IV. ALLHELGONALITANIAN.

Under det att prästerna hava kastat sig ned på sitt ansikte framför altaret sjunges nu litanian till Alla helgon i en avkortad form. Efter litanians slut börjar den heliga mässan utan Introitus genast med Kyrie.

V. DEN HELIGA MÄSSAN.

Oratio.

Deus, qui hanc sacratissimam noctem gloria Dominicæ Resurrectionis illustras: conserva in nova familiae tuae progenie adoptionis spiritum, quem dedisti; ut corpore et mente renovati, puram tibi exhibeant servitutem. Per eundem Dominum nostrum...

Gud, du som upplyser denna högtheliga natt genom glansen av vår Herres uppståndelse, bevara hos din familjs nyfödda barn barnaskapets ande, vilken du har givit dem, på det att de, förnyade till kropp och själ, i renhet må tjäna dig. Genom samme vår Herre...

Epistola.
(Kol. 3:1-4.)

Lectio Epistolæ beati Pauli Apostoli ad Colossenses. Fratres: Si consurrexistis cum

Bröder, om I haven uppståtti med Kristus, så söken det, som är ovantill, där Kristus

Christo, quæ sursum sunt quærite, ubi Christus est in dextera Dei sedens: quæ sursum sunt sapite, non quæ super terram. Mortui enim estis, et vita vestra est abscondita cum Christo in Deo. Cum Christus apparuerit, vita vestra: tunc et vos apparebitis cum ipso in gloria.

sitter vid Guds högra sida. Rikten edert sinne på det, som är ovantill, icke på det, som är på jorden. Ty I haven dött, och edert liv är fördolt med Kristus i Gud. När Kristus, edert liv, uppenbaras, då skolen även I uppenbaras med honom i härlighet.

Alleluja.
(Ps. 117:1.)

Alleluja. Alleluja. Alleluja.

Confitemini Domino, quoniam bonus: quoniam in saeculum misericordia ejus.

Prisen Herren, ty han är god; ty hans barmhärtighet varar evinnerligen.

Tractus.
(Ps. 116:1, 2.)

Laudate Dominum omnes gentes: et collaudate eum omnes populi. V. Quoniam confirmata est super nos misericordia ejus: et veritas Domini manet in aeternum.

Loven Herren alla släkten; lovsjungen honom alla folk; ty orubblig är hans barmhärtighet emot oss, och Herrens sannfärdighet varar i evighet.

Evangelium.
(Matt. 28:1-7.)

Sequentia sancti Evangelii secundum Matthæum. Vespere autem sabbati, quæ lucescit

Vid sabbatens slut, i gryningen till första dagen i veckan, kommo Maria Magdalena och

in prima sabbati, venit Maria Magdalene, et altera Maria videre sepulcrum.. Et ecce terræmotus factus est magnus. Angelus enim Domini descendit de cælo: et accedens revolvit lapidem, et sedebat super eum: erat autem aspectus ejus sicut fulgur: et vestimentum ejus sicut nix. Præ timore autem ejus exterriti sunt custodes, et facti sunt velut mortui. Respondens autem Angelus, dixit mulieribus: Nolite timere vos: scio enim, quod Jesum, qui crucifixus est, quæritis: non est hic: surrexit enim, sicut dixit. Venite, et videte locum, ubi positus erat Dominus. Et cito euntes, dicite discipulis ejus, quia surrexit: et ecce præcedit vos in Galilæam: ibi eum videbitis. Ecce prædixi vobis.

den andra Maria för att se till graven. Och se, det uppkom en stor jordbävning: ty en Herrens ängel steg ned från himmelen, närmade sig, bortvältrade stenen och satte sig på den. Och hans utseende var såsom ljungeld och hans klädnad såsom snö. Och väktarna skälvde av fruktan för honom och vordo såsom döda. Men ängeln tilltalade kvinnorna och sade: Rädens icke; ty jag vet, att I söken Jesus, som blivit korsfäst. Han är icke här; ty han har uppstått, såsom han har sagt. Kommen och sen stället, där Herren varit lagd. Och gån skyndsamt och sägen hans lärjungar, att han är uppstånden; och se, han går före eder till Galileen; där skolen I se honom. Se, jag har förutsagt eder det.

Credo och *Offertorium* utelämnas.

Secreta.

Suscipe, quæsumus, Domine, preces populi tui, cum oblationibus hostiarum: ut paschali-

Upptag nådeligen, o Herre, ditt folks böner tillika med våra offergåvor, på det att de,

bus initiata mysteriis, ad æternitatis nobis medelam, te operante, proficiant. Per Dominum nostrum...

helgade genom påskens hemligheter med ditt bistånd må lända oss till läkedom för evigheten. Genom vår Herre...

Praefatio Paschalis.

Vere dignum et justum est, aequum et salutare, te quidem Domine omni tempore, sed in hoc potissimum gloriosius praedicare, cum Pascha nostrum immolatus est Christus: ipse enim verus est Agnus, qui abstulit peccata mundi. Qui mortem nostram moriendo destruxit, et vitam resurgendo reparavit. Et ideo cum Angelis et Archangelis, cum Thronis et Dominationibus, cumque omni militia coelestis exercitus, hymnum gloriae tuae canimus sine fine dicentes:

Det är sannerligen tillbörligt och rätt, riktigt och gagneligt att prisa dig, Herre, i varje tid, men allra mest nu, då vårt påskalamm, Kristus, är slaktat. Ty han är det sanna lamm, som borttagit världens synder, han, som genom sin död tillintetgjort vår död och genom sin uppståndelse återgivit oss livet. Varför vi med änglar och ärkeänglar, med troner och herradömen och med hela den himmelska härskaran sjunga din härlighets lov, i det vi oavlåtligt säga:

Agnus Dei och *Communio* utelämnas. Efter kommunionen sjunges dagens *vesper*.

Antifona et Psalmus.
(Ps. 116.)

Alleluja, alleluja, alleluja.
Laudate Dominum,

Alleluja, alleluja, alleluja.
Loven Herren, alla

omnes gentes: * laudate eum, omnes populi. Quoniam confirmata est super nos misericordia ejus: * et veritas Domini manet in æternum.
Gloria Patri...
Alleluja, alleluja, alleluja.

släkten: loven honom alla folk; ty hans barmhärtighet mot oss är orubblig, och Herrens sanning varar i evighet.
Ära vare...
Alleluja, alleluja, alleluja.

Magnificat.

Vespere autem sabbati, quae lucescit in prima sabbati, venit Maria Magdalene, et altera Maria videre sepulcrum, alleluja.

Vid sabbatens slut, i gryningen till första dagen i veckan, kommo Maria Magdalena och den andra Maria för att se graven. Alleluja.

Magnificat * anima mea Dominum.

Högt prisar min själ Herren.

Et exsultavit spiritus meus * in Deo, salutari meo.

Och min ande jublar i Gud, min Frälsare.

Quia respexit humilitatem ancillae suae: * ecce enim ex hoc beatam me dicent omnes generationes.

Ty han har sett till sin tjänarinnas ringhet. Se, härefter skola alla släkten prisa mig salig.

Quia fecit mihi magna, qui potens est, * et sanctum nomen eius.

Ty han har gjort stora ting med mig, han, som är mäktig, och hans namn är heligt.

Et misericordia eius a progenie in progenies * timentibus eum.

Och hans barmhärtighet varar från släkte till släkte mot dem, som frukta honom.

Fecit potentiam in brachio suo, * dispersit

Storverk övar han med sin arm; han för-

superbos mente cordis sui. Deposuit potentes de sede, * et exaltavit humiles. Esurientes implevit bonis, * et divites dimisit inanes. Suscepit Israel puerum suum, * recordatus misericordiae suae. Sicut locutus est ad patres nostros, * Abraham et semini eius in saecula. Gloria Patri... Vespere autem...	skingrar dem, som högmodas i sina hjärtan. Han störtar de mäktiga från tronen och upphöjer de ringa. De hungriga mättar han med sin nåd och de rika avvisar han med tomma händer. Han antager sig sin tjänare Israel och ihågkommer sin barmhärtighet. Såsom han har talat till våra fäder, till Abraham och hans efterkommande evinnerligt. Ära vare... Vid sabbatens slut...

Postcommunio.

Oremus. Spiritum nobis, Domine, tuæ caritatis infunde: ut, quos sacramentis paschalibus satiasti, tua facias pietate concordes. Per Dominum... in unitate ejusdem...	Ingjut hos oss, o Herre, din kärleks ande, på det att vi, som du mättat med påsksakramentet, genom din mildhet må i endräkt förenas. Genom vår Herre...
Ite, missa est! Alleluja, alleluja.	Gån, mässan är fullbordad! Alleluja, alleluja.
Deo gratias! Alleluja, alleluja.	Gud ske tack! Alleluja, alleluja.

Ordo Missæ.

Den Heliga Mässans text och handling

i sin oföränderliga ordning.*

FÖRSTA DELEN.

DEN FÖRBEREDANDE GUDSTJÄNSTEN.

FRÅN INGRESSEN t. o. m. CREDO.

Iklädd mässkläderna träder prästen inför altaret. Han böjer knä för det Allraheligaste Sakramentet i tabernaklet och stiger uppför altarstegen. Därefter ställer han kalken mitt på altaret och slår upp mässboken. Efter en bugning för korset går han nedför altarstegen och beder där:

* Ingående förklaring över hela Mässans liturgi har införts i inledningen till denna bok. Se sid. V—XXI.

Trappstegsbönen.

Sacerdos. In † nomine Patris et Filii et Spiritus Sancti. Amen.

Introibo ad altare Dei.

Ministrans. Ad Deum, qui laetificat juventutem meam.

Ps. 42.* *Sc.* Judica me, Deus, et discerne causam meam de gente non sancta; ab homine iniquo et doloso erue me.

M. Quia tu es Deus, fortitudo mea: quare me reppulisti, et quare tristis incedo, dum affligit me inimicus?

Sc. Emitte lucem tuam et veritatem tuam: ipsa me deduxerunt, et adduxerunt in montem sanctum tuum et in tabernacula tua.

M. Et introibo ad altare Dei: ad Deum, qui laetificat juventutem meam.

Sc. Confitebor tibi in cithara, Deus, Deus meus: quare tristis es, anima mea, et quare conturbas me?

Prästen. I Faderns och Sonens och den Helige Andes namn. Amen.

Jag skall framträda till Guds altare.

Ministranten. Till Gud, min ungdoms glädje.

Pr. Döm mig, o Gud, och utför min sak emot oheligt folk; rädda mig från orättfärdiga och trolösa människor.

M. Ty du, o Gud, är min styrka. Varför har du förskjutit mig, och varför skall jag gå sorgsen, medan min fiende plågar mig?

Pr. Sänd ut ditt ljus och din sanning; de leda och föra mig till ditt heliga berg och till dina hyddor.

M. Och jag skall framträda till Guds altare, till Gud, min ungdoms glädje.

Pr. Jag skall lovprisa dig med strängaspel, Gud, min Gud! Varför är du sorgsen, min själ, varför vållar du mig oro?

---

* Ps. 42 läses icke under passionstiden och i själamässor.

M. Spera in Deo, quoniam adhuc confitebor illi: salutare vultus mei et Deus meus.

Sc. Gloria Patri et Filio et Spiritui Sancto.

M. Sicut erat in principio, et nunc et semper et in saecula saeculorum. Amen.

Sc. Introibo ad altare Dei.

M. Ad Deum, qui laetificat juventutem meam.

Sc. Adjutorium nostrum in nomine Domini.

M. Qui fecit coelum et terram.

Sc. Confiteor...

M. Misereatur tui omnipotens Deus, et dimissis peccatis tuis perducat te ad vitam aeternam.

Sc. Amen.

M. C o n f i t e o r Deo omnipotenti, beatae Mariae semper Virgini, beato Michaeli Archangelo, beato Joanni Baptistae, sanctis Apostolis Petro et Paulo, omnibus Sanctis, et tibi, pater: quia peccavi nimis cogitatione, verbo

M. Förtrösta på Gud! Än skall jag prisa honom: mitt ansiktes frälsning och min Gud.

Pr. Ära vare Fadern och Sonen och den Helige Ande.

M. Som det var i begynnelsen, så nu och alltid och i all evighet. Amen.

Pr. Jag skall framträda till Guds altare.

M. Till Gud, min ungdoms glädje.

Pr. Vår hjälp är i Herrens namn.

M. Som gjort himmel och jord.

Pr. Jag bekänner...

M. Den allsmäktige Guden förbarme sig över dig, förlåte dig dina synder och före dig till det eviga livet.

Pr. Amen.

M. Jag bekänner för den allsmäktige Guden, den heliga, alltid rena Jungfrun Maria, den helige ärkeängeln Mikael, den helige Johannes Döparen, de heliga apostlarna Petrus och Paulus, alla helgon och dig, fader, att jag mycket

et opere: mea culpa, mea culpa, mea maxima culpa. Ideo precor beatam Mariam semper Virginem, beatum Michaelem Archangelum, beatum Joannem Baptistam, sanctos Apostolos Petrum et Paulum, omnes Sanctos, et te, pater, orare pro me ad Dominum Deum nostrum.

Sc. Misereatur vestri omnipotens Deus et dimissis peccatis vestris perducat vos ad vitam aeternam.

M. Amen.

Sc. Indulgentiam, absolutionem et remissionem peccatorum nostrorum tribuat nobis omnipotens et misericors Dominus.

M. Amen.

Sc. Deus, tu conversus vivificabis nos.

M. Et plebs tua laetabitur in te.

Sc. Ostende nobis, Domine, misericordiam tuam.

M. Et salutare tuum da nobis.

Sc. Domine, exaudi orationem meam.

M. Et clamor meus ad te veniat.

syndat i tankar, ord och gärningar, genom min skuld, genom min skuld, genom min alltför stora skuld. Därför beder jag den heliga, alltid rena Jungfrun Maria, den helige ärkeängeln Mikael, den helige Johannes Döparen, de heliga apostlarna Petrus och Paulus, alla helgon och dig, fader, att bedja för mig till Herren, vår Gud.

Pr. Den allsmäktige Guden förbarme sig över eder, förlåte eder edra synder och före eder till det eviga livet.

M. Amen.

Pr. Tillgift, avlösning och förlåtelse för våra synder förläne oss den allsmäktige och barmhärtige Herren.

M. Amen.

Pr. Vänd dig till oss, o Gud, och vi skola leva.

M. Och ditt folk skall glädja sig i dig.

Pr. Visa oss, Herre, din barmhärtighet.

M. Och giv oss din frälsning.

Pr. Herre, hör min bön.

M. Och låt mitt rop komma till dig.

Ordo Missæ

Sc. Dominus vobiscum.
M. Et cum spiritu tuo.

Pr. Herren vare med eder.
M. Och med din ande.

Prästen, under det han stiger upp till altaret:

Oremus. Aufer a nobis, quaesumus, Domine, iniquitates nostras: ut ad Sancta sanctorum puris mereamur mentibus introire. Per Christum, Dominum nostrum. Amen.

Vi bedja dig, o Herre, tag våra synder från oss, att vi må varda värdiga att med rena hjärtan ingå i det Allraheligaste, genom Kristus, vår Herre. Amen.

Prästen kysser altaret och läser:

Oramus te, Domine, per merita Sanctorum tuorum, quorum reliquiae hic sunt, et omnium Sanctorum: ut indulgere digneris omnia peccata mea. Amen.

Vi bedja dig, Herre, genom förtjänsterna hos dina helgon, vilkas kvarlevor här vila, och hos alla helgon, att du nådigt ville förlåta mig alla mina synder. Amen.

I levitmässor välsignar prästen rökelsen med orden:

Ab illo bene † dicaris, in cujus honore cremaberis. Amen.

Välsignad vare du av Honom, till vars ära du skall brännas. Amen.

Därefter incenserar han altaret.

Introitus. — Ingångsvers.

(Se dagens särskilda text.)

Kyrie.

Sc. Kyrie eleison.

Pr. Herre, förbarma dig över oss.

Gloria

M. Kyrie eleison.	*M.* Herre, förbarma dig över oss.
Sc. Kyrie eleison.	*Pr.* Herre, förbarma dig över oss.
M. Christe eleison.	*M.* Kristus förbarma dig över oss.
Sc. Christe eleison.	*Pr.* Kristus, förbarma dig över oss.
M. Christe eleison.	*M.* Kristus, förbarma dig över oss.
Sc. Kyrie eleison.	*Pr.* Herre, förbarma dig över oss.
M. Kyrie eleison.	*M.* Herre, förbarma dig över oss.
Sc. Kyrie eleison.	*Pr.* Herre, förbarma dig över oss.

Gloria.

Bortfaller i Advent, Fastan och i Requiemsmässor.

Gloria in excelsis Deo. Et in terra pax hominibus bonae voluntatis. Laudamus te, benedicimus te, adoramus te, glorificamus te. Gratias agimus tibi propter magnam gloriam tuam. Domine Deus, Rex coelestis, Deus Pater omnipotens. Domine Fili unigenite, Jesu Christe. Domine Deus, Agnus Dei, Filius Patris. Qui tollis peccata mundi, miserere nobis. Qui tollis peccata mundi, suscipe deprecationem nostram. Qui sedes ad dexteram Patris, mise-

Ära vare Gud i höjden och på jorden frid åt människor, som hava hans välbehag. Dig lova vi, dig prisa vi, dig förhärliga vi. Vi tacka dig för din stora härlighet, Herre Gud, himmelske konung, Gud allsmäktige Fader; Herre, du enfödde Son, Jesus Kristus! Herre Gud, Guds lamm, Faderns Son; du som borttager världens synder, förbarma dig över oss; du som borttager världens synder, mottag vår ödmjuka bön; du som sitter på Faderns högra

rere nobis. Quoniam tu solus Sanctus, tu solus Dominus, tu solus Altissimus, Jesu Christe. Cum Sancto Spiritu, in gloria Dei Patris. Amen.	hand, förbarma dig över oss; ty du allena är den Helige, du allena Herren, du allena den Allrahögste, Jesus Kristus, med den Helige Ande i Gud Faderns härlighet. Amen.

Prästen böjer sig djupt och kysser altaret; sedan vänder han sig till folket och säger:

Sc. Dominus vobiscum.	Pr. Herren vare med eder.
M. Et cum spiritu tuo.	M. Och med din ande.

Oratio. — Kyrkobön.

(Se dagens särskilda text.)

Efter bönens slut svaras:

M. Amen.	M. Amen.

Epistola. — Läsning.

(Se dagens särskilda text.)

Efter läsningens slut svaras:

M. Deo gratias.	M. Gud vare tack.

Graduale.

(Se dagens särskilda text.)

Evangelium.

Prästen böjer sig djupt inför altaret och beder tyst:

Munda cor meum ac labia mea, omnipotens	Rena mitt hjärta och mina läppar, allsmäk-

Evangelium

Deus, qui labia Isaiae prophetae calculo mundasti ignito: ita me tua grata miseratione dignare mundare, ut sanctum Evangelium tuum digne valeam nuntiare. Per Christum, Dominum nostrum. Amen.

Jube Domine benedicere: Dominus sit in corde meo et in labiis meis, ut digne et competenter annuntiem Evangelium suum. Amen.

tige Gud, du som fordom med ett glödande kol renat profeten Isaias' läppar. Värdes i din milda barmhärtighet så rena mig, att jag värdigt må förkunna ditt heliga Evangelium. Genom Kristus, vår Herre. Amen.

Värdes, Herre, välsigna mig. Herren vare i mitt hjärta och på mina läppar, att jag värdigt och tillbörligt må förkunna hans heliga Evangelium. Amen.

I levitmässor välsignas rökelse efter Graduale på samma sätt som före Introitus. Därefter beder diakonen:

D. Munda cor meum... | D. Rena mitt hjärta...

Sedan vänder han sig till celebranten med orden:

D. Jube, Domine, benedicere. | D. Värdes, Herre, välsigna mig.

Varpå denne svarar:

Sc. Dominus sit in corde tuo et in labiis tuis: ut digne et competenter annunties Evangelium suum: In nomine Patris et Filii † et Spiritus Sancti. Amen.

Pr. Herren vare i ditt hjärta och på dina läppar, att du värdigt och tillbörligt må förkunna hans heliga Evangelium. I Faderns och Sonens och den Helige Andes namn. Amen.

Därefter incenseras evangelieboken, och diakonen sjunger Evangeliet.

Vid början av Evangeliet resa sig alla och beteckna pannan, munnen och bröstet med korstecknet.

Sc. Dominus vobiscum.
M. Et cum spiritu tuo.
Sc. Sequentia sancti Evangelii secundum...
M. Gloria tibi, Domine.

Pr. Herren vare med eder.
M. Och med din ande.
Pr. Det följande ur det heliga Evangeliet enligt...
M. Ära vare dig, o Herre!

(Se dagens evangelietext.)

Efter Evangeliets slut svaras:

M. Laus tibi, Christe
Sc. Per evangelica dicta deleantur nostra delicta.

M. Lov vare dig, Kristus.
Pr. Må genom Evangeliets ord våra överträdelser utplånas.

Credo. — Trosbekännelsen.

Credo in unum Deum, Patrem omnipotentem, factorem cœli et terræ, visibilium omnium et invisibilium. Et in unum Dominum Jesum Christum, Filium Dei unigenitum; et ex Patre natum ante omnia saecula. Deum de Deo, lumen de lumine, Deum verum de Deo vero; genitum, non factum, consubstantialem Patri; per quem omnia facta sunt. Qui propter nos homi-

Jag tror på en Gud, den allsmäktige Fadern, himmelens och jordens, alla synliga och osynliga tings Skapare. Och på en Herre Jesus Kristus, Guds enfödde Son, som från evighet är född av Fadern; Gud av Gud, ljus av ljus, sann Gud av sann Gud, född, icke gjord, av samma väsen som Fadern; genom vilken allt är gjort; vilken för oss människor och för vår

nes, et propter nostram salutem descendit de cœlis. (*Hic genuflectitur.*) ET INCARNATUS EST DE SPIRITU SANCTO EX MARIA VIRGINE, ET HOMO FACTUS EST. Crucifixus etiam pro nobis, sub Pontio Pilato passus et sepultus est, Et resurrexit tertia die, secundum Scripturas. Et ascendit in cœlum; sedet ad dexteram Patris. Et iterum venturus est cum gloria judicare vivos et mortuos; cujus regni non erit finis. Et in Spiritum Sanctum, Dominum et vivificantem; qui ex Patre Filioque procedit; qui cum Patre et Filio simul adoratur et conglorificatur; qui locutus est per Prophetas. Et unam, sanctam, catholicam et apostolicam Ecclesiam. Confiteor unum baptisma in remissionem peccatorum; et exspecto resurrectionem mortuorum, et vitam venturi saeculi. Amen.

frälsnings skull nedsteg från himmelen. (*Här knäböjes.*) OCH HAN ANTOG KÖTT GENOM DEN HELIGE ANDE AV JUNGFRU MARIA OCH VART MÄNNISKA. Han blev ock korsfäst för oss, och under Pontius Pilatus pinad och begraven. Och han uppstod på tredje dagen efter skrifterna och uppfor till himmelen. Han sitter på Faderns högra hand och skall återkomma med härlighet till att döma levande och döda, och på hans rike skall icke vara något slut. Och på den Helige Ande, Herren och livgivaren, vilken utgår av Fadern och Sonen, vilken tillika med Fadern och Sonen tillbedes och förhärligas, som har talat genom profeterna. Och på den ena heliga, katolska och apostoliska Kyrkan. Jag bekänner ett dop till syndernas förlåtelse och förväntar de dödas uppståndelse och den tillkommande evighetens liv. Amen.

MÄSSANS HUVUDDEL.
OFFERGUDSTJÄNSTEN
med FÖRVANDLING och KOMMUNION.

Sc. Dominus vobiscum.
M. Et cum spiritu tuo.
Sc. Oremus.

Pr. Herren vare med eder.
M. Och med din ande.
Pr. Låtom oss bedja.

Offertorium. — Offringsvers.

(Se dagens särskilda text.)

Offergåvornas frambärande.

Härefter tager prästen patenan med hostian, lyfter den med båda händerna och beder tyst:

Suscipe sancte Pater, omnipotens, æterne Deus, hanc immaculatam Hostiam, quam ego indignus famulus tuus offero tibi, Deo meo vivo et vero, pro innumerabilibus peccatis et offensionibus et negligentiis meis, et pro omnibus circumstantibus, sed et pro omnibus fidelibus Christianis, vivis atque defunctis; ut mihi et illis proficiat ad salutem in vitam æternam. Amen.

Mottag, helige Fader, allsmäktige, evige Gud, detta obefläckade offer, vilket jag, din ovärdige tjänare, frambär åt dig, min sanne och levande Gud, till förlåtelse för mina otaliga synder, överträdelser och försummelser, liksom ock för alla närvarande, men även för alla troende kristna, levande och döda, på det att det må lända mig och dem till frälsning för det eviga livet. Amen.

Prästen häller vin och några droppar vatten i kalken och beder därvid:

Deus, qui humanæ substantiæ dignitatem mirabiliter condidisti et mirabilius reformasti; da nobis per hujus aquæ et vini mysterium ejus divinitatis esse consortes, qui humanitatis nostræ fieri dignatus est particeps, Jesus Christus, Filius tuus, Dominus noster; qui tecum vivit et regnat in unitate Spiritus Sancti, Deus per omnia sæcula sæculorum. Amen.

O Gud, som underbart skapat den mänskliga naturen och ännu underbarare förnyat densamma, förläna oss genom hemligheten av detta vatten och vin att få del i dens gudomlighet, som nedlät sig att varda delaktig av vår mänskliga natur, Jesus Kristus, din Son, vår Herre, som med dig lever och regerar, i den Helige Andes enhet, Gud, från evighet till evighet. Amen.

Sedan lyfter han kalken med båda händerna, under det han beder:

Offerimus tibi, Domine, calicem salutaris, tuam deprecantes clementiam; ut in conspectu divinæ majestatis tuæ, pro nostra et totius mundi salute, cum odore suavitatis ascendat. Amen.

Vi offra dig, o Herre, frälsningens kalk och åkalla din mildhet, att den med söt vällukt må uppstiga inför ditt gudomliga Majestäts ansikte för vår och hela världens frälsning. Amen.

Prästen gör ett korstecken med kalken och ställer den på altaret. Med ödmjukt böjd hållning beder han:

In spiritu humilitatis et in animo contrito suscipiamur a te, Domine; et sic fiat sacrificium nostrum in conspectu

I ödmjukhetens ande och med ett förkrossat hjärta må vi upptagas av dig, o Herre, och må vårt offer i dag så frambäras inför ditt an-

tuo hodie, ut placeat tibi, Domine Deus.	sikte, att det behagar dig, Herre, vår Gud.

Därefter välsignar han brödet och vinet med orden:

Veni Sanctificator, omnipotens æterne Deus; et benedic † hoc sacrificium tuo sancto nomini præparatum.	Kom Heliggörare, allsmäktige, evige Gud, och välsigna detta ⸱ offer, som är tillrett åt ditt heliga namn.

I levitmässor välsignar prästen nu rökelsen med orden:

Sc. Per intercessionem beati Michaelis Archangeli, stantis a dextris altaris incensi, et omnium electorum suorum, incensum istud dignetur Dominus bene † dicere, et in odorem suavitatis accipere. Per Christum Dominum nostrum. Amen.	*Pr.* På förbön av den salige ärkeängeln Mikael, som står vid rökelsealtarets högra sida, och av alla sina utvalda värdes Herren välsigna denna rökelse och mottaga den som en ljuvlig välluft. Genom Kristus, vår Herre. Amen.

Därefter incenserar han offergåvorna, under det han beder:

Sc. Incensum istud a te benedictum, ascendat ad te, Domine, et descendat super nos misericordia tua.	*Pr.* Må denna av dig välsignade rökelse stiga upp till dig, Herre, och låt din barmhärtighet komma ned över oss.

Sedan incenserar han altaret under följande bön:

Sc. Dirigatur, Domine, oratio mea, sicut incensum in conspectu tuo: elevatio manuum mearum sacrificium vespertinum. Pone, Domine, custodiam ori meo, et ostium circumstan-	*Pr.* Må min bön uppstiga inför ditt ansikte som rökelse, o Herre, och må mina lyfta händer vara som ett aftonoffer. Sätt vakt för min mun, o Herre, och en ringmur för mina läppar,

tiæ labiis meis: ut non declinet cor meum in verba malitiæ, ad excusandas excusationes in peccatis.

att mitt hjärta icke må dragas ned till onda ord för att urskulda och ursäkta mina synder.

Prästen lämnar rökelsekaret till diakonen och säger:

Sc. Accendat in nobis Dominus ignem sui amoris et flammam æternæ caritatis. Amen.

Pr. Herren upptände i oss sin kärleks eld och den eviga kärlekens flamma. Amen.

Härefter incenseras prästen, diakonen och subdiakonen och slutligen hela församlingen.

Handtvagningen.

Vid högra sidan av altaret tvår prästen sina händer och beder därvid tyst:

Ps. 25. Lavabo inter innocentes manus meas, et circumdabo altare tuum, Domine. Ut audiam vocem laudis, et enarrem universa mirabilia tua. Domine, dilexi decorem domus tuæ, et locum habitationis gloriæ tuæ. Ne perdas cum impiis, Deus, animam meam, et cum viris sanguinum vitam meam: In quorum manibus iniquitates sunt; dextera eorum repleta est muneribus. Ego autem in innocentia mea ingressus sum: redime me, et miserere mei. Pes meus stetit in

Ps. 25. Jag skall två mina händer bland de oskyldiga och så träda till ditt altare, o Herre, för att höra ditt lovkväde och förkunna alla dina underverk. Jag älskar, o Herre, ditt hus skönhet och din härlighets boning. Låt ej, o Gud, min själ omkomma med de ogudaktiga, ej heller mitt liv med blodsmännen, i vilkas händer orättvisa är, och vilkas hand är full av mutor. Men jag vandrar i min oskuld; fräls mig och förbarma dig över mig. Min fot vandrar på den rätta vä-

directo: in ecclesiis benedicam te, Domine.
Gloria Patri...

gen; i de rättfärdigas församlingar skall jag prisa dig, o Herre! Ära vare Fadern...

Prästen återvänder till mitten av altaret och beder där med ödmjuk hållning:

Suscipe, sancta Trinitas, hanc oblationem, quam tibi offerimus ob memoriam passionis, resurrectionis et ascensionis Jesu Christi Domini nostri, et in honorem beatæ Mariæ semper Virginis, et beati Joannis Baptistæ et sanctorum Apostolorum Petri et Pauli, et istorum et omnium Sanctorum: ut illis proficiat ad honorem, nobis autem ad salutem: et illi pro nobis intercedere dignentur in cœlis, quorum memoriam agimus in terris. Per eundem Christum, Dominum nostrum. Amen.

Mottag, heliga Treenighet, detta offer, som vi frambära åt dig till åminnelse av vår Herres Jesu Kristi lidande, uppståndelse och himmelsfärd och till ära av den saliga, alltid rena Jungfrun Maria, den helige Johannes Döparen och de heliga apostlarna Petrus och Paulus, till ära av dessa och alla helgon, att det må lända dem till ära och oss till välfärd, och att de må vara våra förespråkare i himmelen, vilkas åminnelse vi fira på jorden, genom samme Kristus, vår Herre.. Amen.

Sedan kysser han altaret, vänder sig mot församlingen och säger:

Sc. Orate, fratres: ut meum ac vestrum sacrificium acceptabile fiat apud Deum, Patrem omnipotentem.
M. S u s c i p i a t Dominus sacrificium de

Pr. Bedjen, bröder, att mitt och edert offer må varda behagligt inför Gud, den allsmäktige Fadern.
M. Herren mottage offret av dina händer

manibus tuis ad laudem et gloriam nominis sui, ad utilitatem quoque nostram, totiusque Ecclesiæ suæ sanctae.
Sc. Amen.

till sitt namns lov och pris, till vår och hela sin heliga Kyrkas gagn och förkovran.
Pr. Amen.

Secreta. — Tyst bön.

(Se dagens särskilda text.)

Slutet av bönen bedes högt:

Sc. Per omnia saecula saeculorum.
M. Amen.

Pr. Från evighet till evighet.
M. Amen.

Prefationen och Sanctus.

Sc. Dominus vobiscum.
M. Et cum spiritu tuo.
Sc. Sursum corda.

M. Habemus ad Dominum.
Sc. Gratias agamus Domino Deo nostro.
M. Dignum et justum est.

Pr. Herren vare med eder.
M. Och med din ande.
Pr. Upplyften edra hjärtan.
M. Vi hava upplyft dem till Herren.
Pr. Låtom oss tacka Herren, vår Gud.
M. Det är tillbörligt och rätt.

Om icke i dagens särskilda text annat angives, läses på alla söndagar:

Praefatio Trinitatis.

Sc. Vere dignum et justum est, æquum et salutare, nos tibi semper et ubique gratias agere, Domine sancte, Pater

Pr. Det är i sanning tillbörligt och rätt, riktigt och gagneligt, att vi alltid och allestädes tacka dig, helige Herre,

omnipotens, æterne Deus. Qui cum unigenito Filio tuo et Spiritu Sancto, unus es Deus, unus es Dominus: non in unius singularitate personæ, sed in unius Trinitate substantiæ. Quod enim de tua gloria, revelante te, credimus, hoc de Filio tuo, hoc de Spiritu Sancto, sine differentia discretionis sentimus. Ut in confessione veræ sempiternaeque Deitatis et in personis proprietas, et in essentia unitas, et in majestate adoretur æqualitas. Quam laudant Angeli atque Archangeli, Cherubim quoque ac Seraphim, qui non cessant clamare quotidie una voce dicentes:

allsmäktige Fader, evige Gud, som med din enfödde Son och med den Helige Ande är en Gud och en Herre, icke uti en persons enhet utan i det ena väsendets Trefaldighet. Ty vad vi på grund av din uppenbarelse tro om din härlighet, det tro vi om din Son, detsamma tro vi om den Helige Ande utan någon åtskiljande olikhet; så att i bekännelsen av den sanna och eviga Gudomen tillbedes i personerna skiljaktigheten, i väsendet enheten och i Majestätet likheten. Denna prisas av änglar och ärkeänglar, kerubim och serafim, som icke upphöra att dagligen ropa med en röst, sägande:

Sanctus.

Sanctus, Sanctus, Sanctus, Dominus Deus Sabaoth. Pleni sunt cœli et terra gloria tua. Hosanna in excelsis. Benedictus qui venit in nomine Domini. Hosanna in excelsis.

Helig, helig, helig är Herren Gud Sabaoth. Himmel och jord äro fulla av din härlighet. Hosianna i höjden. Välsignad vare han, som kommer i Herrens namn. Hosianna i höjden.

Vid Sanctus ringes tre gånger med klockan.

CANON.

Prästen lyfter händerna, höjer blicken mot himmelen, böjer sig djupt ned mot altaret och beder sedan tyst:

Bön för världskyrkan.

Te igitur, clementissime Pater, per Jesum Christum, Filium tuum, Dominum nostrum, supplices rogamus ac petimus, uti accepta habeas et benedicas hæc † dona, hæc † munera, hæc † sancta sacrificia illibata, in primis quæ tibi offerimus pro Ecclesia tua sancta catholica, quam pacificare, custodire, adunare et regere digneris toto orbe terrarum, una cum famulo tuo Papa nostro N. et Antistite nostro N. et omnibus orthodoxis atque catholicæ

Vi bedja dig, mildaste Fader, genom din Son, vår Herre, Jesus Kristus, och anropa dig i djupaste ödmjukhet, att du ville nådigt mottaga och välsigna dessa gåvor, dessa skänker, dessa heliga och obesmittade offer, som vi frambära åt dig, framför allt för din heliga katolska Kyrka, att du på hela jordkretsen nådeligen ville bevara den i frid och enighet, skydda och regera den tillika med din tjänare, vår påve N. och vår biskop N. samt alla

et apostolicæ fidei cultoribus.

rättrogna bekännare av den katolska och apostoliska tron.

Bön för särskilda personer.

Memento, Domine, famulorum famularumque tuarum N. et N. — et omnium circumstantium, quorum tibi fides cognita est et nota devotio, pro quibus tibi offerimus, vel qui tibi offerunt hoc sacrificium laudis pro se suisque omnibus, pro redemptione animarum suarum, pro spe salutis et incolumitatis suæ, tibique reddunt vota sua æterno Deo, vivo et vero.

Kom ihåg, o Herre, dina tjänare och tjänarinnor N. och N. och alla närvarande, vilkas tro och andakt äro dig bekanta, för vilka vi offra, eller vilka frambära dig detta lovoffer för sig och alla de sina, för sina själars räddning och i förhoppning om sin frälsning och välfärd, och som inför dig, evige, levande och sanne Gud, frambära sina löften.

Åkallan av den triumferande kyrkan.

Communicantes et memoriam venerantes, in primis gloriosæ semper Virginis Mariæ. Genitricis Dei et Domini nostri Jesu Christi; sed et beatorum Apostolorum ac Martyrum tuorum, Petri et Pauli, Andreæ, Jacobi, Joannis, Thomæ, Jacobi, Philippi, Bartholomæi, Matthæi, Simonis et Thaddæi, Lini, Cleti, Clementis, Xysti, Cor-

Delaktiga i de heligas gemenskap, fira vi åminnelsen framför allt av den ärorika, alltid rena Jungfrun Maria, Moder till vår Gud och Herre Jesus Kristus, men också av dina heliga apostlar och martyrer, Petrus och Paulus, Andreas, Jakobus, Johannes, Tomas, Jakobus, Filippus, Bartolomeus, Matteus, Simon och Taddeus, Linus, Kletus,

nelii, Cypriani, Laurentii, Chrysogoni, Joannis et Pauli, Cosmæ et Damiani, et omnium Sanctorum tuorum, quorum meritis precibusque concedas, ut in omnibus protectionis tuæ muniamur auxilio. Per eundem Christum, Dominum nostrum. Amen.

Klemens, Sixtus, Kornelius, Cyprianus, Laurentius, Krysogonus, Johannes och Paulus, Kosmas och Damianus och av alla dina helgon. Förunna oss genom deras förtjänster och förböner, att vi i allt måtte erfara din starka hjälp och ditt beskydd, genom samme Kristus, vår Herre. Amen.

Bön om offrets mottagande.

Hanc igitur oblationem servitutis nostræ, sed et cunctæ familiæ tuæ, quæsumus, Domine, ut placatus accipias, diesque nostros in tua pace disponas. atque ab æterna damnatione nos eripi et in electorum tuorum jubeas grege numerari. Per Christum, Dominum nostrum. Amen.

Quam oblationem tu, Deus, in omnibus, quæsumus, † benedictam, † adscriptam, † ratam, rationabilem acceptabilemque facere digneris; ut nobis † Corpus et † Sanguis fiat d lectissimi Filii tui Domini nostri Jesu Christi:

Mottag nådigt, o Herre, vi bedja dig, detta offer av oss, dina tjänare och av hela din församling, led våra dagar i frid, fräls oss från evig fördömelse och låt oss en gång räknas bland dina utvaldas skara, genom Kristus, vår Herre. Amen.

Vi bedja dig, o Gud, gör detta offer i allt välsignat, helgat, värdigt, fullkomligt och välbehagligt, att det för oss varder till din älskade Sons, vår Herres Jesu Kristi lekamen och blod:

Förvandlingen.

Qui pridie, quam pateretur, accepit panem in sanctas ac venerabiles manus suas, et elevatis oculis in cœlum ad te, Deum Patrem suum omnipotentem, tibi gratias agens, † benedixit, fregit deditque discipulis suis, dicens: Accipite, et manducate ex hoc omnes: HOC EST ENIM CORPUS MEUM.

Vilken dagen före sitt lidande tog brödet i sina heliga och vördnadsvärda händer, upplyfte sina ögon mot himmelen till dig, sin allsmäktige Fader, tackade dig, välsignade brödet, bröt det och gav det åt sina lärjungar, sägande: Tagen och äten alla härav, TY DETTA ÄR MIN LEKAMEN.

Prästen knäböjer inför den nu närvarande Frälsaren, höjer Hostian att tillbedjas av församlingen, och knäböjer åter.

Simili modo, postquam cœnatum est, accipiens et hunc præclarum Calicem in sanctas ac venerabiles manus suas, item tibi gratias agens, † benedixit deditque discipulis suis, dicens: Accipite, et bibite ex eo omnes: HIC EST ENIM CALIX SANGUINIS MEI, NOVI ET ÆTERNI TESTAMENTI: MYSTERIUM FIDEI; QUI PRO VOBIS ET PRO MULTIS EFFUNDETUR IN REMISSIONEM PECCATORUM.

Sammalunda tog han efter nattvarden denna härliga kalk uti sina heliga och vördnadsvärda händer, tackade dig åter och välsignade den, samt gav sina lärjungar, sägande: Tagen och dricken alla härav, TY DETTA ÄR MITT BLODS KALK, DET NYA OCH EVIGA FÖRBUNDETS — TRONS MYSTERIUM — VILKET FÖR EDER OCH FÖR MÅNGA SKALL UTGJUTAS TILL SYNDERNAS FÖRLÅTELSE.

Hæc, quotiescumque feceritis, in mei memoriam facietis.	Så ofta I gören detta, gören det till min åminnelse.

Prästen knäböjer, höjer kalken med det heliga Blodet att tillbedjas av församlingen och knäböjer åter.

Erinran om Kristi återlösningsverk.

Unde et memores, Domine, nos servi tui, sed et plebs tua sancta, ejusdem Christi Filii tui, Domini nostri, tam beatæ passionis, nec non et ab inferis resurrectionis, sed et in cœlos gloriosæ ascensionis: offerimus præclaræ majestati tuæ de tuis donis ac datis hostiam † puram, hostiam † sanctam, hostiam † immaculatam: Panem sanctum † vitæ æternæ et Calicem † salutis perpetuæ.	Vi påminna oss nu, o Herre, vi, dina tjänare och ditt heliga folk, samme Kristi, din Sons, vår Herres saliga lidande och uppståndelse från de döda samt hans härliga himmelsfärd, och frambära åt ditt upphöjda Majestät av dina gåvor ett rent offer, ett heligt offer, ett obefläckat offer, det eviga livets bröd och den eviga frälsningens kalk.

Bön om offrets nådiga mottagande.

Supra quæ propitio ac sereno vultu respicere digneris et accepta habere, sicuti accepta habere dignatus es munera pueri tui justi Abel et sacrificium patriarchæ nostri Abrahæ, et quod tibi	Se med nådigt och milt ansikte ned på detta offer och mottag det, såsom du fordom med välbehag mottog din rättfärdige tjänare Abels och vår patriark Abrahams offer och det heliga obefläckade of-

obtulit summus sacerdos tuus Melchisedech, sanctum sacrificium, immaculatam hostiam. Supplices te rogamus, omnipotens Deus, jube hæc perferri per manus sancti Angeli tui in sublime altare tuum, in conspectu divinæ majestatis tuæ; ut quotquot ex hac altaris participatione sacrosanctum Filii tui Cor † pus et San † guinem sumpserimus, omni benedictione cœlesti et gratia repleamur. Per eundem Christum, Dominum nostrum. Amen.

fer, som din överstepräst Melkisedek frambar åt dig.

Allsmäktige Gud, vi bedja dig ödmjukligen, låt detta offer genom din helige ängels händer frambäras till ditt höga altare inför ditt gudomliga Majestäts åsyn, på det att vi alla, som vid detta ditt altare deltaga i anammandet av din Sons heliga lekamen och blod, må bliva uppfyllda med all himmelsk nåd och välsignelse, genom samme Kristus, vår Herre. Amen.

Bön för själarna i skärselden.

Memento etiam, Domine, famulorum famularumque tuarum N. et N., qui nos præcesserunt cum signo fidei et dormiunt in somno pacis. — Ipsis, Domine, et omnibus in Christo quiescentibus, locum refrigerii, lucis et pacis ut indulgeas, deprecamur. Per eundem Christum, Dominum nostrum. Amen.

Kom också ihåg, o Herre, dina tjänare och tjänarinnor N. och N., som gått hädan före oss med trons tecken och nu vila i fridens sömn. Förläna, o Herre, vi bedja dig, åt dem och åt alla, som vila i Kristus, vederkvickelsens, ljusets och fridens boning, genom samme Kristus, vår Herre. Amen.

Bön om gemenskap med himmelens helgon:

Nobis quoque peccatoribus, famulis tuis, de multitudine miserationum tuarum sperantibus, partem aliquam et societatem donare digneris cum tuis sanctis Apostolis et Martyribus: cum Joanne, Stephano, Matthia, Barnaba, Ignatio, Alexandro, Marcellino, Petro, Felicitate, Perpetua, Agatha, Lucia, Agnete, Cæcilia, Anastasia et omnibus Sanctis tuis, intra quorum nos consortium, non æstimator meriti, sed veniæ, quæsumus, largitor admitte. Per Christum, Dominum nostrum, per quem hæc omnia, Domine, semper bona creas, sanctificas †, vivificas †, benedicis † et præstas nobis. Per † ipsum et cum † ipso et in † ipso est tibi, Deo † Patri omnipotenti, in unitate Spiritus † Sancti, omnis honor et gloria.

Giv nådigt även oss syndare, dina tjänare, som hoppas på din stora barmhärtighet, någon andel och delaktighet i dina heliga apostlars och martyrers samfund: med Johannes, Stefanus, Mattias, Barnabas, Ignatius, Alexander, Marcellinus, Petrus, Felicitas, Perpetua, Agata, Lucia, Agnes, Cecilia, Anastasia och alla dina helgon; upptag oss i deras gemenskap icke för vår förtjänsts skull, utan till följd av din barmhärtighet. Genom Kristus, vår Herre, genom vilken du, o Herre, alltid skapar, helgar, upplivar, välsignar och tilldelar oss alla dessa goda ting. Genom honom och med honom och i honom tillkommer dig, Gud, den allsmäktige Fadern, i den Helige Andes enhet, all ära och härlighet,

Slutet av bönen läses högt:

Sc. Per omnia sæcula sæculorum.
M. Amen.

Pr. Från evighet till evighet.
M. Amen.

Ordo Missæ

Pater noster. — Herrens bön.

Sc. Oremus. Præceptis salutaribus moniti, et divina institutione formati audemus dicere:

Pater noster, qui es in cœlis, sanctificetur nomen tuum; adveniat regnum tuum; fiat voluntas tua sicut in cœlo et in terra. Panem nostrum quotidianum da nobis hodie; et dimitte nobis debita nostra, sicut et nos dimittimus debitoribus nostris; et ne nos inducas in tentationem;
M. Sed libera nos a malo.
Sc. Amen.

Pr. Låtom oss bedja! Uppmuntrade genom hälsosamma föreskrifter och vägledda genom gudomlig undervisning våga vi säga:

Fader vår, som är i himmelen, helgat varde ditt namn; tillkomme oss ditt rike; ske din vilja såsom i himmelen, så ock på jorden. Vårt dagliga bröd giv oss i dag; och förlåt oss våra skulder, såsom ock vi förlåta dem, oss skyldiga äro; och inled oss icke i frestelse;
M. Utan fräls oss ifrån ondo.
Pr. Amen.

Bön om frid.

Libera nos, quæsumus, Domine, ab omnibus malis præteritis, præsentibus et futuris; et intercedente beata et gloriosa semper Virgine Dei Genetricè Maria, cum beatis Apostolis tuis Petro et Paulo atque Andrea et omnibus Sanctis, da propitius pacem in diebus nostris; ut ope miseri-

Fräls oss, o Herre, vi bedja dig, från allt förflutet, närvarande och tillkommande ont, och genom förbönen av den saliga och ärorika, alltid rena Jungfrun, Guds Moder Maria, samt av dina saliga apostlar Petrus och Paulus och Andreas och alla helgon skänk oss nådigt frid i våra

cordiæ tuæ adjuti, et a peccato simus semper liberi et ab omni perturbatione securi. Per eundem Dominum nostrum Jesum Christum, Filium tuum, qui tecum vivit et regnat in unitate Spiritus Sancti, Deus,

dagar, på det att vi, understödda av din barmhärtighets hjälp, alltid må vara fria från synd och tryggade mot alla trångmål. Genom samme vår Herre Jesus Kristus, din Son, vilken med dig lever och regerar i den Helige Andes enhet, Gud,

Hostians brytande.

Prästen bryter den heliga Hostian i tre delar, varav en del efter ett tredubbelt korstecken nedlägges i kalken.

Sc. Per omnia sæcula sæculorum.
M. Amen.
Sc. Pax † Domini sit † semper vobis † cum.
M. Et cum spiritu tuo.
Sc. Hæc commixtio et consecratio Corporis et Sanguinis Domini nostri Jesu Christi fiat accipientibus nobis in vitam æternam. Amen.

Pr. Från evighet till evighet.
M. Amen.
Pr. Herrens frid vare alltid med eder.
M. Och med din ande.
Pr. Måtte denna blandning och invigning av vår Herres Jesu Kristi lekamen och blod lända oss, som anamma dem, till evinnerligt liv. Amen.

Agnus Dei.

Agnus Dei, qui tollis peccata mundi, miserere nobis.

Guds Lamm, som borttager världens synder, förbarma dig över oss.

Agnus Dei, qui tollis peccata mundi, miserere nobis.

Guds Lamm, som borttager världens synder, förbarma dig över oss.

Agnus Dei, qui tollis peccata mundi, dona nobis pacem.

Guds Lamm, som borttager världens synder, skänk oss frid.

Bön om frid och enighet.

Domine Jesu Christe, qui dixisti Apostolis tuis: pacem relinquo vobis, pacem meam do vobis; ne respicias peccata mea, sed fidem Ecclesiæ tuæ; eamque secundum voluntatem tuam pacificare et coadunare digneris; qui vivis et regnas, Deus, per omnia sæcula sæculorum. Amen.

Herre Jesus Kristus, du som sagt till dina apostlar: "Frid lämnar jag eder, min frid giver jag eder", se icke på mina synder, utan på din Kyrkas tro, och befäst den efter din vilja alltmer i frid och enighet: du som lever och regerar, Gud, från evighet till evighet. Amen.

I levitmässor giva nu celebranten, diakonen och subdiakonen varandra fridskyssen med orden: Pax tecum — Frid vare med dig.

Bön om oskiljaktig förening med Kristus.

Domine Jesu Christe, Fili Dei vivi, qui ex voluntate Patris, cooperante Spiritu Sancto, per mortem tuam mundum vivificasti: libera me per hoc sacrosanctum Corpus et Sanguinem tuum ab omnibus iniquitatibus meis et universis malis, et fac me tuis semper inhærere mandatis, et a te

Herre Jesus Kristus, den levande Gudens Son, du som efter din Faders vilja, under den Helige Andes medverkan, genom din död givit världen liv, fräls mig genom din heliga lekamen och ditt blod från alla mina synder och allt ont: giv, att jag alltid följer dina bud, och tillåt icke, att

nunquam separari permittas: qui cum eodem Deo Patre et Spiritu Sancto vivis et regnas, Deus, in sæcula sæculorum. Amen.

jag någonsin varder skild från dig: du som med samme Gud Fadern och den Helige Ande lever och regerar, Gud, från evighet till evighet. Amen.

Som sista förberedelse till den heliga kommunionen beder prästen:

Perceptio Corporis tui, Domine Jesu Christe, quod ego indignus sumere præsumo, non mihi proveniat in judicium et condemnationem; sed pro tua pietate prosit mihi ad tutamentum mentis et corporis, et ad medelam percipiendam; qui vivis et regnas cum Deo Patre in unitate Spiritus Sancti, Deus, per omnia sæcula sæculorum. Amen.

Herre Jesus Kristus, låt åtnjutandet av din lekamen, vilken jag ovärdige vågar anamma, icke lända mig till dom och fördömelse, utan må det efter din godhet tjäna mig till skydd och läkemedel för kropp och själ: du som lever och regerar med Gud Fadern i den Helige Andes enhet, Gud, från evighet till evighet. Amen.

Kommunionen.

Prästen knäböjer och säger tyst:

Panem cœlestem accipiam et nomen Domini invocabo.

Himlabrödet vill jag anamma och åkalla Herrens namn.

Prästen slår sig för sitt bröst och säger tre gånger, under det ministranten varje gång ringer med klockan:

Domine, non sum dignus, ut in-

Herre, jag är icke värdig, att du

tres sub tectum meum: sed tantum dic verbo, et sanabitur anima mea. *(Ter.)*

ingår under mitt tak men säg blott ett ord, och min själ skall varda helbrägda. *(Tre gånger.)*

Prästen gör ett korstecken med Hostian och säger:

Corpus Domini nostri Jesu Christi custodiat animam meam in vitam æternam. Amen.

Vår Herres Jesu Kristi lekamen bevare min själ till det eviga livet. Amen.

Därefter mottager han Kristi Lekamen under brödets gestalt och försjunker en stund i tyst bön. Sedan böjer han knä inför kalken och säger:

Quid retribuam Domino pro omnibus, quæ retribuit mihi? Calicem salutaris accipiam et nomen Domini invocabo. Laudans invocabo Dominum, et ab inimicis meis salvus ero.

Varmed skall jag återgälda Herren alla välgärningar, som han bevisat mig? Jag skall anamma frälsningens kalk och åkalla Herrens namn. Lovprisande skall jag åkalla Herren, och jag skall vara säker för mina fiender.

Prästen gör ett korstecken med kalken och säger:

Sanguis Domini nostri Jesu Christi custodiat animam meam in vitam æternam. Amen

Vår Herres Jesu Kristi blod bevare min själ till det eviga livet. Amen.

Därefter mottager han Kristi Blod under vinets gestalt, varefter han beder:

Quod ore sumpsimus, Domine, pura mente capiamus; et de munere

Låt oss, o Herre, i rent hjärta bevara, vad vi undfått med munnen,

Kommunionen

t mporali fiat nobis remedium sempiternum.

Corpus tuum, Domine, quod sumpsi, et Sanguis, quem potavi, adhæreat visceribus meis et præsta, ut in me non remaneat scelerum macula, quem pura et sancta refecerunt sacramenta. Qui vivis et regnas in sæcula sæculorum. Amen.

och låt denna timliga gåva varda oss till evig frälsning.

Din lekamen, som jag anammat, o Herre, och ditt blod, som jag druckit, genomtränge mitt innersta, och giv, att ingen syndafläck kvarstannar hos mig, som du vederkvickt med det rena och heliga Sakramentet: du som lever och regerar från evighet till evighet. Amen.

Efter kommunionen torkar prästen omsorgsfullt kalk och patén samt övertäcker dem med kalkklädet liksom vid Mässans början.

Församlingens kommunion.

När prästen har mottagit Hostian och avtäcker kalken, gå kommunikanterna fram och knäböja på kommunionbänken. Församlingen eller ministranten beder Confiteor, *varpå prästen svarar med* Misereatur *och* Indulgentiam *liksom i Trappstegsbönen.*

Vänd mot församlingen höjer prästen Hostian och säger:

Sc. Ecce Agnus Dei, ecce, qui tollit peccata mundi.

Pr. Se Guds Lamm, som borttager världens synder.

Sedan säger han, medan kommunikanterna tre gånger slå sig för sitt bröst:

Sc. Domine, non sum dignus, ut intres sub tectum meum...

Pr. Herre, jag är icke värdig, att du ingår under mitt tak...

Prästen giver sedan Sakramentet till var och en med orden:

Sc. Corpus Domini nostri Jesu Christi custodiat animam tuam in vitam æternam. Amen.	*Pr.* Vår Herres Jesu Kristi Lekamen bevare din själ till det eviga livet. Amen.

Communio. — Kommunionvers.

(Se dagens särskilda text.)

Postcommunio. — Slutbön.

(Se dagens särskilda text.)

Slutet av bönen läses högt:

Sc. Per omnia sæcula sæculorum.	*Pr.* Från evighet till evighet.
M. Amen.	*M.* Amen.
Sc. Dominus vobiscum.	*Pr.* Herren vare med eder.
M. Et cum spiritu tuo.	*M.* Och med din ande.
Sc. Ite, missa est.	*Pr.* Gån, Mässan är fullbordad.
M. Deo gratias.	*M.* Gud vare tack!

I mässorna utan Gloria (se sid. 281) *läses i stället för Ite, missa est:*

Sc. Benedicamus Domino.	*Pr.* Låtom oss prisa Herren.
M. Deo gratias.	*M.* Gud vare tack.

I Requiemsmässor heter det:

Sc. Requiescant in pace.	*Pr.* Må de vila i frid.
M. Amen.	*M.* Amen.

Välsignelsen

Därefter beder prästen tyst:

Placeat tibi, sancta Trinitas, obsequium servitutis meæ, et præsta, ut sacrificium, quod oculis tuæ majestatis indignus obtuli tibi sit acceptabile, mihique et omnibus, pro quibus illud obtuli, sit, te miserante, propitiabile. Per Christum, Dominum nostrum. Amen.

Låt, heliga Treenighet, denna min lydiga tjänst vinna ditt välbehag, och giv, att detta offer, som jag ovärdige framburit inför ditt majestäts ögon, måtte varda dig behagligt och, genom ditt förbarmande, till försoning för mig och alla dem, för vilka jag framburit det, genom Kristus vår Herre. Amen.

Prästen kysser altaret, vänder sig därpå mot församlingen och utdelar

Välsignelsen.

Sc. Benedicat vos omnipotens Deus, † Pater, et Filius, et Spiritus Sanctus.
M. Amen.

Pr. Välsigne eder den allsmäktige Guden, † Fadern och Sonen och den Helige Ande.
M. Amen.

(Välsignelsen bortfaller i alla själamässor.)

Slutevangeliet.

Mässan avslutas vanligen med Johannesevangeliets inledningsord.

I händelse någon fest undanskjuter söndagens texter, läses dock söndagens Evangelium som slutevangelium.

Alla resa sig och beteckna panna, mun och bröst med korstecknet.

Sc. Dominus vobiscum.

Pr. Herren vare med eder.

M. Et cum spiritu tuo.
Sc. Initium sancti Evangelii secundum Joannem.
M. Gloria tibi, Domine.
Sc. In principio erat Verbum, et Verbum erat apud Deum, et Deus erat Verbum. Hoc erat in principio apud Deum. Omnia per ipsum facta sunt, et sine ipso factum est nihil, quod factum est. In ipso vita erat, et vita erat lux hominum; et lux in tenebris lucet et tenebræ eam non comprehenderunt. Fuit homo missus a Deo, cui nomen erat Joannes. Hic venit in testimonium, ut testimonium perhiberet de lumine, ut omnes crederent per illum. Non erat ille lux, sed ut testimonium perhiberet de lumine. Erat lux vera, quæ illuminat omnem hominem venientem in hunc mundum. In mundo erat, et mundus per ipsum factus est, et mundus eum non cognovit. In propria venit, et sui eum non receperunt. Quot-

M. Och med din ande.
Pr. Början av det heliga Evangeliet enligt Johannes.
M. Ära vare dig, o Herre!
Pr. I begynnelsen var Ordet, och Ordet var hos Gud, och Ordet var Gud. Detta var i begynnelsen hos Gud. Genom det har allt blivit till, och utan det har intet blivit till, som är till. I det var livet, och livet var människornas ljus. Och ljuset lyser i mörkret, och mörkret har icke fattat det. En man uppträdde, sänd av Gud; hans namn var Johannes. Han kom såsom ett vittne för att vittna om ljuset, på det att alla skulle komma till tro genom honom. Icke var han ljuset, men han skulle vittna om ljuset. Det sanna ljuset, det som lyser för varje människa, kom nu i världen. I världen var han, och genom honom hade världen blivit till, men världen ville icke veta av honom. Han kom till sitt eget, och hans eg-

Slutevangeliet

quot autem receperunt eum, dedit eis potestatem filios Dei fieri, his, qui credunt in nomine ejus, qui non ex sanguinibus, neque ex voluntate carnis, neque ex voluntate viri, sed ex Deo nati sunt. (*Hic genuflectitur.*) ET VERBUM CARO FACTUM EST, ET HABITAVIT IN NOBIS; et vidimus gloriam ejus, gloriam quasi Unigeniti a Patre, plenum gratiæ et veritatis.

M. Deo gratias.

na togo icke emot honom. Men åt alla dem, som togo emot honom, gav han makt att bliva Guds barn, åt dem som tro på hans namn; vilka äro födda icke av blod, ej heller av köttslig vilja, ej heller av någon mans vilja, utan av Gud. *(Här knäböjes.)* OCH ORDET VART KÖTT OCH BODDE IBLAND OSS; och vi sågo hans härlighet, en härlighet såsom den av Fadern Enfödde har, full av nåd och sanning.

M. Gud vare tack!

Påskdagen.

Introitus.

(Ps. 138:18, 5, 6. — 1, 2.)

Resurrexi, et adhuc tecum sum, alleluja: posuisti super me manum tuam, alleluja: mirabilis facta est scientia tua, alleluja, alleluja.
 Domine, probasti me, et cognovisti me: tu cognovisti sessionem meam, et resurrectionem meam.
 Gloria Patri...
 Resurrexi...

Jag är uppstånden och är ännu hos dig. Alleluja. Du har lagt din hand på mig. Alleluja. Din kunskap är underbar. Alleluja, alleluja.
 Herre, du har prövat mig och känner min vila och min uppståndelse.
 Ära vare...
 Jag är uppstånden...

Oratio.

Deus, qui hodierna die per Unigenitum tuum æternitatis nobis

Gud, som i dag genom din enfödde Sons seger över döden öpp-

Påskdagen

aditum, devicta morte, reserasti: vota nostra, quæ præveniendo aspiras, etiam adjuvando prosequere. Per eumdem Dominum nostrum...

nat för oss evighetens port, ledsaga med ditt bistånd de önskningar, som du genom din nåd hjälper oss att fatta. Genom samme vår Herre...

Epistola.
(1 Kor. 5:7-8.)

Lectio Epistolæ beati Pauli Apostoli ad Corinthios. Fratres: Expurgate vetus fermentum, ut sitis nova conspersio, sicut estis azymi. Etenim Pascha nostrum immolatus est Christus. Itaque epulemur: non in fermento veteri, neque in fermento malitiæ et nequitiæ: sed in azymis sinceritatis et veritatis.

Bröder, rensen bort den gamla surdegen, på det att I mån vara en ny deg, såsom osyrade. Ty vårt påskalamm, Kristus, är slaktat. Låtom oss då hålla festmåltid, icke med gammal surdeg, ej heller med elakhetens och ondskans surdeg, utan med renhetens och sanningens osyrade bröd.

Graduale.
(Ps. 117:24, 1. — 1 Kor. 5:7.)

Hæc dies, quam fecit Dominus: exsultemus et lætemur in ea. Confitemini Domino, quoniam bonus: quoniam in sæculum misericordia ejus.
Alleluja, alleluja.
Pascha nostrum immolatus est Christus.

Detta är den dag, som Herren har gjort; låtom oss jubla och fröjdas på den. Prisen Herren; ty han är god; ty hans barmhärtighet varar evinnerligen.
Alleluja, alleluja.
Vårt påskalamm, Kristus, är slaktat.

Påskdagen

Sequentia.

Victimæ paschali laudes immolent Christiani.
Agnus redemit oves: Christus innocens Patri reconciliavit peccatores.
Mors et vita duello conflixere mirando: dux vitæ mortuus regnat vivus.

Dic nobis, Maria, quid vidisti in via?
Sepulcrum Christi viventis: et gloriam vidi resurgentis.
Angelicos testes, sudarium et vestes.

Surrexit Christus, spes mea: præcedet vos in Galilæam.

Scimus Christum surrexisse a mortuis vere: tu nobis, victor Rex, miserere. Amen. Alleluja.

Nu påskoffrets lov oss kristne hövs att frambära!
Lammet har återlöst fåren; Kristus, den rene, syndarne försonat med Fadern.
Döden och Livet i undransvärd tvekamp möttes; Livets hövding, fast dödad, till livets triumf återföddes.

Maria, oss säg, vad du såg på din väg.
Kristi, den levandes grav och hans härlighets nya dag;
Himmelska vittnen jag såg där, Svepning och linkläde låg där.

Ja, Kristus, mitt hopp, o, han lever, i Galiléen han möta vill eder.

Vi veta förvisst, att Kristus stod upp från de döda. Förbarma dig, Segerkung, och hjälp oss i stridens möda. Amen. Alleluja.

Evangelium.
(Mark. 16:1-7.)

Sequentia sancti Evangelii secundum Mar-

I den tiden köpte Maria Magdalena, Ma-

cum. In illo tempore: Maria Magdalene, et Maria Jacobi, et Salome emerunt aromata, ut venientes ungerent Jesum. Et valde mane una sabbatorum, veniunt ad monumentum, orto jam sole. Et dicebant ad invicem: Quis revolvet nobis lapidem ab ostio monumenti? Et respicientes viderunt juvenem sedentem Erat quippe magnus valde. Et introeuntes in monumentum viderunt juvenem sedentem in dextris, coopertum stola candida, et obstupuerunt. Qui dicit illis: Nolite expavescere: Jesum quæritis Nazarenum, crucifixum: surrexit, non est hic, ecce locus, ubi posuerunt eum. Sed ite, dicite discipulis ejus et Petro, quia præcedit vos in Galilæam: ibi eum videbitis, sicut dixit vobis.

ria, Jakobi moder, och Salome välluktande kryddor för att gå och smörja Jesus. Och på första dagen i veckan kommo de till graven mycket tidigt på morgonen, då solen just hade gått upp. Och de sade till varandra: Vem skall bortvältra stenen för oss från ingången till graven? Men när de sågo upp, varseblevo de, att stenen var bortvältrad; den var nämligen mycket stor. Och de gingo in i graven och sågo en ung man sitta på högra sidan, klädd i en vit klädnad; och de häpnade. Men han sade till dem: Rädens icke. I söken Jesus från Nasaret, den korsfäste; han är uppstånden, han är icke här. Se stället, där de hade lagt honom. Men gån och sägen till hans lärjungar och till Petrus, att han går före eder till Galileen; där skolen I få se honom, såsom han har sagt eder.

Påskdagen

Offertorium.
(Ps. 75:9-10.)

Terra tremuit, et quievit, dum resurgeret in judicio Deus, alleluja.

Jorden skalv och vart stilla, då Herren uppstod till doms. Alleluja.

Secreta.

Suscipe, quæsumus, Domine, preces populi tui cum oblationibus hostiarum: ut paschalibus initiata mysteriis, ad æternitatis nobis medelam, te operante, proficiant. Per Dominum.

Upptag nådeligen, o Herre, ditt folks böner och offergåvor, att de, helgade genom påskens hemligheter, med ditt bistånd må lända oss till evig läkedom. Genom vår Herre...

Praefatio Paschalis.
(Sid. 273.)

Communio.
(1 Kor. 5:7, 8.)

Pascha nostrum immolatus est Christus, alleluja: itaque epulemur in azymis sinceritatis et veritatis, alleluja, alleluja, alleluja.

Vårt påskalamm, Kristus, är slaktat. Alleluja. Låtom oss då hålla festmåltid med renhetens och sanningens osyrade bröd. Alleluja, alleluja, alleluja.

Postcommunio.

Spiritum nobis, Domine, tuæ caritatis infunde: ut, quos sacramentis paschalibus satiasti, tua facias pietate concordes. Per Dominum...

Ingjut hos oss, o Herre, din kärleks ande, på det att vi, som du mättat med påsksakramentet, genom din mildhet må i endräkt förenas. Genom...

Annandag Påsk.

Introitus.
(2 Mos. 13:5, 9. — Ps. 104:1.)

Introduxit vos Dominus in terram fluentem lac et mel, alleluja: et ut lex Domini semper sit in ore vestro, alleluja, alleluja. Confitemini Domino, et invocate nomen ejus; annuntiate inter gentes opera ejus.
Gloria Patri...
Introduxit...

Herren har fört eder in i ett land, som flyter av mjölk och honung, på det att Herrens lag alltid må vara på edra läppar. Alleluja, alleluja. Prisen Herren och åkallen hans namn; förkunnen hans gärningar bland folken.
Ära vare...
Herren har fört...

Oratio.

Deus, qui solemnitate Paschali mundo remedia contulisti: populum tuum quaesumus coelesti dono prosequere; ut et perfectam libertatem consequi mereatur, et ad vitam proficiat sempiternam. Per Dominum...

O Gud, som i den heliga påskfesten bragt världen räddning, fortfar att bistå ditt folk med din himmelska gåva, att vi må vinna fullkomlig frihet och uppnå det eviga livet. Genom vår Herre...

Epistola.
(Apg. 10:37-43.)

Lectio Actuum Apostolorum. In diebus illis: Stans Petrus in medio plebis dixit: Viri fratres, vos scitis, quod factum est verbum per universam Judaeam:

I den tiden stod Petrus mitt ibland folket och sade: I kännen det ord, som har utgått över hela Judeen, börjande med Galileen, efter den döpelse, som

incipiens enim a Galilaea post baptismum, quod praedicavit Joannes, Jesum a Nazareth: quomodo unxit eum Deus Spiritu Sancto et virtute, qui pertransiit benefaciendo, et sanando omnes oppressos a diabolo, quoniam Deus erat cum illo. Et nos testes sumus omnium, quae fecit in regione Judaeorum, et Jerusalem, quem occiderunt suspendentes in ligno. Hunc Deus suscitavit tertia die, et dedit eum manifestum fieri non omni populo, sed testibus praeordinatis a Deo: nobis qui manducavimus et bibimus cum illo, postquam resurrexit a mortuis. Et praecepit nobis praedicare populo, et testificare, quia ipse est, qui const'tutus est a Deo judex vivorum et mortuorum. Huic omnes Prophetae testimonium perhibent, remissionem peccatorum accipere per nomen ejus omnes, qui credunt in eum.

Johannes predikade, om Jesus från Nasaret, huru Gud har smort honom med den Helige Ande och med kraft; och han vandrade omkring, gjorde gott och botade alla, som voro överväldigade av djävulen; ty Gud var med honom. Och vi äro vittnen till allt, vad han gjort, i judarnas land och i Jerusalem; honom hava de upphängt på trä och dödat. Denne har Gud uppväckt på tredje dagen och låtit honom varda uppenbar, icke för hela folket, utan för de av Gud förutbestämda vittnena, för oss, som åto och drucko med honom, sedan han uppstått från de döda. Och han har befallt oss att predika för folket och betyga, att det är han, som av Gud blivit utsedd till domare över levande och döda. Honom giva alla profeter det vittnesbörd, att alla, som tro på honom, skola få syndernas förlåtelse genom hans namn.

Annandag Påsk

Graduale.
(Ps. 117:24, 2. — Matt. 28:2.)

Haec dies, quam fecit Dominus: exsultemus, et laetemur in ea. Dicat nunc Israel, quoniam bonus: quoniam in saeculum misericordia ejus. Alleluja, alleluja. Angelus Domini descendit de coelo: et accedens revolvit lapidem, et sedebat super eum.

Detta är den dag, som Herren har gjort; låtom oss jubla och fröjdas på den. Säge nu Israel, att Herren är god, att hans barmhärtighet varar i evighet. Alleluja, alleluja. Herrens ängel steg ned från himmelen, närmade sig, bortvältrade stenen och satte sig på den.

Sequentia.
Victimae paschali laudes...
(sid. 312.)

Evangelium.
(Luk. 24:13-35.)

Sequentia sancti Evangelii secundum Lucam. In illo tempore: Duo ex discipulis Jesu ibant ipsa die in castellum, quod erat in spatio stadiorum sexaginta ab Jerusalem, nomine Emmaus. Et ipsi loquebantur ad invicem de his omnibus, quae acciderant. Et factum est, dum fabularentur, et secum quaererent: ipse Jesus appropinquans ibat cum illis: oculi autem illorum tenebantur,

I den tiden gingo samma dag två av Jesu lärjungar till en by vid namn Emmaus, som låg sextio stadiers väg från Jerusalem. Och de talade med varandra om allt det, som hade tilldragit sig. Och det hände, under det de talades vid och sporde varandra, att Jesus själv nalkades och gick med dem. Men deras ögon voro som beslöjade, så att de icke igenkände honom. Och

Annandag Påsk

ne eum agnoscerent. Et ait ad illos: Qui sunt hi sermones, quos confertis ad invicem ambulantes, et estis tristes? Et respondens unus, cui nomen Cleophas, dixit ei: Tu solus peregrinus es in Jerusalem, et non cognovisti, quae facta sunt in illa his diebus? Quibus ille dixit: Quae? Et dixerunt: De Jesu Nazareno, qui fuit vir propheta, potens in opere, et sermone, coram Deo et omni populo; et quomodo eum tradiderunt summi sacerdotes, et principes nostri in damnationem mortis, et crucifixerunt eum. Nos autem sperabamus, quia ipse esset redempturus Israel: et nunc super haec omnia, tertia dies est hodie, quod haec facta sunt. Sed et mulieres quaedam ex nostris terruerunt nos, quae ante lucem fuerunt ad monumentum, et non invento corpore ejus, venerunt, dicentes se etiam visionem Angelorum vidisse, qui di-

han sade till dem: Vad är detta för tal, som I haven eder emellan, där I gån och ären bedrövade? Då svarade den ene, som hette Kleofas, och sade till honom: Är du den ende främling i Jerusalem, som icke vet, vad som där har skett i dessa dagar? Och han sade till dem: Vad då? Och de sade: Det som har skett med Jesus från Nasaret, som var en profet, mäktig i gärning och ord inför Gud och hela folket, och huru våra överstepräster och rådsherrar hava utlämnat honom att dömas till döden, och korsfäst honom. Men vi hoppades, att han var den som skulle frälsa Israel; men med allt detta är det i dag tredje dagen, sedan detta skett. Och så hava även några kvinnor av de våra förskräckt oss; ty de begåvo sig i daggryningen till graven, och då de icke funno hans kropp, kommo de och sade sig hava sett en

Annandag Påsk

cunt eum vivere. Et abierunt quidam ex nostris ad monumentum: et ita invenerunt, sicut mulieres dixerunt, ipsum vero non invenerunt. Et ipse dixit ad eos: O stulti, et tardi corde ad credendum in omnibus, quae locuti sunt Prophetae! Nonne haec oportuit pati Christum, et ita intrare in gloriam suam? Et incipiens a Moyse et omnibus Prophetis, interpretabatur illis in omnibus Scripturis, quae de ipso erant. Et appropinquaverunt castello, quo ibant: et ipse se finxit longius ire. Et coegerunt illum, dicentes: Mane nobiscum, quoniam advesperascit, et inclinata est jam dies. Et intravit cum illis. Et factum est, dum recumberet cum eis, accepit panem, et benedixit, ac fregit, et porrigebat illis. Et aperti sunt oculi eorum, et cognoverunt eum: et ipse evanuit ex oculis eorum. Et dixerunt ad invicem: Nonne cor no-

syn av änglar, vilka sagt, att han lever. Och några av de våra gingo till graven och funno det vara så, som kvinnorna hade sagt, men honom själv funno de icke. Då sade han till dem: O, I oförståndiga och senhjärtade till att tro på allt, vad profeterna hava talat! Måste icke Kristus lida detta och så ingå i sin härlighet? Och han begynte med Moses och alla profeterna och uttydde för dem det som i alla skrifter rörde honom. Och de nalkades byn, dit de gingo; och han låtsade, som om han ville gå vidare. Men de nödgade honom och sade: Bliv kvar hos oss; ty det lider mot aftonen, och dagen nalkas sitt slut. Och han gick in med dem. Och det begav sig, då han satt till bords med dem, att han tog brödet, välsignade, bröt och räckte det åt dem. Då öppnades deras ögon, och de igenkände honom; men han försvann ur deras åsyn. Och de sade sins emellan: Var icke vårt

strum ardens erat in nobis, dum loqueretur in via, et aperiret nobis Scripturas? Et surgentes eadem hora regressi sunt in Jerusalem: et invenerunt congregatos undecim, et eos, qui cum illis erant, dicentes: Quod surrexit Dominus vere, et apparuit Simoni. Et ipsi narrabant, quae gesta erant in via: et quomodo cognoverunt eum in fractione panis.

hjärta brinnande i oss, medan han talade med oss på vägen och uttydde för oss skrifterna? Och i samma stund stodo de upp och gingo tillbaka till Jerusalem; och de funno de elva församlade, och dem som voro med dem, och dessa sade: Herren är sannerligen uppstånden och har visat sig för Simon. Då förtäljde även de, vad som skett på vägen, och huru de igenkänt honom på brödets brytande.

Offertorium.
(Matt. 28:2, 5.)

Angelus Domini descendit de coelo, et dixit mulieribus: Quem quaeritis, surrexit, sicut dixit, alleluja.

Herrens ängel steg ned från himmelen och sade till kvinnorna: Den, I söken, har uppstått efter sitt ord. Alleluja.

Secreta.

Suscipe, quaesumus, Domine, preces populi tui cum oblationibus hostiarum: ut, paschalibus initiata mysteriis, ad aeternitatis nobis medelam, te operante: proficiant. Per Dominum nostrum...

Upptag nådeligen, o Herre, ditt folks böner tillika med våra offergåvor, på det att de, helgade genom påskens hemligheter, med ditt bistånd må lända oss till evig läkedom. Genom vår Herre...

Praefatio Paschalis.
(Sid. 273.)

Communio.
(Luk. 24:34.)

Surrexit Dominus, et apparuit Petro, alleluja.	Herren är uppstånden och har visat sig för Petrus. Alleluja.

Postcommunio.

Spiritum nobis, Domine, tuae caritatis infunde: ut quos sacramentis Paschalibus satiasti, tua facias pietati concordes. Per Dominum nostrum...	Ingjut hos oss, o Herre, din kärleks ande, på det att vi, som du mättat med påsksakramentet, genom din mildhet må i endräkt förenas. Genom vår Herre...

Vita söndagen.

Introitus.
(1 Petr. 2:2. — Ps. 80:2.)

Quasi modo geniti infantes, alleluja: rationabiles, sine dolo lac concupiscite, alleluja, alleluja, alleluja. Exsultate Deo, adjutori nostro: jubilate Deo Jacob. Gloria Patri... Quasi modo geniti...	Såsom nyfödda barn, alleluja, åstunden den andliga oförfalskade mjölken. Alleluja, alleluja, alleluja. Lovsjungen Gud, vår hjälpare; jublen för Jakobs Gud. Ära vare... Såsom nyfödda...

Oratio.

Præsta, quæsusmus, omnipotens Deus: ut, qui paschalia festa peregimus, hæc, te largiente, moribus et vita	Förläna oss nådeligen, allsmäktige Gud, att vi, som nu firat påskens fest, genom din nåd må fasthålla

11

teneamus. Per Dominum nostrum... därvid i vår vandel och vårt liv. Genom vår Herre...

Epistola.
(1 Joh. 5:4-10.)

Lectio Epistolæ beati Joannis Apostoli. Carissimi: Omne, quod natum est ex Deo, vincit mundum: et hæc est victoria, quæ vincit mundum, fides nostra. Quis est, qui vincit mundum, nisi qui credit, quoniam Jesus est Filius Dei? Hic est qui venit per aquam et sanguinem, Jesus Christus: non in aqua solum, sed in aqua et sanguine. Et Spiritus est, qui testificatur, quoniam Christus est veritas. Quoniam tres sunt, qui testimonium dant in cælo: Pater, Verbum, et Spiritus Sanctus: et hi tres unum sunt. Et tres sunt, qui testimonium dant in terra: Spiritus, et aqua, et sanguis: et hi tres unum sunt. Si testimonium hominum accipimus, testimonium Dei majus est: quoniam hoc est testimonium Dei, quod majus

Högtälskade! Allt som är fött av Gud, övervinner världen, och detta är segern, som övervinner världen; vår tro. Vem är det, som övervinner världen, om icke den som tror, att Jesus är Guds Son? Det är han, som har kommit medels vatten och blod: Jesus Kristus, icke i vattnet allena, utan i vattnet och blodet. Och Anden är den som vittnar, att Kristus är sanningen. Ty tre äro de, som vittna i himmelen: Fadern och Ordet och den Helige Ande; och dessa tre äro ett. Och tre äro de, som vittna på jorden: Anden och vattnet och blodet; och dessa tre äro ett. Antaga vi människornas vittnesbörd, så är Guds vittnesbörd större; ty detta är nämligen Guds vittnesbörd, som är större, att han har vittnat

Vita söndagen

est: quoniam testificatus est de Filio suo. Qui credit in Filium Dei, habet testimonium Dei in se.

om sin Son. Den som tror på Guds Son, han har Guds vittnesbörd i sig.

Graduale.
(Matt. 28:7. — Joh. 20:26.)

Alleluja, alleluja. In die resurrectionis meæ, dicit Dominus, præcedam vos in Galilæam. Alleluja. Post dies octo, januis clausis, stetit Jesus in medio discipulorum et dixit: Pax vobis. Alleluja.

Alleluja, alleluja. På min uppståndelsedag, säger Herren, skall jag gå före eder till Galileen. Alleluja. Åtta dagar därefter, då dörrarna voro stängda, stod Jesus mitt ibland sina lärjungar och sade: Frid vare med eder. Alleluja.

Evangelium.
(Joh. 20:19-31.)

Sequentia sancti Evangelii secundum Joannem. In illo tempore: Cum sero esset die illo, una sabbatorum, et fores essent clausæ, ubi erant discipuli congregati propter metum Judæorum: venit Jesus, et stetit in medio, et dixit eis: Pax vobis. Et cum hoc dixisset, ostendit eis manus et latus. Gavisi sunt ergo discipuli,

I den tiden, sent på aftonen, då lärjungarna voro församlade och hade stängt dörrarna av rädsla för judarna, kom Jesus, stod mitt ibland dem och sade till dem: Frid vare eder. Och när han hade sagt detta, visade han dem sina händer och sin sida. Då blevo lärjungarna glada, emedan de sågo Herren. Jesus sade åter till dem: Frid vare eder.

viso Domino. Dixit ergo eis iterum: Pax vobis. Sicut misit me Pater, et ego mitto vos. Hæc cum dixisset, insufflavit, et dixit eis: Accipite Spiritum Sanctum: quorum remiseritis peccata, remittuntur eis: et quorum retinueritis, retenta sunt. Thomas autem unus ex duodecim, qui dicitur Didymus, non erat cum eis, quando venit Jesus. Dixerunt ergo ei alii discipuli: Vidimus Dominum. Ille autem dixit eis: Nisi videro in manibus ejus fixuram clavorum, et mittam digitum meum in locum clavorum, et mittam manum meam in latus ejus, non credam. Et post dies octo, iterum erant discipuli ejus intus, et Thomas cum eis. Venit Jesus, januis clausis, et stetit in medio, et dixit: Pax vobis. Deinde dicit Thomæ: Infer digitum tuum huc, et vide manus meas, et affer ma-

Såsom Fadern har sänt mig, så sänder ock jag eder. Och när han hade sagt detta, andades han på dem och sade till dem: Mottagen den Helige Ande. Vilka I förlåten synderna, dem äro de förlåtna; och vilka I behållen dem, dem äro de behållna. Men Tomas, en av de tolv, kallad Didymus, var icke med dem, när Jesus kom. Då sade de andra lärjungarna till honom: Vi hava sett Herren. Men han sade till dem: Om jag icke ser märket efter spikarna i hans händer, och sticker mitt finger i spikarnas ställe, och sticker min hand i hans sida, så tror jag icke. — Och åtta dagar därefter voro hans lärjungar åter inne och Tomas med dem. Då kom Jesus, när dörrarna voro stängda, stod mitt ibland dem och sade: Frid vare eder. Därpå sade han till Tomas: Räck hit ditt finger och se mina händer, och räck hit din hand och stick den i

Vita söndagen

num tuam, et mitte in latus meum: et noli esse incredulus, sed fidélis. Respondit Thomas, et dixit ei: Dominus meus, et Deus meus. Dixit ei Jesus: Quia vidisti me, Thoma, credidisti: beati, qui non viderunt, et crediderunt. Multa quidem et alia signa fecit Jesus in conspectu discipulorum suorum, quæ non sunt scripta in libro hoc. Hæc autem scripta sunt, ut credatis, quia Jesus est Christus, Filius Dei: et ut credentes vitam habeatis in nomine ejus.

min sida och var icke otrogen utan troende. Tomas svarade och sade till honom: Min Herre och min Gud! Jesus sade till honom: Emedan du har sett mig, Tomas, har du trott. Saliga äro de, som icke hava sett och dock trott. — Även många andra tecken gjorde Jesus i sina lärjungars åsyn, som icke äro uppskrivna i denna bok. Men detta är skrivet, på det att I skolen tro, att Jesus är Kristus, Guds Son, och att I genom tron skolen hava livet i hans namn.

Offertorium.
(Matt. 28:2, 5.)

Angelus Domini descendit de cælo, et dixit muliéribus: Quem quæritis, surrexit, sicut dixit, alleluja.

Herrens ängel steg ned från himmelen och sade till kvinnorna: Den, som I söken, har uppstått, såsom han sagt. Alleluja.

Secreta.

Suscipe munera, Domine, quæsumus, exsultantis Ecclesiæ: et, cui causam tanti gau-

Vi bedja dig, o Herre, mottag din jublande Kyrkas gåvor, och som du har givit henne grund till så stor gläd-

dii præstitisti, perpetuæ fructum concede lætitiæ. Per Dominum.

je, så skänk henne också såsom frukt den eviga saligheten...

Praefatio Paschalis.
(Sid. 273.)

Communio.
(Joh. 20:27.)

Mitte manum tuam, et cognosce loca clavorum, alleluja: et noli esse incredu'us, sed fidelis, alleluja, alleluja.

Räck hit din hand och känn hålen efter spikarna, alleluja, och tvivla icke, utan tro. Alleluja, alleluja.

Postcommunio.

Quæsumus, Domine, Deus noster: ut sacrosancta mysteria, quæ pro reparationis nostræ munimine contulisti; et præsens nobis remedium esse facias et futurum. Per Dominum.

Vi bedja dig, Herre vår Gud, låt de heliga hemligheter, som du givit oss till styrka för vår upprättelse, lända oss till läkedom både nu och i framtiden. Genom vår Herre...

Andra söndagen efter Påsk.

Introitus.
(Ps. 32:5-6, 1.)

Misericordia Domini plena est terra, alleluja: verbo Domini cæli firmati sunt, alleluja, alleluja.

Exsultate, justi, in

Jorden är uppfylld av Herrens barmhärtighet. Alleluja. Himlarna äro välvda genom Herrens ord. Alleluja, alleluja.

Jublen i Herren, I

Andra söndagen efter Påsk

Domino: rectos decet collaudatio.
Gloria Patri...
Misericordia...

rättfärdige; lovsång höves de rättsinniga.
Ära vare...
Jorden är uppfylld...

Oratio.

Deus, qui in Filii tui humilitate jacentem mundum erexisti: fidelibus tuis perpetuam concede lætitiam; ut, quos perpetuæ mortis eripuisti casibus, gaudiis facias perfrui sempiternis. Per eundem Dominum...

O Gud, du, som har upprättat den fallna världen genom din Sons ödmjukhet, förunna dina trogna den eviga glädjen, på det att du må låta dem, som du har ryckt ur den eviga dödens avgrund, åtnjuta den eviga salighetens fröjder. Genom samme vår Herre...

Epistola.
(1 Petr. 2:21-25.)

Lectio Epistolæ beati Petri Apostoli. Carissimi: Christus passus est pro nobis, vobis relinquens exemplum, ut sequamini vestigia ejus. Qui peccatum non fecit, nec inventus est dolus in ore ejus: qui cum malediceretur, non maledicebat: cum pateretur, non comminabatur: tradebat autem judicanti se injuste: qui peccata nostra ipse pertulit in corpore suo

Bröder, Kristus har lidit för oss och efterlämnat åt eder ett föredöme, för att I skolen efterfölja honom och vandra i hans fotspår: han, som icke gjort någon synd och i vilkens mun icke fanns något svek; när han smädades, smädade han icke igen; och när han led, hotade han icke, utan han överlämnade sig åt den, som dömde honom orättfärdigt. Han bar själv våra synder i sin kropp upp på kor-

super lignum: ut, peccatis mortui, justitiæ vivamus: cujus livore sanati estis. Eratis enim sicut oves errantes, sed conversi estis nunc ad pastorem et episcopum animarum vestrarum.

sets trä, för att vi skulle dö bort från synderna och leva för rättfärdigheten, och genom hans sår haven I blivit helade. Ty I gingen vilse såsom får, men nu haven I vänt om till edra själars herde och biskop.

Graduale.
(Luk. 24:35. — Joh. 10:14.)

Alleluja, alleluja. Cognoverunt discipuli Dominum Jesum in fractione panis. Alleluja. Ego sum pastor bonus: et cognosco oves meas, et cognoscunt me meæ. Alleluja.

Alleluja, alleluja. Lärjungarna igenkände Jesus på brödets brytande. Alleluja. Jag är den gode herden, jag känner de mina, och de mina känna mig. Alleluja.

Evangelium.
(Joh. 10:11-16.)

Sequentia sancti Evangelii secundum Joannem. In illo tempore: Dixit Jesus pharisæis: Ego sum pastor bonus. Bonus pastor animam suam dat pro ovibus suis. Mercennarius autem, et qui non est pastor, cujus non sunt oves propriæ, videt lupum venientem, et dimittit oves, et fugit: et lupus rapit, et dispergit oves: mercen-

I den tiden sade Jesus till fariséerna: Jag är den gode herden. En god herde giver sitt liv för sina får. Men den lejde, som icke är herde och som fåren icke tillhöra, när han ser ulven komma, övergiver han fåren och flyr; och ulven rövar bort och förskingrar fåren. Den lejde flyr, emedan han är lejd och icke frågar

Andra söndagen efter Påsk

narius autem fugit; quia mercennarius est, et non pertinet ad eum de ovibus. Ego sum pastor bonus: et cognosco meas, et cognoscunt me meæ. Sicut novit me Pater, et ego agnosco Patrem: et animam meam pono pro ovibus meis. Et alias oves habeo, quæ non sunt ex hoc ovili: et illas oportet me adducere, et vocem meam audient, et fiet unum ovile et unus pastor.

efter fåren. Jag är den gode herden, jag känner de mina, och de mina känna mig, såsom Fadern känner mig och jag känner Fadern; och jag giver mitt liv för mina får. Jag har ock andra får, som icke äro av detta fårahus; också dem måste jag draga till mig, och de skola höra min röst; och det skall vara ett fårahus och en herde.

Offertorium.
(Ps. 62:2, 5.)

Deus, Deus meus, ad te de luce vigilo: et in nomine tuo levabo manus meas, alleluja.

Gud, min Gud, till dig vaknar jag i gryningen; och i ditt namn vill jag upplyfta mina händer. Alleluja.

Secreta.

Benedictionem nobis, Domine, conferat salutarem sacra semper oblatio: ut, quod agit mysterio, virtute perficiat. Per Dominum...

O Herre, må detta heliga offer meddela oss sin frälsande välsignelse, så att det, som verkas i hemlighet, må fulländas i kraft. Genom vår Herre...

Praefatio Paschalis.
(Sid. 273.)

Communio.
(Joh. 10:14.)

Ego sum pastor bonus, alleluja: et cognosco oves meas, et cognoscunt me meæ, alleluja, alleluja.	Jag är den gode herden, alleluja, och jag känner mina får, och de mina känna mig. Alleluja, alleluja.

Postcommunio.

Præsta nobis, quæsumus, omnipotens Deus: ut, vivificationis tuæ gratiam consequentes, in tua semper munere gloriemur. Per Dominum...	Förläna oss, vi bedja dig, allsmäktige Gud, att vi, som uppnå din livgivande nåd, alltid må kunna berömma oss av denna din gåva. Genom vår Herre...

Tredje söndagen efter Påsk.

Introitus.
(Ps. 65:1-2, 3.)

Jubilate Deo, omnis terra, alleluja: psalmum dicite nomini ejus, alleluja: date gloriam laudi ejus, alleluja, alleluja, alleluja. Dicite Deo, quam terribilia sunt opera tua, Domine! in multitudine virtutis tuæ mentientur tibi inimici tui. Gloria Patri... Jubilate Deo...	Höjen jubel till Gud, alla länder, alleluja! Lovsjungen hans namn, alleluja! Given honom ära och pris, alleluja, alleluja, alleluja! Prisen Gud: Huru fruktansvärda äro icke dina gärningar, o Herre! Inför din väldiga makt skola dina fiender söka undanflykter. Ära vare... Höjen jubel...

Tredje söndagen efter Påsk

Oratio.

Deus, qui errantibus, ut in viam possint redire justitiæ, veritatis tuæ lumen ostendis: da cunctis, qui christiana professione censentur, et illa respuere, quæ huic inimica sunt nomini; et ea, quæ sunt apta, sectari. Per Dominum...

O Gud, du, som för de vilsegångna uppenbarar din sannings ljus, att de må kunna återvända till rättfärdighetens väg, giv, att alla, som räknas till den kristna tron, både må avsky allt, som är stridande mot detta namn, och ivrigt söka det, som är därmed överensstämmande. Genom vår Herre...

Epistola.
(1 Petr. 2:11-19.)

Lectio Epistolæ beati Petri Apostoli. Carissimi: Obsecro vos tamquam advenas, et peregrinos abstinere vos a carnalibus desideriis, quæ militant adversus animam, conversationem vestram inter gentes habentes bonam: ut in eo, quod detrectant de vobis tamquam de malefactoribus, ex bonis operibus vos considerantes, glorificent Deum in die visitationis. Subjecti igitur estote omni humanæ creaturæ propter Deum: sive regi, quasi

Älskade, jag förmanar eder såsom främlingar och pilgrimer att taga eder tillvara för de köttsliga begärelser, som ligga i strid med själen; och föra en god vandel bland hedningarna, på det att dessa, om de i någon sak förtala eder såsom illgärningsmän, för edra goda gärningars skull må giva akt på eder och prisa Gud på besökelsens dag. Varen därför varje mänsklig ordning underdånig för Guds skull, vare sig det är konungen såsom den överste här-

præcellenti: sive ducibus, tamquam ab eo missis ad vindictam malefactorum, laudem vero bonorum: quia sic est voluntas Dei, ut benefacientes obmutescere faciatis imprudentium hominum ignorantiam: quasi liberi, et non quasi velamen habentes malitiæ libertatem, sed sicut servi Dei. Omnes honorate: fraternitatem diligite: Deum timete: regem honorificate. Servi, subditi estote in omni timore dominis, non tantum bonis et modestis, sed etiam dyscolis. Hæc est enim gratia: in Christo Jesu, Domino nostro.

skaren, eller det är ståthållarna, som ju äro sända av honom för att straffa dem, som göra vad ont är, och för att prisa dem, som göra vad gott är. Ty så är Guds vilja att I med goda gärningar skolen nedtysta oförståndiga och fåkunniga människor. I ären ju fria, men icke såsom sådana, vilka göra friheten till ondskans täckmantel, utan såsom Guds tjänare. Hedren alla, älsken bröderna, frukten Gud, ären konungen. I tjänare, underordnen eder edra herrar med all fruktan, icke allenast de goda och milda, utan också de nyckfulla. Ty detta är Guds nåde, i Jesus Kristus vår Herre.

Graduale.
(Ps. 110:9. — Luk. 24:46.)

Alleluja, alleluja. Redemptionem misit Dominus populo suo. Alleluja.
Oportebat pati Christum, et resurgere a mortuis: et ita intrare in gloriam suam. Alleluja.

Alleluja, alleluja. — Frälsning har Herren sänt till sitt folk. Alleluja.
Kristus måste lida och uppstå från de döda och så ingå i sin härlighet. Alleluja.

Evangelium.
(Joh. 16:16-22.)

Sequentia sancti Evangelii secundum Joannem. In illo tempore: Dixit Jesus discipulis suis: Modicum, et jam non videbitis me: et iterum modicum, et videbitis me: quia vado ad Patrem. Dixerunt ergo ex discipulis ejus ad invicem: Quid est hoc, quod dicit nobis: Modicum, et non videbitis me: et iterum modicum, et videbitis me, et quia vado ad Patrem? Dicebant ergo: Quid est hoc, quod dicit: Modicum? nescimus, quid loquitur. Cognovit autem Jesus, quia volebant eum interrogare, et dixit eis: De hoc quæritis inter vos quia dixi: Modicum, et non videbitis me: et iterum modicum, et videbitis me. Amen, amen, dico vobis: quia plorabitis et flebitis vos, mundus autem gaudebit: vos autem contristabimini, sed tristitia vestra

I den tiden sade Jesus till sina lärjungar: En liten tid, och I skolen icke mer se mig; och åter en liten tid, och I skolen få se mig; ty jag går till Fadern. Då sade några av hans lärjungar sinsemellan: Vad är detta, som han säger till oss: 'En liten tid, och I skolen icke se mig, och åter en liten tid, och I skolen få se mig', och: 'Jag går till Fadern'? De sade alltså: Vad är detta, som han säger: 'En liten tid'? Vi förstå icke, vad han talar. Då märkte Jesus, att de ville fråga honom, och han sade till dem: I talen med varandra om detta, som jag sade: En liten tid, och I skolen icke mer se mig, och åter en liten tid, och I skolen få se mig. Sannerligen, sannerligen säger jag eder: I skolen gråta och jämra eder, men världen skall glädjas; I skolen varda bedrövade, men eder bedrövelse skall vändas i

vertetur in gaudium. Mulier cum parit, tristitiam habet, quia venit hora ejus: cum autem pepererit puerum, jam non meminit pressuræ propter gaudium, quia natus est homo in mundum. Et vos igitur nunc quidem tristitiam habetis, iterum autem videbo vos, et gaudebit cor vestrum: et gaudium vestrum nemo tollet a vobis.

glädje. När en kvinna föder barn, har hon bedrövelse, ty hennes stund är kommen; men när hon har fött barnet, kommer hon icke mer ihåg sin vedermöda, ty hon gläder sig över, att en människa är född till världen. Så haven ock I nu bedrövelse; men jag skall se eder åter, och då skola edra hjärtan glädjas, och ingen skall taga eder glädje ifrån eder.

Offertorium.
(Ps. 145:2.)

Lauda, anima mea, Dominum: laudabo Dominum in vita mea: psallam Deo meo, quamdiu ero, alleluja.

Lova Herren, min själ. Jag skall lova Herren i hela mitt liv. Jag skall prisa min Gud, så länge jag är till. Alleluja.

Secreta.

His nobis, Domine, mysteriis conferatur, quo, terrena desideria mitigantes, discamus amare cælestia. Per Dominum...

Giv oss, o Herre, genom dessa hemligheter, att vi må tämja de jordiska begären och lära oss älska det himmelska. Genom vår Herre...

Praefatio Paschalis.
(Sid. 273.)

Communio.
(Joh. 16:16.)

Modicum, et non videbitis me, alleluja: iterum modicum, et videbitis me, quia vado ad Patrem, alleluja, alleluja.

En liten tid, och I skolen icke se mig; och åter en liten tid, och I skolen få se mig; ty jag går till Fadern, alleluja, alleluja.

Postcommunio.

Sacramenta quæ sumpsimus, quæsumus, Domine: et spiritualibus nos instaurent alimentis, et corporalibus tueantur auxiliis. Per Dominum...

Vi bedja dig, o Herre, låt sakramenten, som vi hava åtnjutit, både vederkvicka oss med andlig näring och förläna oss lekamlig hjälp. Genom vår Herre...

Fjärde söndagen efter Påsk.

Introitus.
(Ps. 97:1, 2, 1.)

Cantate Domino canticum novum, alleluja: quia mirabilia fecit Dominus, alleluja: ante conspectum gentium revelavit justitiam suam, alleluja, alleluja, alleluja.
Salvavit sibi dextera ejus: et brachium sanctum ejus.
Gloria Patri...
Cantate Domino...

Sjungen Herren en ny sång, alleluja. Ty Herren har gjort underbara ting, alleluja. I folkens åsyn har han uppenbarat sin rättfärdighet, alleluja, alleluja, alleluja.
Han har vunnit seger med sin högra hand och med sin heliga arm.
Ära vare...
Sjungen Herren...

Oratio.

Deus, qui fidelium mentes unius efficis voluntatis: da populis tuis id amare quod præcipis, id desiderare quod promittis; ut inter mundanas varietates ibi nostra fixa sint corda, ubi vera sunt gaudia. Per Dominum...

Gud, du, som verkar att de troendes själar förenas i en enda vilja, förläna ditt folk att älska, vad du har befallt, och åstunda, vad du har utlovat, på det att våra hjärtan mitt i denna ombytliga värld må hava sitt fäste där, varest den sanna glädjen finnes. Genom vår Herre...

Epistola.
(Jak. 1:17-21.)

Lectio Epistolæ beati Jacobi Apostoli. Carissimi: Omne datum optimum, et omne donum perfectum desursum est, descendens a Patre luminum, apud quem non est transmutatio nec vicissitudinis obumbratio. Voluntarie enim genuit nos verbo veritatis, ut simus initium aliquod creaturæ ejus. Scitis, fratres mei dilectissimi. Sit autem omnis homo velox ad audiendum: tardus autem ad loquendum, et tardus ad iram. Ira enim viri justitiam Dei non ope-

Älskade, varje god gåva och varje fullkomlig skänk är ovanifrån och kommer ned från ljusets Fader, i vilken ingen förändring finnes och ingen växling av ljus och mörker. Ty efter sin egen fria vilja har han fött oss genom sanningens ord, för att vi skulle vara förstlingar bland hans skapade varelser. Det veten I, mina älskade bröder. Men varje människa vare snar till att höra och sen till att tala och sen till vrede. Ty en mans vrede verkar icke det, som är rättfärdigt in-

Fjärde söndagen efter Påsk

ratur. Propter quod abjicientes omnem immunditiam et abundantiam malitiæ, in mansuetudine suscipite insitum verbum, quod potest salvare animas vestras.

för Gud. Läggen därför bort all orenhet och ondskans myckenhet och mottagen med saktmod det ord, som är utsått i eder och som kan frälsa edra själar.

Graduale.
(Ps. 117:16. — Rom. 6:9.)

Alleluja, alleluja. Dextera Domini fecit virtutem: dextera Domini exaltavit me. Alleluja. Christus resurgens ex mortuis jam non moritur: mors illi ultra non dominabitur. Alleluja.

Alleluja, alleluja. Herrens högra hand har gjort mäktiga ting; Herrens högra hand har upphöjt mig. Alleluja. Kristus, sedan han uppståtт från de döda, dör icke mer; döden har över honom icke mera någon makt. Alleluja.

Evangelium.
(Joh. 16:5-14.)

Sequentia sancti Evangelii secundum Joannem. In illo tempore: Dixit Jesus discipulis suis: Vado ad eum, qui misit me: et nemo ex vobis interrogat me: Quo vadis? Sed quia hæc locutus sum vobis, tristitia implevit cor vestrum. Sed ego veritatem dico vobis: expedit vobis, ut ego

I den tiden sade Jesus till sina lärjungar: Jag går till honom, som har sänt mig, och ingen av eder frågar mig: Vart går du? Men edra hjärtan äro uppfyllda av bedrövelse, därför att jag har sagt eder detta. Dock säger jag eder sanningen: Det är nyttigt för eder, att jag går bort; ty

vadam: si enim non abiero, Paraclitus non veniet ad vos: si autem abiero, mittam eum ad vos. Et cum venerit ille, arguet mundum de peccato, et de justitia, et de judicio. De peccato quidem, quia non crediderunt in me: de justitia vero, quia ad Patrem vado, et jam non videbitis me: de judicio autem, quia princeps hujus mundi jam judicatus est. Adhuc multa habeo vobis dicere: sed non potestis portare modo. Cum autem venerit ille Spiritus veritatis, docebit vos omnem veritatem. Non enim loquetur a semetipso: sed quæcumque audiet, loquetur, et quæ ventura sunt, annuntiabit vobis. Ille me clarificabit: quia de meo accipiet, et annuntiabit vobis.

om jag icke ginge bort, skulle Hugsvalaren icke komma till eder; men då jag nu går bort, skall jag sända honom till eder. Och när han kommer, skall han låta världen få veta sanningen om synd, rättfärdighet och dom: om synd, ty de hava icke trott på mig; om rättfärdighet, ty jag går till Fadern och I sen mig icke mera; och om dom, ty denna världens furste är redan dömd. Jag har ännu mycket att säga eder, men nu kunnen I icke bära det. Men när han kommer, sanningens Ande, skall han lära eder all sanning; ty han skall icke tala av sig själv, utan vad han hör, det skall han tala; och han skall förkunna för eder vad komma skall. Han skall förhärliga mig: ty han skall taga av mitt och förkunna det för eder.

Offertorium.
(Ps. 65:1-2, 16.)

Jubilate Deo, universa terra, psalmum di-

Höjen jubel till Gud, alla länder, lovsjungen

Fjärde söndagen efter Påsk

cite nomini ejus: venite et audite, et narrabo vobis, omnes qui timetis Deum, quanta fecit Dominus animæ meæ, alleluja.

hans namn! Kommen och hören, och jag skall förkunna för eder alla, som frukten Gud, vad stort Herren har gjort min själ. Alleluja.

Secreta.

Deus, qui nos, per hujus sacrificii veneranda commercia, unius summæ divinitatis participes effecisti: præsta, quæsumus; ut, sicut tuam cognoscimus veritatem, sic eam dignis moribus assequamur. Per Dominum nostrum...

Gud, du, som genom deltagandet i detta tillbedjansvärda offer har gjort oss delaktiga av din ena och odelbara Gudoms härlighet, förläna, vi bedja dig, att vi, liksom vi lärt känna din sanning, också må följa densamma i en värdig vandel. Genom vår Herre...

Praefatio Paschalis.
(Sid. 273.)

Communio.
(Joh. 16:8.)

Cum venerit Paraclitus Spiritus veritatis, ille arguet mundum de peccato, et de justitia, et de judicio, alleluja, alleluja.

När Hugsvalaren kommer, sanningens Ande, skall han överbevisa världen om synd, om rättfärdighet och om dom. Alleluja, alleluja.

Postcommunio.

Adesto nobis, Domine, Deus noster: ut

Var oss nära, Herre vår Gud, att vi genom

per hæc, quæ fideliter sumpsimus, et purgemur a vitiis et a periculis omnibus eruamur. Per Dominum...

dessa gåvor, som vi med levande tro hava åtnjutit, både måtte renas från laster och befrias från alla faror. Genom vår Herre...

Femte söndagen efter Påsk.

Introitus.
(Jes. 48:20. — Ps. 65:1-2.)

Vocem jucunditatis annuntiate, et audiatur, alleluja: annuntiate usque ad extremum terræ: liberavit Dominus populum suum, alleluja, alleluja.
Jubilate Deo, omnis terra psalmum dicite nomini ejus: date gloriam laudi ejus.
Gloria Patri...
Vocem jucunditatis...

Förkunnen glädjens budskap och låten det höras. Alleluja. Förkunnen till jordens yttersta gränser: Herren har befriat sitt folk. Alleluja, alleluja.
I Gud må fröjdas hela jorden; sjungen lovsång till hans namn; prisen hans härlighet.
Ära vare...
Förkunnen glädjens budskap...

Oratio.

Deus, a quo bona cuncta procedunt, largire supplicibus tuis: ut cogitemus, te inspirante, quæ recta sunt; et, te gubernante, eadem faciamus. Per Dominum...

Gud, du, från vilken allt gott utgår, giv oss, dina ödmjuka bedjare, att vi under din ingivelse må tänka, vad som är rätt, och under din ledning handla därefter. Genom vår Herre...

Femte söndagen efter Påsk

Epistola.
(Jak. 1:22-27.)

Lectio Epistolæ beati Jacobi Apostoli. Carissimi: Estote factores verbi, et non auditores tantum: fallentes vosmetipsos. Quia si quis auditor est verbi, et non factor: hic comparabitur viro consideranti vultum nativitatis suæ in speculo: consideravit enim se, et abiit, et statim oblitus est, qualis fuerit. Qui autem perspexerit in legem perfectam libertatis, et permanserit in ea, non auditor obliviosus factus, sed factor operis: hic beatus in facto suo erit. Si quis autem putat se religiosum esse, non refrenans linguam suam, sed seducens cor suum, hujus vana est religio. Religio munda et immaculata apud Deum et Patrem, hæc est: Visitare pupillos et viduas in tribulatione eorum, et immaculatum se custodire ab hoc sæculo.

Älskade, varen ordets görare och icke endast dess hörare, eljest bedragen I eder själva. Ty om någon är ordets hörare och icke dess görare, så liknar han en man, som betraktar sitt ansikte i en spegel; när han betraktat sig och gått sin väg, då glömmer han genast, hurudan han var. Men den, som skådar in i frihetens fullkomliga lag och förbliver därvid, och icke är en glömsk hörare, utan en gärningens görare, han varder salig i sin gärning. Om någon menar sig dyrka Gud men icke tyglar sin tunga, utan bedrager sitt hjärta, så är hans gudsdyrkan fåfäng. En ren och obesmittad gudsdyrkan inför Gud och Fadern är detta: att besöka föräldralösa och änkor i deras betryck och hålla sig obesmittad av världen.

Graduale.
(Joh. 16:28.)

Alleluja, alleluja. Surrexit Christus, et illuxit nobis, quos redemit sanguine suo. Alleluja. Exivi a Patre, et veni in mundum: iterum relinquo mundum, et vado ad Patrem. Alleluja.

Alleluja, alleluja. Kristus är uppstånden och har sänt ljus över oss, som han återlöst med sitt blod. Alleluja. Jag har utgått från Fadern och har kommit i världen. Åter lämnar jag världen och går till Fadern. Alleluja.

Evangelium.
(Joh. 16:23-30.)

Sequentia sancti Evangelii secundum Joannem. In illo tempore: Dixit Jesus discipulis suis: Amen, amen, dico vobis: si quid petieritis Patrem in nomine meo, dabit vobis. Usque modo non petistis quidquam in nomine meo: Petite, et accipietis, ut gaudium vestrum sit plenum. Hæc in proverbiis locutus sum vobis. Venit hora, cum jam non in proverbiis loquar vobis, sed palam de Patre annuntiabo vobis. In illo die in nomine meo petetis: et non dico vobis, quia ego rogabo Patrem de vobis: ipse

I den tiden sade Jesus till sina lärjungar: Sannerligen, sannerligen säger jag eder: Om I bedjen Fadern om något i mitt namn, skall han giva eder det. Hittills haven I icke bett om något i mitt namn. Bedjen och I skolen få, på det att eder glädje må vara fullkomlig. Detta har jag talat till eder i liknelser. Den tid kommer, då jag icke mer skall tala till eder i liknelser, utan öppet förkunna för eder om Fadern. På den dagen skolen I bedja i mitt namn; och jag säger eder icke, att jag skall bedja Fadern för eder,

Femte söndagen efter Påsk

enim Pater amat vos, quia vos me amastis, et credidistis, quia ego a Deo exivi. Exivi a Patre, et veni in mundum: iterum relinquo mundum, et vado ad Patrem. Dicunt ei discipuli ejus: Ecce, nunc palam loqueris, et proverbium nullum dicis. Nunc scimus, quia scis omnia, et non opus est tibi, ut quis te interroget: in hoc credimus, quia a Deo existi.

ty Fadern själv älskar eder, eftersom I haven älskat mig och trott, att jag har utgått från Gud. Jag har utgått från Fadern och har kommit i världen; åter lämnar jag världen och går till Fadern. Då sade hans lärjungar till honom: Se, nu talar du öppet och säger ingen liknelse. Nu veta vi, att du vet allt och att ingen först behöver fråga dig; därför tro vi, att du är utgången från Gud.

Offertorium.
(Ps. 65:8-9, 20.)

Benedicite, gentes, Dominum, Deum nostrum, et obaudite vocem laudis ejus: qui posuit animam meam ad vitam, et non dedit commoveri pedes meos: benedictus Dominus, qui non amovit deprecationem meam et misericordiam suam a me, alleluja.

Prisen, I folk, Herren, vår Gud, och lyssnen till ljudet av hans lov; han, som har beskärt liv åt min själ och icke låter mina fötter slinta. Välsignad vare Herren, som icke har förkastat min bön och icke vänt sin barmhärtighet från mig. Alleluja.

Secreta.

Suscipe, Domine, fidelium preces cum oblationibus hostiarum: ut,

Mottag, o Herre, de troendes böner tillika med de framburna of-

per hæc piæ devotionis officia, ad cælestem gloriam transeamus. Per Dominum...

fergåvorna, på det att vi, genom dessa den fromma andaktens handlingar, må vandra till den himmelska härligheten. Genom vår Herre...

Praefatio Paschalis.
(Sid. 273.)

Communio.
(Ps. 95:2.)

Cantate Domino, alleluja: cantate Domino et benedicite nomen ejus: bene nuntiate de die in diem salutare ejus, alleluja, alleluja.

Sjungen för Herren, alleluja; sjungen för Herren och prisen hans namn. Förkunnen från dag till dag hans frälsning. Alleluja, alleluja.

Postcommunio.

Tribue nobis, Domine, cælestis mensæ virtute satiatis: et desiderare, quæ recta sunt, et desiderata percipere. Per Dominum nostrum...

Förunna, o Herre, oss, som du har mättat med kraften från ditt himmelska bord, både att åstunda det, som är rätt, och att vinna, vad vi åstunda. Genom vår Herre...

Kristi Himmelsfärdsdag.

Introtus.
(Apg. 1:11. — Ps. 46:2)

Viri Galilæi, quid admiramini aspicientes in cælum? alleluja: quemadmodum vidistis eum ascendentem in cælum, ita veniet, alleluja, alleluja, alleluja.
Omnes gentes, plaudite manibus: jubilate Deo in voce exsultationis.
Gloria Patri...
Viri Galilæi...

I män från Galiléen, varför skåden I fulla av häpnad upp mot himmelen? Alleluja. Såsom I haven sett honom uppfara till himmelen, på samma sätt skall han återkomma. Alleluja, alleluja, alleluja.
Klappen i händerna, alla folk; jublen inför Gud med fröjdefull röst.
Ära vare Fadern...
I män från Galiléen...

Oratio.

Concede, quæsumus, omnipotens Deus: ut,

Förunna oss nådigt, allsmäktige Gud, att vi,

qui hodierna die Unigenitum tuum, Redemptorem nostrum, ad cælos ascendisse credimus; ipsi quoque mente in cælestibus habitemus. Per eumdem Dominum...

som tro, att din enfödde Son, vår återlösare, på denna dag uppfarit till himmelen, själva med våra hjärtan må vistas i himmelen. Genom samme vår Herre...

Epistola.
(Apg. 1:1 11.)

Lectio Actuum Apostolorum. Primum quidem sermonem feci de omnibus, o Theophile, quæ cœpit Jesus facere et docere usque in diem, qua, præcipiens Apostolis per Spiritum Sanctum, quos elegit, assumptus est: quibus et præbuit seipsum vivum post passionem suam in multis argumentis, per dies quadraginta apparens eis et loquens de regno Dei. Et convescens, præcepit eis, ab Jerosolymis ne discederent, sed exspectarent promissionem Patris, quam audistis (inquit) per os meum: quia Joannes quidem baptizavit aqua, vos autem baptizabi-

I min första berättelse, o Teofilus, har jag talat om allt, vad Jesus gjorde och lärde ifrån begynnelsen ända till den dagen, då han blev upptagen, sedan han genom den Helige Ande givit sina uppdrag åt de apostlar, vilka han utvalt. Efter sitt lidande hade han givit dem många säkra bevis på att han levde; ty under fyrtio dagar visade han sig för dem och talade om Guds rike. Medan han nu åt med dem, tillsade han dem att icke lämna Jerusalem, utan förbida Faderns löfte, om vilket I, sade han, haven hört av min mun. Ty Johannes döpte med vatten, men I skolen döpas med den Helige

Kristi Himmelsfärdsdag

mini Spiritu Sancto non post multos hos dies. Igitur qui convenerant, interrogabant eum, dicentes: Domine, si in tempore hoc restitues regnum Israel? Dixit autem eis: Non est vestrum nosse tempora vel momenta, quæ Pater posuit in sua potestate: sed accipietis virtutem supervenientis Spiritus Sancti in vos, et eritis mihi testes in Jerusalem, et in omni Judæa, et Samaria, et usque ad ultimum terræ. Et cum hæc dixisset, videntibus illis, elevatus est, et nubes suscepit eum ab oculis eorum. Cumque intuerentur in cælum euntem illum, ecce, duo viri astiterunt juxta illos in vestibus albis, qui et dixerunt: Viri Galilæi, quid statis aspicientes in cælum? Hic Jesus, qui assumptus est a vobis in cælum, sic veniet, quemadmodum vidistis eum euntem in cælum.

Ande icke många dagar härefter. De, som voro församlade, frågade honom då och sade: Herre, skall du i denna tid återupprätta Israels rike? Han svarade dem: Det tillkommer icke eder att veta tider eller stunder, som Fadern i sin makt har fastställt. Men I skolen undfå den Helige Andes kraft från ovan och varda mina vittnen i Jerusalem och i hela Judéen och Samarien och ända till jordens gränser. Och då han hade sagt detta, upptogs han inför deras ögon, och en sky tog honom bort ur deras åsyn. Och då de sågo efter honom, under det han uppfor till himmelen, se, då stodo hos dem två män i vita kläder, och dessa sade: I män från Galiléen, varför stån I och sen upp mot himmelen? Denne Jesus, som har blivit upptagen från eder till himmelen, han skall återkomma på samma sätt, som I haven sett honom fara upp till himmelen.

Påsktiden

Graduale.
(Ps. 46:6. — Ps. 67:18-19.)

Alleluja, alleluja. Ascendit Deus in jubilatione, et Dominus in voce tubæ. Alleluja.

Dominus in Sina in sancto, ascendens in altum, captivam duxit captivitatem. Alleluja.

Alleluja, alleluja. Uppfaren är Gud under fröjderop, och Herren under basunens klang. Alleluja.

Herren är på Sinai i helgedomen; då han for upp i höjden, förde han de fångna bort med sig. Alleluja.

Evangelium.
(Mark. 16:14-20.)

Sequentia sancti Evangelii secundum Marcum. In illo tempore: Recumbentibus undecim discipulis, apparuit illis Jesus: et exprobravit incredulitatem eorum et duritiam cordis: quia iis, qui viderant eum resurrexisse, non crediderunt. Et dixit eis: Euntes in mundum universum, prædicate Evangelium omni creaturæ. Qui crediderit et baptizatus fuerit, salvus erit: qui vero non crediderit, condemnabitur. Signa autem eos, qui crediderint, hæc sequentur: In

I den tiden uppenbarade sig Jesus för de elva, medan de sutto till bords; och han förebrådde dem deras otro och deras hjärtas hårdhet, eftersom de icke hade trott dem, som sett honom vara uppstånden. Och han sade till dem: Gån ut i hela världen och prediken Evangeliet för hela skapelsen. Den som tror och bliver döpt, han skall bliva frälst, men den som icke tror, han skall bliva fördömd. Och dessa tecken skola åtfölja dem som tro: de skola i mitt namn utdriva onda andar; de skola tala nya tungo-

Kristi Himmelsfärdsdag

nomine meo dæmonia ejicient: linguis loquentur novis: serpentes tollent: et si mortiferum quid biberint, non eis nocebit: super ægros manus imponent, et bene habebunt. Et Dominus quidem Jesus, postquam locutus est eis, assumptus est in cælum, et sedet a dextris Dei. Illi autem profecti, prædicaverunt ubique, Domino cooperante et sermonem confirmante, sequentibus signis.

mål; ormar skola de taga med händerna; och om de dricka något dödande gift, skall det icke skada dem; de skola lägga händerna på sjuka, och dessa skola bliva helbrägda. Då nu Herren Jesus hade talat med dem, blev han upptagen i himmelen och sitter på Guds högra sida. Men de gingo ut och predikade allestädes, och Herren verkade med dem och stadfäste ordet genom under och tecken, som åtföljde det.

Offertorium.
(Ps. 46:6.)

Ascendit Deus in jubilatione, et Dominus in voce tubæ, alleluja.

Uppfaren är Gud under fröjderop, och Herren under basunens klang. Alleluja.

Secreta.

Suscipe, Domine, munera, quæ pro Filii tui gloriosa Ascensione deferimus: et concede propitius; ut a præsentibus periculis liberemur, et ad vitam perveniamus æternam. Per eundem Dominum nostrum...

Mottag, o Herre, de gåvor, som vi frambära för att fira din Sons härliga himmelsfärd, och förunna oss nådigt att befrias från närvarande faror och uppnå evigt liv. Genom samme vår Herre...

Praefatio Ascensionis.

Vere dignum et justrum est æquum et salutare, nos tibi semper et ubique gratias agere: Domine sancte, Pater omnipotens, æterne Deus: per Christum, Dominum nostrum. Qui post resurrectionem suam omnibus discipulis suis manifestus apparuit et, ipsis cernentibus, est elevatus in cælum ut nos divinitatis suæ tribueret esse participes. Et ideo cum Angelis et Archangelis, cum Thronis et Dominationibus cumque omni militia cælestis exercitus hymnum gloriæ tuæ canimus, sine fine dicentes:

Det är i sanning tillbörligt och rätt, riktigt och gagneligt att vi alltid och allestädes tacka dig, helige Herre allsmäktige Fader, genom Kristus vår Herre, som efter sin uppståndelse visade sig uppenbarligen för alla sina lärjungar och i deras åsyn uppfor till himmelen för att förläna oss delaktighet uti sin gudom. Därför sjunga vi med änglar och ärkeänglar, med troner och herradömen och med hela den himmelska härskaran din härlighets lov, i det vi oavlåtligen säga:

Communio.
(Ps. 67:33-34.)

Psallite Domino, qui ascendit super cælos cælorum ad Orientem, alleluja.

Lovsjungen Herren, som är uppfaren över himlarnas himmel mot öster. Alleluja.

Postcommunio.

Præsta nobis, quæsumus, omnipotens et misericors Deus: ut, quæ visibilibus myste-

Förläna oss nådeligen, allsmäktige och barmhärtige Gud, att det, som vi under syn-

Söndagen efter Kristi Himmelsfärdsdag

riis sumenda percepimus, invisibili consequamur effectu. Per Dominum...

liga sakrament mottagit, må bära i oss sin osynliga frukt. Genom vår Herre...

Söndagen efter Kristi Himmelsfärdsdag.

Introitus.

(Ps. 26.7, 8, 9, 1.)

Exaudi, Domine, vocem meam, qua clamavi ad te, alleluja: tibi dixit cor meum, quæsivi vultum tuum, vultum tuum, Domine, requiram: ne avertas faciem tuam a me, alleluja, alleluja. Dominus illuminatio mea, et salus mea: quem timebo? Gloria Patri... Exaudi, Domine...

Lyssna, Herre, till min röst, varmed jag ropat till dig. Alleluja. Till dig sade mitt hjärta: jag har sökt ditt ansikte; till ditt ansikte, o Herre, längtar jag; vänd dig icke ifrån mig. Alleluja, alleluja. Herren är mitt ljus och min frälsning; vem skall jag då frukta? Ära vare... Lyssna, Herre...

Oratio.

Omnipotens sempiterne Deus: fac nos tibi semper et devotam gerere voluntatem; et majestati tuæ sincero corde servire. Per Dominum...
Concede, quæsumus, omnipotens Deus: ut, qui hodierna die Unigenitum tuum, Redemptorem nostrum ad cœ-

Allsmäktige, evige Gud, verka i oss att alltid bevara en dig hängiven vilja och att tjäna ditt majestät med uppriktigt hjärta. Genom vår Herre...
Förunna oss nådigt, allsmäktige Gud, att vi, som tro, att din enfödde Son, vår återlösare, på denna dag uppfarit till

los ascendisse credimus; ipsi quoque mente in cœlestibus habitemus. Per eundem Dominum...

himmelen, själva med våra hjärtan må vistas däruppe. Genom samme vår Herre...

Epistola.
(1 Petr. 4:7-11.)

Lectio Epistolæ beati Petri Apostoli. Carissimi: Estote prudentes et vigilate in orationibus. Ante omnia autem, mutuam in vobismetipsis caritatem continuam habentes: quia caritas operit multitudinem peccatorum. Hospitales invicem sine murmuratione: unusquisque, sicut accepit gratiam, in alterutrum illam administrantes, sicut boni dispensatores multiformis gratiæ Dei. Si quis loquitur, quasi sermones Dei: si quis ministrat, tamquam ex virtute, quam administrat Deus: ut in omnibus honorificetur Deus per Jesum Christum, Dominum nostrum.

Älskade, varen kloka och vaksamma i bön. Men framför allt bevaren ständigt eder kärlek till varandra; ty kärleken överskyler en myckenhet av synder. Varen gästvänliga mot varandra utan knot. Tjänen varandra, var och en med den gåva han fått, såsom goda förvaltare av Guds mångfaldiga nåd. Om någon talar, så vare hans tal i enlighet med Guds ord; om någon har en tjänst, så sköte han den efter måttet av den kraft, som Gud förlänar, på det att Gud må förhärligas i allting genom Jesus Kristus, vår Herre.

Graduale.
(Ps. 46:9. — Joh. 14:18.)

Alleluja, alleluja. Regnavit Dominus super

Alleluja, alleluja. Herren härskar över alla

Söndagen efter Kristi Himmelsfärdsdag

omnes gentes: Deus sedet super sedem sanctam suam. Alleluja. Non vos relinquam orphanos: vado, et venio ad vos, et gaudebit cor vestrum. Alleluja.

folk; Gud sitter på sin heliga tron. Alleluja. Jag skall icke lämna eder faderlösa; jag går bort och kommer åter till eder, och edert hjärta skall glädjas. Alleluja.

Evangelium.
(Joh. 15 26-27; 16:1-4.)

Sequentia sancti Evangelii secundum Joannem. In illo tempore: Dixit Jesus discipulis suis: Cum venerit Paraclitus, quem ego mittam vobis a Patre, Spiritum veritatis, qui a Patre procedit, ille testimonium perhibebit de me: et vos testimonium perhibebitis, quia ab initio mecum estis. Hæc locutus sum vobis, ut non scandalizemini. Absque synagogis facient vos: sed venit hora, ut omnis, qui interficit vos, arbitretur obsequium se præstare Deo. Et hæc facient vobis, quia non noverunt Patrem, neque me. Sed hæc locutus sum vobis: ut, cum venerit hora eorum, reminiscamini, quia ego dixi vobis.

I den tiden sade Jesus till sina lärjungar: När Hugsvalaren kommer, vilken jag skall sända eder från Fadern, sanningens Ande, som utgår från Fadern, skall han vittna om mig. Även I skolen vittna, ty I haven varit med mig från begynnelsen. Detta har jag talat till eder, för att I icke skolen taga anstöt. Man skall utstöta eder ur synagogorna; ja, den tid kommer, då var och en, som dräper eder, skall mena sig göra Gud en tjänst. Och så skola de handla mot eder, därför att de icke känna Fadern, ej heller mig. Detta har jag talat till eder, för att I, när tiden är inne, skolen komma ihåg, att jag har sagt eder det.

Offertorium.
(Ps. 46:6.)

Ascendit Deus in jubilatione, et Dominus in voce tubæ, alleluja.

Uppfaren är Gud under fröjderop, och Herren under basunens klang. Alleluja.

Secreta.

Sacrificia nos, Domine, immaculata purificent: et mentibus nostris supernæ gratiæ dent vigorem. Per Dominum...

Suscipe, Domine, munera, quæ pro Filii tui gloriosa Ascensione deferimus: et concede propitius: ut a præsentibus periculis liberemur, et ad vitam perveniamus æternam. Per eundem Dominum...

Låt, Herre, detta obesmittade offer rena oss och åt våra själar från ovan giva nådens livskraft. Genom vår Herre...

Mottag, o Herre, de gåvor, som vi frambära för att fira din Sons härliga himmelsfärd, och förunna oss nådigt att befrias från närvarande faror och uppnå evigt liv. Genom samme vår Herre...

Praefatio Ascensionis.
(Sid. 350.)

Communio.
(Joh. 17:12-13, 15.)

Pater, cum essem cum eis, ego servabam eos, quos dedisti mihi, alleluja: nunc autem ad te venio: non rogo, ut tollas eos de mun-

Fader, då jag var med dem, bevarade jag dem, som du har givit mig. Alleluja. Men nu kommer jag till dig. Jag beder icke, att du tager dem bort från

Söndagen efter Kristi Himmelsfärdsdag

do, sed ut serves eos a malo, alleluja, alleluja.

denna världen, men att du bevarar dem från det onda. Alleluja, alleluja.

Postcommunio.

Repleti, Domine, muneribus sacris: da, quæsumus; ut in gratiarum semper actione maneamus. Per Dominum...
Præsta nobis, quæsumus, omnipotens et misericors Deus: ut quæ visibilibus mysteriis sumenda percepimus, invisibili consequamur effectu. Per Dominum...

Uppfyllda, o Herre, av dessa heliga gåvor, bedja vi: giv, att vi städse må framhärda i tacksägelse. Genom vår Herre...
Förläna oss nådeligen, allsmäktige och barmhärtige Gud, att det, som vi under synliga sakrament mottagit, i oss må bära sin osynliga frukt. Genom vår Herre...

Pingstdagen.

Introitus.
(Vish. 1:7. — Ps. 67:2.)

Spiritus Domini replevit orbem terrarum, alleluja: et hoc quod continet omnia, scientiam habet vocis, alleluja, alleluja, alleluja.
Exsurgat Deus, et dissipentur inimici ejus: et fugiant, qui oderunt eum, a facie ejus.
Gloria Patri...
Spiritus Domini...

Herrens Ande uppfyller jordens krets, alleluja; och Han, som omfattar allt, förnimmer och tyder varje ljud. Alleluja, alleluja, alleluja.
Må Gud resa sig, och hans fiender skola skingras; och de, som hata honom, skola fly för hans ansikte.
Ära vare...
Herrens Ande...

Oratio.

Deus, qui hodierna die corda fidelium Sancti

O Gud, som på denna dag genom den He-

Pingstdagen

Spiritus illustratione docuisti: da nobis in eodem Spiritu recta sapere; et de ejus semper consolatione gaudere. Per Dominum... in unitate ejusdem...

lige Andes upplysning undervisat de troendes hjärtan, giv oss, att vi i samme Ande må förstå vad som är rätt, och alltid få glädja oss åt hans hugsvalelse. Genom vår Herre...

Epistola.
(Apg. 2:1-11.)

Lectio Actuum Apostolorum. Cum complerentur dies Pentecostes, erant omnes discipuli pariter in eodem loco: et factus est repente de cælo sonus, tamquam advenientis spiritus vehementis: et replevit totam domum ubi erant sedentes. Et apparuerunt illis dispertitæ linguæ tamquam ignis, seditque supra singulos eorum: et repleti sunt omnes Spiritu Sancto, et cœperunt loqui variis linguis, prout Spiritus Sanctus dabat eloqui illis. Erant autem in Jerusalem habitantes Judæi, viri religiosi ex omni natione, quæ sub cælo est. Facta autem hac voce, convenit multitudo, et mente confu-

När pingstdagen hade ingått, voro alla lärjungarna endräktigt församlade. Då kom plötsligt från himmelen ett dån såsom av en våldsamt framfarande storm, och det uppfyllde hela huset, där de sutto. Och tungor såsom av eld visade sig för dem, och de fördelade sig och stannade över var och en av dem; och de uppfylldes alla av den Helige Ande och började tala på olika tungomål, allt eftersom den Helige Ande ingav dem att tala. Och i Jerusalem bodde judar, gudfruktiga män av alla folk under himmelen. Då nu dånet hördes, strömmade mängden till-

sa est, quoniam audiebat unusquisque lingua sua illos loquentes. Stupebant autem omnes, et mirabantur, dicentes: Nonne ecce omnes isti, qui loquuntur, Galilæi sunt? Et quomodo nos audivimus unusquisque linguam nostram, in qua nati sumus? Parthi et Medi et Ælamitæ et qui habitant Mesopotamiam, Judæam et Cappadociam, Pontum et Asiam, Phrygiam et Pamphyliam, Ægyptum et partes Libyæ, quæ est circa Cyrenen, et advenæ Romani, Judæi quoque et Proselyti, Cretes et Arabes: audivimus eos loquentes nostris linguis magnalia Dei.

sammans; och det blev stor förvirring, ty var och en hörde dem tala på sitt eget språk. Och alla häpnade, förundrade sig och sade: Se, äro icke alla dessa, som tala, galiléer? Hur höra vi då, var och en vårt eget modersmål? Parter, meder, elamiter och de, som bo i Mesopotamien, Judéen, Kappadocien, Pontus och Asien, i Frygien och Pamfylien, i Egypten och i de trakter av Libyen, som gränsa till Cyrene, och främlingar från Rom, judar och proselyter, kreter och araber: alla höra vi dem på våra egna tungomål tala om Guds väldiga gärningar.

Graduale
(Ps. 103:30.)

Alleluja, alleluja. Emitte Spiritum tuum, et creabuntur, et renovabis faciem terræ. Alleluja.
Veni, Sancte Spiritus, reple tuorum corda fidelium: et tui amoris in eis ignem accende.

Alleluja, alleluja. Sänd ut din Ande, och allt skall varda nyskapat, och du skall förnya jordens ansikte. Alleluja.
Kom, Helige Ande, uppfyll dina troendes hjärtan och upptänd i dem din kärleks eld.

Pingstdagen

Sequentia.

Veni, Sancte Spiritus, et emitte cælitus lucis tuæ radium.

Veni, pater pauperum; veni, dator munerum; veni, lumen cordium.

Consolator optime, dulcis hospes animæ, dulce refrigerium.

In labore requies, in æstu temperies, in fletu solacium.

O lux beatissima, reple cordis intima tuorum fidelium.

Sine tuo numine nihil est in homine, nihil est innoxium.

Lava quod est sordidum, riga quod est aridum, sana quod est saucium.

Flecte quod est rigidum, fove quod est frigidum, rege quod est devium.

Da tuis fidelibus, in te confidentibus, sacrum septenarium.

Da virtutis meritum

Kom, du Helge Ande god, sänd till oss från himlen ned strålar av din gudoms glans.

Kom, de armas fader mild, du, som goda gåvor ger. Kom, du hjärtats sanna ljus.

Du, som högsta tröst beskär, kom, du själens ljuva gäst, du, som mild hugsvalan är.

Du i mödan vila ger, svalkar middagshettans glöd, mildrar sorgens bitterhet.

O, du salighetens ljus, dina trognas hjärtan fyll, träng till själens dolda djup.

Ger ej du gudomlig nåd, intet gott i mänskan är, intet utan skröplighet.

Rentvå vad befläckat är, vattna vad förtorkat är, hela allt vad sårat är.

Böj det som förhårdnat är, värm det som förfruset är, led det som förvillat är.

Giv åt dina trogna barn, dem som trygga sig till dig, dina helga gåvor sju.

Giv det goda livets

da salutis exitum, da perenne gaudium. Amen. Alleluja.

lön, giv den goda dödens nåd, giv en evig salighet. Amen. Alleluja.

Evangelium.
(Joh. 14:23-31.)

Sequentia sancti Evangelii secundum Joannem. In illo tempore: Dixit Jesus discipulis suis: Si quis diligit me, sermonem meum servabit, et Pater meus diliget eum, et ad eum veniemus, et mansionem apud eum faciemus: qui non diligit me, sermones meos non servat. Et sermonem quem audistis, non est meus: sed ejus, qui misit me, Patris. Hæc locutus sum vobis, apud vos manens. Paraclitus autem Spiritus Sanctus, quem mittet Pater in nomine meo, ille vos docebit omnia, et suggeret vobis omnia, quæcumque dixero vobis. Pacem relinquo vobis, pacem meam do vobis: non quomodo mundus dat, ego do vobis. Non turbetur cor

I den tiden sade Jesus till sina lärjungar: Om någon älskar mig, så håller han mitt ord; och min Fader skall älska honom, och vi skola komma till honom och taga vår boning hos honom. Den, som icke älskar mig, han håller icke mina ord: och dock är det ord, som I hören, icke mitt, utan Faderns, som har sänt mig. Detta har jag talat till eder, medan jag ännu är kvar hos eder. Men Hugsvalaren, den Helige Ande, vilken Fadern skall sända i mitt namn, han skall lära eder allt och påminna eder om allt, vad jag har sagt eder. Frid efterlämnar jag åt eder; min frid giver jag eder; icke giver jag den, såsom världen giver. Edert hjärta vare icke oroligt, ej heller försagt. I haven hört, att jag har sagt

vestrum, neque formidet. Audistis quia ego dixi vobis: Vado, et venio ad vos. Si diligeretis me, gauderetis utique, quia vado ad Patrem: quia Pater major me est. Et nunc dixi vobis priusquam fiat: ut, cum factum fuerit, credatis. Jam non multa loquar vobiscum. Venit enim princeps mundi hujus, et in me non habet quidquam. Sed ut cognoscat mundus, quia diligo Patrem, et sicut mandatum. dedit mihi Pater, sic facio.

eder: Jag går bort, men jag kommer åter till eder. Om I älsken mig, så skullen I glädja eder, att jag går till Fadern; ty Fadern är större än jag. Och nu har jag sagt eder det, förrän det sker, på det att I skolen tro, när det har skett. Härefter skall jag icke tala mycket med eder; ty denna världens furste kommer, men i mig har han ingen del; dock sker detta, för att världen skall förstå, att jag älskar Fadern och gör, såsom Fadern har bjudit mig.

Offertorium.
(Ps. 67:29-30.)

Confirma hoc, Deus, quod operatus es in nobis: a templo tuo, quod est in Jerusalem, tibi offerent reges munera, alleluja.

Styrk, o Gud, det, som du har verkat i oss. Från ditt tempel, som är i Jerusalem, skola konungar bringa dig gåvor. Alleluja.

Secreta.

Munera, quæsumus, Domine, oblata sanctifica: et corda nostra Sancti Spiritus illustratione emunda. Per Dominum...

Helga, o Herre, vi bedja dig, de framburna offergåvorna och rena våra hjärtan genom den Helige Andes upplysning. Genom vår Herre...

Pingsthögtiden

Praefatio Pentecostes.

Vere dignum et justum est, æquum et salutare, nos tibi semper et ubique gratias agere: Domine sancte, Pater omnipotens æterne Deus: per Christum, Dominum nostrum. Qui ascendens super omnes cæelos sedensque ad dexteram tuam, promissum Spiritum Sanctum hodierna die in filios adoptionis effudit. quapropter profusis gaudiis totus in orbe terrarum mundus exsultat. Sed et supernæ Virtutes atque angelicæ Potestates hymnum gloriæ tuæ concinunt, sine fine dicentes:

Det är i sanning tillbörligt och rätt, riktigt och gagneligt att vi alltid och allestädes tacka dig, helige Herre, allsmäktige Fader, evige Gud, genom Kristus vår Herre, som uppfarande över alla himlar och sittande vid din högra hand i dag utgjutit den utlovade Helige Ande över dina till nåd upptagna barn. Därför fröjdas i samfält jubel alla folk över hela jorden. Även himmelens krafter och änglamakterna sjunga en lovsång till din ära, i det de oavlåtligen säga:

Communio.
(Apg. 2:2, 4.)

Factus est repente de cælo sonus, tamquam advenientis spiritus vehementis, ubi erant sedentes, alleluja: et repleti sunt omnes Spiritu Sancto, loquentes magnalia Dei, alleluja, alleluja.

Då kom plötsligt ett dån ifrån himmelen såsom av en framfarande väldig vind, där de sutto, alleluja, och alla uppfylldes av den Helige Ande och talade om Guds storverk. Alleluja, alleluja.

Postcommunio.

Sancti Spiritus, Domine, corda nostra

Måtte, o Herre, den Helige Andes utgjutelse

mundet infusio: et sui roris intima aspersione fecundet. Per Dominum... in unitate ejusdem...

rena våra hjärtan och göra dem fruktbärande genom ymnig bestänkning av hans dagg. Genom vår Herre...

Annandag Pingst.

Introitus.
(Ps. 80:17, 2.)

Cibavit eos ex adipe frumenti, alleluja: et de petra, melle saturavit eos, alleluja, alleluja. Exsultate Deo, adjutori nostro: jubilate Deo Jacob.
Gloria Patri...
Cibavit eos...

Han har bespisat dem med vetets fetma, alleluja; han har mättat dem med honung från klippan. Alleluja, alleluja.
Lovsjungen Gud, vår hjälpare, jublen inför Jakobs Gud.
Ära vare...
Han har bespisat...

Oratio.

Deus, qui Apostolis tuis Sanctum dedisti Spiritum: concede plebi tuæ piæ petitionis effectum; ut, quibus dedisti fidem, largiaris et pacem. Per Dominum... in unitate ejusdem...

O Gud, du, som meddelat dina apostlar den Helige Ande, uppfyll ditt folks fromma bön och skänk dem, vilka du givit tron, även din frid. Genom vår Herre...

Epistola.
(Apg. 10:42-48.)

Lectio Actuum Apostolorum. In diebus illis: Aperiens Petrus os

I den tiden upplät Petrus sin mun och sade: I män och bröder, suum, dixit: Viri fratres, nobis præcepit Dominus prædicare populo: et testificari, quia ipse est, qui constitutus est a Deo judex vivorum et mortuorum. Huic omnes Prophetæ testimonium perhibent, remissionem peccatorum accipere per nomen ejus omnes, qui credunt in eum. Adhuc loquente Petro verba hæc, cecidit Spiritus Sanctus super omnes, qui audiebant verbum. Et obstupuerunt ex circumcisione fideles, qui venerant cum Petro: quia et in nationes gratia Spiritus Sancti effusa est. Audiebant enim illos loquentes linguis, et magnificantes Deum. Tunc respondit Petrus: Numquid aquam quis prohibere potest, ut non baptizentur hi, qui Spiritum Sanctum acceperunt sicut et nos? Et jussit eos baptizari in nomine Domini Jesu Christi.

Herren har befallt oss att predika för folket och betyga, att han är den, som av Gud blivit satt till domare över levande och döda. Honom giva alla profeter det vittnesbörd, att alla som tro på honom, skola få syndernas förlåtelse genom hans namn. Medan Petrus ännu talade dessa ord, kom den Helige Ande över alla, som hörde hans tal. Och alla de troende judar, vilka hade kommit med Petrus, häpnade över att den Helige Andes nåd utgöts jämväl över hedningarna: ty de hörde dem tala tungomål och lovprisa Gud. Då tog Petrus till orda och sade: Icke vill väl någon förvägra dessa att döpas med vatten, då de hava undfått den Helige Ande, såsom ock vi? Och han befallde, att de skulle döpas i Herrens Jesu Kristi namn.

Graduale.
(Apg. 2:4.)

Alleluja, alleluja. Loquebantur variis lin-

Alleluja, alleluja. Apostlarna talade på

Annandag Pingst

guis Apostoli magnalia Dei. Alleluja.
Veni, Sancte Spiritus, reple tuorum corda fidelium: et tui amoris in eis ignem accende.

olika tungomål om Guds storverk. Alleluja.
Kom, Helige Ande, uppfyll dina troendes hjärtan och upptänd i dem din kärleks eld.

Sequentia.

Veni, Sancte Spiritus, et emitte cælitus lucis tuæ radium.

Veni, pater pauperum; veni, dator munerum; veni, lumen cordium.

Consolator optime, dulcis hospes animæ, dulce refrigerium.

In labore requies, in æstu temperies, in fletu solacium.

O lux beatissima, reple cordis intima tuorum fidelium.

Sine tuo numine nihil est in homine, nihil est innoxium.

Lava quod est sordidum, riga quod est aridum, sana quod est saucium.

Flecte quod est rigidum, fove quod est fri-

Kom, du Helge Ande god, sänd till oss från himlen ned strålar av din gudoms glans.

Kom, de armas fader mild, du, som goda gåvor ger. Kom, du hjärtats sanna ljus.

Du, som högsta tröst beskär, kom, du själens ljuva gäst, du, som mild hugsvalan är.

Du i mödan vila ger, svalkar middagshettans glöd, mildrar sorgens bitterhet.

O, du salighetens ljus, dina trognas hjärtan fyll, träng till själens dolda djup.

Ger ej du gudomlig nåd, intet gott i mänskan är, intet utan skröplighet.

Rentvå vad befläckat är, vattna vad förtorkat är, hela allt vad sårat är.

Böj det som förhårdnat är, värm det som

gidum, rege quod est devium.
Da tuis fidelibus, in te confidentibus, sacrum septenarium.

Da virtutis meritum, da salutis exitum, da perenne gaudium.
Amen. Alleluja.

förfruset är, led det som förvillat är.
Giv åt dina trogna barn, dem som trygga sig till dig, dina helga gåvor sju.
Giv det goda livets lön, giv den goda dödens nåd, giv en evig salighet.
Amen. Alleluja.

Evangelium.
(Joh. 3:16-21.)

Sequentia sancti Evangelii secundum Joannem. In illo tempore: Dixit Jesus Nicodemo: Sic Deus dilexit mundum, ut Filium suum unigenitum daret: ut omnis, qui credit in eum, non pereat, sed habeat vitam æternam. Non enim misit Deus Filium suum in mundum, ut judicet mundum, sed ut salvetur mundus per ipsum. Qui credit in eum, non judicatur; qui autem non credit, jam judicatus est: quia non credit in nomine unigeniti Filii Dei. Hoc est autem judicium: quia lux venit in mundum, et dilexerunt homines ma-

I den tiden sade Jesus till Nikodemus: Så älskade Gud världen, att han utgav sin enfödde Son, på det att var och en, som tror på honom, icke skall förgås, utan hava evigt liv. Ty icke sände Gud sin Son i världen för att döma världen, utan för att världen skulle frälsas genom honom. Den som tror på honom, han bliver icke dömd; men den som icke tror, han är redan dömd, emedan han icke tror på Guds enfödde Sons namn. Och detta är domen, att när ljuset hade kommit i världen, människorna dock älskade mörkret mer än ljuset; ty deras gär-

Annandag Pingst

gis tenebras, quam lucem: erant enim eorum mala opera. Omnis enim qui male agit, odit lucem, et non venit ad lucem, ut non arguantur opera ejus: qui autem facit veritatem, venit ad lucem, ut manifestentur opera ejus, quia in Deo sunt facta.

ningar voro onda. Var och en som gör, vad ont är, han hatar ljuset och kommer icke till ljuset, på det att hans gärningar icke må röjas; men den som gör sanning, han kommer till ljuset, för att det skall bliva uppenbart, att hans gärningar äro gjorda i Gud.

Offertorium.
(Ps. 17:14, 16.)

Intonuit de cælo Dominus, et Altissimus dedit vocem suam: et apparuerunt fontes aquarum, alleluja.

Herren lät åskan dåna från höjden, den Högstes röst hördes, och vattnens källor kommo i dagen, alleluja.

Secreta.

Propitius, Domine, quæsumus, hæc dona sanctifica: et, hostiæ spiritalis oblatione suscepta, nosmetipsos tibi perfice munus æternum. Per Dominum...

Vi bedja dig, Herre, helga nådigt dessa gåvor och, medan du mottager vårt andliga offer, gör oss själva till en evig offergåva för dig. Genom vår Herre...

Praefatio Pentecostes.
(Sid. 362.)

Communio.
(Joh. 14:26.)

Spiritus Sanctus docebit vos, alleluja:

Den Helige Ande skall undervisa eder, alleluja,

quæcumque dixero vobis, alleluja, alleluja.

om allt, vad jag har sagt eder. Alleluja, alleluja.

Postcommunio.

Adesto, quæsumus, Domine, populo tuo: et, quem mysteriis cælestibus imbuisti, ab hostium furore defende. Per Dominum nostrum...

Bistå, Herre, nådeligen ditt folk och freda det mot fiendernas raseri, du som invigt det genom de himmelska hemligheterna. Genom vår Herre...

Trefaldighetsfesten.

Första söndagen efter Pingst.

Introitus.
(Tob. 12:6. — Ps. 8:2.)

Benedicta sit sancta Trinitas atque indivisa Unitas: confitebimur ei, quia fecit nobiscum misericordiam suam. Domine, Dominus noster, quam admirabile est nomen tuum in universa terra! Gloria Patri... Benedicta sit...	Välsignad vare den heliga Trefaldigheten i sin odelbara enhet! Låtom oss prisa den; ty den har gjort barmhärtighet med oss. Herre, vår Herre, hur underbart är icke ditt namn på hela jorden. Ära vare Fadern... Välsignad vare...

Oratio.

Omnipotens sempiterne Deus, qui dedisti | Allsmäktige, evige Gud, du, som förlänat

famulis tuis in confessione veræ fidei, æternæ Trinitatis gloriam agnoscere, et in potentia majestatis adorare unitatem: quæsumus; ut, ejusdem fidei firmitate, ab omnibus semper muniamur adversis. Per Dominum nostrum...

dina tjänare att i den sanna trons bekännelse få kännedom om den eviga Trefaldighetens härlighet, och i Majestätets makt tillbedja dess enhet, vi bedja dig, låt oss genom ståndaktighet i samma tro städse vara tryggade mot allt ont. Genom vår Herre Jesus Kristus...

Deus, in te sperantium fortitudo, adesto propitius invocationibus nostris: et, quia sine te nihil potest mortalis infirmitas, præsta auxilium gratiæ tuæ; ut in exsequendis mandatis tuis et voluntate tibi et actione placeamus. Per Dominum...

Gud, deras styrka, som hoppas på dig, giv i nåd akt på våra böner, och då den mänskliga svagheten intet förmår utan dig, giv oss din nåds hjälp, så att vi, genom att uppfylla dina bud både i vilja och handling, må vara dig till välbehag. Genom vår Herre...

Epistola.
(Rom. 11:33-36.)

Lectio Epistolæ beati Pauli Apostoli ad Romanos. O altitudo divitiarum sapientiæ et scientiæ Dei: quam incomprehensibilia sunt judicia ejus, et investigabiles viæ ejus! Quis enim cognovit sensum

O vilket djup av rikedom, vishet och vetande finnes ej hos Gud! Huru obegripliga äro ej hans domar, och huru outrannsakliga hans vägar! Ty vem har känt Herrens sinne eller vem har varit

Domini? Aut quis consiliarius ejus fuit? Aut quis prior dedit illi, et retribuetur ei? Quoniam ex ipso, et per ipsum et in ipso sunt omnia: ipsi gloria in sæcula. Amen.

hans rådgivare? Eller vem har först givit honom något, så att han skulle återgälda det? Ty av honom och genom honom och i honom är allting. Honom vare ära i evighet! Amen.

Graduale.
(Dan. 3:55-56, 52.)

Benedictus es, Domine, qui intueris abyssos, et sedes super Cherubim. Benedictus es, Domine, in firmamento cæli, et laudabilis in sæcula. Alleluja, alleluja. Benedictus es, Domine, Deus patrum nostrorum, et laudabilis in sæcula. Alleluja.

Välsignad är du, Herre, som skådar ned över avgrunder och tronar över keruber. Välsignad är du, Herre, i himlavalvet, och prisvärd i evighet. Alleluja, alleluja. Välsignad är du, Herre, våra fäders Gud, och lovvärd i evighet. Alleluja.

Evangelium.
(Matt. 28:18-20.)

Sequentia sancti Evangelii secundum Matthæum. In illo tempore: Dixit Jesus discipulis suis: Data est mihi omnis potestas in cælo, et in terra. Euntes ergo docete omnes gentes, baptizantes eos in nomine Patris, et Filii, et Spiritus Sancti:

I den tiden sade Jesus till sina lärjungar: Mig är given all makt i himmelen och på jorden. Gån därför ut och lären alla folk och döpen dem i Faderns och Sonens och den Helige Andes namn, och lären

docentes eos servare omnia quæcumque mandavi vobis. Et ecce, ego vobiscum sum omnibus diebus usque ad consummationem sæculi.

dem hålla allt, vad jag befallt eder. Och se, jag är med eder alla dagar intill världens ände.

Offertorium.
(Tob. 12:6.)

Benedictus sit Deus Pater, unigenitusque Dei Filius, Sanctus quoque Spiritus: quia fecit nobiscum misericordiam suam.

Välsignad vare Gud Fadern och Guds enfödde Son och den Helige Ande; ty han har gjort barmhärtighet med oss.

Secreta.

Sanctifica, quæsumus, Domine, Deus noster, per tui sancti nominis invocationem, hujus oblationis hostiam: et per eam nosmetipsos tibi perfice munus æternum. Per Dominum...

Vi bedja dig, Herre, vår Gud, helga genom vår åkallan av ditt heliga namn denna offergåva och gör oss själva därigenom dig till ett evigt offer. Genom vår Herre...

Hostias nostras, quæsumus, Domine, tibi dicatas placatus assume: et ad perpetuum nobis tribue provenire subsidium. Per Dominum...

Vi bedja dig, Herre, mottag nådigt våra offergåvor, som äro helgade åt dig, och låt dem bliva oss till evig frälsning. Genom vår Herre...

Praefatio Trinitatis.
(Sid 291.)

Trefaldighetsfesten

Communio.
(Tob. 12:6.)

Benedicimus Deum cæli, et coram omnibus viventibus confitebimur ei: quia fecit nobiscum misericordiam suam.	Vi lovsjunga himmelens Herre och prisa honom inför allt levande; ty han har gjort med oss efter sin barmhärtighet.

Postcommunio.

Proficiat nobis ad salutem corporis et animæ, Domine, Deus noster, hujus sacramenti susceptio: et sempiternæ sanctæ Trinitatis ejusdemque individuæ Unitatis confessio. Per Dominum nostrum...	Låt, Herre, vår Gud, anammandet av detta Sakrament och bekännandet av den eviga och heliga Treenigheten och dess odelbara enhet lända oss till kroppens och själens välfärd. Genom vår Herre...
Tantis, Domine, repleti muneribus: præsta, quæsumus; ut et salutaria dona capiamus, et a tua numquam laude cessemus. Per Dominum...	Uppfyllda av så stora gåvor, bedja vi dig, Herre, låt oss både få mottaga dina välsignelserika gåvor och aldrig upphöra med att lovprisa dig. Genom vår Herre...

Evangelium II.
(Luk. 6:36-42.)

Sequentia sancti Evangelii secundum Lucam. In illo tempore: Dixit Jesus discipulis suis: Estote misericordes, sicut et Pater vester mi-	I den tiden sade Jesus till sina lärjungar: Varen barmhärtiga, såsom eder Fader är barmhärtig. Dömen icke, så skolen I icke

sericors est. Nolite judicare, et non judicabimini: nolite condemnare, et non condemnabimini. Dimittite, et dimittemini. Date, et dabitur vobis: mensuram bonam, et confertam, et coagitatam, et supereffluentem dabunt in sinum vestrum. Eadem quippe mensura, qua mensi fueritis, remetietur vobis. Dicebat autem illis et similitudinem: Numquid potest cæcus cæcum ducere? nonne ambo in foveam cadunt? Non est discipulus super magistrum: perfectus autem omnis erit, si sit sicut magister ejus. Quid autem vides festucam in oculo fratris tui, trabem autem, quæ in oculo tuo est, non consideras? Aut quomodo potes dicere fratri tuo: Frater, sine, ejiciam festucam de oculo tuo: ipse in oculo tuo trabem non videns? Hypocrita, ejice primum trabem de oculo tuo: et tunc perspicies, ut educas festucam de oculo fratris tui.

bliva dömda; fördömen icke, så skolen I icke bliva fördömda. Förlåten, och eder skall bliva förlåtet. Given, och eder skall bliva givet. Ett gott mått, väl packat, skakat och överflödande, skall man giva eder; ty med det mått, varmed I mäten, skall det mätas åt eder. Han framställde även för dem denna liknelse: Kan väl en blind leda en blind? Falla de icke då båda i gropen? Lärjungen är icke förmer än sin mästare; men envar är fullkomlig, när han är såsom sin mästare. Varför ser du grandet i din broders öga, men bliver icke varse bjälken i ditt eget? Hur kan du säga till din broder: Broder låt mig taga ut grandet i ditt öga, du som icke ser bjälken i ditt eget? Du skrymtare, tag först ut bjälken ur ditt eget öga; därefter må du se till, att du kan taga ut grandet ur din broders öga.

Kristi Lekamens Fest.

Introitus.
(Ps. 80:17-2.)

Cibavit eos ex adipe frumenti, alleluja: et de petra, melle saturavit eos, alleluja, alleluja, alleluja.
Exsultate Deo, adjutori nostro: jubilate Deo Jacob.
Gloria Patri...
Cibavit eos...

Han har bespisat dem med vetets fetma, alleluja; han har mättat dem med honung från klippan. Alleluja, alleluja, alleluja.
Lovsjungen Gud, vår hjälpare, jublen inför Jakobs Gud.
Ära vare...
Han har bespisat...

Oratio.

Deus, qui nobis sub Sacramento mirabili passionis tuæ memoriam reliquisti: tribue,

O Gud, som i detta underbara Sakrament lämnat oss ett minne av ditt lidande, förläna

quæsumus, ita nos corporis et sanguinis tui sacra mysteria venerari: ut redemptionis tuæ fructum in nobis jugiter sentiamus: Qui vivis et regnas...

oss, vi bedja dig, nåden att så vörda din lekamens och ditt blods heliga hemligheter, att vi alltid inom oss må känna din återlösnings frukter, du, som lever...

Epistola.
(1 Kor. 11.23-29.)

Lectio Epistolæ beati Pauli Apostoli ad Corinthios. Fratres: Ego enim accepi a Domino quod et tradidi vobis, quoniam Dominus Jesus in qua nocte tradebatur, accepit panem, et gratias agens fregit, et dixit: Accipite, et manducate: hoc est corpus meum, quod pro vobis tradetur: hoc facite in meam commemorationem. Similiter et calicem, postquam cœnavit, dicens: Hic calix novum testamentum est in meo sanguine. Hoc facite, quotiescumque bibetis, in meam commemorationem. Quotiescumque enim manducabitis panem hunc, et calicem bibetis, mortem Domini annuntiabitis, donec ve-

Bröder! Jag har från Herren undfått detta, som jag också har meddelat eder: I den natt då Herren Jesus blev förrådd, tog han brödet, tackade, bröt det och sade: Tagen och äten, detta är min lekamen, som skall utgivas för eder. Gören detta till min åminnelse. Sammalunda tog han ock kalken efter måltiden och sade: Denna kalk är det Nya förbundet i mitt blod. Så ofta I dricken den, gören det till min åminnelse. Ty så ofta I äten detta bröd och dricken denna kalk, förkunnen I Herrens död, till dess han kommer. Var och en som således ovärdigt äter detta bröd eller dric-

Kristi Lekamens fest

niat. Itaque quicumque manducaverit panem hunc, vel biberit calicem Domini indigne, reus erit corporis et sanguinis Domini. Probet autem seipsum homo: et sic de pane illo edat, et de calice bibat Qui enim manducat et bibit indigne, judicium sibi manducat, et bibit: non diiudicans corpus Domini.

ker Herrens kalk, han försyndar sig på Herrens lekamen och blod. Pröve då människan sig själv och äte så av brödet och dricke av kalken! Ty den som ovärdigt äter och dricker, han äter och dricker en dom över sig, emedan han icke urskiljer Herrens lekamen.

Graduale.
(Ps. 144:15-16. — Joh. 6:56-57.)

Oculi omnium in te sperant, Domine: et tu das illis escam in tempore opportuno. Aperis tu manum tuam: et imples omne animal benedictione.
Alleluja, alleluja. Caro mea vere est cibus, et sanguis meus vere est potus: qui manducat meam carnem, et bibit meum sanguinem, in me manet, et ego in eo.

Allas ögon vänta på dig, o Herre, och du giver dem mat i rätt tid. — Du upplåter din hand och uppfyller allt, som lever, med välsignelse.
Alleluja, alleluja. — Mitt kött är en sannskyldig föda, och mitt blod är en sannskyldig dryck. Den, som äter mitt kött och dricker mitt blod, förbliver i mig och jag i honom.

Sequentia.

Lauda, Sion, Salvatorem, lauda ducem et pastorem in hymnis et canticis.
Quantum potes, tan-

Sion, upp att Frälsarn prisa, * att din herde kärlek visa * uti helga sångers ljud! Fast hon är för svag din tunga, *

tum aude: quia major omni laude, nec laudare sufficis.
Laudis thema specialis, panis vivus et vitalis hodie proponitur.
Quem in sacræ mensa cœnæ, turbæ fratrum duodenæ datum non ambigitur.

Sit laus plena, sit sonora, sit jucunda, sit decora mentis jubilatio.
Dies enim sollemnis agitur, in qua mensæ prima recolitur hujus institutio.
In hac mensa novi Regis, novum Pascha novæ legis Phase vetus terminat.
Vetustatem novitas, umbram fugat veritas, noctem lux eliminat.

Quod in cœna Christus gessit, faciendum hoc expressit in sui memoriam.
Docti sacris institutis, panem, vinum in salutis consecramus hostiam.

Dogma datur Christianis, quod in carnem

sjung det bästa du kan sjunga; * aldrig nog du prisar Gud.
Lovsångsämnet främst må bliva * detta bröd, som liv kan giva * och som själv ju livet är; * som vid helga nattvardsbordet * är av Jesus stiftat vordet * i den krets han hade kär.
Högljutt skalle jublet; fröjden * give genklang uti höjden! * Gud sin Son till oss har sänt, * och den högtidsdag är inne, * då vi fira årligt minne * av det helga Sakrament.
Morgonrodnan följs av dagen, * påskalammen, Moselagen * hava nu fullbordan nått. * Solen skuggorna fördriver, * bilden verklighet nu bliver, * och ett nytt förbund vi fått.
Vad vi efter hans exempel * nu begå uti hans tempel, * skall oss minna om hans död; * ty att honom värdigt dyrka * vi uti hans helga kyrka * offra honom vin och bröd.
Uti denna offerhandling * äger rum en stor

transit panis et vinum in sanguinem.
Quod non capis, quod non vides, animosa firmat fides, præter rerum ordinem.
Sub diversis speciebus, signis tantum, et non rebus, latent res eximiæ.
Caro cibus, sanguis potus: manet tamen Christus totus sub utraque specie.
A sumente non concisus, non confractus, non divisus: integer accipitur.
Sumit unus, sumunt mille: quantum isti, tantum ille: nec sumptus consumitur.
Sumunt boni, sumunt mali: sorte tamen inæquali, vitæ vel interitus.
Mors est malis, vita bonis: vide paris sumptionis quam sit dispar exitus.
Fracto demum sacramento, ne vacilles, sed memento, tantum esse sub fragmento, quantum toto tegitur.
Nulla rei fit scissura: signi tantum fit frac-

förvandling: * bröd blir kött, och vin blir blod. * Vad ej varsna kan vårt öga, * vad förnuftet fattar föga, * är för tron en dyr klenod.
I de två gestalter dväljas * högsta ting, som kunna täljas, * som att skåda möjligt är; * kött är maten, blod är drycken, * men i båda dessa stycken * Kristus odelt själv är när.
Ej han brytes, ej han delas, * intet i det hela felas, * honom fullt och helt du har. * Om han njuts av en, av flera, * ingen får dock mindre, mera; * hel och odelt blir han kvar.
Av att Kristus så anamma * blir ej verkan städs densamma: * stundom liv och stundom död; * andligt liv för fromma själar, * straff och död för syndens trälar. * Vilken skillnad, fast *ett* bröd!
Ser du brödet varda brutet, * minns, det hela inneslutet * uti varje del dock är. * Han, som dödens makt har krossat, * han, som världen har förlossat, *

tura: qua nec status nec statura signati minuitur.

Ecce panis Angelorum, factus cibus viatorum: vere panis filiorum, non mittendus canibus.

In figuris praesignatur, cum Isaac immolatur: agnus paschae deputatur: datur manna patribus.

Bone pastor, panis vere, Jesu, nostri miserere: tu nos pasce, nos tuere: tu nos bona fac videre in terra viventium.
Tu, qui cuncta scis et vales: qui nos pascis hic mortales: tuos ibi commensales, coheredes et sodales fac sanctorum civium. Amen. Alleluja.

hel och odelt ger sig här.

Himlabrödet, som är givet * oss till resekost för livet, * bjuds vid nådens altarbord; * men välsignelse det giver * blott åt den, som trogen bliver * och som aktar Herrens ord.
Som dess förebild betraktats * lammet, som vid påsken slaktats, * Isak, som att offras gick, * och bland många bilder sanna * även öknens bröd, det manna, * fäderna av Herren fick.
Gode herde, föd oss arma, * milde Jesus, dig förbarma, * styrk oss med din starka hand. * Tag uti ditt hägn de svaga * och till himlen oss ledsaga, * till de helgas sälla land. * Föd oss här i tåredalen, * för oss in i bröllopssalen, * du som allt förmår och vet. * När vi en gång hädanfara, * giv oss med din helgonskara * del i himlens salighet.

Evangelium.
(Joh. 6:56-59.)

Sequentia sancti Evangelii secundum Joan-

I den tiden sade Jesus till judarnas ska-

Kristi Lekamens fest

nem. In illo tempore: Dixit Jesus turbis Judæorum: Caro mea vere est cibus, et sanguis meus vere est potus. Qui manducat meam carnem, et bibit meum sanguinem, in me manet, et ego in illo. Sicut misit me vivens Pater, et ego vivo propter Patrem: et qui manducat me, et ipse vivet propter me. Hic est panis, qui de cælo descendit. Non sicut manducaverunt patres vestri manna, et mortui sunt. Qui manducat hunc panem, vivet in æternum.

ra: Mitt kött är sannskyldig föda och mitt blod är sannskyldig dryck. Den som äter mitt kött och dricker mitt blod, han förbliver i mig och jag i honom. Såsom den levande Fadern har sänt mig, och jag lever genom Fadern, så skall ock den, som äter mig, leva genom mig. Detta är det bröd, som har kommit ned från himmelen; icke såsom edra fäder åto manna, vilka sedan dogo; den, som äter detta bröd, han skall leva till evig tid.

Offertorium.
(3 Mos. 21:6.)

Sacerdotes Domini incensum et panes offerunt Deo: et ideo sancti erunt Deo suo, et non polluent nomen ejus, alleluja.

Herrens präster skola frambära åt Gud rökoffer och bröd; därför skola de vara helgade åt sin Gud och icke vanhelga hans namn. Alleluja.

Secreta.

Ecclesiæ tuæ, quæsumus, Domine, unitatis et pacis propitius dona concede: quæ sub oblatis muneribus my-

Vi bedja dig, o Herre, skänk nådigt din Kyrka enhetens och fridens gåvor, som på ett hemlighetsfullt sätt betecknas genom det

| stice designantur. Per Dominum... | offer, som vi frambära. Genom vår Herre... |

Praefatio Nativitatis.
(Sid. 27.)

Communio.
(1 Kor. 11:26-27.)

| Quotiescumque manducabitis panem hunc et calicem bibetis, mortem Domini annuntiabitis, donec veniat: itaque quicumque manducaverit panem vel biberit calicem Domini indigne, reus erit corporis et sanguinis Domini, alleluja. | Så ofta I äten detta bröd och dricken denna kalk, så förkunnen I Herrens död, till dess han kommer. Var och en således, som ovärdigt äter detta bröd eller dricker Herrens kalk, han försyndar sig på Herrens lekamen och blod. Alleluja. |

Postcommunio.

| Fac nos, quæsumus, Domine, divinitatis tuæ sempiterna fruitione repleri: quam pretiosi corporis et sanguinis tui temporalis perceptio præfigurat: Qui vivis et regnas... | Vi bedja dig, Herre, låt oss i evigheten mättas genom åtnjutande av din gudom, varav din dyrbara lekamens och ditt blods anammande här i tiden är en förebild. Du, som lever och regerar... |

Andra söndagen efter Pingst.

Introitus.
(Ps. 17:19-20, 2, 3.)

| Factus est Dominus protector meus, et eduxit me in latitudinem: salvum me fecit, quoniam voluit me. | Herren har blivit min beskyddare och har fört mig ut i viddterna; han har frälst mig, emedan han ville mig väl. |

Andra söndagen

Diligam te, Domine, virtus mea: Dominus firmamentum meum, et refugium meum, et liberator meus.
Gloria Patri...
Factus est...

Jag vill älska dig, Herre, min starkhet; Herren är mitt fäste och min tillflykt och min befriare.
Ära vare...
Herren har blivit...

Oratio.

Sancti nominis tui, Domine, timorem pariter et amorem fac nos habere perpetuum: quia numquam tua gubernatione destituis, quos in soliditate tuæ dilectionis instituis. Per Dominum nostrum...

Giv oss, o Herre, att vi alltid tillika frukta och älska ditt heliga namn, ty aldrig lämnar du dem utan din ledning, vilka du ställer på din kärleks fasta grund. Genom vår Herre...

Epistola.
(1 Joh. 3:13-18.)

Lectio Epistolæ beati Joannis Apostoli. Carissimi: Nolite mirari, si odit vos mundus. Nos scimus, quoniam translati sumus de morte ad vitam, quoniam diligimus fratres. Qui non diligit, manet in morte: omnis qui odit fratrem suum, homicida est. Et scitis, quoniam omnis homicida non habet vitam æternam in semetipso manentem. In hoc cognovimus caritatem Dei,

Mina älskade: Förundren eder icke, bröder, om världen hatar eder. Vi veta, att vi hava övergått från döden till livet, emedan vi älska bröderna. Den, som icke älskar, förbliver i döden. Var och en, som hatar sin broder, han är en mandråpare; och I veten, att ingen mandråpare har det eviga livet förblivande i sig. Därav att han gav sitt liv för oss, hava vi lärt känna kärleken; så bö-

quoniam ille animam suam pro nobis posuit: et nos debemus pro fratribus animas ponere. Qui habuerit substantiam hujus mundi, et viderit fratrem suum necessitatem habere, et clauserit viscera sua ab eo: quomodo caritas Dei manet in eo? Filioli mei, non diligamus verbo neque lingua, sed opere et veritate.

ra även vi giva vårt liv för bröderna. Om någon har denna världens goda och tillsluter sitt hjärta för sin broder, som han ser lida nöd, huru kan då Guds kärlek förbliva i honom? Mina kära barn, låtom oss älska, icke med ord eller med tungan, utan i gärning och i sanning.

Graduale.
(Ps. 119:1-2. — Ps. 7:2.)

Ad Dominum, cum tribularer, clamavi, et exaudivit me. Domine, libera animam meam a labiis iniquis, et a lingua dolosa. Alleluja, alleluja. Domine, Deus meus, in te speravi: salvum me fac ex omnibus persequentibus me, et libera me. Alleluja.

Till Herren ropade jag, då jag var i trångmål och han bönhörde mig. Herre, befria min själ från orättfärdiga läppar och en svekfull tunga. Alleluja, alleluja. Herre, min Gud, på dig har jag hoppats; fräls mig från alla mina förföljare, och befria mig. Alleluja.

Evangelium.
(Luk. 14:16-24.)

Sequentia sancti Evangelii secundum Lucam. In illo tempore: Dixit Jesus pharisæis parabolam hanc: Homo quidam fecit cœnam magnam, et vocavit multos. Et misit ser-

I den tiden framställde Jesus för fariséerna följande liknelse: En man tillredde ett stort gästabud och bjöd många. Och när gästabudet skulle hållas, sände han ut sin tjänare

Andra söndagen

vum suum hora cœnæ dicere invitatis ut venirent, quia jam parata sunt omnia. Et cœperunt simul omnes excusare. Primus dixit ei: Villam emi, et necesse habeo exire, et videre illam: rogo te, habe me excusatum. Et alter dixit: Juga boum emi quinque, et eo probare illa: rogo te, habe me excusatum. Et alius dixit: Uxorem duxi: et ideo non possum venire. Et reversus servus nuntiavit hæc domino suo. Tunc iratus paterfamilias, dixit servo suo: Exi cito in plateas et vicos civitatis: et pauperes, ac debiles, et cæcos, et claudos introduc huc. Et ait servus: Domine, factum est ut imperasti, et adhuc locus est. Et ait dominus servo: Exi in vias, et sepes: et compelle intrare, ut impleatur domus mea. Dico autem vobis, quod

och lät säga till dem, som voro bjudna: Kommen, ty allt är nu redo. Men de började allesamman att ursäkta sig. Den första sade till honom: Jag har köpt en lantgård och måste gå ut och bese den. Jag beder dig, tag emot min ursäkt. En annan sade: Jag har köpt fem par oxar, och jag skall nu gå och pröva dem. Jag ber dig taga emot min ursäkt. Åter en annan sade: Jag har tagit mig hustru, och därför kan jag icke komma. Och tjänaren kom tillbaka och berättade detta för sin herre. Då blev husbonden vred och sade till sin tjänare: Gå strax ut på stadens gator och gränder och för hit in de fattiga, vanföra, halta och blinda. Sedan sade tjänaren: Herre, vad du befallde, har blivit gjort, men här är ännu rum. Då sade husbonden till tjänaren: Gå ut på vägar och stigar och nödga dem att komma in, på det att mitt hus må bliva fullt. Men jag säger eder, att ingen nemo virorum illorum, qui vocati sunt, gustabit cœnam meam.

av de män, som voro bjudna, skall smaka min måltid.

Offertorium.
(Ps. 6:5.)

Domine, convertere, et eripe animam meam: salvum me fac propter misericordiam tuam.

Herre, vänd dig till mig och rädda min själ; hjälp mig för din barmhärtighets skull.

Secreta.

Oblatio nos, Domine, tuo nomini dicanda purificet: et de die in diem ad cælestis vitæ transferat actionem. Per Dominum...

Låt detta offer, Herre, som ägnas ditt namn, rena oss och från dag till dag alltmera föra oss till det himmelska livets förverkligande. Genom vår Herre...

Praefatio Trinitatis.
(Sid. 291.)

Communio.
(Ps. 12:6.)

Cantabo Domino, qui bona tribuit mihi: et psallam nomini Domini altissimi.

Jag skall sjunga för Herren, som har tilldelat mig sitt goda, och lovprisa Herrens, den Allrahögstes, namn.

Postcommunio.

Sumptis muneribus sacris, quæsumus, Domine: ut cum frequentatione mysterii, crescat nostræ salutis effectus. Per Dominum nostrum...

Efter att hava åtnjutit dina heliga gåvor bedja vi dig, Herre, att med upprepandet av denna heliga hemlighet dess verkan må tillväxa till vår frälsning. Genom vår Herre...

Tredje söndagen efter Pingst.

Introitus.
(Ps. 24:16, 18, 1-2.)

Respice in me, et miserere mei, Domine: quoniam unicus, et pauper sum ego: vide humilitatem meam, et laborem meum: et dimitte omnia peccata mea, Deus, meus. Ad te, Domine, levavi animam meam: Deus meus, in te confido, non erubescam.
Gloria Patri...
Respice in me...

Se till mig och förbarma dig över mig, Herre, ty jag är ensam och fattig. Se till min ringhet och min vedermöda och förlåt mig alla mina synder, o min Gud. Till dig, Herre, har jag upplyft min själ; min Gud, på dig förtröstar jag och skall icke komma på skam.
Ära vare...
Se till mig...

Oratio.

Protector in te sperantium, Deus, sine quo nihil est validum, nihil sanctum: multiplica super nos misericordiam tuam; ut, te rectore, te duce, sic transeamus per bona temporalia, ut non amittamus æterna. Per Dominum...

Gud, du, som är deras beskyddare, vilka hoppas på dig, och förutan vilken intet har någon kraft och intet är heligt, mångfaldiga över oss din barmhärtighet, att vi under din styrelse och under din ledning så vandra genom denna världens goda, att vi icke förlora det eviga. Genom vår Herre...

Epistola.
(1 Petr. 5:6-11.)

Lectio Epistolæ beati Petri Apostoli. Carissi-

Älskade, ödmjuken eder under Guds mäk-

mi: Humiliamini sub potenti manu Dei, ut vos exaltet in tempore visitationis: omnem sollicitudinem vestram projicientes in eum, quoniam ipsi cura est de vobis. Sobrii estote, et vigilate: quia adversarius vester diabolus tamquam leo rugiens circuit, quærens quem devoret: cui resistite fortes in fide: scientes eamdem passionem ei, quæ in mundo est, vestræ fraternitati fieri. Deus autem omnis gratiæ, qui vocavit nos in æternam suam gloriam in Christo Jesu, modicum passos ipse perficiet, confirmabit solidabitque. Ipsi gloria et imperium in sæcula sæculorum. Amen.

tiga hand, på det att han må upphöja eder i besökelsens tid. Och kasten alla edra bekymmer på honom; ty han har omsorg om eder. Varen nyktra och vaken; ty eder vedersakare, djävulen, går omkring som ett rytande lejon och söker, vem han kan uppsluka. Stån honom emot, starka i tron, och veten, att samma lidanden vederfaras edra bröder i världen. Men all nåds Gud, som har kallat oss till sin eviga härlighet i Kristus Jesus, han skall efter ett kort lidande fullända, styrka och stadfästa eder. Honom tillhör härligheten och herraväldet i all evighet. Amen.

Graduale.
(Ps. 54:23, 17, 19. — Ps. 7:12.)

Jacta cogitatum tuum in Domino: et ipse te enutriet. Dum clamarem ad Dominum, exaudivit vocem meam ab his, qui appropinquant mihi.
Alleluja, alleluja. De-

Kasta din omsorg på Herren, och han skall själv försörja dig. Då jag ropade till Herren, hörde han min bön mot dem, som kommo mig för när.
Alleluja, alleluja. Gud

us judex justus, fortis et patiens, numquid irascitur per singulos dies? Alleluja.

är en rättvis domare, stark och långmodig. Skall han väl vredgas alla dagar? Alleluja.

Evangelium.
(Luk. 15:1-10.)

Sequentia sancti Evangelii secundum Lucam. In illo tempore: Erant appropinquantes ad Jesum publicani et peccatores, ut audirent illum. Et murmurabant pharisæi et scribæ dicentes: Quia hic peccatores recipit, et manducat cum illis. Et ait ad illos parabolam istam, dicens: Quis ex vobis homo, qui habet centum oves: et si perdiderit unam ex illis, nonne dimittit nonagintanovem in deserto, et vadit ad illam, quæ perierat, donec inveniat eam? Et cum invenerit eam, imponit in humeros suos gaudens: et veniens domum, convocat amicos et vicinos, dicens illis: Congratulamini mihi, quia inveni ovem meam, quæ perierat? Dico vobis, quod ita gaudium erit in cælo super uno peccatore

I den tiden kommo publikaner och syndare till Jesus för att höra honom. Och fariséerna och de skriftlärde knotade och sade: Denne mottager syndare och äter med dem. Då framställde han för dem denna liknelse och sade: Om ibland eder finnes en man, som har hundra får, och han förlorar ett av dem, lämnar han icke då de nittionio i öknen och går och söker efter det förlorade, till dess han finner det? Och när han har funnit det, lägger han det med glädje på sina skuldror. Och när han kommer hem, kallar han tillhopa sina vänner och grannar och säger till dem: Glädjens med mig; ty jag har funnit mitt får, som var förlorat. Jag säger eder: Likaså bliver det större glädje i himmelen över en enda syn-

pænitentiam agente, quam super nonaginta-novem justis, qui non indigent pænitentia. Aut quæ mulier habens drachmas decem, si perdiderit drachmam unam, nonne accendit lucernam, et everrit domum, et quærit diligenter, donec inveniat? Et cum invenerit, convocat amicas et vicinas, dicens: Congratulamini mihi, quia inveni drachmam, quam perdideram? Ita dico vobis: gaudium erit coram Angelis Dei super uno peccatore pænitentiam agente.

dare, som gör bot, än över nittionio rättfärdiga, som ingen bot behöva. Eller om en kvinna har tio silverpenningar och hon tappar bort en av dem, tänder hon då icke ljus, sopar huset och söker noga, till dess hon finner den? Och när hon har funnit den, kallar hon tillhopa sina vänner och grannar och säger: Glädjens med mig, ty jag har funnit den penning, som jag hade tappat bort. Likaså, säger jag eder, skall det bliva glädje bland Guds änglar över en enda syndare, som gör bot.

Offertorium.
(Ps. 9:11-12, 13.)

Sperent in te omnes, qui noverunt nomen tuum, Domine: quoniam non derelinquis quærentes te: psallite Domino, qui habitat in Sion: quoniam non est oblitus orationem pauperum.

Må alla, som känna ditt namn, hoppas på dig, Herre, ty du övergiver icke dem, som söka dig. Lovsjungen Herren, som bor på Sion, ty han förgäter icke de fattigas bön.

Secreta.

Respice, Domine, munera supplicantis Ecclesiæ: et saluti cre-

Se, Herre, till din bönfallande Kyrkas gåvor och förunna, att

dentium perpetua sanctificatione sumenda concede. Per Dominum nostrum... | de må mottagas till de troendes frälsning under ständig helgelse. Genom vår Herre...

Praefatio Trinitatis.
(Sid. 291.)

Communio.
(Luk. 15:10.)

Dico vobis: gaudium est Angelis Dei super uno peccatore pænitentiam agente. | Jag säger eder: det är glädje bland Guds änglar över en enda syndare, som gör bot.

Postcommunio.

Sancta tua nos, Domine, sumpta vivificent: et misericordiæ sempiternæ præparent expiatos. Per Dominum... | Låt, Herre, dina heliga gåvor, som vi hava mottagit, levandegöra oss; och låt dem förbereda oss, som blivit försonade, till den eviga barmhärtigheten. Genom vår Herre...

Fjärde söndagen efter Pingst.

Introitus.
(Ps. 26:1, 2, 3.)

Dominus illuminatio mea, et salus mea, quem timebo? Dominus defensor vitæ meæ, a quo trepidabo? qui tribulant me inimici mei, ipsi infirmati sunt, et ceciderunt. Si consistant adver- | Herren är mitt ljus och min frälsning, vem skulle jag frukta? Herren är mitt livs försvarare, för vem skulle jag darra? Mina fiender, som plåga mig, äro själva försvagade och hava fallit.

sum me castra: non
timebit cor meum.
Gloria Patri...
Dominus illuminatio...

Om de slå läger emot mig, skall mitt hjärta dock icke rädas.
Ära vare...
Herren är mitt ljus...

Oratio.

Da nobis, quæsumus, Domine: ut et mundi cursus pacifice nobis tuo ordine dirigatur; et Ecclesia tua tranquilla devotione lætetur. Per Dominum...

Förläna oss, vi bedja dig, Herre, att världen genom din anordning må ledas i fredliga banor och din Kyrka glädjas av ostörd andakt. Genom vår Herre...

Epistola.
(Rom. 8:18-23.)

Lectio Epistolæ beati Pauli Apostoli ad Romanos. Fratres: Existimo, quod non sunt condignæ passiones hujus temporis ad futuram gloriam, quæ revelabitur in nobis. Nam exspectatio creaturæ revelationem filiorum Dei exspectat. Vanitati enim creatura subjecta est, non volens, sed propter eum, qui subjecit eam in spe: quia et ipsa creatura liberabitur a servitute corruptionis, in libertatem gloriæ filiorum Dei. Scimus enim quod omnis

Bröder, jag håller före, att denna tidens lidanden intet betyda i jämförelse med den tillkommande härlighet, som skall uppenbaras på oss. Ty skapelsen trängtar och bidar efter Guds barns uppenbarelse. Skapelsen har ju blivit underkastad förgängelse, icke av eget val, utan för hans skull, som lade den därunder, dock så att en förhoppning skulle finnas, att även skapelsen en gång skall befrias från sin träldom under förgängelsen och kom-

Fjärde söndagen

creatura ingemiscit, et parturit usque adhuc. Non solum autem illa, sed et nos ipsi primitias spiritus habentes, et ipsi intra nos gemimus, adoptionem filiorum Dei exspectantes, redemptionem corporis nostri: in Christo Jesu, Domino nostro.

ma till den frihet, som tillhör Guds barns härlighet. Vi veta ju, att hela skapelsen suckar och våndas ännu i denna stund; och icke den allenast, utan också vi själva, som hava fått Andens förstlingsgåva, sucka inom oss och bida efter barnaskapet, vår kropps förlossning.

Graduale.
(Ps. 78:9, 10. — Ps. 9:5, 10.)

Propitius esto, Domine, peccatis nostris: ne quando dicant gentes: Ubi est Deus eorum? Adjuva nos, Deus, salutaris noster: et propter honorem nominis tui, Domine, libera nos. Alleluja, alleluja. Deus, qui sedes super thronum, et judicas æquitatem: esto refugium pauperum in tribulatione. Alleluja.

Var nådig, o Herre, mot oss syndare, att icke hedningarna någonsin må säga: Var är deras Gud? Hjälp oss, Gud, vår frälsning; och för ditt namns äras skull befria oss, Herre. Alleluja, alleluja. Gud, du som sitter på tronen och prövar, vad som är rättvist, var de fattigas tillflykt i deras trångmål. Alleluja.

Evangelium.
(Luk. 5:1-11.)

Sequentia sancti Evangelii secundum Lucam. In illo tempore: Cum turbæ irruerent in Jesum, ut audirent verbum Dei, et ipse stabat

I den tiden stod Jesus vid sjön Genesaret, och folket trängde sig på honom för att höra Guds ord. Då fick han se två båtar ligga vid

secus stagnum Genesareth. Et vidit duas naves stantes secus stagnum: piscatores autem descenderant, et lavabant retia. Ascendens autem in unam navim, quæ erat Simonis, rogavit eum a terra reducere pusillum. Et sedens docebat de navicula turbas. Ut cessavit autem loqui, dixit ad Simonem: Duc in altum, et laxate retia vestra in capturam. Et respondens Simon, dixit illi: Præceptor, per totam noctem laborantes, nihil cepimus: in verbo autem tuo laxabo rete. Et cum hoc fecissent, concluserunt piscium multitudinem copiosam: rumpebatur autem rete eorum. Et annuerunt sociis, qui erant in alia navi, ut venirent, et adjuvarent eos. Et venerunt, et impleverunt ambas naviculas, ita ut pæne mergerentur. Quod cum videret Simon Petrus, procidit ad genua Jesu, dicens: Exi a me, quia homo peccator sum, Domine.

sjöstranden; men de som fiskade hade gått i land och höllo på att skölja sina nät. Då steg han i en av båtarna, den som tillhörde Simon, och bad honom lägga ut något litet från land; och han satte sig ned och undervisade folket från båten. Och när han hade slutat att tala, sade han till Simon: Lägg ut på djupet och kasten där ut edra nät till fångst. Då svarade Simon och sade till honom: Mästare, vi hava arbetat hela natten och intet fått; men på ditt ord skall jag kasta ut nätet. Och då de hade gjort så, fingo de en stor hop fiskar, så att deras nät gick sönder. Då vinkade de åt sina kamrater i den andra båten, att de skulle komma och hjälpa dem. Och de kommo och fyllde båda båtarna, så att de voro nära att sjunka. Då Simon Petrus såg detta, föll han ned för Jesu knän och sade: Gå bort ifrån mig, Herre, ty jag är en

Fjärde söndagen

Stupor enim circumdederat eum, et omnes, qui cum illo erant, in captura piscium, quam ceperant: similiter autem Jacobum et Joannem, filios Zebedæi, qui erant socii Simonis. Et ait ad Simonem Jesus: Noli timere: ex hoc jam homines eris capiens. Et subductis ad terram navibus, relictis omnibus, secuti sunt eum.

syndig människa. Ty för detta fiskafänges skull hade han och alla som voro med honom uppfyllts av häpnad. Likaså ock Jakobus och Johannes, Sebedei söner, som arbetade tillsammans med Simon. Men Jesus sade till Simon: Frukta icke; hädanefter skall du fånga människor. Och de förde båtarna i land, övergåvo allt och följde honom.

Offertorium.
(Ps. 12:4-5.)

Illumina oculos meos, ne umquam obdormiam in morte: ne quando dicat inimicus meus: Prævalui adversus eum.

Upplys mina ögon, att jag aldrig må sjunka i dödens sömn, på det att min fiende icke någonsin kan säga: Jag har överväldigat honom.

Secreta.

Oblationibus nostris, quæsumus, Domine, placare susceptis: et ad te nostras etiam rebelles compelle propitius voluntates. Per Dominum...

Mottag, vi bedja dig, Herre, våra offergåvor och låt försona dig; och nödga våra viljor, även när de äro motspänstiga, nådigt till dig. Genom vår Herre...

Praefatio Trinitatis.
(Sid. 291.)

Communio.
(Ps. 17.3.)

Dominus firmamentum meum, et refugium meum, et liberator meus: Deus meus, adjutor meus.

Herren är mitt fäste och min tillflykt och min befriare, min Gud och hjälpare.

Postcommunio.

Mysteria nos, Domine, quæsumus, sumpta purificent: et suo munere tueantur. Per Dominum nostrum...

Vi bedja dig, Herre, må dessa hemligheter, som vi hava åtnjutit, rena oss och med sin nådeverkan beskydda oss. Genom vår Herre...

Femte söndagen efter Pingst.

Introitus.
(Ps. 26:7, 9, 1.)

Exaudi, Domine, vocem meam, qua clamavi ad te: adjutor meus esto, ne derelinquas me, neque despicias me, Deus, salutaris meus.
Dominus illuminatio mea, et salus mea, quem timebo?
Gloria Patri...
Exaudi, Domine...

Herre, hör min röst, varmed jag ropat till dig; var min hjälpare och övergiv mig icke, och förkasta mig icke, Gud, min Frälsare.
Herren är mitt ljus och min frälsning; vem skulle jag frukta?
Ära vare...
Herre, hör min röst...

Oratio.

Deus, qui diligentibus te bona invisibilia præ-

Gud, du, som har berett osynliga gåvor

parasti: infunde cordibus nostris tui amoris affectum; ut te in omnibus et super omnia diligentes, promissiones tuas, quæ omne desiderium superant, consequamur. Per Dominum nostrum...

åt dem som älska dig, ingjut i våra hjärtan din kärleks sinnelag, på det att vi, i det vi älska dig i allt och över allt, må uppnå dina löften, vilka övergå allt, vad vi kunna begära. Genom vår Herre...

Epistola.
(1 Petr. 3:8-15.)

Lectio Epistolæ beati Petri Apostoli. Carissimi: Omnes unanimes in oratione estote, compatientes, fraternitatis amatores, misericordes, modesti, humiles: non reddentes malum pro malo, nec maledictum pro maledicto, sed e contrario benedicentes: quia in hoc vocati estis, ut benedictionem hereditate possideatis. Qui enim vult vitam diligere, et dies videre bonos, coerceat linguam suam a malo, et labia ejus ne loquantur dolum. Declinet a malo, et faciat bonum: inquirat pacem, et sequatur eam. Quia oculi Domini super justos, et aures ejus in preces eorum: vultus autem

Älskade, varen alla endräktiga, medlidsamma, kärleksfulla mot bröderna, barmhärtiga, blygsamma, ödmjuka. Vedergällen icke ont med ont, icke smädelse med smädelse, utan tvärtom välsignen, emedan I ären kallade att få välsignelse till arvedel. Ty den, som vill älska livet och se goda dagar, han avhålle sin tunga från det som är ont och göre vad gott är; han söke friden och trakte därefter. Ty Herrens ögon äro vända till de rättfärdiga och hans öron till deras bön; men Herrens ansikte är emot dem, som göra det onda. Och vem är den, som

Domini super facientes mala. Et quis est qui vobis noceat, si boni æmulatores fueritis? Sed et si quid patimini propter justitiam, beati. Timorem autem eorum ne timueritis: et non conturbemini. Dominum autem Christum sanctificate in cordibus vestris.

kan skada eder, om I nitälsken för det goda? Men om I än skullen få lida för rättfärdighetens skull, ären I dock saliga. Hysen icke fruktan för dem och låten eder icke förskräckas; hållen blott Herren Kristus helig i edra hjärtan.

Graduale.
(Ps. 83:10, 9. — Ps. 20:1.)

Protector noster, aspice, Deus, et respice super servos tuos. Domine, Deus virtutum, exaudi preces servorum tuorum. Alleluja, alleluja. Domine, in virtute tua lætabitur rex: et super salutare tuum exsultabit vehementer. Alleluja.

Gud, vår beskyddare, se till oss och kasta din blick på dina tjänare. Herre, Krafternas Gud, hör dina tjänares böner. Alleluja, alleluja. Herre, i din kraft skall konungen glädja sig, och högt skall han jubla över din frälsning. Alleluja.

Evangelium.
(Matt. 5:20-24.)

Sequentia sancti Evangelii secundum Matthæum. In illo tempore: Dixit Jesus discipulis suis: Nisi abundaverit justitia vestra plus quam scribarum et pharisæorum, non intra-

I den tiden sade Jesus till sina lärjungar: Om eder rättfärdighet icke övergår de skriftlärdes och fariséernas, så skolen I icke komma in i himmelriket. I haven hört, att det blev sagt till de gamla:

bitis in regnum caelorum. Audistis, quia dictum est antiquis: Non occides: qui autem occiderit, reus erit judicio. Ego autem dico vobis: quia omnis, qui irascitur fratri suo, reus erit judicio. Qui autem dixerit fratri suo, raca: reus erit concilio. Qui autem dixerit, fatue: reus erit gehennæ ignis. Si ergo offers munus tuum ad altare, et ibi recordatus fueris, quia frater tuus habet aliquid adversum te: relinque ibi munus tuum ante altare, et vade prius reconciliari fratri tuo: et tunc veniens offeres munus tuum.

Du skall icke dräpa; och den som dräper, han är hemfallen åt Domstolens dom: Men jag säger eder: Var och en som vredgas på sin broder, han är hemfallen åt Domstolens dom; och den, som okvädar sin broder, han är hemfallen åt Stora rådets dom; och den, som förbannar sin broder, han är hemfallen åt helvetets eld. När du därför frambär din gåva till altaret och där kommer ihåg, att din broder har något emot dig, så lägg ner din gåva framför altaret, och gå först bort och försona dig med din broder, och kom sedan och offra din gåva.

Offertorium.
(Ps. 15:7, 8.)

Benedicam Dominum, qui tribuit mihi intellectum: providebam Deum in conspectu meo semper: quoniam a dextris est mihi, ne commovear.

Jag vill lovprisa Herren, som tilldelat mig insikt; jag såg alltid Gud för mitt ansikte; ty han står vid min högra sida, att jag icke skall vackla.

Secreta.

Propitiare, Domine, supplicationibus nostris:

Lyssna nådigt, Herre, till våra böner och

et has oblationes famulorum famularumque tuarum benignus assume; ut, quod singuli obtulerunt ad honorem nominis tui, cunctis proficiat ad salutem. Per Dominum nostrum...

mottag i din godhet dessa dina tjänares och tjänarinnors offergåvor, att det, som var och en enskild har framburit till ditt namns ära, må tjäna alla till frälsning. Genom vår Herre...

Praefatio Trinitatis.
(Sid. 291.)

Communio.
(Ps. 26:4.)

Unam petii a Domino, hanc requiram: ut inhabitem in domo Domini omnibus diebus vitæ meæ.

Ett enda har jag begärt av Herren, och detta vill jag söka: att jag må ha min boning i Herrens hus i alla mitt livs dagar.

Postcommunio.

Quos cælesti, Domine, dono satiasti: præsta, quæsumus; ut a nostris mundemur occultis et ab hostium liberemur insidiis. Per Dominum...

Herre, du, som har mättat oss med din himmelska gåva, förläna, vi bedja dig, att vi må renas från våra dolda synder och befrias ur våra fienders försåt. Genom vår Herre...

Sjätte söndagen efter Pingst.

Introitus.
(Ps. 27:8-9, 1.)

Dominus fortitudo plebis suæ, et protector salutarium Christi

Herren är sitt folks starkhet och vakar över sin smordes fräls-

Sjätte söndagen

sui est: salvum fac populum tuum, Domine, et benedic hereditati tuæ, et rege eos, usque in sæculum.
Ad te, Domine, clamabo, Deus meus, ne sileas a me: ne quando taceas a me, et assimilabor descendentibus in lacum.
Gloria Patri...
Dominus fortitudo...

ning. Hjälp ditt folk, Herre, och välsigna din arvedel, och led dem till evig tid.
Till dig, Herre, vill jag ropa, min Gud, skilj dig icke i tystnad ifrån mig, att jag icke, då du tiger gentemot mig, skall likna dem, som fara ned i gropen.
Ära vare...
Herren är sitt folks...

Oratio.

Deus virtutum, cujus est totum quod est optimum: insere pectoribus nostris amorem tui nominis, et præsta in nobis religionis augmentum; ut, quæ sunt bona, nutrias, ac pietatis studio, quæ sunt nutrita, custodias. Per Dominum...

Krafternas Gud, du som äger allt vad som är fullkomligt gott, ingjut i våra hjärtan kärlek till ditt namn och föröka i oss vår hängivenhet, så att du förkovrar det, som är gott, och med kärlekens omsorg beskärmar det, som förkovrats. Genom vår Herre...

Epistola.
(Rom. 6:3-11.)

Lectio Epistolæ beati Pauli Apostoli ad Romanos. Fratres: Quicumque baptizati sumus in Christo Jesu, in morte ipsius baptizati sumus. Consepulti enim

Bröder, vi alla, som blivit döpta till Kristus Jesus, hava blivit döpta till hans död. Och vi hava genom detta dop till döden blivit begravda med honom

sumus cum illo per baptismum in mortem: ut, quomodo Christus surrexit a mortuis per gloriam Patris, ita et nos in novitate vitæ ambulemus. Si enim complantati facti sumus similitudini mortis ejus: simul et resurrectionis erimus. Hoc scientes, quia vetus homo noster simul crucifixus est: ut destruatur corpus peccati, et ultra non serviamus peccato. Qui enim mortuus est, justificatus est a peccato. Si autem mortui sumus cum Christo: credimus quia simul etiam vivemus cum Christo: scientes quod Christus resurgens ex mortuis, jam non moritur, mors illi ultra non dominabitur. Quod enim mortuus est peccato, mortuus est semel: quod autem vivit, vivit Deo. Ita et vos existimate, vos mortuos quidem esse peccato, viventes autem Deo, in Christo Jesu, Domino nostro.

för att, såsom Kristus genom Faderns härlighet uppstod från de döda, även vi skola vandra i ett nytt liv. Ty om vi hava vuxit samman med honom genom en lika död, så skola vi ock vara sammanvuxna med honom genom en lika uppståndelse. Vi veta ju, att vår gamla människa blivit korsfäst med honom, på det att syndens kropp må göras om intet, så att vi icke längre tjäna synden. Ty den som är död, han är frikallad från synden. Hava vi nu dött med Kristus, så tro vi, att vi ock skola få leva med Kristus, eftersom vi veta, att Kristus, sedan han uppstått från de döda, icke mer dör; döden har icke längre någon makt över honom. Ty då han dog från synden, dog han en gång för alla; men då han lever, lever han för Gud. Så mån ock I hålla före, att I ären döda från synden, men leven för Gud i Kristus Jesus, vår Herre.

Sjätte söndagen

Graduale.
(Ps. 89:13, 1. — Ps. 30:2-3.)

Convertere, Domine, aliquantulum, et deprecare super servos tuos. Domine, refugium factus es nobis, a generatione et progenie. Alleluja, alleluja. In te, Domine, speravi, non confundar in æternum: in justitia tua libera me, et eripe me: inclina ad me aurem tuam, accelera, ut eripias me. Alleluja.

Herre, vänd dig till oss något litet, och misskunda dig över dina tjänare. Herre, du har blivit vår tillflykt från släkte till släkte. Alleluja, alleluja. På dig, Herre, har jag hoppats och skall i evighet icke komma på skam. Befria mig i din rättfärdighet och fräls mig. Böj ditt öra till mig, och hasta att rycka mig ur min nöd. Alleluja.

Evangelium.
(Mark. 8:1-9.)

Sequentia sancti Evangelii secundum Marcum. In illo tempore: Cum turba multa esset cum Jesu, nec haberent quod manducarent, convocatis discipulis, ait illis: Misereor super turbam: quia ecce jam triduo sustinent me, nec habent quod manducent: et si dimisero eos jejunos in domum suam, deficient in via: quidam enim ex eis de

I den tiden, då åter en stor folkskara var hos Jesus och de icke hade något att äta, kallade han sina lärjungar till sig och sade till dem: Jag ömkar mig över folket; ty se, det är redan tre dagar, som de hava dröjt kvar hos mig, och de hava intet att äta. Om jag nu låter dem gå hem fastande, skola de försmäkta på vägen; ty somliga av dem ha-

longe venerunt. Et responderunt ei discipuli sui: Unde illos quis poterit hic saturare panibus in solitudine? Et interrogavit eos: Quot panes habetis? Qui dixerunt: Septem. Et præcepit turbæ discumbere super terram. Et accipiens septem panes, gratias agens fregit, et dabat discipulis suis, ut apponerent, et apposuerunt turbæ. Et habebant pisciculos paucos: et ipsos benedixit, et jussit apponi. Et manducaverunt, et saturati sunt, et sustulerunt quod superaverat de fragmentis, septem sportas. Erant autem qui manducaverant, quasi quator milia: et dimisit eos.

va kommit långväga ifrån. Då svarade hans lärjungar honom: Varifrån skall man här i öknen få bröd till att mätta dem med? Han frågade dem: Huru många bröd haven I? De svarade: Sju. Då tillsade han folket att lägra sig på marken. Och han tog de sju bröden, tackade, bröt dem och gav dem åt sina lärjungar att lägga fram; och de lade fram dem åt folket. De hade ock några små fiskar; han välsignade även dem och bjöd, att de skulle framläggas. Och de åto och blevo mätta; och av överblivna stycken samlade man upp sju korgar. Och de som hade ätit, voro omkring fyra tusen. Sedan lät han dem skiljas åt.

Offertorium.
(Ps. 16:5, 6-7.)

Perfice gressus meos in semitis tuis, ut non moveantur vestigia mea: inclina aurem tuam, et exaudi verba mea: mirifica misericordias tuas, qui sal-

Bevara mina steg på dina vägar, så att mina fötter icke må slinta. Böj ditt öra till mig, och hör mina ord. Uppenbara din förunderliga barmhärtighet, du

Sjätte söndagen

vos facis sperantes in te, Domine.	som frälsar dem, som hoppas på dig, Herre.

Secreta.

Propitiare, Domine, supplicationibus nostris, et has populi tui oblationes benignus assume: et, ut nullius sit irritum votum, nullius vacua postulatio, præsta; ut, quod fideliter petimus, efficaciter consequamur. Per Dominum...	Hör, o Herre, nådigt våra böner och upptag i din godhet dessa ditt folks offergåvor. Och på det att ingens bön må vara förgäves, ingens klagan vara kraftlös, förläna, att vi verksamt må uppnå, vad vi förtroendefullt bedja om. Genom vår Herre...

Praefatio Trinitatis.
(Sid. 291.)

Communio.
(Ps. 26:6.)

Circuibo, et immolabo in tabernaculo ejus hostiam jubilationis: cantabo, et psalmum dicam Domino.	Jag vill gå omkring och offra i hans tält ett jubeloffer; jag vill sjunga och framsäga en lovsång inför Herren.

Postcommunio.

Repleti sumus, Domine, muneribus tuis: tribue, quæsumus; ut eorum et mundemur effectu et muniamur auxilio. Per Dominum nostrum...	Vi ha blivit mättade, o Herre, med dina gåvor; giv oss, vi bedja dig, både att vi renas genom deras kraft och beskyddas genom deras bistånd. Genom vår Herre...

Sjunde söndagen efter Pingst.

Introitus.
(Ps. 46:2, 3.)

Omnes gentes, plaudite manibus: jubilate Deo in voce exsultationis.
Quoniam Dominus excelsus, terribilis: Rex magnus super omnem terram.
Gloria Patri...
Omnes gentes...

Alla folk, klappen i händerna; jublen inför Gud med hänförelsens röst.
Ty Herren är upphöjd och fruktansvärd, en stor konung över hela jorden.
Ära vare...
Alla folk...

Oratio.

Deus: cujus providentia in sui dispositione non fallitur: te supplices exoramus; ut noxia cuncta submoveas, et omnia nobis profutura concedas. Per Dominum nostrum...

Gud, du, som i din försyns anordningar aldrig tager miste, bönfallande bedja vi dig, att du avvänder allt skadligt och förunnar oss allt, som är gagneligt. Genom vår...

Epistola.
(Rom. 6:19-23.)

Lectio Epistolæ beati Pauli Apostoli ad Romanos. Fratres: Humanum dico, propter infirmitatem carnis vestræ: sicut enim exhibuistis membra vestra servire immunditiæ, et iniquitati ad iniquitatem, ita nunc exhibete membra vestra servire justitiæ in sanctifica-

Bröder, jag talar efter människosätt för eder köttsliga svaghets skull: Liksom I förr haven ställt edra lemmar i orenhetens och orättfärdighetens tjänst till att bedriva orättfärdighet, så ställen nu edra lemmar i rättfärdighetens tjänst till helgelse. Medan I vo-

tionem. Cum enim servi essetis peccati, liberi fuistis justitiæ. Quem ergo fructum habuistis tunc in illis, in quibus nunc erubescitis? Nam finis illorum mors est. Nunc vero liberati a peccato, servi autem facti Deo, habetis fructum vestrum in sanctificationem, finem vero vitam æternam. Stipendia enim peccati, mors. Gratia autem Dei, vita æterna, in Christo Jesu, Domino nostro.

ren syndens trälar, voren I fria från rättfärdighetens tjänst. Vilken frukt haven I då skördat av de gärningar, varöver I nu blygens? Änden på sådant är ju döden. Men nu, då I ären frigjorda från synden och haven blivit Guds tjänare, skörden I som frukt eder helgelse och till slut det eviga livet. Ty syndens lön är döden, men Guds nådegåva är evigt liv i Kristus Jesus, vår Herre.

Graduale.
(Ps. 33:12, 6. — Ps. 46:2.)

Venite, filii, audite me: timorem Domini docebo vos. Accedite ad eum, et illuminamini: et facies vestræ non confundentur. Alleluja, alleluja. Omnes gentes, plaudite manibus: jubilate Deo in voce exsultationis. Alleluja.

Kommen, mina söner, och hören mig; jag vill lära eder Herrens fruktan. Träden fram till honom, och låten eder upplysas; och edra ansikten skola icke förvirras. Alleluja, alleluja. Alla folk klappen i händerna; jublen inför Gud med hänförelsens röst. Alleluja.

Evangelium.
(Matt. 7:15-21.)

Sequentia sancti Evangelii secundum Mat-

I den tiden sade Jesus till sina lärjungar:

thæum. In illo tempore: Dixit Jesus discipulis suis: Attendite a falsis prophetis, qui veniunt ad vos in vestimentis ovium, intrinsecus autem sunt lupi rapaces: a fructibus eorum cognoscetis eos. Numquid colligunt de spinis uvas, aut de tribulis ficus? Sic omnis arbor bona fructus bonos facit: mala autem arbor malos fructus facit. Non potest arbor bona malos fructus facere: neque arbor mala bonos fructus facere. Omnis arbor, quæ non facit fructum bonum, excidetur, et in ignem mittetur. Igitur ex fructibus eorum cognoscetis eos. Non omnis, qui dicit mihi, Domine, Domine, intrabit in regnum cælorum: sed qui facit voluntatem Patris mei, qui in cælis est, ipse intrabit in regnum cælorum.

Akten eder för falska profeter, som komma till eder i fårakläder, men invärtes äro glupande ulvar. Av deras frukt skolen I känna dem. Hämtar man väl vindruvor från törnen eller fikon från tistlar? Så bär vart och ett gott träd god frukt, men ett dåligt träd bär dålig frukt. Ett gott träd kan icke bära dålig frukt, och ett dåligt träd kan icke bära god frukt. Vart träd, som icke bär god frukt, skall avhuggas och kastas i elden. Alltså skolen I känna dem av deras frukt. Icke kommer var och en in i himmelriket, som säger till mig: Herre, Herre; utan den, som gör min himmelske Faders vilja, han skall komma in i himmelriket.

Offertorium.
(Dan. 3:40.)

Sicut in holocaustis arietum et taurorum, et sicut in milibus agnorum pinguium: sic

Så som brännoffer av vädurar och tjurar och som tusenden av feta lamm, så varde i

Sjunde söndagen

fiat sacrificium nostrum in conspectu tuo hodie, ut placeat tibi: quia non est confusio confidentibus in te, Domine.

dag vårt offer för din åsyn, att det må behaga dig; ty de, som förtrösta på dig, skola icke komma på skam.

Secreta.

Deus, qui legalium differentiam hostiarum unius sacrificii perfectione sanxisti: accipe sacrificium a devotis tibi famulis, et pari benedictione, sicut munera Abel, sanctifica; ut, quod singuli obtulerunt ad majestatis tuæ honorem, cunctis proficiat ad salutem. Per Dominum...

Gud, du, som förordnat, att lagens mångfald av slaktoffer fulländades i ett enda fullkomligt offer, mottag detta offer av dina dig hängivna tjänare och helga det med samma välsignelse som Abels offergåvor, att det, som var och en enskild frambär till din härlighets ära, må tjäna alla till frälsning. Genom vår Herre...

Praefatio Trinitatis.
(Sid. 291.)

Communio.
(Ps. 30:3.)

Inclina aurem tuam, accelera, ut eripias me.

Böj ditt öra till mig, och hasta att rycka mig ur min nöd.

Postcommunio.

Tua nos, Domine, medicinalis operatio, et a nostris perversitatibus clementer expediat, et ad ea, quæ sunt recta, perducat. Per Dominum...

Låt, Herre, din botande kraft mildeligen befria oss från våra förvända böjelser och föra oss på rätta vägar. Genom vår Herre...

Åttonde söndagen efter Pingst.

Introitus.
(Ps. 47:10-11, 2.)

Suscepimus, Deus, misericordiam tuam in medio templi tui: secundum nomen tuum, Deus, ita et laus tua in fines terræ: justitia plena est dextera tua. Magnus Dominus, et laudabilis nimis: in civitate Dei nostri, in monte sancto ejus. Gloria Patri... Suscepimus, Deus...

Vi hava mottagit, o Gud, din barmhärtighet mitt i ditt tempel; liksom ditt namn, o Gud, så går ditt lov till jordens gränser; full av rättfärdighet är din högra hand. Stor är Herren och prisvärd över alla mått, i vår Guds stad, på hans heliga berg. Ära vare... Vi hava mottagit...

Oratio.

Largire nobis, quæsumus, Domine, semper spiritum cogitandi quæ recta sunt, propitius et agendi: ut, qui sine te esse non possumus, secundum te vivere valeamus. Per Dominum nostrum...

Giv oss nådeligen, vi bedja dig, Herre, den anda, i vilken vi alltid tänka, vad rätt är, och handla därefter, på det att vi, som icke kunna vara dig förutan, må få kraft att leva efter din vilja. Genom vår Herre...

Epistola.
(Rom. 8:12-17.)

Lectio Epistolæ beati Pauli Apostoli ad Romanos. Fratres: Debitores sumus non carni, ut secundum carnem vivamus. Si enim secundum carnem vixe-

Bröder, vi hava icke någon förpliktelse mot köttet, så att vi skulle leva efter köttet. Ty om I leven efter köttet, så skolen I dö, men om I genom an-

ritis, moriemini: si autem spiritu facta carnis mortificaveritis, vivetis. Quicumque enim spiritu Dei aguntur, ii sunt filii Dei. Non enim accepistis spiritum servitutis iterum in timore, sed accepistis spiritum adoptionis filiorum, in quo clamamus: Abba (Pater). Ipse enim Spiritus testimonium reddit spiritui nostro, quod sumus filii Dei. Si autem filii, et heredes: heredes quidem Dei, coheredes autem Christi.

den döden köttets gärningar, så skolen I leva. Ty alla som drivas av Guds Ande, de äro Guds barn. I haven ju icke fått träldomens ande för att åter hysa fruktan, utan I haven fått barnaskapets ande, i vilken vi ropa: Abba, Fader! Ty Anden själv giver vår ande vittnesbörd, att vi äro Guds barn: men äro vi barn, så äro vi ock arvingar, nämligen Guds arvingar och Kristi medarvingar.

Graduale.
(Ps. 30:3. — Ps. 70:1. — Ps. 47:2.)

Esto mihi in Deum protectorem, et in locum refugii, ut salvum me facias. Deus, in te speravi: Domine, non confundar in æternum. Alleluja, alleluja. Magnus Dominus, et laudabilis valde, in civitate Dei nostri, in monte sancto ejus. Alleluja.

Var mig en beskyddande Gud och min tillflykts stad, att du må frälsa mig.
Gud, på dig har jag hoppats; Herre, jag skall icke komma på skam till evig tid.
Alleluja, alleluja. Stor är Herren och prisvärd högeligen, i vår Guds stad, på hans heliga berg. Alleluja.

Evangelium.
(Luk. 16 1-9.)

Sequentia sancti Evangelii secundum Lucam.

I den tiden framställde Jesus för sina

In illo tempore: Dixit Jsus discipulis suis parabolam hanc: Homo quidam erat dives, qui habebat villicum: et hic diffamatus est apud illum, quasi dissipasset bona ipsius. Et vocavit illum, et ait illi: Quid hoc audio de te? redde rationem villicationis tuæ: jam enim non poteris villicare. Ait autem villicus intra se: Quid faciam, quia dominus meus aufert a me villicationem? fodere non valeo, mendicare erubesco. Scio quid faciam, ut, cum amotus fuero a villicatione, recipiant me in domos suas. Convocatis itaque singulis debitoribus domini sui, dicebat primo: Quantum debes domino meo? At ille dixit: Centum cados olei. Dixitque illi: Accipe cautionem tuam: et sede cito, scribe quinquaginta. Deinde alii dixit: Tu vero quantum debes?

lärjungar följande liknelse: En rik man hade en förvaltare; och denne blev hos honom angiven för förskingring av hans ägodelar. Då kallade han honom till sig och sade till honom: Vad är det jag hör om dig? Gör räkenskap för din förvaltning; ty du kan icke längre få vara förvaltare. Då sade förvaltaren till sig själv: Vad skall jag göra, då min herre nu tager ifrån mig förvaltningen? Gräva orkar jag icke, att tigga blyges jag. Jag vet vad jag skall göra, för att man må upptaga mig i sina hus, när jag blivit avsatt från förvaltningen. Han kallade nu till sig sin herres gäldenärer, var och en särskilt. Och han frågade den förste: Huru mycket är du skyldig min herre? Han svarade: Hundra fat olja. Då sade han till honom: Tag här ditt skuldebrev, sätt dig strax ned och skriv femtio. Sedan frågade han en annan: Och du, hur mycket är du skyl-

Qui ait: Centum coros tritici. Ait illi: Accipe litteras tuas, et scribe octoginta. Et laudavit dominus villicum iniquitatis, quia prudenter fecisset: quia filii hujus sæculi prudentiores filiis lucis in generatione sua sunt. Et ego vobis dico: facite vobis amicos de mammona iniquitatis: ut, cum defeceritis, recipiant vos in æterna tabernacula.

dig? Denne svarade: Hundra tunnor vete. Då sade han till honom: Tag här ditt skuldebrev och skriv åttio. Och husbonden berömde den orättfärdige förvaltaren, för att han hade handlat klokt. Ty denna världens barn äro i sitt släkte klokare än ljusets barn. Och jag säger eder: Gören eder vänner medelst orättfärdighetens mammon, för att de, när det tager slut med eder, må upptaga eder i de eviga hyddorna.

Offertorium.
(Ps. 17:28, 32.)

Populum humilem salvum facies, Domine, et oculos superborum humiliabis: quoniam quis Deus præter te, Domine?

Ett ödmjukt folk vill du frälsa, Herre, och förödmjuka de högmodigas ögon, ty vem är Gud utom du, Herre?

Secreta.

Suscipe, quæsumus, Domine, munera, quæ tibi de tua largitate deferimus: ut hæc sacrosancta mysteria, gratiæ tuæ operante virtute, et præsentis vitæ nos conversatione sanc-

Mottag, vi bedja dig, Herre, de skänker, som vi genom din egen frikostighet bringa dig, på det att dessa högtheliga hemligheter genom din nåds verkande kraft både må heliggöra vår vandel i detta livet

tificent, et ad gaudia sempiterna perducant. Per Dominum...

och föra oss fram till de eviga fröjderna. Genom vår Herre...

Praefatio Trinitatis.
(Sid. 291.)

Communio.
(Ps. 33:9.)

Gustate et videte, quoniam suavis est Dominus: beatus vir, qui sperat in eo.

Smaken och sen, huru ljuvlig Herren är; salig är den man, som hoppas på honom.

Postcommunio.

Sit nobis, Domine, reparatio mentis et corporis cæleste mysterium: ut, cujus exsequimur cultum, sentiamus effectum. Per Dominum nostrum...

Låt, Herre, denna himmelska hemlighet vara oss en själens och kroppens förnyelse, att vi må förnimma verkan av den gudstjänst, vi förrätta. Genom vår Herre...

Nionde söndagen efter Pingst.

Introitus.
(Ps. 53:6-7, 3.)

Ecce, Deus adjuvat me, et Dominus susceptor est animæ meæ: averte mala inimicis meis, et in veritate tua disperde illos, protector meus, Domine.

Se, Gud hjälper mig, och Herren har åtagit sig min själ. Låt det onda återfalla på mina fiender, och skingra dem genom din sanning, min beskyddare och Herre.

Nionde söndagen

Deus, in nomine tuo salvum me fac: et in virtute tua libera me.
Gloria Patri...
Ecce, Deus...

Gud, fräls mig genom ditt namn; och befria mig genom din kraft.
Ära vare...
Se, Gud hjälper mig...

Oratio.

Pateant aures misericordiæ tuæ, Domine, precibus supplicantium: et, ut petentibus desiderata concedas; fac eos, quæ tibi sunt placita, postulare. Per Dominum nostrum...

Låt din barmhärtighets öron vara öppna, o Herre, för de ödmjukas böner; och, för att du må kunna villfara de bedjandes önskningar, verka att de bedja om sådant, som är dig välbehagligt. Genom vår Herre...

Epistola.
(1 Kor. 10:6-13.)

Lectio Epistolæ beati Pauli Apostoli ad Corinthios. Fratres: Non simus concupiscentes malorum, sicut et illi concupierunt. Neque idololatræ efficiamini, sicut quidam ex ipsis: quemadmodum scriptum est: Sedit populus manducare et bibere, et surrexerunt ludere. Neque fornicemur, sicut quidam ex ipsis fornicati sunt, et ceciderunt una die viginti tria milia. Neque tentemus

Bröder, låtom oss icke hava begärelse till det onda, såsom de (israeliterna i öknen) hade begärelse därtill. Bliven icke heller avgudadyrkare, såsom somliga av dem blevo, såsom det är skrivet: Folket satte sig ned till att äta och dricka, och därpå stodo de upp till att leka. Låtom oss icke heller bedriva otukt, såsom somliga av dem gjorde, varför ock tjugutre tusen omkommo på en enda dag.

Christum, sicut quidam eorum tentaverunt, et a serpentibus perierunt. Neque murmuraveritis, sicut quidam eorum murmuraverunt, et perierunt ab exterminatore. Hæc autem omnia in figura contingebant illis: scripta sunt autem ad correptionem nostram, in quos fines sæculorum devenerunt. Itaque qui se existimat stare, videat ne cadat. Tentatio vos non apprehendat, nisi humana: fidelis autem Deus est, qui non patietur vos tentari supra id quod potestis, sed faciet etiam cum tentatione proventum, ut possitis sustinere.

Låtom oss icke heller fresta Kristus, såsom somliga av dem frestade honom och blevo dödade av ormarna. Knoten icke heller, såsom somliga av dem knotade och blevo dödade av fördärvaren. Allt detta vederfors dem till varnagel och blev upptecknat till lärdom för oss, som fått uppleva de sista tiderna. Därför må den, som tycker sig stå, se till, att han icke faller. Hittills hava inga övermänskliga frestelser mött er; Gud är trofast, han skall icke tillstädja, att I bliven frestade över eder förmåga, utan giva frestelsen ett sådant förlopp, att I kunnen härda ut i den.

Graduale.
(Ps. 8:2. — Ps. 58:2.)

Domine, Dominus noster, quam admirabile est nomen tuum in universa terra! Quoniam elevata est magnificentia tua super cælos. Alleluja, alleluja. Eripe me de inimicis meis, Deus meus: et ab in-

Herre, vår Herre, huru förunderligt är ditt namn över hela jorden! Ty upphöjd är din härlighet över himlarna. Alleluja, alleluja. Ryck mig undan mina fiender, min Gud; och från dem, som resa sig

Nionde söndagen

surgentibus in me libera me. Alleluja.

emot mig, befria mig. Alleluja.

Evangelium.
(Luk. 19:41-47.)

Sequentia sancti Evangelii secundum Lucam. In illo tempore: Cum appropinquaret Jesus Jerusalem, videns civitatem, flevit super illam, dicens: Quia si cognovisses et tu, et quidem in hac die tua, quæ ad pacem tibi, nunc autem abscondita sunt ab oculis tuis. Quia venient dies in te: et circumdabunt te inimici tui vallo, et circumdabunt te: et coangustabunt te undique: et ad terram prosternent te, et filios tuos, qui in te sunt, et non relinquent in te lapidem super lapidem: eo quod non cognoveris tempus visitationis tuæ. Et ingressus in templum, cœpit ejicere vendentes in illo, et ementes, dicens illis: Scriptum est: Quia domus mea domus orationis est. Vos autem fecistis illam speluncam latronum. Et erat docens quotidie in templo.

I den tiden, då Jesus närmade sig Jerusalem och fick se staden, grät han över den och sade: O, att även du i dag hade insett, vad din frid tillhör! Men nu är det fördolt för dina ögon. Ty den tid skall komma över dig, då dina fiender skola omgiva dig med en belägringsvall och innesluta dig och tränga dig på alla sidor. Och de skola slå ned dig till jorden tillika med dina barn, som äro i dig, och de skola icke lämna kvar i dig sten på sten, därför att du icke aktade på den tid, då du var sökt. — Och han gick in i templet och begynte utdriva dem, som sålde och köpte därinne. Och han sade till dem: Det är skrivet: Mitt hus är ett bönehus; men I haven gjort det till en rövarkula. Och han undervisade var dag i templet.

14

Tiden efter Pingst

Offertorium.
(Ps. 18:9, 10, 11, 12.)

Justitiæ Domini rectæ, lætificantes corda, et judicia ejus dulciora super mel et favum: nam et servus tuus custodit ea.

Herrens bud äro rätta, de fröjda hjärtan; och hans domar äro ljuvare än honung och honungskaka; även din tjänare vakar ju över dem.

Secreta.

Concede nobis, quæsumus, Domine, hæc digne frequentare mysteria: quia, quoties hujus hostiæ commemoratio celebratur, opus nostræ redemptionis exercetur. Per Dominum...

Förunna oss, vi bedja dig, Herre, att värdigt och ofta samlas kring dessa hemligheter, ty varje gång, som detta offers åminnelse firas, förnyas vår återlösnings verk. Genom vår Herre...

Praefatio Trinitatis.
(Sid. 291.)

Communio.
(Joh 6:57.)

Qui manducat meam carnem, et bibit meum sanguinem, in me manet, et ego in eo, dicit Dominus.

Den, som äter mitt kött och dricker mitt blod, förblriver i mig och jag i honom, säger Herren.

Postcommunio.

Tui nobis, quæsumus, Domine, communio sacramenti, et purificationem conferat, et tribuat unitatem. Per Dominum...

Vi bedja dig, Herre, låt delaktigheten i ditt Sakrament bringa oss renhet och giva oss enhet. Genom vår Herre...

Tionde söndagen efter Pingst.

Introitus.
(Ps. 54:17, 18, 20, 23, 2.)

Cum clamarem ad Dominum, exaudivit vocem meam, ab his, qui appropinquant mihi: et humiliavit eos qui est ante sæcula, et manet in æternum: jacta cogitatum tuum in Domino, et ipse te enutriet. Exaudi, Deus, orationem meam, et ne despexeris deprecationem meam: intende mihi, et exaudi me.
Gloria Patri...
Cum clamarem...

Då jag ropade till Herren, hörde han min röst till beskydd mot dem, som kommo mig för när; och han förödmjukade dem, han, som är före tiden och förbliver i evighet. Kasta din omsorg på Herren, och han skall själv nära dig.
Hör min bön, o Gud, och förakta icke min åkallan; akta på mig och bönhör mig.
Ära vare...
Då jag ropade...

Oratio.

Deus, qui omnipotentiam tuam parcendo maxime et miserando manifestàs: multiplica super nos misericordiam tuam; ut, ad tua promissa currentes, cælestium bonorum facias esse consortes. Per Dominum...

Gud, du, som mest visar din allmakt genom att skona och förbarma dig, mångfaldiga över oss din barmhärtighet, att du må göra oss, som sträva mot dina löften, delaktiga av det himmelska goda. Genom vår Herre...

Epistola.
(1 Kor. 12:2-11.)

Lectio Epistolæ beati Pauli Apostoli ad Co-

Bröder, I veten, att I, medan I voren hed-

rinthios. Fratres: Scitis quoniam, cum gentes essetis, ad simulacra muta prout ducebamini euntes. Ideo notum vobis facio, quod nemo in Spiritu Dei loquens, dicit anathema Jesu. Et nemo potest dicere, Dominus Jesus, nisi in Spiritu Sancto. Divisiones vero gratiarum sunt, idem autem Spiritus. Et divisiones ministrationum sunt, idem autem Dominus. Et divisiones operationum sunt, idem vero Deus, qui operatur omnia in omnibus. Unicuique autem datur manifestatio Spiritus ad utilitatem. Alii quidem per Spiritum datur sermo sapientiæ: alii autem sermo scientiæ secundum eumdem Spiritum: alteri fides in eodem Spiritu: alii gratia sanitatum in uno Spiritu: alii operatio virtutum, alii prophetia, alii discretio spirituum, alii genera linguarum, alii interpretatio sermonum. Hæc autem

ningar, låten eder i blindo släpas bort till de stumma avgudarna. Därför vill jag nu förklara för eder, att ingen, som talar i Guds Ande, säger: Förbannad vare Jesus; och ingen kan säga: Jesus är Herren, annat än genom den Helige Ande. Nådegåvorna äro mångahanda, men Anden är densamme; tjänsterna äro mångahanda, men Herren är densamme; kraftverkningarna äro mångahanda, men det är samme Gud, som verkar allt i alla. Men Andens uppenbarelse gives var och en till allas nytta. Åt den ene gives genom Anden vishetens ord, åt en annan kunskapens ord genom samme Ande; åt en annan gives tro genom samme Ande, åt en annan helbrägdagörelsens gåva genom samme Ande; åt en annan gåva att utföra kraftgärningar, åt en annan att skilja mellan andar, åt en annan att tala olika slag av tungomål, åt en annan att uttyda tungomålen. Men

Tionde söndagen

omnia operatur unus atque idem Spiritus, dividens singulis prout vult.	allt detta verkar en och samme Ande, som tilldelar var och en, såsom han vill.

Graduale.
(Ps. 16:8, 2. — Ps. 64:2.)

Custodi me, Domine, ut pupillam oculi: sub umbra alarum tuarum protege me. De vultu tuo judicium meum prodeat: oculi tui videant æquitatem. Alleluja, alleluja. Te decet hymnus, Deus, in Sion: et tibi reddetur votum in Jerusalem. Alleluja.	Vakta mig, Herre, som ögonstenen, beskydda mig i dina vingars skugga. Låt min dom utgå från ditt ansikte; låt dina ögon skåda med tålmodighet. Alleluja, alleluja. Dig tillkommer lovsång, o Gud, på Sion; och dig skall givas löfte i Jerusalem. Alleluja.

Evangelium.
(Luk. 18:9-14.)

Sequentia sancti Evangelii secundum Lucam. In illo tempore: Dixit Jesus ad quosdam, qui in se confidebant tamquam justi, et aspernabantur ceteros, parabolam istam: Duo homines ascenderunt in templum ut orarent: unus pharisæus, et alter publicanus. Pharisæus stans, hæc apud se orabat: Deus, gratias ago tibi, quia non	I den tiden sade Jesus till några, som menade sig själva vara rättfärdiga, medan de föraktade andra, denna liknelse: Två män gingo upp i templet för att bedja; den ene var en farisé och den andre en publikan. Fariséen trädde fram och bad så för sig själv: Jag tackar dig, Gud, att jag icke är såsom andra människor, rövare, orättrådiga, äk-

sum sicut ceteri hominum: raptores, injusti, adulteri: velut etiam hic publicanus. Jejuno bis in sabbato: decimas do omnium, quæ possideo. Et publicanus a longe stans nolebat nec oculos ad cælum levare: sed percutiebat pectus suum, dicens: Deus, propitius esto mihi peccatori. Dico vobis: descendit hic justificatus in domum suam ab illo: quia omnis qui se exaltat, humiliabitur: et qui se humiliat, exaltabitur.

tenskapsbrytare, ej heller såsom denne publikan. Jag fastar två gånger i veckan; jag giver tionde av allt jag äger. Men publikanen stod långt borta och ville icke ens lyfta sina ögon upp mot himmelen, utan slog sig för sitt bröst och sade: Gud vare mig syndare nådig. Jag säger eder: Denne gick hem rättfärdiggjord, den andre icke; ty var och en som upphöjer sig, han skall bliva förödmjukad; men den som ödmjukar sig, han skall bliva upphöjd.

Offertorium.
(Ps. 24:1-3.)

Ad te, Domine, levavi animam meam: Deus meus, in te confido, non erubescam: neque irrideant me inimici mei: etenim universi, qui te exspectant, non confundentur.

Till dig upplyfter jag min själ; min Gud, på dig förtröstar jag; låt mig ej komma på skam och varda till åtlöje för mina fiender; ty inga, som förbida dig, skola komma på skam.

Secreta.

Tibi, Domine, sacrificia dicata reddantur: quæ sic ad honorem nominis tui deferenda tribuisti, ut eadem re-

Låt, Herre, dessa invigda offergåvor överlämnas till dig, vilka du i din nåd har givit, för att så frambäras

media fieri nostra præstares. Per Dominum nostrum...

till ditt namns ära, att desamma bliva oss till botemedel. Genom vår Herre...

Praefatio Trinitatis.
(Sid. 291.)

Communio.
(Ps. 50:21.)

Acceptabis sacrificium justitiæ, oblationes, et holocausta, super altare tuum, Domine.

Du skall mottaga rättfärdighetens offer, framburna gåvor och brännoffer på ditt altare, Herre.

Postcommunio.

Quæsumus, Domine, Deus noster: ut, quos divinis reparare non desinis sacramentis, tuis non destituas benignus auxiliis. Per Dominum...

Vi bedja dig, Herre vår Gud, att du, som icke upphör att förnya oss med gudomliga sakrament, aldrig i din godhet må undandraga oss din hjälp. Genom vår Herre...

Elfte söndagen efter Pingst.

Introitus.
(Ps. 67:6-7, 36, 2.)

Deus in loco sancto suo: Deus qui inhabitare facit unanimes in domo: ipse dabit virtutem, et fortitudinem plebi suæ.
Exsurgat Deus, et

Gud är i sitt heliga tempel; Gud, som låter oss bo endräktigt tillsamman, skall själv giva kraft och styrka åt sitt folk.
Må Gud uppresa sig,

dissipentur inimici ejus: et fugiant, qui oderunt eum, a facie ejus.
Gloria Patri...
Deus in loco...

må hans fiender skingras; och må de fly ur hans åsyn, de som hata honom.
Ära vare...
Gud är i sitt...

Oratio.

Omnipotens sempiterne Deus, qui, abundantia pietatis tuæ, et merita supplicum excedis et vota: effunde super nos misericordiam tuam; ut dimittas quæ conscientia metuit, et adjicias quod oratio non præsumit. Per Dominum nostrum...

Allsmäktige, evige Gud, du, som i överflödet av din kärlek övergår allt vad de bönfallande förtjäna och önska, utgjut över oss din barmhärtighet, så att du avlägsnar vad vårt samvete fruktar, och tillför oss vad vår bön icke vågar begära. Genom vår Herre...

Epistola.
(1 Kor. 15:1-10.)

Lectio Epistolæ beati Pauli Apostoli ad Corinthios. Fratres: Notum vobis facio Evangelium, quod prædicavi vobis, quod et accepistis, in quo et statis, per quod et salvamini: qua ratione prædicaverim vobis, si tenetis, nisi frustra credidistis. Tradidi enim vobis in primis, quod et accepi: quoniam

Bröder, jag vill påminna eder om det Evangelium, som jag förkunnade för eder, vilket I även togen emot, och i vilket I ännu stån kvar. Genom detta skolen I även frälsas, om I fasthållen vid det, sådant jag predikade det för eder, om nu icke så är, att I förgäves haven kommit till tro. Ty jag har i främsta rummet med-

Elfte söndagen

Christus mortuus est pro peccatis nostris secundum Scripturas: et quia sepultus est, et quia resurrexit tertia die secundum Scripturas: et quia visus est Cephæ, et post hoc undecim. Deinde visus est plus quam quingentis fratribus simul, ex quibus multi manent usque adhuc, quidam autem dormierunt. Deinde visus est Jacobo, deinde Apostolis omnibus: novissime autem omnium tamquam abortivo, visus est et mihi. Ego enim sum minimus Apostolorum, qui non sum dignus vocari Apostolus, quoniam persecutus sum Ecclesiam Dei. Gratia autem Dei sum id quod sum, et gratia ejus in me vacua non fuit.

delat eder, vad jag själv hade undfått, att Kristus har dött för våra synder, enligt skrifterna, att han blivit begraven och på tredje dagen har uppstått, enligt skrifterna, att han visat sig för Cefas och sedan för de elva. Därefter visade han sig för mer än fem hundra bröder på en gång, av vilka många leva ännu i dag, medan andra äro avsomnade. Sedan visade han sig för Jakobus, därpå för alla apostlarna; allra sist visade han sig även för mig, som är att likna vid ett ofullgånget foster; ty jag är den ringaste bland apostlarna, ja, icke ens värd att kallas apostel, emedan jag har förföljt Guds Kyrka. Men genom Guds nåd är jag vad jag är, och hans nåd har icke varit overksam i mig.

Graduale.
(Ps. 27:7, 1. — Ps. 80:2-3.)

In Deo speravit cor meum, et adjutus sum: et refloruit caro mea, et ex voluntate mea

På Gud har mitt hjärta hoppats och jag har blivit hulpen; och mitt kött har åter blom-

confitebor illi. Ad te Domine, clamavi: Deus meus, ne sileas, ne discedas a me. Alleluja, alleluja. Exsultate Deo, adjutori nostro, jubilate Deo Jacob: sumite psalmum jucundum cum cithara. Alleluja.

strat; och av hela min håg vill jag lovprisa honom. Till dig, Herre, ropade jag; min Gud, hölj dig icke i tystnad; övergiv mig icke. Alleluja, alleluja. Fröjdens i Gud, vår hjälpare, lovsjungen Jakobs Gud; stämmen upp en ljuv sång till lyra. Alleluja.

Evangelium.
(Mark. 7:31-37.)

Sequentia sancti Evangelii secundum Marcum. In illo tempore: Exiens Jesus de finibus Tyri, venit per Sidonem ad mare Galilææ, inter medios fines Decapoleos. Et adducunt ei surdum et mutum, et deprecabantur eum, ut imponat illi manum. Et apprehendens eum de turba seorsum, misit digitos suos in auriculas ejus: et exspuens, tetigit linguam ejus: et suspiciens in cælum, ingemuit, et ait illi: Ephphetha, quod est adaperire. Et statim apertæ sunt aures ejus, et solutum est vinculum linguæ ejus, et loquebatur recte. Et

I den tiden lämnade Jesus Tyrus' område och tog vägen över Sidon och kom genom Dekapolis' område till Galileiska sjön. Och man förde till honom en dövstum och bad honom lägga handen på denne. Då tog han honom avsides ifrån folket, satte sina fingrar i hans öron, spottade och rörde vid hans tunga, såg upp mot himmelen, suckade och sade till honom: Effeta, det är: upplåt dig. Och strax öppnades hans öron, och hans tungas band löstes, och han talade redigt. Och Jesus förbjöd dem att omtala detta för någon;

Elfte söndagen

præcepit illis, ne cui dicerent. Quanto autem eis præcipiebat, tanto magis plus prædicabant: et eo amplius admirabantur, dicentes: Bene omnia fecit: et surdos fecit audire, et mutos loqui.

men ju mer han förbjöd dem, desto mer förkunnade de det, och desto mer häpnade folket och sade: Allt har han väl beställt: de döva låter han höra och de stumma tala.

Offertorium.
(Ps. 29:2-3.)

Exaltabo te, Domine, quoniam suscepisti me, nec delectasti inimicos meos super me: Domine, clamavi ad te, et sanasti me.

Jag vill upphöja dig, Herre, emedan du har åtagit dig mig och icke låtit mina fiender glädjas över mig; Herre, jag har ropat till dig, och du har helat mig.

Secreta.

Respice, Domine, quæsumus, nostram propitius servitutem: ut, quod offerimus, sit tibi munus acceptum, et sit nostræ fragilitatis subsidium. Per Dominum nostrum...

Se nådigt, vi bedja dig, Herre, till vårt ödmjuka tjänande, på det att den gåva, som vi frambära, må av dig mottagas och vara vår skröplighet till stöd. Genom vår Herre...

Praefatio Trinitatis.
(Sid. 291.)

Communio.
(Ordspr. 3:9-10.)

Honora Dominum de tua substantia, et de primitiis frugum tuarum: et implebuntur

Ära Herren av all din förmåga och med förstlingarna av din gröda; och dina lador skola horrea tua saturitate, et vino torcularia redundabunt.

fyllas till överflöd och dina vinpressar skola strömma över av vin.

Postcommunio.

Sentiamus, quæsumus, Domine, tui perceptione sacramenti, subsidium mentis et corporis: ut, in utroque salvati, cælestis remedii plenitudine gloriemur. Per Dominum...

Låt oss, vi bedja dig, Herre, genom att mottaga ditt Sakrament förnimma ett stöd till själ och kropp, på det att vi, frälsta till bådadera, må förhärligas genom fullheten av ditt himmelska läkemedel. Genom vår Herre...

Tolfte söndagen efter Pingst.

Introitus.
(Ps. 69:2-3, 4.)

Deus, in adjutorium meum intende: Domine, ad adjuvandum me festina: confundantur et revereantur inimici mei, qui quærunt animam meam. Avertantur retrorsum, et erubescant: qui cogitant mihi mala.
Gloria Patri...
Deus, in adjutorium...

O Gud, akta på medel att hjälpa mig; Herre, skynda till mitt bistånd; må mina fiender förvirras och blygas, vilka söka efter mitt liv.
Må de vika tillbaka och skämmas, de som tänka ont emot mig.
Ära vare:...
O Gud, akta...

Oratio.

Omnipotens et misericors Deus, de cujus munere venit, ut tibi a

Allsmäktige och barmhärtige Gud, från vilken den nådegåva kom-

fidelibus tuis digne et laudabiliter serviatur: tribue, quæsumus, nobis; ut ad promissiones tuas sine offensione curramus. Per Dominum...

mer, att dina trogna värdigt och prisvärt tjäna dig, giv oss, vi bedja dig, att vi utan hinder måtte skynda dina löften till mötes. Genom vår Herre...

Epistola.
(2 Kor. 3:4-9.)

Lectio Epistolæ beati Pauli Apostoli ad Corinthios. Fratres: Fiduciam talem habemus per Christum ad Deum: non quod sufficientes simus cogitare aliquid a nobis, quasi ex nobis: sed sufficientia nostra ex Deo est: qui et idoneos nos fecit ministros novi Testamenti: non littera, sed spiritu: littera enim occidit, spiritus autem vivificat. Quod si ministratio mortis, litteris deformata in lapidibus, fuit in gloria; ita ut non possent intendere filii Israel in faciem Moysi, propter gloriam vultus ejus, quæ evacuatur: quomodo non

Bröder, en sådan tillförsikt hava vi genom Kristus till Gud, icke som om vi av egen kraft kunde tänka ut något, såsom komme det av oss själva, utan vår duglighet kommer från Gud; han gjorde oss dock dugliga till att vara ett Nytt förbunds tjänare, icke ett bokstavens förbund, utan ett Andens; ty bokstaven dödar, men Anden gör levande. Om nu redan dödens ämbete, som med bokstäver var inristat i sten, framträdde i sådan härlighet, att Israels barn icke kunde se på Moses' ansikte för hans ansiktes härlighets skull, vilken dock var försvinnande: huru mycket större härlighet

magis ministratio Spiritus erit in gloria? Nam si ministratio damnationis gloria est: multo magis abundat ministerium justitiæ in gloria.

skall då icke Andens ämbete hava! Ty om redan fördömelsens ämbete var härligt, så måste rättfärdighetens ämbete ännu mycket mer överflöda av härlighet.

Graduale.
(Ps. 33:2-3. — Ps. 87:2.)

Benedicam Dominum in omni tempore: semper laus ejus in ore meo. In Domino laudabitur anima mea: audiant mansueti, et lætentur. Alleluja, alleluja. Domine, Deus salutis meæ, in die clamavi et nocte coram te. Alleluja.

Jag vill prisa Herren alla mina dagar, alltid skall hans lov vara i min mun. I Herren skall min ande lovsjunga; må de saktmodiga lyssna och fröjdas. Alleluja, alleluja. Min Herre och min frälsnings Gud, genom dag och natt har jag ropat inför dig. Alleluja.

Evangelium.
(Luk. 10:23-37.)

Sequentia sancti Evangelii secundum Lucam. In illo tempore: Dixit Jesus discipulis suis: Beati oculi, qui vident quæ vos videtis. Dico enim vobis, quod multi prophetæ et reges voluerunt videre quæ vos videtis, et non viderunt: et audire quæ auditis, et non audie-

I den tiden sade Jesus till sina lärjungar: Saliga äro de ögon, som se, vad I sen. Ty jag säger eder: Många profeter och konungar ville se, vad I sen, men fingo icke se det, och höra, vad I hören, men fingo icke höra det. — Och se, en lagklok stod upp, fresta-

Tolfte söndagen

runt. Et ecce, quidam legisperitus surrexit, tentans illum, et dicens: Magister, quid faciendo vitam æternam possidebo? At ille dixit ad eum: In lege quid scriptum est? quomodo legis? Ille respondens, dixit: Diliges Dominum, Deum tuum, ex toto corde tuo, et ex tota anima tua, et ex omnibus viribus tuis, et ex omni mente tua: et proximum tuum sicut teipsum. Dixitque illi: Recte respondisti: hoc fac, et vives. Ille autem volens justificare seipsum, dixit ad Jesum: Et quis est meus proximus? Suscipiens autem Jesus, dixit: Homo quidam descendebat ab Jerusalem in Jericho, et incidit in latrones, qui etiam despoliaverunt eum: et plagis impositis abierunt, semivivo relicto. Accidit autem, ut sacerdos quidam descenderet eadem via: et viso illo præterivit. Similiter et levita, cum de honom och sade: Mästare, vad skall jag göra för att få äga det eviga livet? Då sade han till honom: Vad är skrivet i lagen? Huru läser du? Han svarade och sade: Du skall älska Herren, din Gud, av allt ditt hjärta, av all din själ, av all din kraft och av allt ditt förstånd och din nästa såsom dig själv. Han sade till honom: Rätt svarade du. Gör detta och du skall leva. Men han ville rättfärdiga sig själv och sade till Jesus: Vilken är då min nästa? Då svarade Jesus och sade: En man begav sig från Jerusalem ned till Jeriko och råkade ut för rövare, som togo ifrån honom hans kläder och misshandlade honom. Sedan gingo de sin väg och läto honom ligga där halvdöd. Då hände sig, att en präst färdades samma väg, och han såg honom, men gick förbi. Likaså kom ock en levit till stället, såg honom och gick förbi. Men en samarit, som färdades samma

esset secus locum, et videret eum, pertransiit. Samaritanus autem quidam iter faciens, venit secus eum: et videns eum, misericordia motus est. Et appropians, alligavit vulnera ejus, infundens oleum et vinum: et imponens illum in jumentum suum, duxit in stabulum, et curam ejus egit. Et altera die protulit duos denarios, et dedit stabulario, et ait: Curam illius habe: et quodcumque supererogaveris, ego cum rediero, reddam tibi. Quis horum trium videtur tibi proximus fuisse illi, qui incidit in latrones? At ille dixit: Qui fecit misericordiam in illum. Et ait illi Jesus: Vade, et tu fac similiter.

väg, kom också dit, där han låg. Och när denne fick se honom, rördes han av medlidande. Och han gick fram till honom göt olja och vin i hans sår och förband dem. Sedan lyfte han upp honom på sitt lastdjur, förde honom till härbärget och skötte honom. Följande dag tog han fram två silverpenningar, gav dem åt värden och sade: Sköt honom, och vad du mer kostar på honom, skall jag betala dig, när jag kommer tillbaka. Vilken av dessa tre synes dig nu hava varit den mannens nästa, som hade fallit i rövarhänder? Han svarade: Den som bevisade honom barmhärtighet. Då sade Jesus till honom: Gå du och gör sammalunda.

Offertorium.
(2 Mos. 32:11-14)

Precatus est Moyses in conspectu Domini, Dei sui, et dixit: Quare, Domine, irasceris in populo tuo? Parce iræ animæ tuæ: me-

Moses bad inför sin Herres och Guds ansikte och sade: Varför, Herre, vredgas du över ditt folk? Spara din andes vrede; kom ihåg

Tolfte söndagen

mento Abraham, Isaac et Jacob, quibus jurasti dare terram fluentem lac et mel. Et placatus factus est Dominus de malignitate, quam dixit facere populo suo.

Abraham, Isak och Jakob, vilka du har svurit att giva ett land, flödande av mjölk och honung. Och Herren lät sig blidkas och avvände det onda, varmed han hotat sitt folk.

Secreta.

Hostias, quæsumus, Domine, propitius intende, quas sacris altaribus exhibemus: ut, nobis indulgentiam largiendo, tuo nomini dent honorem. Per Dominum nostrum...

Se nådeligen, vi bedja dig, Herre, till dessa offer, vilka vi frambära på det heliga altaret, på det att de må bringa oss nåd och lända ditt namn till ära. Genom vår Herre...

Praefatio Trinitatis.
(Sid. 291.)

Communio.
(Ps. 103:13, 14-15.)

De fructu operum tuorum, Domine, satiabitur terra: ut educas panem de terra, et vinum lætificet cor hominis: ut exhilaret faciem in oleo, et panis cor hominis confirmet.

Av dina gärningars frukt, Herre, skall jorden uppfyllas, så att du frambringar säd ur jorden och vin, som fägnar människans hjärta, och olja, som gläder med sin fetma, och bröd, som styrker människans kraft.

Postcommunio.

Vivificet nos, quæsumus, Domine, hujus

Vi bedja dig, Herre, låt det heliga deltagan-

| participatio sancta mysterii: et pariter nobis expiationem tribuat et munimen. Per Dominum... | det i denna hemlighet giva oss nytt liv och jämväl skänka oss försoning och skydd. Genom vår Herre... |

Trettonde söndagen efter Pingst.

Introitus.

(Ps. 73:20, 19, 23, 1.)

| Respice, Domine, in testamentum tuum, et animas pauperum tuorum ne derelinquas in finem: exsurge, Domine, et judica causam tuam, et ne obliviscaris voces quærentium te.
Ut quid, Deus, reppulisti in finem: iratus est furor tuus super oves pascuæ tuæ?
Gloria Patri...
Respice, Domine... | Tänk, Herre, på ditt förbund, och övergiv icke dina fattigas själar för alltid. Res dig, Herre, och avdöm din sak; och förglöm icke deras röst, som söka dig.
Huru har du, o Gud, så alldeles förkastat oss! Din vrede rasar mot fåren på din egen betesmark.
Ära vare...
Tänk, Herre... |

Oratio.

| Omnipotens sempiterne Deus, da nobis fidei, spei et caritatis augmentum: et, ut mereamur assequi quod promittis, fac nos amare quod præcipis. Per Dominum nostrum... | Allsmäktige, evige Gud, giv oss trons, hoppets och kärlekens förkovran; och, för att vi må kunna uppnå vad du lovar, giv oss att älska vad du bjuder. Genom vår Herre... |

Epistola.
(Gal. 3:16-22.)

Lectio Epistolæ beati Pauli Apostoli ad Galatas. Fratres: Abrahæ dictæ sunt promissiones, et semini ejus. Non dicit: Et seminibus, quasi in multis, sed quasi in uno: Et semini tuo, qui est Christus. Hoc autem dico: testamentum confirmatum a Deo, quæ post quadringentos et triginta annos facta est lex, non irritum facit ad evacuandam promissionem. Nam si ex lege hereditas, jam non ex promissione. Abrahæ autem per repromissionem donavit Deus. Quid igitur lex? Propter transgressiones posita est donec veniret semen, cui promiserat, ordinata per Angelos in manu mediatoris. Mediator autem unius non est: Deus autem unus est. Lex ergo adversus pro-

Bröder, löftena gåvos åt Abraham och hans efterkommande. Men det heter icke "dina efterkommande", såsom vore det fråga om många, utan "din efterkommande", såsom vore det blott en, vilken är Kristus. Jag menar nu: Ett förbund, som Gud givit gällande kraft, göres icke ogiltigt genom en lag, som utgavs först fyra hundra trettio år senare, så att löftet därmed skulle gjorts om intet. Ty om arvet kommit till genom lagen, hade det icke tillkommit genom löftet; men Gud har skänkt det åt Abraham genom löftet. Vartill då lagen? För överträdelsernas skull blev den given, till dess den efterkommande, åt vilken löftet givits, skulle komma. Den utgavs genom änglar och överlämnades i en medlares hand. Men en medlare kan icke finnas allenast för en enda; men Gud är en. Är då lagen emot Guds löften? Ingalunda.

missa Dei? Absit. Si enim data esset lex, quæ posset vivificare, vere ex lege esset justitia. Sed conclusit Scriptura omnia sub peccato, ut promissio ex fide Jesu Christi daretur credentibus.

Ty om en lag hade blivit given, som kunde göra levande, så vore rättfärdigheten verkligen av lagen. Men Skriften har inneslutit allt under synd, på det att löftet skulle givas åt de troende på grund av deras tro på Jesus Kristus.

Graduale.
(Ps. 73:20, 19, 22. — Ps. 89:1.)

Respice, Domine, in testamentum tuum: et animas pauperum tuorum ne obliviscaris in finem. Exsurge, Domine, et judica causam tuam: memor esto opprobrii servorum tuorum.
Alleluja, alleluja. Domine, refugium factus es nobis a generatione, et progenie. Alleluja.

Tänk, Herre, på ditt förbund, och förgät icke alldeles dina fattigas själar. Res dig, Herre, och avdöm din sak; kom ihåg dina tjänares försmädelse.
Alleluja, alleluja. Herre, en tillflykt är du oss vorden från släkte till släkte. Alleluja.

Evangelium.
(Luk. 17:11-19)

Sequentia sancti Evangelii secundum Lucam.
In illo tempore: Dum iret Jesus in Jerusalem, transibat per mediam Samariam et Galilæam. Et cum ingrederetur quoddam castellum, occurrerunt ei

I den tiden, då Jesus gick till Jerusalem, tog han vägen mellan Samarien och Galileen. Och då han kom till en by, mötte honom tio spetälska män. De stannade på avstånd, ropade och sade: Jesus,

decem viri leprosi, qui steterunt a longe; et levaverunt vocem dicentes: Jesu præceptor, miserere nostri. Quos ut vidit, dixit: Ite, ostendite vos sacerdotibus. Et factum est, dum irent, mundati sunt. Unus autem ex illis, ut vidit quia mundatus est, regressus est, cum magna voce magnificans Deum, et cecidit in faciem ante pedes ejus, gratias agens: et hic erat Samaritanus. Respondens autem Jesus, dixit: Nonne decem mundati sunt? et novem ubi sunt? Non est inventus qui rediret, et daret gloriam Deo, nisi hic alienigena. Et ait illi: Surge, vade; quia fides tua te salvum fecit.

Mästare, förbarma dig över oss. När han fick se dem, sade han till dem: Gån och visen eder för prästerna. Och medan de voro på väg dit, blevo de rena. Och en av dem vände tillbaka, när han såg, att han hade blivit botad, och prisade Gud med hög röst; och han föll ned på sitt ansikte för Jesu fötter och tackade honom. Och denne var en samarit. Då talade Jesus och sade: Blevo icke tio rena? Var äro de nio? Fanns då ibland dem ingen, som vände tillbaka för att prisa Gud, utom denne främling? Och han sade till honom: Stå upp och gå; din tro har frälst dig.

Offertorium.
(Ps. 30:15-16.)

In te speravi, Domine; dixi: Tu es Deus meus, in manibus tuis tempora mea.

På dig har jag hoppats, Herre. Jag sade: Du är min Gud, i dina händer ligga mina angelägenheter.

Secreta.

Propitiare, Domine, populo tuo, propitiare

Se i nåd, Herre, till ditt folk, se i nåd till

muneribus: ut, hac oblatione placatus, et indulgentiam nobis tribuas et postulata concedas. Per Dominum...

dess gåvor, på det att du, blidkad genom detta offer, både må tilldela oss din nåd och förunna oss vad vi bedja om. Genom vår Herre...

Praefatio Trinitatis.
(Sid. 291.)

Communio.
(Vish. 16:20.)

Panem de cælo dedisti nobis, Domine, habentem omne delectamentum et omnem saporem suavitatis.

Bröd från himmelen har du givit oss, Herre, som innehåller all hugsvalelse och all ljuvlighets smak.

Postcommunio.

Sumptis, Domine, cælestibus sacramentis: ad redemptionis æternæ, quæsumus, proficiamus augmentum. Per Dominum...

Sedan vi, o Herre, åtnjutit de himmelska sakramenten, låt oss, vi bedja dig, göra framsteg i förökelsen av den eviga återlösningens frukter. Genom vår Herre...

Fjortonde söndagen efter Pingst.

Introitus.
(Ps. 83:10-11, 2-3.)

Protector noster, aspice, Deus, et respice in faciem Christi tui: quia melior est dies una in atriis tuis super milia.

Se till oss, o Gud, vår beskyddare, och tag hänsyn till din Smordes åsyn; ty bättre är en dag i dina gårdar än eljest tusen.

Fjortonde söndagen

Quam dilecta tabernacula tua, Domine virtutum! concupiscit, et deficit anima mea in atria Domini. Gloria Patri... Protector noster...

Huru kära äro dina boningar, Krafternas Herre! Min själ längtar och trängtar efter Herrens gårdar. Ära vare... Se till oss...

Oratio.

Custodi, Domine, quæsumus, Ecclesiam tuam propitiatione perpetua: et quia sine te labitur humana mortalitas; tuis semper auxiliis et abstrahatur a noxiis et ad salutaria dirigatur. Per Dominum...

Vaka, Herre, vi bedja dig, över din Kyrka med ständig nåd; och emedan den dödliga människan utan dig förfaller, så giv, att hon med din ständiga hjälp drages bort från det skadliga och ledes till det gagneliga. Genom vår Herre...

Epistola.
(Gal. 5:16-24.)

Lectio Epistolæ beati Pauli Apostoli ad Galatas. Fratres: Spiritu ambulate, et desideria carnis non perficietis. Caro enim concupiscit adversus spiritum, spiritus autem adversus carnem: hæc enim sibi invicem adversantur, ut non quæcumque vultis, illa faciatis. Quod si spiritu ducimini, non estis sub lege. Manifesta sunt autem opera

Bröder, vandren i anden, så fullborden I icke köttets begärelse; ty köttet har begärelse mot anden och anden mot köttet; de två ligga i strid med varandra för att hindra eder att göra vad I viljen. Men om I drivens av anden, så stån I icke under lagen. Men köttets gärningar äro uppenbara; de äro otukt,

carnis, quæ sunt fornicatio, immunditia, impudicitia, luxuria, idolorum servitus, veneficia, inimicitiæ, contentiones, æmulationes, iræ, rixæ, dissensiones, sectæ, invidiæ, homicidia, ebrietates, comessationes, et his similia: quæ prædico vobis, sicut prædixi: quoniam, qui talia agunt, regnum Dei non consequentur. Fructus autem Spiritus est: caritas, gaudium, pax, patientia, benignitas, bonitas, longanimitas, mansuetudo, fides, modestia, continentia, castitas. Adversus hujusmodi non est lex. Qui autem sunt Christi, carnem suam crucifixerunt cum vitiis et concupiscentiis.

orenhet, okyskhet, vällust, avgudadyrkan, trolldom, fiendskap, trätlystnad, avund, vrede, kiv, tvedräkt, partisöndring, missunnsamhet, mord, dryckenskap, fråsseri och annat sådant. Om allt detta säger jag eder, såsom jag redan förut sagt: De som göra sådant, skola icke ärva Guds rike. Andens frukt åter är kärlek, glädje, frid, tålamod, mildhet, godhet, långmodighet, saktmod, trofasthet, hovsamhet, återhållsamhet, kyskhet. Emot sådant är icke lagen. Men de som tillhöra Kristus, hava korsfäst sitt kött med dess lustar och begärelser.

Graduale.
(Ps. 117:8-9. — Ps. 94:1.)

Bonum est confidere in Domino, quam confidere in homine. Bonum est sperare in Domino, quam sperare in principibus.
Alleluja, alleluja. Venite, exsultemus Do-

Det är gott att förtrösta på Herren, bättre än att sätta sin lit till människor. Det är gott att hoppas på Herren, bättre än att hoppas på furstar.
Alleluja, alleluja. Kommen, låt oss fröjdas i

Fjortonde söndagen

mino, jubilemus Deo, salutari nostro. Alleluja. | Herren, låtom oss lovsjunga Herren, vår Frälsare. Alleluja.

Evangelium.
(Matt. 6:24-33.)

Sequentia sancti Evangelii secundum Matthæum. In illo tempore: Dixit Jesus discipulis suis: Nemo potest duobus dominis servire: aut enim unum odio habebit, et alterum diliget: aut unum sustinebit, et alterum contemnet. Non potestis Deo servire, et mammonæ. Ideo dico vobis, ne solliciti sitis animæ vestræ quid manducetis, neque corpori vestro quid induamini. Nonne anima plus est quam esca: et corpus plus quam vestimentum? Respicite volatilia cæli, quoniam non serunt, neque metunt, neque congregant in horrea: et Pater vester cælestis pascit illa. Nonne vos magis pluris estis illis? Quis autem vestrum cogitans potest adjicere ad staturam suam cubitum

I den tiden sade Jesus til sina lärjungar: Ingen kan tjäna två herrar; ty antingen kommer han att hata den ene och älska den andre, eller skall han hålla sig till den ene och förakta den andre. I kunnen icke tjäna både Gud och mammon. därför säger jag eder: Sörjen icke ängsligt för edert liv, vad I skolen äta, eller för eder kropp, vad I skolen kläda eder med. Är icke livet mer än maten, och kroppen mer än kläderna? Sen på himmelens fåglar! De så icke, de skörda icke, de samla icke i lador, och eder himmelske Fader föder dem. Ären I icke mycket mer än de? Vilken av eder kan genom all sin omsorg lägga en enda aln till sin livslängd? Och varför bekymren I eder för kläder? Be-

unum? Et de vestimento quid solliciti estis? Considerate lilia agri quomodo crescunt: non laborant, neque nent. Dico autem vobis, quoniam nec Salomon in omni gloria sua coopertus est sicut unum ex istis. Si autem fænum agri, quod hodie est, et cras in clibanum mittitur, Deus sic vestit: quanto magis vos modicæ fidei? Nolite ergo solliciti esse, dicentes: Quid manducabimus, aut quid bibemus, aut quo operiemur? Hæc enim omnia gentes inquirunt. Scit enim Pater vester, quia his omnibus indigetis. Quærite ergo primum regnum Dei, et justitiam ejus: et hæc omnia adjicientur vobis.

trakten liljorna på marken, huru de växa! De arbeta icke och spinna icke; och likväl säger jag eder, att icke ens Salomo i all sin härlighet var klädd som en av dem. Kläder nu Gud så gräset på marken, vilket i dag står och i morgon kastas i ugnen, hur mycket mer då eder, I klentrogna? Så gören eder icke bekymmer och frågen icke: Vad skola vi äta, eller vad skola vi dricka, eller vad skola vi kläda oss med? För allt sådant bekymra sig hedningarna. Eder himmelske Fader vet, att I behöven allt detta. Söken därför först efter Guds rike och hans rättfärdighet, så skall också allt detta andra tillfalla eder.

Offertorium.
(Ps. 33:8-9.)

Immittet Angelus Domini in circuitu timentium eum, et eripiet eos: gustate, et videte, quoniam suavis est Dominus.

Herrens änglar skola lägra sig runt omkring dem, som frukta honom, och rycka dem undan; smaken och sen, huru god Herren är.

Femtonde söndagen

Secreta.

Concede nobis, Domine, quæsumus, ut hæc hostia salutaris, et nostrorum fiat purgatio delictorum, et tuæ propitiatio potestatis. Per Dominum...

Förunna oss, Herre, vi bedja dig, att detta frälsningens offer må varda både en rening från våra synder och en försoning av din makt. Genom vår Herre...

Praefatio Trinitatis.
(Sid. 291.)

Communio.
(Matt. 6:33.)

Primum quærite regnum Dei, et omnia adjicientur vobis, dicit Dominus.

Söken först efter Guds rike, och allt skall tilläggas eder, säger Herren.

Postcommunio.

Purificent semper et muniant tua sacramenta nos, Deus: et ad perpetuæ ducant salvationis effectum. Per Dominum...

Låt dina sakrament, o Gud, alltid rena och befästa oss och föra oss till den eviga frälsningens fullbordan. Genom vår Herre...

Femtonde söndagen efter Pingst.

Introitus.
(Ps. 85:1, 2-3, 4.)

Inclina, Domine, aurem tuam ad me, et exaudi me: salvum fac servum tuum, Deus meus, sperantem in te:

Böj, Herre, ditt öra till mig och bönhör mig; gör din tjänare helbrägda, som hoppas på dig, min Gud;

miserere mihi, Domine, quoniam ad te clamavi tota die.
Lætifica animam servi tui: quia ad te, Domine, animam meam levavi.
Gloria Patri...
Inclina, Domine...

förbarma dig över mig, Herre, ty till dig har jag ropat hela dagen.
Fröjda din tjänares själ, ty till dig, Herre, har jag upplyft min ande.
Ära vare...
Böj, Herre...

Oratio.

Ecclesiam tuam, Domine, miseratio continuata mundet et muniat: et quia sine te non potest salva consistere; tuo semper munere gubernetur. Per Dominum nostrum...

Låt, Herre, ditt ständiga förbarmande rena och befästa din Kyrka; och låt den, emedan den utan dig icke kan bestå oskadd, alltid regeras med din nådeverkan. Genom vår Herre...

Epistola.
(Gal. 5:25-26; 6:1-10.)

Lectio Epistolæ beati Pauli Apostoli ad Galatas. Fratres: Si spiritu vivimus, spiritu et ambulemus. Non efficiamur inanis gloriæ cupidi, invicem provocantes, invicem invidentes. Fratres, et si præoccupatus fuerit homo in aliquo delicto, vos, qui spirituales estis, hujusmodi instruite in spiritu lenitatis, consi-

Bröder, om vi leva i anden, så vilja vi ock vandra i anden och icke jaga efter fåfänglig ära, så att vi utmana varandra och avundas varandra. Bröder, om en människa i överilning begår en synd, så skolen I, som ären av anden, tillrättavisa henne i saktmodighetens ande. Och du må giva akt på dig själv, att icke även du råkar i

Femtonde söndagen

derans teipsum, ne et tu tenteris. Alter alterius onera portate, et sic adimplebitis legem Christi. Nam si quis existimat se aliquid esse, cum nihil sit, ipse se seducit. Opus autem suum probet unusquisque, et sic in semetipso tantum gloriam habebit, et non in altero. Unusquisque enim onus suum portabit. Communicet autem is, qui catechizatur verbo, ei, qui se catechizat, in omnibus bonis. Nolite errare: Deus non irridetur. Quæ enim seminaverit homo, hæc et metet. Quoniam qui seminat in carne sua, de carne et metet corruptionem: qui autem seminat in spiritu, de spiritu metet vitam æternam. Bonum autem facientes, non deficiamus: tempore enim suo metemus, non deficientes. Ergo dum tempus habemus, operemur bonum ad omnes, maxime autem ad domesticos fidei.

frestelse. Bären varandras bördor, så uppfyllen I Kristi lag. Ty om någon tycker sig något vara, fast han intet är, så bedrager han sig själv. Må var och en pröva sina egna gärningar, då skall han behålla sin berömmelse för sig själv och icke göra den gällande inför andra; ty var och en har sin egen börda att bära. Den som får undervisning i läran, han dele allt gott med den som undervisar honom. Faren icke vilse. Gud låter icke gäcka sig; ty vad människan sår, det skall hon ock skörda. Den som sår i sitt kött, han skall ock av köttet skörda förgängelse; men den som sår i anden, han skall av anden skörda evigt liv. Låtom oss icke förtröttas att göra det goda; ty om vi icke förtröttas, skola vi i sinom tid få inbärga vår skörd. Må vi alltså, medan det ännu är tid, göra väl mot alla, men framför allt mot våra medbröder i tron.

Tiden efter Pingst

Graduale.
(Ps. 91:2-3. — Ps. 94:3.)

Bonum est confiteri Domino: et psallere nomini tuo, Altissime. Ad annuntiandum mane misericordiam tuam, et veritatem tuam per noctem. Alleluja, alleluja. Quoniam Deus magnus Dominus, et Rex magnus super omnem terram. Alleluja.

Det är gott att prisa Herren och lovsjunga ditt namn, du Allrahögste, för att bittida förkunna din barmhärtighet och om natten din sanning. Alleluja, alleluja. Ty en stor Gud är Herren och en stor Konung över all jorden. Alleluja.

Evangelium.
(Luk. 7:11-16.)

Sequentia sancti Evangelii secundum Lucam. In illo tempore: Ibat Jesus in civitatem, quæ vocatur Naim: et ibant cum eo discipuli ejus, et turba copiosa. Cum autem appropinquaret portæ civitatis, ecce, defunctus efferebatur filius unicus matris suæ: et hæc vidua erat: et turba civitatis multa cum illa. Quam cum vidisset Dominus, misericordia motus super eam, dixit illi: Noli flere. Et accessit, et tetigit loculum. (Hi autem, qui portabant, steterunt.) Et ait: Adolescens, tibi dico, surge.

I den tiden kom Jesus till en stad, som heter Naim, och med honom gingo hans lärjungar och en stor folkskara. Då han nalkades stadsporten, se, då bars där ut en död, och han var sin moders ende son, och hon var änka; och mycket folk från staden gick med henne. När nu Herren fick se henne, rördes han av medlidande och sade till henne: Gråt icke! Sedan gick han fram och rörde vid båren, och de som buro stannade. Och han sade: Yngling, jag säger dig, stå upp. Då

Femtonde söndagen

Et resedit qui erat mortuus, et cœpit loqui. Et dedit illum matri suæ. Accepit autem omnes timor: et magnificabant Deum, dicentes: Quia Propheta magnus surrexit in nobis: et quia Deus visitavit plebem suam.

satte sig den döde upp och begynte tala. Och han gav honom åt hans moder. Och alla grepos av räddhåga, prisade Gud och sade: En stor profet har uppstått ibland oss, och Gud har besökt sitt folk.

Offertorium.
(Ps. 39:2, 3, 4.)

Exspectans exspectavi Dominum, et respexit me: et exaudivit deprecationem meam: et immisit in os meum canticum novum, hymnum Deo nostro.

Med längtan har jag bidat Herren, och han har sett till mig och hört min bön; och i min mun har han lagt en ny sång, en lovsång till vår Gud.

Secreta.

Tua nos, Domine, sacramenta custodiant: et contra diabolicos semper tueantur incursus. Per Dominum...

Låt, Herre, dina sakrament bevara oss och alltid skydda oss mot djävulens angrepp. Genom vår Herre...

Praefatio Trinitatis.
(Sid. 291.)

Communio.
(Joh 6:52.)

Panis, quem ego dedero, caro mea est pro sæculi vita.

Det bröd, som jag skall giva eder, är mitt kött för världens liv.

Postcommunio.

Mentes nostras et corpora possideat, quæsumus, Domine, doni cælestis operatio: ut non noster sensus in nobis, sed jugiter ejus præveniat effectus. Per Dominum...

Vi bedja dig, Herre, låt kraften av din himmelska gåva taga våra själar och kroppar i besittning, så att dess nådeverkan, och icke vårt eget sinne, ständigt må vara i oss förhärskande. Genom vår Herre...

Sextonde söndagen efter Pingst.

Introitus.
(Ps. 85:3, 5, 1.)

Miserere mihi, Domine, quoniam ad te clamavi tota die: quia tu, Domine, suavis ac mitis es, et copiosus in misericordia omnibus invocantibus te. Inclina, Domine, aurem tuam mihi, et exaudi me: quoniam inops, et pauper sum ego.
Gloria Patri...
Miserere mihi...

Förbarma dig över mig, Herre, ty till dig har jag ropat hela dagen; ty du, Herre, är blid och mild och rik på barmhärtighet mot dem, som åkalla dig. Böj, Herre, ditt öra till mig och bönhör mig, ty jag är utblottad och fattig.
Ära vare...
Förbarma dig...

Oratio.

Tua nos, quæsumus, Domine, gratia semper et præveniat et sequa-

Förläna oss, vi bedja dig, Herre, både din förekommande och din

Sextonde söndagen

tur: ac bonis operibus jugiter præstet esse intentos. Per Dominum nostrum...

medverkande nåd, och gör oss ständigt beredvilliga till goda gärningar. Genom vår...

Epistola.
(Ef. 3:13-21.)

Lectio Epistolæ beati Pauli Apostoli ad Ephesios. Fratres: Obsecro vos, ne deficiatis in tribulationibus meis pro vobis: quæ est gloria vestra. Hujus rei gratia flecto genua mea ad Patrem Domini nostri Jesu Christi, ex quo omnis paternitas in cælis et in terra nominatur, ut det vobis, secundum divitias gloriæ suæ, virtute corroborari per Spiritum ejus in interiorem hominem, Christum habitare per fidem in cordibus vestris: in caritate radicati, et fundati, ut possitis comprehendere cum omnibus sanctis, quæ sit latitudo, et longitudo, et sublimitas, et profundum: scire etiam supereminentem scientiæ caritatem Christi, ut impleamini in omnem plenitudinem

Bröder, jag beder eder att icke fälla modet på grund av mina lidanden för eder; de lända ju eder till ära. Fördenskull böjer jag mina knän för vår Herres Jesu Kristi Fader, från vilken allt vad fader heter i himmelen och på jorden har sitt namn, att han ville efter sin härlighets rikedom förläna eder, att I genom hans Ande växen till i kraft till eder invärtes människa; att Kristus genom tron må bo i edra hjärtan. Då bliven I fast rotade och grundade i kärleken och kunnen med alla heliga till fullo fatta, vad bredden och längden, höjden och djupet är ooh så lära känna Kristi kärlek, som övergår all kunskap. Ty så skolen I bliva helt uppfyllda av all Guds fullhet. Men ho-

Dei. Ei autem, qui potens est omnia facere superabundanter quam petimus, aut intelligimus, secundum virtutem, quæ operatur in nobis: ipsi gloria in Ecclesia, et in Christo Jesu, in omnes generationes sæculi sæculorum. Amen.

nom, som förmår göra mer, ja, långt mer än allt, vad vi kunna bedja om eller uttänka, genom den kraft, som ock verkar i oss, honom vare ära i Kyrkan och i Kristus Jesus alla släkten igenom från evighet till evighet. Amen.

Graduale.
(Ps. 101:16-17. — Ps. 97:1.)

Timebunt gentes nomen tuum, Domine, et omnes reges terræ gloriam tuam. Quoniam ædificavit Dominus Sion, et videbitur in majestate sua. Alleluja, alleluja. Cantate Domino canticum novum: quia mirabilia fecit Dominus. Alleluja.

Hednafolken skola frukta ditt namn, Herre, och alla jordens konungar din ära. Ty Herren har uppbyggt Sion och skall uppenbaras i sin härlighet. Alleluja, alleluja. Sjungen Herren en ny sång, ty Herren har gjort förunderliga ting. Alleluja.

Evangelium.
(Luk. 14:1-11.)

Sequentia sancti Evangelii secundum Lucam. In illo tempore: Cum intraret Jesus in domum cujusdam principis pharisæorum sabbato manducare panem, et ipsi observabant eum. Et ecce, homo

I den tiden gick Jesus på en sabbat in i en av de förnämsta fariséernas hus för att intaga en måltid; och de gåvo noga akt på honom. Och se, där kom en vattusiktig man fram till honom. Då frågade Jesus de lag-

Sextonde söndagen

quidam hydropicus erat ante illum. Et respondens Jesus dixit ad legisperitos et pharisæos, dicens: Si licet sabbato curare? At illi tacuerunt. Ipse vero apprehensum sanavit eum, ac dimisit. Et respondens ad illos, dixit: Cujus vestrum asinus, aut bos in puteum cadet, et non continuo extrahet illum die sabbati? Et non poterant ad hæc respondere illi. Dicebat autem et ad invitatos parabolam, intendens quomodo primos accubitus eligerent, dicens ad illos: Cum invitatus fueris ad nuptias, non discumbas in primo loco, ne forte honoratior te sit invitatus ab illo, et veniens is, qui te, et illum vocavit, dicat tibi: Da huic locum: et tunc incipias cum rubore novissimum locum tene-

kloka och fariséerna och sade: Är det lovligt att bota sjuka på sabbaten? Men de tego. Då tog han mannen vid handen och gjorde honom helbrägda och lät honom gå. Sedan sade han till dem: Om någon av eder har en åsna eller oxe, som faller i en brunn, skulle han icke genast draga upp den även på sabbatsdagen? Och de förmådde icke svara honom härpå. Och då han märkte, huru gästerna utvalde åt sig de främsta platserna, framställde han för dem en liknelse. Han sade till dem: När du av någon blivit bjuden till bröllop, så tag icke den främsta platsen vid bordet. Ty kanhända finnes bland gästerna någon, som är mer ansedd än du, och då kommer till äventyrs den, som har bjudit både dig och honom, och säger till dig: Giv plats åt denne; och så måste du med skam intaga den sista platsen. Nej, när du blivit bjuden, så gå och tag

re. Sed cum vocatus fueris, vade, recumbe in novissimo loco: ut, cum venerit qui te invitavit, dicat tibi: Amice, ascende superius. Tunc erit tibi gloria coram simul discumbentibus: quia omnis, qui se exaltat, humiliabitur: et qui se humiliat, exaltabitur.

den sista platsen vid bordet. Ty när den kommer, som har bjudit dig, kan det hända, att han säger till dig: Min vän, stig högre upp. Då vederfares dig heder inför alla de andra bordsgästerna. Ty var och en som upphöjer sig, han skall bliva förnedrad, och den som förnedrar sig, han skall bliva upphöjd.

Offertorium.
(Ps. 39:14, 15.)

Domine, in auxilium meum respice: confundantur et revereantur, qui quærunt animam meam, ut auferant eam: Domine, in auxilium meum respice.

Herre, tänk på att komma mig till hjälp; må de förvirras och blygas, de som söka efter mitt liv att fördärva det; Herre, tänk på att komma mig till hjälp.

Secreta.

Munda nos, quæsumus, Domine, sacrificii præsentis effectu: et perfice miseratus in nobis; ut ejus mereamur esse participes. Per Dominum...

Rena oss, Herre, genom kraften av det här närvarande offret; och verka i oss, du som förbarmar dig, att vi förtjäna varda delaktiga därav. Genom vår Herre...

Praefatio Trinitatis.
(Sid. 291.)

Sjuttonde söndagen

Communio.
(Ps. 70:16-17, 18.)

Domine, memorabor justitiæ tuæ solius: Deus, docuisti me a juventute mea: et usque in senectam et senium, Deus, ne derelinquas me.

Herre, jag vill minnas din rättfärdighet allena; o Gud, du har undervisat mig allt ifrån min ungdom till min ålderdom och till min ålderdoms svaghet; o Gud, övergiv mig icke.

Postcommunio.

Purifica, quæsumus, Domine, mentes nostras benignus, et renova cælestibus sacramentis: ut consequenter et corporum præsens pariter et futurum capiamus auxilium. Per Dominum...

Rena mildeligen, Herre, vi bedja dig, våra själar och förnya dem med de heliga sakramenten, så att vi till följd därav få även lekamligen mottaga både nuvarande och framtida hjälp. Genom vår Herre...

Sjuttonde söndagen efter Pingst.

Introitus.
(Ps. 118:137, 124, 1.)

Justus es, Domine, et rectum judicium tuum: fac cum servo tuo secundum misericordiam tuam.
Beati immaculati in via: qui ambulant in lege Domini.

Rättfärdig är du, Herre, och rättvis är din dom; handla med din tjänare efter din barmhärtighet.
Saliga äro de, vilkas vandel är obefläckad, de som vandra efter Herrens lag.

| Gloria Patri... | Ära vare... |
| Justus es... | Rättfärdig är du... |

Oratio.

| Da, quæsumus, Domine, populo tuo diabolica vitare contagia: et te solum Deum pura mente sectari. Per Dominum nostrum... | Vi bedja dig, Herre, förläna ditt folk nåden att undvika djävulens besmittelse och att ivrigt söka dig, den ende Guden, med ett rent sinne. Genom vår... |

Epistola.
(Ef. 4:1-6.)

| *Lectio Epistolæ beati Pauli Apostoli ad Ephesios.* Fratres: Obsecro vos ego vinctus in Domino, ut digne ambuletis vocatione, qua vocati estis, cum omni humilitate et mansuetudine, cum patientia, supportantes invicem in caritate, solliciti servare unitatem spiritus in vinculo pacis. Unum corpus, et unus spiritus, sicut vocati estis in una spe vocationis vestræ. Unus Dominus, una fides, unum baptisma. Unus Deus et Pater omnium, qui est super omnes, et per omnia, et in omnibus nobis. Qui est benedictus in sæcula sæculorum. Amen. | Bröder, så förmanar jag nu eder, jag som är en fånge i Herren, att föra en vandel värdig den kallelse, I haven undfått, med all ödmjukhet och allt saktmod, med tålamod, så att I haven fördrag med varandra i kärlek. Och vinnläggen eder om att bevara andens enhet genom fridens band; *en* kropp och *en* ande, liksom också endast *ett* hopp, till vilket I blivit kallade; *en* Herre, *en* tro, *ett* dop, *en* Gud, som är allas Fader, som är över alla, genom allt och i oss alla. Han vare prisad från evighet till evighet. Amen. |

Sjuttonde söndagen

Graduale.
(Ps. 32:12, 6. — Ps. 101:2.)

Beata gens, cujus est Dominus Deus eorum: populus, quem elegit Dominus in hereditatem sibi. Verbo Domini cæli firmati sunt: et spiritu oris ejus omnis virtus eorum. Alleluja, alleluja. Domine, exaudi orationem meam, et clamor meus ad te perveniat. Alleluja.

Saligt är det släkte, vars Gud är Herren, det folk, som Herren har utvalt till sin arvedel. Genom Herrens ord äro himlarna grundfästa och genom hans muns ande all deras kraft. Alleluja, alleluja. Herre, hör min bön och låt mitt rop komma till dig. Alleluja.

Evangelium.
(Matt. 22:34-46.)

Sequentia sancti Evangelii secundum Matthæum. In illo tempore: Accesserunt ad Jesum pharisæi: et interrogavit eum unus ex eis legis doctor, tentans eum: Magister, quod est mandatum magnum in lege? Ait illi Jesus: Diliges Dominum, Deum tuum, ex toto corde tuo, et in tota anima tua, et in tota mente tua. Hoc est maximum et primum mandatum. Secundum autem simile est huic: Diliges proximum tuum, sicut teip-

I den tiden kommo fariséerna till Jesus, och en av dem, en lagklok, frågade honom för att fresta honom: Mästare, vilket är det yppersta budet i lagen? Jesus svarade honom: Du skall älska Herren din Gud av allt ditt hjärta, av all din själ och av allt ditt förstånd. Detta är det yppersta och första budet. Det andra är detta likt: Du skall älska din nästa såsom dig själv. På dessa två bud hänger hela lagen och profeterna. Men då nu

sum. In his duobus mandatis universa lex pendet, et prophetæ. Congregatis autem pharisæis, interrogavit eos Jesus, dicens: Quid vobis videtur de Christo? cujus filius est? Dicunt ei: David. Ait illis: Quomodo ergo David in spiritu vocat eum Dominum, dicens: Dixit Dominus Domino meo, sede a dextris meis, donec ponam inimicos tuos scabellum pedum tuorum: Si ergo David vocat eum Dominum, quomodo filius ejus est? Et nemo poterat ei respondere verbum: neque ausus fuit quisquam ex illa die eum amplius interrogare.

fariséerna voro församlade, frågade Jesus dem och sade: Vad synes eder om Kristus? Vems son är han? De svarade honom: Davids. Då sade han till dem: Huru kan då David genom Andens ingivelse kalla honom Herre, när han säger: Herren sade till min Herre: Sätt dig på min högra sida, till dess jag lägger dina fiender dig till en fotapall? Om nu David kallar honom Herre, huru kan han då vara hans son? Och ingen förmådde svara honom ett ord. Och från den dagen dristade sig ej heller någon att vidare utfråga honom.

Offertorium.
(Dan. 9:17, 18, 19.)

Oravi Deum meum ego Daniel, dicens: Exaudi, Domine, preces servi tui: illumina faciem tuam super sanctuarium tuum: et propitius intende populum istum, super quem invocatum est nomen tuum, Deus.

Jag, Daniel, bad till min Gud sägande: Hör, Herre, din tjänares böner; låt ditt ansikte lysa över din helgedom; och akta nådigt på detta folk, över vilket ditt namn har åkallats.

Sjuttonde söndagen

Secreta.

Majestatem tuam, Domine, suppliciter deprecamur: ut hæc sancta, quæ gerimus, et a præteritis nos delictis exuant et futuris. Per Dominum...

Ditt majestät, o Herre, bedja vi bönfallande, att detta heliga, som vi förehava, måtte lösgöra oss från våra fel både i det förgångna och i framtiden. Genom vår Herre...

Praefatio Trinitatis.
(Sid. 291.)

Communio.
(Ps. 75:12-13.)

Vovete et reddite Domino, Deo vestro. omnes, qui in circuitu ejus affertis munera: terribili, et ei qui aufert spiritum principum: terribili apud omnes reges terræ.

Uppoffren och hängiven eder åt Herren, eder Gud, I alla, som frambären gåvor omkring honom; den fruktansvärde, han, som förtager modet hos furstarne, den fruktansvärde för alla jordens konungar.

Postcommunio.

Sanctificationibus tuis, omnipotens Deus, et vitia nostra curentur, et remedia nobis æterna proveniant. Per Dominum...

Förläna, allsmäktige Gud, att genom dina heliggörande nådemedel våra svagheter måtte botas och läkemedel för evigheten oss tillföras. Genom vår Herre...

Adertonde söndagen efter Pingst.

Introitus.
(Syr. 36:18. — Ps 121:1.)

Da pacem, Domine, sustinentibus te, ut prophetæ tui fideles inveniantur: exaudi preces servi tui, et plebis tuæ Israel. Lætatus sum in his, quæ dicta sunt mihi: in domum Domini ibimus. Gloria Patri. Da pacem...

Giv frid åt dem, Herre, som vänta efter dig, att dina profeter må befinnas trovärdiga; hör dina tjänares böner och ditt folk Israels. Jag har fröjdats över det, som blivit mig förkunnat; vi vilja gå till Herrens hus. Ära vare... Giv frid...

Oratio.

Dirigat corda nostra, quæsumus, Domine, tuæ miserationis operatio: quia tibi sine te placere non possumus. Per Dominum nostrum...

Låt din barmhärtighets nådeverkan, vi bedja dig, Herre, styra våra hjärtan, ty dig förutan kunna vi icke täckas dig. Genom vår Herre...

Epistola.
(1 Kor. 1:4-8.)

Lectio Epistolæ beati Pauli Apostoli ad Corinthios. Fratres: Gratias ago Deo meo semper pro vobis in gratia Dei, quæ data est vobis in Christo Jesu: quod in omnibus divites facti estis in illo, in omni verbo, et in omni

Bröder, jag tackar min Gud alltid för eder skull, för den Guds nåd, som blivit eder given i Kristus Jesus. Ty genom honom haven I blivit rikligen begåvade i allt vad tal och kunskap heter, och därigenom har vittnesbör-

Adertonde söndagen

scientia: sicut testimonium Christi confirmatum est in vobis: ita ut nihil vobis desit in ulla gratia, exspectantibus revelationem Domini nostri Jesu Christi, qui et confirmabit vos usque in finem sine crimine, in die adventus Domini nostri Jesu Christi.

det om Kristus blivit befäst hos eder. Så fattas eder heller ingenting i någon nådegåva, medan I vänten på vår Herres Jesu Kristi uppenbarelse. Han skall ock göra eder ståndaktiga intill änden, så att I ären oförvitliga på vår Herres Jesu Kristi dag.

Graduale.
(Ps. 121:1, 7. — Ps. 101:16.)

Lætatus sum in his, quæ dicta sunt mihi: in domum Domini ibimus. Fiat pax in virtute tua: et abundantia in turribus tuis.
Alleluja, alleluja. Timebunt gentes nomen tuum, Domine, et omnes reges terræ gloriam tuam. Alleluja.

Jag har fröjdats över det, som blivit mig förkunnat; vi vilja gå till Herrens hus. Varde frid i din kraft och överflöd i dina torn.
Alleluja, alleluja. Hednafolken skola frukta ditt namn, Herre, och alla jordens konungar din ära. Alleluja.

Evangelium.
(Matt. 9:1-8.)

Sequentia sancti Evangelii secundum Matthæum. In illo tempore: Ascendens Jesus in naviculam, transfretavit, et venit in civitatem suam. Et ecce, offerebant ei paralyticum jacentem in lecto. Et videns Jesus fidem illo-

I den tiden steg Jesus i en båt, for över och kom till sin egen stad. Och se, de förde till honom en lam man, som låg på en säng. När Jesus såg deras tro, sade han till den lame: Var vid gott mod, min son; dina synder

rum, dixit paralytico: Confide, fili, remittuntur tibi peccata tua. Et ecce, quidam de scribis dixerunt intra se: Hic blasphemat. Et cum vidisset Jesus cogitationes eorum, dixit: Ut quid cogitatis mala in cordibus vestris? Quid est facilius dicere: Dimittuntur tibi peccata tua; an dicere: Surge, et ambula? Ut autem sciatis, quia Filius hominis habet potestatem in terra dimittendi peccata, tunc ait paralytico: Surge, tolle lectum tuum, et vade in domum tuam. Et surrexit, et abiit in domum suam. Videntes autem turbæ timuerunt, et glorificaverunt Deum, qui dedit potestatem talem hominibus.

äro dig förlåtna. Då sade några av de skriftlärde vid sig själva: Denne hädar Gud. Men Jesus såg deras tankar och sade: Varför tänken i ont i edra hjärtan? Vilket är lättare, att säga: Dina synder äro dig förlåtna, eller att säga: Stå upp och gå? Men för att I skolen veta, att Människosonen har makt att på jorden förlåta synder, så stå upp, — sade han till den lame — och tag din säng och gå hem. Då stod han upp och gick hem. När folkskarorna sågo detta grepos de av fruktan och prisade Gud, som hade givit sådan makt åt människor.

Offertorium.
(2 Mos. 24:4, 5.)

Sanctificavit Moyses altare Domino, offerens super illud holocausta, et immolans victimas: fecit sacrificium vespertinum in odorem suavitatis Domino Deo, in conspectu filiorum Israel.

Moses invigde ett altare åt Herren och frambar därpå brännoffer och slaktade offerdjur; han gjorde ett aftonoffer till en ljuv lukt för Herren Gud i Israels barns åsyn.

Adertonde söndagen

Secreta.

Deus, qui nos, per hujus sacrificii veneranda commercia, unius summæ divinitatis participes efficis: præsta, quæsumus; ut, sicut tuam cognoscimus veritatem, sic eam dignis moribus assequamur. Per Dominum...

Gud, du som, genom den vördnadsbjudande gemenskapen med detta offer, låter oss bli delaktiga av den enda högsta gudomen, förläna, vi bedja dig, att liksom vi lärt känna din sanning, vi också genom en värdig livsvandel må fatta den. Genom vår Herre...

Praefatio Trinitatis.
(Sid. 291.)

Communio.
(Ps. 95:8-9.)

Tollite hostias, et introite in atria ejus: adorate Dominum in aula sancta ejus.

Tagen offren och inträden i hans förgårdar; tillbedjen Herren i hans heliga borg.

Postcommunio.

Gratias tibi referimus, Domine, sacro munere vegetati: tuam misericordiam deprecantes; ut dignos nos ejus participatione perficias. Per Dominum...

Våra tacksägelser frambära vi till dig, Herre, vederkvickta av din heliga gåva och anropande din barmhärtighet, att du måtte göra oss värdiga att därav få delaktighet. Genom vår Herre...

Nittonde söndagen efter Pingst.

Introitus.
(Ps. 77:1.)

Salus populi ego sum, dicit Dominus: de quacumque tribulatione clamaverint ad me, exaudiam eos: et ero illorum Dominus in perpetuum. Attendite, popule meus, legem meam: inclinate aurem vestram in verba oris mei. Gloria Patri... Salus populi...

Folkets frälsning är jag, säger Herren; i vilken bedrövelse de än ropa till mig, skall jag bönhöra dem; och jag skall vara deras Herre evinnerligen. Lyssna, mitt folk, till min lag; böj ditt öra till min muns ord. Ära vare... Folkets frälsning...

Oratio.

Omnipotens et misericors Deus, universa nobis adversantia propitiatus exclude: ut mente et corpore pariter expediti, quæ tua sunt, liberis mentibus exsequamur. Per Dominum nostrum...

Allsmäktige och barmhärtige Gud, avvänd nådeligen allt, som står oss emot, så att vi, lika frigjorda till själ och kropp, må med fria sinnen kunna fullfölja vad som är din vilja. Genom vår Herre...

Epistola.
(Ef. 4:23-28.)

Lectio Epistolæ beati Pauli Apostoli ad Ephesios. Fratres: Renovamini spiritu mentis vestræ, et induite novum hominem, qui secun-

Bröder, förnyen anden i edert sinne och ikläden eder den nya människan, som är skapad efter Gud i sann rättfärdighet och

Nittonde söndagen

dum Deum creatus est in justitia, et sanctitate veritatis. Propter quod deponentes mendacium, loquimini veritatem unusquisque cum proximo suo: quoniam sumus invicem membra. Irascimini, et nolite peccare: sol non occidat super iracundiam vestram. Nolite locum dare diabolo: qui furabatur, jam non furetur; magis autem laboret, operando manibus suis, quod bonum est, ut habeat unde tribuat necessitatem patienti.

helighet. Läggen därför bort lögnen och talen sanning med varandra, eftersom vi äro varandras lemmar. Om I vredgens, så synden icke; låten icke solen gå ned över eder vrede. Given icke djävulen rum. Den som har stulit, stjäle icke mer, utan skaffe sig genom sina händers arbete ärlig förtjänst, så att han kan dela med sig därav åt den, som lider brist.

Graduale.
(Ps. 140:2. — Ps. 104:1.)

Dirigatur oratio mea, sicut incensum in conspectu tuo, Domine. Elevatio manuum mearum sacrificium vespertinum. Alleluja, alleluja. Confitemini Domino, et invocate nomen ejus: annuntiate inter gentes opera ejus. Alleluja.

Må min bön stiga som rökelse inför din åsyn, Herre. Må mina händer upplyftas till ett aftonoffer. Alleluja, alleluja. Prisen Herren och åkallen hans namn; förkunnen bland hednafolken hans gärningar. Alleluja.

Evangelium.
(Matt. 22:1-14.)

Sequentia sancti Evangelii secundum Mat-

I den tiden framställde Jesus för överste-

thæum. In illo tempore: Loquebatur Jesus principibus sacerdotum et pharisæis in parabolis, dicens: Simile factum est regnum cælorum homini regi, qui fecit nuptias filio suo. Et misit servos suos vocare invitatos ad nuptias, et nolebant venire. Iterum misit alios servos, dicens: Dicite invitatis: Ecce, prandium meum paravi, tauri mei et altilia occisa sunt, et omnia parata: venite ad nuptias. Illi autem neglexerunt: et abierunt, alius in villam suam, alius vero ad negotiationem suam: reliqui vero tenuerunt servos ejus, et contumeliis affectos occiderunt. Rex autem cum audisset, iratus est: et missis exercitibus suis, perdidit homicidas illos, et civitatem illorum succendit. Tunc ait servis suis: Nuptiæ quidem paratæ sunt, sed qui invitati erant, non fuerunt digni. Ite ergo ad exitus viarum, et quoscumque inveneritis, vo-

prästerna och fariséerna följande liknelse: Med himmelriket är det såsom när en konung gjorde bröllop åt sin son. Han sände ut sina tjänare för att kalla de inbjudna till bröllopet, men de ville icke komma. Åter sände han ut andra tjänare och sade: Sägen till de inbjudna: Se, jag har tillrett min måltid; mina oxar och min gödboskap äro slaktade, och allt är redo; kommen till bröllopet! Men de aktade icke därpå utan gingo bort, den ene till sin lantgård, den andre till sin köpenskap. Och de övriga grepo hans tjänare, misshandlade och dräpte dem. När konungen hörde detta, blev han vred, sände ut sitt krigsfolk, förgjorde dråparna och brände upp deras stad. Sedan sade han till sina tjänare: Bröllopsmåltiden är tillredd, men de bjudna voro icke värdiga. Gån därför ut till vägskälen och bjuden till bröllopet alla som I träffen på! Och hans tjänare gingo ut på vägarna

cate ad nuptias. Et egressi servi ejus in vias, congregaverunt omnes, quos invenerunt, malos et bonos: et impletæ sunt nuptiæ discumbentium. Intravit autem rex, ut videret discumbentes, et vidit ibi hominem non vestitum veste nuptiali. Et ait illi: Amice, quomodo huc intrasti non habens vestem nuptialem? At ille obmutuit. Tunc dixit rex ministris: Ligatis manibus et pedibus ejus, mittite eum in tenebras exteriores: ibi erit fletus, et stridor dentium. Multi enim sunt vocati, pauci vero electi.

och samlade alla, som de träffade på, både onda och goda, och bröllopssalen blev full av gäster. Men när konungen kom in för att se på gästerna, fick han där se en man, som icke var klädd i bröllopsdräkt. Då sade han till honom: Min vän, huru har du kommit hit, då du icke har bröllopskläder? Och han teg. Då sade konungen till tjänarna: Binden honom till händer och fötter och kasten honom ut i mörkret utanför. Där skall vara gråt och tandagnisslan. Ty många äro kallade, men få utvalda.

Offertorium.
(Ps. 137:7.)

Si ambulavero in medio tribulationis, vivificabis me, Domine: et super iram inimicorum meorum extendes manum tuam, et salvum me faciet dextera tua.

Om jag än vandrade mitt i bedrövelser, skall du vederkvicka mig, Herre; och över mina ovänners vrede skall du utsträcka din hand, och med din högra hand skall du frälsa mig.

Secreta.

Hæc munera, quæsumus, Domine, quæ ocu-

Förläna, vi bedja dig, Herre, att dessa gåvor,

lis tuæ majestatis offerimus, salutaria nobis esse concede. Per Dominum nostrum... | som vi frambära för din härlighets ögon, må varda oss till frälsning. Genom vår Herre...

Praefatio Trinitatis.
(Sid. 291.)

Communio.
(Ps. 118:4-5)

Tu mandasti mandata tua custodiri nimis: utinam dirigantur viæ meæ, ad custodiendas justificationes tuas. | Du har givit oss dina bud, för att vi skola noga akta på dem; styr du mina vägar så, att jag må åtlyda dina befallningar.

Postcommunio.

Tua nos, Domine, medicinalis operatio, et a nostris perversitatibus clementer expediat, et tuis semper faciat inhærere mandatis. Per Dominum... | Herre, låt mildeligen din helande nådeverkan både befria oss från våra onda böjelser och komma oss att alltid hålla fast vid dina bud. Genom vår Herre...

Tjugonde söndagen efter Pingst.

Introitus.
(Dan. 3:31, 29, 35. – Ps. 118:1.)

Omnia, quæ fecisti nobis, Domine, in vero judicio fecisti, quia peccavimus tibi, et mandatis tuis non obœdivimus: sed da gloriam | Allt, vad du har gjort med oss, Herre, har du gjort i sanning och rättfärdighet, emedan vi hava syndat emot dig och icke hållit dina

nomini tuo, et fac nobiscum secundum multitudinem misericordiæ tuæ.

Beati immaculati in via: qui ambulant in lege Domini.

Gloria Patri...
Omnia, quæ fecisti...

bud; men gör ditt namn härligt och handla med oss efter rikedomen av din barmhärtighet.

Saliga äro de, som äro obefläckade i sin vandel, de som vandra efter Herrens lag.

Ära vare...
Allt, vad du har gjort...

Oratio.

Largire, quæsumus, Domine, fidelibus tuis indulgentiam placatus et pacem: ut pariter ab omnibus mundentur offensis, et secura tibi mente deserviant. Per Dominum nostrum...

Vi bedja dig, Herre, skänk mildeligen dina trogna förlåtelse och frid, på det att de, liksom de renas från alla synder, också måtte i hjärtats trygghet tjäna dig. Genom vår...

Epistola.
(Ef. 5:15-21.)

Lectio Epistolæ beati Pauli Apostoli ad Ephesios. Fratres: Videte quomodo caute ambuletis: non quasi insipientes, sed ut sapientes, redimentes tempus, quoniam dies mali sunt. Propterea nolite fieri imprudentes, sed intelligentes, quæ sit voluntas Dei. Et nolite inebriari vino, in quo est luxuria: sed implemini Spiritu Sancto, lo-

Bröder, sen till, att I vandren med försiktighet, icke såsom ovisa människor utan såsom visa; och använden väl edra dagar, ty tiden är ond. Varen alltså icke oförståndiga, utan lären eder förstå, vad som är Guds vilja. Överlasten eder icke med vin, ty därav kommer ett oskickligt leverne, men låten eder uppfyllas

quentes vobismetipsis in psalmis, et hymnis, et canticis spiritualibus, cantantes et psallentes in cordibus vestris Domino: gratias agentes semper pro omnibus, in nomine Domini nostri Jesu Christi, Deo et Patri. Subjecti invicem in timore Christi.

av den Helige Ande; uppstämmen med varandra psalmer och lovsånger och andliga visor, och sjungen och jublen för Herren i edra hjärtan, och tacken alltid Gud och Fadern för allt i vår Herres Jesu Kristi namn. Underordnen eder varandra i Kristi fruktan.

Graduale.
(Ps. 144:15-16. — Ps. 107:2.)

Oculi omnium in te sperant, Domine: et tu das illis escam in tempore opportuno. Aperis tu manum tuam: et imples omne animal benedictione. Alleluja, alleluja. Paratum cor meum, Deus, paratum cor meum: cantabo, et psallam tibi, gloria mea. Alleluja.

Allas ögon hoppas på dig, Herre; och du giver dem föda i rättan tid. Du öppnar din hand och uppfyller allt levande med välsignelse. Alleluja, alleluja. Mitt hjärta är redo, o Gud, mitt hjärta är redo; jag vill prisa och lovsjunga dig, min ära. Alleluja.

Evangelium,
(Joh. 4:46-53.)

Sequentia sancti Evangelii secundum Joannem. In illo tempore: Erat quidam regulus, cujus filius infirmabatur Capharnaum. Hic cum audisset, quia Jesus adveniret a Ju-

I den tiden fanns i Kapernaum en kunglig ämbetsman, vilkens son låg sjuk. När han hörde, att Jesus kommit från Judeen till Galileen, begav han sig till honom och bad, att

Tjugonde söndagen

dæa in Galilæam, abiit ad eum, et rogabat eum ut descenderet, et sanaret filium ejus: incipiebat enim mori. Dixit ergo Jesus ad eum: Nisi signa et prodigia videritis, non creditis. Dicit ad eum regulus: Domine, descende priusquam moriatur filius meus. Dicit ei Jesus: Vade, filius tuus vivit. Credidit homo sermoni, quem dixit ei Jesus, et ibat. Jam autem eo descendente, servi occurrerunt ei, et nuntiaverunt dicentes, quia filius ejus viveret. Interrogabat ergo horam ab eis, in qua melius habuerit. Et dixerunt ei: Quia heri hora septima reliquit eum febris. Cognovit ergo pater, quia illa hora erat, in qua dixit ei Jesus: Filius tuus vivit: et credidit ipse, et domus ejus tota.

han skulle komma ned och göra hans son helbrägda; ty denne låg för döden. Då sade Jesus till honom: Om I icke sen tecken och under, så tron I icke. Ämbetsmannen sade till honom: Herre, kom ned, förrän min son dör. Jesus svarade honom: Gå, din son lever. Mannen trodde ordet, som Jesus hade talat, och gick. Och medan han ännu var på väg hem, mötte hans tjänare honom och berättade, att hans son levde. Då frågade han dem, vid vilken timme det hade blivit bättre med honom. De svarade: I går vid sjunde timmen lämnade febern honom. Då förstod fadern, att det var just den timme, då Jesus hade sagt honom: Din son lever. Och han trodde, han och hela hans hus.

Offertorium.
(Ps. 136:1.)

Super flumina Babylonis illic sedimus, et flevimus: dum recordaremur tui, Sion.

Vid Babylons älvar, där sutto vi och gräto, när vi tänkte på dig, Sion.

Secreta.

Cælestem nobis præbeant hæc mysteria, quæsumus, Domine, medicinam: et vitia nostri cordis expurgent. Per Dominum...

Vi bedja dig, Herre, låt dessa hemligheter skänka oss ett himmelskt läkemedel och rena vårt hjärta från dess fel. Genom vår...

Praefatio Trinitatis.
(Sid. 291.)

Communio.
(Ps. 118:49-50.)

Memento verbi tui servo tuo, Domine, in quo mihi spem dedisti: hæc me consolata est in humilitate mea.

O, Herre, kom ihåg ditt ord till din tjänare, varmed du gav mig hopp; det har tröstat mig i min ringhet.

Postcommunio.

Ut sacris, Domine, reddamur digni muneribus: fac nos, quæsumus, tuis semper obœdire mandatis. Per Dominum...

För att vi, o Herre, må bliva värdiga dina heliga gåvor, giv oss, vi bedja dig, att lyda dina bud. Genom vår Herre...

Tjuguförsta söndagen efter Pingst.

Introitus.
(Est. 13:9, 10-11. — Ps. 118:1.)

In voluntate tua, Domine, universa sunt posita, et non est qui possit resistere voluntati tuæ: tu enim fe-

I din vilja, Herre, är allting grundat, och intet finnes, som kan motstå din vilja; ty du har gjort allt, himme-

Tjuguförsta söndagen

cisti omnia, cælum et terram, et universa quæ cæli ambitu continentur: Dominus universorum tu es. Beati immaculati in via: qui ambulant in lege Domini. Gloria Patri... In voluntate...

len och jorden och allt, som omslutes av himlens krets; världsalltets Herre är du. Saliga äro de, som äro obefläckade i sin vandel, de som vandra efter Herrens lag. Ära vare... I din vilja...

Oratio.

Familiam tuam, quæsumus, Domine, continua pietate custodi: ut a cunctis adversitatibus, te protegente, sit libera, et in bonis actibus tuo nomini sit devota. Per Dominum...

Bevaka, Herre, vi bedja dig, med ständig faderskärlek ditt husfolk, att det under ditt beskydd må vara fritt från allt, som är skadligt, och i goda gärningar vara ditt namn hängivet. Genom vår Herre...

Epistola.
(Ef. 6:10-17.)

Lectio Epistolæ beati Pauli Apostoli ad Ephesios. Fratres: Confortamini in Domino, et in potentia virtutis ejus. Induite vos armaturam Dei, ut possitis stare adversus insidias diaboli. Quoniam non est nobis colluctatio adversus carnem et sanguinem: sed adversus principes, et potestates, adversus mundi

Bröder, varen starka i Herren och i hans väldiga kraft. Ikläden eder Guds vapenrustning, så att I kunnen hålla stånd mot djävulens listiga angrepp. Ty vår kamp är icke mot kött och blod, utan mot furstar och väldigheter, mot världshärskarna i detta mörker, mot ondskans andemakter i himlarym-

rectores tenebrarum harum, contra spiritualia nequitiæ, in cælestibus. Propterea accipite armaturam Dei, ut possitis resistere in die malo, et in omnibus perfecti stare. State ergo succincti lumbos vestros in veritate, et induti loricam justitiæ, et calceati pedes in præparatione Evangelii pacis: in omnibus sumentes scutum fidei, in quo possitis omnia tela nequissimi ignea exstinguere: et galeam salutis assumite: et gladium spiritus, quod est verbum Dei.

derna. Tagen alltså på eder Guds vapenrustning, så att I kunnen motstå på den onda dagen och i allt vara fullt kampberedda. Stån omgjordade kring edra länder med sanningen och iklädda rättfärdighetens pansar, och haven edra fötter skodda med beredvillighet till fridens Evangelium. Framför allt fatten trons sköld, med vilken I kunnen utsläcka den ondes alla glödande pilar; och tagen frälsningens hjälm och andens svärd, som är Guds ord.

Graduale.
(Ps. 89:1-2. — Ps. 113:1.)

Domine, refugium factus es nobis, a generatione et progenie. Priusquam montes fierent, aut formaretur terra et orbis: a sæculo, et usque in sæculum tu es, Deus.
Alleluja, alleluja. In exitu Israel de Ægypto, domus Jacob de populo barbaro. Alleluja.

Herre, du är oss vorden en tillflykt från släkte till släkte. Förrän bergen blevo till, och jorden och världen danades, från evighet till evighet är du, o Gud.
Alleluja, alleluja. Israel drog ut från Egypten, Jakobs hus från främmande folk. Alleluja.

Tjuguförsta söndagen

Evangelium.
(Matt. 18:23-35.)

Sequentia sancti Evangelii secundum Matthæum. In illo tempore: Dixit Jesus discipulis suis parabolam hanc: Assimilatum est regnum cælorum homini regi, qui voluit rationem ponere cum servis suis. Et cum cœpisset rationem ponere, oblatus est ei unus, qui debebat ei decem milia talenta. Cum autem non haberet unde redderet, jussit eum dominus ejus venumdari, et uxorem ejus, et filios, et omnia, quæ habebat, et reddi. Procidens autem servus ille, orabat eum, dicens: Patientiam habe in me, et omnia reddam tibi. Misertus autem dominus servi illius, dimisit eum, et debitum dimisit ei. Egressus autem servus ille, invenit unum de conservis suis, qui debebat ei centum denarios: et

I den tiden framställde Jesus för sina lärjungar följande liknelse: Med himmelriket är det, såsom när en konung ville hålla räkenskap med sina tjänare. Och när han begynte hålla räkenskap, förde man fram till honom en man, som var skyldig honom tio tusen pund. Men då denne icke kunde betala, befallde hans herre, att han skulle säljas, så ock hans hustru och barn och allt vad han ägde, för att skulden måtte bliva betald. Då föll tjänaren ned för hans fötter och sade: Hav tålamod med mig, så skall jag betala dig allt. Och herren förbarmade sig över tjänaren, gav honom fri och efterskänkte hans skuld. Men när samme tjänare kom ut, mötte han en av sina medtjänare, som var skyldig honom hundra silverpenningar. Och han tog fast denne, grep honom vid strupen och

tenens suffocabat eum, dicens: Redde quod debes. Et procidens conservus ejus, rogabat eum, dicens: Patientiam habe in me, et omnia reddam tibi. Ille autem noluit: sed abiit, et misit eum in carcerem donec redderet debitum. Videntes autem conservi ejus quæ fiebant, contristati sunt valde: et venerunt, et narraverunt domino suo omnia, quæ facta fuerant. Tunc vocavit illum dominus suus: et ait illi: Serve nequam, omne debitum dimisi tibi, quoniam rogasti me: nonne ergo oportuit et te misereri conservi tui, sicut et ego tui misertus sum? Et iratus dominus ejus, tradidit eum tortoribus, quoadusque redderet universum debitum. Sic et Pater meus cælestis faciet vobis, si non remiseritis unusquisque fratri suo de cordibus vestris.

sade: Betala, vad du är skyldig. Då föll hans medtjänare ned, bad honom och sade: Hav tålamod med mig, så skall jag betala dig allt. Men han ville icke, utan gick bort och lät kasta honom i fängelse, till dess han betalade skulden. Då nu hans medtjänare sågo det som skedde, blevo de mycket bedrövade; och de gingo och berättade för sin herre allt, som hade hänt. Då kallade hans herre honom till sig och sade till honom: Du onde tjänare, allt vad du var skyldig, efterskänkte jag dig, emedan du bad mig därom. Borde då icke även du hava förbarmat dig över din medtjänare, såsom jag förbarmade mig över dig? Och hans herre blev vred och överlämnade honom åt fångknektarna, till dess han betalade hela skulden. Så skall ock min himmelske Fader göra med eder, om I icke av hjärtat förlåten var och en sin broder.

Tjuguförsta söndagen

Offertorium.
(Job. 1.)

Vir erat in terra Hus, nomine Job: simplex et rectus, ac timens Deum: quem Satan petiit, ut tentaret: et data est ei potestas a Domino in facultates, et in carnem ejus: perdiditque omnem substantiam ipsius, et filios: carnem quoque ejus gravi ulcere vulneravit.

Det var en man i landet Hus vid namn Job, uppriktig, rättfärdig och gudfruktig; och honom begärde satan att få fresta. Och Gud gav honom makt över Jobs ägodelar och hans kropp. Och han ödelade all hans egendom och förgjorde hans barn och plågade honom själv med en ond sårnad.

Secreta.

Suscipe, Domine, propitius hostias: quibus et te placari voluisti, et nobis salutem potenti pietate restitui. Per Dominum...

Mottag, o Herre, nådeligen de offer, varmed du har velat både själv försonas och i din mäktiga godhet åt oss återupprätta frälsningen. Genom vår Herre...

Praefatio Trinitatis.
(Sid. 291.)

Communio.
(Ps. 118:81, 84, 86.)

In salutari tuo anima mea, et in verbum tuum speravi: quando facies de persequentibus me judicium? iniqui persecuti sunt me, ad-

I din frälsning vilar min själ, och till ditt ord har jag satt mitt hopp; när skall du hålla dom över mina förföljare? De orättfärdiga hava förföljt

juva me, Domine, Deus meus.

mig, hjälp mig, Herre, min Gud.

Postcommunio.

Immortalitatis alimoniam consecuti, quæsumus, Domine: ut, quod ore percepimus, pura mente sectemur. Per Dominum...

Efter att hava fått del av odödlighetens bröd, bedja vi dig, Herre, att vi med rent hjärta må tillägna oss vad vi med munnen hava mottagit. Genom vår Herre...

Tjuguandra söndagen efter Pingst.

Introitus.
(Ps. 129:3-4, 1-2.)

Si iniquitates observaveris, Domine: Domine, quis sustinebit? quia apud te propitiatio est, Deus Israel.
De profundis clamavi ad te, Domine: Domine, exaudi vocem meam.
Gloria Patri...
Si iniquitates...

Om du ville akta på missgärningar, Herre, o Herre, vem kunde då bestå? Men hos dig är försoning, Israels Gud.
Ur djupen ropar jag till dig, Herre; Herre hör min röst.
Ära vare...
Om du ville akta på...

Oratio.

Deus, refugium nostrum et virtus: adesto piis Ecclesiæ tuæ precibus, auctor ipse pietatis, et præsta; ut,

Gud, vår tillflykt och styrka, var din Kyrka nära vid hennes fromma böner, du som själv är fromhetens upphov; och förläna, att vi måt-

quod fideliter petimus, efficaciter consequamur. Per Dominum... te verkligen uppnå vad vi i tro bedja om. Genom vår Herre...

Epistola.
(Fil. 1:6-11.)

Lectio Epistolæ beati Pauli Apostoli ad Philippenses. Fratres: Confidimus in Domino Jesu, quia qui cœpit in vobis opus bonum, perficiet usque in diem Christi Jesu. Sicut est mihi justum hoc sentire pro omnibus vobis: eo quod habeam vos in corde, et in vinculis meis, et in defensione, et confirmatione Evangelii, socios gaudii mei omnes vos esse. Testis enim mihi est Deus, quomodo cupiam omnes vos in visceribus Jesu Christi. Et hoc oro, ut caritas vestra magis ac magis abundet in scientia, et in omni sensu: ut probetis potiora, ut sitis sinceri, et sine offensa in diem Christi, repleti fructu justitiæ per Jesum Christum, in gloriam et laudem Dei.

Bröder, jag är fast förvissad i Herren Jesus, att han som i eder har begynt det goda verket, skall fullborda det intill Jesu Kristi dag. Det är rätt och tillbörligt, att jag tänker så om eder alla; eftersom jag, både när jag ligger i bojor och när jag försvarar och befäster Evangeliet, har eder alla i mitt hjärta såsom med mig delaktiga i nåden. Ty Gud är mitt vittne, huru jag längtar efter eder alla med Jesu Kristi kärlek. Och därom beder jag, att eder kärlek må allt mer och mer överflöda av kunskap och förstånd i allt, så att I kunnen döma om vad rättast är, och framstå rena och oförvitliga på Kristi dag, och bliva rika på rättfärdighetens frukt genom Jesus Kristus, Gud till ära och pris.

Graduale.
(Ps. 132:1-2. — Ps. 113:11.)

Ecce, quam bonum et quam jucundum, habitare fratres in unum! Sicut unguentum in capite, quod descendit in barbam, barbam Aaron. Alleluja, alleluja. Qui timent Dominum sperent in eo: adjutor et protector eorum est. Alleluja.

Se, huru gott och ljuvligt det är, att bröder bo endräktigt tillsamman. Det är liksom en balsam på huvudet, som nedflyter i skägget, i Arons skägg. Alleluja, alleluja. De som frukta Herren, må hoppas på honom; han är deras hjälpare och beskyddare. Alleluja.

Evangelium.
(Matt. 22:15-21.)

Sequentia sancti Evangelii secundum Matthæum. In illo tempore: Abeuntes pharisæi consilium inierunt ut caperent Jesum in sermone. Et mittunt ei discipulos suos cum Herodianis, dicentes: Magister, scimus quia verax es, et viam Dei in veritate doces, et non est tibi cura de aliquo: non enim respicis personam hominum: dic ergo nobis quid tibi videtur, licet censum dare Cæsari, an non? Cognita autem Jesus nequitia eorum, ait: Quid me ten-

I den tiden gingo fariséerna bort och rådslogo om, huru de skulle kunna fånga Jesus genom något av hans ord. Och de sände till honom sina lärjungar tillika med herodianerna och läto dem säga: Mästare, vi veta, att du är sannfärdig och lär om Guds väg, vad sant är, utan att fråga efter någon, ty du ser icke till personen. Säg oss därför: Vad synes dig? Är det lovligt att giva kejsaren skatt eller icke? Men Jesus, som märkte deras ondska, sade: Varför fresten I mig, I hycklare?

tatis, hypocritæ? Ostendite mihi numisma census. At illi obtulerunt ei denarium. Et ait illis Jesus: Cujus est imago hæc, et superscriptio? Dicunt ei: Cæsaris. Tunc ait illis: Reddite ergo, quæ sunt Cæsaris, Cæsari; et, quæ sunt Dei, Deo.

Låten mig se skattepenningen. Och de räckte honom en denar. Då frågade Jesus dem: Vems bild och överskrift är detta? De svarade honom: Kejsarens. Då sade han till dem: Given då kejsaren, vad kejsaren tillkommer, och Gud, vad Gud tillkommer.

Offertorium.
(Est. 14:12, 13.)

Recordare mei, Domine, omni potentatui dominans: et da sermonem rectum in os meum, ut placeant verba mea in conspectu principis.

Tänk på mig, Herre, du som har välde över all makt, och lägg de rätta orden i min mun, så att mitt tal må vinna behag inför furstens åsyn.

Secreta.

Da, misericors Deus: ut hæc salutaris oblatio et a propriis nos reatibus indesinenter expediat, et ab omnibus tueatur adversis. Per Dominum...

Giv oss, barmhärtige Gud, att detta frälsningens offer utan återvändo må befria oss från våra egna synder och beskydda oss mot alla vedervärdigheter. Genom vår Herre...

Praefatio Trinitatis.
(Sid. 291.)

Communio.
(Ps. 16:6.)

Ego clamavi, quoniam exaudisti me, De-

Jag ropar till dig, eftersom du bönhör mig,

us: inclina aurem tuam, et exaudi verba mea.

o Gud; böj ditt öra och hör mina ord.

Postcommunio.

Sumpsimus, Domine, sacri dona mysterii, humiliter deprecantes: ut, quæ in tui commemorationem nos facere præcepisti, in nostræ proficiant infirmitatis auxilium: Qui vivis...

Vi hava, o Herre, åtnjutit din heliga hemlighets gåvor, ödmjukt bönfallande, att vad du har föreskrivit oss att göra till din åminnelse, måtte lända oss till hjälp i vår svaghet. Du, som lever...

Tjugutredje söndagen efter Pingst.

Anm. Om kyrkoåret endast har 23 söndagar efter Pingst, tages denna mässa på en föregående söckendag, och på söndagen användes mässan för sista söndagen efter Pingst.

Introitus.
(Jer. 29:11, 12, 14. — Ps. 84:2.)

Dicit Dominus: Ego cogito cogitationes pacis, et non afflictionis: invocabitis me, et ego exaudiam vos: et reducam captivitatem vestram de cunctis locis.

Benedixisti, Domine, terram tuam: avertisti captivitatem Jacob.
Gloria Patri...
Dicit Dominus...

Så säger Herren: Jag tänker fridens tankar och icke bedrövelsens; I skolen åkalla mig, och jag skall höra eder; och jag skall återföra eder ur fångenskapen från alla länder.
Herre, du har välsignat din jord och har låtit Jakobs fångenskap upphöra.
Ära vare...
Så säger Herren...

Tjugutredje söndagen

Oratio.

Absolve, quæsumus, Domine, tuorum delicta populorum: ut a peccatorum nexibus, quæ pro nostra fragilitate contraximus, tua benignitate liberemur. Per Dominum...

Vi bedja dig, Herre, tillgiv ditt folk deras överträdelser, på det att vi genom din godhet må befrias från syndens bojor, vilka vi för vår skröplighets skull hava ådragit oss. Genom vår Herre...

Epistola.
(Fil. 3:17-21; 4:1-3.)

Lectio Epistolæ beati Pauli Apostoli ad Philippenses. Fratres: Imitatores mei estote, et observate eos qui ita ambulant, sicut habetis formam nostram. Multi enim ambulant, quos sæpe dicebam vobis (nunc autem et flens dico) inimicos crucis Christi: quorum finis interitus: quorum Deus venter est: et gloria in confusione ipsorum, qui terrena sapiunt. Nostra autem conversatio in cælis est: unde etiam Salvatorem exspectamus Dominum nostrum Jesum Christum, qui reformabit corpus humilitatis nostræ, configuratum corpori claritatis suæ, secundum opera-

Bröder, varen mina efterföljare, och sen på dem som vandra efter vårt föredöme. Ty många vandra, såsom jag redan ofta sagt eder och nu upprepar under tårar, såsom fiender till Kristi kors; deras ände är förtappelse, deras gud är buken, de söka sin ära i det, som är deras skam, och de trakta efter det jordiska. Men vår hemort är i himmelen, varifrån vi ock vänta Frälsaren, vår Herre Jesus Kristus. Han skall förvandla vår förnedrings kropp och göra den lik sin härlighets kropp genom den kraft, varmed han kan underlägga sig allting. Därför, mina älskade

tionem, qua etiam possit subjicere sibi omnia. Itaque, fratres mei carissimi et desideratissimi, gaudium meum et corona mea: sic state in Domino, carissimi. Evodiam rogo, et Syntychen deprecor idipsum sapere in Domino. Etiam rogo et te, germane compar, adjuva illas, quæ mecum laboraverunt in Evangelio cum Clemente et ceteris adjutoribus meis, quorum nomina sunt in libro vitæ.

och efterlängtade bröder, min glädje och min krona, stån fasta i Herren, mina älskade! Evodia beder jag och Syntyke besvär jag att vara ens till sinnes i Herren. Ja, även dig, min trofasta medarbetare, beder jag: var dessa kvinnor till hjälp; ty med mig hava de arbetat i Evangeliets tjänst, de såväl som Klemens och mina övriga medarbetare, vilkas namn äro skrivna i livets bok.

Graduale.
(Ps. 43:8-9. — Ps. 129:1-2.)

Liberasti nos, Domine, ex affligentibus nos: et eos, qui nos oderunt, confudisti. In Deo laudabimur tota die, et in nomine tuo confitebimur in sæcula. Alleluja, alleluja. De profundis clamavi ad te. Domine: Domine, exaudi orationem meam. Alleluja.

Du har befriat oss, Herre, från dem som plåga oss, och dem som hata oss har du bragt på skam. I Gud skall vår berömmelse vara hela dagen, och i ditt namn skola vi lovsjunga evinnerligen. Alleluja, alleluja. Ur djupen ropar jag till dig, Herre; Herre hör min bön. Alleluja.

Evangelium.
(Matt. 9:18-26.)

Sequentia sancti Evangelii secundum Mat-

I den tiden, medan Jesus talade till folket,

thæum. In illo tempore: Loquente Jesu ad turbas, ecce, princeps unus accessit, et adorabat eum, dicens: Domine, filia mea modo defuncta est: sed veni, impone manum tuam super eam, et vivet. Et surgens Jesus sequebatur eum, et discipuli ejus. Et ecce mulier, quæ sanguinis fluxum patiebatur duodecim annis, accessit retro, et tetigit fimbriam vestimenti ejus. Dicebat enim intra se: Si tetigero tantum vestimentum ejus, salva ero. At Jesus, conversus, et videns eam, dixit: Confide, filia, fides tua te salvam fecit. Et salva facta est mulier ex illa hora. Et cum venisset Jesus in domum principis, et vidisset tibicines, et turbam tumultuantem, dicebat: Recedite: non est enim mortua puella, sed dormit. Et deridebant eum. Et cum ejecta esset turba, intravit, et tenuit manum

kom en synagogföreståndare fram, föll ned för honom och sade: Herre, min dotter har nyss dött; men kom och lägg din hand på henne, så bliver hon åter levande. Då stod Jesus upp och följde honom med sina lärjungar. Och se, en kvinna, som i tolv år hade lidit av blodgång, närmade sig honom bakifrån och rörde vid hans mantelfåll; ty hon sade vid sig själv: Om jag blott får röra vid hans mantel, så bliver jag helbrägda. Då vände Jesus sig om, och när han fick se henne, sade han: Var vid gott mod, min dotter; din tro har hjälpt dig. Och kvinnan blev helbrägda från den stunden. När Jesus sedan kom in i föreståndarens hus och såg flöjtblåsarna och folket, som höjde klagolåt, sade han: Gån bort härifrån; ty flickan är icke död, hon sover. Då hånlogo de åt honom. Men när folket var utvisat, gick han in och tog flickan

ejus. Et surrexit puella. Et exiit fama hæc in universam terram illam.

vid handen. Och hon stod upp. Och ryktet härom gick ut över hela det landet.

Offertorium.
(Ps. 129:1-2.)

De profundis clamavi ad te, Domine: Domine, exaudi orationem meam: de profundis clamavi ad te, Domine.

Ur djupen ropar jag till dig, Herre; Herre hör min bön; ur djupen ropar jag till dig, Herre.

Secreta.

Pro nostræ servitutis augmento sacrificium tibi, Domine, laudis offerimus: ut, quod immeritis contulisti, propitius exsequaris. Per Dominum...

För att befrämjas i vårt tjänande bringa vi dig, o Herre, ett lovprisningens offer, på det att du nådeligen må fullända, vad du utan vår egen förtjänst har berett i oss. Genom vår Herre...

Praefatio Trinitatis.
(Sid. 291.)

Communio.
(Mark. 11:24.)

Amen, dico vobis, quidquid orantes petitis, credite quia accipietis, et fiet vobis.

Sannerligen säger jag eder: vad I än bedjen i edra böner, tron, att I skolen erhålla det, och det skall ske eder.

Postcommunio.

Quæsumus, omnipotens Deus: ut, quos

Vi bedja dig, allsmäktige Gud, att du ic-

divina tribuis participatione gaudere, humanis non sinas subjacere periculis. Per Dominum nostrum...

ke må tillstädja, att de, åt vilka du förunnar glädjen att deltaga i det gudomliga, duka under för det mänskliga livets faror.
Genom vår Herre..

A n m. Om »söndagarna efter Pingst» något år äro flera än 24 inskjutas här de, som återstå av söndagarna efter Epifania. Se sid. 74.

Tjugufjärde söndagen efter Pingst.

Introitus.
(Jer. 29:11, 12, 14. — Ps. 84:2.)

Dicit Dominus: Ego cogito cogitationes pacis, et non afflictionis: invocabitis me, et ego exaudiam vos: et reducam captivitatem vestram de cunctis locis.

Benedixisti, Domine, terram tuam: avertisti captivitatem Jacob.

Gloria Patri...
Dicit Dominus...

Så säger Herren: Jag tänker fridens tankar och icke bedrövelsens; I skolen åkalla mig, och jag skall höra eder; och jag skall återföra eder ur fångenskapen från alla länder.

Herre, du har välsignat din jord och låtit Jakobs fångenskap upphöra.

Ära vare...
Så säger Herren...

Oratio.

Omnipotens sempiterne Deus, infirmitatem nostram propitius respice: atque, ad protegendum nos, dexteram tuæ majestatis extende. Per Dominum...

Allsmäktige, evige Gud, se nådeligen till vår svaghet, och utsträck ditt majestäts högra hand till vårt beskydd. Genom vår Herre...

Epistola.
(Rom. 12:16-21.)

Lectio Epistolæ beati Pauli Apostoli ad Romanos. Fratres: Nolite esse prudentes apud vosmetipsos: nulli malum pro malo reddentes: providentes bona non tantum coram Deo, sed etiam coram omnibus hominibus. Si fieri potest, quod ex vobis est, cum omnibus hominibus pacem habentes. Non vosmetipsos defendentes, carissimi, sed date locum iræ. Scriptum est enim: Mihi vindicta: ego retribuam, dicit Dominus. Sed si esurierit inimicus tuus, ciba illum: si sitit, potum da illi: hoc enim faciens, carbones ignis congeres super caput ejus. Noli vinci a malo, sed vince in bono malum.

Bröder, hållen icke eder själva för kloka. Vedergällen ingen med ont för ont. Vinnläggen eder om vad gott är, icke blott inför Gud utan även inför alla människor. Hållen frid med alla människor, om möjligt är och så mycket som på eder beror. Hämnens icke eder själva, mina älskade, utan lämnen rum för vredesdomen; ty det är skrivet: Min är hämnden, jag skall vedergälla det, säger Herren. Men om din ovän är hungrig, så giv honom att äta, om han är törstig, så giv honom att dricka; ty om du så gör, samlar du glödande kol på hans huvud. Låt dig icke övervinnas av det onda, utan övervinn det onda med det goda.

Graduale.
(Ps. 43:8-9. — Ps. 129:1-2.)

Liberasti nos, Domine, ex affligentibus nos: et eos, qui nos oderunt, confudisti. In Deo laudabimur tota

Du har befriat oss, Herre, från dem som plåga oss, och dem som hata oss har du bragt på skam. I Gud

Tjugufjärde söndagen

die, et in nomine tuo confitebimur in sæcula.
Alleluja, alleluja. De profundis clamavi ad te, Domine: Domine, exaudi orationem meam. Alleluja.

skall vår berömmelse vara hela dagen, och i ditt namn skola vi lovsjunga evinnerligen. Alleluja, alleluja. Ur djupen ropar jag till dig, Herre; Herre hör min bön. Alleluja.

Evangelium.
(Matt. 8:1-13.)

Sequentia sancti Evangelii secundum Matthæum. In illo tempore: Cum descendisset Jesus de monte, secutæ sunt eum turbæ multæ: et ecce, leprosus veniens, adorabat eum, dicens: Domine, si vis, potes me mundare. Et extendens Jesus manum, tetigit eum, dicens: Volo. Mundare. Et confestim mundata est lepra ejus. Et ait illi Jesus: Vide, nemini, dixeris: sed vade, ostende te sacerdoti, et offer munus, quod præcepit Moyses, in testimonium illis. Cum autem introisset Capharnaum, accessit ad eum centurio, rogans

I den tiden, då Jesus hade stigit ned från berget, följde honom folket i stor mängd. Och se, där kom en spetälsk man och föll ned för honom och sade: Herre, om du vill, så kan du göra mig ren. Då utsträckte Jesus sin hand, rörde vid honom och sade: Jag vill, bliv ren. Och strax blev han ren från sin spetälska. Och Jesus sade till honom: Se till att du icke säger detta för någon; utan gå och visa dig för prästen och frambär det offer, som Moses har föreskrivit, till ett vittnesbörd för dem.
— När Jesus därefter kom in i Kapernaum, trädde en hövitsman fram till honom, bad honom och sade: Her-

eum, et dicens: Domine, puer meus jacet in domo paralyticus, et male torquetur. Et ait illi Jesus: Ego veniam, et curabo eum. Et respondens centurio, ait: Domine, non sum dignus, ut intres sub tectum meum: sed tantum dic verbo, et sanabitur puer meus. Nam et ego homo sum sub potestate constitutus, habens sub me milites, et dico huic: Vade, et vadit; et alii: Veni, et venit; et servo meo: Fac hoc, et facit. Audiens autem Jesus, miratus est, et sequentibus se dixit: Amen, dico vobis, non inveni tantam fidem in Israel. Dico autem vobis, quod multi ab Oriente et Occidente venient, et recumbent cum Abraham et Isaac et Jacob in regno cælorum: filii autem regni ejicientur in tenebras exteriores: ibi erit fle-

re, min tjänare ligger hemma förlamad och plågas svårt. Och Jesus sade till honom: Jag skall komma och bota honom. Men hövitsmannen svarade och sade: Herre, jag är icke värdig, att du går in under mitt tak, utan säg blott ett ord, så blir min tjänare helbrägda. Ty även jag är en man, som står under andras befäl, och själv har jag krigsfolk under mig; och om jag säger till en av dem: 'Gå', så går han, eller till en annan: 'Kom', så kommer han; och om jag säger till min tjänare: 'Gör det', då gör han så. När Jesus hörde detta, förundrade han sig och sade till dem som följde honom: Sannerligen säger jag eder: så stor tro har jag icke funnit i Israel. Och jag säger eder: Många skola komma från öster och väster och sitta till bords med Abraham, Isak och Jakob i himmelriket. Men rikets barn skola bliva utkastade i mörkret utanför; där skall vara gråt och

Tjugufjärde söndagen

tus et stridor dentium. Et dixit Jesus centurioni: Vade, et sicut credidisti, fiat tibi. Et sanatus est puer in illa hora.

tandagnisslan. — Och Jesus sade till hövitsmannen: Gå, och såsom du har trott, så må det ske dig. Och i samma stund blev hans tjänare helbrägda.

Offertorium.
(Ps. 129:1-2.)

De profundis clamavi ad te, Domine: Domine, exaudi orationem meam: de profundis clamavi ad te, Domine.

Ur djupen ropar jag till dig, Herre; Herre hör min bön; ur djupen ropar jag till dig, Herre.

Secreta.

Hæc hostia, Domine, quæsumus, emundet nostra delicta: et, ad sacrificium celebrandum, subditorum tibi corpora mentesque sanctificet. Per Dominum nostrum...

Låt detta offer, vi bedja dig, Herre, rena oss från våra synder, och till offerhandlingens firande helga dina tjänare till kropp och själ. Genom vår Herre...

Praefatio Trinitatis.
(Sid. 291.)

Communio.
(Mark. 11:24.)

Amen, dico vobis, quidquid orantes petitis, credite quia accipietis, et fiet vobis.

Sannerligen säger jag eder: vad I än bedjen i edra böner, tron att I skolen erhålla det, och det skall ske eder.

Postcommunio.

Quos tantis, Domine, largiris uti mysteriis: quæsumus; ut effectibus nos eorum veraciter aptare digneris. Per Dominum nostrum...

Herre, vi som du förunnar att få del av så stora hemligheter, vi bedja dig, att du värdigas göra oss i sanning skickade att skörda deras frukter. Genom vår Herre...

Tjugufemte söndagen efter Pingst.

Introitus.

(Jer. 29:11, 12, 14. — Ps. 84:2.)

Dicit Dominus: Ego cogito cogitationes pacis, et non afflictionis: invocabitis me, et ego exaudiam vos: et reducam captivitatem vestram de cunctis locis. Benedixisti, Domine, terram tuam: avertisti captivitatem Jacob.
Gloria Patri...
Dicit Dominus...

Så säger Herren: Jag tänker fridens tankar och icke bedrövelsens; I skolen åkalla mig, och jag skall höra eder; och jag skall återföra eder ur fångenskapen från alla länder.
Herre, du har välsignat din jord och låtit Jakobs fångenskap upphöra.
Ära vare...
Så säger Herren...

Oratio.

Deus, qui nos, in tantis periculis constitutos, pro humana scis fragilitate non posse subsistere: da nobis salutem mentis et corpo-

Gud, du som vet, att vi, blottställda för så stora faror, i vår mänskliga bräcklighet icke förmå vara ståndaktiga, giv oss det som tjänar till själens och

ris; ut ea, quæ pro peccatis nostris patimur, te adjuvante vincamus. Per Dominum nostrum...

kroppens välfärd, på det att vi genom ditt bistånd må övervinna, vad vi för våra synders skull lida. Genom vår Herre...

Epistola.
(Rom. 13:8-10.)

Lectio Epistolæ beati Pauli Apostoli ad Romanos. Fratres: Nemini quidquam debeatis, nisi ut invicem diligatis: qui enim diligit proximum, legem implevit. Nam: Non adulterabis, Non occides, Non furaberis, Non falsum testimonium dices, Non concupisces: et si quod est aliud mandatum, in hoc verbo instauratur: Diliges proximum tuum sicut teipsum. Dilectio proximi malum non operatur. Plenitudo ergo legis est dilectio.

Bröder, bliven ingen något skyldiga, utom i kärlek till varandra; ty den som älskar sin nästa, han har uppfyllt lagen. Ty detta: Du skall icke begå äktenskapsbrott, Du skall icke dräpa, Du skall icke stjäla, Du skall icke bära falskt vittnesbörd, Du skall icke hava begärelse och vilket annat bud som helst, det sammanfattas ju allt i det ordet: Du skall älska din nästa såsom dig själv. Kärleken gör intet ont mot nästan; alltså är kärleken lagens uppfyllelse.

Graduale.
(Ps. 43:8-9. — Ps. 129:1-2.)

Liberasti nos, Domine, ex affligentibus nos: et eos, qui nos oderunt, confudisti. In Deo laudabimur tota die, et in nomine tuo confitebimur in sæcula.

Du har befriat oss, Herre, från dem som plåga oss, och dem som hata oss har du bragt på skam. I Gud skall vår berömmelse vara hela dagen, och i

Alleluja, alleluja. De profundis clamavi ad te, Domine: Domine, exaudi orationem meam. Alleluja.

ditt namn skola vi lovsjunga evinnerligen. Alleluja, alleluja. Ur djupen ropar jag till dig, Herre; Herre hör min bön. Alleluja.

Evangelium.
(Matt. 8:23-27.)

Sequentia sancti Evangelii secundum Matthæum. In illo tempore: Ascendente Jesu in naviculam, secuti sunt eum discipuli ejus: et ecce, motus magnus factus est in mari, ita ut navicula operiretur fluctibus, ipse vero dormiebat. Et accesserunt ad eum discipuli ejus, et suscitaverunt eum, dicentes: Domine, salva nos, perimus. Et dicit eis Jesus: Quid timidi estis, modicæ fidei? Tunc surgens, imperavit ventis et mari, et facta est tranquillitas magna. Porro homines mirati sunt, dicentes: Qualis est hic, quia venti et mare obœdiunt ei?

I den tiden steg Jesus i en båt, och hans lärjungar följde honom. Och se, då uppstod en häftig storm på sjön, så att vågorna slogo över båten; men själv låg han och sov. Då gingo hans lärjungar fram till honom, väckte honom och sade: Herre hjälp oss; vi förgås. Men Jesus sade till dem: I klentrogna, varför rädens I? Därpå stod han upp, näpste vindarna och vattnet, och det blev alldeles stilla och lugnt. Och människorna förundrade sig och sade: Vem är då denne, eftersom vindarna och vattnet lyda honom?

Offertorium.
(Ps. 129:1-2.)

De profundis clamavi ad te, Domine: Domine,

Ur djupen ropar jag till dig, Herre; Herre

exaudi orationem meam: de profundis clamavi ad te, Domine.	hör min bön; ur djupen ropar jag till dig, Herre.

Secreta.

Concede, quæsumus, omnipotens Deus: ut hujus sacrificii munus oblatum fragilitatem nostram ab omni malo purget semper et muniat. Per Dominum...	Förunna oss, vi bedja dig, allsmäktige Gud, att frambärandet av denna offergåva städse må rena och bevara vår skröplighet från allt ont. Genom vår Herre...

Praefatio Trinitatis.
(Sid. 291.)

Communio.
(Mark. 11:24.)

Amen, dico vobis, quidquid orantes petitis, credite quia accipietis, et fiet vobis.	Sannerligen säger jag eder: vad I än bedjen i edra böner, tron att I skolen erhålla det, och det skall ske eder.

Postcommunio.

Munera tua nos, Deus, a delectationibus terrenis expediant: et cælestibus semper instaurent alimentis. Per Dominum...	Må dina gåvor, o Gud, befria oss från jordiska lustar, och städse förnya oss genom sin himmelska näring. Genom vår Herre...

Tjugusjätte söndagen efter Pingst.

Introitus.
(Jer. 29:11, 12, 14. — Ps. 84:2.)

Dicit Dominus: Ego cogito cogitationes pacis, et non afflictionis:	Så säger Herren: Jag tänker fridens tankar och icke bedrö-

invocabitis me, et ego exaudiam vos: et reducam captivitatem vestram de cunctis locis. Benedixisti, Domine, terram tuam: avertisti captivitatem Jacob.
Gloria Patri...
Dicit Dominus...

velsens; I skolen åkalla mig, och jag skall höra eder; och jag skall återföra eder ur fångenskapen från alla länder. Herre, du har välsignat din jord och låtit Jakobs fångenskap upphöra.
Ära vare...
Så säger Herren...

Oratio.

Familiam tuam, quæsumus, Domine, continua pietate custodi: ut, quæ in sola spe gratiæ cælestis innititur, tua semper protectione muniatur. Per Dominum nostrum...

Vi bedja dig, o Herre, vaka över dina tjänare med din beständiga kärlek, på det att vi, som sätta vårt enda hopp till din himmelska nåd, alltid må styrkas genom ditt beskydd. Genom vår Herre...

Epistola.
(Kol. 3:12-17.)

Lectio Epistolæ beati Pauli Apostoli ad Colossenses. Fratres: Induite vos sicut electi Dei, sancti et dilecti, viscera misericordiæ, benignitatem, humilitatem, modestiam, patientiam: supportantes invicem, et donantes vobismetipsis, si quis adversus aliquem habet

Bröder, ikläden eder såsom Guds utvalda, hans heliga och älskade, hjärtlig barmhärtighet, godhet, ödmjukhet, saktmod, tålamod. Och haven fördrag med varandra och förlåten varandra, om någon har något att förebrå en annan. Såsom Herren har för-

querelam: sicut et Dominus donavit vobis, ita et vos. Super omnia autem hæc, caritatem habete, quod est vinculum perfectionis: et pax Christi exsultet in cordibus vestris, in qua et vocati estis in uno corpore: et grati estote. Verbum Christi habitet in vobis abundanter, in omni sapientia, docentes, et commonentes vosmetipsos psalmis, hymnis, et canticis spiritualibus, in gratia cantantes in cordibus vestris Deo. Omne, quodcumque facitis in verbo aut in opere, omnia in nomine Domini Jesu Christi, gratias agentes Deo et Patri per Jesum Christum, Dominum nostrum.

låtit eder, så skolen ock I förlåta. Men över allt detta skolen I ikläda eder kärleken, ty den är fullkomlighetens sammanhållande band. Och låten Kristi frid regera i edra hjärtan; ty till att äga den ären I ock kallade såsom lemmar i en och samma kropp. Och varen tacksamma. Låten Kristi ord rikligen bo ibland eder. Undervisen och förmanen varandra i all vishet, med psalmer och lovsånger och andliga visor, och sjungen med tacksägelse till Guds ära i edra hjärtan. Och allt, vad helst I företagen eder i ord eller gärning, gören det allt i Herrens Jesu Kristi namn och tacken Gud Fadern, genom Jesus Kristus, vår Herre.

Graduale.
(Ps. 43:8-9. — Ps. 129:1-2.)

Liberasti nos, Domine, ex affligentibus nos: et eos, qui nos oderunt, confudisti. In Deo laudabimur tota die, et in nomine tuo confitebimur in sæcula.

Du har befriat oss, Herre, från dem som plåga oss, och dem som hata oss har du bragt på skam. I Gud skall vår berömmelse vara hela dagen, och i

Alleluja, alleluja. De profundis clamavi ad te, Domine: Domine, exaudi orationem meam. Alleluja.

ditt namn skola vi lovsjunga evinnerligen. Alleluja, alleluja. Ur djupen ropar jag till dig, Herre; Herre hör min bön. Alleluja.

Evangelium.
(Matt. 13:24-30.)

Sequentia sancti Evangelii secundum Matthæum. In illo tempore: Dixit Jesus turbis parabolam hanc: Simile factum est regnum cælorum homini, qui seminavit bonum semen in agro suo. Cum autem dormirent homines, venit inimicus ejus, et superseminavit zizania in medio tritici, et abiit. Cum autem crevisset herba, et fructum fecisset, tunc apparuerunt et zizania. Accedentes autem servi patrisfamilias, dixerunt ei: Domine, nonne bonum semen seminasti in agro tuo? Unde ergo habet zizania? Et ait illis: Inimicus homo hoc fecit. Servi autem dixerunt ei: Vis, imus, et colligimus ea? Et ait: Non, ne forte colligentes zizania, eradicetis simul cum eis et triticum.

I den tiden framställde Jesus för folket denna liknelse: Med himmelriket är det, såsom när en man sådde god säd i sin åker. Men då folket sov, kom hans ovän och sådde ogräs mitt ibland vetet och gick sin väg. När nu säden sköt upp och satte frukt, så visade sig ock ogräset. Då trädde husbondens tjänare fram och sade till honom: Herre, har du icke sått god säd i din åker? Varifrån har den då fått ogräs? Han svarade dem: Det har en ovän gjort. Tjänarna sade till honom: Vill du, att vi gå och samla det tillhopa? Men han svarade: Nej, ty då I hopsamlen ogräset, kunden I samtidigt upprycka vetet. Låten båda slagen växa till-

Tjugusjätte söndagen

Sinite utraque crescere usque ad messem, et in tempore messis dicam messoribus: Colligite primum zizania, et alligate ea in fasciculos ad comburendum, triticum autem congregate in horreum meum.

sammans intill skörden, och i skördens tid skall jag säga till skördemännen: Samlen först ogräset och binden det i knippor till att uppbrännas; men samlen sedan in vetet i min lada.

Offertorium.
(Ps. 129:1-2.)

De profundis clamavi ad te, Domine: Domine, exaudi orationem meam: de profundis clamavi ad te, Domine.

Ur djupen ropar jag till dig, Herre; Herre hör min bön; ur djupen ropar jag till dig, Herre.

Secreta.

Hostias tibi, Domine, placationis offerimus: ut et delicta nostra miseratus absolvas, et nutantia corda tu dirigas. Per Dominum nostrum...

Till dig, Herre, frambära vi försoningens offer, på det att du i din barmhärtighet må förlåta oss våra synder och rätt leda våra vacklande hjärtan. Genom vår Herre...

Praefatio Trinitatis.
(Sid. 291.)

Communio.
(Mark. 11:24.)

Amen, dico vobis, quidquid orantes petitis, credite quia accipietis, et fiet vobis.

Sannerligen säger jag eder: vad I än bedjen i edra böner, tron att I skolen erhålla det, och det skall ske eder.

Tiden efter Pingst

Postcommunio.

Quæsumus, omnipotens Deus: ut illius salutaris capiamus effectum, cujus per hæc mysteria pignus accepimus. Per Dominum...	Vi bedja dig, allsmäktige Gud, att vi må skörda frukten av den frälsning, vars underpant vi genom dessa hemligheter hava mottagit. Genom vår Herre...

Tjugusjunde söndagen efter Pingst.

Introitus.
(Jer. 29:11, 12, 14. — Ps. 84:2.)

Dicit Dominus: Ego cogito cogitationes pacis, et non afflictionis: invocabitis me, et ego exaudiam vos: et reducam captivitatem vestram de cunctis locis.	Så säger Herren: Jag tänker fridens tankar och icke bedrövelsens; I skolen åkalla mig, och jag skall höra eder; och jag skall återföra eder ur fångenskapen från alla länder.
Benedixisti, Domine, terram tuam: avertisti captivitatem Jacob.	Herre, du har välsignat din jord och låtit Jakobs fångenskap upphöra.
Gloria Patri...	Ära vare...
Dicit Dominus...	Så säger Herren...

Oratio.

Præsta, quæsumus, omnipotens Deus: ut, semper rationabilia meditantes, quæ tibi sunt placita, et dictis exsequamur et factis. Per Dominum...	Förläna, vi bedja dig, allsmäktige Gud, att vi alltid må tänka förnuftiga tankar, och så i ord och gärning söka vad som är dig välbehagligt. Genom vår Herre...

Tjugusjunde söndagen

Epistola.
(1 Tess. 1:2-10.)

Lectio Epistolæ beati Pauli Apostoli ad Thessalonicenses. Fratres: Gratias agimus Deo semper pro omnibus vobis, memoriam vestri facientes in orationibus nostris sine intermissione, memores operis fidei vestræ, et laboris, et caritatis, et sustinentiæ spei Domini nostri Jesu Christi, ante Deum et Patrem nostrum: scientes, fratres, dilecti a Deo, electionem vestram: quia Evangelium nostrum non fuit ad vos in sermone tantum, sed et in virtute, et in Spiritu Sancto, et in plenitudine multa, sicut scitis quales fuerimus in vobis propter vos. Et vos imitatores nostri facti estis, et Domini, excipientes verbum in tribulatione multa, cum gaudio Spiritus Sancti: ita ut facti sitis forma omnibus credentibus in Macedonia, et in Achaja. A vobis enim diffamatus est sermo Domini, non solum in Macedonia, et in Achaja, sed et in omni loco

Bröder, vi tacka Gud alltid för eder alla och tänka oavlåtligen på eder i våra böner; ty vi komma ihåg eder tros verk och eder möda och kärlek och ståndaktighet i hoppet på vår Herre Jesus Kristus, inför vår Gud och Fader. Vi veta ju, käre bröder, I Guds älskade, huru det var, när I bleven utvalda: vårt Evangelium kom till eder icke med ord allenast, utan i kraft och den Helige Ande och överströmmande trosvisshet. I veten ock, på vad sätt vi uppträdde bland eder till edert bästa. Och I bleven våra och Herrens efterföljare och mottogen ordet mitt under stort betryck med glädje i den Helige Ande. Så bleven I ett föredöme för alla troende i Macedonien och Akaja; ty från eder har Herrens ord gått ut och fått genljud icke blott i Macedonien och Akaja, utan överallt har eder tro på Gud bli-

fides vestra, quæ est ad Deum, profecta est, ita ut non sit nobis necesse quidquam loqui. Ipsi enim de nobis annuntiant qualem introitum habuerimus ad vos: et quomodo conversi estis ad Deum a simulacris, servire Deo vivo et vero, et exspectare Filium ejus de cælis (quem suscitavit ex mortuis) Jesum, qui eripuit nos ab ira ventura.

vi. känd, så att vi icke behöva tala därom. Ty de förkunna själva om oss, vilken god början vi hade hos eder, och huru I från avgudarna omvänden eder till Gud för att tjäna den levande och sanne Guden och nu förbiden från himmelen hans Son, vilken han har uppväckt från de döda, Jesus, som frälst oss från den tillkommande vreden.

Graduale.
(Ps. 43:8-9. — Ps. 129:1-2.)

Liberasti nos, Domine, ex affligentibus nos: et eos, qui nos oderunt, confudisti. In Deo laudabimur tota die, et in nomine tuo confitebimur in sæcula. Alleluja, alleluja. De profundis clamavi ad te, Domine: Domine, exaudi orationem meam. Alleluja.

Du har befriat oss, Herre, från dem som plåga oss, och dem som hata oss har du bragt på skam. I Gud skall vår berömmelse vara hela dagen, och i ditt namn skola vi lovsjunga evinnerligen. Alleluja, alleluja. Ur djupen ropar jag till dig, Herre; Herre hör min bön. Alleluja.

Evangelium.
(Matt. 13:31-35.)

Sequentia sancti Evangelii secundum Matthæum. In illo tempore: Dixit Jesus turbis para-

I den tiden framställde Jesus för folket denna liknelse: Himmelriket är likt ett se-

bolam hanc: Simile est regnum cælorum grano sinapis, quod accipiens homo seminavit in agro suo: quod minimum quidem est omnibus seminibus: cum autem creverit, majus est omnibus oleribus, et fit arbor, ita ut volucres cæli veniant, et habitent in ramis ejus. Aliam parabolam locutus est eis: Simile est regnum cælorum fermento, quod acceptum mulier abscondit in farinæ satis tribus, donec fermentatum est totum. Hæc omnia locutus est Jesus in parabolis ad turbas: et sine parabolis non loquebatur eis: ut impleretur quod dictum erat per Prophetam dicentem: Aperiam in parabolis os meum, eructabo abscondita a constitutione mundi.

napskorn, som en man tog och nedlade i sin åker. Det är minst bland alla frön, men när det har växt upp, är det större än alla kryddväxter, ja, det bliver till ett träd, så att himmelens fåglar komma och bo i dess grenar. — En annan liknelse framställde han för dem: Himmelriket är likt en surdeg, vilken en kvinna tog och blandade i tre mått mjöl, till dess alltsammans blev syrat. Allt detta talade Jesus i liknelser till folket, och utan liknelser talade han icke till dem, för att det skulle uppfyllas, som var sagt genom profeten, som säger: Jag skall öppna min mun i liknelser, jag skall uppenbara det, som har varit dolt från världens grundläggning.

Offertorium.
(Ps. 129:1-2.)

De profundis clamavi ad te, Domine: Domine, exaudi orationem meam: de profundis clamavi ad te, Domine.

Ur djupen ropar jag till dig, Herre; Herre, hör min bön; ur djupen ropar jag till dig, Herre.

Tiden efter Pingst

Secreta.

Hæc nos oblatio, Deus, mundet, quæsumus, et renovet, gubernet et protegat. Per Dominum nostrum...

Må detta offer, vi bedja dig, o Gud, rena och förnya, leda och beskärma oss. Genom vår Herre...

Praefatio Trinitatis.
(Sid. 291.)

Communio.
(Mark. 11:24.)

Amen, dico vobis, quidquid orantes petitis, credite quia accipietis, et fiet vobis.

Sannerligen säger jag eder: vad I än bedjen i edra böner, tron att I skolen erhålla det, och det skall ske eder.

Postcommunio.

Cælestibus, Domine, pasti deliciis: quæsumus; ut semper eadem, per quæ veraciter vivimus, appetamus. Per Dominum...

Vederkvickta av denna himmelska ljuvlighet bedja vi dig, o Herre, att vi alltid måtte åstunda densamma, som i sanning uppehåller vårt liv. Genom vår Herre...

Sista söndagen efter Pingst.

Introitus.
(Jer. 29:11, 12, 14. — Ps. 84:2.)

Dicit Dominus: Ego cogito cogitationes pacis, et non afflictionis: invocabitis me, et ego exaudiam vos: et re-

Så säger Herren: Jag tänker fridens tankar och icke bedrövelsens; I skolen åkalla mig, och jag skall

ducam captivitatem vestram de cunctis locis.

Benedixisti, Domine, terram tuam: avertisti captivitatem Jacob.

Gloria Patri...
Dicit Dominus...

höra eder; och jag skall återföra eder ur fångenskapen från alla länder.
Herre, du har välsignat din jord och låtit Jakobs fångenskap upphöra.
Ära vare...
Så säger Herren...

Oratio.

Excita, quæsumus, Domine, tuorum fidelium voluntates: ut, divini operis fructum propensius exsequentes; pietatis tuæ remedia majora percipiant. Per Dominum nostrum...

Vi bedja dig, Herre, uppliva dina troendes vilja, så att de med större iver må förvärva det gudomliga återlösningsverkets frukt, och av din kärlek uppnå allt större nåd till frälsning. Genom vår Herre...

Epistola.
(Kol. 1:9-14.)

Lectio Epistolæ beati Pauli Apostoli ad Colossenses. Fratres: Non cessamus pro vobis orantes, et postulantes ut impleamini agnitione voluntatis Dei, in omni sapientia et intellectu spiritali: ut ambuletis digne Deo per omnia placentes: in omni opere bono fructificantes, et crescentes in scientia Dei: in omni virtute

Bröder, vi upphöra icke att bedja för eder och bönfalla om, att I mån bliva uppfyllda av kunskap om Guds vilja i all andlig vishet och insikt. Då skolen I vandra Gud värdigt, i allt honom till behag, och genom kunskapen om Gud bära frukt och växa till i allt gott verk. Och genom hans härliga makt skolen I

confortati secundum potentiam claritatis ejus in omni patientia, et longanimitate cum gaudio, gratias agentes Deo Patri, qui dignos nos fecit in partem sortis sanctorum in lumine: qui eripuit nos de potestate tenebrarum, et transtulit in regnum Filii dilectionis suæ, in quo habemus redemptionem per sanguinem ejus, remissionem peccatorum.

på allt sätt uppfyllas av kraft att visa tålamod och ståndaktighet i allt; och I skolen med glädje tacka Gud Fadern, som gjort oss värdiga att bliva delaktiga av de heligas arvedel i ljuset. Ty han har frälst oss från mörkrets välde och försatt oss i sin älskade Sons rike; genom honom och hans blod hava vi blivit återlösta och fått syndernas förlåtelse.

Graduale.
(Ps. 43:8-9. — Ps. 129:1-2.)

Liberasti nos, Domine, ex affligentibus nos: et eos, qui nos oderunt, confudisti. In Deo laudabimur tota die, et in nomine tuo confitebimur in sæcula. Alleluja, alleluja. De profundis clamavi ad te, Domine: Domine, exaudi orationem meam. Alleluja.

Du har befriat oss, Herre, från dem som plåga oss, och dem som hata oss har du bragt på skam. I Gud skall vår berömmelse vara hela dagen, och i ditt namn skola vi lovsjunga evinnerligen. Alleluja, alleluja. Ur djupen ropar jag till dig, Herre; Herre hör min bön. Alleluja.

Evangelium.
(Matt. 24:15-35.)

Sequentia sancti Evangelii secundum Matthæum. In illo tempore:

I den tiden sade Jesus till sina lärjungar: När I fån se förödel-

Sista söndagen

Dixit Jesus discipulis suis: Cum videritis abominationem desolationis, quæ dicta est a Daniele Propheta, stantem in loco sancto: qui legit, intelligat: tunc qui in Judæa sunt, fugiant ad montes: et qui in tecto, non descendat tollere aliquid de domo sua: et qui in agro, non revertatur tollere tunicam suam. Væ autem prægnantibus, et nutrientibus in illis diebus. Orate autem, ut non fiat fuga vestra in hieme, vel sabbato. Erit enim tunc tribulatio magna, qualis non fuit ab initio mundi usque modo, neque fiet. Et nisi breviati fuissent dies illi, non fieret salva omnis caro: sed propter electos breviabuntur dies illi. Tunc si quis vobis dixerit: Ecce, hic est Christus aut illic: nolite credere. Surgent enim pseudochristi, et pseudo-

sens styggelse, som är förutsagd av profeten Daniel, råda på det heliga rummet (den som läser detta, han give akt därpå), då må de som äro i Judéen, fly upp till bergen; och den som är på taket, stige icke ned för att hämta något ur sitt hus; och den som är ute på marken, vände icke tillbaka för att hämta sin mantel. Och ve dem som äro havande eller giva di i de dagarna. Men bedjen, att eder flykt icke må ske om vintern eller på sabbaten. Ty då skall vara en stor vedermöda, sådan som icke har varit från världens begynnelse intill nu, icke heller någonsin skall varda. Och om de dagarna icke förkortades, så skulle intet kött bliva frälst; men för de utvaldas skull skola de dagarna förkortas. Om någon då säger till eder: Se, här är Kristus eller där, så tron det icke. Ty falska Kristus och falska profeter skola uppstå, och de skola göra

prophetæ: et dabunt signa magna, et prodigia, ita ut in errorem inducantur (si fieri potest) etiam electi. Ecce, prædixi vobis. Si ergo dixerint vobis: Ecce, in deserto est, nolite exire: ecce, in penetralibus, nolite credere. Sicut enim fulgur exit ab Oriente et paret usque in Occidentem: ita erit et adventus Filii hominis. Ubicumque fuerit corpus, ilic congregabuntur et aquilæ. Statim autem post tribulationem dierum illorum sol obscurabitur, et luna non dabit lumen suum, et stellæ cadent de cælo, et virtutes cælorum commovebuntur: et tunc parebit signum Filii hominis in cælo: et tunc plangent omnes tribus terræ: et videbunt Filium hominis venientem in nubibus cæli cum virtute multa, et majestate. Et mittet Ange-

stora tecken och under för att om möjligt förvilla jämväl de utvalda. Se, jag har förutsagt eder det. Därför, om man säger till eder: Se, han är i öknen, så gån icke ditut; eller: Se, han är inne i huset, så tron det icke. Ty såsom ljungelden, när den går ut från öster, synes ända till väster, så skall även Människosonens ankomst vara. Där åteln är, där samla sig ock örnarna. Men strax efter de dagarnas vedermöda skall solen förmörkas och månen icke mer giva sitt sken, och stjärnorna skola falla ifrån himmelen, och himmelens krafter skola bäva. Då skall Människosonens tecken visa sig på himmelen, och alla jordens släkter skola jämra sig; och de skola få se Människosonen komma på himmelens skyar med stor makt och härlighet. Och han skall sända ut sina änglar med starkt basunljud, och de skola församla hans utvalda från de fyra

Sista söndagen

los suos cum tuba, et voce magna: et congregabunt electos ejus a quatuor ventis, a summis cælorum usque ad terminos eorum. Ab arbore autem fici discite parabolam: cum jam ramus ejus tener fuerit, et folia nata, scitis quia prope est æstas: ita et vos cum videritis hæc omnia, scitote quia prope est in januis. Amen, dico vobis, quia non præteribit generatio hæc, donec omnia hæc fiant. Cælum et terra transibunt, verba autem mea non præteribunt.

väderstrecken, från himmelens ena ände till den andra. Men av fikonträdet skolen I lära en liknelse. När dess kvistar begynna att få sav och löven spricka ut, då veten I, att sommaren är nära. Likaså, när I sen allt detta, då kunnen I ock veta, att hans ankomst är nära. Sannerligen säger jag eder: Detta släkte skall icke förgås, förrän allt detta har skett. Himmel och jord skola förgås, men mina ord skola aldrig förgås.

Offertorium.
(Ps. 129:1-2.)

De profundis clamavi ad te, Domine: Domine, exaudi orationem meam: de profundis clamavi ad te, Domine.

Ur djupen ropar jag till dig, Herre; Herre hör min bön; ur djupen ropar jag till dig, Herre.

Secreta.

Propitius esto, Domine, supplicationibus nostris: et, populi tui oblationibus precibusque susceptis, omnium nostrum ad te corda converte; ut, a terrenis cupiditatibus liberati, ad cælestia desideria trans-

Hör nådigt, o Herre, vår ödmjuka åkallan, och mottag ditt folks offer och böner; och omvänd allas våra hjärtan till dig, på det att vi, befriade från jordiska begär, må vända oss till himmel-

eamus. Per Dominum... | ska önskningar. Genom vår Herre...

Praefatio Trinitatis.
(Sid. 291.)

Communio.
(Mark. 11:24.)

Amen, dico vobis, quidquid orantes petitis, credite quia accipietis, et fiet vobis. | Sannerligen säger jag eder: vad I än bedjen i edra böner, tron att I skolen erhålla det, och det skall ske eder.

Postcommunio.

Concede nobis, quæsumus, Domine: ut per hæc sacramenta quæ sumpsimus, quidquid in nostra mente vitiosum est, ipsorum medicationis dono curetur. Per Dominum nostrum... | Vi bedja dig, Herre, förunna oss genom dessa sakrament, som vi hava åtnjutit, att allt bristfälligt i vår själ måtte helas genom deras läkedoms gåva. Genom vår Herre...

PROPRIUM DE SANCTIS
KALENDERÅRETS FÖRNÄMSTA FESTDAGAR

(Obs.! Om det för festen fastställda datum infaller på en veckodag, firas festen påföljande söndag. Närmare, se inledningen.)

8 december.
Maria Immaculata-festen.

(Immaculata conceptio B. M. V.)

Festens föremål är trossanningen om det enastående företräde, varigenom Maria i sitt livs första ögonblick för Kristi skull bevarades fri från arvsynden samt förlänades nådens fullhet.

Introitus.
(Jes. 61:10. — Ps. 29:2.)

Gaudens gaudebo in Domino, et exsultabit anima mea in Deo meo: quia induit me vestimentis salutis: et indamento justitiæ circumdedit me, quasi sponsam ornatam monilibus suis.

Jag gläder mig storligen i Herren, och min själ fröjdar sig i min Gud; ty han har iklätt mig frälsningens kläder och höljt mig i rättfärdighetens mantel som en brud, vilken är prydd med sina smycken.

Exaltabo te, Domine,

Jag vill upphöja dig

8 december

quoniam suscepisti me: nec delectasti inimicos meos super me.

Gloria Patri...
Gaudens gaudebo...

Herre; ty du har tagit vård om mig och icke låtit mina fiender glädja sig över mig.

Ära vare...
Jag gläder mig storligen...

Oratio.

Deus, qui per immaculatam Virginis Conceptionem dignum Filio tuo habitaculum præparasti: quæsumus; ut, qui ex morte ejusdem Filii tui prævisa eam ab omni labe præservasti, nos quoque mundos ejus intercessione ad te pervenire concedas. Per eumdem Dominum...

O Gud, som i den obefläckat undfångna Jungfrun berett din Son en värdig boning, vi bedja dig, att du som genom samme din Sons förutsedda död bevarat henne fri från all fläck, genom hennes förbön ville låta även oss komma rena till dig. Genom samme vår Herre...

Epistola.
(Ordspr. 8:22-35.)

Lectio libri Sapientiæ. Dominus possedit me in initio viarum suarum, antequam quidquam faceret a principio. Ab æterno ordinata sum, et ex antiquis, antequam terra fieret. Nondum erant abyssi, et ego jam concepta eram: necdum fontes aquarum eruperant: necdum montes gravi mole constiterant: ante colles ego

Herren ägde mig från sina vägars begynnelse, från urminnes tid, förrän han skapade något annat. Från evighet är mitt konungadöme, från begynnelsen, innan jorden blev till. Innan havsdjupen funnos, var jag född, innan källorna bröto fram, förrän bergen med sin väldiga tyngd voro grundade; förrän höjderna formades, var

Maria Immaculata-festen

parturiebar: adhuc terram non fecerat, et flumina et cardines orbis terræ. Quando præparabat cælos, aderam: quando certa lege et gyro vallabat abyssos: quando æthera firmabat sursum, et librabat fontes aquarum: quando circumdabat mari terminum suum, et legem ponebat aquis, ne transirent fines suos: quando appendebat fundamenta terræ. Cum eo eram cuncta componens: et delectabar per singulos dies, ludens coram eo omni tempore: ludens in orbe terrarum: et deliciæ meæ esse cum filiis hominum. Nunc ergo, filii, audite me: Beati, qui custodiunt vias meas. Audite disciplinam, et estote sapientes, et nolite abjicere eam. Beatus homo, qui audit me, et qui vigilat ad fores meas quotidie, et observat ad postes ostii mei. Qui me invenerit, inveniet vitam, et hauriet salutem a Domino.

jag född, då han ännu icke skapat land och floder, ej heller jordens axel. När han danade himmelen, var jag tillstädes; när han efter fasta lagar slog valv över djupen, när han fäste skyarna i höjden och avvägde vattukällorna, när han satte gräns för haven, att de icke skulle överskrida sina områden, när han fastställde jordens grundvalar, då var jag hos honom, ordnande allt; och jag fröjdade mig var dag, lekande alltid inför honom; jag lekte på jordens krets och hade min lust att vara bland människors barn. Så hören mig nu, I barn: Saliga äro de som hålla mina vägar. Hören tuktan och tagen emot visheten och förkasten den icke. Säll den människa, som hör mig och vakar vid mina dörrar var dag och håller vakt vid dörrposterna i mina portar. Den som finner mig, han finner livet och undfår frälsning av Herren.

Graduale.
(Judit 13:23, 15:10. — Höga V. 4:7.)

Benedicta es tu, Virgo Maria, a Domino, Deo excelso, præ omnibus mulieribus super terram. Tu gloria Jerusalem, tu lætitia Israel, tu honorificentia populi nostri. Alleluja, alleluja. Tota pulchra es, Maria: et macula originalis non est in te. Alleluja.

Välsignad är du, Jungfru Maria, av Herren, vår Gud i höjden, framför alla kvinnor på jorden. Du Jerusalems ära, du Israels glädje, du vårt folks heder. Alleluja, alleluja. Fullkomlig är din skönhet, o Maria, och hos dig finnes ingen arvsyndens fläck. Alleluja.

Evangelium.
(Luk. 1:26-28.)

Sequentia sancti Evangelii secundum Lucam. In illo tempore: Missus est Angelus Gabriel a Deo in civitatem Galilææ, cui nomen Nazareth, ad Virginem desponsatam viro, cui nomen erat Joseph, de domo David, et nomen Virginis Maria. Et ingressus Angelus ad eam, dixit: Ave, gratia plena; Dominus tecum: benedicta tu in mulieribus.

I den tiden sändes ängeln Gabriel av Gud till en stad i Galileen, benämnd Nasaret, till en jungfru, som var trolovad med en man av Davids hus, vilken hette Josef; och jungfruns namn var Maria. Och ängeln gick in till henne och sade: Hell dig, full av nåd; Herren är med dig; välsignad är du ibland kvinnor.

Offertorium.
(Luk. 1:28.)

Ave, Maria, gratia plena; Dominus tecum: benedicta tu in mulieribus. Alleluja.

Hell dig, Maria, full av nåd; Herren är med dig, välsignad är du ibland kvinnor. Alleluja.

Maria Immaculata-festen

Secreta.

Salutarem hostiam, quam in sollemnitate immaculatæ Conceptionis beatæ Virginis Mariæ tibi, Domine, offerimus, suscipe et præsta: ut, sicut illam tua gratia præveniente ab omni labe immunem profitemur; ita ejus intercessione a culpis omnibus liberemur. Per Dominum...

Mottag, o Herre, frälsningens offer, som vi frambära åt dig vid firandet av den allra saligaste Jungfru Marias obefläckade tillblivelse, och förunna oss, som bekänna, att hon genom din förekommande nåd blivit bevarad ren från varje fläck, att även vi genom hennes förbön må befrias från all syndaskuld. Genom vår Herre...

Praefatio Beatae Mariae Virginis.

Vere dignum et justum est, æquum et salutare, nos tibi semper et ubique gratias agere, Domine sancte, Pater omnipotens, æterne Deus: Et te in Festivitate* beatæ Mariæ semper Virginis collaudare, benedicere et prædicare. Quæ et Unigenitum tuum Sancti Spiritus obumbratione concepit: et, virginita-

Det är i sanning tillbörligt och rätt, riktigt och gagneligt, att vi alltid och allestädes tacka dig, helige Herre, allsmäktige Fader, evige Gud och att vi lova, prisa och förhärliga dig på den saliga, alltid rena Jungfru Marias högtidsdag,* genom den Helige Andes överskyggande har hon undfått din en-

---

* Conceptione immaculata, nativitate, annuntiatione, visitatione, transfixione, assumptione, solemnitate.

* Respektive: Obefläckade tillblivelse-, födelse-, bebådelse-, besökelse-, smärtors-, upptagelse-, hedersdag.

tis gloria permanente, lumen æternum mundo effudit, Jesum Christum, Dominum nostrum. Per quem majestatem tuam laudant Angeli, adorant Dominationes, tremunt potestates; coeli coelorumque Virtutes ac beata Seraphim socia exultatione concelebrant. Cum quibus et nostras voces ut admitti jubeas, deprecamur, supplici confessione dicentes:

födde Son och, bevarande jungfrulighetens härlighet, skänkt världen det eviga ljuset, Jesus Kristus, vår Herre; genom vilken ditt majestät lovas av änglarna, tillbedes av herradömena, fruktas av makterna, i gemensam fröjd firas av himlarna och av de saliga serafim. Låt med deras röster, vi bedja dig, även våra komma till dig, då vi i ödmjuk lovsång säga:

Communio.

Gloriosa dicta sunt de te, Maria: quia fecit tibi magna qui potens est.

Härliga ord äro talade om dig, Maria; ty den som är mäktig har gjort stora ting med dig.

Postcommunio.

Sacramenta quæ sumpsimus, Domine, Deus noster: illius in nobis culpæ vulnera reparent; a qua immaculatam beatæ Mariæ Conceptionem singulariter præservasti. Per Dominum...

Herre, vår Gud, låt det Sakrament, som vi mottagit, hela hos oss såren av den skuld, från vilken du genom en enastående nåd bevarat Jungfru Maria fri och obefläckad. Genom vår Herre...

2 februari.

Kyndelsmässa. — Marie kyrkogång.

Maria uppfyller Mose lag och framställer sitt barn i templet, men dagen högtidlighåller än mer Herrens egen härlighet, som är "Världens ljus". Därför vigas i dag altarljusen för det kommande årets gudstjänster.

Ljusens vigning.

Dominus vobiscum.
Et cum spiritu tuo.

F. Herren vare med eder.
S. Och med din ande.

Oratio.

Oremus. Domine sancte, Pater omnipotens, æterne Deus, qui omnia ex nihilo creasti, et jussu tuo per opera apum hunc liquorem ad

Helige Herre, allsmäktige Fader, evige Gud, du som har skapat allt av intet och på ditt bud genom biens arbete låtit det ämne

perfectionem cerei venire fecisti: et qui hodierna die petitionem justi Simeonis implesti: te humiliter deprecamur; ut has candelas ad usus hominum et sanitatem corporum et animarum, sive in terra sive in aquis, per invocationem tui sanctissimi nominis et per intercessionem beatæ Mariæ semper Virginis, cujus hodie festa devote celebrantur, et per preces omnium Sanctorum tuorum, bene † dicere et sancti-† ficare digneris: et hujus plebis tuæ quæ illas honorifice in manibus desiderat portare teque cantando laudare, exaudias voces de cælo sancto tuo et de sede majestatis tuæ: et propitius sis omnibus clamantibus ad te, quos redemisti pretioso sanguine Filii tui: Qui tecum...

danas, varav ljusen förfärdigas; du som på denna dag har uppfyllt den rättfärdige Simeons bön, vi bedja dig ödmjukt, att du på vår åkallan av ditt allra heligaste namn och på förbön av den saliga, alltid rena Jungfru Maria, vars fest vi i dag andäktigt fira, och på alla dina heligas böner värdes välsigna och helga dessa ljus till människornas gagn och till kroppens och själens hälsa, vare sig till lands eller vatten. Bönhör från din heliga himmel och från din allmakts tron detta ditt folk, som önskar att till din ära bära dessa ljus i sina händer och att prisa dig med sina sånger; och förbarma dig över oss, som anropa dig, och över alla, som du har återlöst genom din Sons dyrbara blod, vilken med dig lever och regerar...

Oratio.

Oremus. Omnipotens sempiterne Deus, qui hodierna die Unigenitum tuum ulnis sancti Sime-

Allsmäktige, evige Gud, du som denna dag har framställt din enfödde Son i ditt heliga

Kyndelsmässa

onis in templo sancto tuo suscipiendum præsentasti: tuam supplices deprecamur clementiam; ut has candelas, quas nos famuli tui, in tui nominis magnificentiam suscipientes, gestare cupimus luce accensas, bene- † dicere et sancti † ficare atque lumine supernæ benedictionis accendere digneris: quatenus eas tibi Domino, Deo nostro, offerendo digni, et sancto igne dulcissimæ caritatis tuæ succensi, in templo sancto gloriæ tuæ repræsentari mereamur. Per eumdem Dominum nostrum...

tempel och låtit den helige Simeon taga honom på sina armar, vi påkalla ödmjukt ditt förbarmande, på det att du ville välsigna och helga och med den himmelska välsignelsens låga tända dessa ljus, som vi, dina tjänare, till ditt namns förhärligande vilja mottaga och bära brinnande, så att vi genom att frambära dem för dig, vår Herre och Gud, må bliva värdiga att upptändas av din milda kärleks heliga eld och framställas i din härlighets heliga tempel. Genom samme vår Herre...

Oratio.

Oremus. Domine Jesus Christe, lux vera, quæ illuminas omnem hominem venientem in hunc mundum: effunde bene † dictionem tuam super hos cereos, et sancti † fica eos lumine gratiæ tuæ, et concede propitius; ut, sicut hæc luminaria igne visibili accensa nocturnas depellunt tenebras; ita corda nostra

Herre Jesus Kristus, du sanna ljus, som upplyser varje människa, som kommer till denna värld: utgjut din välsignelse över dessa ljus och helga dem med din nåds strålar och förläna nådeligen, att liksom dessa, av en synlig eld tända ljus förjaga nattens mörker, våra av den osynliga elden, det är den Helige

invisibili igne, id est, Sancti Spiritus splendore illustrata, omnium vitiorum cæcitate careant: ut, purgato mentis oculo, ea cernere possimus, quæ tibi sunt placita et nostræ saluti utilia; quatenus post hujus sæculi caliginosa discrimina ad lucem indeficientem pervenire mereamur. Per te, Christe Jesu, Salvator mundi, qui in Trinitate perfecta vivis et regnas Deus, per omnia sæcula sæculorum. Amen.

Andes strålglans, upplysta hjärtan måtte vara fria från all syndens blindhet, så att vi med själens luttrade öga må kunna urskilja, vad som är dig välbehagligt och för vår frälsning gagneligt, på det att vi efter detta livs töckenhöljda skiften måtte uppnå det oförgängliga ljuset. Genom dig, Kristus Jesus, världens Frälsare, som lever och regerar i den fullkomliga Treenigheten, Gud från evighet till evighet. Amen.

Oratio.

Oremus. Omnipotens sempiterne Deus, qui per Moysen famulum tuum purissimum olei liquorem ad luminaria ante conspectum tuum jugiter concinnanda præparari jussisti: bene † dictionis tuæ gratiam super hos cereos benignus infunde; quatenus sic administrent lumen exterius, ut, te donante, lumen Spiritus tui nostris non de-

Allsmäktige, evige Gud, du som genom din tjänare Moses har befallt, att den renaste olja skulle beredas för de lampor, som ständigt skulle brinna inför ditt ansikte, utgjut mildeligen din välsignelses nåd över dessa ljus, att de i det yttre må sprida sina strålar, liksom ock i det inre våra själar genom din nåd aldrig må sakna din Andes ljus. Genom vår Herre Jesus Kristus, som

sit mentibus interius. Per Dominum... in unitate ejusdem... | med dig lever och regerar i samme Helige Andes enhet...

Oratio.

Oremus. Domine Jesu Christe, qui hodierna die, in nostræ carnis substantia inter homines apparens, a parentibus in templo es præsentatus: quem Simeon venerabilis senex, lumine Spiritus tui irradiatus, agnovit, suscepit et benedixit: præsta propitius; ut, ejusdem Spiritus Sancti gratia illuminati atque edocti, te veraciter agnoscamus et fideliter diligamus: Qui cum Deo Patre in unitate ejusdem Spiritus Sancti vivis et regnas Deus, per omnia sæcula sæculorum. Amen. | Herre Jesus Kristus, du som denna dag visade dig bland människorna i vårt kötts natur och av dina föräldrar frambars i templet; du som av den ärevördige, åldrige Simeon genom din Andes upplysning blev igenkänd, mottagen och välsignad, förläna oss nådeligen, att vi, upplysta och undervisade genom samme Helige Andes nåd, måtte i sanning lära känna dig och i trohet älska dig. Du som med Gud Fadern lever och regerar i samme Helige Andes enhet, Gud i alla evigheters evighet. Amen.

Prästen bestänker ljusen med vigvatten och incenserar dem med rökelse, varefter de utdelas. Under utdelningen sjunger kören:

Antifon 1.

Lumen ad revelationen gentium et gloriam plebis tuæ Israel. Nunc dimittis servum | Ett ljus till hedningarnas upplysning och ditt folk Israel till pris. Nu låter du, Herre,

tuum, Domine, secundum verbum tuum in pace.
Lumen...
Quia viderunt oculi mei salutare tuum.
Lumen...
Quod parasti ante faciem omnium populorum.
Lumen...
Gloria Patri, et Filio, et Spiritui Sancto.
Lumen...
Sicut erat in principio, et nunc, et semper, et in sæcula sæculorum. Amen.
Lumen...

din tjänare fara i frid efter ditt ord.
Ett ljus...
Ty mina ögon hava sett din frälsning.
Ett ljus...
Som du har berett inför alla folks åsyn.
Ett ljus...
Ära vare Fadern och Sonen och den Helige Ande.
Ett ljus...
Som det var i begynnelsen, så nu och alltid och i all evighet. Amen.
Ett ljus...

Antifon 2.

Exsurge, Domine, adjuva nos: et libera nos propter nomen tuum. Deus, auribus nostris audivimus: patres nostri annuntiaverunt nobis.

Gloria Patri...

Stå upp, o Herre, kom oss till hjälp och befria oss för ditt namns skull. O Gud, vi hava hört och förnummit det, ty våra fäder hava förkunnat det för oss.
Ära vare Fadern...

Oratio.

Exaudi, quæsumus, Domine, plebem tuam: et, quæ extrinsecus annua tribuis devotione venerari, interius asse-

Herre, vi bedja dig, hör ditt folks böner och förläna, att din nåds ljus måtte giva i vårt inre, vad vi genom den-

Kyndelsmässa

qui gratiæ tuæ luce concede. Per Christum, Dominum nostrum...

na årliga högtid fira i yttre måtto. Genom Kristus, vår Herre...

Därefter hålles en procession med de tända vaxljusen. Diakonen vänder sig till menigheten och säger:

Procedamus in pace.
In nomine Christi.
Amen.

Låtom oss draga fram i frid.
I Kristi namn. Amen.

Under processionen sjungas följande antifoner:

Adorna thalamum tuum, Sion, et suscipe Regem Christum: amplectere Mariam, quæ est cælestis porta: ipsa enim portat Regem gloriæ novi luminis: subsistit Virgo, adducens manibus Filium ante luciferum genitum: quem accipiens Simeon in ulnas suas, prædicavit populis. Dominum eum esse vitæ et mortis et Salvatorem mundi.
Responsum accepit Simeon a Spiritu Sancto, non visurum se mortem, nisi videret Christum Domini: et cum inducerent Puerum in templum, accepit eum in ulnas suas, et benedixit Deum, et dixit: Nunc dimittis

Smycka din boning, Sion, och mottag Kristus, din Konung. Hylla och älska Maria, som är himmelens port, ty det är hon, som bär det nya ljusets och härlighetens Konung. Jungfrun träder fram och bär på sina händer Sonen, som är född före morgonstjärnan, honom, som Simeon mottog i sina armar och förkunnade för folken: Han är livets och dödens Herre och världens Frälsare.
Det blev uppenbarat för Simeon av den Helige Ande, att han icke skulle se döden, förrän han skådat Herrens Smorde. Och då de förde Barnet in i templet, tog han det i sina armar, prisade Gud och

servum tuum, Domine, in pace.
Cum inducerent puerum Jesum parentes ejus, ut facerent secundum consuetudinem legis pro eo, ipse accepit eum in ulnas suas.

sade: Herre, nu låter du din tjänare fara i frid.
Då föräldrarna förde Barnet Jesus in för att fullgöra för honom, vad lagen bjöd, tog han honom i sina armar.

När processionen åter drager in i kyrkan, sjunges:

Obtulerunt pro eo Domino par turturum, aut duos pullos columbarum: Sicut scriptum est in lege Domini.
Postquam impleti sunt dies purgationis Mariæ, secundum legem Moysi, tulerunt Jesum in Jerusalem, ut sisterent eum Domino. Sicut scriptum est in lege Domini.
Gloria Patri, et Filio, et Spiritui Sancto. Sicut scriptum est in lege Domini.

De offrade för honom ett par turturduvor eller två unga duvor, som skrivet står i Herrens lag.
Sedan Marias reningsdagar enligt Mose lag voro fullbordade, förde de Jesus till Jerusalem för att framställa honom inför Herren, som skrivet står i Herrens lag.
Ära vare Fadern och Sonen och den Helige Ande. Som skrivet står i Herrens lag.

Under mässan håller man de tända ljusen i händerna, medan Evangeliet läses och från Konsekrationen till Kommunionen.

MÄSSAN.

Introitus.
(Ps. 47:10-11, 2.)

Suscepimus, Deus, misericordiam tuam in medio templi tui: se-

Vi hava undfått din barmhärtighet, o Gud, mitt i ditt tempel; som

Kyndelsmässa

cundum nomen tuum, Deus, ita et laus tua in fines terræ: justitia plena est dextera tua. Magnus Dominus, et laudabilis nimis: in civitate Dei nostri, in monte sancto ejus.
Gloria Patri...
Suscepimus, Deus...

ditt namn, o Gud, så sträcker sig ock din härlighet till jordens gränser; full av rättfärdighet är din högra hand.
Stor är Herren och värd allt pris i vår Guds stad, på hans heliga berg.
Ära vare...
Vi hava undfått...

Oratio.

Omnipotens sempiterne Deus, majestatem tuam supplices exoramus: ut, sicut unigenitus Filius tuus hodierna die cum nostræ carnis substantia in templo est præsentatus; ita nos facias purificatis tibi mentibus præsentari. Per eumdem Dominum...

Allsmäktige, evige Gud, vi bönfalla ödmjukt hos ditt majestät, att liksom på denna dag din enfödde Son i vårt kötts natur blivit framställd i templet, så även vi må med renade hjärtan framställas inför dig. Genom samme vår Herre...

Epistola.
(Mal. 3:1-4.)

Lectio Malachiæ Prophetæ. Hæc dicit Dominus Deus: Ecce, ego mitto Angelum meum, et præparabit viam ante faciem meam. Et statim veniet ad templum suum Dominator, quem vos quæritis,

Så talar Herren Gud: Se, jag skall sända min ängel, och han skall bereda vägen inför mig. Och med hast skall han komma till sitt tempel, den Herre, som I åstunden, och förbundets ängel, som I begären.

et Angelus testamenti, quem vos vultis. Ecce venit, dicit Dominus exercituum: et quis poterit cogitare diem adventus ejus, et quis stabit ad videndum eum? Ipse enim quasi ignis conflans, et quasi herba fullonum: et sedebit conflans et emundans argentum, et purgabit filios Levi et colabit eos quasi aurum et quasi argentum: et erunt Domino offerentes sacrificia in justitia. Et placebit Domino sacrificium Juda et Jerusalem, sicut dies sæculi et sicut anni antiqui: dicit Dominus omnipotens.

Se, han kommer, säger härskarornas Herre. Men vem kan uttänka dagen för hans tillkommelse, och vem kan bestå vid hans åsyn? Ty han är såsom en guldsmeds eld och en valkares lut. Han skall sätta sig ned och smälta silvret och rena det: han skall rena Levi söner och luttra dem såsom guld och silver; och sedan skola de frambära åt Herren offergåvor i rättfärdighet. Och Juda och Jerusalems offer skall behaga Herren såsom i forna dagar och förgångna år, säger Herren, den Allsmäktige.

Graduale.

(Ps. 47:10-11, 9)

Suscepimus, Deus, misericordiam tuam in medio templi tui: secundum nomen tuum, Deus, ita et laus tua in fines terræ. Sicut audivimus, ita et vidimus in civitate Dei nostri, in monte sancto ejus.

Vi hava undfått din barmhärtighet, o Gud, mitt i ditt tempel; som ditt namn, o Gud, så sträcker sig din härlighet till jordens gränser. Som vi hava hört det förkunnas, så hava vi även sett det i vår Guds stad, på hans heliga berg.

Kyndelsmässa

Alleluja, alleluja. Senex Puerum portabat: Puer autem senem regebat. Alleluja.

Alleluja, alleluja. Åldringen Barnet i famnen bär, dock Barnet åldringen vägen lär. Alleluja.

Tractus.
(Luk. 2:29-32.)

Nunc dimittis servum tuum, Domine, secundum verbum tuum in pace. Quia viderunt oculi mei salutare tuum. Quod parasti ante faciem omnium populorum. Lumen ad revelationem gentium et gloriam plebis tuæ Israel.

Herre, nu låter du din tjänare fara hädan i frid efter ditt ord; ty mina ögon hava sett din frälsning, vilken du har berett inför alla folks åsyn: ett ljus till hedningarnas upplysning och till ditt folk Israels förhärligande.

Evangelium.
(Luk. 2:22-32.)

Sequentia sancti Evangelii secundum Lucam. In illo tempore: Postquam impleti sunt dies purgationis Mariæ, secundum legem Moysi, tulerunt Jesum in Jerusalem, ut sisterent eum Domino, sicut scriptum est in lege Domini: Quia omne masculinum adaperiens vulvam sanctum Domino vocabitur. Et ut darent hostiam, secundum quod dictum est

I den tiden, sedan Marias reningsdagar efter Mose lag voro fullbordade, förde de Jesus till Jerusalem för att framställa honom inför Herren — såsom det står skrivet i Herrens lag: Allt mankön, som öppnar moderlivet, skall räknas såsom helgat åt Herren — och för att frambära offret, såsom det är sagt i Herrens lag: ett par tur-

in lege Domini, par turturum, aut duos pullos columbarum. Et ecce, homo erat in Jerusalem, cui nomen Simeon, et homo iste justus et timoratus, exspectans consolationem Israel, et Spiritus Sanctus erat in eo. Et responsum acceperat a Spiritu Sancto, non visurum se mortem, nisi prius videret Christum Domini. Et venit in spiritu in templum. Et cum inducerent puerum Jesum parentes ejus, ut facerent secundum consuetudinem legis pro eo: et ipse accepit eum in ulnas suas, et benedixit Deum, et dixit: Nunc dimittis servum tuum, Domine, secundum verbum tuum in pace: Quia viderunt oculi mei salutare tuum: Quod parasti ante faciem omnium populorum: Lumen ad revelationem gentium et gloriam plebis tuæ Israel.

turduvor eller två unga duvor. Och se, det var en man i Jerusalem vid namn Simeon; och denne man var rättfärdig och gudfruktig och väntade på Israels tröst, och den Helige Ande var över honom. Och av den Helige Ande hade han fått en uppenbarelse, att han icke skulle se döden, förrän han hade sett Herrens Smorde. Han kom nu genom Andens tillskyndelse till templet. Och då föräldrarna buro in barnet Jesus för att fullgöra för honom, vad lagen bjöd, tog han honom på sina armar, prisade Gud och sade: Herre, nu låter du din tjänare fara hädan i frid efter ditt ord; ty mina ögon hava sett din frälsning, vilken du har berett inför alla folks åsyn: ett ljus till hedningarnas upplysning och till ditt folk Israels förhärligande.

Offertorium.
(Ps. 44:3.)

Diffusa est gratia in labiis tuis: propterea

Nåd är utgjuten över dina läppar; så välsig-

Kyndelsmässa

benedixit te Deus in æternum, et in sæculum sæculi.

nade dig Gud till evig tid och i evigheternas evighet.

Secreta.

Exaudi, Domine, preces nostras: et, ut digna sint munera, quæ oculis tuæ majestatis offerimus, subsidium nobis tuæ pietatis impende. Per Dominum...

Hör våra böner, o Herre, och bistå oss med din milda hjälp, på det att de offergåvor, som vi frambära inför ditt majestäts åsyn, må varda dig värdiga. Genom vår Herre...

Praefatio Nativitatis.
(Sid. 27.)

Communio.
(Luk. 2:26.)

Responsum accepit Simeon a Spiritu Sancto, non visurum se mortem, nisi videret Christum Domini.

Det uppenbarades för Simeon av den Helige Ande, att han icke skulle se döden, förrän han sett Herrens Smorde.

Postcommunio.

Quæsumus, Domine, Deus noster: ut sacrosancta mysteria, quæ pro reparationis nostræ munimine contulisti, intercedente beata Maria semper Virgine, et præsens nobis remedium esse facias et futurum. Per Dominum...

Vi bedja dig, Herre vår Gud, att de högtheliga hemligheter, som du givit oss till vår frälsnings fulländning, på den saliga och alltid rena Jungfru Marias förbön må lända oss till välfärd för tid och evighet. Genom vår Herre...

3 februari.

(I överensstämmelse med romerska kalendariet
den 3, ej den 4 febr.)

S:t Ansgarius.

Introitus.
(Syr. 45:30. — Ps. 131:1.)

Statuit ei Dominus testamentum pacis, et principem fecit eum: ut sit illi sacerdotii dignitas in æternum. Memento, Domine, David: et omnis mansuetudinis ejus. Gloria Patri... Statuit ei...

Herren har slutit ett fredsförbund med honom och gjort honom till folkets furste, på det att han skall hava prästadömets värdighet evinnerligen. Herre, kom ihåg David och all hans saktmodighet. Ära vare... Herren har slutit...

Oratio.

Exaudi, quæsumus, Domine, preces nostras, quas in beati Ansgarii Confessoris tui atque Pontificis solemnitate deferimus; et qui tibi digne meruit famulari, ejus intercedentibus meritis ab omnibus nos absolve peccatis. Per Dominum...

Hör nådeligen, o Herre, våra böner, som vi frambära på din salige bekännare och biskop Ansgarii högtidsdag, och fräls oss från alla våra synder genom hans förtjänster, som så värdigt fått tjäna dig. Genom vår Herre...

Epistola.
(Syr. 44:16-27, 45:3-20.)

Lectio libri Sapientiæ. Ecce sacerdos magnus, qui in diebus suis

Se, en stor präst, som i sina dagar behagade Gud och be-

S:t Ansgarius

placuit Deo, et inventus est justus, et in tempore iracundiæ factus est reconciliatio. Non est inventus similis illi, qui conservavit legem Excelsi. Ideo jurejurando fecit illum Dominus crescere in plebem suam. Benedictionem omnium gentium dedit illi, et testamentum suum confirmavit super caput ejus. Agnovit eum in benedictionibus suis: conservavit illi misericordiam suam: et invenit gratiam coram oculis Domini. Magnificavit eum in conspectu regum: et dedit illi coronam gloriæ. Statuit illi testamentum æternum: et dedit illi sacerdotium magnum: et beatificavit illum in gloria. Fungi sacerdotio et habere laudem in nomine ipsius, et offerre illi incensum dignum in odorem suavitatis.

fanns vara rättfärdig; i vredens tid blev han till försoning. Det fanns icke hans like, någon som så höll den Högstes lag. Därför lovade Herren med ed, att han skulle bliva stamfader till hans folk. Alla folks välsignelse gav han honom, och sitt förbund stadfäste han över hans huvud. Han erkände honom genom sin välsignelse, han bevarade sin barmhärtighet mot honom, och han fann nåd inför Herrens ögon. Herren förhärligade honom i konungars åsyn och skänkte honom ärans krona. Han upprättade ett evigt förbund med honom och gav honom ett stort prästadöme och saliggjorde honom med ära, att han skulle vara hans präst och lova hans namn och frambära åt honom ett värdigt och välbehagligt rökelseoffer.

Graduale.
(Syr. 44:16-20. — Ps. 109:4.)

Ecce sacerdos magnus qui in diebus suis placuit Deo. Non est

Se, en stor präst, som i sina dagar behagade Gud och befanns

3 februari

inventus similis illi, qui conservaret legem Excelsi. Alleluja, alleluja. Tu es sacerdos in æternum secundum ordinem Melchisedech. Alleluja.

vara rättfärdig. Det fanns icke hans like, som så höll den Högstes lag. Alleluja, alleluja. Du är präst evinnerligen enligt Melkisedeks ordning. Alleluja.

Evangelium.
(Matt. 25:14-23.)

Sequentia sancti Evangelii secundum Matthæum. In illi tempore: Dixit Jesus discipulis suis parabolam hanc: Homo peregre proficiscens, vocavit servos suos, et tradidit illis bona sua. Et uni dedit quinque talenta, alii autem duo, alii vero unum, unicuique secundum propriam virtutem, et profectus est statim. Abiit autem qui quinque talenta acceperat, et operatus est in eis, et lucratus est alia quinque. Similiter et qui duo acceperat, lucratus est alia duo. Qui autem unum acceperat, abiens, fodit in terram, et abscondit pecuniam domini sui.

I den tiden framställde Jesus för sina lärjungar denna liknelse: En man, som ville fara till ett främmande land, kallade sina tjänare och överlämnade åt dem sina ägodelar. Och han gav åt en fem pund, åt en annan två och åt en tredje ett, åt var och en efter hans särskilda duglighet; och strax därefter reste han bort. Den som hade fått de fem punden, gick nu bort och förvaltade dem så, att han vann ytterligare fem. Likaså vann ock den, som hade fått de två punden, ytterligare två. Men den som hade fått ett pund gick bort, grävde ned det i jorden och gömde sin herres penningar. Efter en lång tid kom dessa

S:t Ansgarius

Post multum vero temporis venit dominus servorum illorum et posuit rationem cum eis. Et accedens qui quinque talenta acceperat, obtulit alia quinque talenta, dicens: Domine, quinque talenta tradidisti mihi, ecce alia quinque superlucratus sum. Ait illi dominus ejus: Euge serve bone et fidelis: quia super pauca fuisti fidelis, super multa te constituam, intra in gaudium domini tui. Accessit autem et qui duo talenta acceperat et ait: Domine, duo talenta tradidisti mihi, ecce alia duo lucratus sum. Ait illi Dominus ejus: Euge serve bone et fidelis: quia super pauca fuisti fidelis, super multa te constituam, intra in gaudium domini tui.

tjänares herre hem och höll räkenskap med dem. Då trädde den fram, som hade fått fem pund, bar fram fem andra pund och sade: Herre, fem pund har du överlämnat åt mig; se, fem andra har jag vunnit därtill. Då sade hans herre till honom: Väl, du gode och trogne tjänare, emedan du har varit trogen i ringa ting, skall jag sätta dig över mycket; gå in i din herres glädje. Då framträdde ock den som hade fått två pund och sade: Herre, två pund har du överlämnat åt mig; se, två andra pund har jag vunnit därtill. Då sade hans herre till honom: Väl, du gode och trogne tjänare, emedan du har varit trogen i ringa ting, skall jag sätta dig över mycket; gå in i din herres glädje.

Offertorium.
(Ps. 88:21, 22.)

Inveni David servum meum, oleo sancto meo unxi eum: manus enim mea auxiliabitur ei, et

Jag har funnit David, min tjänare, med min heliga olja har jag smort honom; ty min

brachium meum confortabit eum.

hand skall hjälpa honom, och min arm skall styrka honom.

Secreta.

Sancti Ansgarii Confessoris tui atque Pontificis, quæsumus, Domine, annua solemnitas pietati tuæ nos reddat acceptos: ut per hæc pia placationis officia, et illum beata retributio comitetur, et nobis gratiæ tuæ dona conciliet. Per Dominum...

Vi bedja dig, Herre, att det årliga firandet av din helige bekännare och biskop Ansgarii festdag må göra oss välbehagliga inför din fadersgodhet, och att han genom denna vår andäktiga offertjänst må skörda salighetens lön och vi genom hans förböner må bliva delaktiga i dina nådegåvor. Genom vår Herre...

Praefatio de tempore.
(Kyrkoårstidens prefation.)

Communio.
(Luk. 12:42.)

Fidelis servus et prudens, quem constituit Dominus super familiam suam: ut det illis in tempore tritici mensuram.

Han är den trogne och kloke tjänaren, vilken Herren har satt över sitt husfolk för att i rätt tid giva dem deras tillmätta underhåll.

Postcommunio.

Deus, fidelium remunerator animarum: præsta, ut beati Ansga-

O Gud, du de trogna själarnas lön, giv oss tillgift genom förbönen

rii Confessoris tui atque Pontificis, cujus venerandam celebramus festivitatem, precibus indulgentiam consequamur. Per Dominum...

av din salige bekännare och biskop Ansgarius, vilkens högtidliga fest vi i dag fira. Genom vår Herre...

19 mars.

S:t Josef.

Introitus.
(Ps. 91:13-14, 2.)

Justus ut palma florebit: sicut cedrus Libani multiplicabitur: plantatus in domo Domini: in atriis domus Dei nostri.
Bonum est confiteri Domino: et psallere nomini tuo, Altissime.

Gloria Patri...
Justus ut...

Den rättfärdige grönskar såsom ett palmträd, såsom en ceder på Libanon växer han, planterad i Herrens hus, i vår Guds förgårdar.
Det är gott att prisa Herren och att lovsjunga ditt namn, du den Högste.

Ära vare...
Den rättfärdige...

Oratio.

Sanctissimæ Genitricis tuæ Sponsi, quæsumus, Domine, meritis adjuvemur: ut, quod possibilitas nostra non obtinet, ejus nobis intercessione donetur: Qui vivis...

Vi bedja dig, o Herre, förläna oss din hjälp genom förtjänsterna av din allra saligaste Moders brudgum, på det att vad vår egen förmåga ej kan erhålla, må skänkas oss genom hans förbön. Du som lever...

Epistola.
(Syr. 45:1-6.)

Lectio libri Sapientiæ. Dilectus Deo et hominibus, cujus memoria in benedictione est. Similem illum fecit in gloria sanctorum, et magnificavit eum in timore inimicorum, et in verbis suis monstra placavit. Glorificavit illum in conspectu regum, et jussit illi coram populo suo, et ostendit illi gloriam suam. In fide et lenitate ipsius sanctum fecit illum, et elegit eum ex omni carne. Audivit enim eum et vocem ipsius, et induxit illum in nubem. Et dedit illi coram præcepta, et legem vitæ et disciplinæ.

En man, älskad av både Gud och människor, vilkens minne är välsignat. Gud gjorde honom i härlighet lik de heliga och gjorde honom stor och fruktansvärd för fienderna, och han tämjde vidunder genom hans ord. Han förhärligade honom inför konungar och gav honom befallningar till sitt folk och lät honom se en skymt av sin härlighet. För hans trohets och saktmods skull helgade han honom och utvalde honom bland alla levande. Han lät honom höra sin röst och lät honom träda in i töcknet. Och han gav honom med egen hand sina bud, livets och kunskapens lag.

Graduale.
(Ps. 20:4-5.)

Domine, prævenisti eum in benedictionibus dulcedinis: posuisti in capite ejus coronam de lapide pretioso. Vitam

Herre, du kom honom till mötes med sälla välsignelser, du satte på hans huvud en krona av ädelstenar. Han bad dig om liv, och du

S:t Josef

petiit a te, et tribuisti ei longitudinem dierum in sæculum sæculi.

gav honom dagarnas fullhet för alltid och evigt.

Tractus.
(Ps. 111:1-3.)

Beatus vir, qui timet Dominum: in mandatis ejus cupit nimis. Potens in terra erit semen ejus: generatio rectorum benedicetur. Gloria et divitiæ in domo ejus: et justitia ejus manet in sæculum sæculi.

Säll är den man, som fruktar Herren och har sin lust i hans bud. Hans säd skall vara mäktig på jorden, och de rättfärdigas släkte skall vara välsignat. Ära och rikedom skall finnas i hans hus, och hans rättfärdighet skall bestå evinnerligen.

Under Påsktiden läses i stället för Graduale:

(Syr. 45:9. — Osee 14:6.)

Alleluja, alleluja. Amavit eum Dominus, et ornavit eum: stolam gloriæ induit eum. Alleluja. Justus germinabit sicut lilium: et florebit in æternum ante Dominum. Alleluja.

Alleluja, alleluja. Herren har älskat honom och smyckat honom; han har iört honom härlighetens klädnad. Alleluja. Den rättfärdige skall växa fram som en lilja och blomstra till evig tid inför Herren. Alleluja.

Evangelium.
(Matt. 1:18-21.)

Sequentia sancti Evangelii secundum Matthæum. Cum esset de-

Då Jesu moder Maria var trolovad med Josef, befanns hon,

sponsata Mater Jesu Maria Joseph, antequam convenirent, inventa est in utero habens de Spiritu Sancto. Joseph autem, vir ejus, cum esset justus et nollet eam traducere, voluit occulte dimittere eam. Hæc autem eo cogitante, ecce, Angelus Domini apparuit in somnis ei, dicens: Joseph, fili David, noli timere accipere Mariam conjugem tuam: quod enim in ea natum est, de Spiritu Sancto est. Pariet autem filium, et vocabis nomen ejus Jesum: ipse enim salvum faciet populum suum a peccatis eorum.

förrän de kommit tillsammans, vara havande av den Helige Ande. Men Josef, hennes man, som var rättfärdig och icke ville blottställa henne, tänkte på att hemligen skilja sig ifrån henne. Medan han övervägde detta, se, då syntes för honom i sömnen en Herrens ängel som sade: Josef, Davids son, räds icke att taga Maria, din hustru, till dig; ty det som skall födas av henne är av den Helige Ande. Och hon skall föda en son, och du skall giva honom namnet Jesus; ty han skall frälsa sitt folk från dess synder.

Offertorium.
(Ps. 88:25.)

Veritas mea et misericordia mea cum ipso: et in nomine meo exaltabitur cornu ejus.

Min trofasthet och min nåd skola vara med honom, och i mitt namn skall hans makt upphöjas.

Secreta.

Debitum tibi, Domine, nostræ reddimus servitutis, suppliciter exorantes: ut, suffragiis beati Joseph, Sponsi

I undergivenhet ägna vi dig, o Herre, vår pliktskyldiga tjänst, ödmjukt bedjande, att du på förbön av den he-

Genitricis Filii tui Jesu Christi, Domini nostri, in nobis tua munera tuearis, ob cujus venerandam festivitatem laudis tibi hostias immolamus. Per eumdem Dominum...

lige Josef, brudgummen till din Sons, vår Herres Jesu Kristi Moder, ville bevara dina gåvor i oss, som på hans högtidliga fest frambära dig lovprisningens offer. Genom samme vår Herre...

Praefatio de S. Joseph.

Vere dignum et justum est, æquum et salutare, nos tibi semper et ubique gratias agere, Domine sancte, Pater omnipotens, æterne Deus: Et te in festivitate beati Joseph debitis magnificare præconiis, benedicere et prædicare. Qui et vir justus a te Deiparæ Virgini sponsus est datus et fidelis servus ac prudens super Familiam tuam est constitutus, ut Unigenitum tuum, Sancti Spiritus obumbratione conceptum, paterna vice custodiret, Jesum Christum, Dominum nostrum. Per quem majestatem tuam laudant Angeli, adorant Dominationes, tremunt Potestates. Cæli cæ-

Det är i sanning tillbörligt och rätt, riktigt och gagneligt, att vi alltid och allestädes tacka dig, helige Herre, allsmäktige Fader, evige Gud, och upphöja, prisa och förhärliga dig med värdig lovsång på den helige Josefs fest. Ty av dig blev han, den rättfärdige mannen, given den jungfruliga Gudsmodern till brudgum och som den trogne och kloke tjänaren satt över din Familj, på det att han i faders ställe skulle värna din enfödde Son, undfången genom den Helige Andes överskyggande, Jesus Kristus, vår Herre; genom vilken ditt majestät lovas av änglarna, tillbedes av herradömena, fruktas av makterna, i gemensam

lorumque Virtutes ac beata Seraphim socia exsultatione concelebrant. Cum quibus et nostras voces ut admitti jubeas, deprecamur, supplici confessione dicentes:

fröjd firas av himlarna och himlarnas krafter och av de saliga serafim. Låt med deras röster, vi bedja dig, även våra komma till dig, då vi i ödmjuk lovsång säga:

Communio.
(Matt. 1:20.)

Joseph, fili David, noli timere accipere Mariam conjugem tuam: quod enim in ea natum est, de Spiritu Sancto est.

Josef, Davids son, räds icke att taga Maria, din hustru, till dig; ty det, som skall födas av henne, är av den Helige Ande.

Postcommunio.

Adesto nobis, quæsumus, misericors Deus: et, intercedente pro nobis beato Joseph Confessore, tua circa nos propitiatus dona custodi. Per Dominum...

Vi bedja dig, barmhärtige Gud, bistå oss och, på den helige bekännaren Josefs förbön, bevara nådigt i oss dina gåvor. Genom vår Herre...

25 mars.

Marie Bebådelse.

Introitus.
(Ps. 44:13, 15, 16, 2.)

Vultum tuum deprecabuntur omnes divites plebis: adducentur Regi

Till din gunst vädja alla de rika bland folket. Hedersjungfrur fö-

Marie Bebådelse

Virgines post eam: proximæ ejus adducentur tibi in lætitia et exsultatione. Eructavit cor meum verbum bonum: dico ego opera mea Regi.

Gloria Patri...
Vultum tuum...

ras till konungen efter henne; hennes närmaste föras till dig med glädje och fröjderop. Mitt hjärta är överfullt av lovprisning; jag kväder min sång för konungen.

Ära vare...
Till din gunst...

Oratio.

Deus, qui de beatæ Mariæ Virginis utero Verbum tuum, Angelo nuntiante, carnem suscipere voluisti: præsta supplicibus tuis; ut, qui vere eam Genitricem Dei credimus, ejus apud te intercessionibus adjuvemur. Per eumdem Dominum...

O Gud, du som har velat, att ditt Ord på ängelns bud skulle antaga kött i den heliga Jungfru Marias sköte, giv oss på vår ödmjuka bön, att vi, som troende bekänna henne i sanning vara Guds Moder, genom hennes förbön må finna hjälp hos dig. Genom samme vår Herre...

Epistola.
(Jes. 7:10-15.)

Lectio Isaiæ Prophetæ. In diebus illis: Locutus est Dominus ad Achaz, dicens: Pete tibi signum a Domino, Deo tuo, in profundum inferni, sive in excelsum supra. Et dixit Achaz: Non petam, et non ten-

I den tiden talade Herren till Akas och sade: Begär ett tecken av Herren din Gud, vare sig nedifrån djupet eller uppifrån höjden. Men Akas svarade: Jag begär intet, jag vill icke fresta Herren. Då sade han (profeten): Så hören då,

tabo Dominum. Et dixit: Audite ergo, domus David: Numquid parum vobis est, molestos esse hominibus, quia molesti estis et Deo meo? Propter hoc dabit Dominus ipse vobis signum. Ecce, Virgo concipiet, et pariet filium, et vocabitur nomen ejus Emmanuel. Butyrum et mel comedet, ut sciat reprobare malum, et eligere bonum.

I av Davids hus! Är det eder icke nog, att I pröven människors tålamod, viljen I ock pröva Guds? Så skall då Herren själv giva eder ett tecken: se, en jungfru skall undfå och föda en son, och man skall giva honom namnet Emmanuel. Gräddmjölk och honung skola bliva hans föda, till dess han förstår att förkasta det onda och välja det goda.

Graduale.
(Ps. 44:3, 5.)

Diffusa est gratia in labiis tuis: propterea benedixit te Deus in æternum. Propter veritatem, et mansuetudinem, et justitiam: et deducet te mirabiliter dextera tua.

Nåd är utgjuten över dina läppar; ty Herren har välsignat dig till evig tid. För din sannfärdighets, mildhets och rättfärdighets skull skall din hand lyckas utföra underbara ting.

Tractus.
(Ps. 44:11, 12, 13, 10, 15-16.)

Audi, filia, et vide, et inclina aurem tuam: quia concupivit Rex speciem tuam. Vultum tuum deprecabuntur om-

Hör, min dotter, och giv akt och vänd ditt öra till; ty konungen har åtrått din skönhet. Alla de rika bland folken skola vädja till

Marie Bebådelse

nes divites plebis: filiæ regum in honore tuo. Adducentur Regi Virgines post eam: proximæ ejus afferentur tibi. Adducentur in lætitia, et exsultatione: adducentur in templum Regis.

din gunst, konungadöttrar skola stå som hedersvakt omkring dig. Hedersjungfrur föras till konungen efter henne; hennes närmaste föras till dig. De föras fram med glädje och fröjderop, de föras till konungens tempel.

Under Påsktiden läses:

(Luk. 1:28. — 4 Mos. 17:8.)

Alleluja, alleluja. Ave, Maria, gratia plena; Dominus tecum: benedicta tu in mulieribus. Alleluja. Virga Jesse floruit: Virgo Deum et hominem genuit: pacem Deus reddidit, in se reconcilians ima summis. Alleluja.

Alleluja, alleluja. Hell dig, Maria, full av nåd; Herren är med dig; välsignad är du ibland kvinnor. Alleluja. Jesse telning har blommat; en jungfru har fött Honom, som är Gud och människa; Gud har givit oss friden tillbaka, då han i sig förenade det lägsta med det högsta. Alleluja.

Evangelium.
(Luk 1:26-38.)

Sequentia sancti Evangelii secundum Lucam. In illo tempore: Missus est Angelus Gabriel a Deo in civitatem Galilææ, cui nomen Nazareth, ad Virginem desponsatam viro, cui no-

I den tiden sändes ängeln Gabriel av Gud till en stad i Galileen, benämnd Nasaret, till en jungfru, som var trolovad med en man av Davids hus vid namn Josef; och jungfruns namn var Maria. Och

men erat Joseph, de domo David, et nomen Virginis Maria. Et ingressus Angelus ad eam, dixit: Ave, gratia plena; Dominus tecum: benedicta tu in mulieribus. Quæ cum audisset, turbata est in sermone ejus: et cogitabat, qualis esset ista salutatio. Et ait Angelus ei: Ne timeas, Maria, invenisti enim gratiam apud Deum: ecce, concipies in utero, et paries filium, et vocabis nomen ejus Jesum. Hic erit magnus, et Filius Altissimi vocabitur, et dabit illi Dominus Deus sedem David, patris ejus: et regnabit in domo Jacob in æternum, et regni ejus non erit finis. Dixit autem Maria ad Angelum: Quomodo fiet istud, quoniam virum non cognosco? Et respondens Angelus, dixit ei: Spiritus Sanctus superveniet in te, et virtus Altissimi obumbrabit tibi. Ideoque et quod nascetur ex te Sanctum, vocabitur Filius Dei. Et ecce, Elisabeth, cognata ängeln kom in till henne och sade: Hell dig, full av nåd; Herren är med dig; välsignad är du ibland kvinnor. Då hon hörde detta, blev hon bestört över hans tal och tänkte på vad denna hälsning kunde innebära. Men ängeln sade till henne: Frukta icke, Maria; ty du har funnit nåd inför Gud. Se, du skall undfå i ditt sköte och föda en son, och du skall giva honom namnet Jesus. Han skall vara stor och kallas den Högstes Son; och Herren Gud skall giva honom hans fader Davids tron, och han skall härska över Jakobs hus till evig tid, och på hans rike skall ingen ände vara. Då sade Maria till ängeln: Huru skall detta ske, då jag icke vet av någon man? Och ängeln svarade och sade till henne: Den Helige Ande skall komma över dig, och den Högstes kraft skall överskygga dig; därför skall ock det heliga, som skall födas av dig, kallas Guds Son. Och se, din

Marie Bebådelse

tua, et ipsa concepit filium in senectute sua: et hic mensis sextus est illi, quæ vocatur sterilis: quia non erit impossibile apud Deum omne verbum. Dixit autem Maria: Ecce ancilla Domini, fiat mihi secundum verbum tuum.

fränka Elisabet, även hon har undfått och skall föda en son på sin ålderdom, och detta är sjätte månaden för henne, som kallas ofruktsam; ty för Gud är ingenting omöjligt. Då sade Maria: Se, jag är Herrens tjänarinna; varde mig efter ditt ord.

Offertorium.
(Luk. 1:28, 42.)

Ave, Maria, gratia plena; Dominus tecum: benedicta tu in mulieribus, et benedictus fructus ventris tui.

Hell dig, Maria, full av nåd; Herren är med dig; välsignad är du ibland kvinnor, och välsignad är din livsfrukt.

Secreta.

In mentibus nostris, quæsumus, Domine, veræ fidei sacramenta confirma: ut, qui conceptum de Virgine Deum verum et hominem confitemur; per ejus salutiferæ resurrectionis potentiam, ad æternam mereamur pervenire lætitiam. Per eumdem Dominum nostrum...

Vi bedja dig, o Herre, befäst i våra hjärtan trons heliga sanningar, på det att vi som bekänna den av Jungfrun födde vara sann Gud och sann människa, i kraft av hans frälsningsbringande uppståndelse må uppnå den eviga glädjen. Genom samme vår Herre...

Praefatio Beatae Mariae Virginis.
(Sid. 515.)

Communio.
(Jes. 7:14.)

Ecce, Virgo concipiet, et pariet filium: et vocabitur nomen ejus Emmanuel.

Se, en jungfru skall varda havande och föda en son, och man skall giva honom namnet Emmanuel.

Postcommunio.

Gratiam tuam, quæsumus, Domine, mentibus nostris infunde: ut, qui, Angelo nuntiante, Christi Filii tui incarnationem cognovimus; per passionem ejus et crucem, ad resurrectionis gloriam perducamur. Per eumdem Dominum nostrum...

Vi bedja dig, o Herre, utgjut din nåd i våra hjärtan, på det att vi, som genom ängelns bebådelse fått kunskap om Kristi, din Sons, mandomsanammelse, genom hans pina och kors måtte komma till uppståndelsens härlighet. Genom samme vår Herre...

Fredagen efter Passionssöndagen.

Marie Sju Smärtor.

Introitus.
(Joh. 19:25, 26-27.)

Stabant juxta crucem Jesu Mater ejus, et soror Matris ejus, Maria Cleophæ et Salome, et Maria Magdalene.

Mulier, ecce filius tuus: dixit Jesus; ad di-

Vid Jesu kors stodo hans moder och hans moders syster, Maria, Kleofas' hustru, och Maria Magdalena.

Och Jesus sade: Kvinna, se din son; och till

scipulum autem: Ecce Mater tua.
Gloria Patri...
Stabant juxta...

lärjungen: Se, din moder!
Ära vare...
Vid Jesu kors...

Oratio.

Deus, in cujus passione, secundum Simeonis prophetiam, dulcissimam animam gloriosæ Virginis et Matris Mariæ doloris gladius pertransivit: concede propitius; ut, qui transfixionem ejus et passionem venerando recolimus, gloriosis meritis et precibus omnium Sanctorum cruci fideliter astantium intercedentibus, passionis tuæ effectum felicem consequamur: Qui vivis...

O Herre, vid vilkens lidande enligt Simeons profetia den ärorika Jungfrun och modern Marias älskliga själ genomborrades av ett smärtans svärd, förläna oss nådigt, att vi, som vördnadsfullt fira hennes lidande och kval, genom alla de helgons härliga förtjänster och förböner, som troget stått vid korset, må skörda salig frukt av ditt lidande; du som lever...

Epistola.
(Judit 13:22, 23-25.)

Lectio libri Judith.
Benedixit te Dominus in virtute sua, quia per te ad nihilum redegit inimicos nostros. Benedicta es tu, filia, a Domino, Deo excelso, præ omnibus mulieribus super terram. Benedictus Dominus, qui creavit cælum et terram:

Herren Gud har välsignat dig med sin kraft; ty genom dig har han tillintetgjort våra fiender. Välsignad är du, dotter, av Herren, den högste Guden, över alla kvinnor på jorden. Välsignad vare Herren, som skapat himmel och jord; ty i

quia hodie nomen tuum ita magnificavit, ut non recedat laus tua de ore hominum, qui memores fuerint virtutis Domini in æternum, pro quibus non pepercisti animæ tuæ propter angustias et tribulationem generis tui, sed subvenisti ruinæ ante conspectum Dei nostri.

dag har han upphöjt ditt namn, så att ditt lov aldrig viker från människors mun, som minnas Herrens kraft till evig tid. Du har icke skonat ditt liv för dem, för ditt folks betryck och nöd; ty du har avvärjt dess undergång inför vår Guds åsyn.

Graduale.

Dolorosa et lacrimabilis es, Virgo Maria, stans juxta crucem Domini Jesu, Filii tui, Redemptoris. Virgo Dei Genitrix, quem totus non capit orbis, hoc crucis fert supplicium, auctor vitæ factus homo.

Smärtorik och djupt bedrövad är du, Jungfru Maria, där du står under korset, på vilket Herren Jesus lider, din Son och vår Återlösare. Jungfru och Guds Moder, den som hela världen icke rymmer, livets upphovsman, som blivit människa, lider korsets kval.

Tractus.

Stabat sancta Maria, cæli Regina et mundi Domina, juxta crucem Domini nostri Jesu Christi dolorosa.

Maria, den Heliga, himmelens drottning och världens härskarinna, stod sörjande vid vår Herres Jesu Kristi kors.

O vos omnes, qui transitis per viam, at-

I alla, som gån förbi på vägen, given akt

tendite et videte, si est dolor sicut dolor meus.

och sen, om det finnes någon smärta, som är såsom min smärta.

Under Påsktiden läses:

Alleluja, alleluja. Stabat sancta Maria, cæli Regina et mundi Domina, juxta crucem Domini nostri Jesu Christi dolorosa. Alleluja.
O vos omnes, qui transitis per viam, attendite et videte, si est dolor sicut dolor meus. Alleluja.

Alleluja, alleluja. Maria, den Heliga, himmelens drottning och världens härskarinna, stod sörjande vid vår Herres Jesu Kristi kors. Alleluja.
I alla, som gån förbi på vägen, given akt och sen, om det finnes någon smärta, som är såsom min smärta. Alleluja.

Sequentia.

Stabat Mater dolorosa Juxta crucem lacrimosa, Dum pendebat Filius.
Cujus animam gementem, Contristatam et dolentem Pertransivit gladius.
O quam tristis et afflicta Fuit illa benedicta Mater Unigeniti!
Quæ mærebat et dolebat, Pia Mater, dum videbat Nati pœnas inclyti.
Quis est homo, qui non fleret, Matrem

Modern stod med krossat hjärta vid det kors, där gränslös smärta Sonen led för syndig värld.
Gruvlig ångest henne brände, och hon modershjärtat kände genomborrat av ett svärd.
Huru sorgsen, hur bedrövad, övergiven, tröst berövad, var Guds Moder i sin nöd!
Vem kan fatta vad hon lidit, huru hennes hjärta svidit under Sonens bittra död!
Kan du stå vid hennes sida utan att med

Christi si videret In
tanto supplicio?

Quis non posset contristari,
Christi Matrem
contemplari Dolentem
cum Filio?

Pro peccatis suæ
gentis Vidit Jesum in
tormentis Et flagellis
subditum.

Vidit suum dulcem
Natum Moriendo desolatum,
Dum emisit spiritum.

Eja, Mater, fons amoris,
Me sentire vim
doloris Fac, ut tecum
lugeam.

Fac, ut ardeat cor
meum In amando Christum
Deum, Ut sibi
complaceam.

Sancta Mater, istud
agas, Crucifixi fige
plagas Cordi meo valide.

Tui Nati vulnerati,
Tam dignati pro me
pati, Pœnas mecum
divide.

Fac me tecum pie
flere, Crucifixo condolere,
Donec ego vixero.

Juxta crucem tecum
stare Et me tibi so-

henne lida under folkets
spe och hån?

Kan du tårlös se den
smärta, vilken sargar
Moderns hjärta, lidande
med älskad son?

För oss fallna människor
plågad, smärtans
kalk till brädden rågad
hon nu Sonen tömma
ser.

Och hon hör emellan
ropen av den grymma
pöbelhopen, huru han
till Fadern ber.

Jesu Moder, kärleks
källa, då jag ser dig
tårar fälla, vill jag
gråta ock med dig.

Dina kval må mig
förtära! Honom älska,
honom ära, o Maria,
lär du mig!

Helga Moder, lär mig
känna Jesu kval, och
må de bränna djupt sig
in uti min själ!

Han i smärta har sig
vridit, han för mig har
döden lidit; låt mig i
hans kval få del!

Moder, låt med dig
mig gråta; ty att Gud
mig må förlåta, syndens
straff din Son nu
bär.

Låt vid korset mig
få dröja; ödmjukt där

ciare In planctu desidero.
Virgo virginum præclara, Mihi jam non sis amara: Fac me tecum plangere.
Fac, ut portem Christi mortem, Passionis fac consortem Et plagas recolere.
Fac me plagis vulnerari, Fac me cruce inebriari Et cruore Filii.
Flammis ne urar succensus, Per te, Virgo, sim defensus In die judicii.
Christe, cum sit hinc exire, Da per Matrem me venire Ad palmam victoriæ.
Quando corpus morietur, Fac, ut animæ donetur Paradisi gloria. Amen.

jag knä vill böja vid din sida, Moder kär!
Helga Jungfru, ärorika, skulle mina krafter svika, hjälp du mig att härda ut.
Dina kval må mig förtära; ödmjukt vill jag korset bära, tåligt intill livets slut.
Låt mig känna Jesu smärta, kärlek brinna i mitt hjärta för hans kors och för hans blod.
Var mig när i varje fara, mig från evig död bevara, helga Moder, huld och god!
Låt mig korset trofast bliva; det allena kan mig giva hjälp uti min sista nöd:
Så att fri från stoftet anden svävar till de sälla landen, där ej finnes någon död. Amen.

Evangelium.
(Joh. 19:25-27.)

Sequentia sancti Evangelii secundum Joannem. In illo tempore: Stabant juxta crucem Jesu Mater ejus, et soror Matris ejus, Maria Cleophæ, et Maria Magdalene. Cum vidisset ergo Jesus Matrem, et discipulum stantem,

I den tiden stodo vid Jesu kors hans moder och hans moders syster, Maria, Kleofas' hustru, och Maria Magdalena. Då nu Jesus såg sin moder och den lärjunge, som han älskade, stå där, sade

| quem diligebat, dicit Matri suæ: Mulier, ecce filius tuus. Deinde dicit discipulo: Ecce Mater tua. Et ex illa hora accepit eam discipulus in sua. | han till henne: Kvinna, se din son! Sedan sade han till lärjungen: Se din Moder! Och från den stunden tog lärjungen henne hem till sig. |

Offertorium.
(Jer. 18:20.)

| Recordare, Virgo, Mater Dei, dum steteris in conspectu Domini, ut loquaris pro nobis bona, et ut avertat indignationem suam a nobis. | Påminn dig, o Jungfru och Guds Moder, när du står inför Herrens ansikte, att du manar gott för oss, så att han avvänder från oss sin vrede. |

Secreta.

| Offerimus tibi preces et hostias, Domine Jesu Christe, humiliter supplicantes: ut, qui Transfixionem dulcissimi spiritus beatæ Mariæ, Matris tuæ, precibus recensemus; suo suorumque sub cruce Sanctorum consortium multiplicato piissimo interventu, meritis mortis tuæ, meritum cum beatis habeamus: Qui vivis et regnas... | Herre Jesus Kristus, vi frambära dig böner och gåvor och anropa dig ödmjukt, att vi, som i våra böner minnas, huru din heliga moder Marias älskliga själ genomborrades av smärtans svärd, på förenad och kärleksfull förbön av henne och alla heliga, som med henne stodo under korset, genom din döds förtjänster må erhålla evighetens lön bland de saliga. Du som lever... |

Praefatio Beatae Mariae Virginis.
(Sid. 515.)

S:t Erik

Communio.

Felices sensus beatæ Mariæ Virginis, qui sine morte meruerunt martyrii palmam sub cruce Domini.

Saligt är den heliga Jungfruns hjärta, som utan att brista i döden, under Herrens kors vunnit martyrskapets segerpalm.

Postcommunio.

Sacrificia, quæ sumpsimus, Domine Jesu Christe, Transfixionem Matris tuæ et Virginis devote celebrantes: nobis impetrent apud clementiam tuam omnis boni salutaris effectum: Qui vivis et regnas...

Herre Jesus Kristus, låt de offergåvor, vilka vi njutit, i det vi andäktigt firat minnet av din jungfruliga Moders smärtor, av din mildhet utverka åt oss alla frälsningens goda frukter. Du som lever...

18 maj.
S:t Erik, Konung och Martyr.

Introitus.
(Ps. 63:3, 2.)

Protexisti me, Deus, a conventu malignantium, alleluja: a multitudine operantium iniquitatem, alleluja, alleluja.
Exaudi, Deus, orationem meam, cum de-

Du har beskyddat mig, Herre, emot de illasinnades skara, alleluja, emot alla dem, som göra orätt. Alleluja, alleluja.
Herre, hör min bön, när jag åkallar dig;

precor: a timore inimici eripe animam meam.
Gloria Patri...
Protexisti me...

fräls min själ från fruktan för fienden.
Ära vare...
Du har beskyddat mig...

Oratio.

Deus, qui beato Erico, Regi et Martyri tuo, victoriæ palmam et cælestis regni gloriam contulisti: fac nos, quæsumus, ejus meritis et intercessione, cuncta nobis adversantia vincere, et coronam gloriæ in cælis feliciter obtinere. Per Dominum...

O Gud, du, som förlänat den helige Erik, din konung och martyr, segerpalmen och det himmelska rikets härlighet, låt oss i din nåd genom hans förtjänster och förbön övervinna alla hinder och lyckligt uppnå härlighetens krona i himmelen. Genom vår Herre...

Epistola.
(Vish. 5:1-5.)

Lectio libri Sapientiæ. Stabunt justi in magna constantia adversus eos, qui se angustiaverunt et qui abstulerunt labores eorum. Videntes turbabuntur timore horribili, et mirabuntur in subitatione insperatæ salutis, dicentes intra se, pænitentiam agentes, et præ angustia spiritus gementes: Hi sunt, quos habuimus aliquando in derisum et in si-

De rättfärdiga skola med stor frimodighet stå inför dem som förtryckt dem och berövat dem frukten av deras arbeten. När dessa då se dem, skola de gripas av förfäran och bävan och förundra sig över de rättfärdigas plötsliga och oväntade frälsning. Och ångerfulla, suckande i själsångest, skola de säga till varandra: Dessa äro de som vi en gång

militudinem improperii. Nos insensati vitam illorum æstimabamus insaniam, et finem illorum sine honore: ecce, quomodo computati sunt inter filios Dei, et inter Sanctos sors illorum est.

förhånade och hade till åtlöje. Vi dårar höllo deras liv för vanvett och deras slut för ärelöst. Men se, nu räknas de bland Guds barn och hava fått sin lott bland de heliga.

Graduale.
(Ps. 88:6. — Ps. 20:4.)

Alleluja, alleluja. Confitebuntur cæli mirabilia tua, Domine: etenim veritatem tuam in ecclesia sanctorum. Alleluja.
Posuisti, Domine, super caput ejus coronam de lapide pretioso. Alleluja.

Alleluja, alleluja. Himlarna prisa dina underverk, o Herre, och din trofasthet i de heligas krets. Alleluja.

Herre, du har satt på hans huvud en krona av kosteliga stenar. Alleluja.

Evangelium.
(Joh. 15:5-11.)

Sequentia sancti Evangelii secundum Joannem. In illo tempore: Dixit Jesus discipulis suis: Ego sum vitis, vos palmites: qui manet in me, et ego in eo, hic fert fructum multum: quia sine me nihil potestis facere. Si quis in me non man-

I den tiden sade Jesus till sina lärjungar: Jag är vinträdet, I ären grenarna. Om någon förbliver i mig och jag i honom, så bär han mycken frukt; ty mig förutan kunnen I intet göra. Om någon icke förbliver i mig, så kastas han bort såsom en avbruten gren och förtorkas, och man tager

serit, mittetur foras sicut palmes, et arescet, et colligent eum, et in ignem mittent, et ardet. Si manseritis in me, et verba mea in vobis manserint: quodcumque volueritis, petetis, et fiet vobis. In hoc clarificatus est Pater meus, ut fructum plurimum afferatis, et efficiamini mei discipuli. Sicut dilexit me Pater, et ego dilexi vos. Manete in dilectione mea. Si præcepta mea servaveritis, manebitis in dilectione mea, sicut et ego Patris mei præcepta servavi, et maneo in ejus dilectione. Hæc locutus sum vobis, ut gaudium meum in vobis sit, et gaudium vestrum impleatur.

den och kastar den i elden, och den brännes upp. Om I förbliven i mig och mina ord förbliva i eder, så mån I bedja om vad helst I viljen, och det skall vederfaras eder. Därigenom bliver min Fader förhärligad, att I bären mycken frukt och bliven mina lärjungar. Såsom Fadern har älskat mig, så har ock jag älskat eder. Förbliven i min kärlek. Om I hållen mina bud, så skolen I förbliva i min kärlek, såsom ock jag har hållit min Faders bud och förbliver i hans kärlek. Detta har jag talat till eder, på det att min glädje må vara i eder och eder glädje må bliva fullkomlig.

Offertorium.
(Ps. 88:6.)

Confitebuntur cæli mirabilia tua, Domine: et veritatem tuam in ecclesia sanctorum, alleluja, alleluja.

Himlarna skola prisa dina underverk, o Herre, och din trofasthet i de heligas krets. Alleluja, alleluja.

Secreta.

Muneribus nostris, quæsumus, Domine,

Vi bedja dig, Herre, mottag våra offergåvor

precibusque susceptis: et cælestibus nos munda mysteriis, et clementer exaudi. Per Dominum...

och böner; rena oss genom dessa himmelska hemligheter och bönhör oss nådeligen. Genom vår Herre...

Praefatio de tempore.
(Kyrkoårstidens prefation.)

Communio.
(Ps. 63:11.)

Lætabitur justus in Domino, et sperabit in eo: et laudabuntur omnes recti corde, alleluja, alleluja.

Den rättfärdige skall glädja sig i Herren och hoppas på honom, och alla de rättsinniga skola prisas. Alleluja, alleluja.

Postcommunio.

Da, quæsumus, Domine, Deus noster: ut, sicut tuorum commemoratione Sanctorum temporali gratulamur officio; ita perpetuo lætemur aspectu. Per Dominum nostrum...

Giv oss, Herre, vår Gud, i din nåd, att såsom vi redan här på jorden förunnats glädjen att fira dina Heligas åminnelse, vi också må fröjda oss i evig förening med dem. Genom vår Herre...

Tredje onsdagen efter Påsk.
S:t Josefs skyddsfest.

Introitus.
(Ps. 32:20-21 — 79:2.)

Adjutor et protector noster est Dominus: in eo lætabitur cor no-

Herren är vår hjälpare och vår beskyddare; i honom skall

strum, et in nomine sancto ejus speravimus, alleluja, alleluja.

Qui regis Israel, intende: qui deducis, velut ovem, Joseph.

Gloria Patri... Adjutor et protector...

vårt hjärta glädjas, och vi sätta vårt hopp till hans heliga namn. Alleluja, alleluja.

Lyssna till oss, Israels herre, du som leder Josef som ett ungt lamm.

Ära vare... Herren är vår hjälpare...

Oratio.

Deus, qui ineffabili providentia beatum Joseph sanctissimæ Genitricis tuæ sponsum eligere dignatus es: præsta, quæsumus; ut, quem protectorem veneramur in terris, intercessorem habere mereamur in cæelis: Qui vivis...

O Gud, du som i din obegripliga försyn värdigats utkora den helige Josef till din heligaste moders brudgum, vi bedja dig, att vi må hava honom till förespråkare i himmelen, som vi på jorden ära som vår beskyddare. Du som lever...

Epistola.
(1 Mos. 49:22-26.)

Lectio libri Genesis. Filius accrescens Joseph, filius accrescens, et decorus aspectu:filiæ discurrerunt super murum. Sed exasperaverunt eum, et jurgati sunt, invideruntque illi habentes jacula. Sedit in forti arcus eius, et dissoluta sunt vincula brachiorum et manuum il-

Liksom ett ungt fruktträd är Josef, ett ungt fruktträd vid källan; dess grenar nå upp över muren. Se, bågskyttar oroa honom, de skjuta på honom och ansätta honom; dock slappnar ej hans båge och hans händer och armar förbliva spänstiga genom dens händer, som är

S:t Josefs skyddsfest

lius per manus potentis Jacob: inde pastor egressus est, lapis Israel. Deus patris tui erit adjutor tuus, et Omnipotens benedicet tibi benedictionibus cæli desuper, benedictionibus abyssi jacentis deorsum, benedictionibus uberum et vulvæ. Benedictiones patris tui confortatæ sunt benedictionibus patrum ejus, donec veniret Desiderium collium æternorum: fiant in capite Joseph, et in vertice Nazaræi inter fratres suos.

den Starke i Jakob. Sålunda blev herden till Israels klippa. Din faders Gud skall hjälpa dig och den Allsmäktige skall välsigna dig med välsignelser från himmelen därovan, välsignelser från djupet, som utbreder sig därnere, välsignelser från bröst och sköte. Din faders välsignelser nå högt, högre än mina förfäders välsignelser, intill dess de eviga höjdernas åtrå kommer. De skola komma över Josefs huvud, över dens hjässa, som är utvald bland sina bröder.

Graduale.

Alleluja, alleluja. De quacumque tribulatione clamaverint ad me, exaudiam eos, et ero protector eorum semper. Alleluja.
Fac nos innocuam, Joseph, decurrere vitam: sitque tuo semper tuta patrocinio. Alleluja.

Alleluja, alleluja. I vilken nöd de än ropa till mig, vill jag bönhöra dem och alltid vara deras beskyddare. Alleluja.
Hjälp oss, Josef, att föra ett liv utan skuld i lugn och frid under ditt beskydd. Alleluja.

Evangelium.
(Luk. 3:21-23.)

Sequentia sancti Evangelii secundum Lucam.

I den tiden hände det, när allt folket lät döpa

Tredje onsdagen efter Påsk

In illo tempore: Factum est autem, cum baptizaretur omnis populus, et Jesu baptizato et orante, apertum est cælum: et descendit Spiritus Sanctus corporali specie sicut columba in ipsum: et vox de cælo facta est: Tu es Filius meus dilectus, in te complacui mihi. Et ipse Jesu erat incipiens quasi annorum triginta, ut putabatur, filius Joseph.

sig och även Jesus blev döpt, att himmelen öppnades, medan han bad, och den Helige Ande sänkte sig ned över honom i lekamlig skepnad såsom en duva, och en röst hördes ifrån himmelen: Du är min älskade Son; i dig har jag mitt välbehag. Och när Jesus begynte sitt verk, var han omkring trettio år gammal och, såsom man menade, Josefs son.

Offertorium.
(Ps. 147:12, 13.)

Lauda, Jerusalem, Dominum: quoniam confortavit seras portarum tuarum, benedixit filliis tuis in te, alleluja, alleluja.

Prisa Herren, Jerusalem; ty han har gjort reglarna på dina portar starka och välsignat dina barn i dig. Alleluja, alleluja.

Secreta.

Sanctissimæ Genitricis tuæ sponsi patrocinio suffulti rogamus, Domine, clementiam tuam: ut corda nostra facias terrena cuncta despicere, ac te verum Deum perfecta caritate diligere: Qui vivis...

I förtröstan på det beskydd vi finna hos din allraheligaste moders brudgum, anropa vi din barmhärtighet, o Herre, att du må beveka våra hjärtan att ringakta allt jordiskt och älska dig, den sanne Guden, med fullkomlig kärlek. Du som lever...

S:t Josefs skyddsfest.

Praefatio de S. Joseph.
(Sid. 539.)

Communio.
(Matt. 1:16.)

Jacob autem genuit Joseph, virum Mariæ, de qua natus est Jesus, qui vocatur Christus, alleluja, alleluja.

Jakob var fader till Josef, Marias man, och av henne föddes Jesus, som kallas Kristus. Alleluja, alleluja.

Postcommunio.

Divini muneris fonte refecti quæsumus, Domine, Deus noster: ut, sicut nos facis beati Joseph protectione gaudere; ita, ejus meritis et intercessione, cælestis gloriæ facias esse participes. Per Dominum...

Vederkvickta vid den gudomliga gåvans källa, bedja vi dig, Herre vår Gud, att du, som låter oss åtnjuta den helige Josefs beskydd, genom hans förtjänster och förbön må göra oss delaktiga av himmelens härlighet. Genom vår Herre...

Jesu Hjärtas fest.

Introitus.
(Ps. 32:11, 19.)

Cogitationes Cordis ejus in generatione et generationem: ut eruat a morte animas eorum et alat eos in fame.

Hans Hjärtas tankar sträcka sig från släkte till släkte, på det att han må rycka deras själar ur dödens makt och föda dem i hungerns tid.

Exsultate, justi, in Domino: rectos decet collaudatio.

I rättfärdiga, jublen i Herren; de rättrådiga må uppstämma fröjderop.

Gloria Patri...
Cogitationes Cordis...

Ära vare Fadern...
Hans Hjärtas tankar...

Oratio.

Deus, qui nobis in Corde Filii tui, nostris

Gud, som i din Sons Hjärta, sårat för våra

vulnerato peccatis, infinitos dilectionis thesauros misericorditer largiri dignaris: concede, quæsumus, ut, illi devotum pietatis nostræ præstantes obsequium, dignæ quoque satisfactionis exhibeamus officium. Per eundem Dominum...

synders skull, värdes barmhärtigt förläna oss kärlekens oändliga skatter; giv, vi bedja dig, att vi, som ägna det vår andakts fromma tjänst, även må erbjuda offret av en värdig tillfyllestgörelse. Genom samme vår Herre...

Epistola.
(Ef. 3:8-19.)

Lectio Epistolæ beati Pauli Apostoli ad Ephesios. Fratres: Mihi, omnium sanctorum minimo, data est gratia hæc, in gentibus evangelizare investigabiles divitias Christi, et illuminare omnes, quæ sit dispensatio sacramenti absconditi a sæculis in Deo, qui omnia creavit: ut innotescat principatibus et potestatibus in cælestibus per Ecclesiam multiformis sapientia Dei, secundum præfinitionem sæculorum, quam fecit in Christo Jesu, Domino nostro, in quo habemus

Bröder, åt mig, den ringaste bland alla heliga, blev den nåden given att för hednafolken förkunna evangeliet om Kristi outrannsakliga rikedom och att upplysa alla om hur det rådslut blev utfört, som från evighet varit fördolt i Gud, alla tings Skapare. Nu skall genom Kyrkan Guds mångfaldiga vishet kungöras för furstligheterna och väldigheterna i himmelen. Sådant var hans från evighet fattade rådslut, vilket han har verkställt i Kristus Jesus, vår Herre. I honom kunna vi med tillförsikt frimodigt träda fram genom tron på honom. Därför beder

fiduciam et accessum in confidentia per fidem ejus. Hujus rei gratia flecto genua mea ad Patrem Domini nostri Jesu Christi, ex quo omnis paternitas in cælis et in terra nominatur, ut det vobis, secundum divitias gloriæ suæ, virtute corroborari per Spiritum ejus in interiorem hominem, Christum habitare per fidem in cordibus vestris: in caritate radicati et fundati, ut possitis comprehendere cum omnibus sanctis, quæ sit latitudo, et longitudo, et sublimitas, et profundum: scire etiam supereminentem scientiæ caritatem Christi, ut impleamini in omnem plenitudinem Dei.

jag eder att icke fälla modet på grund av mina lidanden för eder; de lända ju eder till ära. Fördenskull böjer jag mina knän för vår Herres Jesu Kristi Fader, från vilken allt vad fader heter i himmelen och på jorden har sitt namn, att han ville efter sin härlighets rikedom förläna eder, att I genom hans Ande växen till i kraft till eder invärtes människa; att Kristus genom tron må bo i edra hjärtan. Då bliven I fast rotade och grundade i kärleken och kunnen med alla heliga till fullo fatta, vad bredden och längden, höjden och djupet är, och I kunnen känna Kristi kärlek, som övergår all kunskap. Så skolen I helt uppfyllas av all Guds fullhet.

Graduale.
(Ps. 24:8, 9. — Matt. 11:29.)

Dulcis et rectus Dominus: propter hoc legem dabit delinquentibus in via. Diriget mansuetos in judicio, docebit mites vias suas.

God och rättfärdig är Herren; därför undervisar han syndarna om den rätta vägen. Han leder de saktmodiga visligen, han lär de ödmjuka sina vägar.

Jesu Hjärtas fest

Alleluja, alleluja. Tolite jugum meum super vos, et discite a me, quia mitis sum et humilis Corde, et invenietis requiem animabus vestris. Alleluja.

Alleluja, alleluja. Tagen mitt ok på eder och lären av mig, ty jag är saktmodig och ödmjuk av hjärtat; och I skolen finna ro för edra själar. Alleluja.

(I Fastetiden.)
(Ps. 102:8-10.)

Misericors et miserator Dominus, longanimis, et multum misericors. Non in perpetuum irascetur, neque in æternum comminabitur. Non secundum peccata nostra fecit nobis, neque secundum iniquitates nostras retribuit nobis.

Barmhärtig och nådig är Herren, långmodig och stor i mildhet. Han vredgas icke evinnerligen och går icke ständigt tillrätta med oss. Han handlar icke med oss efter våra synder och vedergäller oss icke efter våra missgärningar.

(I Påsktiden.)
(Matt. 11:29, 28.)

Alleluja, alleluja. Tolite jugum meum super vos, et discite a me, quia mitis sum et humilis Corde: et invenietis requiem animabus vestris. Alleluja. Venite ad me, omnes qui laboratis, et onerati estis, et ego reficiam vos. Alleluja.

Alleluja, alleluja. Tagen mitt ok på eder och lären av mig, ty jag är saktmodig och ödmjuk av hjärtat; och I skolen finna ro för edra själar. Alleluja. Kommen till mig I alla, som ären bekymrade och betryckta, och jag skall vederkvicka eder. Alleluja.

Evangelium.

(Joh. 19:31-37.)

Sequentia sancti Evangelii secundum Joannem. In illo tempore: Judæi (quoniam Parasceve erat), ut non remanerent in cruce corpora sabbato (erat enim magnus dies ille sabbati), rogaverunt Pilatum, ut frangerentur eorum crura, et tollerentur. Venerunt ergo milites: et primi quidem fregerunt crura et alterius, qui crucifixus est cum eo. Ad Jesum autem cum venissent, ut viderunt eum jam mortuum, non fregerunt ejus crura, sed unus militum lancea latus ejus aperuit, et continuo exivit sanguis et aqua. Et qui vidit, testimonium perhibuit: et verum est testimonium ejus. Et ille scit quia vera dicit, ut et vos credatis. Facta sunt enim hæc ut Scriptura impleretur: Os non comminuetis ex eo. Et iterum alia

I den tiden var tillredelsedag, och emedan judarna icke ville, att de korsfästa skulle hänga kvar på korset under sabbaten — det var nämligen den Stora sabbatsdagen — bådo judarna Pilatus, att deras ben skulle sönderslås och kropparna nedtagas. Då kommo krigsmännen och sönderslogo den förstes ben och den andres, som var korsfäst med honom. Men när de kommo till Jesus och sågo, att han var död, sönderslogo de icke hans ben, utan en av krigsmännen öppnade hans sida med ett spjut, och strax flöt blod och vatten därur. Och den som har sett detta, har vittnat därom; och hans vittnesbörd är sant: och han vet, att han säger sanning, på det att även I skolen tro. Ty detta skedde på det att Skriften skulle uppfyllas: I skolen icke sönderslå ett ben på honom. Och åter säger

Jesu Hjärtas fest

Scriptura dicit: Videbunt in quem transfixerunt.	ett annat ställe i Skriften: De skola se vem de hava genomborrat.

Offertorium.
(Ps. 68:21.)

Improperium exspectavit Cor meum et miseriam: et sustinui, qui simul mecum contristaretur, et non fuit: consolantem me quæsivi, et non inveni.	Smälek såg jag komma över mitt hjärta och vanmakt, och jag längtade efter någon som kunde sörja med mig, men det fanns ingen; jag sökte efter någon som kunde trösta mig, men jag fann ingen.

(I Påsktiden.)
(Ps. 39:7-9.)

Holocaustum et pro peccato non postulasti; tunc dixi: Ecce, venio. In capite libri scriptum est de me ut facerem voluntatem tuam: Deus meus, volui, et legem tuam in medio Cordis mei, alleluja.	Brännoffer begär du icke, ej heller offer för synden; därför sade jag: Se, jag kommer. Tydligt står det skrivet om mig i boken, att jag skall göra din vilja. Min Gud, jag vill det, och din lag bär jag djupt i mitt hjärta. Alleluja.

Secreta.

Respice, quæsumus, Domine, ad ineffabilem Cordis dilecti Filii tui caritatem: ut quod offerimus sit tibi munus acceptum et nostrorum	Vi bedja dig, Herre, se på din älskade Sons Hjärtas outsägliga kärlek: så att vad vi frambära, må vara en dig välbehaglig offergåva

Jesu Hjärtas fest

expiatio delictorum. Per eundem Dominum...	till försoning för våra synder. Genom samme vår Herre...

Praefatio Sacratissimi Cordis.

Vere dignum et justum est, æquum et salutare, nos tibi semper et ubique gratias agere: Domine sancte, Pater omnipotens, æterne Deus: Qui Unigenitum tuum, in Cruce pendentem, lancea militis transfigi voluisti: ut apertum Cor, divinæ largitatis sacrarium, torrentes nobis funderet miserationis et gratiæ: et quod amore nostri flagrare numquam destitit, piis esset requies et pænitentibus pateret salutis refugium. Et ideo cum Angelis et Archangelis, cum Thronis et Dominationibus cumque omni militia cælestis exercitus hymnum gloriæ tuæ canimus, sine fine dicentes.	Det är i sanning tillbörligt och rätt, riktigt och gagneligt, att vi alltid och allestädes tacka dig, helige Herre, allsmäktige Fader, evige Gud, som har velat, att din enfödde Son på korsets trä skulle genomborras av soldatens spjut, på det att hans öppnade Hjärta, den gudomliga givmildhetens skattkammare, skulle utgjuta över oss barmhärtighetens och nådens strömmar, och, alltjämt brinnande av kärlek till oss, vara för de fromma frid och vederkvickelse och för de botfärdiga en frälsningens öppna port. Varför vi med änglar och ärkeänglar, med troner och herradömen och med hela den himmelska härskaran sjunga din härlighets lov, i det vi oavlåtligt säga:

Communio.
(Joh. 19:34.)

Unus militum lancea latus ejus aperuit, et	En av krigsmännen öppnade hans sida med

continuo exivit sanguis et aqua.

ett spjut, och strax flöt blod och vatten därur.

(I Påsktiden.)
(Joh. 7:37.)

Si quis sitit, veniat ad me et bibat, alleluja, alleluja.

Om någon törstar, så komme han till mig och dricke. Alleluja, alleluja.

Postcommunio.

Præbeant nobis, Domine Jesu, divinum tua sancta fervorem: quo dulcissimi Cordis tui suavitate percepta; discamus terrena despicere, et amare cælestia: Qui vivis et regnas...

Må dessa hemligheter, Herre Jesus, i oss uppväcka en helig iver, på det att vi, sedan vi hava lärt känna ditt milda Hjärtas ljuvlighet, må lära oss att förakta det jordiska och älska det himmelska. Du som lever och regerar...

24 juni.

Johannes Döparens födelse.

Introitus.
(Jes. 49:1, 2. — Ps. 91:2.)

De ventre matris meæ vocavit me Dominus nomine meo: et posuit os meum ut gladium acutum: sub tegumento manus suæ

Herren har kallat mig med mitt namn från moderlivet. Han har gjort mitt tal likt ett skarpt svärd; han har gömt mig under

protexit me, et posuit me quasi sagittam electam.

Bonum est confiteri Domino: et psallere nomini tuo, Altissime.

Gloria Patri...
De ventre...

sin hands skugga och gjort mig till en utvald pil.

Det är gott att prisa Herren och att lovsjunga ditt namn, du Allrahögste. Alleluja.

Ära vare...
Herren har kallat...

Oratio.

Deus, qui præsentem diem honorabilem nobis in beati Joannis nativitate fecisti: da populis tuis spiritualium gratiam gaudiorum; et omnium fidelium mentes dirige in viam salutis æternæ. Per Dominum...

O Gud, du som genom den helige Johannes' födelse gjort denna dag till en högtidsdag för oss, giv ditt folk den andliga glädjens nåd och led alla de troendes hjärtan på den eviga salighetens väg. Genom vår Herre...

Epistola.
(Jes. 49:1-3, 5, 6, 7.)

Lectio Isaiæ Prophetæ. Audite, insulæ, et attendite, populi de longe: Dominus ab utero vocavit me, de ventre matris meæ recordatus est nominis mei. Et posuit os meum quasi gladium acutum: in umbra manus suæ protexit me, et posuit me sicut sagit-

Hören I öar och akten härpå, I folk, som ären fjärran. Herren har kallat mig från moderlivet, han har ihågkommit mitt namn, då jag ännu låg i min moders sköte. Och han har gjort mitt tal likt ett skarpt svärd och gömt mig under sin hands skugga; han har gjort mig till en utsökt pil och fördolt mig i

Johannes Döparens födelse

tam electam: in pharetra sua abscondit me. Et dixit mihi: Servus meus es tu, Israel, quia in te gloriabor. Et nunc dicit Dominus, formans me ex utero servum sibi: Ecce, dedi te in lucem gentium, ut sis salus mea usque ad extremum terræ. Reges videbunt, et consurgent principes, et adorabunt propter Dominum, et sanctum Israel, qui elegit te.

sitt koger. Och han sade till mig: Du är min tjänare, Israel; ty genom dig vill jag förhärliga mig. Och nu säger Herren, som från moderlivet danade mig till sin tjänare: Se, jag har gjort dig till ett ljus för folken, att du må bringa min frälsning till jordens ände. Konungar skola se det, och furstar skola stå upp och tillbedja för Herrens skull och för Israels Heliges skull, som har utvalt dig.

Graduale.
(Jer. 1:5, 9. — Luk. 1:76.)

Priusquam te formarem in utero, novi te: et antequam exires de ventre, sanctificavi te. Misit Dominus manum suam, et tetigit os meum, et dixit mihi.

Alleluja, alleluja. Tu, puer Propheta Altissimi vocaberis: præibis ante Dominum parare vias ejus. Alleluja.

Förrän jag danade dig i moderlivet, kände jag dig, och förrän du utgick ur modersskötet, helgade jag dig. Herren utsträckte sin hand och rörde vid min mun och talade till mig.

Alleluja, alleluja. Du, barn, skall kallas den Allrahögstes profet; du skall gå framför Herren att bereda hans väg. Alleluja.

Evangelium.
(Luk. 1:57-68.)

Sequentia sancti Evangelii secundum Lucam.

För Elisabet blev tiden inne, då hon skulle

Elisabeth impletum est tempus pariendi, et peperit filium. Et audierunt vicini et cognati ejus, quia magnificavit Dominus misericordiam suam cum illa, et congratulabantur ei. Et factum est in die octavo, venerunt circumcidere puerum, et vocabant eum nomine patris sui Zachariam. Et respondens mater ejus, dixit: Nequaquam, sed vocabitur Joannes. Et dixerunt ad illam: Quia nemo est in cognatione tua, qui vocetur hoc nomine. Innuebant autem patri ejus, quem vellet vocari eum. Et postulans pugillarem, scripsit, dicens: Joannes est nomen ejus. Et mirati sunt universi. Apertum est autem illico os ejus, et lingua ejus, et loquebatur benedicens Deum. Et factus est timor super omnes vicinos eorum: et super omnia montana Judææ divulgabantur omnia verba hæc: et posuerunt omnes, qui audierant in

föda, och hon födde en son. Och hennes grannar och släktingar fingo höra, att Herren hade gjort sin barmhärtighet stor mot henne; och de lyckönskade henne. Och det hände på den åttonde dagen, att de kommo för att omskära barnet; och de kallade honom med hans faders namn Sakarias. Men hans moder tog till orda och sade: Ingalunda; utan han skall heta Johannes. Och de sade till henne: Det är ju ingen i din släkt, som har det namnet. Och de frågade hans fader genom tecken, vad han ville, att barnet skulle heta. Och han äskade en liten tavla och skrev dessa ord: Johannes är hans namn. Och alla förundrade sig. Och strax öppnades hans mun och löstes hans tungas band, och han talade och prisade Gud. Och fruktan kom över alla deras grannar, och ryktet om allt detta spred sig över hela Judeens bergsbygd. Och alla, som hörde det, lade det på hjärtat och

Johannes Döparens födelse

corde suo, dicentes: Quis, putas, puer iste erit? Etenim manus Domini erat cum illo. Et Zacharias, pater ejus, repletus est Spiritu Sancto, et prophetavit, dicens: Benedictus Dominus, Deus Israel, quia visitavit et fecit redemptionem plebis suæ.

sade: Vad skall väl varda av detta barn? Ty Herrens hand var med det. Men hans fader Sakarias uppfylldes med den Helige Ande, profeterade och sade: Högtlovad vare Herren, Israels Gud: ty han har besökt sitt folk och bringat det frälsning.

Offertorium.
(Ps. 91:13.)

Justus ut palma florebit: sicut cedrus, quæ in Libano est, multiplicabitur.

Den rättfärdige blomstrar såsom ett palmträd, såsom en ceder på Libanon växer han till.

Secreta.

Tua, Domine, muneribus altaria cumulamus: illius nativitatem honore debito celebrantes, qui Salvatorem mundi et cecinit adfuturum et adesse monstravit, Dominum nostrum Jesum Christum, Filium tuum: Qui tecum...

På ditt altare, o Herre, nedlägga vi våra gåvor, i det vi med tillbörlig ära fira dens födelse, som förutsade, att världens Frälsare skulle komma, och då han kommit, visade på honom, vår Herre Jesus Kristus, din Son, vilken med dig lever...

Praefatio de tempore.
(Kyrkoårstidens prefation.)

Communio.
(Luk. 1:76.)

Tu, puer, Propheta Altissimi vocaberis: præibis enim ante faciem Domini parare vias ejus.

Du, barn, skall kallas den Allrahögstes profet; ty du skall gå framför Herrens ansikte att bereda hans väg.

Postcommunio.

Sumat Ecclesia tua, Deus, beati Joannis Baptistæ generatione lætitiam: per quem suæ regenerationis cognovit auctorem, Dominum nostrum Jesum Christum, Filium tuum: Qui tecum...

Låt din Kyrka, o Gud, få glädja sig över den helige Johannes Döparens födelse, genom vilken hon lärt sig känna sin återfödelses upphovsman, vår Herre Jesus Kristus, din Son, vilken med dig lever...

29 juni.

De Heliga Apostlarna Petrus och Paulus.

Introitus.
(Apg. 12:11. — Ps. 138:1-2.)

Nunc scio vere, quia misit Dominus Angelum suum: et eripuit me de manu Herodis, et de omni exspectatione plebis Judæorum.

Domine, probasti me et cognovisti me: tu cognovisti sessionem meam et resurrectionem meam.

Gloria Patri...
Nunc scio...

Nu vet jag för visso, att Herren har sänt sin ängel och räddat mig ur Herodes' hand samt från alla judafolkets onda planer.

Herre, du har prövat mig och känner mig; evad jag sitter eller uppstår, vet du det.

Ära vare...
Nu vet jag...

Oratio.

Deus, qui hodiernam diem Apostolorum tuorum Petri et Pauli martyrio consecrasti: da Ecclesiæ tuæ, eorum in omnibus sequi præceptum; per quos religionis sumpsit exordium. Per Dominum nostrum...

Gud, du som har helgat denna dag genom dina apostlar Petri och Pauli martyrdöd, förunna din Kyrka att uti allt kunna efterleva deras lära, genom vilka hon först mottog tron. Genom vår Herre...

Epistola.
(Apg. 12:1-11.)

Lectio Actuum Apostolorum. In diebus illis: Misit Herodes rex manus, ut affligeret quosdam de ecclesia. Occidit autem Jacobum fratrem Joannis gladio. Videns autem quia placeret Judæis, apposuit ut apprehenderet et Petrum. Erant autem dies azymorum. Quem cum apprehendisset, misit in carcerem, tradens quatuor quaternionibus militum custodiendum, volens post Pascha producere eum populo. Et Petrus quidem servabatur in carcere. Oratio autem

I de dagarna lät konung Herodes gripa och misshandla några av dem, som hörde till Kyrkan; och han lät avrätta Jakobus, Johannes' broder, med svärd. Då han såg, att detta behagade judarna, fortsatte han och lät fasttaga även Petrus. Detta skedde under det osyrade brödets högtid. Och sedan han hade gripit honom, satte han honom i fängelse och uppdrog åt fyra vaktavdelningar, vardera på fyra man, att bevaka honom; ty han ämnade efter påskhögtiden föra honom fram för folket. Så förvarades nu Petrus i fängelset; men

Apostlarna Petrus och Paulus

fiebat sine intermissione ab ecclesia ad Deum pro eo. Cum autem producturus eum esset Herodes, in ipsa nocte erat Petrus dormiens inter duos milites, vinctus catenis duabus: et custodes ante ostium custodiebant carcerem. Et ecce, Angelus Domini astitit: et lumen refulsit in habitaculo: percussoque latere Petri, excitavit eum, dicens: Surge velociter. Et ceciderunt catenæ de manibus ejus. Dixit autem Angelus ad eum: Præcingere, et calcea te caligas tuas. Et fecit sic. Et dixit illi: Circumba tibi vestimentum tuum, et sequere me. Et exiens sequebatur eum, et nesciebat quia verum est, quod fiebat per Angelum: existimabat autem se visum videre. Transeuntes autem primam et secundam custodiam, venerunt ad portam ferream, quæ ducit ad civitatem: quæ ultro aperta est eis. Et exeuntes processerunt vicum unum:

Kyrkan bad oavbrutet för honom till Gud. Natten före den dag, då Herodes tänkte draga honom inför rätta, låg Petrus och sov mellan två krigsmän, fängslad med två kedjor; och väktare utanför dörren bevakade fängelset. Och se, en Herrens ängel stod bredvid honom, och ett ljussken upplyste rummet; han stötte Petrus i sidan, väckte honom och sade: Stig genast upp. Och kedjorna föllo från hans händer. Och ängeln fortsatte: Omgjorda dig och tag på dig dina sandaler. Och han gjorde så. Och vidare sade han: Kasta om dig din mantel och följ mig. Och Petrus gick ut och följde honom; men han förstod icke, att det var verklighet, det som skedde genom ängeln, utan trodde, att han såg en drömsyn. De gingo genom den första och den andra vakten och kommo till järnporten, som ledde ut till staden. och den öppnade sig för dem av sig själv. Och de trädde ut och

et continuo discessit Angelus ab eo. Et Petrus ad se reversus, dixit: Nunc scio vere, quia misit Dominus Angelum suum, et eripuit me de manu Herodis, et de omni exspectatione plebis Judæorum.

gingo ett kvarter fram; men plötsligt försvann ängeln ifrån honom. Då kom Petrus till sig igen och sade: Nu vet jag förvisso, att Herren har sänt sin ängel och räddat mig ur Herodes' hand samt från alla judafolkets onda planer.

Graduale.
(Ps. 44:17-18. — Matt. 16:18.)

Constitues eos principes super omnem terram: memores erunt nominis tui, Domine. Pro patribus tuis nati sunt tibi filii: propterea populi confitebuntur tibi. Alleluja, alleluja. Tu es Petrus, et super hanc petram ædificabo Ecclesiam meam. Alleluja.

Du skall sätta dem till furstar över hela jorden; de skola ihågkomma ditt namn, o Herre. I dina fäders ställe hava söner blivit dig födda, därför skola folken prisa dig. Alleluja, alleluja. Du är Petrus, och på denna klippa skall jag bygga min Kyrka. Alleluja.

Evangelium.
(Matt. 16:13-19.)

Sequentia sancti Evangelii secundum Matthæum. In illo tempore: Venit Jesus in partes Cæsareæ Philippi, et interrogabat discipulos suos, dicens: Quem dicunt homines esse Filium hominis? At illi

I den tiden kom Jesus till trakten omkring Cesarea Filippi, och han frågade sina lärjungar och sade: Vem säger folket Människosonen vara? De svarade: Somliga säga Johannes Döparen, andra Elias,

Apostlarna Petrus och Paulus

dixerunt: Alii Johannem Baptistam, alii autem Eliam, alii vero Jeremiam, aut unum ex Prophetis. Dicit illis Jesus: Vos autem quem me esse dicitis? Respondens Simon Petrus, dixit: Tu es Christus, Filius Dei vivi. Respondens autem Jesus, dixit ei: Beatus es, Simon Bar Jona: quia caro et sanguis non revelavit tibi, sed Pater meus, qui in cælis est. Et ego dico tibi, quia tu es Petrus, et super hanc petram ædificabo Ecclesiam meam, et portæ inferi non prævalebunt adversus eam. Et tibi dabo claves regni cælorum. Et quodcumque ligaveris super terram, erit ligatum et in cælis: et quodcumque solveris super terram, erit solutum et in cælis.

andra Jeremias eller en annan av profeterna. Jesus frågade dem: Men I, vem sägen I mig vara? Simon Petrus svarade och sade: Du är Kristus, den levande Gudens Son. Då svarade Jesus och sade till honom: Salig är du, Simon, Jonas' son; ty kött och blod har icke uppenbarat detta för dig, utan min Fader, som är i himmelen. Och jag säger dig: Du är Petrus, och på denna klippa skall jag bygga min Kyrka, och helvetets portar skola icke överväldiga henne. Och åt dig skall jag giva himmelrikets nycklar. Allt, vad du binder på jorden, det skall ock vara bundet i himmelen; och allt, vad du löser på jorden, det skall ock vara löst i himmelen.

Offertorium.
(Ps. 44:17-18.)

Constitues eos principes super omnem terram: memores erunt nominis tui, Domine, in omni progenie et generatione.

Du skall sätta dem till furstar över hela jorden; de skola ihågkomma ditt namn, o Herre, från släkte till släkte.

Secreta.

Hostias, Domine, quas nomini tuo sacrandas offerimus, apostolica prosequatur oratio: per quam nos expiari tribuas et defendi. Per Dominum...

Herre, låt apostlarnas bön ledsaga de offergåvor, som vi frambära åt ditt namn, att de måtte helgas, och giv oss för deras skull försoning och beskydd. Genom vår Herre...

Praefatio de Apostolis.

Vere dignum et justum est, aequum et salutare, te Domine suppliciter exorare, ut gregem tuum, pastor æterne, non deseras, sed per beatos Apostolos tuos continua protectione custodias: ut iisdem rectoribus gubernetur, quos operis tui vicarios eidem contulisti praeesse pastores: Et ideo cum Angelis et Archangelis, cum Thronis et Dominationibus, cumque omni militia coelestis exercitus, hymnum gloriæ tuæ canimus, sine fine dicentes:

Det är i sanning tillbörligt och rätt, riktigt och gagneligt, att vi ödmjukt bönfalla dig Herre, evige herde, att du icke övergiver din hjord utan genom dina heliga apostlar ständigt vakar över och beskyddar den, på det att den må ledas av samma ditt verks ställföreträdare, vilka du insatt till att vara dess herdar; varför vi med änglar och ärkeänglar, med troner och herradömen och med hela den himmelska härskaran sjunga din härlighets lov, i det vi oavlåtligt säga:

Communio.
(Matt. 16:18.)

Tu es Petrus, et super hanc petram ædificabo Ecclesiam meam.

Du är Petrus, och på denna klippa skall jag bygga min Kyrka.

Marie Upptagelse

Postcommunio.

Quos cælesti, Domine, alimento satiasti: apostolicis intercessionibus ab omni adversitate custodi. Per Dominum... | Herre, beskydda på apostlarnas förbön dem, vilka du vederkvickt med himmelsk föda, mot allt, som kunde skada dem. Genom...

15 augusti.
Marie Upptagelse.*

Marie upptagelse i himmelen firades under den katolska medeltiden i Sverige såsom en rikets huvudfest under namnet

DYRA VÅRFRUDAGEN.

Introitus.
(Särsk. antifon. — Ps. 44:2.)

Gaudeamus omnes in Domino, diem festum celebrantes sub honore beatæ Mariæ Virginis: de cujus Assumptione gaudent Angeli, et collaudant Filium Dei. Eructavit cor meum verbum bonum: dico ego opera mea Regi.

Gloria Patri...
Gaudeamus omnes...

Låtom oss alla glädjas i Herren, då vi fira festdagen till den saliga Jungfru Marias ära, över vilkens upptagelse änglarna glädjas och samfällt prisa Guds Son. Mitt hjärta är överfullt av lovprisning, jag kväder min sång för Konungen.

Ära vare...
Låtom oss alla...

Oratio.

Famulorum tuorum, quæsumus, Domine, de- | Vi bedja dig, o Herre, tillgiv oss, dina tjänare

* Ordet återupptaget efter medeltida kyrkospråk (jfr sid. 662).

lictis ignosce: ut, qui tibi placere de actibus nostris non valemus; Genitricis Filii tui, Domini, nostri intercessione salvemur: Qui tecum vivit et regnat...

våra synder, på det att vi, som med våra gärningar icke kunna behaga dig, må frälsas genom hennes förbön, som har fött din Son, vår Herre, vilken...

Epistola.
(Syr. 24:11-13, 15-20.)

Lectio libri Sapientiæ. In omnibus requiem quæsivi, et in hereditate Domini morabor. Tunc præcepit et dixit mihi Creator omnium: et qui creavit me, requievit in tabernaculo meo, et dixit mihi: In Jacob inhabita, et in Israel hereditare, et in electis meis mitte radices. Et sic in Sion firmata sum, et in civitate sanctificata similiter requievi, et in Jerusalem potestas mea. Et radicavi in populo honorificato, et in parte Dei mei hereditas illius, et in plenitudine sanctorum detentio mea. Quasi cedrus exaltata sum in Libano, et quasi cypressus in monte Sion. Quasi palma exaltata sum in Cades, et quasi plantatio rosæ in Je-

Överallt sökte jag efter ett viloställe; i Herrens arvedel vill jag bo. Då bjöd mig alla tings Skapare och talade till mig, och den som skapat mig, vilade i mitt tält och sade till mig: I Jakob vare din bostad och i Israel ditt arv; slå rot hos mina utvalda. Så fick jag fäste på Sion och fann en viloplats i den heliga staden och härskade i Jerusalem. Jag slog rot hos ett ärat folk, i min Guds andel, som är hans arvedel, och min vistelseort är i de heligas församling. Jag växte i höjden som en ceder på Libanon och som en cypress på Sions berg. Jag växte upp som ett palmträd i Kades och som en rosen-

Marie Upptagelse

richo. Quasi oliva speciosa in campis, et quasi platanus exaltata sum juxta aquam in plateis. Sicut cinnamomum et balsamum aromatizans odorem dedi: quasi myrrha electa dedi suavitatem odoris.

buske i Jeriko. Som ett härligt olivträd på fältet och som en platan längs vägarna vid vatten växte jag upp. Jag doftade som kanel och välluktande balsam, jag utsände en livlig vällukt som utsökt myrra.

Graduale.
(Ps. 44:5, 11, 12.)

Propter veritatem, et mansuetudinem, et justitiam, et deducet te mirabiliter dextera tua. Audi, filia, et vide, et inclina aurem tuam: quia concupivit Rex speciem tuam.

Alleluja, alleluja. Assumpta est Maria in cælum: gaudet exercitus Angelorum. Alleluja.

För din sannfärdighets, mildhets och rättfärdighets skull skall din hand lyckas utföra underbara ting. Hör, min dotter, och giv akt och vänd ditt öra till, ty konungen har åtrått din skönhet.

Alleluja, alleluja. Maria är upptagen i himmelen, därför fröjdar sig änglarnas här. Alleluja.

Evangelium.
(Luk. 10:38-42.)

Sequentia sancti Evangelii secundum Lucam. In illo tempore: Intravit Jesus in quoddam castellum: et mulier quædam Martha nomine, excepit illum in domum suam: et huic erat soror nomine Ma-

I den tiden kom Jesus in i en by; och en kvinna, vid namn Marta, tog emot honom i sitt hus. Och hon hade en syster, som hette Maria; denna satte sig ned vid Herrens fötter och hörde hans ord.

ria, quæ etiam sedens secus pedes Domini, audiebat verbum illius. Martha autem satagebat circa frequens ministerium: quæ stetit, et ait: Domine, non est tibi curæ, quod soror mea reliquit me solam ministrare? dic ergo illi, ut me adjuvet. Et respondens, dixit illi Dominus: Martha, Martha, sollicita es, et turbaris erga plurima: porro unum est necessarium. Maria optimam partem elegit, quæ non auferetur ab ea.

Men Marta var upptagen av mångahanda bestyr, och hon gick fram och sade: Herre, bryr du dig icke om, att min syster har lämnat alla bestyr åt mig allena? Så säg henne då, att hon hjälper mig. Men Herren svarade och sade till henne: Marta, Marta, du bekymrar och oroar dig för mångahanda ting. Blott ett är nödvändigt. Maria har utvalt den bästa delen, och den skall icke tagas ifrån henne.

Offertorium.

Assumpta est Maria in cælum: gaudent Angeli, collaudantes benedicunt Dominum, alleluja.

Maria är upptagen i himmelen. Änglarna glädja sig och prisa Herren med lovsånger. Alleluja.

Secreta.

Subveniat, Domine, plebi tuæ Dei Genitricis oratio: quam etsi pro condicione carnis migrasse cognoscimus, in cælesti gloria apud te pro nobis intercedere sentiamus. Per eumdem Dominum nostrum...

Låt, Herre, Guds Moders bön komma ditt folk till hjälp, och ehuru vi veta, att hon lekamligen gått hädan, så låt oss dock erfara, att hon i den himmelska härligheten för oss bönfaller hos dig. Genom samme vår Herre...

Praefatio Beatae Mariae Virginis.
(Sid. 515.)

Communio.
(Luk. 10:42.)

Optimam partem elegit sibi Maria, quæ non auferetur ab ea in æternum.

Maria har utvalt den bästa delen, som i evighet icke skall tagas ifrån henne.

Postcommunio.

Mensæ cælestis participes effecti, imploramus clementiam tuam, Domine, Deus noster: ut, qui Assumptionem Dei Genitricis colimus, a cunctis malis imminentibus, ejus intercessione, liberemur. Per eumdem Dominum...

Delaktiga av ditt himmelska bröd åkalla vi din mildhet, Herre, vår Gud, och bedja, att vi, som fira Guds Moders upptagning i himmelen, genom hennes förbön må befrias från allt ont, som hotar oss. Genom samme vår Herre...

---

2 oktober.
Skyddsängelsfesten.
(Högmässan i Sverige 1:sta sönd. i sept.)

Introitus.
(Ps. 102:20, 1.)

Benedicite Dominum, omnes Angeli ejus: potentes virtute, qui facitis verbum ejus, ad audiendam vocem sermonum ejus.

Prisen Herren, I alla hans änglar, I starka hjältar, som uträtten hans befallning, som hörsammen ljudet av hans ord.

Benedic, anima mea, Domino: et omnia, quæ intra me sunt, nomini sancto ejus.
Gloria Patri...
Benedicite Dominum...

Prisa Herren, min själ, och allt det i mig är, prise hans heliga namn.
Ära vare...
Prisen Herren...

Oratio.

Deus, qui ineffabili providentia sanctos Angelos tuos ad nostram custodiam mittere dignaris: largire supplicibus tuis; et eorum semper protectione defendi, et æterna societate gaudere. Per Dominum...

O Gud, som i din underbara försyn värdigats utsända dina heliga änglar till vårt beskydd, giv oss på vår ödmjuka bön, att vi genom deras omsorg alltid må försvaras och i förening med dem evigt få glädjas. Genom vår Herre...

Epistola.
(2 Mos. 23:20-23.)

Lectio libri Exodi. Hæc dicit Dominus Deus: Ecce, ego mittam Angelum meum, qui præcedat te, et custodiat in via, et introducat in locum, quem paravi. Observa eum, et audi vocem ejus, nec contemnendum putes: quia non dimittet, cum peccaveris, et est nomen meum in illo. Quod si audieris vocem ejus, et

Så talar Herren Gud: Se, jag skall sända min ängel framför dig, som skall beskydda dig och föra dig till den plats, som jag berett åt dig. Giv akt på honom och lyssna till hans röst och tro icke, att du får ringakta honom, ty han skall ej hava fördrag med dina överträdelser, och mitt namn är i honom. Men om du hör hans röst och gör allt det jag säger dig, skall

Skyddsängelsfesten

feceris omnia, quæ loquor, inimicus ero inimicis tuis, et affligam affligentes te: præcedetque te Angelus meus.

jag vara fiende till dina fiender och slå dem, som slå dig, och min ängel skall gå framför dig.

Graduale.
(Ps. 90:11-12 — 102:21.)

Angelis suis Deus mandavit de te, ut custodiant te in omnibus viis tuis. In manibus portabunt te, ne umquam offendas ad lapidem pedem tuum.

Alleluja, alleluja. Benedicite Domino, omnes virtutes ejus: ministri ejus, qui facitis voluntatem ejus. Alleluja.

Gud har givit sina änglar befallning om dig, att de skola bevara dig på alla dina vägar. På händerna skola de bära dig, att du icke må stöta din fot mot någon sten.

Alleluja, alleluja. Prisen Herren alla hans härskaror, I hans tjänare, som uträtten hans vilja. Alleluja.

Evangelium.
(Matt. 18:1-10.)

Sequentia sancti Evangelii secundum Matthæum. In illo tempore: Accesserunt discipuli ad Jesum, dicentes: Quis, putas, major est in regno cælorum? Et advocans Jesus parvulum, statuit eum in medio eorum, et dixit: Amen, dico vobis, nisi conversi fueritis, et efficiamini sicut parvuli,

I den tiden trädde lärjungarna fram till Jesus och sade: Vilken är väl störst i himmelriket? Och Jesus kallade till sig ett barn, ställde det mitt ibland dem och sade: Sannerligen säger jag eder: Utan att I omvänden eder och bliven såsom barn, skolen I icke komma in i himmelriket. Den som nu ödmjukar sig, så att han bliver såsom detta

non intrabitis in regnum cælorum. Quicumque ergo humiliaverit se sicut parvulus iste, hic est major in regno cælorum. Et qui susceperit unum parvulum talem in nomine meo, me suscipit. Qui autem scandalizaverit unum de pusillis istis, qui in me credunt, expedit ei, ut suspendatur mola asinaria in collo ejus, et demergatur in profundum maris. Væ mundo a scandalis! Necesse est enim ut veniant scandala: verumtamen væ homini illi, per quem scandalum venit! Si autem manus tua vel pes tuus scandalizat te, abscide eum et projice abs te: bonum tibi est ad vitam ingredi debilem vel claudum, quam duas manus vel duos pedes habentem, mitti in ignem æternum. Et si oculus tuus scandalizat te, erue eum et projice abs te: bonum tibi est cum uno oculo in vitam intrare, quam duos oculos habentem mitti in gehennam ignis. Videte ne contemnatis unum ex his pubarn, han är den störste i himmelriket. Och den som tager emot ett enda sådant barn i mitt namn, han tager emot mig. Men den som giver förargelse åt en av dessa små, som tro på mig, honom vore det bättre, att en kvarnsten hängdes om hans hals och han sänktes ned i havets djup. Ve världen för förargelsernas skull! Ty visserligen måste förargelser komma; dock ve den människa, genom vilken förargelse kommer. Men om din hand eller fot är dig till förargelse, så hugg den av och kasta den ifrån dig; det är bättre för dig att ingå i livet lytt eller halt än att hava båda händerna eller båda fötterna och kastas i den eviga elden. Och om ditt öga är dig till förargelse, så riv det ut och kasta det ifrån dig; det är bättre att ingå i livet enögd, än att hava båda ögonen i behåll och kastas i helvetets eld. Sen till, att I icke förakten någon av dessa små; ty jag

Skyddsängelsfesten

sillis: dico enim vobis, quia Angeli eorum in cælis semper vident faciem Patris mei, qui in cælis est.

säger eder, att deras änglar i himmelen alltid skåda min Faders ansikte, som är i himmelen.

Offertorium.
(Ps. 102:20, 21.)

Benedicite Dominum, omnes Angeli ejus: ministri ejus, qui facitis verbum ejus, ad audiendam vocem sermonum ejus.

Prisen Herren I alla hans änglar, I hans tjänare, som uträtten hans befallningar, som hörsammen ljudet av hans ord.

Secreta.

Suscipe, Domine, munera, quæ pro sanctorum Angelorum tuorum veneratione deferimus; et concede propitius; ut, perpetuis eorum præsidiis, a præsentibus periculis liberemur et ad vitam perveniamus æternam. Per Dominum nostrum...

Mottag Herre, de gåvor, som vi frambära till dina heliga änglars ära, och förunna oss nådigt, att vi genom deras ständiga beskydd må befrias från denna världens faror och uppnå det eviga livet. Genom vår Herre...

Praefatio de tempore.
(Kyrkoårstidens prefation.)

Communio.
(Dan. 3:58.)

Benedicite, omnes Angeli Domini, Dominum: hymnum dicite et superexaltate eum in sæcula.

Alla Herrens änglar, prisen Herren, sjungen en lovsång och upphöjen honom i evighet!

Postcommunio.

Sumpsimus, Domine, divina mysteria, sanctorum Angelorum tuorum festivitate lætantes: quæsumus; ut eorum protectione ab hostium jugiter liberemur insidiis, et contra omnia adversa muniamur. Per Dominum...

Herre, vi hava mottagit dina gudomliga hemligheter i glädje över dina heliga änglars fest; vi bedja dig, att vi genom deras beskydd alltid må frälsas från våra fienders försåt och skyddas från allt ont. Genom vår Herre...

Första söndagen i oktober.

Rosenkransfesten.

Introitus.
(Särsk. antif. — Ps. 44:2.)

Gaudeamus omnes in Domino, diem festum celebrantes sub honore beatæ Mariæ Virginis: de cujus sollemnitate gaudent Angeli, et collaudant Filium Dei. Eructavit cor meum verbum bonum: dico ego opera mea Regi.

Gloria Patri…
Gaudeamus omnes…

Låtom oss alla glädjas i Herren, då vi fira festdagen till den saliga Jungfru Marias ära, över vilkens högtid änglarna glädjas och samfält prisa Guds Son. Mitt hjärta är överfullt av lovprisning, jag kväder min sång för konungen.

Ära vare…
Låtom oss alla…

Oratio.

Deus, cujus Unigenitus per vitam, mortem et resurrectionem su-

O Gud, vilkens enfödde Son genom sitt liv, sin död och sin

Första söndagen i oktober

am nobis salutis æternæ præmia comparavit: concede, quæsumus; ut, hæc mysteria sacratissimo beatæ Mariæ Virginis Rosario recolentes, et imitemur, quod continent, et quod promittunt, assequamur. Per eumdem Dominum nostrum...

uppståndelse förvärvat oss det eviga livets lön, förläna oss nådeligen, när vi överväga dessa hemligheter i den heliga Jungfru Marias rosenkrans, att efterfölja vad de innehålla och uppnå vad de utlova. Genom samme vår Herre...

Epistola.
(Ordspr. 8:22-24, 32-35.)

Lectio libri Sapientiæ. Dominus possedit me in initio viarum suarum, antequam quidquam faceret a principio. Ab æterno ordinata sum, et ex antiquis, antequam terra fieret. Nondum erant abyssi, et ego jam concepta eram. Nunc ergo, filii, audite me: Beati, qui custodiunt vias meas. Audite disciplinam, et estote sapientes, et nolite abjicere eam. Beatus homo, qui audit me, et qui vigilat ad fores meas quotidie, et observat ad postes ostii mei. Qui me invenerit, inveniet vitam, et hauriet salutem a Domino.

Herren ägde mig från början av sina vägar, förrän han skapade någonting ifrån begynnelsen. Från evighet är jag insatt, från urtiden, innan jorden blev till. Innan djupen voro till, blev jag avlad. Så hören mig nu, I barn: Saliga äro de som vandra mina vägar. Hören tuktan och tagen emot visheten och förkasten henne icke. Säll den människa, som hör mig och vakar vid mina dörrar dag för dag och håller vakt vid dörrposterna i mina portar. Den som finner mig, han finner livet och undfår frälsning av Herren.

Graduale.
(Ps. 44:5, 11, 12.)

Propter veritatem, et mansuetudinem, et justitiam: et deducet te mirabiliter dextera tua. Audi, filia, et vide, et inclina aurem tuam: quia concupivit Rex speciem tuam.

Alleluja, alleluja. Sollemnitas gloriosæ Virginis Mariæ ex semine Abrahæ, ortæ de tribu Juda, clara ex stirpe David. Alleluja.

För din sannfärdighets, mildhets och rättfärdighets skull skall din hand lyckas utföra underbara ting. Hör, min dotter, och giv akt och vänd ditt öra till, ty konungen har åtrått din skönhet.

Alleluja, alleluja. En fest för den ärorika Jungfru Maria av Abrahams ätt, utgången från Juda stam, från Davids frejdade släkt. Alleluja.

Evangelium.
(Luk. 1:26-38.)

Sequentia sancti Evangelii secundum Lucam. In illo tempore: Missus est Angelus Gabriel a Deo in civitatem Galilææ, cui nomen Nazareth, ad Virginem desponsatam viro, cui nomen erat Joseph, de domo David, et nomen Virginis Maria. Et ingressus Angelus ad eam, dixit: Ave, gratia plena; Dominus tecum: benedicta tu in mulieribus. Quæ cum audisset, turbata est in sermone ejus: et cogitabat, qualis esset ista salutatio.

I den tiden sändes ängeln Gabriel av Gud till en stad i Galileen, benämnd Nasaret, till en jungfru, som var trolovad med en man av Davids hus vid namn Josef, och jungfruns namn var Maria. Och ängeln kom in till henne och sade: Hell dig, full av nåd; Herren är med dig; välsignad är du ibland kvinnor. Då hon hörde detta, blev hon bestört över hans tal och tänkte på vad denna hälsning kunde innebära. Men ängeln sade till henne: Frukta

Första söndagen i oktober

Et ait Angelus ei: Ne timeas, Maria, invenisti enim gratiam apud Deum: ecce, concipies in utero, et paries filium, et vocabis nomen ejus Jesum. Hic erit magnus, et Filius Altissimi vocabitur, et dabit illi Dominus Deus sedem David, patris ejus: et regnabit in domo Jacob in æternum, et regni ejus non erit finis. Dixit autem Maria ad Angelum: Quomodo fiet istud, quoniam virum non cognosco? Et respondens Angelus, dixit ei: Spiritus Sanctus superveniet in te, et virtus Altissimi obumbrabit tibi. Ideoque et quod nascetur ex te Sanctum, vocabitur Filius Dei. Et ecce, Elisabeth, cognata tua, et ipsa concepit filium in senectute sua: et hic mensis sextus est illi, quæ vocatur sterilis: quia non erit impossibile apud Deum omne verbum. Dixit autem Maria: Ecce ancilla Domini, fiat mihi secundum verbum tuum.

icke, Maria; ty du har funnit nåd inför Gud. Se, du skall undfå i ditt sköte och föda en son, och du skall giva honom namnet Jesus. Han skall vara stor och kallas den Högstes Son; och Herren Gud skall giva honom hans fader Davids tron, och han skall härska över Jakobs hus till evig tid, och på hans rike skall ingen ände vara. Då sade Maria till ängeln: Huru skall detta ske, då jag icke vet av någon man? Och ängeln svarade och sade till henne: Den Helige Ande skall komma över dig, och den Högstes kraft skall överskygga dig; därför skall ock det heliga, som skall födas av dig, kallas Guds Son. Och se, din fränka Elisabet, även hon har undfått och skall föda en son på sin ålderdom, och detta är sjätte månaden för henne, som kallas ofruktsam; ty för Gud är ingenting omöjligt. Då sade Maria: Se, jag är Herrens tjänarinna; varde mig efter ditt ord.

Offertorium.
(Syr. 24:25; 39:17.)

In me gratia omnis viæ et veritatis, in me omnis spes vitæ et virtutis: ego quasi rosa plantata super rivos aquarum fructificavi.

Hos mig är all livets och sanningens nåd, hos mig all förhoppning om liv och dygd. Som en ros, planterad vid vattubäckar, bar jag frukt.

Secreta.

Fac nos, quæsumus, Domine, his muneribus offerendis convenienter aptari: et per sacratissimi Rosarii mysteria sic vitam, passionem et gloriam Unigeniti tui recolere; ut ejus digni promissionibus efficiamur: Qui tecum vivit et regnat...

Vi bedja dig, Herre, förläna oss, att vi tillbörligt förbereda oss till dessa offergåvors frambärande och i den heliga rosenkransens hemligheter så överväga din enfödde Sons liv, lidande och härlighet, att vi må bliva värdiga hans löften. Han som med dig lever...

Praefatio Beatae Mariae Virginis.
(Sid. 515.)

Communio.
(Syr. 39:19.)

Florete, flores, quasi lilium, et date odorem, et frondete in gratiam, collaudate canticum, et benedicte Dominum in operibus suis.

Blomstren, I blommor, som liljor och spriden vällukt, och utvecklen eder i yppig prakt; sjungen en lovsång och prisen Herren för alla hans verk.

Postcommunio.

Sanctissimæ Genitricis tuæ, cujus Rosarium celebramus, quæsumus, Domine, precibus adjuvemur: ut et mysteriorum, quæ colimus, virtus percipiatur; et sacramentorum, quæ sumpsimus, obtineatur effectus: Qui vivis...

Hjälp oss nådeligen, o Herre, genom din heliga Moders böner, vilkens rosenkrans vi fira, på det att vi få kraft av de hemligheter vi begrunda, och röna verkan av de sakrament vi anammat. Du, som lever...

7 oktober.

S:ta Birgitta, Sveriges skyddshelgon.

Introitus.
(Ps. 118:75. – 120:1.)

Cognovi, Domine, quia æquitas judicia tua, et in veritate tua humiliasti me: confige timore tuo carnes meas, a mandatis tuis timui.

Herre, jag vet, att dina domar äro rättfärdiga, och att du ödmjukat mig i trofasthet. Genomborra mitt kött med din fruktan; dina bud uppfylla mig med bävan.

Beati immaculati in via: qui ambulant in lege Domini.

Saliga äro de, vilkas väg är ostrafflig, de som vandra efter Herrens lag.

Gloria Patri...
Cognovi, Domine...

Ära vare...
Herre, jag vet...

Oratio.

Domine, Deus noster, qui beatæ Bir-

Herre, vår Gud, du som genom din enfödde

gittæ per Filium tuum unigenitum secreta cælestia revelasti: ipsius pia intercessione da nobis, famulis tuis; in revelatione sempiternæ gloriæ tuæ gaudere lætantes. Per eundem Dominum...

Son för den heliga Birgitta uppenbarat himmelska hemligheter, giv oss, dina tjänare, på hennes fromma förbön, att vi en gång med jubel få glädja oss åt uppenbarelsen av din eviga härlighet. Genom samme vår Herre...

Epistola.
(Ordspr. 31:10-31.)

Lectio libri Sapientiæ. Mulierem fortem quis inveniet? Procul et de ultimis finibus pretium ejus. Confidit in ea cor viri sui, et spoliis non indigebit. Reddet ei bonum, et non malum, omnibus diebus vitæ suæ. Quæsivit lanam et linum, et operata est consilio manuum suarum. Facta est quasi navis institoris, de longe portans panem suum. Et de nocte surrexit deditque prædam domesticis suis, et cibaria ancillis suis. Consideravit agrum, et emit

En idog kvinna — vem finner en sådan? Hennes värde övergår pärlors från fjärran land. På henne förlitar sig hennes mans hjärta, och bärgning kommer icke att fattas honom. Hon gör honom gott och intet ont i alla sina livsdagar. Omsorg har hon om ull och lin och låter sina händer arbeta med lust. Hon är som en köpmans skepp, hon hämtar sitt bröd fjärran ifrån. Medan det ännu är natt, står hon upp och giver sitt husfolk mat och sina tjänarinnor föda. Hon ser på en åker och köper den; av sina händers förvärv planterar hon en vingård. Hon omgjor-

7 oktober

eum: de fructu manuum suarum plantavit vineam. Accinxit fortitudine lumbos suos, et roboravit brachium suum. Gustavit, et vidit, quia bona est negotiatio ejus: non exstinguetur in nocte lucerna ejus. Manum suam misit ad fortia, et digiti ejus apprehenderunt fusum. Manum suam aperuit inopi, et palmas suas extendit ad pauperem. Non timebit domui suæ a frigoribus nivis: omnes enim domestici ejus vestiti sunt duplicibus. Stragulatam vestem fecit sibi: byssus et purpura indumentum ejus. Nobilis in portis vir ejus, quando sederit cum senatoribus terræ. Sindonem fecit et vendidit, et cingulum tradidit Chananæo. Fortitudo et decor indumentum ejus, et ridebit in die novissimo. Os suum aperuit sapientiæ, et lex clementiæ in lingua ejus. Consideravit semitas domus

dar sina länder med kraft och gör sina armar starka. Hon förmärker och ser, att hennes hushållning går väl; hennes lampa släckes icke om natten. Hon lägger sin hand vid stora ting, och hennes fingrar fatta om sländan. Hon öppnar sin hand för den behövande och utsträcker sina händer mot den fattige. Av köld och snö har hon intet att frukta för sitt hus, ty allt hennes husfolk är klätt i dubbla kläder. Täcken gör hon åt sig, hon har kläder av finaste linne och purpur. Hennes man är ansedd i stadens portar, när han sitter bland landets äldste. Hon väver fint linne och säljer det, bälten avyttrar hon till Kanaans köpmän. Kraft och skönhet äro hennes klädnad; hon skall le på sin sista dag. Hon upplåter sin mun med vishet, och mildhetens lag är på hennes tunga. Hon vakar över vandeln i sitt hus och äter icke sitt bröd i lättja. Hennes söner stå upp

suæ, et panem otiosa non comedit. Surrexerunt filii ejus, et beatissimam prædicaverunt: vir ejus, et laudavit eam. Multæ filiæ congregaverunt divitias, tu supergressa es universas. Fallax gratia, et vana est pulchritudo: mulier timens Dominum, ipsa laudabitur. Date ei de fructu manuum suarum: et laudent eam in portis opera ejus.

och prisa henne salig, hennes man reser sig och förkunnar hennes lov. Många kvinnor hava samlat skatter, men du övergår dem alla. Behag är bedrägligt och skönhet förgänglig, men prisas skall en kvinna, som fruktar Herren. Given henne av hennes händers förvärv; hennes verk skola prisa henne inför allas ögon.

Graduale.
(Ps. 44:3, 5.)

Diffusa est gratia in labiis tuis: propterea benedixit te Deus in æternum. Propter veritatem et mansuetudinem et justitiam: et deducet te mirabiliter dextera tua. Alleluja, alleluja. Specie tua et pulchritudine tua intende, prospere procede et regna. Alleluja.

Nåd är utgjuten över dina läppar, ty Gud har välsignat dig evinnerligen. För din sannfärdighets, mildhets och rättfärdighets skull skall din hand lyckas utföra underbara ting. Alleluja, alleluja. Stig fram i din fägring och din skönhet, träd segerrik fram och härska. Alleluja.

Evangelium.
(Matt. 11:25-30.)

Sequentia sancti Evangelii secundum Matthæum. In illo tempore:

I den tiden tog Jesus till orda och sade: Jag prisar dig, Fader, him-

Respondens Jesus, dixit: Confiteor tibi, Pater, Domine cæli et terræ, quia abscondisti hæc a sapientibus et prudentibus, et revelasti ea parvulis. Ita, Pater: quoniam sic fuit placitum ante te. Omnia mihi tradita sunt a Patre meo. Et nemo novit Filium nisi Pater: neque Patrem quis novit nisi Filius, et cui voluerit Filius revelare. Venite ad me, omnes, qui laboratis et onerati estis, et ego reficiam vos. Tollite jugum meum super vos, et discite a me, quia mitis sum et humilis corde: et invenietis requiem animabus vestris. Jugum enim meum suave est et onus meum leve.

melens och jordens Herre, att du har dolt detta för de visa och kloka och uppenbarat det för de enfaldiga. Ja, Fader; ty så har varit välbehagligt för dig. Allt är mig överlåtet av min Fader; och ingen känner Sonen utom Fadern, icke heller känner någon Fadern utom Sonen och den, för vilken Sonen vill uppenbara det. Kommen till mig I alla, som ären bekymrade och betryckta, och jag skall vederkvicka eder. Tagen mitt ok på eder och lären av mig, ty jag är saktmodig och ödmjuk av hjärtat; och I skolen finna ro för edra själar. Ty mitt ok är ljuvt, och min börda är lätt.

Offertorium.
(Ps. 44:3.)

Diffusa est gratia in labiis tuis: propterea benedixit te Deus in æternum, et in sæculum sæculi.

Nåd är utgjuten över dina läppar, ty Gud har välsignat dig evinnerligen, i evigheternas evighet.

Secreta.

Accepta tibi sit, Domine, sacratæ plebis oblatio pro tuorum ho-

Herre, mottag i nåd ditt egendomsfolks offer till dina helgons ära,

nore Sanctorum: quorum se meritis de tribulatione percepisse cognoscit auxilium. Per Dominum...

genom vilkas förtjänster vi erkänna oss hava fått hjälp i nöden. Genom vår Herre...

Praefatio de tempore.
(Kyrkoårstidens prefation.)

Communio.
(Ps. 44:8.)

Dilexisti justitiam, et odisti iniquitatem: propterea unxit te Deus, Deus tuus, oleo lætitiæ præ consortibus tuis.

Du älskar rättfärdighet och hatar orättfärdighet; därför har Gud, din Gud, smort dig med glädjens olja framför dina vänner.

Postcommunio.

Satiasti, Domine, familiam tuam muneribus sacris: ejus, quæsumus, semper interventione nos refove, cujus sollemnia celebramus. Per Dominum...

Herre, du har mättat ditt folk med heliga gåvor; vi bedja dig, vederkvick oss alltid på hennes förbön, vilkens fest vi fira. Genom vår Herre...

Sista söndagen i oktober.

Kristi Konungadömes fest.

Introitus.
(Upp. 5:12; 1:6. — Ps. 71:1.)

Dignus est Agnus, qui occisus est, accipere virtutem, et divinitatem,

Värdigt är Lammet, som blivit slaktat, att mottaga makt och gu-

Sista söndagen i oktober

et sapientiam, et fortitudinem, et honorem. Ipsi gloria et imperium in sæcula sæculorum.

Deus, judicium tuum Regi da: et justitiam tuam Filio Regis.

Gloria Patri...
Dignus est...

dom och visdom och styrka och ära. Honom tillkommer härligheten och herradömet i evigheternas evighet.

Gud, giv åt konungen din domaremakt och din rättfärdighet åt Konungasonen.

Ära vare Fadern...
Värdigt är Lammet...

Oratio.

Omnipotens sempiterne Deus, qui in dilecto Filio tuo, universorum Rege, omnia instaurare voluisti: concede propitius; ut cunctæ familiæ gentium, peccati vulnere disgregatæ, ejus suavissimo subdantur imperio: Qui tecum...

Allsmäktige, evige Gud, som i din älskade Son, världsalltets konung, velat förnya allt, giv nådeligen, att alla folk och nationer, vilka genom syndens elände blivit splittrade, måtte underkasta sig dens mildaste herradöme, vilken med dig lever...

Epistola.
(Kol. 1:12-20.)

Lectio Epistolæ beati Pauli Apostoli ad Colossenses. Fratres: Gratias agimus Deo Patri, qui dignos nos fecit in partem sortis sanctorum in lumine: qui eripuit nos de potestate tenebrarum, et transtu-

Bröder, vi tacka Gud Fadern, som gjort oss värdiga att bliva delaktiga i de heligas arvedel i ljuset. Ty han har frälst oss från mörkrets välde och försatt oss i sin älskade Sons rike, i vilken vi hava återlösningen genom hans blod, synder-

Kristi Konungadömes fest

lit in regnum Filii dilectionis suæ, in quo habemus redemptionem per sanguinem ejus, remissionem peccatorum: qui est imago Dei invisibilis, primogenitus omnis creaturæ: quoniam in ipso condita sunt universa in cælis et in terra, visibilia et invisibilia, sive Throni, sive Dominationes, sive Principatus, sive Potestates: omnia per ipsum, et in ipso creata sunt: et ipse est ante omnes, et omnia in ipso constant. Et ipse est caput corporis Ecclesiæ, qui est principium, primogenitus ex mortuis: ut sit in omnibus ipse primatum tenens; quia in ipso complacuit omnem plenitudinem inhabitare; et per eum reconciliare omnia in ipsum, pacificans per sanguinem crucis ejus, sive quæ in terris, sive quæ in cælis sunt, in Christo Jesu, Domino nostro.

nas förlåtelse. Han är den osynlige Gudens avbild, den förstfödde före all skapelse. Ty i honom skapades allt i himmelen och på jorden, det synliga och det osynliga, såväl troner och herradömen som furstligheter och väldigheter, allt är skapat genom honom och i honom; och han är till före allt annat, och allt äger bestånd i honom. Han är huvudet för Kyrkans kropp, han är begynnelsen, den förstfödde ifrån de döda, på det att han i allt skulle äga företrädet; ty det behagade Gud att låta all fullhet taga sin boning i honom och att genom honom försona allt med sig, både det som är på jorden och det som är i himmelen, i det han stiftade frid genom blodet från hans kors; i Kristus Jesus, vår Herre.

Graduale.
(Ps. 71:8, 11. — Dan. 7:14.)

Dominabitur a mari usque ad mare, et a flumine usque ad termi-

Han skall härska från hav till hav och från floden ända till jordens

Sista söndagen i oktober

nos orbis terrarum. Et adorabunt eum omnes reges terræ: omnes gentes servient ei.

Alleluja, alleluja. Potestas ejus, potestas æterna, quæ non auferetur: et regnum ejus, quod non corrumpetur. Alleluja.

yttersta gräns. Och alla jordens konungar skola tillbedja Honom, alla folk skola tjäna Honom.

Alleluja, alleluja. Hans makt är evig makt, som icke skall fråntagas Honom, och Hans rike skall icke sönderfalla. Alleluja.

Evangelium.
(Joh. 18:33-37.)

Sequentia sancti Evangelii secundum Joannem. In illo tempore: Dixit Pilatus ad Jesum: Tu es Rex Judæorum? Respondit Jesus: A temetipso hoc dicis, an alii dixerunt tibi de me? Respondit Pilatus: Numquid ego Judæus sum? Gens tua et pontifices tradiderunt te mihi: quid fecisti? Respondit Jesus: Regnum meum non est de hoc mundo. Si ex hoc mundo esset regnum meum, ministri mei utique decertarent, ut non traderer Judæis: nunc autem regnum meum non est hinc. Dixit itaque ei Pilatus: Ergo Rex es tu? Respondit Jesus: Tu dicis, quia Rex sum ego. Ego in

I den tiden sade Pilatus till Jesus: Är du judarnas konung? Jesus svarade: Säger du detta av dig själv, eller hava andra sagt dig detta om mig? Pilatus svarade: Är väl jag en jude? Ditt folk och översteprästerna hava överlämnat dig åt mig. Vad har du gjort? Jesus svarade: Mitt rike är icke av denna världen. Vore mitt rike av denna världen, så hade väl mina tjänare kämpat för att jag icke skulle blivit överlämnad åt judarna; men nu är mitt rike icke av denna världen. Då sade Pilatus till honom: Så är du dock en konung? Jesus svarade: Ja, jag

Kristi Konungadömes fest

hoc natus sum et ad hoc veni in mundum, ut testimonium perhibeam veritati: omnis, qui est ex veritate, audit vocem meam.

är en konung. Därtill är jag född och därtill har jag kommit i världen, att jag skall vittna för sanningen. Var och en som är av sanningen, hör min röst.

Offertorium.
(Ps. 2:8.)

Postula a me, et dabo tibi gentes hereditatem tuam, et possessionem tuam terminos terræ.

Begär av mig och jag skall giva dig jordens folk till arvedel och hela jordens krets till din egendom.

Secreta.

Hostiam tibi, Domine, humanæ reconciliationis offerimus: præsta, quæsumus; ut, quem sacrificiis præsentibus immolamus, ipse cunctis gentibus unitatis et pacis dona concedat, Jesus Christus Filius tuus, Dominus noster: Qui tecum...

Vi bjuda dig, o Herre, offret för människosläktets försoning; giv, vi bedja dig, att den, som vi frambära i detta offer, må förläna enhetens och fridens gåva åt alla folk, Jesus Kristus, din Son, vår Herre, som med dig lever...

Praefatio de Jesu Christo Rege.

Vere dignum et justum est, æquum et salutare, nos tibi semper et ubique gratias agere: Domine sancte, Pater omnipotens, æterne De-

Det är i sanning tillbörligt och rätt, riktigt och gagneligt, att vi alltid och allestädes tacka dig, helige Herre, allsmäktige Fader, evige

us: Qui unigenitum Filium tuum, Dominum nostrum Jesum Christum, Sacerdotem æternum et universorum Regem, oleo exsultationis unxisti: ut, seipsum in ara crucis hostiam immaculatam et pacificam offerens, redemptionis humanæ sacramenta perageret: et suo subjectis imperio omnibus creaturis, æternum et universale regnum, immensæ tuæ traderet Majestati. Regnum veritatis et vitæ: regnum sanctificationis et gratiæ: regnum justitiæ, amoris et pacis. Et ideo cum Angelis et Archangelis, cum Thronis et Dominationibus cumque omni militia cælestis exercitus hymnum gloriæ tuæ canimus, sine fine dicentes:

Gud. Ty du har smort din enfödde Son, vår Herre Jesus Kristus, den evige prästen och världsalltets Konung med glädjens olja, för att han på korsets altare skulle frambära sig själv såsom ett obefläckat och fridbringande offer och därigenom fullborda vår återlösnings heliga hemlighet; och för att han en gång, när hela skapelsen blivit underkastad hans herradöme, skulle överlämna åt ditt oändliga majestät det eviga och alltomfattande riket: sanningens och livets rike, helgelsens och nådens rike, rättvisans, kärlekens och fridens rike. Därför sjunga vi med änglar och ärkeänglar, med troner och herradömen och med hela den himmelska härskaran din härlighets lov, i det vi oavlåtligt säga:

Communio.
(Ps. 28:10-11.)

Sedebit Dominus Rex in æternum: Dominus benedicet populo suo in pace.

Herren skall trona som konung i evighet; Herren skall lyckliggöra sitt folk med fred.

Kristi Konungadömes fest

Postcommunio.

Immortalitatis alimoniam consecuti, quæsumus, Domine: ut, qui sub Christi Regis vexillis militare gloriamur, cum ipso. in cælesti sede, jugiter regnare possimus: Qui tecum...

Vi hava mottagit odödlighetens spis och bedja, o Herre, att vi, som berömma oss av att strida under Kristi, Konungens, banér, måtte få härska i himmelens rike med honom, som med dig lever...

1 november.

Allhelgonadagen.

Introitus.
(Särsk. antif. — Ps. 32:1.)

Gaudeamus omnes in Domino, diem festum celebrantes sub honore Sanctorum omnium: de quorum sollemnitate gaudent Angeli, et collaudant Filium Dei.
Exsultate, justi, in Domino: rectos decet collaudatio.
Gloria Patri...
Gaudeamus omnes...

Låtom oss alla glädjas i Herren, då vi fira festdagen till alla helgons ära, över vilkas högtid änglarna glädja sig och prisa Guds Son.
I rättfärdiga, jublen i Herren; de rättrådiga må uppstämma jubelrop.
Ära vare...
Låtom oss...

Oratio.

Omnipotens sempiterne Deus, qui nos

Allsmäktige, evige Gud, som genom en ge-

Allhelgonadagen

omnium Sanctorum tuorum merita sub una tribuisti celebritate venerari: quæsumus; ut desideratam nobis tuæ propitiationis abundantiam, multiplicatis intercessoribus, largiaris. Per Dominum...

mensam fest låter oss ära alla dina helgons förtjänster, vi bedja dig att på förbön av så talrika förespråkare skänka oss din barmhärtighets efterlängtade rikedom. Genom vår Herre...

Epistola.
(Upp. 7:2-12.)

Lectio libri Apocalypsis beati Joannis Apostoli. In diebus illis: Ecce, ego Joannes vidi alterum Angelum ascendentem ab ortu solis, habentem signum Dei vivi: et clamavit voce magna quatuor Angelis, quibus datum est nocere terræ et mari, dicens: Nolite nocere terræ et mari neque arboribus, quoadusque signemus servos Dei nostri in frontibus eorum. Et audivi numerum signatorum, centum quadraginta quatuor milia signati, ex omni tribu filiorum Israel. Ex tribu Juda duodecim milia signati. Ex tribu Ruben duodecim milia signati. Ex tribu Gad duodecim milia signati. Ex tribu Aser duo-

I de dagarna såg jag, Johannes, en annan ängel träda fram ifrån öster med den levande Gudens insegel; och han ropade med hög röst till de fyra änglar, som hade fått sig givet att skada jorden och havet, och han sade: Gören icke jorden eller havet eller träden någon skada, förrän vi hava tecknat vår Guds tjänare med insegel på deras pannor. Och jag hörde antalet av de tecknade: ett hundra fyrtiofyra tusen tecknade av alla Israels barns stammar: av Juda stam tolv tusen tecknade, av Rubens stam

decim milia signati. Ex tribu Nephthali duodecim milia signati. Ex tribu Manasse duodecim milia signati. Ex tribu Simeon duodecim milia signati. Ex tribu Levi duodecim milia signati. Ex tribu Issachar duodecim milia signati. Ex tribu Zabulon duodecim milia signati. Ex tribu Joseph duodecim milia signati. Ex tribu Benjamin duodecim milia signati. Post hæc vidi turbam magnam, quam dinumerare nemo poterat, ex omnibus gentibus, et tribubus, et populis, et linguis: stantes ante thronum, et in conspectu Agni, amicti stolis albis, et palmæ in manibus eorum: et clamabant voce magna, dicentes: Salus Deo nostro, qui sedet super thronum, et Agno. Et omnes Angeli stabant in circuitu throni, et seniorum, et quatuor animalium: et ceciderunt in conspectu throni in facies suas, et adoraverunt Deum, dicentes: Amen. Benedictio, et claritas, et sapientia, et gratiarum

tolv tusen, av Gads stam tolv tusen, av Asers stam tolv tusen, av Neftalis stam tolv tusen, av Manasses stam tolv tusen, av Simeons stam tolv tusen, av Levi stam tolv tusen, av Isakars stam tolv tusen, av Sebulons stam tolv tusen, av Josefs stam tolv tusen, av Benjamins stam tolv tusen tecknade. Därefter såg jag en stor skara, som ingen kunde räkna, av alla folk och stammar och släkten och tungomål, stående inför tronen och inför Lammet, klädda i vita, fotsida kläder, med palmer i sina händer. Och de ropade med hög röst och sade: Frälsningen tillhör vår Gud, som sitter på tronen, och Lammet. Och alla änglar, som stodo omkring tronen och omkring de äldste och de fyra levande väsendena, föllo ned på sina ansikten inför tronen, tillbådo Gud och sade: Amen! Lov, härlighet, vishet och

actio, honor, et virtus, et fortitudo Deo nostro in sæcula sæculorum. Amen.

tacksägelse, ära, makt och styrka tillkomma vår Gud från evighet till evighet. Amen.

Graduale.
(Ps. 33:10, 11. — Matt. 11:28.)

Timete Dominum, omnes Sancti ejus: quoniam nihil deest timentibus eum. Inquirentes autem Dominum, non deficient omni bono. Alleluja, alleluja. Venite ad me, omnes, qui laboratis et onerati estis: et ego reficiam vos. Alleluja.

Frukten Herren, alla hans heliga; ty dem som frukta honom, fattas intet. De som söka Herren, skola icke lida brist på något gott. Alleluja, alleluja. Kommen till mig I alla, som ären bekymrade och betryckta, och jag skall vederkvicka eder. Alleluja.

Evangelium.
(Matt. 5:1-12.)

Sequentia sancti Evangelii secundum Matthæum. In illo tempore: Videns Jesus turbas, ascendit in montem, et cum sedisset, accesserunt ad eum discipuli ejus, et aperiens os suum, docebat eos, dicens: Beati pauperes spiritu: quoniam ipsorum est regnum cælorum. Beati mites: quoniam ipsi possidebunt terram. Beati, qui lugent: quoniam ipsi consolabuntur.

I den tiden, då Jesus såg folkskarorna, gick han upp på berget, och när han hade satt sig ned, trädde hans lärjungar fram till honom. Och han upplät sin mun, lärde dem och sade: Saliga äro de i anden fattiga, ty dem hörer himmelriket till. Saliga äro de saktmodiga, ty de skola besitta jorden. Saliga äro de sörjande, ty de skola bliva tröstade. Saliga äro de som

Beati, qui esuriunt et sitiunt justitiam: quoniam ipsi saturabuntur. Beati misericordes: quoniam ipsi misericordiam consequentur. Beati mundo corde: quoniam ipsi Deum videbunt. Beati pacifici: quoniam filii Dei vocabuntur. Beati, qui persecutionem patiuntur propter justitiam: quoniam ipsorum est regnum cælorum. Beati estis, cum maledixerint vobis, et persecuti vos fuerint, et dixerint omne malum adversum vos, mentientes, propter me: gaudete et exsultate, quoniam merces vestra copiosa est in cælis.

hungra och törsta efter rättfärdighet, ty de skola bliva mättade. Saliga äro de barmhärtiga, ty dem skall vederfaras barmhärtighet. Saliga äro de renhjärtade, ty de skola se Gud. Saliga äro de fridsamma, ty de skola kallas Guds barn. Saliga äro de som lida förföljelse för rättfärdighetens skull, ty dem hörer himmelriket till. Saliga ären I, när människor för min skull smäda och förfölja eder och ljugande säga allt ont om eder. Glädjens och frödjen eder, ty eder lön är stor i himmelen.

Offertorium.
(Vish. 3:1,2, 3.)

Justorum animæ in manu Dei sunt, et non tanget illos tormentum malitiæ: visi sunt oculis insipientium mori: illi autem sunt in pace, alleluja.

De rättfärdigas själar äro i Guds hand, och ondskans kval skall icke nå dem; i de dåraktigas ögon syntes de dö, men de äro i frid. Alleluja.

Secreta.

Munera tibi, Domine, nostræ devotionis

Herre, vi frambära åt dig vår andakts offer-

offerimus: quæ et pro cunctorum tibi grata sint honore Justorum, et nobis salutaria, te miserante, reddantur. Per Dominum...

gåvor; låt dem vara dig välbehagliga till alla dina helgons ära och genom din barmhärtighet lända till vår frälsning. Genom vår Herre...

Praefatio de tempore.
(Kyrkoårstidens prefation.)

Communio.
(Matt. 5:8-10.)

Beati mundo corde, quoniam ipsi Deum videbunt; beati pacifici, quoniam filii Dei vocabuntur; beati, qui persecutionem patiuntur propter justitiam, quoniam ipsorum est regnum cælorum.

Saliga äro de renhjärtade, ty de skola se Gud; saliga äro de fridsamma, ty de skola kallas Guds barn; saliga äro de, som lida förföljelse för rättfärdighetens skull, ty dem hörer himmelriket till.

Postcommunio.

Da, quæsumus, Domine, fidelibus populis omnium Sanctorum semper veneratione lætari: et eorum perpetua supplicatione muniri. Per Dominum...

O Gud, förläna dina troende att alltid få glädjas åt alla helgons åminnelse och beskyddas genom deras ständiga förböner. Genom vår Herre...

2 november.

Alla Själars dag.

FÖRSTA MÄSSAN.

Introitus.
(Ps. 64:2-3.)

Requiem æternam dona eis, Domine: et lux perpetua luceat eis.	Herre, giv dem den eviga vilan och låt det eviga ljuset lysa för dem.
Te decet hymnus, Deus, in Sion, et tibi reddetur votum in Jerusalem: exaudi orationem meam, ad te omnis caro veniet.	Dig, o Gud, tillkommer lovsång på Sion, och till dig skall man infria löften i Jerusalem. Herre, hör min bön. Till dig skall människan återvända.
Requiem æternam...	Herre, giv dem...

Oratio.

Fidelium, Deus, omnium Conditor et Redemptor: animabus famulorum famularumque	O Gud, alla troendes skapare och återlösare, förunna dina tjänares och tjänarinnors själar

Alla Själars dag

tuarum remissionem cunctorum tribue peccatorum; ut indulgentiam, quam semper optaverunt, piis supplicationibus consequantur: Qui vivis et regnas...

förlåtelse för alla deras synder, så att de genom fromma förböner må vinna den tillgift, som de alltid åstundat. Du, som lever...

Epistola.
(1 Kor. 15:51-57.)

Lectio Epistolæ beati Pauli Apostoli ad Corinthios. Fratres: Ecce, mysterium vobis dico: Omnes quidem resurgemus, sed non omnes immutabimur. In momento, in ictu oculi, in novissima tuba: canet enim tuba, et mortui resurgent incorrupti: et nos immutabimur. Oportet enim corruptibile hoc induere incorruptionem: et mortale hoc induere immortalitatem. Cum autem mortale hoc induerit immortalitatem, tunc fiet sermo, qui scriptus est: Absorpta est mors in victoria. Ubi est, mors, victoria tua? Ubi est, mors, stimulus tuus? Stimulus autem mortis peccatum est: virtus vero peccati lex. Deo autem gratias, qui dedit nobis victoriam

Bröder, jag säger eder en hemlighet: icke skola vi alla avsomna, men alla skola vi förvandlas. I ett nu, i ett ögonblick, vid den sista basunen: ty basunen skall ljuda, och de döda skola uppstå oförgängliga, och vi skola förvandlas. Ty detta förgängliga måste ikläda sig oförgänglighet, och detta dödliga ikläda sig odödlighet. Och när detta dödliga har iklätt sig odödlighet, då skall det ord uppfyllas, som är skrivet: Döden är uppslukad i seger; var är din seger, o död? Var är din udd, o död? Dödens udd, det är synden, och syndens kraft, det är lagen; men Gud vare tack, som givit

per Dominum nostrum Jesum Christum.

oss segern genom vår Herre Jesus Kristus.

Graduale.
(Ps. 111:7.)

Requiem æternam dona eis, Domine: et lux perpetua luceat eis. In memoria æterna erit justus: ab auditione mala non timebit.

Herre, giv dem den eviga vilan och låt det eviga ljuset lysa för dem. Den rättfärdiges minne skall evigt leva; för ett dåligt eftermäle behöver han icke frukta.

Tractus.

Absolve, Domine, animas omnium fidelium defunctorum ab omni vinculo delictorum. Et gratia tua illis succurrente, mereantur evadere judicium ultionis. Et lucis æternæ beatitudine perfrui.

Befria, o Herre, alla hädangångna troendes själar från överträdelsernas alla band. Må din nåd bistå dem, så att de få undkomma vedergällningens straffdom och fröjda sig åt det eviga ljusets salighet.

Sequentia.

Dies iræ, dies illa Solvet sæclum in favilla: Teste David cum Sibylla.

Vredens dag, då du är nära, att din eld skall allt förtära, David och sibyllan lära.

Quantus tremor est futurus, Quando judex est venturus, Cuncta stricte discussurus!

Vem skall ej i ångest sväva, vem skall ej för domarn bäva, då han räkenskap vill kräva!

Tuba, mirum spargens sonum Per sepul-

Domsbasunens toner skalla, upp till liv de

Alla Själars dag

cra regionum, Coget omnes ante thronum.

Mors stupebit et natura, Cum resurget creatura, Judicanti responsura.

Liber scriptus proferetur, In quo totum continetur, Unde mundus judicetur.

Judex ergo cum sedebit, Quidquid latet, apparebit: Nil inultum remanebit.

Quid sum miser tunc dicturus? Quem patronum rogaturus, Cum vix justus sit securus?

Rex tremendæ majestatis, Qui salvandos salvas gratis, Salva me, fons pietatis.

Recordare, Jesu pie, Quod sum causa tuæ viæ: Ne me perdas illa die.

Quærens me, sedisti lassus: Redemisti crucem passus: Tantus labor non sit cassus.

döda kalla, tvinga fram till tronen alla.

Vilken bävan skall där vara, när de dödas stora skara träder fram att domarn svara!

Boken öppnas; där är skrivet allt vad gott, vad ont i livet är av mänskorna bedrivet.

Allt av domaren skall dömas, intet kan för honom gömmas, ingen hemlig skuld förglömmas.

Vad skall då jag arme göra? vem skall då min talan föra? vem skall domarns hjärta röra?

Konung, då du dom skall fälla, låt ditt blod för mig få gälla; fräls mig du, all kärlekskälla!

Minns, o Jesus, på den dagen, att för mig tillfångatagen, du har blivit gisslad, slagen.

Fåfängt ej ditt blod har flutit; nej, du sonat vad jag brutit, då för mig du döden ljutit.

Juste judex ultionis,
Donum fac remissionis
Ante diem rationis.

Ingemisco, tamquam
reus: Culpa rubet vultus meus: Supplicanti
parce, Deus.

Qui Mariam absolvisti, Et latronem exaudisti, Mihi quoque
spem dedisti.

Preces meæ non sunt
dignæ: Sed tu bonus
fac benigne, Ne perenni cremer igne.

Inter oves locum
præsta, Et ab hædis
me sequestra, Statuens
in parte dextra.

Confutatis maledictis,
Flammis acribus addictis: Voca me cum benedictis.

Oro supplex et acclinis, Cor contritum quasi
cinis: Gere curam mei
finis.

Lacrimosa dies illa,
Qua resurget ex favilla
Judicandus homo reus.

Du, vars dom är rätt
allena, låt ditt blod från
skuld mig rena, nåd och
tillgift mig förläna.

Syndaskulden mig förskräcker, blygselns rodnad mig betäcker, upp
till dig jag händren
sträcker.

Dig Marias tårar rörde, rövarns bön du nådigt hörde; hör ock
mig, den vilseförde.

Låt min ringa bön
dig hinna, att jag nåd
för dig må finna och i
evig eld ej brinna.

Rädda mig från evig
fara; låt på domens
dag mig vara, Herre,
ibland fårens skara.

När din vredes skålar tömmas över alla,
som fördömas, låt mig
bland de dina gömmas.

Gud, för dig jag faller neder och med
krossat hjärta beder,
att du mig till målet
leder.

O den fruktansvärda
dagen! syndaren, med
fasa slagen, blir för
Herrens domstol dragen!

Alla Själars dag

Huic ergo parce, Deus: Pie Jesu Domine, Dona eis requiem. Amen.

Skona, Herre, på den tiden dem, som stritt den helga striden; milde Jesus, giv dem friden. Amen.

Evangelium.
(Joh. 5:25-29.)

Sequentia sancti Evangelii secundum Joannem. In illo tempore: Dixit Jesus turbis Judæorum: Amen, amen, dico vobis, quia venit hora, et nunc est, quando mortui audient vocem Filii Dei: et qui audierint, vivent. Sicut enim Pater habet vitam in semetipso, sic dedit et Filio habere vitam in semetipso: et potestatem dedit ei judicium facere, quia Filius hominis est. Nolite mirari hoc, quia venit hora, in qua omnes, qui in monumentis sunt, audient vocem Filii Dei: et procedent, qui bona fecerunt, in resurrectionem vitæ: qui vero mala egerunt, in resurrectionem judicii.

I den tiden sade Jesus till judarnas skaror: Sannerligen, sannerligen säger jag eder: Den timmen kommer och är nu redan inne, då de döda skola höra Guds Sons röst; och de som hava hört den, skola leva. Ty såsom Fadern har livet i sig själv, så har han även givit Sonen att hava livet i sig själv. Och han har givit honom makt att hålla dom, emedan han är Människosonen. Förundren eder icke över detta; ty den timmen kommer, då alla som äro i gravarna, skola höra Guds Sons röst; och de skola gå därutur: de som hava gjort det goda, till livets uppståndelse, och de som hava gjort det onda, till domens uppståndelse.

Offertorium.

Domine Jesu Christe, Rex gloriæ, libera animas omnium fidelium defunctorum de pœnis inferni et de profundo lacu: libera eas de ore leonis, ne absorbeat eas tartarus, ne cadant in obscurum: sed signifer sanctus Michael repræsentet eas in lucem sanctam: Quam olim Abrahæ promisisti et semini ejus.
Hostias et preces tibi, Domine, laudis offerimus: tu suscipe pro animabus illis, quarum hodie memoriam facimus: fac eas, Domine, de morte transire ad vitam. Quam olim Abrahæ promisisti et semini ejus.

Herre Jesus Kristus, härlighetens konung, fräls alla avlidna troendes själar från dödsrikets pina och från den djupa avgrunden; fräls dem från lejonets gap, att avgrunden icke må uppsluka dem, att de ej må nedstörta i mörkret, utan låt din banérförare, den helige Mikael, föra dem till ditt heliga ljus, som du fordom har lovat Abraham och hans efterkommande.
Offer och böner frambära vi, o Herre, till ditt lov! Mottag dem för de själar, som vi i dag ihågkomma; låt dem, o Herre, föras från döden till det liv, som du fordom har lovat Abraham och hans efterkommande.

Secreta.

Hostias, quæsumus, Domine, quas tibi pro animabus famulorum famularumque tuarum offerimus, propitiatus intende: ut, quibus fidei christianæ meritum con-

Vi bedja dig, Herre, skåda nådigt ned på de offergåvor, som vi frambära för dina tjänares och tjänarinnors själar, på det att de, åt vilka du förlänat den kristna trons förtjänst, även av

Alla Själars dag

tulisti, dones et præmium. Per Dominum...

dig må undfå dess härliga lön. Genom vår Herre...

Praefatio Defunctorum.

Vere dignum et justum est, æquum et salutare, nos tibi semper et ubique gratias agere: Domine sancte, Pater omnipotens, æterne Deus: per Christum Dominum nostrum. In quo nobis spes beatæ resurrectionis effulsit, ut, quos contristat certa moriendi condicio, eosdem consoletur futuræ immortalitatis promissio. Tuis enim fidelibus, Domine, vita mutatur, non tollitur: et, dissoluta terrestris hujus incolatus domo, æterna in cælis habitatio comparatur. Et ideo cum Angelis et Archangelis, cum Thronis et Dominationibus cumque omni militia cælestis exercitus hymnum gloriæ tuæ canimus, sine fine dicentes:

Det är i sanning tillbörligt och rätt, riktigt och gagneligt, att vi alltid och allestädes tacka dig, helige Herre, allsmäktige Fader, evige Gud, genom Kristus, vår Herre: i vilken hoppet om en salig uppståndelse har uppgått för oss, på det att vi, som bedrövas genom dödens ofrånkomlighet, må tröstas genom löftet om tillkommande odödlighet. Ty för dina troende, Herre, bliver livet icke förintat, blott förvandlat, och då denna vår jordiska vistelses hydda nedbrytes, uppbygges i himmelen en evig boning. Därför sjunga vi med änglar och ärkeänglar, med troner och herradömen och med hela den himmelska härskaran din härlighets lov, i det vi oavlåtligt säga:

Communio.

Lux æterna luceat eis Domine: Cum Sanc-

Må det eviga ljuset lysa för dem, o Herre,

tis tuis in æternum: quia pius es. Requiem æternam dona eis, Domine: et lux perpetua luceat eis. Cum Sanctis tuis in æternum: quia pius es.

bland dina helgon i evighet, ty du är allgod. Herre, giv dem den eviga vilan och låt det eviga ljuset lysa för dem bland dina helgon i evighet, ty du är allgod.

Postcommunio.

Animabus, quæsumus, Domine, famulorum famularumque tuarum oratio proficiat supplicantium: ut eas et a peccatis omnibus exuas, et tuæ redemptionis facias esse participes: Qui vivis et regnas cum Deo Patre in unitate Spiritus Sancti, Deus: Per omnia sæcula sæculorum.
M. Amen.
Sc. Dominus vobiscum.
M. Et cum spiritu tuo.
Sc. Requiescant in pace.
M. Amen.

Vi bedja dig, o Herre, låt vår ödmjuka bön komma dina tjänares och tjänarinnors själar till godo, så att du befriar dem från alla synder och gör dem delaktiga av din återlösning. Du som lever och regerar med Gud Fadern i den Helige Andes enhet, Gud från evighet till evighet.
M. Amen.
Pr. Herren vare med eder.
M. Och med din ande.
Pr. Må de vila i frid.
M. Amen.

Välsignelsen över församlingen bortfaller. Mässan avslutas i vanlig ordning med Johannesevangeliets inledningsord.

ANDRA MÄSSAN.

Introitus, Graduale, Tractus, Sequentia, Offertorium, Praefatio, Communio och Mässans avslutning äro alltid lika i alla själamässor. Se sid. 614 ff.

Alla Själars dag

Oratio.

Deus, indulgentiarum Domine: da animabus famulorum famularumque tuarum refrigerii sedem, quietis beatitudinem, et luminis claritatem. Per Dominum nostrum...

Skänk, o Gud, förbarmandets Herre, dina tjänares och tjänarinnors själar vederkvickelsens rum, fridens sällhet och det eviga ljusets härlighet. Genom vår Herre...

Epistola.
(2 Makk. 12:43-46.)

Lectio libri Machabæorum. In diebus illis: Vir fortissimus Judas, facta collatione, duodecim milia drachmas argenti misit Jerosolymam, offerri pro peccatis mortuorum sacrificium, bene et religiose de resurrectione cogitans (nisi enim eos, qui ceciderant, resurrecturos speraret, superfluum videretur et vanum orare pro mortuis): et quia considerabat, quod hi, qui cum pietate dormitionem acceperant, optimam haberent repositam gratiam. Sancta ergo et salubris est cogitatio pro defunctis exorare, ut a peccatis solvantur.

I de dagarna föranstaltade hjälten Judas en insamling och sände tolv tusen drachmer till Jerusalem för att låta frambära ett offer för de avlidnas synder, emedan han tänkte riktigt och fromt om de dödas uppståndelse (ty hade han icke hoppats, att de, som stupat, åter skulle uppstå, så skulle det ju förefalla överflödigt och gagnlöst att bedja för de döda); men han betänkte, att de, som fromt avlidit, hade att förvänta den största nåden. Det är således en helig och nyttig tanke att bedja för de döda, på det att de måtte befrias från sina synder.

Evangelium.
(Joh. 6:37-40.)

Sequentia sancti Evangelii secundum Joannem. In illo tempore: Dixit Jesus turbis Judæorum: Omne, quod dat mihi Pater, ad me veniet: et eum, qui venit ad me, non ejiciam foras: quia descendi de cælo, non ut faciam voluntatem meam, sed voluntatem ejus, qui misit me. Hæc est autem voluntas ejus, qui misit me, Patris: ut omne, quod dedit mihi, non perdam ex eo, sed resuscitem illud in novissimo die. Hæc est autem voluntas Patris mei, qui misit me: ut omnis, qui videt Filium et credit in eum, habeat vitam æternam, et ego resuscitabo eum in novissimo die.

I den tiden sade Jesus till judarnas skaror: Allt, vad min Fader giver mig, det skall komma till mig, och den, som kommer till mig, skall jag icke kasta ut; ty jag har kommit ned från himmelen, icke för att göra min vilja utan dens vilja, som sänt mig. Men detta är Faderns vilja, som har sänt mig, att jag icke skall förlora något av allt det han har givit mig, utan att jag skall uppväcka det på den yttersta dagen. Ty detta är min Faders vilja, som har sänt mig, att var och en, som ser Sonen och tror på honom, skall hava evigt liv, och jag skall uppväcka honom på den yttersta dagen.

Secreta.

Propitiare, Domine, supplicationibus nostris, pro animabus famulorum famularumque tuarum, pro quibus tibi offerimus sacrificium laudis: ut eas Sanctorum

Hör, o Herre, i din barmhärtighet våra böner för dina tjänares och tjänarinnors själar, för vilka vi frambära dig detta lovoffer, på det att du måtte låta

Alla Själars dag

tuorum consortio sociare digneris. Per Dominum...

dem komma till de heligas samfund. Genom vår Herre...

Praefatio Defunctorum.
(Se sid. 621.)

Postcommunio.

Præsta, quæsumus, Domine: ut animæ famulorum famulorumque tuarum, his purgatæ sacrificis: indulgentiam pariter et requiem capiant sempiternam. Per Dominum...

Förläna, vi bedja dig, o Herre, att dina tjänares och tjänarinnors själar, renade genom detta heliga offer, må vinna både förlåtelse och den eviga vilan. Genom vår Herre...

TREDJE MÄSSAN.

Introitus m. m. se sid. 614 ff.

Oratio.

Deus, veniæ largitor et humanæ salutis amator: quæsumus clementiam tuam; ut animas famulorum famularumque tuarum, quæ ex hoc sæculo transierunt, beata Maria semper Virgine intercedente cum omnibus Sanctis tuis, ad perpetuæ beatitudinis consortium pervenire concedas. Per Dominum...

O Gud, du som giver förlåtelsens nåd och älskar människornas frälsning, vi anropa din misskundsamhet, att du på den heliga, alltid rena Jungfru Marias och alla helgons förböner ville låta dina tjänares och tjänarinnors själar, som lämnat denna värld, uppnå den eviga saligheten. Genom vår Herre...

Epistola.
(Upp. 14:13.)

Lectio libri Apocalypsis beati Joannis Apostoli. In diebus illis: Audivi vocem de cælo, dicentem mihi: Scribe: Beati mortui, qui in Domino moriuntur. Amodo jam dicit Spiritus, ut requiescant a laboribus suis: opera enim illorum sequuntur illos.

I den tiden hörde jag en röst från himmelen säga till mig: Skriv: Saliga äro de döda, som dö i Herren. Ja, säger Anden, de skola vila sig från sina vedermödor, ty deras gärningar följa dem efter.

Evangelium.
(Joh. 6:51-55.)

Sequentia sancti Evangelii secundum Joannem. In illo tempore Dixit Jesus turbis Judæorum: Ego sum panis vivus, qui de cælo descendi. Si quis manducaverit ex hoc pane, vivet in æternum: et panis, quem ego dabo, caro mea est pro mundi vita. Litigabant ergo Judæi ad invicem, dicentes: Quomodo potest hic nobis carnem suam dare ad manducandum? Dixit ergo eis Jesus: Amen, amen, dico vobis: nisi manducaveritis carnem Filii hominis et biberitis ejus sanguinem, non habebitis

På den tiden sade Jesus till judarnas skaror: Jag är det levande brödet, som har kommit ned från himmelen. Om någon äter av detta bröd, skall han leva evinnerligen, och det bröd, som jag skall giva, är mitt kött till världens liv. Då tvistade judarna sins emellan, sägande: Huru kan denne giva oss sitt kött till att äta? Då sade Jesus till dem: Sannerligen, sannerligen säger jag eder: Utan att I äten Människosonens kött och dricken hans blod, haven I icke livet i eder. Den som äter

Alla Själars dag

vitam in vobis. Qui manducat meam carnem et bibit meum sanguinem, habet vitam æternam: et ego resuscitabo eum in novissimo die.

mitt kött och dricker mitt blod, han har det eviga livet, och jag skall uppväcka honom på den yttersta dagen.

Secreta.

Deus, cujus misericordiæ non est numerus, suscipe propitius preces humilitatis nostræ: et animabus omnium fidelium defunctorum, quibus tui nominis dedisti confessionem, per hæc sacramenta salutis nostræ, cunctorum remissionem tribue peccatorum. Per Dominum...

O Gud, vilkens barmhärtighet är utan gräns, mottag nådigt vår ödmjuka bön och förunna, genom dessa vår frälsnings hemligheter, alla avlidna kristtrognas själar, vilka du har givit nåden att bekänna ditt namn, förlåtelse för alla deras synder. Genom vår Herre...

Postcommunio.

Præsta, quæsumus, omnipotens et misericors Deus: ut animæ famulorum famularumque tuarum, pro quibus hoc sacrificium laudis tuæ obtulimus majestati; per hujus virtutem sacramenti a peccatis omnibus expiatæ, lucis perpetuæ, te miserante, recipiant beatitudinem. Per Dominum...

Allsmäktige och barmhärtige Gud, vi bedja dig, att dina tjänares och tjänarinnors själar, för vilka vi hava framburit åt ditt majestät detta lovoffer, i kraft av detta sakrament må renas från alla synder och genom din barmhärtidghet uppnå det eviga ljusets salighet. Genom vår Herre...

MÄSSAN PÅ BEGRAVNINGSDAGEN

Introitus m. m. se sid. 614 ff.

Oratio.

Deus, cui proprium est misereri semper et parcere, te supplices exoramus pro anima famuli tui. N. (famulæ tuæ N.), quam hodie de hoc sæculo migrare jussisti: ut non tradas eam in manus inimici, neque obliviscaris in finem, sed jubeas eam a sanctis Angelis suscipi et ad patriam paradisi perduci; ut, quia in te speravit et credidit, non pœnas inferni sustineat, sed gaudia æterna possideat. Per Dominum...

O Gud, vars egenskap det är att alltid förbarma dig och skona, vi anropa dig ödmjukt för din tjänare N:s själ, som du (i dag) kallat från denna värld, att du icke må överlämna honom i fiendens händer eller för alltid glömma honom, utan låta de heliga änglarna mottaga honom och föra honom till paradisets fädernesland, så att han, som hoppats och trott på dig, icke må lida den andra världens straff, utan uppnå den eviga glädjen. Genom vår Herre...

Om den avlidne är en kvinna, läses givetvis femininformen, även i andra motsvarande böner:

O Gud, vars egenskap det är, att alltid förbarma dig och skona, vi anropa dig ödmjukt för din tjänarinna N:s själ, som du (i dag) kallat från denna värld, att du icke må överlämna henne i fiendens händer eller för alltid glömma henne, utan låta de heliga änglarna mottaga henne och föra henne till paradisets fädernesland, så att hon, som hoppats och trott på dig, icke må lida den andra världens straff utan uppnå den eviga glädjen. Genom vår Herre . . .

Epistola.

(1 Tess. 4:12-18).

Lectio Epistolæ beati Pauli Apostoli ad Thessalonicenses. Fratres: Nolumus vos ignorare de dormientibus, ut non contristemini, sicut et ceteri, qui spem non habent. Si enim credimus, quod Jesus mortuus est et resurrexit: ita et Deus eos, qui dormierunt per Jesum, adducet cum eo. Hoc enim vobis dicimus in verbo Domini, quia nos, qui vivimus, qui residui sumus in adventum Domini, non præveniemus eos, qui dormierunt. Quoniam ipse Dominus in jussu, et in voce Archangeli, et in tuba Dei descendet de cælo: et mortui, qui in Chri-

Bröder, vi vilja icke lämna eder i okunnighet om de avsomnade, på det att I icke skolen sörja såsom de andra, vilka icke hava något hopp. Ty om vi tro, att Jesus har dött och uppstått, så skall ock Gud med Jesus upptaga dem, som avsomnat i honom. Ty detta säga vi eder med ett ord från Herren, att vi, de levande, som skola vara kvar vid Herrens tillkommelse, icke skola komma före de avsomnade. Ty Herren själv skall vid ärkeängelns häroldsrop och Guds basun stiga ned från himmelen, och de döda, som äro i Kristus, skola

sto sunt, resurgent primi. Deinde nos, qui vivimus, qui relinquimur, simul rapiemur cum illis in nubibus obviam Christo in aera, et sic semper cum Domino erimus. Itaque consolamini invicem in verbis istis.

först uppstå. Sedan skola vi, som leva, som äro kvar, bortryckas med dem i skyn och möta Kristus i höjden; och så skola vi alltid vara med Herren. Så trösten då varandra med dessa ord.

Evangelium.

(Joh. 11:21-27.)

Sequentia sancti Evangelii secundum Joannem. In illo tempore: Dixit Martha ad Jesum: Domine, si fuisses hic, frater meus non fuisset mortuus: sed et nunc scio, quia, quæcumque poposceris a Deo, dabit tibi Deus. Dicit illi Jesus: Resurget frater tuus. Dicit ei Martha: Scio, quia resurget in resurrectione in novissimo die. Dixit ei Jesus: Ego sum resurrectio et vita: qui credit in me, etiam si mortuus fuerit, vivet: et omnis, qui vivit et credit in me, non morietur in æternum. Credis hoc? Ait illi: Utique, Domine, ego credidi, quia tu es Chri-

I den tiden sade Marta till Jesus: Herre, hade du varit här, så hade min broder icke dött. Men även nu vet jag, att allt, vad du begär av Gud, skall Gud giva dig. Jesus sade till henne: Din broder skall uppstå. Marta sade till honom: Jag vet, att han skall uppstå vid uppståndelsen på den yttersta dagen. Jesus sade till henne: Jag är uppståndelsen och livet; den som tror på mig, skall leva, om han än dör; och var och en, som lever och tror på mig, han skall icke dö evinnerligen. Tror du detta? Hon sade till honom: Ja, Herre, jag tror, att du är Kristus,

Mässan på begravningsdagen

stus, Filius Dei vivi, qui in hunc mundum venisti.

den levande Gudens Son, som har kommit i denna värld.

Secreta.

Propitiare, quæsumus, Domine, animæ famuli tui N. (famulæ tuæ N.), pro qua hostiam laudis tibi immolamus, majestatem tuam suppliciter deprecantes: ut, per hæc piæ placationis officia, pervenire mereatur ad requiem sempiternam. Per Dominum nostrum...

Vi bedja dig, Herre, förbarma dig över din tjänare (tjänarinna) N:s själ, för vilken vi offra dig detta lovoffer, i det vi ödmjukt bönfalla hos ditt majestät, att hans (hennes) själ genom denna fromma försoningstjänst må ingå i den eviga vilan. Genom vår Herre...

Postcommunio.

Præsta, quæsumus, omnipotens Deus: ut anima famuli tui N. (famulæ tuæ N.), quæ hodie de hoc sæculo migravit, his sacrificiis purgata et a peccatis expedita, indulgentiam pariter et requiem capiat sempiternam. Per Dominum...

Vi bedja dig, allsmäktige Gud, förunna oss, att din tjänare (tjänarinna) N:s själ, vilken (i dag) hädankallats från denna värld, renad genom detta offer och befriad från all synd, må få både din tillgift och den eviga vilan. Genom vår Herre...

ÅRSDAGSMÄSSAN.

Introitus m. m. se sid. 614 ff.

Oratio.

Deus, indulgentiarum Domine: da animæ famuli tui N. (famulæ tuæ N., vel animabus famulorum famularumque tuarum), cujus (quorum) anniversarium depositionis diem commemoramus, refrigerii sedem, quietis beatitudinem, et luminis claritatem. Per Dominum...

O Gud, förbarmandets Herre, vi bedja dig i dag på årsdagen av din tjänare N:s hädanfärd, skänk honom vederkvickelsens rum, fridens sällhet och det eviga livets härlighet. Genom vår Herre...

Om den avlidne är en kvinna:

O Gud, förbarmandets Herre, vi bedja dig i dag på årsdagen av din tjänarinna N:s hädanfärd, skänk henne vederkvickelsens rum, fridens sällhet och det eviga ljusets härlighet. Genom vår Herre...

Epistola.
(2 Makk. 12:43-46.)

Vir fortissimus... | Hjälten Judas...

(Sid. 623.)

Evangelium.
(Joh. 6:37-40.)

Omne quod... | Allt, vad...

(Sid. 624.)

Secreta.

Propitiare, Domine, supplicationibus nostris, pro anima famuli tui N.

Hör, o Herre, i din barmhärtighet våra böner för din tjänares

Årsdagsmässan

(famulæ tuæ N., vel animabus famulorum famularumque tuarum), cujus (quorum) hodie annua dies agitur: pro qua (quibus) tibi offerimus sacrificium laudis; ut eam (eas) Sanctorum tuorum consortio sociare digneris. Per Dominum...

(tjänarinnas) själ, vars årliga åminnelse vi i dag begå och för vilken vi frambära dig detta lovoffer, på det att du måtte låta honom (henne) komma till de heligas samfund. Genom vår Herre...

Postcommunio.

Præsta, quæsumus, Domine: ut anima famuli tui N. (famulæ tuæ N., vel animæ famulorum famularumque tuarum), cujus (quorum) anniversarium depositionis diem commemoramus; his purgata (purgatæ) sacrificiis, indulgentiam pariter et requiem capiat (capiant) sempiternam. Per Dominum...

Giv, o Herre, då vi i dag fira årsdagen av din tjänares (tjänarinnas) hädanfärd, att hans (hennes) själ må, renad genom detta heliga offer, vinna förlåtelse och den eviga vilan. Genom vår Herre...

BIHANG I

FESTER AV ANDRA RANG

Dessa fester firas på söndagar de år, då deras datum infaller på en sådan; ifrågavarande söndag kommemoreras då genom oratio, secreta, postcommunio och slutevangelium.

30 november.

Aposteln Andreas.

Introitus.
(Ps. 138:17, 1-2).

Dina vänner, o Gud, hava del i din ära; tryggat är deras herradöme och upphöjt. Herre, du har prövat mig; du känner mig, vare sig jag sitter eller uppstår. Ära vare... Dina vänner...

Oratio.

Ödmjukt bönfalla vi ditt majestät, o Herre, att din helige apostel Andreas, som för din Kyrka var både predikare och ledare, nu måtte vara hos dig vår ständige förespråkare. Genom vår Herre...

Epistola.
(Rom. 10:10-18.)

Bröder, med hjärtat tror man till rättfärdighet, och med munnen sker bekännelsen till salighet. Ty Skriften säger: Var och en som tror på honom, skall icke komma på skam. Det är nämligen ingen skillnad på jude och grek, ty de hava alla samma Herre, som är givmild emot alla dem, som åkalla honom. Ty var och en, som åkallar Herrens namn, skall varda salig. Men huru skola de åkalla honom, på vilken de icke hava trott? Eller huru skola de tro på honom, om vilken de icke hava hört? Och huru skola de höra utan någon som predikar? Och huru kunna de predika, om de icke utsändas? Såsom det står skrivet: Huru ljuvliga äro icke deras fötter, som förkunna frid, som bringa budskap om det goda! Men icke alla hörsamma Evangeliet: ty Isaias säger: Herre, vem har trott det, som vi hava hört? Alltså kommer tron därav att man hör, men att man hör sker genom predikandet av Kristi ord. Men jag säger: Hava de kanske icke hört? Men ändock har ju deras röst gått ut över hela jorden, och deras ord ända till världens yttersta gräns.

Graduale.
(Ps. 44:18-20.)

Du skall sätta dem till furstar över hela jorden; de skola ihågkomma ditt namn, o Herre. I dina fäders ställe hava söner blivit dig födda, därför skola folken prisa dig.
Alleluja, alleluja. Herren älskade Andreas med en kärlek, som spridde Andens vällukt. Alleluja.

Evangelium.
(Matt. 4:18-22.)

I den tiden då Jesus vandrade utmed galileiska sjön, såg han två bröder, Simon, som kallades Petrus, och hans broder Andreas, kasta ut nät i sjön, ty de voro fiskare. Och han sade till dem: Följen mig, så skall jag göra eder till människofiskare. Och de övergåvo strax sina nät och följde honom. Och när han hade gått därifrån, fick han se två andra bröder, Jakobus, Sebedei son, och hans broder Johannes, i en båt, vilka tillsammans med sin fader höllo på att laga sina nät, och han kallade dem till sig. Och de övergåvo strax sina nät och sin fader och följde honom.

Offertorium.
(Ps. 138:17.)

Dina vänner, o Gud, hava del i din ära, tryggat är deras herradöme och upphöjt.

Secreta.

Herre, vi bedja dig, låt detta vårt offer anbefallas åt dig genom den helige aposteln Andreas' fromma förbön, så att det bliver välbehagligt för dig genom hans förtjänster, till vilkens ära det högtidligen frambäres. Genom vår Herre...

Praefatio de Apostolis.
(Sid. 580.)

Communio.
(Matt. 4:19-20.)

Följen mig, så skall jag göra eder till människofiskare. Och de övergåvo strax sina nät och följde honom.

Postcommunio.

Herre, vi hava emottagit dina gudomliga hemligheter fyllda av glädje över den helige Andreas' fest; och vi bedja dig, att du, liksom du låtit dem lända dina heliga till ära, måtte genom dem förskaffa oss förlåtelse. Genom vår Herre...

3 december.

S:t Franciscus Xaverius.

(Missionernas skyddshelgon.)

Introitus.
(Ps. 118:46-47. — Ps. 116:1-2.)

Jag förkunnade dina vittnesbörd inför konungar, och jag kom icke på skam. Jag besinnade dina bud, ty de voro mig kära.
Loven Herre, alla släkten, prisen honom, alla folk. Ty han har tillförsäkrat oss sin barm-

härtighet, och Herrens trofasthet varar i evighet.
Ära vare... Jag förkunnade...

Oratio.

Gud, du som genom den helige Franciscus' predikan och underverk värdigats upptaga Indiens folk i din Kyrka, förunna oss nådeligen, att vi, som vörda hans härliga förtjänster, även måtte efterfölja hans dygders föredöme. Genom vår Herre...

Epistola.
(Rom. 10:10-18.)

Bröder, med hjärtat tror man... (Se sid. 637.)

Graduale.
(Ps. 91:13, 14, 3. — Jak. 1:12.)

Den rättfärdige skall frodas såsom ett palmträd; såsom en ceder på Libanon skall han tillväxa i Herrens hus. I gryningen förkunnar han din nåd och din trofasthet, när natten faller. Alleluia, alleluja. Salig är den man, som är ståndaktig i frestelsen; ty när han har bestått sitt prov, skall han få livets krona. Alleluja.

Evangelium.
(Mark. 16:15-18.)

I den tiden sade Jesus till sina lärjungar: Gån ut i hela världen och prediken evangeliet för hela skapelsen. Den som tror och bliver döpt, han skall bliva frälst; men den som icke tror, han skall bliva fördömd. Och dessa tecken skola åtfölja dem som tro: de skola i mitt namn utdriva onda andar, de skola tala nya tungomål, ormar skola de taga med händerna, och om de dricka något dödande gift, skall det icke skada dem; de skola lägga händerna på sjuka, och dessa skola bliva helbrägda.

Offertorium.
(Ps. 88:25.)

Min trofasthet och min nåd skola vara med honom, och i mitt namn skall hans kraft förhärligas.

Secreta.

Giv oss, vi bedja dig, allsmäktige Gud, att det offer, som vi här i ödmjukhet frambära, må vara dig välbehagligt för dina helgons skull och rena oss till både kropp och själ. Genom vår Herre...

Praefatio de tempore.
(Kyrkoårstidens prefation.)

Communio.
(Matt. 24:46-47.)

Salig är den tjänare, som hans herre finner vaken, när han kommer. Sannerligen säger jag eder: Han skall sätta honom över alla sina ägodelar.

Postcommunio.

Vi bedja dig, allsmäktige Gud, att den himmelska näring, som vi fått mottaga, genom din bekännares, den helige Franciscus' förbön måtte beskärma oss mot allt ont. Genom vår Herre...

21 december.

Aposteln Tomas.

Introitus.
(Ps. 138:17, 1-2.)

Dina vänner, o Gud, hava del i din ära; tryggat är deras herradöme och upphöjt.

Herre, du har prövat mig; du känner mig, vare sig jag sitter eller uppstår.
Ära vare... Dina vänner...

Oratio.

Herre, vi bedja dig, giv oss, att vi, som glädjas på den helige Tomas, din apostels, högtidsdag, städse må erfara hans hjälp och i hängiven andakt följa hans tro. Genom vår Herre...

Epistola.
(Ef. 2:19-22.)

Bröder, I ären icke mera främlingar och gäster utan de heligas medborgare och Guds husfolk, uppbyggda på apostlarnas och profeternas grundval, där hörnstenen är Kristus Jesus själv, i vilken allt det som uppbygges bliver sammanslutet och så växer upp till ett heligt tempel i Herren. I honom bliven ock I med de andra uppbyggda till en Guds boning i Anden.

Graduale.
(Ps. 138:17-18. — 32:1.)

Dina vänner, o Gud, hava del i din ära; tryggat är deras herradöme och upphöjt. — Skulle jag räkna dem, så vore de flera än sanden. Alleluja, alleluja. Glädjens i Herren, I rättfärdige; lovsång höves de redliga. Alleluja.

Evangelium.
(Joh. 20:24-29.)

I denna tid var en av de tolv, Tomas, kallad Didymus, icke med dem, när Jesus kom. Då sade de andra lärjungarna till honom: Vi hava sett Herren. Men han sade till dem: Om jag icke ser märket efter spikarna i hans händer, och sticker mitt finger i spikarnas ställe, och sticker min hand i hans sida, så tror jag icke. Och åtta dagar därefter voro hans lärjungar åter inne och Tomas med dem. Då kom Jesus, när dörrarna voro stängda, stod mitt ibland dem och sade: Frid vare eder. Därpå sade han till Tomas: Räck hit ditt finger och se mina händer, och räck hit din hand och stick den i min sida och tvivla icke, utan tro. Tomas svarade och sade till honom: Min Herre och min Gud! Jesus sade till honom: Emedan du har sett mig, Tomas, har du trott. Saliga äro de, som icke se men dock tro.

Offertorium.
(Ps. 18:5.)

Över hela jorden har deras röst utgått och deras ord ända till världens yttersta gräns.

Secreta.

Vi bringa dig, o Herre, vår pliktskyldiga undergivenhets gärd och bönfalla dig ödmjukt, att du ville värna i oss dina gåvor på förbön av den helige aposteln Tomas, för vilkens härliga vittnesbörd vi tacka dig med lovprisningens offer. Genom vår Herre...

Praefatio de Apostolis.
(Sid. 580.)

Communio.
(Joh. 20:27.)

Räck hit din hand och se spikhålen, alleluja, och tvivla icke, utan tro.

Postcommunio.

Bistå oss, barmhärtige Gud, och värna i oss på den helige apostelns förbön de nådeskänker, du själv givit oss. Genom vår Herre...

27 december.

Aposteln och Evangelisten Johannes.

Introitus.
(Syr. 15:5. — Ps. 91:2.)

Mitt i församlingen upplät Herren hans mun och fyllde honom med vishetens och förståndets ande; han iförde honom härlighetens klädnad. Det är gott att prisa Herren och att lovsjunga ditt namn, du den Högste.
Ära vare... Mitt i församlingen...

Oratio.

Herre, låt nådigt ljuset lysa över din Kyrka, så att den, upplyst genom din apostels och evangelists, den helige Johannes' undervisning, kan nå fram till de eviga gåvorna. Genom vår Herre...

Epistola.
(Syr. 15:1-6.)

Den som fruktar Gud, gör det goda och den som håller fast vid rättfärdigheten, griper visheten; som en hedrad moder kommer hon honom till mötes. Hon giver honom att äta livets och förståndets bröd och att dricka den frälsande vishetens vatten. Vid henne stöder han sig och vacklar icke; han förlitar sig på henne och kommer ej på skam. Hon upphöjer honom över hans närmaste och upplåter hans mun i församlingen och fyller honom med vishetens och förståndets ande; hon iför honom härlighetens klädnad. Glädje och fröjd skänker hon honom i överflöd, och Herren vår Gud skall giva honom i arv ett evigt namn.

27 december

Graduale.
(Joh. 21:23, 19, 24.)

Det ordet kom ut ibland bröderna: Denne lärjunge dör icke. Men Jesus hade icke sagt: Han dör icke, utan: Jag vill, att han skall leva kvar, till dess jag kommer. Följ du mig! Alleluja, alleluja. Detta är den lärjunge, som vittnar om dessa händelser, och vi veta, att hans vittnesbörd är sant. Alleluja.

Evangelium.
(Joh. 21:19-24.)

I den tiden sade Jesus till Petrus: Följ mig! Petrus vände sig om och såg, att den lärjunge, som Jesus älskade, följde med, densamme som vid aftonmåltiden hade lutat sig mot hans bröst och frågat: Herre, vem är det, som skall förråda dig? När nu Petrus såg honom, sade han till Jesus: Herre, huru bliver det då med denne? Jesus sade till honom: Jag vill, att han skall leva kvar, till dess jag kommer; vad kommer det dig vid? Följ du mig! Så kom det talet ut bland bröderna: Denne lärjunge dör icke. Men Jesus hade icke sagt till honom: Han skall icke dö, utan: Jag vill, att han skall leva kvar, till dess jag kommer; vad kommer det dig vid? Detta är den lärjunge, som vittnar om dessa händelser och som har skrivit detta; och vi veta, att hans vittnesbörd är sant.

Offertorium.
(Ps. 91:13.)

Den rättfärdige skall frodas såsom ett palmträd; såsom en ceder på Libanon skall han tillväxa.

Secreta.

Herre, mottag de gåvor, som vi frambära åt dig på hans fest, på vilkens beskydd vi förlita oss för vår frälsning. Genom vår Herre...

Praefatio Nativitatis.
(Sid. 27.)

Communio.
(Joh. 21:23.)

Det talet kom ut ibland bröderna: Denne lärjunge dör icke. Men Jesus hade icke sagt: Han dör icke, utan: Jag vill, att han skall leva kvar, till dess jag kommer.

Postcommunio.

Stärkta genom himmelsk mat och dryck, bedja vi dig ödmjukt, vår Gud, att vi även må skyddas genom hans böner, på vars minnesfest vi hava åtnjutit dessa gåvor. Genom vår Herre...

---

28 december.

Menlösa Barns dag.

Introitus.
(Ps. 8:3, 2.)

Av barns och spenabarns mun har du berett dig lov inför dina fienders åsyn.
Herre, vår Herre, huru härligt är icke ditt namn över hela jorden.
Ära vare... Av barns...

Oratio.

Gud, vilkens lov de oskyldiga martyrerna denna dag förkunnat, icke genom sina ord utan genom sin död, döda i oss alla onda lidelser, på det att den kristna tro, som vår tunga bekänner, även må ådagaläggas genom vårt leverne. Genom vår Herre...

Epistola.
(Upp. 14:1-5.)

I de dagarna såg jag Lammet stå på Sions berg och jämte det ett hundra fyrtiofyra tusen, som hade dess namn och dess Faders namn skrivna på sina pannor. Och jag hörde ett ljud från himmelen, likt bruset av stora vatten och dånet av ett starkt tordön; och ljudet, som jag hörde, var, såsom när harpospelare spela på sina harpor. Och de sjöngo en ny sång inför tronen och inför de fyra väsendena och de äldste och ingen kunde sjunga den sången utom de ett hundra fyrtiofyra tusen, som voro friköpta ifrån jorden. Dessa äro de som hava levat ett återhållsamt och jungfruligt liv. Dessa äro de som följa Lammet, varthelst det går. De hava blivit friköpta ifrån människorna till en förstling åt Gud och Lammet. Och i deras mun har ingen lögn blivit funnen; de äro ostraffliga inför Guds tron.

Graduale.
(Ps. 123:7, 8. — Ps. 112:1.)

Vår själ befriades såsom en sparv ur fågelfängarnas snara; snaran brast, och vi blevo fria. Vår hjälp är i Herrens namn, hans, som har gjort himmel och jord.
Alleluja, alleluja. Prisen Herren, I barn, prisen Herrens namn. Alleluja.

Evangelium.
(Matt. 2:13-18.)

I den tiden visade sig i drömmen en Herrens ängel för Josef och sade: Stå upp, tag barnet och dess moder och fly till Egypten och bliv kvar där, till dess jag säger dig till; ty Herodes tänker söka efter barnet för att förgöra det. Då stod han upp, tog barnet och dess moder med sig om natten och drog bort till Egypten. Där blev han kvar intill Herodes' död, på det att det skulle fullbordas, som var sagt av Herren genom profeten, som säger: Ut ur Egypten kallade jag min son. När Herodes nu såg, att han hade blivit gäckad av de vise männen, blev han mycket vred. Och han sände åstad och lät döda alla de gossebarn i Betlehem och hela dess omnejd, som voro två år gamla och därunder, detta enligt den uppgift om tiden, som han hade fått genom att utfråga de vise männen. Då fullbordades det som är sagt genom profeten Jeremias, som säger: Ett rop höres i Rama, gråt och mycken jämmer: det är Rakel, som begråter sina barn, och hon vill icke låta trösta sig, eftersom de icke mer äro till.

Offertorium.
(Ps. 123:7.)

Vår själ befriades såsom en sparv ur fågelfängarnas snara; snaran brast, och vi blevo fria.

Secreta.

Måtte, o Herre, dina heligas fromma förböner aldrig svika oss, på det att vårt offer må vara dig välbehagligt och städse förvärva oss din förlåtelse. Genom vår Herre...

Praefatio Nativitatis.
(Sid. 27.)

Communio.
(Matt. 2:18.)

Ett rop hördes i Rama, gråt och mycken jämmer: det är Rakel, som begråter sina barn, och hon vill icke låta trösta sig, eftersom de icke mer äro till.

Postcommunio.

Vi hava mottagit denna festdags gåvor, o Herre: låt dem genom de heligas förbön bringa oss den hjälp, varom vi bedja, både för detta och det tillkommande livet. Genom vår Herre...

24 februari.
Aposteln Mattias.

Introitus.
(Ps. 138:17, 1-2.)

Dina vänner, o Gud, hava del i din ära; tryggat är deras herradöme och upphöjt. Herre, du har prövat mig; du känner mig, vare sig jag sitter eller uppstår.
Ära vare... Dina vänner...

Oratio.

Gud, du som har upptagit den helige Mattias i dina apostlars krets, förläna oss, vi bedja dig, att vi genom hans förbön alltid få erfara din stora kärlek till oss. Genom vår Herre...

Epistola.
(Apg. 1:15-26.)

På den tiden stod Petrus upp ibland bröderna (en skara var där församlad till ett antal av omkring ett hundra tjugu personer) och sade: I män och bröder, det ordet måste uppfyllas, som den Helige Ande genom Davids mun har förutsagt om Judas, vilken blev anförare för dem, som grepo Jesus, och som räknades ibland oss och hade fått andel i detta ämbete. Men han förvärvade en åker för sin orättfärdighets lön, och han hängde sig och rämnade mitt itu och alla hans inälvor föllo ut. Detta blev kungjort för alla dem, som bo i Jerusalem, så att denna åker på deras tungomål kallades Hakeldama. Det är blodsåker. Ty det står skrivet i psalmernas bok: Deras bostad varde öde, och ingen vare, som bor där, och en annan tage hans ämbete. Därför måste någon av de män, som varit tillsammans med oss under hela den tid, då Jesus gick ut och in ibland oss, från Johannes' dop ända till den dag, då han upptogs från oss, en av dessa måste med oss vittna om hans uppståndelse. Och de ställde fram två: Josef, som kallades Barsabas, med tillnamnet Justus, jämte Mattias. Och de bådo och sade: Herre, du som känner allas hjärtan, visa vilken av dessa två du har utvalt till att mottaga detta ämbete och apostolat, från vilket Judas avvek för att gå till sin ort. Och de kastade lott emellan dem, och lotten föll på Mattias, och han blev jämte de elva räknad såsom apostel.

Graduale.
(Ps. 138:17, 18.)

Dina vänner, o Gud, hava del i din ära; tryggat är deras herradöme och upphöjt. Skulle jag räkna dem, så vore de flera än sanden.

Tractus.
(Ps. 20:3, 4.)

Hans hjärtas önskan har du uppfyllt, och hans läppars begäran har du icke vägrat honom. Ty du har kommit honom tillmötes med din välsignelses ljuvlighet; på hans huvud har du satt en krona av ädla stenar.

Evangelium.
(Matt. 11:25-30.)

Jag prisar dig, Fader... (Se sid. 599.)

Offertorium.
(Ps. 44:17-18.)

Du skall sätt dem till furstar över hela jorden, från släkte till släkte skola de minnas ditt namn, o Herre.

Secreta.

Herre, låt det offer, som vi här frambära och inviga i ditt namn, beledsagas av din apostel Mattias' bön och giv oss försoning och trygghet. Genom vår Herre..

Praefatio de Apostolis.
(Sid. 580.)

Communio.
(Matt. 19:28.)

I, som haven följt mig, skolen sitta på troner och döma Israels tolv stammar.

Postcommunio.

Vi bedja dig, allsmäktige Gud, giv, att vi genom detta heliga sakrament, som vi mottagit, på din helige apostel Mattias' förbön må erhålla förlåtelse och frid. Genom vår Herre...

---

25 april.
Evangelisten Markus.

Introitus.
(Ps. 63:3, 2.)

Du har beskyddat mig, o Gud, emot de illasinnades skara, alleluja, emot ogärningsmännens larmande hop. Alleluja, alleluja.
Hör, o Gud, min röst, då jag klagar, rädda mitt liv, då fienden hotar.
Ära vare... Du har beskyddat...

Fester av andra rang

Oratio.

O Gud, genom vars nåd evangelisten, den helige Markus, blev utvald att predika ditt heliga Evangelium, förläna oss, vi bedja dig, att städse hans lärdom måtte upplysa och hans förbön beskydda oss. Genom vår Herre...

Epistola.
(Hes. 1:10-14.)

De fyra väsendenas ansikten voro (framtill) människoansikten, och alla fyra hade lejonansikten på högra sidan, och alla fyra hade tjuransikten på vänstra sidan, och alla fyra hade (upptill) ock örnansikten.* Så var det med deras ansikten. Och deras vingar voro utbredda upptill; vart väsende hade två vingar, med vilka de slöto sig intill varandra, och två, som betäckte deras kroppar. Och de gingo alltid rakt fram; vart anden ville gå, dit gingo de, och när de gingo, behövde de icke vända sig. Och väsendena voro till sitt utseende lika eldsglöd, som brunno likasom bloss, under det att elden for omkring mellan väsendena; och den gav ett sken ifrån sig, och ljungeldar foro ut ur elden. Och väsendena hastade fram och tillbaka likasom blixtar.

Graduale. Allelujavers.
(Ps. 88:6. — Ps. 20:4.)

Alleluja, alleluja. Himlarna skola förkunna dina under, o Herre, ja, din trofasthet i de heligas församling. Alleluja.
På hans huvud har du, o Herre, satt en krona av ädla stenar. Alleluja.

---

* Enligt assyrisk bildkonst, som ofta anbragte olika ansikten på olika sidor av den kubus, som bildade figurens huvud.

Evangelium.
(Luk. 10:1-9.)

I den tiden utsåg Herren sjuttiotvå andra; och han utsände dem två och två före sig till var stad och ort dit han själv ämnade komma. Och han sade till dem: Skörden är stor, men arbetarna äro få. Bedjen fördenskull skördens herre, att han sänd r arbetare till sin skörd. Gån åstad. Se, jag sänder eder såsom lamm ibland ulvar. Bären icke penningpung, icke ränsel, icke skor och hälsen icke på någon under vägen. Verhelst I gån in i ett hus, sägen först: Frid vare över detta hus! Och om någon fridens son är därinne, så skall eder frid vila över honom; varom icke, skall den vända tillbaka till eder. Men stannen i samma hus och äten och dricken vad de hava att giva; ty arbetaren är värd sin lön. I skolen icke gå från hus till hus. Och när I kommen in i en stad och de mottaga eder, äten vad som sättes fram åt eder, boten de sjuka, som äro där, och sägen till dem: Guds rike har kommit till eder.

Offertorium.
(Ps. 88:6.)

Himlarna skola förkunna dina under, o Herre, ja, din trofasthet i de heligas församling. Alleluja, alleluja.

Secreta.

På din helige evangelist Markus' festdag frambära vi, o Herre, dessa offergåvor och bedja dig, att liksom förkunnandet av Evangelium bragt honom ära, hans förbön må göra oss behagliga för dig i både ord och gärning. Genom vår Herre...

Praefatio de Apostolis.
(Sid. 580.)

Communio.
(Ps. 63:11.)

Den rättfärdige skall glädjas i Herren och hoppas på honom, och alla rättsinniga skola prisas. Alleluja, alleluja.

Postcommunio.

Herre, vi bedja dig, må dina heliga hemligheter ständigt beskydda oss, så att de på din helige evangelist Markus' förbön städse må bevara oss från allt ont. Genom vår Herre...

---

1 maj.
Apostlarna Filippus och Jakobus.

Introitus.
(2 Esra 9:27. — Ps. 32:1.)

De ropade till dig, Herre, i trängslernas tid, och du bönhörde dem från din himmel. Alleluja, alleluja.
Jublen i Herren, I rättfärdiga; lovsång höves de rättsinniga. Alleluja.
Ära vare... De ropade...

Oratio.

Gud, du som giver oss glädjen att fira dina apostlars Filippi och Jakobi årshögtid, förunna oss, vi bedja dig, att bliva fostrade genom deras föredöme, över vilkas förtjänster vi fröjdas. Genom vår Herre...

Epistola.
(Vish. 5:1-5.)

Då skall den rättfärdige stå där med stor frimodighet inför dem, som förtryckte honom, och som föraktade hans mödor. När de få se detta, skola de gripas av stor förskräckelse och betagas av häpnad över hans oväntade frälsning. De skola ångra sig och säga vid sig själva, de skola sucka i sin själs ångest: Det var dessa som vi en gång hade till åtlöje och till ett smädligt ordspråk, vi dårar. Deras leverne aktade vi såsom förrycksthet och deras slut såsom någonting nesligt. Se, huru de nu hava blivit räknade bland Guds barn, och huru de hava fått sin lott bland de heliga.

Graduale. Allelujavers.
(Ps. 88:6. — Joh. 14:9.)

Alleluja, alleluja. Himlarna skola förkunna dina under, o Herre, ja, din trofasthet i de heligas församling. Alleluja. Så lång tid har jag varit hos eder, och I haven icke förstått mig! Filippus, den som ser mig, ser ock min Fader. Alleluja.

Evangelium.
(Joh. 14:1-13.)

I den tiden sade Jesus till sina lärjungar: Edra hjärtan vare icke oroliga. Tron på Gud; tron ock på mig. I min Faders hus äro många boningar; om så icke vore, skulle jag nu säga eder, att jag går bort för att bereda eder rum. Och om jag än går bort för att bereda eder rum, så skall jag dock komma igen och taga eder till mig; ty jag vill, att där jag är, där skolen I ock vara. Och vägen, som leder dit jag går, den veten I. Tomas sade till honom: Herre, vi veta icke, vart du går; huru kunna vi då veta vägen? Jesus svarade honom: Jag är vägen och sanningen och livet; ingen kommer till Fadern utom genom mig. Haden I känt mig, så haden I ock känt min Fader; nu kännen I honom och haven sett honom. Filippus sade till honom: Herre, låt oss se Fadern, så är det oss nog. Jesus svarade honom: Så lång tid har jag varit hos eder, och du har icke lärt känna mig, Filippus? Den som har sett mig, han har sett Fadern. Huru kan du då säga: "Låt oss se Fadern?" Tror du icke, att jag är i Fadern och att Fadern är i mig? De ord jag talar till eder talar jag icke av mig själv. Och gärningarna, dem gör Fadern, som bor i mig; de äro hans verk. Tron mig; jag är i Fadern och Fadern i mig. Varom icke, så tron för själva gärningarnas skull. Sannerligen, sannerligen säger jag eder: Den som tror på mig, han skall ock själv göra de gärningar, som jag gör; och ännu större än dessa skall han göra. Ty jag går till Fadern, och vadhelst I bedjen om i mitt namn, det skall jag göra, på det att Fadern må bliva förhärligad i Sonen.

Offertorium.
(Ps. 88:6.)

Himlarna skola förkunna dina under, o Herre, ja, din trofasthet i de heligas församling. Alleluja.

Secreta.

Mottag nådeligen, o Herre, de offergåvor vi frambära för att fira dina apostlar Filippi och Jakobi högtidsdag, och avvänd från oss allt det onda, som vi förtjäna. Genom vår Herre...

Praefatio de Apostolis.
(Sid. 580.)

Communio.
(Joh. 14:9, 10.)

Så lång tid har jag varit hos eder, och I haven icke förstått mig! Filippus, den som ser mig, ser ock min Fader. Alleluja. Tror du icke, att jag är i Fadern och Fadern är i mig? Alleluja, alleluja.

Postcommunio.

Mättade genom frälsningens hemligheter bedja vi dig, Herre, att vi måtte hjälpas genom deras förböner, vilkas fest vi fira. Genom vår Herre...

3 maj.
Det Heliga Korsets Återfinnande.
(Inventio Crucis — Korsmässa.)

Introitus.
(Gal. 6:14. — Ps. 66:2.)

Oss höves att berömma oss av vår Herres Jesu Kristi kors; ty i honom är vår frälsning, vårt liv och vår uppståndelse; genom honom äro vi frälsta och befriade.
Gud förbarme sig över oss och välsigne oss; han låte sitt ansikte lysa över oss och vare oss nådig.
Ära vare... Oss höves...

Oratio.

Gud, du som genom det härliga återfinnandet av frälsningens kors har återuppväckt minnet av ditt lidandes under, giv att vi genom livets träd må förvärva det eviga livets medborgarrätt. Du som lever...

Epistola.
(Fil. 2:5-11.)

Bröder, varen så till sinnes... (Se sid. 179.)

Graduale. Allelujavers.
(Ps. 95:10.)

Alleluja, alleluja. Förkunnen bland folken: Herren härskar ifrån trädet! Alleluja. Helga träd, du helga spikar bär och helga lemmars last, du som ensamt värdigt aktats bära himmelens Konung och Herre. Alleluja.

Evangelium.
(Joh. 3:1-15.)

Men bland fariséerna var en man, som hette Nikodemus, en av judarnas rådsherrar. Denne kom till Jesus om natten och sade till honom: Mästare, vi veta, att du är en lärare, som har kommit ifrån Gud; ty ingen kan göra sådana tecken, som du gör, om icke Gud är i honom. Jesus svarade och sade till honom: Sannerligen, sannerligen säger jag dig: Om en människa icke bliver född på nytt, så kan hon icke få se Guds rike. Nikodemus sade till honom: Huru kan en människa födas, när hon är gammal? Icke kan hon väl åter gå in i sin moders liv och födas? Jesus svarade: Sannerligen, sannerligen säger jag dig: Om en människa icke bliver född på nytt av vatten och Anden, så kan hon icke komma in i Guds rike. Det som är fött av kött, det är kött; och det som är fött av Anden, det är ande. Förundra dig icke över att jag sade dig, att I måsten födas på nytt. Vinden blåser, vart den vill, och du hör dess sus, men du vet icke, varifrån den kommer, eller vart den far; så är det med var och en som är född av Anden. Nikodemus svarade och sade till honom: Huru kan detta ske? Jesus svarade och sade till honom: Är du lärare i Israel och förstår icke detta? Sannerligen, sannerligen säger jag dig: Vi tala vad vi veta, och vad vi hava sett, det vittna vi om, men vårt vittnesbörd tagen I icke emot. Tron I icke, när jag talar till eder om jordiska ting? Huru skolen I då kunna tro, om jag talar till eder om himmelska ting? Och likväl har ingen stigit upp till himmelen utom den som steg ned från himmelen, Människosonen, som är i himmelen. Och såsom Moses upphöjde ormen i öknen, så måste Människosonen bliva upphöjd, på det att var och en, som tror på honom, icke skall förgås utan hava det eviga livet.

Offertorium.
(Ps. 117:16, 17.)

Herrens högra hand gör mäktiga ting; Herrens högra hand har upphöjt mig. Jag skall icke dö, utan leva och förtälja Herrens gärningar. Alleluja.

Secreta.

Herre, se i nåd till det offer, som vi frambära åt dig, och giv, att det må frälsa oss från all stridernas ondska och genom din Sons heliga korsbanér ställa oss i trygghet under ditt beskydd, så att vi kunna övervinna den onda maktens alla försåt. Genom samme vår Herre...

Praefatio Crucis.
(Sid. 158.)

Communio.

Genom korsets tecken fräls oss, vår Gud, ifrån våra fiender. Alleluja.

Postcommunio.

Mättade av himmelsk näring och vederkvickta av den andliga kalken bedja vi dig, allsmäktige Gud, att du mot den onde fienden ville försvara dem, som enligt din vilja skola vinna seger genom din Sons heliga kors, rättfärdighetens vapen till världens frälsning. Genom samme vår Herre...

1 juli.
Vår Herres Jesu Kristi dyrbara Blods fest.

Introitus.
(Upp. 5:9-10. — Ps. 88:2.)

Med ditt blod har du åt Gud köpt oss, av alla stammar och tungomål och folk och folkslag, och gjort oss till ett konungadöme åt vår Gud. Jag vill sjunga om Herrens nådegåvor evinnerligen; jag vill låta min mun förkunna din trofasthet från släkte till släkte.
Ära vare... Med ditt blod...

Oratio.

Allsmäktige, evige Gud, du som utsett din enfödde Son till världens Återlösare och velat låta dig försonas genom hans Blod, vi bedja dig, giv att vi genom högtidlig dyrkan så må ära priset för vår frälsning och genom dess kraft beskyddas från detta livets onda, att vi i himmelen må evigt kunna glädjas åt dess frukt. Genom samme vår Herre...

Epistola.
(Hebr. 9:11-15.)

Bröder, Kristus har kommit... (Se sid. 153.)

Graduale.
(1 Joh. 5:6, 7-8, 9.)

Han är den som kom genom vatten och blod, Jesus Kristus, icke med vatten allenast, utan med vattnet och blodet. Tre äro de som vittna i himmelen, Fadern, Ordet och den Helige Ande. Och tre äro de som vittna på jorden: Anden, vattnet och blodet; och dessa tre äro ett. Alleluja, alleluja. Om vi taga människors vittnesbörd för gott, så må väl Guds vittnesbörd vara förmer. Alleluja.

Evangelium.
(Joh. 19:30-35.)

I den tiden, när Jesus hade tagit emot vinet, sade han: Det är fullbordat. Sedan böjde han sitt huvud och uppgav anden. Men eftersom det var tillredelsedag och judarna icke ville, att kropparna skulle bliva kvar på korsen över sabbaten (ty den sabbaten var en stor högtidsdag) bådo de Pilatus, att han skulle sönderslå de korsfästes ben och taga bort kropparna. Så kommo då soldaterna och slogo sönder den förstes ben och sedan den andres, som var korsfäst med honom. När de därefter kommo till Jesus och sågo honom redan vara död, sönderslogo de icke hans ben: men en av soldaterna öppnade hans sida med ett spjut, och strax kom därifrån ut blod och vatten. Och den, som sett detta, har vittnat därom, och hans vittnesbörd är sant.

Offertorium.
(1 Kor. 10:16.)

Välsignelsens kalk, vilken vi välsigna, är icke den en delaktighet av Kristi blod? Brödet, som vi bryta, är icke det en delaktighet av Kristi kropp?

Secreta.

Vi bedja dig, låt oss genom dessa gudomliga hemligheter komma till Jesus, det nya förbundets medlare, och på ditt altare, all makts Herre, förnya bestänkandet med det Blod, som ropar vältaligare än Abels blod. Genom samme vår Herre...

Praefatio Crucis.
(Sid. 158.)

Communio.
(Hebr. 9:28.)

Så skall Kristus, sedan han en gång har blivit offrad för att bära mångas synder, för andra gången, utan synd, låta sig ses av dem, som bida efter honom, till frälsning.

Postcommunio.

Herre, vi hava fått tillträde till ditt heliga bord och med glädje öst vatten ur Frälsarens källor; vi bedja dig, låt hans Blod för oss bliva en vattukälla, som framkväller till evigt liv. Han, som med dig lever...

2 juli.
Marie Besökelse.*

Introitus.
(Sedulius. — Ps. 44:2.)

Hell dig, heliga Moder, du födde en Konung till världen, som råder över himmel och jord till evig tid.

* Ordet »Besökelse» är återupptaget ur medeltida kyrkospråk, vari tre »Vårfrudagar»: »Marie födelse, Marie bebådelse och Marie besökelse», nämnas jämte den s. k. »dyra Vårfrudagen, Marie upptagelse i himmelen».

Mitt hjärta är överfullt av lovprisning; jag kväder min sång för Konungen.
Ära vare... Hell dig...

Oratio.

Herre, vi bedja dig, förläna dina tjänare den himmelska nådens gåva, på det att, liksom den heliga Jungfruns moderskap blivit vår frälsnings begynnelse, hennes besökelses högtid måtte skänka oss fridens förkovran. Genom vår Herre...

Epistola.

(Höga V. 2:8-14.)

Där kommer han springande över bergen, hoppande fram på höjderna. Lik en gasell är min vän eller lik en ung hjort. Se, nu står han där bakom vår vägg, han blickar in genom fönstret, han skådar genom gallret. Min vän begynner tala, han säger till mig: Skynda, stå upp, min älskade, min duva, du min sköna, och kom hitut. Ty se, vintern är förbi, regntiden är förliden och har gått sin kos. Blommorna visa sig på marken, tiden har kommit, då vinträden skäras, och turturduvan låter höra sin röst i vårt land. Fikonträdets frukter begynna att mogna, vinträden stå redan i blom, de sprida sin doft. Stå upp, min älskade, min sköna, och kom hitut. Du min duva i bergsklyftan, i klippväggens gömsle, låt mig se ditt ansikte, låt mig höra din röst; ty din röst är ljuv, och ditt ansikte är täckt.

Graduale.

Välsignad och vördnadsvärd är du, Jungfru Maria, du som, oberörd, blivit Frälsarens Moder!
Jungfru, Guds Moder! Han, som hela världen icke kan rymma, har inneslutit sig i ditt modersköte och blivit människa.

Alleluja, alleluja. Salig är du, Jungfru Maria, och högst värdig allt lov, ty av dig har utgått rättfärdighetens Sol, Kristus vår Gud. Alleluja.

Evangelium.
(Luk. 1:39-47.)

I den tiden stod Maria upp och begav sig skyndsamt till en stad i Judeen, uppe i bergsbygden. Och hon trädde in i Sakarias' hus och hälsade Elisabet. När nu Elisabet hörde Marias hälsning, spratt barnet till i hennes sköte; och Elisabet blev uppfylld av den Helige Ande och ropade med hög röst och sade: Välsignad vare du bland kvinnor och välsignad din livsfrukt! Men varför sker mig detta, att min Herres moder kommer till mig? Se, när ljudet av din hälsning nådde mina öron, spratt barnet till av fröjd i mitt sköte. Och salig är du, som har trott, ty det, som blivit dig sagt av Herren, skall gå i fullbordan. Då sade Maria: Högt prisar min själ Herren, och min ande jublar i Gud, min Frälsare.

Offertorium.

Salig är du, Jungfru Maria, som har burit alla tings Skapare; du födde honom, som skapat dig, och förbliver jungfru evinnerligen.

Secreta.

Herre, låt din enfödde Sons mandomsanammelse bringa oss hjälp, så att han, som genom sin födelse av Jungfrun icke minskade utan helgade sin Moders renhet, på festen för hennes besök hos Elisabet må rena oss genom vårt försoningsoffer och göra vår gåva välbehaglig inför dig; han som är vår Herre Jesus Kristus, vilken med dig lever...

Praefatio Beatae Mariae Virginis.
(Sid. 515.)

Communio.

Saligt är Jungfru Marias sköte, som har burit den evige Faderns Son.

Postcommunio.

Herre, vi hava blivit delaktiga av hemligheterna på denna årliga minnesfest; giv oss, vi bedja dig, att de må bliva oss till hjälp både för det timliga och det eviga livet. Genom vår Herre...

25 juli.
Aposteln Jakobus.

Introitus.
(Ps. 138:17, 1-2.)

Dina vänner, o Gud, hava del i din ära; tryggat är deras herradöme och upphöjt. Herre, du har prövat mig; du känner mig, vare sig jag sitter eller uppstår.
Ära vare... Dina vänner...

Oratio.

Herre, var en heliggörare och beskyddare för ditt folk, så att det, bevarat genom din helige apostel Jakobi beskydd, må behaga dig i sin vandel och utan fruktan tjäna dig. Genom vår Herre...

Epistola.
(1 Kor. 4:9-15.)

Bröder, mig synes, att Gud har framställt oss apostlar såsom de ringaste, såsom hemfallna åt döden; ty vi hava blivit ett skådespel för världen, för änglar och människor. Vi äro dårar för Kristi skull, men I ären kloka i Kristus;

vi svaga, men I starka; I ärade, men vi föraktade. Intill denna stund hungra och törsta vi, äro nakna, få slag med knytnävarna, irra omkring och trötta ut oss med våra händers arbete; man smädar oss och vi välsigna, man förföljer oss och vi fördraga, man hånar oss och vi bedja; såsom denna världens avskräde hava vi blivit och allas avskum intill denna dag. Detta skriver jag icke för att I skolen blygas, utan jag förmanar eder såsom mina högt älskade barn. Ty om I än haden tio tusen läromästare i Kristus, så haven I dock icke många fäder, ty jag har genom Evangeliet blivit eder fader i Jesus Kristus.

Graduale.
(Ps. 44:17-18. — Joh. 15:16.)

Du skall sätta dem till furstar över hela jorden; de skola ihågkomma ditt namn, o Herre. I dina fäders ställe ha söner blivit dig födda, därför skola folken prisa dig.
Alleluja, alleluja. Jag har utvalt eder av världen för att I skolen gå åstad och bära frukt, sådan frukt, som bliver bestående. Alleluja.

Evangelium.
(Matt. 20:20-23.)

Då trädde Sebedei söners moder fram till honom med sina söner och föll ned för honom och ville begära något av honom. Men Jesus sade till henne: Vad vill du? Hon sade till honom: Säg, att dessa mina två söner skola sitta i ditt rike, den ena på din högra sida och den andra på din vänstra. Men Jesus svarade och sade: I veten icke vad I begären. Kunnen I dricka den kalk, som jag skall dricka? De sade till honom: Det kunna vi. Han sade till dem: Ja, väl skolen I dricka min kalk; men att sitta på min högra eller vänstra sida, det står icke i min makt att bestämma, utan det skall tillfalla dem, för vilka så är bestämt av min Fader.

Offertorium.

(Ps. 18:5.)

Över hela jorden har deras röst gått ut, och deras ord till världens gränser.

Secreta.

Din helige apostel Jakobi saliga lidande anbefalle åt dig, o Herre, ditt folks offergåvor, på det att dessa, som icke genom vår egen förtjänst äro dig värdiga, må bliva dig välbehagliga genom hans förbön. Genom vår Herre...

Praefatio de Apostolis.

(Sid. 580.)

Communio.

(Matt. 19:28.)

I, som haven följt mig, skolen sitta på troner och döma Israels tolv stammar.

Postcommunio.

Herre, vi bedja dig, hjälp oss på din helige apostel Jakobi förbön, på vars högtidsdag vi med fröjd hava mottagit dina heliga hemligheter.

---

26 juli.

S:ta Anna.

(Jungfru Marias moder.)

Introitus.

(Ps. 44:2.)

Låtom oss alla glädjas i Herren, då vi fira festdagen till den heliga Annas ära, över vilkens

högtid änglarna glädjas och samfällt prisa Guds Son.
Mitt hjärta är överfullt av lovprisning, jag kväder min sång för Konungen.
Ära vare... Låtom oss...

Oratio.

Gud, du som värdigats förläna den heliga Anna nåden att föda till världen din enfödde Sons Moder, förunna oss nådeligen, att vi, som fira hennes högtid, må bliva hjälpta genom hennes förbön hos dig. Genom vår Herre...

Epistola.
(Ordspr. 31:10-31.)

En idog kvinna... (Se sid. 597.)

Graduale.
(Ps. 44:8, 3.)

Du älskar rättfärdighet och hatar orättfärdighet; därför har Gud, din Gud, smort dig med glädjens olja.
Alleluja, alleluja. Nåd är utgjuten över dina läppar, ty Gud har välsignat dig evinnerligen. Alleluja.

Evangelium.
(Matt. 13:44-52.)

I den tiden framställde Jesus för sina lärjungar denna liknelse: Himmelriket är likt en skatt, som blivit gömd i en åker. Och en man finner den, men håller det hemligt; och i sin glädje går han bort och säljer allt vad han äger och köper den åkern. Åter igen är det med himmelriket så, som när en köpman söker efter goda pärlor; och då han har funnit en dyrbar pärla, går han bort och säljer allt vad han äger och köper den. Åter igen är himmelriket likt en not, som kastas i havet och samlar tillhopa fiskar av alla slag. När den så bliver full, drager man den upp på stranden och sätter sig ned och samlar de goda i kärl, men de dåliga kastar man bort. Så skall det ock ske vid världens ände: änglarna skola gå ut och skilja de onda från de rättfärdiga och kasta dem i den brinnande ugnen; där skall vara gråt och tandagnisslan. Haven I förstått allt detta? De svarade honom: Ja. Då sade han till dem: Så är nu varje skriftlärd, som har den rätta kunskapen om himmelriket, lik en husbonde, som ur sitt förråd bär fram nytt och gammalt.

Offertorium.
(Ps. 44:10.)

Konungadöttrar äro din hedersvakt, drottningen står vid din högra sida i gyllene skrud, i strålande prakt.

Secreta.

Herre, vi bedja dig, se i nåd ned till detta offer, att det på förbön av den heliga Anna, som födde din Sons, vår Herres Jesu Kristi Moder, må främja vår andakt och frälsning. Genom samme vår Herre...

Praefatio de tempore.
(Kyrkoårstidens prefation.)

Communio.
(Ps. 44:3.)

Nåd är utgjuten över dina läppar, ty Gud har välsignat dig evinnerligen, i evigheters evighet.

Postcommunio.

Styrkta av de himmelska hemligheterna bedja vi dig, Herre vår Gud, att vi på förbön av den heliga Anna, som du har utvalt att föda din Sons Moder, må förunnas att uppnå den eviga frälsningen. Genom samme vår Herre...

6 augusti.
Vår Herres Jesu Kristi Förklaring.

Introitus.
(Ps. 76:19. — Ps. 83:2-3.)

Dina ljungeldar flammade över jordens krets, jorden darrade och bävade. Huru ljuvliga äro icke dina boningar! Min själ längtar och trängtar efter Herrens gårdar. Ära vare... Dina ljungeldar...

Oratio.

Gud, du som genom fädernas vittnesbörd bekräftat trons hemligheter vid din enfödde Sons härliga förklaring och som genom den röst, som utgick från ljusskyn, underbart bebådat vår fullkomliga utkorelse såsom dina barn, förunna oss nådeligen att bliva medarvingar med denne härlighetens Konung och delaktiga i hans eviga härlighet. Genom vår Herre...

Epistola.
(2 Petr. 1:16-19.)

Högtälskade! Det var icke klokt uttänkta fabler vi följde, när vi förkunnade för eder vår Herres, Jesu Kristi, makt och hans tillkommelse, utan vi hade själva skådat hans härlighet. Ty han fick ifrån Gud, Fadern, ära och pris, när från det högsta Majestätet en röst kom ned till honom och sade: Denne är min älskade Son, i vilken jag har funnit behag. Den rösten hörde vi själva komma från himmelen, när vi voro med honom på det heliga berget. Så mycket fastare står nu också för oss det profetiska ordet; och I gören väl, om I akten därpå såsom på ett ljus, som upplyser en mörk stig, till dess att dagen gryr och morgonstjärnan går upp i edra hjärtan.

Graduale.
(Ps. 43:3, 2. — Vish. 7:26.)

Du är den skönaste av människors barn, ljuvlighet är utgjuten över dina läppar. Mitt hjärta är överfullt av lovprisning, jag kväder min sång för konungen. Alleluja, alleluja. Ett återsken av det eviga ljuset är han, Guds klara spegel och en avbild av hans godhet. Alleluja.

Evangelium.
(Matt. 17:1-9.)

I den tiden tog Jesus Petrus och Jakobus... (Se sid. 138.)

Offertorium.
(Ps. 111:3.)

Ära och rikedom finnas i hans hus, och hans rättfärdighet består evinnerligen.

Secreta.

Herre, vi bedja dig, helga genom din enfödde Sons härliga förklaring de offergåvor vi framburit, och rena oss genom hans klarhets glans från våra synders fläckar. Genom samme vår Herre...

Praefatio Nativitatis.
(Sid. 27.)

Communio.
(Matt. 17:9.)

Omtalen icke för någon denna syn, förrän Människosonen har uppstått från de döda.

Postcommunio.

Förunna oss, vi bedja dig, allsmäktige Gud, att vi med ett luttrat hjärtas förståelse må fatta den högtheliga hemligheten av din Sons förklaring, vilken vi dag högtidligen firat. Genom samme vår Herre...

10 augusti.
S:t Laurentius.
(S:t Lars.)

Introitus.
(Ps. 95:6, 1.)

Lovprisning och härlighet äro inför hans ansikte, helighet och majestät i hans helgedom.
Sjungen till Herrens ära en ny sång; sjungen till Herrens ära, alla länder.
Ära vare... Lovprisning...

Oratio.

Vi bedja dig, allsmäktige Gud, giv oss nåden att kunna kväva våra lidelsers glöd, liksom du har förlänat den helige Laurentius kraft att övervinna sitt martyriums lågor. Genom vår Herre...

Epistola.
(2 Kor. 9:6-10.)

Bröder, den som sår sparsamt, han skall ock skörda sparsamt; men den som sår rikligt, han skall ock skörda riklig välsignelse. Var och en give, efter som han har känt sig manad i sitt hjärta, icke med olust eller av tvång, ty "Gud älskar en glad givare". Men Gud är mäktig att i överflödande mått låta all nåd komma eder till del, så att I alltid i allo haven allt till fyllest och i överflöd kunnen giva till allt gott verk, efter Skriftens ord: "Han utströr, han giver åt de fattiga, hans rättfärdighet förbliver evinnerligen." Och han, som giver såningsmannen "säd till att så och bröd till att äta", han skall ock giva eder utsädet och låta det föröka sig, och han skall giva växt åt eder rättfärdighets frukt.

Graduale.
(Ps. 16:3.)

Herre, du har rannsakat mitt hjärta, du har besökt mig om natten, du har prövat mig i eld, men du har icke funnit någon orättfärdighet i mig.
Alleluja, alleluja. Laurentius, leviten, gjorde ett gott verk; genom korsets tecken tände han ljus för de blinda.

Evangelium.
(Joh. 12:24-26.)

I den tiden sade Jesus till sina lärjungar: Sannerligen, sannerligen säger jag eder: Om icke vetekornet faller i jorden och dör, så förbliver det ett ensamt korn; men om det dör, så bär det mycken frukt. Den som älskar sitt liv, skall mista det, men den som hatar sitt liv i denna världen, han skall behålla det och hava det eviga livet. Om någon vill tjäna mig, han följe mig; och där jag är, där skall ock min tjänare vara. Om någon tjänar mig, så skall min Fader ära honom.

Offertorium.
(Ps. 95:6.)

Lovprisning och härlighet äro inför hans ansikte, helighet och majestät i hans helgedom.

Secreta.

Vi bedja dig, Herre, mottag de gåvor, som vi med vördnad frambära, och låt dem för den helige Laurentii förtjänsters skull bliva oss till hjälp att uppnå den eviga saligheten. Genom vår Herre...

Praefatio de tempore.
(Kyrkoårstidens prefation.)

Communio.
(Joh. 12:26.)

Om någon vill tjäna mig, han följe mig; och där jag är, där skall ock min tjänare vara.

Postcommunio.

Mättade av den heliga gåvan bedja vi dig ödmjukt, Herre, att vi på din martyrs, den helige Laurentii, förbön må få erfara, huru det, som vi genom vördnadsfull tjänst fira, inom oss förökar din frälsnings nåd. Genom vår Herre...

---

16 augusti.
S:t Joakim.
(Jungfru Marie fader.)

Introitus.
(Ps. 111:9. — 111:1.)

Han utströr, han giver åt de fattiga, hans rättfärdighet förbliver evinnerligen, hans kraft skall upphöjas i härlighet.

16 augusti

Säll är den man, som fruktar Herren och har hela sin lust i hans bud.
Ära vare... Han utströr...

Oratio.

O Gud, vilkens vilja det varit, att den helige Joakim framför alla dina andra helgon skulle bliva fader till din Sons Moder, förunna oss, vi bedja dig, att städse erfara hans beskydd, vilkens fest vi fira. Genom vår Herre...

Epistola.

(Syr. 31:8-11.)

Säll är den rike, som är befunnen ostrafflig och som icke har låtit sig förledas av guldet. Var finnes han, så att vi få prisa honom säll? Ty något underbart har han gjort bland sitt folk. Vem blev prövad i sådant och befunnen fullkomlig? Han vore berömmelse värd. Var finnes den som ej förbröt sig, fastän han hade kunnat det, den som ej gjorde vad ont var, fastän han hade förmått det? Den mannens lycka skall fast bestå, och om hans välgörenhet skall man förtälja i församlingen.

Graduale.

(Ps. 111:9, 2.)

Han utströr, han giver åt de fattiga, hans rättfärdighet förbliver evinnerligen. Hans efterkommande skola bliva mäktiga på jorden; de redligas släkte skall varda välsignat.
Alleluja, alleluja. O Joakim, du den heliga Annas make, den saliga Jungfruns fader, räck oss, dina tjänare, en hand till frälsning. Alleluja.

Evangelium.

(Matt. 1:1-6.)

Detta är Jesu Kristi... (Se sid. 680.)

Offertorium.
(Ps. 8:6-7.)

Med ära och härlighet har du krönt honom, Herre, du har satt honom till herre över dina händers verk.

Secreta.

Mottag, mildaste Gud, det offer, som vi frambära till ära för den helige patriarken Joakim, den heliga Jungfruns fader, på det att vi på hans heliga makas och den saligaste Jungfruns, hans dotters, förbön måtte uppnå fullkomlig syndaförlåtelse och den eviga härligheten. Genom vår herre...

Praefatio de tempore.
(Kyrkoårstidens prefation.)

Communio.
(Luk. 12:42.)

En trogen och förståndig förvaltare, som hans herre satte över sitt husfolk, för att han i rättan tid skulle giva dem deras stadgade mål.

Postcommunio.

Vi bedja dig, allsmäktige Gud, att vi genom de sakrament, vi mottagit, och genom förtjänsten och förbönen av den helige Joakim, fadern till din älsklige Sons, vår Herres Jesu Kristi Moder, måtte här få del i din nåd och därovan i den eviga härligheten. Genom vår Herre...

24 augusti.
Aposteln Bartolomeus.

Introitus.
(Ps. 138:17, 1-2.)

Dina vänner, o Gud, hava del i din ära; tryggat är deras herradöme och upphöjt. Herre, du har prövat mig; du känner mig, vare sig jag sitter eller uppstår. Ära vare... Dina vänner...

Oratio.

Allsmäktige, evige Gud, du som förunnat oss att fira denna glädjerika och vördnadsvärda högtidsdag till din helige apostel Bartolomei ära, vi bedja dig, låt din Kyrka både älska det, som han har trott, och predika det, som han har förkunnat. Genom vår Herre...

Epistola.
(1 Kor. 12:27-31.)

Bröder, I ären Kristi lekamen, varje enskild en lem i den. Gud har i Kyrkan satt för det första apostlar, för det andra profeter, för det tredje lärare, vidare några att utföra kraftgärningar, några med gåvor att bota sjuka, några att hjälpa behövande, att styra, att tala tungomål och att uttyda dem. Äro väl alla apostlar? Alla profeter? Alla lärare? Kunna alla göra kraftgärningar? Ha alla gåvan att bota sjuka? Tala väl alla tungomål? Kunna alla uttyda dem? Men varen ivriga att få de bästa nådegåvorna.

Graduale.
(Ps. 44:18-20.)

Du skall sätta dem till furstar över hela jorden; de skola ihågkomma ditt namn, o Herre. I

dina fäders ställe hava söner blivit dig födda, därför skola folken prisa dig.
Alleluja, alleluja. Herre, dig prisar apostlarnas ärorika kör. Alleluja.

Evangelium.
(Luk. 6:12-19.)

Och det hände i de dagarna, att Jesus gick upp på berget för att bedja, och han tillbragte natten i bön till Gud. Och när det blev dag, tillkallade han sina lärjungar och utvalde tolv av dem, vilka han kallade apostlar: Simon, som han kallade Petrus, och hans broder Andreas, Jakobus och Johannes, Filippus och Bartolomeus, Matteus och Tomas, Jakobus, Alfei son, och Simon, som kallades Ivraren, Judas, Jakobi broder, och Judas Iskariot, som blev förrädare. Och han gick ned med dem till en jämn plats och en stor skara av hans lärjungar var där församlad, så ock en stor mängd folk från hela Judeen, från Jerusalem och från havskusten samt från Tyrus och Sidon, vilka hade kommit för att höra honom och bliva botade från sina sjukdomar. Och även de, som plågades av orena andar, blevo helbrägda. Och allt folket sökte att vidröra honom, ty en kraft utgick ifrån honom och botade alla.

Offertorium.
(Ps. 138:17.)

Dina vänner, o Gud, hava del i din ära; tryggat är deras herradöme och upphöjt.

Secreta.

På den helige aposteln Bartolomei åminnelsedag bedja vi dig, Herre, att vi måtte undfå dina välgärningar genom hans bistånd, till vars ära vi frambära detta lovoffer. Genom vår Herre...

Praefatio de Apostolis.
(Sid. 580.)

Communio.
(Matt. 19:28.)

I, som haven följt mig, skolen sitta på troner och döma Israels tolv stammar.

Postcommunio.

Herre, vi bedja dig, låt den eviga återlösningens underpant, som vi emottagit, på den helige aposteln Bartolomei förbön vara oss till hjälp både i detta och det tillkommande livet. Genom vår Herre...

8 september.
Marie Födelse.
MORMÄSSA.

Introitus.
(Sedulius — Ps. 44:2.)

Hell dig, heliga Moder, du födde en Konung till världen, som råder över himmel och jord till evig tid.
Mitt hjärta är överfullt av lovprisning; jag kväder min sång för Konungen.
Ära vare... Hell dig...

Oratio.

Herre, vi bedja dig, förläna dina tjänare den himmelska nådens gåva, på det att, liksom den heliga Jungfruns moderskap blivit vår frälsnings begynnelse, hennes födelses högtid måtte skänka oss fridens förkovran. Genom vår Herre...

Epistola.
(Ordspr. 8:22-35.)

Herren ägde mig... (Se sid. 512.)

Graduale.

Välsignad och vördnadsvärd är du, Jungfru Maria, du som, oberörd, blivit Frälsarens Moder! Jungfru, Guds Moder! Han, som hela världen icke kan rymma, har inneslutit sig i ditt modersköte och blivit människa. Alleluja, alleluja. Salig är du, Jungfru Maria, och högst värdig allt lov, ty av dig har utgått rättfärdighetens sol, Kristus vår Gud. Alleluja.

Evangelium.

(Matt. 1:1-16.)

Detta är Jesu Kristi, Davids sons, Abrahams sons, släkttavla. Abraham var fader till Isak, Isak till Jakob, Jakob till Judas och hans bröder; Judas var fader till Fares och Sara med Tamar, Fares till Esrom, Esrom till Aram, Aram till Aminadab, Aminadab till Naasson, Naasson till Salmon; Salmon var fader till Boes med Rakab, Boes till Obed med Rut, Obed till Jesse; Jesse var fader till David, konungen; David var fader till Salomo med Urias hustru, Salomo till Roboam, Roboam till Abia, Abia till Asa, Asa till Josafat, Josafat till Joram, Joram till Osias, Osias till Joatam, Joatam till Akas, Akas till Esekias, Esekias till Manasse, Manasse till Amos, Amos till Josias, Josias till Jekonias och hans bröder vid tiden för överflyttningen till Babylon. Efter överflyttningen till Babylon blev Jekonias fader till Salatiel; Salatiel var fader till Sorobabel, Sorobabel till Abiud, Abiud till Eliakim, Eliakim till Asor, Asor till Sadok, Sadok till Akim, Akim till Eliud, Eliud till Eleasar, Eleasar till Matan, Matan till Jakob; Jakob var fader till Josef, Marias man, och av henne föddes Jesus, som kallas Kristus.

Offertorium.

Salig är du, Jungfru Maria, som har burit alla tings Skapare; du födde honom, som skapat dig, och förbliver jungfru evinnerligen.

Secreta.

Herre, låt din enfödde Sons mandomsanammelse bringa oss hjälp, så att han, som genom sin födelse av Jungfrun icke minskade utan helgade sin Moders renhet, på festen för hennes födelse må rena oss genom vårt försoningsoffer och göra vår gåva välbehaglig inför dig; han som är vår Herre Jesus Kristus, vilken med dig lever...

Praefatio Beatae Mariae Virginis.
(Sid. 515.)

Communio.

Saligt är Jungfru Marias sköte, som har burit den evige Faderns Son.

Postcommunio.

Herre, vi hava blivit delaktiga av hemligheterna på denna årliga minnesfest; giv oss, vi bedja dig, att de må bliva oss till hjälp både för det timliga och det eviga livet. Genom vår Herre...

15 september.

Marie Sju Smärtor.

Samma Mässa som på fredagen efter Passionssöndagen, sid. 546, med undantag av:

Oratio.

Herre, vid vilkens lidande enligt Simeons profetia den ärorika Jungfrun och Modern Marias älskliga själ genomborrades av ett smärtans svärd, förläna oss nådigt, att vi, som vördnadsfullt fira hennes smärtor, må skörda salig frukt av ditt lidande. Du som lever...

Graduale.

Smärtorik och djupt bedrövad är du, Jungfru Maria, där du står under korset, på vilket Herren Jesus lider, din Son och vår Återlösare. Jungfru och Guds Moder, den som hela världen icke rymmer, livets upphovsman, som blivit människa, lider korsets kval.
Alleluja, alleluja. Försänkt i sorg och smärta stod Maria, den Heliga, himmelens drottning och världens härskarinna, vid vår Herres Jesu Kristi kors.
Därefter följer *Sekvensen,* som slutas med: Amen. Alleluja.

21 september.

Aposteln och Evangelisten Matteus.

Introitus.
(Ps. 36:30-31, 1.)

Den rättfärdiges mun talar visdom, och hans tunga säger, vad rätt är; Guds lag är i hans hjärta.
Harmas icke över de onda, avundas icke dem som göra orätt.
Ära vare... Den rättfärdiges...

21 september

Oratio.

Herre, låt oss bliva hjälpta genom din helige apostel och evangelist Mattei förbön, så att det, som vi icke kunna uppnå genom egen förmåga, må skänkas oss genom hans förbön. Genom vår Herre...

Epistola.
(Hes. 1:10-14.)

De fyra väsendenas ansikten... (Se sid. 652.)

Graduale.
(Ps. 111:1-2.)

Säll är den man, som fruktar Herren och har hela sin lust i hans bud. Hans avkomma skall bliva mäktig på jorden, och de rättfärdigas ätt skall välsignas.
Alleluja, alleluja. Herre, dig prisar apostlarnas ärorika kör. Alleluja.

Evangelium.
(Matt. 9:9-13.)

På den tiden såg Jesus en man vid namn Matteus sitta vid tullen. Och han sade till honom: Följ mig! Då stod han upp och följde honom. Då han därefter satt till bords i hans hus, se, då kommo många tullnärer och syndare och satte sig till bords med Jesus och hans lärjungar. När fariséerna sågo detta, sade de till hans lärjungar: Huru kan eder mästare äta tillsammans med tullnärer och syndare? Men när Jesus hörde det, sade han: Det är icke de friska, som behöva läkare, utan de sjuka. Men gån I åstad och lären eder, vad de orden betyda: Jag fordrar barmhärtighet och icke offer; ty jag har icke kommit för att kalla rättfärdiga, utan syndare.

Offertorium.
(Ps. 20:4-5.)

Herre, på hans huvud har du satt en krona av ädla stenar; av dig begärde han livet, och det har du givit honom. Alleluja.

Secreta.

Herre, vi bedja dig, låt din Kyrkas offer anbefallas genom den salige aposteln och evangelisten Mattei böner, genom vars härliga förkunnelser den undervisas. Genom vår Herre...

Praefatio de Apostolis.
(Sid. 580.)

Communio.
(Ps. 20:6.)

Stor är hans ära genom din frälsning; Herre, du skall giva honom ära och stor värdighet.

Postcommunio.

Sedan vi emottagit sakramentet, bedja vi dig ödmjukt, o Herre, att de hemligheter, som vi firat till din helige apostel och evangelist Mattei ära, genom hans förbön må bliva oss till förkovran. Genom vår Herre...

29 september.
Ärkeängeln Mikael.

Introitus.
(Ps. 102:20, 1.)

Prisen Herren, I alla hans änglar, I starka hjältar, som uträtten hans befallning, som hörsammen ljudet av hans ord.

29 september

Prisa Herren, min själ, och allt det i mig är, prise hans heliga namn.
Ära vare... Prisen Herren...

Oratio.

Gud, du som efter en underbar plan fördelar både änglars och människors tjänst, förunna oss nådeligen, att de, som i himmelen alltid stå inför dig såsom dina tjänare, må värna oss under vårt liv här på jorden. Genom vår Herre...

Epistola.
(Upp. 1:1-5.)

I de dagarna tillkännagav Gud vad som snart skall ske. Han sände sin ängel till sin tjänare Johannes, som här vittnat och framburit Guds ord och Jesu Kristi vittnesbörd, allt vad han själv har sett. Salig är den som får läsa eller höra denna profetias ord, och som tager vara på vad däri är skrivet; ty tiden är nära. Johannes hälsar de sju församlingarna i provinsen Asien. Nåd vare med eder och frid ifrån honom, som är och som var och som komma skall, så ock från de sju andar, som stå inför hans tron, och från Jesus Kristus, det trovärdiga vittnet, den förstfödde bland de döda, den som är härskaren över jordens konungar. Honom som har älskat oss och som i sitt blod tvagit oss rena från våra synder.

Graduale.
(Ps. 102:20, 1.)

Prisen Herren, I alla hans änglar, I starka hjältar, som uträtten hans befallning, som hörsammen ljudet av hans ord. Prisa Herren, min själ, och allt det i mig är, prise hans heliga namn.

Alleluja, alleluja. Helige ärkeängel Mikael, försvara oss i striden, så att vi icke förgås i den fasansfulla domen. Alleluja.

Evangelium.
(Matt. 18:1-10.)

I den tiden trädde lärjungarna... (Se sid. 587.)

Offertorium.
(Upp. 8:3, 4.)

En ängel kom och ställde sig vid altaret, och han hade ett gyllene rökelsekar; och mycken rökelse blev given åt honom. Och rökelseskyn uppsteg inför Guds åsyn. Alleluja.

Secreta.

Herre, vi frambära åt dig lovprisningens offer och bedja dig ödmjukt, att du på änglarnas förbön nådigt ville mottaga detsamma och låta det␣lända oss till frälsning. Genom vår Herre...

Praefatio de tempore.
(Kyrkoårstidens prefation.)

Communio.
(Dan. 3:58.)

Alla Herrens änglar, prisen Herren, sjungen en lovsång och upphöjen honom i evighet.

Postcommunio.

Förlitande oss på din helige ärkeängel Mikaels förbön bönfalla vi dig ödmjukt, Herre, att det vi lekamligen hava mottagit, måtte komma oss andligen till godo. Genom vår Herre...

3 oktober.

S:ta Teresia av Lisieux.

(Missionernas skyddshelgon.)

Introitus.
(Höga V. 4:8-9, Ps. 112:1.)

Kom med mig från Libanon, min brud, kom med mig från Libanon. Du har sårat mitt hjärta, du min syster, min brud; du har sårat mitt hjärta. Prisen Herren, I barn, prisen Herrens namn. Ära vare... Kom med...

Oratio.

Herre, du som sagt: Om I icke omvänden eder och bliven såsom barn, skolen I icke ingå i himmelriket: förläna oss, vi bedja dig, att så följa din heliga jungfru Teresias väg i hjärtats ödmjukhet och enfald, att vi må bliva delaktiga av den eviga lönen. Du som lever...

Epistola.
(Jes. 66:12-14.)

Så säger Herren: Se, jag vill låta frid komma över henne såsom en ström och folkens hedersbetygelser såsom en översvämmande flod, av vilken I skolen få dricka. I skolen bliva burna vid bröstet och skolen få sitta i knäet och smekas. Såsom en moder smeker sitt barn, så skall jag trösta eder; och i Jerusalem skolen I få hugsvalelse. Och edra hjärtan skola glädja sig, när I fån se detta, och ny livskraft skall uppfylla edra lemmar; och man skall förnimma, att Herrens hand är med hans tjänare.

Graduale.
(Matt. 11:25, Ps. 70:5, Syr. 39:17-19.)

Jag prisar dig, Fader, du himmelens och jordens Herre, för att du väl har dolt detta för de visa och kloka, men uppenbarat det för de små. Herre, du är mitt hopp från min ungdoms dagar. Alleluja, alleluja. Bären frukt likt rosor vid vattubäckar, spriden vällukt likt Libanon; blomstren, I blommor, som liljor och spriden vällukt och utvecklen eder i yppig prakt: sjungen en lovsång och prisen Herren för alla hans verk. Alleluja.

Evangelium.
(Matt. 18:1-4.)

I den tiden trädde lärjungarna fram till Jesus och sade: Vilken är den störste i himmelriket? Och Jesus kallade till sig ett barn, ställde det mitt ibland dem och sade: Sannerligen säger jag eder: Utan att I omvänden eder och bliven såsom barn, skolen I icke komma in i himmelriket. Den som nu ödmjukar sig så, att han bliver såsom detta barn, han är den störste i himmelriket.

Offertorium.
(Luk. 1:46-49.)

Högt prisar min själ Herren, och min ande jublar i Gud, min Frälsare. Ty han har sett till sin tjänarinnas ringhet. Storverk har han gjort med mig, han som är mäktig.

Secreta.

Vi bedja dig, o Herre, se nådigt till vårt offer på din heliga jungfru Teresias förbön och tag emot det för hennes förtjänsters skull, till vilkens ära vi högtidligen fira detsamma. Genom vår Herre...

Praefatio de tempore.
(Kyrkoårstidens prefation.)

Communio.
(5 Mos. 32:10-12.)

Han förde henne sina vägar och undervisade henne, han värnade om henne såsom sin ögonsten. Likasom en örn bredde han ut sina vingar och tog henne och bar henne på sina fjädrar. Herren allena var hennes ledare.

Postcommunio.

Må detta himmelska sakrament, o Herre, i oss upptända den kärlekens eld, med vilken din heliga Teresia framburit sig för människorna såsom ett kärlekens offer. Genom vår Herre...

18 oktober.

Evangelisten Lukas.

Introitus.
(Ps. 138:17, 1-2.)

Dina vänner, o Gud, hava del i din ära; tryggat är deras herradöme och upphöjt.
Herre, du har prövat mig; du känner mig, vare sig jag sitter eller uppstår.
Ära vare... Dina vänner...

Oratio.

Herre, vi bedja dig, låt din helige evangelist Lukas fälla förböner för oss, han som, alltjämt till ditt namns ära, på korset dödade sitt eget kött. Genom vår Herre...

Epistola.
(2 Kor. 8:16-24.)

Bröder, Gud vare tack, som också i Titus' hjärta ingiver samma nit för eder. Ty han erhöll visserligen en uppmaning, men då han själv var övermåttan ivrig, har han av egen vilja rest till eder. Med honom sända vi även en broder, som i alla församlingar prisas för sitt nit om evangelium. Han är dessutom av församlingarna utvald att vara vår följeslagare, när vi skola resa med den kärleksgåva, som nu genom vår försorg kommer till stånd, Herren till ära och såsom ett vittnesbörd om vår goda vilja. Därmed vilja vi förebygga, att man talar illa om oss med anledning av den rika insamling, som ombesörjes av oss. Ty vi vinnlägga oss om det goda icke allenast inför Gud utan även inför människor. Jämte dessa sända vi en annan av våra bröder, vilkens nit vi ofta och i många stycken hava funnit hålla provet, och som nu på grund av sitt stora förtroende till eder är ännu mer nitisk. Vad Titus beträffar, är han alltså min följeslagare och medarbetare hos eder, och våra bröder äro församlingarnas sändebud till Kristi ära. Giv dem därför inför församlingarna bevis på eder kärlek och på sanningen i det som vi sagt dem till eder berömmelse.

Graduale.
(Ps. 18:5, 2. — Joh. 15:16.)

Över hela jorden har deras röst utgått och deras ord till världens gränser. Himlarna tala om Guds härlighet, och himlavalvet förtäljer vad hans händer förmå.

Alleluja, alleluja. Jag har utvalt eder ur världen, för att I skolen gå ut och bära frukt och att eder frukt må förbliva. Alleluja.

Evangelium.
(Luk. 10:1-9.)

I den tiden utsåg Herren... (Se sid. 653.)

Offertorium.
(Ps. 138:17.)

Dina vänner, o Gud, hava del i din ära, tryggat är deras herradöme och upphöjt.

Secreta.

Herre, vi bedja dig, giv att vi genom dina himmelska gåvor kunna tjäna dig med ett fritt hjärta, så att de gåvor, som vi frambära, på din helige evangelist Lukas' förbön måtte förläna oss kraft och evig härlighet. Genom vår Herre...

Praefatio de Apostolis.
(Sid. 580.)

Communio.
(Matt. 19:28.)

I, som haven följt mig, skolen sitta på troner och döma Israels tolv stammar.

Postcommunio.

Vi bedja dig, allsmäktige Gud, giv att den gåva, som vi hava mottagit från ditt heliga altare, på din helige evangelist Lukas' förbön må heliggöra våra själar, så att vi därigenom kunna vara i trygghet. Genom vår Herre...

28 oktober.

Apostlarna Simon och Judas.

Introitus.
(Ps. 138:17, 1-2.)

Dina vänner, o Gud, hava del i din ära; tryggat är deras herradöme och upphöjt. Herre, du har prövat mig; du känner mig, vare sig jag sitter eller uppstår. Ära vare... Dina vänner...

Oratio.

Gud, du som genom dina heliga apostlar Simon och Judas har fört oss till kunskap om ditt namn, giv att vi må fira deras eviga härlighet genom framsteg i det goda och göra framsteg genom att fira den. Genom vår Herre...

Epistola.
(Ef. 4:7-13.)

Bröder, åt envar av oss har nåden givits efter måttet av Kristi gåva. Därför heter det: Han uppsteg i höjden, han förde med sig fångar och gav människorna gåvor. Men att han uppsteg, vad innebär det annat, än att han förut nedstigit till jordens lägre rymder. Den som nedsteg är ock densamme som uppsteg över alla himlar för att uppfylla allt. Och han själv har förordnat somliga till apostlar, somliga till profeter, andra åter till evangelister och andra till herdar och lärare. Han ville fullkomna de heliga till att utföra sitt tjänareverv, att uppbygga Kristi kropp, till dess vi alla komma fram till enheten i tron och kunskapen om Guds Son, till manlig mognad, och så bliva fullvuxna, intill Kristi fullhet.

Graduale.
(Ps. 44:17-18. — 138:17.)

Du skall sätta dem till furstar över hela jorden; de skola ihågkomma ditt namn, Herre. I dina fäders ställe hava söner blivit dig födda, därför skola folken prisa dig. Alleluja, alleluja. Dina vänner, o Gud, hava del i din ära, tryggat är deras herradöme och upphöjt. Alleluja.

Evangelium.
(Joh. 15:17-25.)

I den tiden sade Jesus till sina lärjungar: Detta bjuder jag eder, att I skolen älska varandra. Om världen hatar eder, så veten, att den har hatat mig förr än eder. Voren I av världen, så skulle världen älska sitt eget, men emedan I icke ären av världen utan av mig blivit utvalda och tagna ut ur världen, därför hatar världen eder. Kommen ihåg det ord, som jag sagt eder: Tjänaren är ej förmer än sin herre. Hava de förföljt mig, så skola de även förfölja eder; hava de hållit mitt ord, så skola de även hålla edert. Men allt detta skola de göra mot eder för mitt namns skull, eftersom de icke känna honom, som har sänt mig. Hade jag icke kommit och talat till dem, så hade de icke haft någon synd, men nu hava de ingen ursäkt för sin synd. Den, som hatar mig, han hatar även min Fader. Hade jag icke bland dem gjort sådana gärningar, som ingen annan har gjort, så hade de icke haft synd, men nu hava de sett dem och hatat både mig och min Fader. Men det måste så ske, på det att det ord skulle uppfyllas, som är skrivet i deras lag: De hava hatat mig utan orsak.

Offertorium.
(Ps. 18:5.)

Över hela jorden har deras röst utgått, och deras ord ända till världens yttersta gräns.

Secreta.

I det vi ära dina heliga apostlar Simons och Judas' eviga härlighet, bedja vi dig, Herre, att vi, renade genom dessa heliga hemligheter, må kunna fira dem med större värdighet. Genom vår Herre...

Praefatio de Apostolis.
(Sid. 580.)

Communio.
(Matt. 19:28.)

I, som haven följt mig, skolen sitta på troner och döma Israels tolv stammar.

Postcommunio.

Sedan vi emottagit sakramentet, bedja vi dig ödmjukt, o Herre, att de hemligheter, som vi firat till ära för dina heliga apostlar Simons och Judas' lidande, genom deras förbön må bliva oss till förkovran. Genom vår Herre...

---

9 november.
Laterankyrkans invigning.

(Laterankyrkan i Rom bär titeln: »Mater et caput omnium ecclesiarum — Alla kyrkors moder och överhuvud».)

Introitus.
(1 Mos. 28:17. — Ps. 83:2, 3.)

Huru heligt är icke detta rum; här bor förvisso Gud, och här är himmelens port, och det skall kallas Guds hus.

9 november

Huru ljuvliga äro icke dina boningar, Herre Sabaoth! Min själ längtar och trängtar efter Herrens gårdar.
Ära vare... Huru heligt...

Oratio.

Gud, du som varje år låter detta ditt heliga tempels invigningsdag återkomma och därvid städse låter oss uppleva dina heliga hemligheter, hör ditt folks böner och giv, att var och en, som träder in i detta tempel för att bedja om dina nådegåvor, må få glädja sig åt fullkomlig bönhörelse. Genom vår Herre...

Epistola.
(Upp. 21:2-5.)

I de dagarna såg jag den heliga staden, det nya Jerusalem, komma ned från himmelen, från Gud, färdigsmyckad såsom en brud, som är prydd för sin brudgum. Och jag hörde en stark röst från tronen säga: 'Se, Guds tabernakel bland människorna, och han skall bo ibland dem, och de skola vara hans folk; ja, Gud själv skall vara hos dem deras Gud och Gud skall avtorka alla tårar från deras ögon. Och döden skall icke mer vara till, och ingen sorg eller klagan eller plåga skall vara mer; ty det, som förr var, är nu förgånget.' Och han som satt på tronen sade: 'Se, jag gör allting nytt.'

Graduale.
(Ps. 137:2.)

Denna plats är gjord av Gud, en oskattbar hemlighet, utan vank och brist. Gud, vilkens tron är omgiven av änglarnas kör, hör dina tjänares böner.

Alleluja, alleluja. Jag vill tillbedja, vänd mot ditt heliga tempel, och prisa ditt namn. Alleluja.

Evangelium.
(Luk. 19:1-10.)

I den tiden gick Jesus in i Jeriko och gick fram genom staden. Där fanns en man vid namn Sackeus, som var förman för publikanerna och en rik man. Denne ville gärna se, vem som var Jesus, men han kunde det icke för folkets skull, ty han var liten till växten. Då skyndade han i förväg och steg upp i ett fikonträd för att få se honom, ty han skulle komma den vägen fram. När Jesus nu kom till det stället lyfte han sin blick och fick se honom och sade till honom: Sackeus, skynda dig ned, ty i dag måste jag gästa ditt hus. Och han skyndade sig ned och tog emot honom med glädje. Men alla, som sågo det, knorrade och sade: Han har gått in för att gästa hos en syndare. Men Sackeus trädde fram och sade till Herren: Herre, hälften av mina ägodelar giver jag nu åt de fattiga; och om jag har utkrävt för mycket av någon, så giver jag fyradubbelt igen. — Och Jesus sade om honom: I dag har frälsning vederfarits detta hus, eftersom också han är en Abrahams son. Ty Människosonen har kommit för att uppsöka och frälsa det som var förlorat.

Offertorium.
(1 Krön. 29:17-18.)

Herre, min Gud, med rättsinnigt hjärta har jag i glädje burit fram alla dessa gåvor; och nu har jag ock med stor fröjd sett ditt folk komma hit. Israels Gud, bevara denna goda vilja.

Secreta.

Herre, vi bedja dig, hör nådigt våra böner och låt oss, som här frambära dessa offergåvor, med ditt bistånd uppnå det eviga livets lön. Genom vår Herre...

Praefatio de tempore.
(Kyrkoårstidens prefation.)

Communio.
(Matt. 21:13.)

Mitt hus skall kallas ett bönens hus, säger Herren. Där skall var och en erhålla, vad han beder om, och finna, vad han söker, och för den som klappar, skall det varda upplåtet.

Postcommunio.

Gud, du som av utvalda och levande stenar bereder ditt Majestät en evig boning, kom ditt bönfallande folk till hjälp, på det din Kyrka må vinna inre kraft i samma mån hon tillväxer i yttre omfång. Genom vår Herre:...

Kyrkoinvigningsfesten.

Varje församling, som äger en högtidligen konsekrerad kyrka, firar varje år minnesdagen av den egna kyrkans invigning.

Mässans text: se *Laterankyrkans invigning,* sid. 694, med följande undantag:

Secreta.

Herre, vi bedja dig, hör nådigt våra böner, på det att vi alla, som fira årsdagen av det tempels högtidliga invigning, inom vars heliga rum vi hava församlats, måtte behaga dig genom både kroppens och själens odelade och fullkomliga andakt, och låt oss, som här frambära dessa offergåvor, med ditt bistånd uppnå det eviga livet. Genom vår Herre...

Om minnesdagen infaller *i fastetiden* ersättes Allelujaversen av Tractus:

Graduale, Tractus.

(Ps. 124:1-2.)

Denna plats är gjord av Gud, en oskattbar hemlighet, utan vank och brist. Gud, vilkens tron är omgiven av änglarnas kör, hör dina tjänares böner.

De, som förtrösta på Herren, de likna Sions berg, som icke vacklar, utan förbliver evinnerligen. Jerusalem omhägnas av berg, och Herren omhägnar sitt folk ifrån nu och till evig tid.

I *påsktiden* läses däremot:

Graduale, Allelujavers.

(Ps. 137:2.)

Alleluja, alleluja. Jag vill tillbedja vänd mot ditt heliga tempel och prisa ditt namn. Alleluja. Fast grundat är Herrens hus på hälleberget. Alleluja.

BIHANG II

SVERIGES SÄRSKILDA FESTER

Här äro alla för Sverige speciella fester intagna, oavsett bokens karaktär av söndagsmissale. De här intagna festerna, som icke äro av högre rang, kommemoreras endast, om de infalla på en söndag.

19 januari.

S:t Henrik av Uppsala.

Introitus.
(Dan. 3:84, 57, 57.)

I Guds präster, loven Herren; I heliga och ödmjuka av hjärtat, prisen Gud. Loven Herren, I alla Herrens verk, prisen och upphöjen Honom i evighet.
Ära vare... I Guds präster...

Oratio.

Allsmäktige evige Gud, som har förunnat din helige martyr och biskop Henrik att i härlig triumf vinna martyrskapets segerpalm, vi bedja dig, att du genom hans förtjänster och förböner ville förläna oss din nåd och evig härlighet. Genom vår Herre...

Epistola.
(2 Kor. 1:3-7.)

Bröder, välsignad vare vår Herre, Jesu Kristi, Gud och Fader, barmhärtighetens Fader och all trösts Gud, han som tröstar oss i all vår nöd, så att vi genom den tröst vi själva undfå av Gud kunna trösta dem, som äro stadda i allehanda nöd. Ty såsom Kristuslidanden till överflöd komma över oss, så kommer ock genom Kristus tröst till oss i överflödande mått. Men drabbas vi av nöd, så sker detta till tröst och frälsning för eder. Undfå vi däremot tröst, så sker ock detta till tröst för eder, en tröst, som skall visa sin kraft däri, att I ståndaktigt uthärden samma lidanden, som vi utstå. Och det hopp vi hysa i fråga om eder är fast, ty vi veta, att såsom I delen våra lidanden, så delen I ock den tröst vi undfå.

Graduale.
(Ps. 8:6-7.)

Med ära och härlighet har du krönt honom, Herre, och du har satt honom till herre över dina händers verk.
Alleluja, alleluja. Han är den präst, vilken Herren har krönt. Alleluja.

Evangelium.
(Matt. 16:24-27.)

I den tiden sade Jesus till sina lärjungar: Om någon vill efterfölja mig, så försake han sig själv och tage sitt kors på sig; så följe han mig. Ty den som vill bevara sitt liv, han skall mista det; men den som mister sitt liv för min skull, han skall finna det. Och vad hjälper det en människa, om hon vinner hela världen, men förlorar sin själ? Eller vad kan en människa giva till lösen för sin själ? Människosonen skall komma i sin Faders härlighet med sina änglar, och då skall han vedergälla var och en efter hans gärningar.

Offertorium.
(Ps. 88:21-22.)

Jag har funnit min tjänare David och smort honom med min heliga olja; min hand skall stödja och min arm styrka honom.

Secreta.

Välsigna, o Gud, dessa åt dig helgade gåvor och se för deras skull på din helige martyr och biskop Henriks förbön i nåd till oss. Genom vår Herre...

Praefatio de tempore.

(Kyrkoårstidens prefation.)

Communio.

(Ps. 20:4.)

På hans huvud har du satt en krona av ädla stenar.

Postcommunio.

Må denna kommunion, o Herre, rena oss från skuld och genom din helige martyr och biskop Henriks förbön göra oss delaktiga av himmelsk vederkvickelse. Genom vår Herre...

24 januari.
S:t Eriks skrinläggning.

Ihågkommes i dagens mässa genom följande:

Oratio.

Giv, allsmäktige Gud, att vi, som fira din helige martyr Eriks högtidliga skrinläggning, må genom hans förböner styrkas i kärleken till ditt heliga namn. Genom vår Herre...

Secreta.

Vi bedja dig, Herre, mottag våra offergåvor och böner; rena oss genom dessa himmelska hemligheter och bönhör oss nådeligen. Genom vår Herre...

Postcommunio.

Giv oss, Herre, vår Gud, i din nåd, att såsom vi redan här på jorden förunnats glädjen att fira dina Heligas åminnelse, vi också må fröjda oss i evig förening med dem. Genom vår Herre...

3 februari.

S:t Ansgarius

(Se sid. 530.)

15 februari.
S:t Sigfrid.

Mässans text som på den helige Ansgars fest sid. 530 ff. med undantag av följande:

Oratio.

O Gud, genom vars nåd den helige Sigfrid, din bekännare, blev utvald att predika ditt heliga Evangelium, förläna oss, vi bedja dig, att den lära han predikat måtte upplysa och hans förbön beskydda oss. Genom vår Herre...

Secreta.

Vi bedja dig, o Herre, måtte vi alltid glädja oss över dina helgon, på det att vi, som fira deras förtjänster, även må kunna förnimma deras beskydd. Genom vår Herre...

Postcommunio.

Vi bedja dig, allsmäktige Gud, att du på din helige bekännare och biskop Sigfrids förbön ville förläna oss, som tacka dig för de gåvor vi nu mottagit, att bli delaktiga av ännu större välgärningar. Genom vår Herre...

22 mars.

S:ta Katarina av Vadstena.

Introitus.
(Ps. 44:8, 2.)

Du har älskat rättfärdighet och hatat orättfärdighet, därför har Gud, din Gud, smort dig med glädjens olja framför dina likar. Mitt hjärta är överfullt av lovprisning, jag kväder min sång för konungen.
Ära vare... Du har älskat...

Oratio.

Gud, som smyckat din Kyrka med den heliga jungfru Katarinas lysande förtjänster och härliga underverk, förläna, att vi, dina tjänare, måtte andligen förnyas genom hennes föredöme och värnas i alla trångmål genom hennes beskydd. Genom vår Herre...

Epistola.
(2 Kor. 10:17, 18; 11:1, 2.)

Bröder, den som vill berömma sig, han berömme sig av Herren. Ty icke den håller provet, som giver sig själv gott vitsord utan den, som Herren giver sådant. O, att I dock haden fördrag med min "däraktighet", men helt visst haven I fördrag med mig. Ty jag nitälskar för eder, såsom Gud nitälskar, och jag har trolovat eder med Kristus och ingen annan för att kunna ställa fram inför honom en ren jungfru.

Graduale.
(Ps. 44:5, 15, 16.)

Stig fram i din fägring och din skönhet, träd segerrik fram och härska. För din sannfärdighets, mildhets och rättfärdighets skull skall din hand lyckas utföra underbara ting. Alleluja, alleluja. Hedersjungfrur föras till konungen efter henne; hennes närmaste föras till dig med glädje. Alleluja.

Om festen infaller i *fastetiden,* läses:

Tractus.
(Ps. 44:11-16.)

Hör, min dotter, och giv akt och vänd ditt öra till; ty konungen har åtrått din skönhet. Alla de rika skola vädja till din gunst, konungadöttrar skola stå som hedersvakt omkring dig. Hedersjungfrur föras till konungen efter henne; hennes närmaste föras till dig, de föras fram med glädje och fröjderop, de föras till konungens tempel.

Om festen infaller i *påsktiden,* läses:

Allelujavers.
(Ps. 44:16, 5.)

Alleluja, alleluja. Hedersjungfrur föras till konungen efter henne, hennes närmaste föras till dig i glädje. Alleluja. Stig fram i din fägring och skönhet, träd segerrik fram och härska. Alleluja.

Evangelium.
(Matt. 19:3-12.)

I den tiden trädde några fariséer fram till Jesus och sade: Är det lovligt att skilja sig från sin hustru av vilken orsak som helst? Men han svarade och sade: Haven I icke läst, att Skaparen redan i begynnelsen 'gjorde dem till man och kvinna' och sade: Fördenskull skall en man övergiva sin fader och moder och hålla sig till sin hustru, och de tu skola varda ett kött'? Så äro de icke mer två, utan ett kött. Vad nu Gud har sammanfogat, det må människan icke åtskilja. Då sade de till honom: Huru kunde då Moses bjuda, att man skulle giva hustrun skiljebrev och så skilja sig från henne? Han svarade dem: För edra hjärtans hårdhets skull tillstadde Moses eder att skiljas från edra hustrur, men från begynnelsen har det icke varit så. Och jag säger eder: Den som för annan orsaks skull än för otukt skiljer sig från sin hustru och tager sig en annan hustru, han begår äktenskapsbrott. Då sade lärjungarna till honom: Är det så med mannens ställning till hustrun, då är det icke rådligt att gifta sig. Men han svarade dem: Icke alla kunna fatta det ordet, utan allenast de, åt vilka sådant är givet. Ty visserligen finnas somliga, som genom födelsen, allt ifrån moderlivet, äro oskickliga till äktenskap, andra åter, som av människor hava gjorts oskickliga därtill, men somliga finnas ock, som för himmelrikets skull självmant hava gjort sig oskickliga därtill. Den som kan fatta detta, han fatte det.

Offertorium.
(Ps. 44:10.)

Konungadöttrar äro din hedersvakt; drottningen står vid din högra sida i gyllene skrud, i strålande prakt.

Secreta.

Herre, mottag nådeligen ditt helgade folks offer till dina helgons ära, genom vilkas förtjänster det har erfarit tröst i trångmål. Genom vår Herre...

Praefatio de tempore.
(Kyrkoårstidens prefation.)

Sveriges särskilda fester

Communio.
(Matt. 25:4, 6.)

De fem förståndiga jungfrurna togo olja i sina kärl tillika med lamporna; vid midnattstiden ljöd ett anskri: Se brudgummen kommer, gån och möten Kristus Herren.

Postcommunio.

Du har mättat de dina, o Herre, med heliga gåvor; vi bedja dig, att du städse ville vederkvicka oss på hennes förbön, vilkens fest vi fira. Genom vår Herre...

18 maj.
S:t Erik.
(Se sid. 553.)

12 juni.
S:t Eskil.

Mässans text som på S:t Henriks fest sid. 701 med undantag av följande:

Oratio.

Gud, vilkens vilja det var, att din biskop, den helige Eskil, skulle lida martyrdöden för trons utbredning, förunna, vi bedja dig, att alla, som anropa honom om hjälp, måtte få erfara de nåderika verkningarna av hans förbön. Genom vår Herre...

Evangelium.
(Joh. 10:11-16.)

I den tiden sade Jesus till fariséerna: Jag är den gode herden. En god herde giver sitt liv för fåren. Men den som är lejd och icke är herden, vilken fåren icke tillhöra, han ser ulven komma, och han övergiver fåren och flyr, och ulven rövar bort dem och förskingrar dem. Han är ju lejd och frågar icke efter fåren. Jag är den gode herden, och jag känner mina får, och mina får känna mig, såsom Fadern känner mig och såsom jag känner Fadern; och jag giver mitt liv för fåren. Jag har ock andra får, som icke höra till detta fårahus; också dem måste jag draga till mig, och de skola lyssna till min röst. Så skall det bliva en hjord och en herde.

Secreta.

Välsigna, o Gud, dessa åt dig helgade gåvor och se för deras skull på din helige martyr och biskop Eskils förbön i nåd till oss. Genom vår Herre...

Postcommunio.

Må denna kommunion, o Herre, rena oss från skuld och genom din helige martyr och biskop Eskils förbön göra oss delaktiga av himmelsk vederkvickelse. Genom vår Herre...

9 juli.
Alla Sveriges Skyddshelgons fest.

Mässans text som på Allhelgonadagen, sid. 608, med undantag av:

Oratio.

Se i nåd, o Herre, till vår svaghet och avvänd från oss, på förbön av alla vårt lands skyddshelgon, allt det onda, som vi rätteligen förtjäna för våra synder. Genom vår Herre...

Epistola.
(Vish. 3:1-8.)

Men de rättfärdigas själar äro i Guds hand, och ingen plåga kan nå dem. Väl synas de i de dåraktigas ögon vara döda, och såsom ofärd räknas deras hädanfärd, och deras bortgång från oss såsom undergång; men de äro i frid. Ty om de än, efter vad människor mena, bliva straffade, så är dock deras hopp fyllt av odödlighet, och sedan de hava agats något litet, få de röna mycken godhet; Gud satte dem på prov och fann dem sig värdiga. Såsom guld i degeln prövade han dem, och såsom en helgad offergåva mottog han dem. I den stund då han ser till dem, skola de framträda i glans, och såsom gnistor bland strå skola de ila fram. De skola döma hedningarna och råda över folken, och Herren skall vara deras konung till evig tid.

Secreta.

Herre, vi frambära åt dig vår andakts offergåvor; låt dem vara dig välbehagliga till alla dina helgons ära och genom din barmhärtighet lända till vår frälsning. Genom vår Herre...

Postcommunio.

Vi bedja dig, Herre, vår Gud, giv att vi, som här i tiden med glädje fira dina helgons minne, även i evigheten må glädja oss åt deras åskådande. Genom vår Herre...

15 juli.
S:t David.

Introitus.
(Ps. 36:30, 31, 1.)

Den rättfärdiges mun talar visdom, och hans tunga säger vad rätt är; Guds lag är i hans hjärta. Harmas icke över de onda, avundas icke dem som göra orätt.
Ära vare... Den rättfärdiges mun...

Oratio.
Må din helige abbot David bedja för oss hos dig, Herre, på det att vi genom en sådan förespråkare må uppnå, vad vi av egen förtjänst icke kunna erhålla. Genom vår Herre...

Epistola.
(Syr. 45:1-6.)

En man, älskad av både Gud och människor, vilkens minne är välsignat. Han gjorde honom i härlighet lik de heliga och gjorde honom stor och fruktansvärd för fienderna och han tämjde vidunder genom hans ord. Han förhärligade honom inför konungar och gav honom befallningar till sitt folk och lät honom se en skymt av sin härlighet. För hans trohets och saktmods skull helgade han honom och utvalde honom bland alla levande. Han lät honom höra sin röst och lät honom träda in i töcknet. Och han gav honom med egen hand sina bud, livets och kunskapens lag.

Graduale.
(Ps. 20:4, 5, 91, 13.)

Herre, du har kommit honom till mötes med din välsignelses ljuvlighet, på hans huvud har du satt en krona av ädla stenar. Han bad dig om liv, och du gav honom det, ett långt liv, alltid och evinnerligen. Alleluja, alleluja. Den rättfärdige skall grönska såsom ett palmträd och frodas såsom en ceder på Libanon. Alleluja.

Evangelium.
(Matt. 19:27-29.)

I den tiden sade Petrus till Jesus: Se, vi hava övergivit allt och följt dig; vad skola vi få därför? Jesus svarade dem: Sannerligen säger jag eder: När världen födes på nytt, då när Människosonen sätter sig på sin härlighets tron, då skolen också I, som haven efterföljt mig, få sitta på tolv troner såsom domare över Israels tolv stammar. Och var och en som har övergivit hus eller bröder eller systrar eller fader eller moder eller barn eller jordagods för mitt namns skull, han skall få mångfaldigt igen och skall få evigt liv till arvedel.

Offertorium.
(Ps. 20:3, 4.)

Herre, hans hjärtas önskan har du uppfyllt, och hans läppars begäran har du icke vägrat honom, på hans huvud har du satt en krona av ädla stenar.

Secreta.

Vi bedja dig, o Herre, låt de offergåvor, som vi här nedlägga på ditt heliga altare, på din helige abbot Davids förbön lända oss till frälsning. Genom vår Herre...

Praefatio de tempore.
(Kyrkoårstidens prefation.)

Communio.
(Luk. 12:42.)

En trogen och förståndig förvaltare, som hans herre satte över sitt husfolk för att han i rättan tid skulle giva dem deras stadgade mål.

Postcommunio.

Må, o Herre, mottagandet av ditt sakrament och din helige abbot Davids förbön beskydda oss, så att vi må förnimma kraften av hans föredöme och erfara makten av hans förbön. Genom vår Herre...

28 juli.
S:t Botvid.

Introitus.
(Ps. 63:11, 2.)

Den rättfärdige skall glädjas i Herren och hoppas på honom; och alla rättsinniga skola prisas.
Hör, o Gud, min röst, då jag klagar, rädda mitt liv, då fienden hotar.
Ära vare... Den rättfärdige...

Oratio.

Låt, o Herre, den sanna trons klarhet upplysa våra själar och giv, att din martyrs, den helige Botvids, mäktiga förbön måtte befria oss från alla hotande faror. Genom vår Herre...

Epistola.
(2 Tim. 2:8-10; 3:10-12.)

Högtälskade! Tänk på att Jesus Kristus av Davids säd har uppstått från de döda enligt det evangelium, som jag förkunnar och i vars tjänst jag jämväl utstår lidande, ja, till och med måste bära bojor såsom en ogärningsman. Men Guds ord bär icke bojor. Därför uthärdar jag ståndaktigt allt för de utvaldas skull, på det att också de må vinna frälsningen i Kristus Jesus och därmed evig härlighet. Du åter har blivit min efterföljare i lära, i vandel, i strävanden, i tro, i tålamod, i kärlek, i ståndaktighet, under förföljelser och lidanden, sådana som drabbade mig i Antiokia, Ikonium och Lystra. Ja, sådana förföljelser har jag fått utstå, men ur alla har Herren frälst mig. Så skola ock alla de, som vilja leva gudfruktigt i Kristus Jesus, få lida förföljelse.

Graduale.
(Ps. 36:24, 26. — Joh. 8:12.)

Om den rättfärdige snubblar, störtar han icke, ty Herren håller honom vid handen; ständigt är han barmhärtig och givmild, därför skola hans barn leva i välsignelse. Alleluja, alleluja. Den som följer mig, skall icke vandra i mörkret utan hava livets ljus. Alleluja.

Evangelium.
(Joh. 12:24-26.)

I den tiden sade Jesus... (Se sid. 673.)

Offertorium.
(Ps. 20:4, 5.)

På hans huvud har du, Herre, satt en krona av ädla stenar; han bad dig om liv, och du har givit honom det.

Secreta.

Måtte vår andakt, o Herre, vara dig välbehaglig och bliva oss till välsignelse genom hans förbön, vilkens åminnelse vi nu fira. Genom vår Herre...

Praefatio de tempore.
(Kyrkoårstidens prefation.)

Communio.
(Joh. 12:26.)

Om någon vill tjäna mig, så följe han mig; och där jag är, där skall ock min tjänare vara.

Postcommunio.

Vederkvickta genom denna heliga offermåltid, bedja vi dig, Herre, vår Gud, att vi på din martyrs, den helige Botvids, förbön må erfara verkningarna av den heliga handling, som vi förrättat. Genom vår Herre...

29 juli.
S:t Olov.

Introitus.
(Ps. 20:2, 3, 4.)

Den rättfärdige gläder sig över din makt, o Herre, och högeligen fröjdas han över din härlighet; hans hjärtas önskan har du uppfyllt.
Du har kommit honom till mötes med din välsignelses ljuvlighet, på hans huvud har du satt en krona av ädla stenar.
Ära vare... Den rättfärdige...

Oratio.

O Gud, du konungarnas krona och martyrernas seger, förläna oss nådigt, att vi genom din helige konung och martyr Olovs beskydd och förbön må vinna den överflödande nåd, som vi uti hans lidande prisa, och så uppnå den livets krona, som du utlovat dem som älska dig. Genom vår Herre...

Epistola.
(Vish. 10:10-14.)

Herren ledde den rättfärdige på jämna stigar, visade honom Guds rike och gav honom kunskap om heliga ting; han skänkte honom välstånd under hans mödor och gav honom riklig lön för hans arbete. Mot deras vinningslystnad, som förtryckte honom, stod han honom bi, och han gjorde honom rik. Han beskyddade honom mot fiender och tryggade honom mot sådana som lade försåt för honom. En svår kamp avgjorde han till hans förmån, på det att han skulle förstå, att gudsfruktan förmår mer än något annat. Det var han som icke övergav den rättfärdige, som hade blivit såld, utan räddade honom från synd. Han steg ned med honom i fängelsehålan och övergav honom icke i hans bojor, till dess han hade förlänat honom en härskarspira och makt över dem som voro hans herrar. Han visade ock, att hans belackare voro lögnare och skänkte honom evärdelig ära, Herren, vår Gud.

Graduale.
(Ps. 111:1-2. — 20:4.)

Säll är den man, som fruktar Herren och har hela sin lust i hans bud. Hans efterkommande skola bliva mäktiga på jorden; de redligas släkte skall varda välsignat.
Alleluja, alleluja. På hans huvud har du, Herre, satt en krona av ädla stenar. Alleluja.

Evangelium.
(Matt. 16:24-27.)

I den tiden sade Jesus till sina lärjungar: Om någon vill efterfölja mig, så försake han sig själv och tage sitt kors på sig; så följe han mig. Ty den som vill bevara sitt liv, han skall mista det; men den som mister sitt liv för min skull, han skall finna det. Och vad hjälper det en människa, om hon vinner hela världen, men förlorar sin själ? Eller vad kan en människa giva till lösen för sin själ? Människosonen skall komma i sin Faders härlighet med sina änglar, och då skall han vedergälla var och en efter hans gärningar.

Offertorium.
(Ps. 8:6-7.)

Med ära och härlighet har du krönt honom, Herre; du har satt honom till herre över dina händers verk.

Secreta.

Vi bedja dig, Herre, mottag våra offergåvor och böner; rena oss genom dessa himmelska hemligheter och bönhör oss nådeligen. Genom vår Herre...

Praefatio de tempore.
(Kyrkoårstidens prefation.)

Communio.
(Matt. 16:24.)

Om någon vill efterfölja mig, så förneke han sig själv och tage sitt kors på sig, och så följe han mig.

Postcommunio.

Giv oss, Herre, vår Gud, i din nåd, att såsom redan här på jorden den glädjen förunnats oss att fira dina Heligas åminnelse, vi också må fröjdas i evig förening med dem. Genom vår Herre...

30 juli.
S:ta Helena av Skövde.

Introitus.
(Ps. 118:95, 96, 1.)

På mig hava de ogudaktiga vaktat för att förgöra mig, men jag har aktat på dina vittnesbörd. På all annan fullkomlighet har jag sett en ände, men ditt bud är omätligt i vidd. Saliga äro de, vilkas väg är ostrafflig, de som vandra efter Herrens lag.
Ära vare... På mig hava...

Oratio.

Förläna oss, vi bedja dig, mildaste Herre, genom din martyrs, den heliga Helenas, förbön förlåtelse för våra synder och giv att de, åt vilka du på hennes åminnelsedag skänker festens glädje, genom hennes härliga förbön må erhålla din hjälp från himmelen. Genom vår Herre...

Epistola.
(Ordspr. 31:10-31.)

En idog kvinna... (Se sid. 597.)

Graduale-
(Ps. 44:8, 5.)

Du har älskat rättfärdighet och hatat orättfärdighet, därför har Gud, din Gud, smort dig med glädjens olja.
Alleluja, alleluja. Stig fram i din fägring och skönhet, träd segerrik fram och härska. Alleluja.

Evangelium.
(Matt. 12:46-50.)

I den tiden, då Jesus talade till folket, kommo hans moder och hans bröder och stannade därutanför och ville tala med honom. Då sade någon till honom: Se, din moder och dina bröder stå härutanför och vilja tala med dig. Men han svarade och sade till den som omtalade detta för honom: Vilken är min moder och vilka äro mina bröder? Och han räckte ut handen mot sina lärjungar och sade: Se, här är min moder, och här äro mina bröder! Ty var och en som gör min himmelske Faders vilja, den är min broder och min syster och min moder.

Offertorium.
(Ps. 44:3.)

Nåd är utgjuten över dina läppar, ty Gud har välsignat dig evinnerligen, för alltid och evigt.

Secreta.

Mottag, o Herre, dessa gåvor, som vi frambära på festdagen för din martyr, den heliga Helena, på vars mäktiga beskydd vi förlita oss för vår frälsning. Genom vår Herre...

Praefatio de tempore.
(Kyrkoårstidens prefation.)

Communio.
(Ps. 118:161-162.)

Furstar förfölja mig utan sak, men mitt hjärta fruktar för dina bud; jag fröjdar mig över dina tal såsom den som vinner stort byte.

Postcommunio.

Herre, må det heliga sakrament, som vi mottagit, bringa oss hjälp och giv, att vi genom din martyrs, den heliga Helenas, förbön alltid måtte kunna glädja oss åt dess beskydd. Genom vår Herre...

6 oktober.
S:t Eskils skrinläggning.

Mässans text som på S:t Eskils dag den 12 juni. (Se sid. 708.)

7 oktober.
S:ta Birgitta.
(Se sid. 596.)

5 november.
Uppsaladomens relikfest.

Festen för de helgon, vilkas reliker förvaras i Uppsala domkyrka eller annorstädes i Sverige.

Introitus.
(Ps. 33:20, 21, 2.)

Mångfaldiga äro de rättfärdigas prövningar, men Herren räddar dem ur alla trångmål, han bevarar alla deras ben, icke ett enda av dem skall krossas.
Jag vill ständigt lova Herren, hans pris skall alltid vara i min mun.
Ära vare... Mångfaldiga äro...

Orätio.

Herre, vi bedja dig, var oss dina tjänare nådig för förtjänsterna av den ärorika Jungfrun Maria och dina heliga martyrer Laurentius, Erik och alla dina helgon, vilkas kvarlevor förvaras i denna kyrka eller finnas någonstädes inom vårt lands gränser, på det att vi på deras fromma förböner måtte bevaras från alla oss hotande faror. Genom vår Herre...

Epistola.
(Syr. 44:10-15.)

Dessa äro fromhetens män, vilkas rättfärdiga gärningar icke hava blivit förgätna. Hos deras släkt förbliver det goda de hava efterlämnat, och deras kvarlåtenskap förbliver i deras efterkommandes besittning. Deras släkt står fast i förbundet, och deras barn för deras skull. Till evig tid bliver deras släkt beståndande, och deras ära skall icke utplånas. Deras kroppar ligga begravna i frid, och deras namn lever från släkte till släkte. Om deras vishet förtälja folken, och deras lov förkunnar man i församlingen.

Graduale.
(Ps. 149:5, 1. — Ps. 67:4.)

De fromma skola fröjda sig i härlighet och jubla på sin lägerstad; sjungen till Herrens ära en ny sång, hans lov i de heligas församling. Alleluja, alleluja. De rättfärdiga skola hålla festmåltid och fröjda sig inför Herrens åsyn och jubla i glädje. Alleluja.

Evangelium.
(Luk. 6:17-23.)

I den tiden steg Jesus åter ned och stannade på en ängsmark och en stor skara av hans lärjungar var där församlad, så ock en stor hop folk ifrån hela Judeen och Jerusalem och från kuststräckan vid Tyrus och Sidon. Dessa hade kommit för att höra honom och för att bliva botade från sina sjukdomar. Och jämväl de som voro kvalda av orena andar blevo botade. Och allt folket sökte att få röra vid honom, ty kraft gick ut ifrån honom och botade alla. Och han lyfte upp sina ögon och såg på sina lärjungar och sade: Saliga ären I, som ären fattiga, ty eder hör Guds rike till. Saliga ären I, som nu hungren, ty I skolen bliva mättade. Saliga ären

I, som nu gråten, ty I skolen le. Saliga ären I, när människorna hata eder och förskjuta och smäda eder och förkasta edert namn såsom ont för Människosonens skull. Glädjens och fröjden eder på den dagen, ty se, eder lön är stor i himmelen. På samma sätt gjorde ju deras fäder med profeterna.

Offertorium.
(Ps. 67:36.)

Underbar är du, o Gud, i din helgedom; Israels Gud, han giver makt och styrka åt sitt folk. Lovad vare Gud.

Secreta.

Vi anropa din mildhet, o Herre, på det att det offer, som vi frambära, för dessa dina helgons förtjänsters skull, vilkas reliker vi ära, måtte bliva till försoning för våra synder. Genom vår Herre...

Praefatio de tempore.
(Kyrkoårstidens prefation.)

Communio.
(Ps. 32:1.)

Jublen i Herren, I rättfärdiga; lovsång höves de rättsinniga.

Postcommunio.

Herre, utgjut över oss rikligen din miskund genom det sakrament vi mottagit, på det att vi, som glädja oss i from andakt på festen för dina helgon, vilkas reliker vi ära, genom din nåd en gång må fröjdas i evig förening med dem. Genom vår Herre...

BIHANG III
ENSKILDA KYRKORS SÄRSKILDA FESTER

19 januari.
S:t Knut, konung och martyr.

Mässans text som på S:t Olovs dag, sid. 715, med undantag av följande:

Oratio.

Gud, du som till din Kyrkas förhärligande har smyckat den helige konung Knut med martyrpalmen och härliga underverk, förläna nådeligen, att vi måtte träda i hans fotspår, som själv var Kristi, den lidandes, efterträdare, och så varda värdiga att ingå i den eviga saligheten. Genom samme vår Herre...

Secreta.

Måtte vår andakt, o Herre, vara dig välbehaglig och bliva oss till välsignelse genom hans förbön, vilkens åminnelse vi fira. Genom vår Herre...

Postcommunio.

Vederkvickta genom denna heliga offermåltid bedja vi dig, Herre vår Gud, att vi på din martyrs, den helige Knuts förbön, må erfara verkningarna av den heliga handling, som vi förrättat. Genom vår Herre...

26 april.
S:t Johannes Bosco.

Introitus.
(3 Kon. 4:29. — Ps. 112:1.)

Gud förlänade honom vishet och övermåttan stor klokhet och ett hjärta så vittfamnande som havets strand.

Alleluja, alleluja. Loven Herren, I hans tjänare, loven Herrens namn.

Ära vare... Gud förlänade...

Oratio.

Gud, du som har uppväckt den helige Johannes, din bekännare och ungdomens fader och lärare till att med den saligaste Jungfru Marias bistånd få nya ordensfamiljer att framblomstra i din Kyrka, förläna, vi bedja dig, att vi i samma kärleks anda måtte söka vinna själar och städse tjäna dig allena. Genom vår Herre...,

Epistola.

(Fil. 4:4-9.)

Bröder, fröjden eder i Herren alltid; åter säger jag: fröjden eder. Låten edert saktmod bliva kunnigt för alla människor. Herren är nära. Gören eder intet bekymmar, utan bären fram alla edra önskningar inför Gud i innerlig bön med tacksägelse. Och må Guds frid, som övergår allt förstånd, bevara edra hjärtan och edra tankar i Kristus Jesus, vår Herre. För övrigt, mina bröder, vad sant är, vad värdigt, vad rätt, vad rent är, vad som är älskligt och värt att akta, ja, allt vad dygd heter och allt som förtjänar att prisas — tänken på allt sådant. Detta, som I haven lärt och inhämtat och haven hört av mig och sett hos mig, det skolen I göra; och så skall fridens Gud vara med eder.

Allelujavers.

(Ps. 77:6-7; 35:9.)

Alleluja, alleluja. De barn, som komma att födas, skola stå upp och förtälja det för sina barn, på det att dessa skola sätta sitt hopp till Gud och icke förgäta Guds verk utan taga hans bud i akt. Alleluja.

De varda mättade av ditt hus' rika håvor, och av din ljuvlighets ström giver du dem att dricka. Alleluja.

Evangelium.
(Matt. 18:1-5.)

I den tiden trädde lärjungarna fram till Jesus och sade: Vilken är den störste i himmelriket? Och Jesus kallade till sig ett barn, ställde det mitt ibland dem och sade: Sannerligen säger jag eder: Utan att I omvänden eder och bliven såsom barn, skolen I icke komma in i himmelriket. Den som nu ödmjukar sig så, att han bliver såsom detta barn, han är den störste i himmelriket. Och den som tager emot ett sådant barn i mitt namn, han tager emot mig.

Offertorium.
(Ps. 33:12.)

Kommen, I barn, hören mig; jag vill lära eder frukta Herren.

Secreta.

Mottag, Herre, denna obefläckade gåva, frälsningens offer, och förläna oss, att vi älska dig alltid och över allt och så bliva värdiga att kunna leva till ditt namns ära. Genom...

Praefatio de tempore.
(Kyrkoårstidens prefation.)

Communio.
(Rom. 4:18.)

Där ingen förhoppning fanns, hoppades han ändå och trodde, och så kunde han bliva en fader till många folk, enligt vad som blivit honom sagt.

Postcommunio.

Styrkta genom din Lekamens och ditt Blods hemlighet bedja vi dig, Herre, förläna, att vi på förbön av din helige bekännare Johannes alltid och allestädes må frambära dig värdig tacksägelse. Genom vår Herre...

31 juli.
S:t Ignatius av Loyola.

Introitus.
(Fil. 2:10-11. — Ps. 5:12-13.)

I Jesu namn skola allas knän böja sig, deras som äro i himmelen, på jorden och under jorden, och alla tungor skola bekänna, att Herren Jesus Kristus är i Gud Faderns härlighet. I dig skola alla fröjda sig, som älska ditt namn. Ty du, Herre, välsignar den rättfärdige. Ära vare... I Jesu namn...

Oratio.

Gud, du som till ditt namns större ära genom den helige Ignatius styrkt din stridande Kyrka med en ny skara av stridsmän, förunna oss att genom hans bistånd och efter hans föredöme så kämpa här nere på jorden, att vi förtjäna att med honom krönas i himmelen. Genom vår Herre...

Epistola.
(2 Tim. 2:8-10, 3:10-12.)

Högtälskade! Tänk på... (Se sid. 713.)

Graduale.
(Ps. 91:13, 14, 3. — Jak. 1:12.)

Den rättfärdige skall frodas såsom ett palmträd och såsom en ceder på Libanon växa till i Herrens hus. I gryningen förkunnar han din nåd och din trofasthet, när natten faller.
Alleluja, alleluja. Salig är den man, som är ståndaktig i frestelsen; ty när han' bestått sitt prov, skall han få livets krona. Alleluja.

Evangelium.
(Luk. 10:1-9.)

I den tiden utsåg Herren... (Se sid. 653.)

Offertorium.
(Ps. 88:25.)

Min trofasthet och min nåd skola vara med honom, och i mitt namn skall hans kraft förhärligas.

Secreta.

Herre, vår Gud, låt den helige Ignatii kärleksfulla förböner förena sig med vår offergåva, så att dessa högtheliga hemligheter, vilka du har gjort till all helighets källa, även i sanning må helga oss. Genom vår Herre...

Praefatio de tempore.
(Kyrkoårstidens prefation.)

Communio.
(Luk. 12:49.)

Jag har kommit för att tända en eld på jorden; och vad vill jag annat, än att den brinner.

Postcommunio.

Må detta lovprisningens offer, o Herre, som vi framburit såsom en tacksamhetsgärd för den hellge Ignatius, genom hans förböner föra oss till den eviga lovprisningen av ditt gudomliga majestät. Genom vår Herre...

4 augusti.
S:t Dominikus.
(Text ur dominikanordens missale.)

Introitus.
(Syr. 15:5-6.)

Mitt i församlingen upplät Herren hans mun och fyllde honom med vishetens och förståndets

ande; han iförde honom härlighetens klädnad.
Han krönte honom med glädje och fröjd.
Ära vare... Mitt i församlingen...

Oratio.

Gud, som värdigats upplysa din Kyrka genom din helige bekännare Dominikus', vår faders, förtjänster och undervisning, förläna genom hans förbön, att din Kyrka aldrig må sakna timlig hjälp och ständigt tillväxa i andlig kraft. Genom vår Herre...

Epistola.

(2 Tim. 4:1-8.)

Jag uppmanar dig allvarligt inför Gud och Kristus Jesus, inför honom som skall döma levande och döda, jag uppmanar dig vid hans tillkommelse och hans rike: Predika ordet, träd upp i tid och otid, bestraffa, tillrättavisa, förmana med allt tålamod och med undervisning i alla stycken. Ty den tid kommer, då de icke längre skola fördraga den sunda läran, utan efter sina egna begärelser skola samla åt sig lärare hoptals, alltefterssom det kliar dem i öronen, en tid, då de skola vända sina öron från sanningen och i stället vända sig till fabler. Men du, var nykter i allting, bär ditt lidande, utför en evangelists verk, fullgör i allo, vad som tillhör ditt ämbete. Ty själv är jag nu på väg att offras, och tiden är inne, då jag skall bryta upp. Jag har kämpat den goda kampen, jag har fullbordat mitt lopp, jag har bevarat tron. Nu ligger rättfärdighetens segerkrans tillreds åt mig, och Herren, den rättfärdige domaren, skall giva den åt mig på "den dagen", och icke åt mig allenast, utan åt alla som hava älskat hans tillkommelse.

Graduale.

(Ps. 36:30-31.)

En rättfärdig mans mun skall begrunda vishet, och hans tunga skall tala det rätt är; Guds lag är i hans hjärta; hans steg vackla icke. Alleluja, alleluja. Dominikus, milde fader, kom ihåg ditt verk; stå inför den högste Domaren och inlägg förbön för de fattiga, dina barn.

Sequentia.

Himmelrikets helgonskara
sänder nya toner klara,
strömmande från ljusets höjd;
och från jordens dunkel bära
dig, Dominikus, till ära
våra sånger samma fröjd.

Ur Egyptens öde nejder
hjälten uti andens fejder
kallar alltings Skapare.
Fattigdomen han sig viger,
över flärdens tomhet stiger
och blir folkens lärare.

För sin moder bådas han,
predikanten, tidens man,
i gestalt av hunden,
som i munnen facklan bär,
kärlekslagens eld det är,
som i allt är grunden.

Lagen i hans mun förnyas;
en profet som förr Elias
avsky han för synden bär.
Ut han sänder Samsons rävar;
och för Gedeons tuba bävar
fiendernas hela här.

Sonen, väckt från dödens floder,
återskänkes till sin moder,
levande på maktfullt bud.
Regnets skurar bort han driver;
bröd åt bröderna han giver,
underbart förökt av Gud.

Salig den som tröst beskär;
salig den som Kyrkan bär
upp mot glädjens höjder.
Jorden fylls av vad han sått
och vid målet har han nått
Paradisets fröjder.

Jorden sädeskornet höljer;
molnet stjärnans ljus fördöljer.
Likväl Herren i sin makt
Josefs ben upplivar åter,
åter stjärnan stråla låter
ljus till folkets frälsning bragt.

Vilken doft från båren stiger!
Helighetens vällukt viger
ort, som döden innehaft.
Blinda se och stumma höras,
sjuka botas, lama röras
genom helig underkraft.

Så vår lovsång höje sig,
o Dominikus, till dig,
stark i toner klara! —
Kristna folk, följ i hans spår!
Honom bed, som ge förmår
hjälp i nöd och fara!

Men du, Fader, skydda, vårda
hjorden, som i världen hårda
tunga öden går emot!
Och där Himlens glans dig kröner,
offra ständigt dina böner
vid den Allrahögstes fot!

Evangelium.
(Matt. 5:13-19.)

I ären jordens salt; men om saltet mister sin sälta, varmed skall man då giva det sälta igen? Till intet annat duger det än till att kastas ut och trampas ned av människorna. I ären världens ljus. Icke kan en stad döljas, som ligger uppe på ett berg? Ej heller tänder man ett ljus och sätter det under skäppan, utan man sätter det på ljusstaken, så att det lyser för alla dem, som äro i huset. På samma sätt må ock edert ljus lysa inför människorna, så att de se edra goda gärningar och prisa eder Fader, som är i himmelen. I skolen icke mena, att jag har kommit för att upphäva lagen eller profeterna. Jag har icke kommit för att upphäva, utan för att fullborda. Ty sannerligen säger jag eder: Intill dess himmel och jord förgås, skall icke den minsta bokstav, icke en enda prick av lagen förgås, förrän det allt har fullbordats. Därför, den som upphäver ett av de minsta bland dessa bud och lär människorna så, han skall räknas för en av de minsta i himmelriket; men den som håller dem och lär människorna så, han skall räknas för stor i himmelriket.

Offertorium.
(Ps. 20:3-4.)

Vad hans hjärta önskar har du givit honom, och hans läppars begäran har du icke vägrat honom. På hans huvud har du, Herre, satt en krona av ädla stenar.

Secreta.

Helga, Herre, dessa offergåvor, som vi framburit åt dig, på det att de genom din helige bekännare Dominikus', vår faders, förtjänster må bliva oss ett helande läkemedel. Genom...

Praefatio.

Det är i sanning tillbörligt och rätt, riktigt och gagneligt, att vi alltid och allestädes tacka dig, helige Herre, allsmäktige Fader, evige Gud, som till din heliga Kyrkas förhärligande och försvar har velat genom vår helige fader Dominikus återuppliva det apostoliska levnadssättet, ty han har, ständigt styrkt av din Sons heliga Moders bistånd, betvingat heresierna och fostrat trons kämpar till folkens frälsning och vunnit otaliga själar för Kristus. Hans vishet förtälja folken och hans härlighet förkunnar Kyrkan. Därför sjunga vi med änglar och ärkeänglar, med troner och herradömen och med hela den himmelska härskaran din härlighets lov, i det vi oavlåtligt säga:

Communio.
(Luk. 12:42.)

Han är den trogne och kloke tjänaren, vilken Herren har satt över sitt husfolk för att i rätt tid giva dem deras tillmätta underhåll.

Postcommunio.

Förunna oss, vi bedja dig, allsmäktige Gud, att vi som böjas ned av våra synders tyngd, må upprättas genom din helige bekännare Dominikus', vår faders, förbön. Genom vår Herre...

16 september.

S:ta Eugenia.

Introitus.
(Ps. 44:13, 15, 16, 2.)

Till din gunst vädja alla de rika bland folket. Hedersjungfrur föras till konungen efter

16 september

henne; hennes närmaste föras till dig med glädje och fröjderop.
Mitt hjärta är överfullt av lovprisning; jag kväder min sång för konungen.
Ära vare... Till din gunst...

Oratio.

O Gud, som lärt den heliga jungfrun Eugenia att leva endast för dig, förläna oss på hennes förbön, att vi, föraktande denna värld, måtte vinna Kristus. Genom samme Kristus...

Epistola.
(1 Kor. 7:25-34.)

Beträffande dem, som äro jungfrur, så har jag icke att åberopa någon befallning av Herren, utan giver allenast ett råd, såsom en som genom Herrens barmhärtighet har blivit förtroende värd. Jag menar alltså, med tanke på den nöd, som står för dörren, att den människa gör väl, som förbliver, såsom hon är. Är du bunden vid hustru, så sök icke att bliva lös. Är du utan hustru, så sök icke att få hustru. Om du likväl skulle gifta dig, så syndar du icke därmed; ej heller syndar en jungfru, om hon gifter sig. Dock komma de som så göra att draga över sig lekamliga vedermödor; och jag skulle gärna vilja skona eder. Men det säger jag, mina bröder: Tiden är kort; därför må härefter de som hava hustrur vara, såsom hade de inga, och de som gråta, såsom gräte de icke, och de som glädja sig, såsom gladde de sig icke, och de som köpa något, såsom finge de icke behålla det, och de som bruka denna världen, såsom gjorde de icke något bruk av den. Ty den nuvarande världsordningen går mot sitt slut; och jag skulle gärna vilja, att I voren fria ifrån omsorger. Den man, som icke är gift, ägnar nämligen sin omsorg åt vad som hör Herren till, huru han skall behaga Herren; men den gifte mannen ägnar sin omsorg åt vad som hör världen till, huru han skall behaga sin hustru, och så är hans hjärta delat. Likaså ägnar den kvinna, som icke längre är gift eller som är jungfru, sin omsorg åt vad som hör Herren till, att hon må vara helig till både kropp och ande i Kristus Jesus, vår Herre.

Graduale.
(Ps. 44:12, 11.)

Konungen har åtrått din skönhet, ty han är Herren, din Gud. Hör, min dotter, och giv akt och vänd ditt öra till. Alleluja, alleluja. Denna är en förståndig jungfru och en av de visa jungfrurnas skara. Alleluja.

Evangelium.
(Matt. 25:1-13.)

I den tiden framställde Jesus för sina lärjungar följande liknelse: Himmelriket är likt tio jungfrur, som togo sina lampor och gingo ut för att möta brudgummen. Men fem av dem voro oförståndiga, och fem voro förståndiga. De oförståndiga togo väl sina lampor, men togo ingen olja med sig. De förståndiga åter togo olja i sina kärl tillika med lamporna. Då nu brudgummen dröjde, blevo de alla sömniga och somnade. Men vid midnattstiden ljöd ett anskri: Se, brudgummen kommer! Gån ut och möten honom. Då stodo alla jungfrurna upp och redde till sina lampor. Och de oförståndiga sade till de förståndiga: Given oss av eder olja, ty våra lampor slockna. Men de förståndiga svarade och sade: Nej, den skulle ingalunda räcka till för både oss och eder. Gån hellre bort till dem som sälja, och köpen åt eder. Men när de gingo bort för att köpa, kom brudgummen, och de som voro redo, gingo in med honom till bröllopet, och dörren stängdes igen. Omsider kommo ock de andra jungfrurna och sade: Herre, herre, låt upp för oss. Men han svarade och sade: Sannerligen säger jag eder: Jag känner eder icke. — Vaken fördenskull; ty I veten icke dagen, ej heller stunden.

Offertorium.
(Ps. 44:15, 16.)

Hedersjungfrur föras till konungen efter henne; hennes närmaste föras till dig med glädje och fröjderop; de föras till konungens tempel.

Secreta.

Herre, mottag nådeligen ditt helgade folks offer till dina helgons ära, genom vilkas förtjänster det har erfarit tröst i trångmål. Genom vår Herre...

Praefatio de tempore.
(Kyrkoårstidens prefation.)

Communio.
(Matt. 13:45-46.)

Himmelriket är likt en köpman, som söker efter goda pärlor; och då han har funnit en dyrbar pärla, går han bort och säljer allt vad han äger och köper den.

Postcommunio.

Du har mättat de dina, o Herre, med heliga gåvor; vi bedja dig, att du städse ville vederkvicka oss på hennes förbön, vilkens fest vi fira. Genom vår Herre...

19 november.
S:ta Elisabet av Thyringen.

Mässans text som på S:ta Birgittas dag, sid. 596, med undantag av följande:

Oratio.

Upplys, barmhärtige Gud, dina troendes hjärtan och giv oss på den heliga Elisabets mäktiga förbön nåden att ringakta världens lycka och ständigt glädjas åt himmelsk hugsvalelse. Genom vår Herre...

Evangelium.
(Matt. 13:44-52.)

Himmelriket är likt en skatt... (Se sid. 668.)

---

23 november.
S:t Clemens.

Introitus.
(Jes. 59:21; 56:7; Ps. 111:1.)

Så säger Herren: Mina ord, som jag har lagt i din mun, skola icke vika ur din mun, och dina gåvor skola vara mig välbehagliga på mitt altare. Säll är den man, som fruktar Herren och har hela sin lust i hans bud.
Ära vare... Så säger...

Oratio.

Gud, du som gläder oss med din martyr och biskop Clemens' årliga högtid, förläna nådeligen, att vi, som fira hans födelsedag till evigheten, må efterlikna hans mod i lidandet. Genom...

Epistola.
(Fil. 3:17-21; 4:1-3.)

Bröder, varen mina efterföljare... (Se sid. 481.)

Graduale.
(Ps. 109:4, 1.)

Herren har svurit och han skall icke ångra sig: Du är präst evinnerligen enligt Melkisedeks ordning. Herren sade till min Herre: Sätt dig på min högra sida. Alleluja, alleluja. Han är den präst, vilken Herren har krönt. Alleluja.

Evangelium.
(Matt. 24:42-47.)

Vaken, ty I veten icke, vilken dag eder Herre kommer. Men det förstån I väl, att om husbonden visste, i vilken timme tjuven skulle komma, så skulle han vaka och icke tillåta, att någon bröt sig in i hans hus. Varen därför ock I redo; ty i en stund, då I icke vänten det, skall Människosonen komma. Finnes nu någon trogen och förståndig tjänare, som av sin herre har blivit satt över hans husfolk för att giva dem mat i rätt tid, salig är då den tjänaren, om hans herre, när han kommer, finner honom göra så. Sannerligen säger jag eder: Han skall sätta honom över allt vad han äger.

Offertorium.
(Ps. 88:25.)

Min trofasthet och min nåd skola vara med honom, och i mitt namn skall hans kraft förhärligas.

Secreta.

Helga, Herre, de gåvor, som vi framburit åt dig, och rena oss genom dem, på din helige martyr och biskop Clemens' förbön, från våra synders orenhet.

Praefatio de tempore.
(Kyrkoårstidens prefation.)

Communio.
(Matt. 24:46-47.)

Salig är den tjänaren, om hans herre, när han kommer, finner honom göra så. Sannerligen säger jag eder: han skall sätta honom över allt vad han äger.

Postcommunio.

Vederkvickta av din heliga Lekamens och ditt dyrbara Blods offermåltid, bedja vi dig, Herre vår Gud, att vad vi med from andakt förrätta, må genom din helige martyr och biskop Clemens' förbön giva oss säkerhet om vår frälsning.

KORALMELODIER
FÖR
HÖGMÄSSAN

Psallite Domino
in laetitia!

Missa de Angelis.

Kyrie.

Ký - ri - e, e - lé - i - son.

Ký-ri-e, e - lé-i-son.

Gloria.

Gló-ri-a in ex-cél-sis Dé-o. Et in térra pax ho-mí-nibus bónæ volun-tá-tis. Laudámus te. Benedí-ci-mus te. Ado-rá-mus te. Glo-ri-fi-cámus te. Gráti-as á-gimus tí-bi própter mágnam glóriam tú-am. Dó-mi-ne Déus, Rex cæ-lé-stis, Dé-us Pá-ter o-mní-po-tens. Dó-mi-ne Fí-li u-ni-gé-ni-te, Jé-su Chríste.

745

Gloria.

Dominus vobiscum.

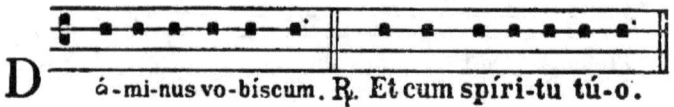

D ó-mi-nus vo-biscum. ℟. Et cum spíri-tu tú-o.

Per omnia...

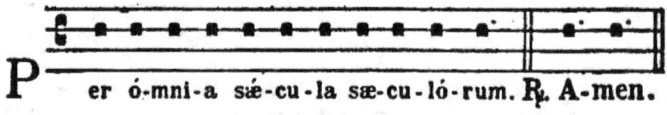

P er ó-mni-a sæ-cu-la sæ-cu-ló-rum. ℟. A-men.

(De båda ovanstående responsorierna förekomma
upprepade gånger under högmässan.)

Evangelium.

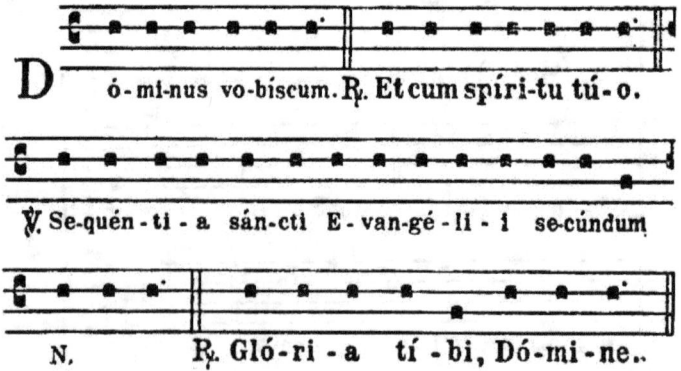

D ó-mi-nus vo-biscum. ℟. Et cum spíri-tu tú-o.

℣. Se-quén-ti-a sán-cti E-van-gé-li-i se-cúndum

N. ℟. Gló-ri-a tí-bi, Dó-mi-ne..

Credo.

748

Credo.

Praefatio.

P er ó-mni-a sæ-cu-la sæ-cu-ló-rum. ℟. A-men.

℣. Dó-minus vo-bís-cum. ℟. Et cum spí-ri-tu tú-o.

℣. Súrsum córda. ℟. Habémus ad Dóminum. ℣. Gráti-as a-gámus Dó-mi-no, Dé-o nó-stro. ℟. Dígnum et jústum est.

Sanctus och Benedictus.

S án-ctus,* Sánctus, Sán-ctus Dó-minus, Dé-us Sá- ba-oth. Plé ni sunt cæ-li et tér-ra gló-ri-a tú-a. Hosánna in ex-

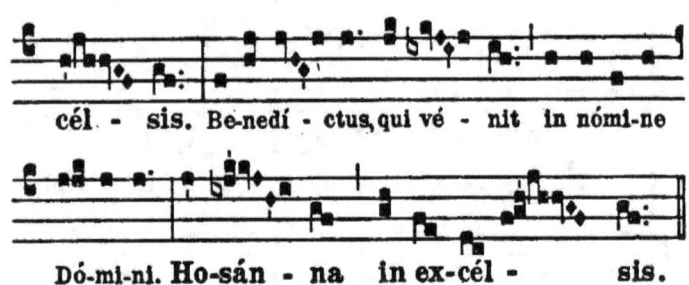

Pater Noster.

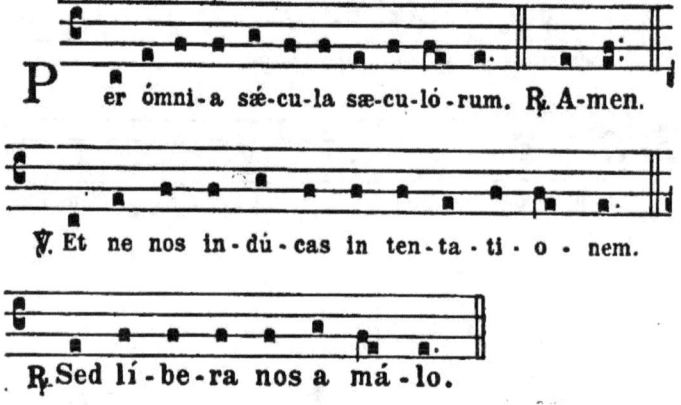

Pax Domini.

Agnus Dei.

Ite, missa est.

Missa »Requiem«.

Introïtus.

Ré-qui-em * ætér-nam do-na e-is Dómi-ne: et lux perpé-tu-a lú-ce-at e-is. *Ps.* Te de-cet hymnus De-us in Si-on, et ti-bi reddé-tur vo-tum in Je-rú-sa-lem: * ex-áudi o-ra-ti-ó-nem me-am, ad te omnis ca-ro vé-ni-et. Ré-qui-em.

Kyrie.

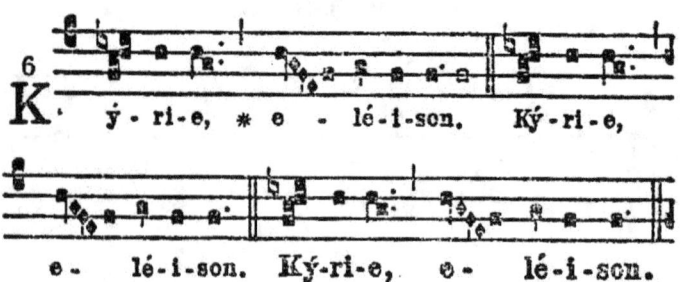

Ký-ri-e, * e-lé-i-son. Ký-ri-e, e-lé-i-son. Ký-ri-e, e-lé-i-son.

Kyrie.

Praefatio.

℣. Grá-ti-as a-gá-mus Dó-mi-no, Dé-o nó-stro.

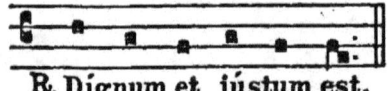
℟. Dignum et jústum est.

Sanctus och Benedictus.

S án-ctus, ✱Sánctus, Sánctus Dóminus, Déus Sá-

baoth. Plé-ni sunt cæ-li et tér-ra gló-ri-a tú-a.

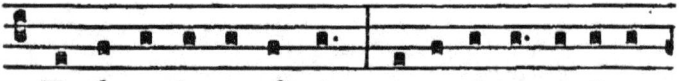
Hosánna in ex-cél-sis. Be-ne-dí-ctus, qui vé-nit

in nó-mi-ne Dó-mi-ni. Ho-sánna in excél-sis.

Pater Noster.

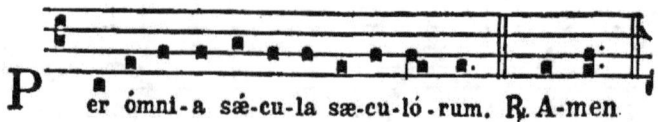
P er ómni-a sæ-cu-la sæ-cu-ló-rum. ℟. A-men.

Pax Domini.

Agnus Dei.

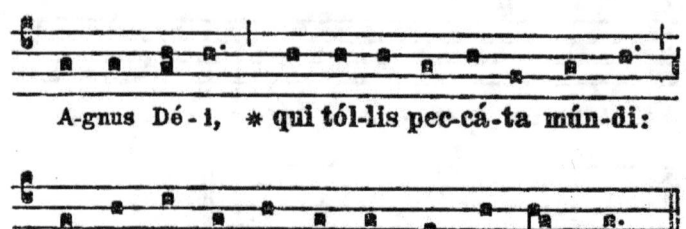

A-gnus Dé-i, * qui tól-lis pec-cá-ta mún-di: dó-na é-is ré-qui-em sem-pi-tér-nam.

Lux aeterna.

Comm. VIII. Lux æ-tér-na * lú-ce-at e-is, Dó-mi-ne: * Cum sanctis tu-is in æ-térnum, qui-a pi-us es. ℣. Ré-qui-em æ-tér-nam do-na e-is Dó-mi-ne, et lux per-pé-tu-a lú-ce-at e-is. * Cum sanctis tu-is in æ-térnum, qui-a pi-us es.

Requiescant.

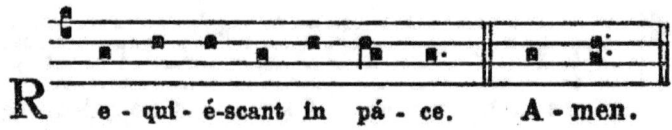

Re-qui-é-scant in pá-ce. A-men.

Absolutio.

Libera...

Ký-ri-e, e-lé-i-son.   Chris-te, e-lé-i-son.

Ký-ri-e, e-lé-i-son.   Pa-ter nos-ter.

. . . . .

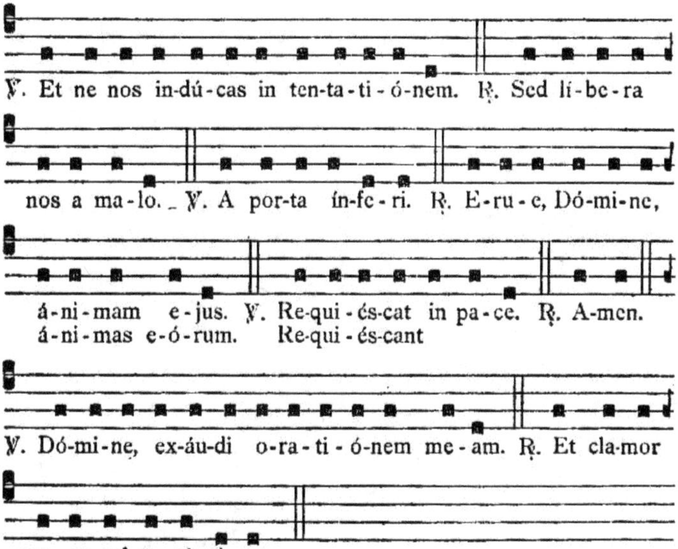

℣. Et ne nos in-dú-cas in ten-ta-ti-ó-nem. ℟. Sed lí-be-ra nos a ma-lo. ℣. A por-ta ín-fe-ri. ℟. E-ru-e, Dó-mi-ne, á-ni-mam e-jus. ℣. Re-qui-és-cat in pa-ce. ℟. A-men.
á-ni-mas e-ó-rum.   Re-qui-és-cant

℣. Dó-mi-ne, ex-áu-di o-ra-ti-ó-nem me-am. ℟. Et cla-mor me-us ad te vé-ni-at.

V. Dominus vobiscum. R. Et cum spiritu tuo.
Oremus... R. Amen.

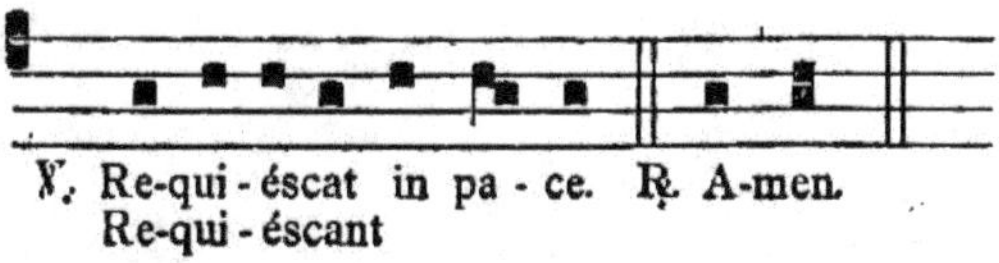

℣. Re-qui-éscat in pa-ce. ℟. A-men.
Re-qui-éscant

REGISTER.

Sid.

Inledning V
Om den heliga Mässan VIII
Översikt över Mässans liturgiska byggnad XX
Om Kyrkoåret XXII

PROPRIUM DE TEMPORE:
KYRKOÅRETS SÖN- OCH HELGDAGAR:

Adventstiden 3
Första söndagen i advent 4
Andra » » 8
Tredje » » 13
Fjärde » » 17

Jultiden 22
Juldagen 22
Annandag Jul 38
Söndagen efter Jul 44
Nyårsdagen 49
Jesu Namns fest 53
Epifania: Trettondagen 58
Den heliga familjens fest 65
Första söndagen efter Trettondagen 70
Andra » » » 75
Tredje » » » 80
Fjärde » » » 85
Femte » » » 88
Sjätte » » » 93

Septuagesimatiden 97
Söndagen Septuagesima 98
Söndagen Sexagesima 104
Söndagen Quinquagesima, Fastlagssöndagen ... 112

Fastetiden 118
Askonsdag 118
Första söndagen i fastan 129
Andra » » 135

	Sid.
Tredje söndagen i fastan	140
Fjärde » »	146
Passionstiden	152
Passionssöndagen	152
Palmsöndagen	160
Skärtorsdagen	202
Långfredagen	214
Påskafton	251
Ordo Missae	276
Canon Missae	293
Påsktiden	310
Påskdagen	310
Annandag Påsk	315
Vita söndagen	321
Andra söndagen efter Påsk	326
Tredje » » »	330
Fjärde » » »	335
Femte » » »	340
Kristi Himmelsfärdsdag	345
Söndagen efter Kristi Himmelsfärdsdag	351
Pingsttiden	356
Pingstdagen	356
Annandag Pingst	363
Trefaldighetsfesten	369
Kristi Lekamens fest	375
Andra söndagen efter Pingst	382
Tredje » » »	387
Fjärde » » »	391
Femte » » »	396
Sjätte » » »	400
Sjunde » » »	406
Åttonde » » »	410
Nionde » » »	414
Tionde » » »	419
Elfte » » »	423
Tolfte » » »	428

Register 763

				Sid.
Trettonde	söndagen	efter	Pingst	434
Fjortonde	»	»	»	438
Femtonde	»	»	»	443
Sextonde	»	»	»	448
Sjuttonde	»	»	»	453
Adertonde	»	»	»	458
Nittonde	»	»	»	462
Tjugonde	»	»	»	466
Tjuguförsta	»	»	»	470
Tjuguandra	»	»	»	476
Tjugutredje	»	»	»	480
Tjugufjärde	»	»	»	485
Tjugufemte	»	»	»	490
Tjugusjätte	»	»	»	493
Tjugusjunde	»	»	»	498
Sista	»	»	»	502

PROPRIUM DE SANCTIS:
KALENDERÅRETS FÖRNÄMSTA FESTDAGAR:

Maria Immaculatafesten, 8 dec. 511
Kyndelsmässa. — Marie Kyrkogång, 2 febr. 517
S:t Ansgarius, 3 febr. 530
S:t Josef, 19 mars 535
Marie Bebådelse, 25 mars 540
Marie Sju Smärtor, fredagen efter passionssönd. ... 546
S:t Erik, Konung och martyr, 18 maj 553
S:t Josefs skyddsfest 557
Jesu Hjärtas fest 562
Johannes Döparens födelse, 24 juni 569
Apostlarna Petrus och Paulus, 29 juni 575
Marie Upptagelse i himmelen, 15 aug. 581
Skyddsängelsfesten 585
Rosenkransfesten, första sönd. i oktober 591
S:ta Birgitta, Sveriges skyddshelgon, 7 oktober... 596
Kristi Konungadömes fest, sista sönd. i oktober... 601
Allhelgonadagen, 1 november 608
Alla själars dag, 2 november 614
Mässan på begravningsdagen 628
Årsdagsmässan 631

Register

BIHANG I.
FESTER AV ANDRA RANG.

	Sid.
Aposteln Andreas, 30 november	637
S:t Franciscus Xaverius, 3 december	639
Aposteln Tomas, 21 december	641
Aposteln och Evangelisten Johannes, 27 december	644
Menlösa Barns dag, 28 december	646
Aposteln Mattias, 24 februari	649
Evangelisten Markus, 25 april	651
Apostlarna Filippus och Jakobus, 1 maj	654
Korsmässa, 3 maj	657
Kristi Dyrbara Blods fest, 1 juli	660
Marie Besökelse, 2 juli	662
Aposteln Jakobus, 25 juli	665
S:ta Anna, 26 juli	667
Kristi Förklaring, 6 augusti	670
S:t Laurentius, 10 augusti	672
S:t Joakim, 16 augusti	674
Aposteln Bartolomeus, 24 augusti	677
Marie Födelse, 8 september	679
Marie Sju Smärtor, 15 september	681
Aposteln och Evangelisten Matteus, 21 september	682
Ärkeängeln Mikael, 29 september	684
S:ta Teresia av Lisieux, 3 oktober	687
Evangelisten Lukas, 18 oktober	689
Apostlarna Simon och Judas, 28 oktober	692
Laterankyrkans invigning, 9 november	694
Kyrkoinvigningsfesten	697

BIHANG II.
SVERIGES SÄRSKILDA FESTER.

S:t Henrik av Upsala, 19 januari	701
S:t Eriks skrinläggning, 24 januari	703
S:t Ansgarius, 3 februari	704
S:t Sigfrid, 15 februari	704
S:ta Katarina av Vadstena, 22 mars	705
S:t Erik, 18 maj	708
S:t Eskil, 12 juni	708
Alla Sveriges Skyddshelgons fest, 9 juli	709

Register

	Sid.
S:t David, 15 juli	711
S:t Botvid, 28 juli	713
S:t Olov, 29 juli	715
S:ta Helena av Skövde, 30 juli	718
S:t Eskils skrinläggning, 6 oktober	720
S:ta Birgitta, 7 oktober	720
Upsaladomens relikfest, 5 november	720

BIHANG III.
ENSKILDA KYRKORS SÄRSKILDA FESTER.

S:t Knut, 19 januari	725
S:t Johannes Bosco, 26 april	725
S:t Ignatius av Loyola, 31 juli	728
S:t Dominikus, 4 augusti	729
S:ta Eugenia, 16 september	734
S:ta Elisabet av Thyringen, 19 november	738
S:t Clemens, 23 november	738

KORALMELODIER
FÖR HÖGMÄSSAN.

Missa de Angelis	743
Missa »Requiem»	754

www.ingramcontent.com/pod-product-compliance
Lightning Source LLC
Chambersburg PA
CBHW072100050526
44107CB00117B/1286